MISCELLANEA BAVARICA MONACENSIA

Dissertationen zur Bayerischen Landes- und Münchner Stadtgeschichte

herausgegeben von Karl Bosl und Richard Bauer

— Band 127 —

PETRA NOLL

Mauritio Pedetti, der letzte Hofbaudirektor des Hochstifts Eichstätt (1719-1799)

Leben und Werk im Übergang vom Spätbarock zum Frühklassizismus

Kommissionsverlag UNI-Druck, München

Neue Schriftenreihe des Stadtarchivs München

1984

Tag der mündlichen Prüfung: 12. Juli 1983

Referent: Professor Dr. Wolfgang Braunfels
Korreferent: Professor Dr. Hermann Bauer

Schriftleitung:
Dr. W. Grasser, Stauffenbergstraße 5/pt., 8000 München 40

Druck und Auslieferung:
UNI-Druck, Amalienstraße 83, 8000 München 40

ABKÜRZUNG: Für Zitate wird die Abkürzung MBM empfohlen,
z. B. MBM Heft 2 Seite 66

iii

Inhaltsverzeichnis

II. Sakralbauten

Vorwort

Die vorliegende Arbeit verfolgte zwei Ziele. Erstens wurde
hier versucht, Leben und Werk des Mauritio Pedetti zum ersten Mal umfassend darzustellen und zu würdigen. Zweitens
sollte - anhand seines Werkes - die Übergangszeit vom Spätbarock zum Frühklassizismus charakterisiert werden.-
Meine Arbeit unterstützten mit Anregungen und Hilfe bei den
archivalischen Forschungen und bei der Herstellung der Photo-
graphien des umfangreichen Planmaterials vor allem die folgenden Archive und Bibliotheken und deren Leiter:

Badisches Generallandesarchiv in Karlsruhe. Staatsarchiv-
direktor Herr Dr. Kaller.-
Bayerisches Hauptstaatsarchiv in München.-
Bayerisches Staatsarchiv in Nürnberg. Archivdirektor Herr
Dr. Klaar.-
Bayerische Staatsbibliothek in München. Leiter der Hand-
schriftenabteilung Herr Dr. Dachs.-
Diözesanarchiv in Eichstätt. Diözesanarchivar Herr Appel.-
Freiherrlich von Riedheim'sches Schloßgut in Harthausen.
Schloßarchiv. Baron von Riedheim.-
Fürst Thurn und Taxis-Zentralarchiv in Regensburg. Fürst-
licher Archivdirektor Herr Prof. Dr. Piendl.-
Germanisches Nationalmuseum in Nürnberg. Landeskonservatorin
Frau Dr. von Wilckens.-
Stadtarchiv in Eichstätt.-
Technische Universität in München. Leiter der Architektur-
sammlung Herr Dr. Nerdinger.-

Mein besonderer Dank gebührt den Herren Brun Appel, der mir
zahlreiche Archivalien zugänglich machte, mich auf Quellen hin-
wies und Korrekturen vornahm, Dr. Hugo A. Braun, der mich bei
der Archivarbeit unterstützte, Dr. Alexander Rauch, der mich
zu dieser Arbeit anregte, und Prof. Dr. Wolfgang Braunfels,
unter dessen Leitung die Arbeit entstand. Auch meinen Eltern
und meinem Mann danke ich herzlich.-
Die Dissertation entstand in München.

LITERATUR- UND ARBEITSBERICHT

Mauritio Pedetti, der letzte Hofbaudirektor des Hochstifts
Eichstätt, war bisher noch nicht Gegenstand einer umfassenden Untersuchung. Kleinere Aufsätze und Bemerkungen über
ihn finden sich in verschiedenen, vor allem Eichstätter Zeitungen wie dem "Kurier" und der "Volkszeitung", den "Historischen Blättern" und dem "Heimgarten" und in den Zeitschriften "Pastoralblatt" und "Sammelblatt des Historischen
Vereins Eichstätt". Im "Intelligenzblatt" finden sich Anzei-
gen von ihm.[1]
Besonders verdient gemacht hatte sich der ehemalige ehrenamt-
liche Leiter des Stadtarchivs in Eichstätt, Theodor Neuhofer.
Er war vor allen Dingen ein fleißiger Sammler und stellte für
Pedetti zahlreiches Material zusammen, beschränkte sich aber
vorwiegend auf dessen Lebenslauf und einige Baugeschichten[2].
Zu exakten Baubeschreibungen und kunsthistorischen Auswer-
tungen ist er nicht gekommen. Seine Artikel und Vorträge vor
dem Historischen Verein in Eichstätt sind eine bloße Zusammenstellung von Tatsachen. Dennoch muß man sagen, daß Neuhofer
das bisher umfassendste und gründlichste Wissen über Pedetti
hatte.
Wohl die älteste Darstellung von Pedettis Leben finden wir
in Hirschings "Historisch-litterarischem Handbuch" aus dem
Jahre 1805[3], das allerdings nur eine rein anekdotenhafte
Schilderung einer Epoche aus dem Leben des Architekten
bietet. Schwer faßbar war bis heute, auf Grund der zahlreichen
Auslandsaufenthalte Pedettis, dessen Lebenslauf und Werk in
der voreichstättischen Zeit (vor 1750). Ein großes Verdienst
in der neueren Forschung hat sich hier Franco Cavarocchi erworben, der den Geburtsort Pedettis ermittelte und mit einer
Taufurkunde belegte[4].
Ein Ausgangspunkt zur Erfassung und Zuschreibung von Bauten
Pedettis in und um Eichstätt waren die "Bayerischen Kunstdenkmäler"[5], die "Archivinventare der katholischen Pfarreien
in der Diözese Eichstätt" von Franz Xaver Buchner[6] und das
"Handbuch der deutschen Kunstdenkmäler" von Georg Dehio[7].

Eine meistens kurze kunsthistorische Würdigung erfuhr
Pedetti aber bisher nur für Planentwürfe, die er für
Projekte mit überregionaler Bedeutung außerhalb des Hochstifts Eichstätt anfertigte und bei denen er in Konkurrenz
mit anerkannten Architekten trat. Dies war unter anderem der
Fall bei den Entwürfen für den Marktplatz und das Schloß in
Karlsruhe. Hierüber gibt es zahlreiche, allerdings bereits
ältere Veröffentlichungen, in denen Pedetti zumindest immer
erwähnt, aber meistens auch kritisch betrachtet wird[8].
Daselbe gilt für die Pläne zur Deutschordenskirche St. Elisabeth in Nürnberg. In der frühen Dissertation von Hans Hesslein
über diese Kirche werden Pedettis Pläne zwar nur kurz be-
sprochen, dafür werden aber präzise Quellenangaben geliefert[9].
Über die Planungen Pedettis im Hochstift Eichstätt gibt es
wenig Veröffentlichungen und wenn, dann geht es immer um die
gleichen Hauptwerke. Viel geschrieben wurde - sowohl in
älterer als auch in neuerer Zeit - über den Residenzplatz in
Eichstätt[10]. Die neueren Aufsätze, geschrieben als Beitrag
zur Diskussion über die Wiederherstellung der ehemaligen Platzgestalt, bieten zum Teil fundierten Einblick in die Geschichte
des Platzes und eine Würdigung und Analyse der Pläne Pedettis.
Häufig erwähnt als Pedettis Hauptwerke von lokaler Bedeutung
sind unter anderem die Umgestaltungsarbeiten an der Eichstätter Stadtresidenz, vor allem der Einbau des neuen Stiegenhauses, die Planungen für den Hofgarten der Sommerresidenz in
Eichstätt, für Schloß Pfünz, Hirschberg und die Kirche in
Berching.
In Woerl's Reisehandbuch für Eichstätt von 1905 wurde Pedetti
nirgends erwähnt, nicht einmal für seine Hauptwerke. Erwähnt
wurde hier nur der Fürstbischof, unter dessen Regierung die
betreffenden Gebäude entstanden[11].
In älteren und neuen Standardwerken zur Spätbarock- und Früh-
klassizismus-Architektur wurde Pedetti in zahlreichen Fällen
aufgenommen und seine Bedeutung dadurch erhöht.
Siegfried Giedion[12]behandelte zwar nur kurz Pedettis Pläne
für den Karlsruher Marktplatz, aber die Kritik ist sehr
positiv. Giedion spricht von der "vollendetsten Meisterung

des Außenraumes"[13]."Wäre Pedettis Plan ausgeführt worden, wir
wüßten nichts daneben zu halten"[14].
Ganz anders dagegen ordnete Ilse Hoffmann Jahre später
Pedetti ein.[15] Als fürstbischöflicher Baumeister hätte er nur
einige kleine Kirchen errichtet, "die nichts Überragendes darstellen". "Seine Kunst offenbart eine sehr konservative Natur,
und damit stellt er sich mehr zu den einheimischen 'Kleinmeistern', als zu den großen ausländischen oder durch fremde Aka-
demien gegangenen Architekten innerhalb seiner Zeitgenossen"[16].
In der "Großen Bayerischen Kunstgeschichte" von Herbert
Schindler wird Pedetti kurz für Hirschberg erwähnt[17] und in
dem überragenden und ganz neuen Werk über frühklassizistische
Architektur in Süddeutschland von Hans Wörner[18] für St. Elisabeth in Nürnberg und Karlsruhe. Hier wird Pedetti der modernen frühklassizistischen Richtung zugewiesen:" Mit mehr oder
weniger Einschränkungen lassen sich einer strengeren (und daher vom landesüblichen Hochbarock abgehobenen) Richtung zu-
ordnen: z.B. der eichstättische Baudirektor Mauritio Pedetti,
/.../"[19].
Unter dem Kapitel "Klassizismus in Franken" wird Pedetti mit
seinem Entwurf für ein Blechdach mit Gußeisensäulen für das
Ellinger Schloß in dem Katalog zu der großen Ausstellung
"Bayern Kunst und Kultur" von 1972 berücksichtigt[20].
Eine kurze Würdigung seiner heute in der Architektursammlung
der Technischen Universität in München aufbewahrten Pläne von
Schloß Pfünz wurde Pedetti in dem Katalog der Münchner Ausstellung "Klassizismus in Bayern, Schwaben und Franken"[21] zuteil, die 1980 zusammengestellt wurde. Hier wird allerdings
auch von seinen "ungewöhnlich konservativen Tendenzen in den
Entwürfen für Pfünz" gesprochen und dies hauptsächlich in dem
fortgeschrittenen Alter Pedettis begründet.[22] Auch der hier
vorgestellte Entwurf für eine fürstliche Residenz, der fälschlicherweise nur dem Umkreis Pedettis zugeschrieben wird[23],
wird kritisiert: "Der Garten ist auffallend altertümelnd und
nach Prinzipien angelegt, die rund ein Jahrhundert zuvor Gültigkeit hatten, /.../." Im allgemeinen aber wird Pedetti in
der neueren Literatur eher modern als altertümlich eingestuft.

Das Interesse an Pedettis Werk ist in letzter Zeit gestiegen,
dennoch ist bisher nur ein Aufsatz erschienen, der den Anspruch erheben kann, ein kleines Teilgebiet aus Pedettis Plan-
werk kunst- und stilgeschichtlich befriedigend erfaßt zu haben.
Es ist der bereits 1960 erschienene Aufsatz von Hella und Karl
Arndt "Ein château triangulaire des Maurizio Pedetti"[24]. Den
Aufsatz zeichnet das erstmalige Bemühen aus, Vorbilder für Pedettis Entwürfe gesucht und gefunden zu haben und exakte Plan-
beschreibungen und ausführliche Anmerkungen mit Quellen- und
Literaturverweisen geliefert zu haben - ein Verdienst, das
vor und nachher bis jetzt nicht mehr erreicht wurde.
Es war das Ziel der vorliegenden Arbeit, die Nachrichten und
Quellen über das Leben und Werk Mauritio Pedettis zu sammeln
und geordnet darzustellen. Eine möglichst umfassende Biographie und eine erstmalige, nach Vollständigkeit strebende
Zusammenstellung der Tätigkeit Pedettis als Architekt, Entwerfer und Zeichner zwischen Spätbarock und Frühklassizismus
sollen das Bild des fränkischen Baumeisters erweitern und ihm
in der Architekturgeschichte des 18. Jahrhunderts seinen Platz
zuweisen. Was Pedettis Werk angeht, so wurde vorwiegend die
Eichstätter Zeit (1750-1799) berücksichtigt, da erst mit der
Ernennung zum fürstbischöflichen Hofbaudirektor die für Pedetti wichtigen und prägenden Aufträge kamen, während die
Zeit vorher dem Reisen gewidmet war. Obwohl die Eichstätter
Zeit wohl die für Pedetti ergiebigste war, ist zu berücksich-
tigen, daß viele seiner Pläne und Entwürfe nicht zur Ausfüh-
rung gelangten. Das war zum Teil den Wirren des Siebenjährigen
Krieges und der immer leeren Kasse des Fürstbischofs als auch
der Tatsache zuzuschreiben, daß Pedettis Amtsvorgänger, Jakob
Engel und Gabriel de Gabrieli, bereits die entscheidenden Arbeiten zur Umgestaltung Eichstätts durchgeführt hatten.
Über beide Baumeister sind Dissertationen von Gabriele Schmid
(Hamburg) und Rembrant Fiedler (Würzburg) in Vorbereitung.-
Allgemein hatte in Süddeutschland - nach der Blüte der Architektur in der ersten Hälfte des 18. Jahrhunderts - die Bautätigkeit abgenommen. Es gab auch weniger herausragende Künst-
lerpersönlichkeiten. Zu den bedeutenden, Peter Anton von Ver-

schaffelt (1710-1793), Michel d'Ixnard (1723-1795), Nicolas
de Pigage (1723-1796), Franz Ignaz Michael Neumann (1733-1785)
und François de Cuvilliés (1733-1785), hatte Pedetti mittelbar
oder unmittelbar als Konkurrent Kontakt.
Bei einer Arbeit über Pedetti kann man sich nur an wenige ver-
wirklichte Bauwerke halten. Aussagen über seine künstlerische
Eigenart und Größe, seine Ideale, seine stilistische Entwicklung und Bedeutung lassen sich vor allem aus seiner nur gezeichneten, meistens nicht verwirklichten Architektur machen.
Pedetti hat uns ein umfangreiches Planmaterial hinterlassen,
das noch fast ganz unbearbeitet ist und das hier zum ersten
Mal umfassend erforscht werden soll. Seine architektonischen
Phantasien offenbaren sich in seinen Idealprojekten, seine
Größe zeigt sich, sobald er bei größeren Projekten in Konkurrenz mit bedeutenden Baumeistern treten kann. Das Hauptgewicht liegt auf seinen Profanbauten, zu denen verhältnismäßig
mehr Entwurfszeichnungen erhalten sind als zu den Sakralbauten.
Pedettis Sakralbauentwürfe beschränken sich fast nur auf Umbauten oder Reparaturen im Hochstift Eichstätt. Bedeutender
sind seine Entwürfe für die Deutschordenskirche St. Elisabeth
in Nürnberg und verschiedene Idealprojekte für Rundkirchen.-
Neben dem Planmaterial liegt der Arbeit auch ein umfangreicher
Bestand an schriftlichen Quellen zugrunde, die ebenfalls zum
größten Teil bisher unveröffentlicht sind. Die für eine Untersuchung über Pedetti wichtigsten Quellen, die Hofkammerprotokolle der Jahre ab 1750, befinden sich im Staatsarchiv in
Nürnberg. Die umfangreichsten Sammlungen von Plänen Pedettis
finden sich in Eichstätt, Nürnberg, München und Karlsruhe.
Im Diözesanarchiv in Eichstätt befindet sich - neben einigen
wenigen Bauzeichnungen Pedettis - das wertvolle Dokument
des Skizzenbuches der italienischen Reise Pedettis. Im Germanischen Nationalmuseum in Nürnberg sind drei Bände mit
Entwürfen Pedettis für einfache Amtsgebäude, Nutz- und Sakralbauten in Stadt und Hochstift Eichstätt aufbewahrt[25], in der
Staatsbibliothek in München drei Mappen mit vorwiegend Idealentwürfen zu Brauereien, Schlössern und Kirchen mit dazuge-

hörigen ausführlichen Beschreibungen[26] und in der Technischen
Universität dort der Codex Aureatinus, eine Mappe und eine
Kassette mit Plänen für Gebäude in und um Eichstätt[27].
Im Badischen Generallandesarchiv in Karlsruhe befinden sich
ebenfalls Idealpläne und Entwürfe für Karlsruher Bauaufgaben.

Als Gliederung des Hauptteils der Arbeit, der Behandlung der
Bauten Pedettis, wurde eine systematische Aufteilung in Baugruppen als sinnvoll angesehen. Innerhalb dieser Ordnung wurde
teils chronologisch vorgegangen, teils wurde aber auch eine
weitere systematische Unterteilung vorgenommen. Die Gruppe
"Profanbauten" wurde in "Ländliche Profanbauten", "Nutzbauten",
"Palais, Schlösser und Residenzen" und "Idealpläne" unterteilt. Die Sakralbauten wurden in "Ländliche Sakralbauten",
"Kirchenausstattungen" und "Sakralbauten mit überregionaler
Bedeutung und Idealpläne" unterteilt. An die Profanbauten
schließt ein Kapitel über die städtebaulichen Planungen
Pedettis an.
Zum Schluß folgt ein Kapitel über die zeichnerische Tätigkeit.
Alle Bauten und Bauplanungen wurden erstmals exakt beschrieben,
kritisch betrachtet und datiert. Es wurden Vorbilder und Ein-
flußbereiche gesucht und Pedettis Stellung in der zeitgenössischen Architektur festgelegt. Durch Auffindung bisher unbekannten Plan- und Quellenmaterials konnten Neuzuschreibungen
gemacht werden.
Im Anhang der Arbeit ist eine Auflistung des Gesamtwerkes von
Pedetti, auch mit den im Text nicht näher beschriebenen Bauten angefügt.
Bei den verschiedenen Baugruppen sind die Intentionen und die
Entwicklungslinien Pedettis verschieden. Der jeweilige Stand-
punkt, von dem aus geurteilt wird, ändert sich laufend. Deshalb erwies sich eine systematische Gliederung mit teilweise
zusammenfassender Würdigung als die günstigste. Eine einheitliche Linie durch das ganze Werk gibt es nicht. Eine konsequente Entwicklung vom Spätbarock zum Frühklassizismus ist
bei Pedetti nicht gegeben. Vielmehr ist bei ihm eine Paral-
lelität von barocken und frühklassizistischen Elementen fest-

stellbar, die eher im Alter wieder zugunsten der barocken
Formensprache aufgelöst wird. Dies betrifft vorwiegend seine
bedeutenderen Bauten und die Idealpläne.

Pedetti war kein genialer Neuerer, der Einmaliges, nie Dage-
wesenes geschaffen hätte. Nach seinem Tod, kurz vor 1800, Beginn einer ganz neuen Zeit, konnten seine Entwürfe nicht mehr
nachwirken. Seine Architektur im Hinblick auf den Klassizismus
des 19. Jahrhunderts zu betrachten, ist somit nicht sinnvoll.
Weniger wichtig war auch die Frage, wie sich Pedetti als Künstler italienischer Herkunft auf deutschem Boden dem neuen Hei-
matland anpaßte. Interessanter war es, innerhalb der einzelnen
Baugruppen herauszuarbeiten, inwieweit er den neuen, von
Frankreich her eindringenden frühklassizistischen Stil in
seinem Rahmen und Wirkungskreis - in Eichstätt, der città
barocca - durchsetzen konnte und wollte. Von den Fürstbischöfen
war erst Zehmen in den 80er Jahren Modernerem aufgeschlos-
sen. Verschiedene Entwürfe, vor allem für ländliche Profanbauten, mit frühklassizistischen Elementen machen klar, daß
Pedetti sich in einem Zwischenstadium befand. Grundsätzlich
gegen das Rokoko wandte er sich nicht, sind doch gerade einige
seiner verwirklichten Hauptwerke, wie das Stiegenhaus und
der Spiegelsaal in der Eichstätter Residenz und Schloß Hirschberg, noch stark von diesem Geist erfaßt.
Wie sein Zeitgenosse Johann Georg Sulzer (1720-1779), einem
Hauptvertreter der Kunstlehre und Ästhetik in der zweiten
Hälfte des 18. Jahrhunderts, war Pedetti ein typischer
Barockklassizist auf der Suche nach einem Mittelweg.

BIOGRAPHIE

Mauritio Pedetti (Peter Moritz) wurde am 13.10.1719 in
Casasco im Val d'Intelvi zwischen dem Westufer des Comer Sees
und dem Ostteil des Tessins geboren.[28] Seine Eltern waren
Francesco Giuliano (Julian Franz) Pedetti, Marmorsteinmetz,
wahrscheinlich ebenfalls aus Casasco, und Giovanna (Johanna)
Caterina Retti aus dem benachbarten Laino, die Schwester des
berühmten Leopoldo Retti.
Getauft wurde Pedetti am 14.10.1719 in der katholischen Pfarrkirche San Maurizio in Casasco. Seine Taufe ist erfaßt auf der
dritten Seite des "Baptizatorum Liber Parochiae S. ti Mauritij
Casaschi dal 1715 al 1825"[29]. Seine Eltern hatten in Laino ge
heiratet,[30] nur einige Kilometer nördlich von Casasco.
Sowohl der Großvater väterlicherseits, Giovanni Maria Pedetti,
als auch der Großvater mütterlicherseits, Lorenzo Mattia Retti,
waren im Intelvi Tal geboren.
Besonders die Familie der Mutter Pedettis brachte die Voraussetzungen für eine künstlerische Laufbahn von Mauritio mit.
Ihr Vater, Lorenzo Mattia Retti, war Architekt in Ludwigsburg.
Ihre Brüder waren der berühmte Architekt von Ansbach und Stuttgart, Leopoldo Retti, der Ansbacher Maler Livio Retti, der in
Ludwigsburg tätige Baumeister Paolo Retti und der Baumeister
Donato Riccardo Retti in Ellwangen - alle ebenfalls in Laino
geboren.
Da Mauritio 1719 in Casasco geboren wurde, dürfte die Familie
in diesem Jahr noch dort ansässig gewesen sein. Auch Mauritios
Bruder Giovanni Maria wurde noch hier am 28.9.1722 geboren[31],
während die drei anderen Geschwister in Mannheim geboren wurden[32], wo der Vater seit 1722 nachweisbar ist. Aus einem
Ratsprotokoll vom 27. Januar 1746[33], in dem es um die Bürger-
aufnahme und die Aufnahme Giovanni Maria Pedettis in die Krä-
merzunft geht, geht hervor, wie lange sein Vater und damit wahrscheinlich auch die Familie in Mannheim ansässig war. Das Gesuch
des Sohnes wurde nur deshalb befürwortet, da "/.../ sein Vatter
ein langjähriger Einwohner und Churfürstlicher Hof Marmorirer
dahier /seit/ 24 Jahren /also 1722/ hier sey." In Mannheim
hielten sich zu der Zeit zahlreiche italienische Familien auf.

Von seinem festen Wohnsitz in Mannheim aus nahm Pedettis
Vater Aufträge in der Umgebung an. Zwischen 1722 bis 1733 war
Julian Franz Pedetti für die Bauten des Württembergischen
Herzogs in Ludwigsburg und Stetten als Marmorierer beschäf-
tigt [34]. In den Jahren 1725/26 und 1731/32 war er beim Schloßbau in Mannheim und Bruchsal tätig [35]. Am 9.2.1732 machte
Julian Franz Pedetti eine Eingabe wegen seines bei der Akkor-
dierung der Marmorarbeiten im Mannheimer Schloß erlittenen
Schadens. Darin werden erwähnt: 18 Piedestals für die
Schloßkapelle, "Lesenen, Caminen und Portalen, wie auch Pflasterung des Saals" (Pilaster, Cheminés, Türrahmen, Pflasterung
des Rittersaales). [36] Er berechnete seinen Schaden bei der Mar-
morlieferung allein für den Rittersaal auf 2622 Gulden [37].
1726 arbeitete Pedettis Vater für die evangelische Trinitatis-
kirche in Worms. Er übernahm hier die Kanzel und die Marmorarbeiten des Pfarrgestühls. 1727 arbeitete Julian Franz
Pedetti an der Schloßkirche in Bruchsal. Er lieferte Risse
für vier Altäre im Querschiff, die unausgeführt blieben. Am
17.9.1727 wurde ein Protokoll darüber verfaßt, daß Pedetti
Kostenersatz für seine Reise von Mannheim nach Bruchsal und
für die gefertigten Risse verlangt hätte [38]. Dieser wurde ihm
verweigert, weil man ihn nicht "expreße" kommen ließ und
seine Pläne zwar kopierte, aber nicht verwertete. Schönborn
bemerkte dazu:"Daß wir es die riß copiren laßen, ist wahr,
wann er die copien haben will, kann er sie haben, dann wir
haben sie nicht gebraucht und brauchen sie noch nicht, dann
der altar, so die andere wochen aufgerichtet seyn wirdt, wirdt
zeigen, daß wir keinen von diesen rißen gebrauchet, sonderen
es ein gantz anderes deßin von dem Antonio seel. ist ...
Supplicant (Julian Franz Pedetti) sagt, er hätte unsere stein-
hauer das marmolhauen und poliren gelernt; ist falsch, dann
bekantermaßen, ehender wir ihn gesehen und gekennet haben,
ist schon ein großer teyl unseres hohen altars gestanden und
viele tisch vom marmoll gemacht gewesen." Schließlich erhielt
Julian Franz Pedetti für seine Risse eine große silberne Me-
daille. Noch 1743 war Pedettis Vater in Bruchsal [39], also wahrscheinlich noch immer ansässig in Mannheim, wo er am 8. August
1748 verstarb [40].

Mauritio Pedettis Leben umriß er selbst in einem von ihm er-
stellten Lebenslauf, den er anläßlich seiner Bewerbung um
die Stelle des Hofbaudirektors in Eichstätt anfertigte[41].
Mit drei Jahren kam Pedetti bereits nach Deutschland[42] und
mit ungefähr zwölf Jahren war er in Ludwigsburg, um bei seinem Großvater mütterlicherseits, Lorenzo Mattia Retti, das
Zeichnen zu lernen und vielleicht auch als Geselle den Söhnen
des Lorenzo zu helfen. Somit war es dem Vater erspart, das
Lehrgeld für seinen Sohn aufbringen zu müssen, was ihm sicher
schwergefallen wäre, und Mauritio hatte die besten Lehrmei-
ster in der Verwandtschaft, die man sich nur denken konnte.
In seinem Anstellungsgesuch schrieb Pedetti über diese Zeit,
daß er sich bereits in seinen "/.../ jugend jahren auf er-
lehrnung der Bau=Kunst begeben, allworinen allschon bey erbauung des Herrzogl: Würthembergl. Lust= Schlosses Ludwigsburg unter meinen beeden Vötteren Frisoni und Retti als ge-
westen Bau= Directoribus den anfang gemacht /.../[43]".
Leopoldo Retti, Pedettis Onkel, der als Nachfolger von Zocha
seit 1731 in Ansbach als Ingenieur-Capitän und seit 1732 als
Baudirektor tätig war, nahm den damals 15jährigen Mauritio
1734 mit dorthin. Bereits seit seinem 13ten Lebensjahr, als
Retti durch seinen Onkel Frisoni am Ludwigsburger Schloß in
der Architektur ausgebildet wurde, lebte er im evangelischen
Süden des Reiches und arbeitete an Höfen, die künstlerisch
zum Westen ausgerichtet waren. Aufgrund dieser Umgebung war die
Formensprache Rettis, trotz seiner nationalen Herkunft, wenig
italienisch. Auf das dem französischen Stil verpflichteten
protestantischen Fürstentum stellte Retti sich bei seinen
Fassadengestaltungen für das Ansbacher Schloß vollkommen ein.
Kaum ein anderer in Deutschland tätiger, nicht französischer Architekt folgte so stark den Bestrebungen des französischen Rokokos wie Retti.
Pedetti arbeitete bis 1739 als Zeichner im Ansbacher Hofbauamt in untergeordneter Stellung bei der Ausstattung des Markgrafenschlosses und bei dem ebenfalls von Retti durchgeführ-
ten Umbau der Gumbertuskirche. In seinem Lebenslauf erwähnte
Pedetti diese Zeit nach Ludwigsburg mit den Worten: "/.../
hinach aber zu anspach bey dem alldortigen Ober Bau=Directore

4 ganzer jahr lang practicirt /.../[44]".

Im Stadtarchiv von Ansbach ließ sich nichts über eine Tätigkeit Pedettis hier finden.

In den im Stadtarchiv noch vorhandenen Lichtmeß-, Steuer-,
Wochen- und Weggeldeinnahmeregistern, Wachtgeldrechnungen und
vor allem den Einwohnerzählungen von 1734 wurde Pedetti nirgends
erfaßt, wie Stadtarchivar Lang mir mitteilte.

Nachdem Retti in Ansbach die Bauleitung übernommen hatte, erneuerte er den Künstlerstab ständig. Vor allem setzte er Leute
seines Vertrauens und italienische Verwandte ein, womit er
gleichzeitig seine eigene Stellung am Hof festigte[45], aber
auch die Schwierigkeit hatte, verschiedene Stilarten auf ein
gemeinsames Ziel hin zu koordinieren. Er setzte unter anderem
den Designateur Johann David Steingruber ab und nahm für diesen seinen aus Ludwigsburg mitgebrachten Vertrauten Paul
Amadé Biarelle. Retti wollte das künstlerische Niveau heben
und wählte die bestmöglichen Mitarbeiter, die er meist nach
Abschluß der Arbeiten wieder entließ, da er keinen fest besol-
deten und ständig in der Residenz anwesenden Künstlerstab
wünschte. Der Markgraf stimmte dem Künstlereinsatz Rettis
zwar nicht immer zu, billigte zwar die Carlone vorübergehend,
setzte sich aber stärker für die Berufung einheimischer Künstler ein und sträubte sich gegen den häufigen Wechsel.

Für den jungen Pedetti bot dieses Zusammenwirken der unterschiedlichsten Künstler aus den verschiedensten Ländern und
Einflußbereichen eine willkommene erste Begegnung mit den
zahlreichen Stilarten.

Als am 11.12.1737 Paul Amadé Biarelle zum ersten Designateur
im Hofbauamt unter Retti ernannt wurde[46], muß er Pedettis erster Vorgesetzter gewesen sein. Biarelle war bereits seit 1731
in Ansbach als Designateur tätig. 1736 signierte er zum ersten
Mal Umbaupläne für St. Gumbertus. Die Tätigkeit eines Designa-
teurs war damals nicht die eines einfachen Bauzeichners, sondern
eher die eines leitenden Innenarchitekten.

Biarelle war der eigentliche Schöpfer der Frührokoko- Dekoration der Ansbacher Residenz- Innenräume unter der

Leitung von Retti, "der die großen Züge der Ausstattung und
der Raumflucht vorschrieb, sicher auch die Haltung, die geschmackliche Richtung bestimmte - im Benehmen mit dem Bau
herrn, /.../[47]". Keinesfalls war es aber die Sache des leitenden Architekten, Ornamente zu entwerfen.

Im Staatsarchiv in Nürnberg sind die jährlichen Besoldungslisten der im Bauwesen tätigen Beamten und Handwerker erhalten[48]. Sie beginnen 1729 und brechen 1741 ab. Die freien Mitarbeiter Rettis, mit denen jeweils besondere Akkorde geschlossen wurden und unter die auch Pedetti fiel, sind nicht erwähnt.

Während seiner Ansbacher Zeit kam Pedetti 1738 auch kurz nach
München. Retti war bereits 1732 hier gewesen, um die Zimmer
der Münchner Residenz zu zeichnen. Aber bei dem damaligen
Besuch Rettis in München waren

> "/.../ nicht nur die wenigsten Zimmer meublirt, sondern
> weilen seine Churfürstl. Durchlaucht sich in Cöln befan-
> den, /wurden Retti/ die davon zu nehmen verlangten Riße
> nicht permittiret, /.../ Da nun aber die Zeit über vor-
> ernannte Zimmer zu stande gekommen seyn und der hier in
> Arbeit stehende Bildhauer Johann Caspar Wetzlar von
> Salemsweil gebürtig /.../ die gehorsamste Vorstellung ge-
> than, daß er /.../ dahin gehen, von 13 meublirten Chur-
> fürstl. Zimmern und Säulen-Galerie und zwar von jedem 6
> Riße, als oben die decke, 4 Wände und Böden mit den
> Decorationen uf das accurateste abzeichnen, sonach sel-
> bige zum Hochfürstl. Bau-Directorio überbringen wolle,
> also hat man sein offertum /.../ ad protocollum genommen
> /.../ Damit aber derselbe nach der /.../ ihme gegebenen
> Instruction alles ufs genaueste verferttigen möge, wurde
> ihm der bißherige Zeichner beym Bau-Directorio Maurit
> Pededi /.../ zugegeben[49]".

Wetzler und Pedetti führten den Auftrag noch 1738 durch. In
einer Randbemerkung zu diesem Protokoll notierte Retti noch
nachträglich die gelieferten Risse und bezeichnete sie wie
folgt:" Folgendes hat Wetzler bey seiner Zurückkunfft geliefert: Lit. A 3 Stuck incl. Blavons, Lit. B 2 Stuck und 1 Bla-
von, Lit C 3 Stuck, Lit D 2 Stuck, Lit. E 3 Stuck und Lit. F
2 Stuck. Diese Stuck sind im Haubt-Riß Nr. 1 begriffen und ge
zeichnet und das Schloß München betr. Dann seynd 4 Tischfüß
auf 1 Blatt mit Lit BDE, ferner 2 Cannabee auf Blatt Lit CC,
ingleichen 1 Ofen DD, weiters 12 gedruckte Blavons, welche in
München im Schloß und Particullier-Häußern gemacht worden

seynd, das Landschaffts-Hauß Lit FF, den Haubt-Grundriß
von der Amalienburg /!/ Nr. 2 dann den Auftrag Nr. 3, den Auftrag vom Saal mit Lit Aa gezeichnet, die Rosette mit Lit AA,
den Auftrag vom Schlaaf-Zimmer mit Lit BB, ferner einen Auftrag mit Lit CC."
Pedetti war also nicht nur in der Residenz, sondern auch in
der Amalienburg und wahrscheinlich auch noch an anderen Stätten Münchens tätig und gewann so einen Eindruck vom Kunst-
schaffen dieser bedeutenden Stadt.

Im Jahre 1739 trat Pedetti - ohne viel Geld - eine Italienreise an, von der er in seinem Lebenslauf vermerkte: "/.../ so-
dann in Rom und dennen vornembsten Stätten Italiens gegen 3
Jahr lang sothaner Kunst nachgesezt,/...*/[50]". Auf seiner Reise
legte er ein Skizzenbuch an, das heute im Diözesanarchiv Eichstätt aufbewahrt wird[51]. Er skizzierte hauptsächlich Türen und
Fensterlösungen in Rom, Florenz und anderen Städten. Auf der
ersten Seite signierte er das Buch und datierte seine Reise
"Di Ano 1739 fino l'Ano 174.". Die letzte Ziffer ist unleserlich, die Rückreise muß aber spätestens 1742 gewesen sein[52].
Von den zum großen Teil sehr locker und frisch gezeichneten
Freihand- und auch von den exakten Linealzeichnungen sind nur
sehr wenige bezeichnet und signiert. Am häufigsten erwähnt
wurden die Städte Rom und Florenz, wo Pedetti vorwiegend Kirchen aller Zeiten besuchte[53]. Sein Ziel war nicht das Studium
der Antike und der oberitalienischen Theoretiker, wie es damals üblich war, sondern die italienische Barockarchitektur.
Genauer datiert sind die Aufenthalte in den einzelnen Städten
im Skizzenbuch nicht. Dies läßt sich aber zum Teil ergänzen
durch Bemerkungen in dem letzten Band des bereits erwähnten
dreibändigen Mappenwerkes in der Staatsbibliothek München[54].
In der Beschreibung des Fassadenaufrisses einer von ihm entworfenen Kirche bemerkte er:"/.../ Da disen Civil bau /Kirche!/
hindts gesezter anno 1740 zu zeiten seiners in florenz seyn
auf gewiße Sache anweisung inventiret/...*/[55]". In der Anmerkung zu einem zweiten Kirchenaufriß in demselben Band gab er
sogar nicht nur seinen Aufenthalt 1739 in Rom an, sondern erwähnte sogar, was bisher unbekannt war, bei wem er sich aufge -

halten hatte:"Demnach dises Civil bau project hindtsgesezter
zuzeiten, da er in Rom anno 1739 bey Joann Baptista Nolli umb
die Studia der architectur fortzusezen sich befunden, auf
eigenen Trib inventiret, und auch viele approbation gefunden
/.../[56]".
Giovanni Battista Nolli, geboren am 9.4.1701 in Montronio im
Intelvi Tal und gestorben am 3.7.1756 in Rom, war Geometer und
Verfasser der großen "Nuova Pianta di Roma" von ca. 1736-1748
Zusammen mit den Architekten Salvator Casale, Michelangelo
Specchi und Angeli Sani hatte er die Ausmessung der Grundrisse
von ungefähr 400 römischen Kirchen vorgenommen und in den
Stadtplan eingefügt. Nolli war als selbständiger Unternehmer
zugleich Verfasser, Herausgeber und Verleger und arbeitete
auf eigene Kosten. Sein Gönner war Kardinal Alessandro Albani,
für dessen Villa er kleinere Arbeiten ausführte. Nollis
architektonische Tätigkeit beschränkte sich auf den Neubau
der vergleichsweise kleinen und bescheidenen Kirche S. Dorotea
im Stadtteil Trastevere in Rom, für die er zwischen 1748-
1751 Pläne fertigte. Beeinflußt von Vanvitelli und Fuga, kam
Nolli in der Höhe seiner Zeit stilistisch an die Schwelle
zwischen Spätbarock und beginnendem Klassizismus. Nolli war
offenbar vertraut mit der um die Jahrhundertmitte modernen
Architektur, ohne selbst die Entwicklung mit eigenen Ideen an-
zuregen. Auch der Stil des Stadtplanes zeigt die Auseinandersetzung zwischen spätbarocken und klassizistisch-fortschritt-
lichen Tendenzen, aber durch das damalige Interesse an tradi-
tionellen Stadtplänen (Piranesi) wurde dies nicht gewürdigt.
Da Nollis architektonische Tätigkeit beschränkt blieb, ist
unklar, was Pedetti zu ihm führte. Wahrscheinlich ist das Zusammentreffen darin begründet, daß es leicht war, zu Nolli
Kontakt zu finden, da er aus derselben Gegend stammte wie
Pedetti und wahrscheinlich bereits mit der Familie bekannt
war. Zumindest konnte Nolli Pedetti weitervermitteln und ein-
führen, obwohl er bei Pedettis Ankunft selbst erst vier
Jahre in Rom war.
Weiterhin war Pedetti während seiner Italienreise in Livorno;
er zeichnete hier eine Kuppel und bezeichnete die Skizze[57].

Ebenso war er in Mailand[58] und in Frascati, wo er unter anderem
die Kirche S. Pietro von Carlo Fontana zeichnete[59]. Ob er in
Bologna, Modena, Cremona, Pisa und Venedig war, ist zwar nicht
sicher, aber sehr wahrscheinlich. Er nahm zwar die berühmten
Türme dieser Städte in seinem Skizzenbuch auf und bezeichnete
sie, aber die Zeichnungen sind so schematisch aufgereiht, daß
es scheint, Pedetti habe sie aus einem architektonischen Lehr-
buch kopiert[60]. Dafür sprechen auch die genauen Höhenmaße, die
Pedetti wohl kaum selbst vermessen konnte. Trotzdem hatte
Pedetti wohl Zeit genug in Italien, um alle berühmten Städte
aufzusuchen. Dazu gehörten auch Turin - hierfür sprechen
Pedettis Übernahmen aus Juvarras Formenschatz -, Genua und
Neapel.
Nach seiner Italienreise wurde Pedetti 1742 am Hof des Fürstbischofs von Speyer, Damian Hugo von Schönborn, angestellt.
Über diesen Zeitabschnitt ist in Pedettis Lebenslauf folgendes
vermerkt:"/.../ überhin bey Ihro Eminenz dem Herrn Cardinal
und Bischoffen zu Speyer einige Zeit lang, bedienstiget gewesen, nach deroselben zeitl: ableben / zu den engl. u.
österr. Truppen gegangen/[61]".
Damian Hugo von Schönborn hatte bereits in den 20er Jahren seine
Residenz von Speyer nach Bruchsal verlegt, wozu ihn die Zwi-
stigkeiten zwischen ihm und der protestantischen Stadt Speyer
gezwungen hatten. Die einzige erhaltene Quelle außer dem
Lebenslauf, die Pedettis Anwesenheit als Zeichner in Bruchsal belegt - das Stadtarchiv wurde im Zweiten Weltkrieg
völlig zerstört -, ist eine Urkunde im Badischen Generallandesarchiv in Karlsruhe vom 27. August 1742, die Pedettis Entlassung aus dem Hofdienst beschließt[62].
Der leitende Architekt und Entwerfer des Bruchsaler Schlosses
war der Kurmainzer und Bamberger Baudirektor Obristleutnant
Maximilian von Welsch (1671-1745), der als Befestigungsinge-
nieur in größeren Geländezusammenhängen zu denken gewohnt
war und der die Fähigkeiten hatte, die Vorteile eines Ter-
rains zu erkennen und zu nutzen. Von seinen Plänen sind
leider keine erhalten. Die hausväterliche Sparsamkeit des
Bauherrn führte dann dazu, daß zur Ausführung der Residenz

kein namhafter Architekt berufen wurde, für den ein entsprech-
endes Gehalt erforderlich gewesen wäre, sondern daß er sich
bei der Errichtung der einzelnen Bauten mit Kräften zweiter
Ordnung behalf, denen die Detailplanung und die Bauleitung
überlassen blieb. Zur Zeit Pedettis in Bruchsal hatte der
technisch sehr versierte Johann Georg Stahl (seit 1728) diese
Aufgaben übernommen. Vielleicht hatte Pedetti auch die Möglichkeit, Balthasar Neumann kennenzulernen, der das großar-
tige Treppenhaus für Bruchsal entwarf und der zwischen 1728
und 1753 für alle wichtigen Entscheidungen herangezogen wurde
und für alle wesentlichen Neubauten Pläne anfertigte.
Pedettis Position ging auf keinen Fall über die eines untergeordneten Zeichners bei Stahl hinaus. Aus der eben erwähnten
Entlassungsurkunde vom 27. August 1742 geht hervor, daß man
mit Pedettis Können und auch mit dessen Verhalten sehr unzufrieden war. Man hatte Pedetti am 30.7.1742 gnädigst erlaubt,
"/.../ auf etliche Tage sich zu seinem Vetter Livio Retti
nacher Ludwigsburg zu begeben /.../".
Livio Retti litt an Wassersucht und war so krank, daß er
nicht mehr arbeiten konnte. In Bruchsal war man nun sehr em-
pört darüber, daß Pedetti es für nötig hielt, sofort nach
Ludwigsburg zu Retti zu fahren und von dort aus darum zu bitten, bis zu dessen Tod bleiben zu dürfen und dann in Bruchsal
wieder genommen zu werden. Die Aufnahme wurde ihm verweigert,
denn "es kan keiner 2 herrn dienen saget das evangelium /.../
Dan unßer Hoff ist kein Taubenschlag; oder Wirtshauß, wo einer
nach belieben ein oder außfliehen und lauffen kan, wie er will,
wir haben nicht Ihn, sondern er unß gesucht. Hat der Retti
den Pedetti nöthig gehabt, so hätte er ihn vor annehmen, und
sich nicht einfallen lassen sollen, dz wir unßere diener Ihm
nach belieben werden abfolgen lassen, dan es ist wieder die ge-
bott gottes, wo stehet, du solst nicht begehren deines nächsten Knecht etc /.../ Die erlaubnuß, die gesuchet wird, /.../,
werden wir nie geben, /.../ wir brauchen unßere leuthe selbsten /.../ ist auch sehr impertinent, erst sich den bauch in
hern diensten vollzufreßen, als dan in des herrn soldt andern
dienen zu wollen".

Danach wird erwähnt, daß man Pedetti sowieso nach seinem ver-
flossenen Dienstjahr entlassen hätte, "erstlich weil er stink-
faul, und wie sein arbeit zugeht, blutwenig gemacht hat.
Zweitens weil er ein braller und hochtrabender mensch ist,
wir aber ahn ihm in der practique der baukunst nochts noch
gefunden, sondern anderster nichts alß einen guten copisten,
oder Zeichner erkennen können /.../ drittens dießer junge
Mensch das maul sehr gebrauchet, daß seinen hohen meriten
noch er nicht genug bezahlet würde /.../ es hat also bey ihm
gestanden, unßere resolution anzunehmen /.../ so ist der
diener auch schuldig, seinen dienst ehrlich, fleißig, getreu,
und ohne murren zu thuen, sein dienstjahr außzuhalten und 3
Monat zuvor, wan er nicht länger dienen will, mit bescheiden-
heit seine dimißion zu begehren /.../."
Die Kritik an Pedettis Fähigkeiten ist wohl zu einem großen
Teil auf den Ärger zurückzuführen, den man mit ihm hatte, weil
er nicht bescheiden genug war, alles zu akzeptieren, sondern
den Mut besaß, auch Forderungen zu stellen. Das Talent eines
guten Zeichners und Kopisten billigte man ihm jedenfalls zu.
Bevor nun Pedetti des Dienstes entlassen wurde, wurde er dazu
aufgefordert, alles abzugeben, "/.../ waß Er an alten Rissen
in handen hat von vorigen Zeiten /.../ waß er von seiner Zeit
selbsten gemacht, oder von anderen in dießer Zeit gemachter
in handen habe". Außerdem sollte er "auch sonsten andere
instrumenta, und gereitschafften, so ihm zum gebrauch gegeben
worden" zurückgeben. Verärgert stellte man dann noch fest, daß
"er als dan in Gottes nahmen zu seinem Vetter Retti abgehen,
dan Wir viel ehender einen Zeichner, alß Er einen herrn bekommen dörffte, Wir auch just keinen Zeichner nöthig haben /.../
dan unßer meistes Bauen ist gethan /.../ und seye gott dáfür,
dz wir jemahl solch wiederwerttigen ohnbeständigen menschen in
seinem Thun und Lassen jemahl mehr in unsere Diensten annehmen
werden/.../."
Dieses entwürdigende Urteil konnte nun Pedetti in seinem Anstellungsgesuch für Eichstätt nicht erwähnen. Er zog es vor
zu schreiben, er sei bis zum Todes des Fürstbischofs von
Speyer (19.8.1743) geblieben, also genau ein Jahr länger.

In diesem Jahr war er wohl vorwiegend in Ludwigsburg und
Mannheim, wo sich seine Familie aufhielt, tätig. Im Skizzenbuch der italienischen Reise befindet sich, anschließend an
die Zeichnungen von Italien, ein von Pedetti notiertes Rezept
für Wasserkitt, den man zur Fundamentierung von Brunnenbassins
benötigt. Dieses Rezept datierte Pedetti auf den 23. September 1742 "Manheim". Also muß er sich zu diesem Zeitpunkt dort
befunden haben[63].

Nicht belegt - weder in Pedettis Lebenslauf im Anstellungsgesuch noch in einer anderen Urkunde - ist Pedettis Aufenthalt
gegen 1742 in Paris. In dem dänischen "Weilbachs Kunsterleksi-
kon" wird zwar erwähnt, daß Pedetti eventuell seine Ausbildung
in Paris machte:"Pedetti som formodentlig (vermutlich) fik sin
Uddannelse i Paris[64]", aber es gibt hierfür keinen Anhaltspunkt. Wenn er in Paris studiert haben sollte, und zahlreiche
seiner Architekturentwürfe sprechen dafür, dann tat er dies
auf jeden Fall auf eigene Faust und suchte eventuell einzelne
Künstler auf. Bei der Architekturakademie war er nicht zugelassen[65].

Nach seiner Zeit in Bruchsal und Ludwigsburg leistete Pedetti
freiwilligen Kriegsdienst ab, um die Fähigkeiten eines Militär-
ingenieurs zu erwerben. In seinem Lebenslauf vermerkte er darüber:"/.../ nach deroselben /Fürstbischof von Speyer/ zeitl:
ableben, sowohl unter dennen österreichl. als Englischen
Trouppen am Rhein und in dennen Nidlande quà voluntair durch
2 Campagnen ebenfahls von der militar jngenier Kunst zu pro-
fitiren gesucht /.../[66]". Es war die Zeit des Österreichischen
Erbfolgekrieges (1740-1748), und Pedetti zog sowohl mit dem
österreichischen als auch mit dem englischen Heer umher. Da
die Bautätigkeit in den Kriegsjahren weitgehend lahmgelegt
war, konnte man in der Zeit die Feldzüge als Studienreisen
benutzen. Pedetti studierte die Befestigungskunst und die
Zivilarchitektur, an der das Heer vorbeizog. Für den mittel-
losen Pedetti war dies wohl eine gute Möglichkeit, ohne
finanziellen Aufwand etwas zu lernen.

Im Jahre 1745 trat Pedetti in die Dienste des Königs

Christian VI von Dänemark, wo es zu der Zeit mehr Bauaufgaben gab. Die Verbindung des württembergischen zum dänischen
Hof war gerade in der ersten Hälfte des 18. Jahrhunderts sehr
groß, so daß Pedetti keine Schwierigkeit hatte, hier anzukom-
men. Viele der engsten Freunde des Königs waren Württemberger,
die auf seinem Hof lebten. In seinem Lebenslauf berichtete
Pedetti von dieser Zeit:"/../ allermassen nach disem / Zeit
bei der Armee/ an dem Königl: Dännischen Hoff, allwoselbsten
umb noch mehreren übungs willen 1 1/2 Jahr lang verharret,
mir würcklich eine Expectanz auf die nächste Bau-Vorfahlen-
heit Erthaillet worden, alldieweillen aber endzwischen der Königl:
Todtfahl sich eraignet, /.../[67]". Aus den Archivalien des
Hofes und besonders denen der dänischen Behörden, die sich
mit der damals recht bedeutenden Bautätigkeit befassen, geht,
nach einer Mitteilung vom 18.7.1979 des Reichsarchivs Kopenhagen, nicht hervor, daß Pedetti eine Expectanz (Aussicht) auf
Arbeit erhalten hatte. Daß Pedetti aber tatsächlich am
Dänischen Hof in Kopenhagen angestellt war, geht auch aus
einer von ihm signierten und datierten Planserie für eine
Herrenresidenz hervor, die in dem bereits vorne erwähnten
Codex in der Staatsbibliothek in München enthalten ist. In
der Anmerkung zu den Plänen erwähnte er, daß "/.../ endtge-
sezter /Pedetti/ dises project ao 1745 zur Zeit seiners in
Coppenhagen seyn auf grosser Sache Anweisung[68]", projektiert
hätte. Bei diesem Schloßbau handelt es sich um ein nicht aus-
geführtes Idealprojekt, das er aber offensichtlich vom König
in Auftrag gestellt bekommen hatte.
In der dänischen Literatur ist Pedetti nur ein einziges Mal
erwähnt worden, und zwar in der Zeitschrift "Artes" in einem
deutschsprachigen Artikel von Christian Elling[69] über den
Architekten Johann Friedrich Oettinger[70], wo Pedettis Verbindung mit diesem kurz erwähnt ist. "Es sei jedoch hervorgehoben, dass gerade im Frühling 1746 ein anderer, in Württemberg
tätiger Architekt im Norden auf Reisen war, nämlich Mauritio
Pedetti /.../[71]".
Wenn er, was man mit Recht annehmen kann, durch Holstein nach
Kopenhagen gereist ist, kann er Oettinger in Kiel getroffen
haben und ihn über die Pläne am Stuttgarter Hof informiert

haben. Bis zum Frühjahr 1746 hatte Oettinger unbeschäftigt
in Kiel gelebt und Arbeiten in anderen Orten angenommen.
Im April 1746 bat er darum, ein Projekt für das Stuttgarter
Schloß liefern zu dürfen[72]. Nach Scholl fertigte Pedetti
selbst - auf Anregung Rettis hin - im Frühjahr 1747 Pläne
für den Stuttgarter Schloßbau an, die nicht erhalten sind[73].
Verschiedene Architekten waren zur Fertigung von Vorschlägen
zur Ausgestaltung der Fassade des Stuttgarter Schlosses aufgefordert worden. Neben Leopoldo Retti waren es Leger, Galli-
Bibiena und Pedetti[74].
Es ist auch möglich, daß sich Oettinger und Pedetti in Bruchsal getroffen haben. Als Oettinger nach einjähriger Abwesen-
heit am 17.5.1746 kurz nach Kopenhagen kam, war Pedetti bereits abgereist. Am 19. April 1746 war ihm ein Kanzleipaß für
eine Reise zu der "alliirten Armée in Braband" ausgestellt
worden, die Pedetti in seinem Lebenslauf nicht erwähnte:
        "Reise Pass für den Ingenieur Mauritio Pedetti nach
        Braband. Copenhagen den 19. April 1746.
        Wir C. Besinnen hirmit an alle und jede,-
        Vorzeigern dieses den Ingenieur Mauritio
        Pedetti, welcher von hier aus nach der
        alliirten Armée in Braband zu reisen ge-
        sonnen, mit bey sich habenden Sachen,
        auf solcher seiner Reise ...[75]".
Hier taucht zum ersten Mal die Berufsbezeichnung "Ingenieur"
auf, nachdem Pedetti bisher nur Zeichner in untergeordneter
Stellung war. Wie wir bereits gesehen haben, war seine Ausbildung keine akademische, sondern vorwiegend die eines vor
allem in technischen Disziplinen bewanderten Ingenieuroffi-
ziers.
Diese erneute Zeit beim Militär war nur ganz kurz, denn bereits Anfang Juni 1746 bewarb sich Pedetti aus Dresden nach
Polen. In Dresden hielt sich Pedetti ungefähr seit Mai 1746
auf. Dort war er am Hof des Kurfürsten von Sachsen und
Königs von Polen, August III, angestellt. Pedetti schrieb
darüber in seinem Lebenslauf:"/.../ als habe mich nach Dres-

den gewendet /.../[76]".
Der Aufenthalt Pedettis ist in den Beständen des Staatlichen
Archivfonds des Staatsarchivs der Deutschen Demokratischen
Republik wie auch im Stadtarchiv in Dresden nicht nachweisbar[77]. In Sachsen hatte Pedetti sich vergeblich darum be-
müht, Arbeit zu finden, so daß er bereits am 3. Juni 1746
dem Fürsten Karl von Radziwill in Litauen seinen Dienst an-
bot. Die Bewerbung faßte Pedetti in Französisch ab[78].
Ergebenst bot Pedetti seine Dienste an, weil er gehört hätte,
daß es in Polen mehr Arbeit gäbe:"/.../ comme Elle / Ihre
Hoheit der Fürst von Radziwill/ étoit dans l'intention
d'entreprendre quelques grands Batimens, /.../ j'ose offrir
à Votre Altesse mes très humbles services /.../". Enttäuscht
berichtete Pedetti dann, daß er mit denselben Erwartungen
an den Hof des Königs von Polen nach Dresden gekommen wäre,
daß dort aber zu der Zeit kaum gebaut würde und daß selbst
die Arbeiten an der "neuve Eglise"[79] eingestellt wären. Dann
schrieb er, daß er sich bereits an den Monsieur de Rohr,
den Major des Fürsten, gewendet hätte und diesem einige seiner Arbeiten gezeigt hätte. Außerdem fügte er verschiedene
Empfehlungsschreiben bekannter Architekten, unter anderem von
Gaetano Chiaveri, bei[80]: "/.../ Toute fois si, Votre Altesse
daigne vouloir de moi, je m'y presenterai, menu des lettres
de récommandation, tant, de son E: Monsieur le Comte de Wacker-
barth, tant de Monsieur Gayatano Ciaveri architecte de la
neuve Eglise que d'autres celebres Maîtres /.../." Mit dem
Wunsch, daß Radziwill sich zu seinen Gunsten entscheiden und
dies dem Major Rohr mitteilen würde, überließ er die Fest-
setzung des Gehaltes der alleinigen Großzügigkeit und Güte
Ihrer Hoheit. Er unterschrieb als "le très humble et tres
obéisant Serviteur Mauritio Pedetti pm."
In seinem Lebenslauf berichtete Pedetti dann, daß er aufgenommen wurde:"/.../ allwo endlichen ahn des Herrn Herrzogs v
Radzivill Grossfeldherrns von Lithauen Durchl: Hoff recomen-
dirt worden bin, in welchen diensten ich lauth meiner in handen habenten Beurlaubung gegen 4 Jahr lang mithin über die 3
jährige Contracts Zeit, als Hoff architectus zu all sattsamben

Contento in diensten(stehe) g̲e̲s̲t̲a̲n̲d̲e̲n̲ /...√[81].

Eine wenig seriöse, ohne Bezug auf Quellen angelegte Schilderung von Pedettis Leben aus dem Jahre 1805 - sechs Jahre
nach Pedettis Tod - findet sich bei Hirsching, der besonders
für Pedettis polnische Zeit ein Anekdote zu erzählen weiß,
die er, nach seinen eigenen Worten, von Pedetti selbst er-
zählt bekommen hatte:

> "Nach einigen Jahren kehrte er /Pedetti/ über Genua und
> Turin in seine Vaterstadt zurück, wo er sich aber nicht
> lange halten konnte; weil er unterdessen nach Pohlen dem
> Fürsten Radzivil empfohlen worden, der um eben diese Zeit
> kostspielige Gebäude aufführen ließ. Mit Vergnügen rei-
> ste Pedeti dahin, um seine Wissenschaften, die er sich in
> Italien gesammelt, anwenden zu können. Er legte dem Für-
> sten seine Zeichnungen vor, /.../ und er erhielt Beifall.
> Zwey ganz neue Gebäude dirigierte er daselbst vollkommen,
> und brachte sie zur vollkommen Zufriedenheit des Fürsten
> unter das Dach; unter welcher Zeit er auch einige Kunst-
> feuerwerke auf des Fürsten Kosten anordnete, die ganz zum
> Vergnügen der Herrschaften ausfielen. Dadurch erwarb sich
> Pedeti die Gnade und Gewogenheit des sämtlichen Fürsten-
> hauses in so hohen Grade, daß, als er von der sogenann-
> ten pohlnischen Krankheit überfallen wurde, ihn die Für-
> stin nicht allein besuchte, sondern auch seine Kur über
> sich nahm. Weil diese ganz eine besondere Kur ist, ver-
> dient sie aus des Patienten Munde angeführt zu werden.
> Kaum empfand Pedeti, daß er von seinen Gliedern keinen
> Gebrauch mehr machen könne, und ganz liegerhaft sey,
> welche Krankheit den Italiaenern in Pohlen meistentheils
> auf dem Fuße zu folgen pflegt, /S. 223/ so befahl die
> Fürstin, mit des Kranken Einwilligung, wider den Rath der
> pohlnischen Aerzte, des Patienten blossen Leib ganz mit
> schwarzer warmer Brodrinde, wie das Brod aus dem Back-
> ofen kommt, zuüberlegen, ihn darein zu binden, und es
> auf den ganzen Körper einige Tage liegen zu lassen. Nur
> erlaubte Sie in dieser Höllenqual den Märtyrer mit etwas
> frischem Wasser alle Stunden zu laben, besuchte ihn
> selbst fleißig, und sprach ihm Trost zu. Nach 3 vollen
> Tagen konnte Pedeti sich selbst aufhelfen, essen, trin-
> ken, zeichnen, schlafen, und fast gar, wenn es ihm seine
> hohe Gönnerin gestattet hätte, wieder seinen Berufsge-
> schäften nachgehen. Obschon er nun wieder ganz gesund und
> vollkommen hergestellt war, so wollte er doch nicht mehr
> in Pohlen bleiben, aus Furcht von einer ähnlichen Qual
> überfallen zu werden, /...√[82]".

Nachweisbar ist Pedetti erst seit 1747 in Polen. Am 16.4.1747
schrieb er aus Nieswies, Radziwills Residenz 150 Kilometer
südlich von Wilna, an den Fürsten[83]. Pedetti mußte zu der
Zeit bereits länger in Polen anwesend gewesen sein, da er
schon von einem Plan sprach, den er angefertigt hatte.

Der Brief wurde in Französisch abgefaßt.

Pedetti gab sich die Ehre, dem Fürsten einen Plan für den Radziwillpalast in der Krakauer Vorstadt von Warschau[84] zu schicken, für dessen Umbau ihm dieser einen Auftrag erteilt hatte. Er bat ihn gleichzeitig um eine Korrektur des Planes und war bereit, dem guten Geschmack Ihrer Hoheit zu folgen: "/.../ je suivrai toujours le bon goût de V. Al^{ss}/.../."

Am 12.12.1748 berichtete Pedetti in einem ebenfalls in Französisch abgefaßten Brief, daß er auf Wunsch des Fürsten den Plan ganz geändert hätte:"/.../ainsi j'ai l'honneur de dire a Votre Altesse que j'ai changé touts les plants du Palai de Varsovie /.../ [85]". Er entschuldigte sich dann, daß die Kälte ihn daran gehindert hätte,den Bau zu Ende zu führen, daß er aber bereits überdacht wäre. Auch für den "Jardin de la Consolation" in Nieswies hätte er einen Plan gemacht.

Am Ende des Briefes bat er um eine regelmäßigere Bezahlung, um seine ergebensten Dienste fortführen zu können:"/.../ j'ai suis obligé de supplier Votre Altesse très humblement d'avoir la bonté, de vouloir ordonner que jai sois payé regulierement pour continuer mes très humbles services /.../."

Der Radziwill-Palast, von dem Pedetti sprach, wurde 1640-1643 von D. Tencalla erbaut. Im 18. Jahrhundert wurden zwei Seitenflügel hinzugefügt, das Äußere - insbesondere das Mansarddach und die Fassade - wurde neu gestaltet und teilweise wurde auch das Innere umgebaut. Die größte Arbeitsperiode setzte zwischen 1756-1758 ein, zu einer Zeit, wo Pedetti Polen bereits lange verlassen hatte. Es ist nicht bekannt, ob die Architekten eigenen Entwürfen oder Entwürfen Pedettis folgten[86].

Pedetti wurden in Polen folgende Arbeiten als sicher zugeschrieben[87]: "1747 projekt castrum doloris kuczci Anny Radziwiłłowej[88]; pałacyk "Konsolacja" pod Nieświezem", das Sommerschloß "Konsolation" bei Nieswies. Außerdem sollen von Pedetti stammen[89]:"Ołtarz głowny w kościele Jezuitów w Nieświezu", der Hauptaltar in der Jesuitenkirche in Nieswies,und das bereits erwähnte "Projekt pałacu Radziwiłłów przy Krakowskim Przedmieściu w Warszawie", der Radziwillpalast in Warschau.

Daß Pedetti nach seiner Abreise aus Polen in Wien, dem
Tätigkeitsbereich seines Amtsvorgängers im Eichstätter Hofbau-
direktorium, Gabriel de Gabrieli, Station machte, wie es
Hirsching vermutete[90], ist nicht archivalisch zu belegen[91].
Viele Bauten Pedettis sind undenkbar ohne die Kenntnis des
Wiener Barock, aber Pedetti wurde wohl mehr mittelbar durch
Gabrieli davon berührt, ohne unbedingt in Wien gewesen sein
zu müssen.

Am 12.4.1750 trat nun die große Wende ein in Pedettis Leben.
Die Zeit des Reisens hatte ein Ende.
Pedetti bewarb sich an diesem Tag um die Stelle des Hofbaudirektors in Eichstätt[92], die seit dem Tod Gabrielis im Jahre
1747 frei war. Seit 1741 war der frühere Hofpalier Dominico
Barbieri Hofmaurermeister. Als Gehalt bekam er für neun Monate
im Jahr wöchentlich 13 fl., für die Wintermonate monatlich
20 fl. Nach dem Tod Gabrielis wurde der Hofbildhauer Matthias
Seybold als fürstbischöflicher Bauinspektor mit einem Gehalt
von 200 fl. (am 11.4.1749 auf 250 fl. erhöht) und Rittgeld
bei auswärtigen Commissionen angestellt[93]. Seybold hatte eine
Menge Bedingungen wie freie Kunstausübung, festes Gehalt,
bindende Instruktionen über seinen dienstlichen Wirkungskreis
und Hilfspersonal gestellt.
Als Hilfspersonal wurden ihm Johann Gabriel, ehemaliger Stadtmaurermeister, zur Probe auf ein Jahr mit einem Gehalt von
zwei Gulden wöchentlich als Hofmaurermeister und Friedrich
Mayer, bisher Stadtrichtereischreiber, mit gewöhnlichem Kanze-
listengehalt und Kostengeld als Bauschreiber zugestellt.
Bezüglich der weltlichen Dienstgebäude wurde Seybold einge-
schärft, keinen Beamten ohne höhere Genehmigung der Kosten
künftig Änderungen irgendeiner Art in den Amtswohnungen vornehmen zu lassen, den Zustand der Gebäude stets streng zu
überwachen, von den Bauschäden rechtzeitig Einsicht zu nehmen,
Baupläne und Kostenvoranschläge unter seiner Aufsicht von dem
Hofmaurermeister, Wochenlohnzettel und Rechnungen aber von dem
Bauschreiber fertigen zu lassen und das Baumaterial und den
Magazinverwalter Schäfer selbst zu überwachen.

Aber mit Seybold war man bald unzufrieden und beschloß schon
nach drei Jahren, einen vollwertigen Baudirektor einzustellen
und hierfür eine Künstlerpersönlichkeit auszuwählen.
Pedetti, aus dessen Lebenslauf des Anstellungsgesuches bereits mehrfach zitiert wurde, war fest überzeugt von seinen
Fähigkeiten und seinem Talent und schrieb:"Durch dise meine
villfältig gethane weite Raysen, und würckhlich bey gesellte
applicirung in der architectonica /glaube ich/ ohne Ruehm zu
melden, eine solche wissenschafft und Erfahrenheit erworben
zu haben /.../ das einem iedweederen haubt=Bau, nach behörde
vorzustehen mir allerdings wohl gethrauen dörfte[94]".
Er traute sich also zu, nachdem er auf seinen Reisen die architektonischen Erfahrungen erweitert hatte, die Leitung und
Planung von Neubauten aller Art zu übernehmen. Pedetti unter-
zeichnete die Bewerbung mit dem Titel "Mauritius Pedetti
architects und Ingenier Capitain". Verfaßt hatte er das Schreiben bereits in Eichstätt. Am 14. April 1750 wurde Pedetti zur
Probe auf zwei Jahre angestellt[95]. An der Regierung war seit
1736 der Fürstbischof Johann Anton II. (Freiherr von Freyberg).
Man stellte Pedetti ein mit einer jährlichen Besoldung von
400 fl. - wie Gabrieli - und behielt sich vor, "/.../ nach ab -
lauff zweyen jahren denselben, wann Er nicht vor anständig
wurde erachtet werden, wiederum zu dimittiren /.../". Auch ihm
war es nach zwei Jahren Probezeit freigestellt, anderswo eine
Dienststelle zu suchen. Es wurde von Pedetti erwartet, daß er
die von Zeit zu Zeit kommenden Instruktionen der Hofkammer
ausführen sollte und daß er sich so verhalten sollte, "/.../
das mann ursach habe, ihno auch nach ablauff gedachter zweyen
jahren, /.../ noch fernershin in Hochstifftsdiensten bey behalten zu können /.../[96]".
Erst am 14.9.1751 fiel es Pedetti dann ein, daß er dem Fürsten Radziwill, der ihn berurlaubt hatte, wie aus Pedettis Anstellungsgesuch hervorgeht, schreiben mußte, um ihm die Gründe
für sein Fortbleiben aus Polen zu erläutern.
Er versuchte, dem Fürsten klarzumachen, daß "/.../ les raisons
donc, que j'ai à alleguer, sont les pleures d'une mere tres
agée, qui des aussitot que je lui ait fait la proposition de

l'emmener en pologne, n'a point desisté un seul moment de
pleurer, n'ayant point voulue de resondre a faire un voyage
si long /.../[97]". Diese Gründe, die Tränen einer gealterten
Mutter, der er vorgeschlagen hätte, mit ihm nach Polen zu
kommen und die daraufhin unaufhörlich geweint hätte, da sie
sich nicht dazu fähig gefühlt hätte, eine so lange Reise
zu machen, waren wohl kaum ausschlaggebend für Pedetti gewesen. Die Aussicht auf den angesehenen und festen Posten
als Hofbaudirektor in Eichstätt war wohl der eigentliche
Grund, warum Pedetti den polnischen Dienst aufgab.
Nach den beiden Probejahren in Eichstätt schrieb Pedetti am
5.2.1752 einen Brief an den Fürstbischof, daß man ihn in Hinblick auf seine Treue und seinen Fleiß fest anstellen und sofort ein neues Dekret ausfertigen sollte[98]. Am 18.2.1752 wurde
dann fest beschlossen, "/.../ Pedetti nit nur als Bau Direc-
torem mit der sonst gewöhnlichen Besoldung ad 400 fl: zu con-
firmiren, sondern auch selben zu dero actual Hof- Cammerrath
an- und aufzunehmen[99]". Außerdem wurden ihm 32 Mezen Korn
jährlich zugestanden.
Das Hof- und Kammerratsdikasterium, zu dem Pedetti jetzt gehörte, hatte die Finanz- und Kameralgeschäfte des Landes zu
erledigen und war zusammengesetzt aus einem Präsidenten,
einem Vizepräsidenten, beide aus dem Domkapitel, und acht Hof-
und Kammerräten[100]. Somit hatte Pedetti schon mit jungen Jahren
eine Spitzenstellung erlangt. Als Direktor des Hochfürstlichen
Bauamtes war er dem Hofmarschallamt unterstellt. Hierzu gehörten unter anderem auch der Hof- und Kabinettmaler Franz und
der Hofbildhauer Berg (ab 1790 Breitenauer). Zum hochfürstlichen Bauamt gehörten neben dem Direktor zwei Bauschreiber,
ein Baugegenschreiber, ein Hofpolier, ein Hofbrunnenmeister,
ein Steinmetzmeister, ein Hofschlosser, ein Hofschreiner, ein
Hoffeiler, ein Hofglaser, ein Hofspengler, ein Hofzimmerer,
ein Hofschmied, ein Hofwagner, ein Übersteher, ein Hofmaurermeister und Bauamtskontrolleur[101].
Die Handwerker mußten alle Meister sein und durften nur Hof-
arbeit verrichten. Gesellen durften genommen werden, mußten
aber bei der Innung eingeschrieben sein.

Außerdem standen Pedetti zeichnerische Hilfskräfte zur
Verfügung. Dies war an und für sich in der Barockzeit nur
bei stark beschäftigten Architekten wie zum Beispiel bei
Balthasar Neumann üblich. "Allem Anschein nach kam eine
solche Entlastung der entwerfenden Künstler durch Anstellung
zeichnerischen Hilfspersonals in der Barockzeit selten vor[102]."
Es war allerdings notwendig, auf Grund der absolutistischen
Bürokratie, eine Mehrauflage der jeweiligen Bauzeichnung zu
veranlassen.
Matthias Seybold, der seit Gabrielis Tod das Hofbauamt inter-
mistisch geführt hatte und wahrscheinlich selbst auf die Ernennung zum Baudirektor gehofft hatte, wurde nach Pedettis Anstellung von der Hofkammer als Bauamtsverwalter eingesetzt.
Nachdem nun Pedetti beruflich zur Ruhe gekommen war und durch
seine Ernennung zum Baudirektor ein scheinbar sicheres Auskom-
men hatte, heiratete er am 27.11.1752 die aus Herrieden stam-
mende Maria Anna Walburga Hortis, Tochter des Stadtschreibers
und Zöllners Georg Andreas Hortis, dessen Familie aus Ober-
italien stammte[103].
Mit Maria Anna Walburga hatte Pedetti drei Kinder. Im Jahre
1756 wurde der erste Sohn, Ludwig Franz Joseph,geboren, der
nach 15 Tagen starb, und 1763 der zweite Sohn, Johann Maria,
der nach einem halben Jahr starb. Nur die am 6.1.1759 geborene
Tochter Anna Maria Josepha überlebte, blieb ledig und versorgte
nach dem Tode ihrer Mutter im Jahre 1790 den Vater.
Die knapp 50 Jahre bis zu seinem Tod war Pedetti nun fest in
Eichstätt. Vier Fürstbischöfe, von 1736-1757 Johann Anton II
(Freiherr von Freyberg), 1757-1781 Raimund Anton (Graf von
Strasoldo), 1781-1790 Johann Anton III (Freiherr von Zehmen)
und 1790-1802 Joseph I (Graf von Stubenberg), wechselten einander ab in dieser Zeit, ohne daß allerdings eine bedeutende
Herrschergestalt, wie zum Beispiel die Schönborn in Bamberg
und Würzburg, dabeigewesen wäre.
Im geistlichen Fürstentum Eichstätt hatte das steuerfreie Domkapitel den größten Einfluß in der Hochstiftsregierung. Wenn ein
neuer Fürstbischof von ihm gewählt werden sollte, so hatte dieser
bestimmte Bedingungen des Domkapitels zu akzeptieren (Wahl-

kapitulation). Dadurch konnte kein so uneingeschränkter
Absolutismus wie in den weltlichen Fürstentümern entstehen.
Pedetti erhielt seine Aufträge vorwiegend unter der Regierung
Strasoldos und Zehmens. Seine Bautätigkeit beschränkte sich
in dieser Zeit fast ganz auf das Hochstift und die nähere Umgebung.
Pedetti bekam zwar ein festes Gehalt, aber an der Tatsache,
daß bereits Gabrieli dieselbe Summe ausbezahlt wurde, kann
man errechnen, daß diese jetzt nicht mehr ausreichen konnte.
Wie sein Vater hatte auch Pedetti das Pech, immer erst nach
längerem Bitten für die zusätzlichen Arbeiten, die er leistete, eine Anerkennung, ein sogenanntes Douceur, zu erhalten.
Pedetti war hier immer dem Wohlwollen des Fürstbischofs aus-
geliefert. Immer wieder sah er sich gezwungen, Bittgesuche an
diesen zu schicken. In einem Brief vom 8.10.1760[104], nach zehn
Jahren Dienstzeit, schrieb er, er käme mit 400 fl, die bereits
sein Vorgänger erhalten hätte, nicht aus. Er hätte allein an
Miete bereits 50 fl. zu bezahlen; außerdem wären die Holz-
preise gestiegen. Er hätte schon alles Gesparte "/.../ und
sogar das Heyrath guet meines Eheconsortin angreiffen müßen
/.../". Pedetti beanstandete, daß er, obwohl er immer alle
Architekturrisse mit eigener Hand verfertigen würde und auch
den Eichstätter Hochstiftskalender mit viel Mühe gezeichnet
hätte, kein Douceur erhalten hätte. Er bat darum, ihm wenigstens eine bessere Wohnung - die des verstorbenen Dr. Copper
- oder mehr Geld für die Miete zu geben. Am 20.10.1760 wurden Pedetti gnädigst 75 fl. für seine Bemühungen um die
Zeichnung des Hochstiftskalenders bereitgestellt[105].
Zehn Jahre später, am 18.7.1770, wandte Pedetti sich wieder
an den Fürstbischof[106]. Er berichtete, daß er sich inzwischen
ein Haus gekauft hätte, dessen Reparatur ihn bereits vor drei
Jahren dazu gezwungen hätte, sich 500 fl. zu leihen. Das Haus
hätte sich als so schadhaft erwiesen, vor allem wäre das "ge-
mäuerwerkh von jnnen verbrannt", daß er es fast ganz neu
hätte erbauen müssen. Dazu hätte er sich noch einmal 900 fl.
geliehen. Jetzt befände er sich "/.../ bey anschwöllender
Theurung ausser stande, die von 900 fl weiteren Capitalien

ergebende Zünssen entrichten /.../ zu können" und bat um
Teiltilgung der Schulden. Bei dem von Pedetti 1768 erworbenen
Haus handelt es sich um die heutige Ostenstraße Nr. 13/15[107].
Dieses Gebäude baute er bis 1780 mehrfach um. Dann mußte er
es aus finanziellen Gründen verkaufen. Im Jahre 1768 hatte
Pedetti bereits beim Fürstbischof um eine Holzbeisteuer für
den Hausbau gebeten, die ihm gewährt wurde[108].
Das Wohnhaus mit Hof und Gärtchen hatte vorher dem Metzger
Joseph Fürzich gehört. Pedetti hatte es für 1400 Rheinische
Gulden erstanden. Es besteht aus einem dreigeschossigen,
fünfachsigen Hauptbau, der mit der Giebelseite zur Ostenstraße
weist,und einem längeren Nebenflügel mit drei weit auseinan-
dergezogenen Achsen. Das Pultdach des Nebenflügels verdeckt
eine Blendbalustrade aus den für Pedetti typischen Hochoval-
motiven. Erdgeschoß und erstes Obergeschoß sind bei beiden
Trakten durch breite Rustikabänder und - lisenen zwischen den
Achsen gegliedert. Zwischen erstem und zweitem Obergeschoß des
Hauptgebäudes ist ein flächiges Geschoßgesims und zwischen
zweitem Obergeschoß und dreiachsigem Dachgeschoß ein breites
Gurtband angebracht. Die Fenster - im ersten Obergeschoß
stichbogig mit Scheitelsteinen - sind schlicht bandgerahmt.
Akzente bilden die beiden Eingänge in der ersten und fünften
Achse des Hauptbaues mit den profilierten Dreiecksgesimsver-
dachungen und ein flacher, dreiseitiger Erker in der zweiten
Achse im Erdgeschoß des Nebenflügels.
Im Jahre 1780 mußte Pedetti, wie gesagt, sein Haus für 2600 fl.
an den hochfürstlichen Rechnungsrevisor Ignaz Plan verkaufen,
da er es nicht mehr halten konnte.
Am 1.10.1770 bekam Pedetti, weil er in "mehr als 20 jährigen
Hochstüffts Diensten, absonderlich in letzteren Jahren, einige
herschafftliche Haubtgebäu anständig und mit höchst Ihro Zu-
fridenheit hergestöllet hat /.../[109]" 50 fl. Gehaltserhöhung.
Am 15.3.1783 wurde ihm dann als Bezahlung seiner Bemühung um
die Stadtpflasterung die Apothekerrechnung von 215 fl. 22 kr.
bezahlt[110]und am 10.4.1787 wurden ihm zusätzlich 75 fl. jährlich zugebilligt, in der Hoffnung, daß er sich besonders an-
strengen würde, um die anfallenden Bauprojekte nicht zu kostspielig werden zu lassen[111].

Ein letztes Bittgesuch sandte Pedetti am 1.6.1790 an den
Fürstbischof[112]. Hier berichtete er davon, daß seine erst
kürzlich verstorbene Ehefrau und ebenfalls die Tochter sehr
oft krank gewesen wären und daß er dadurch bei der Apotheke
und auch bei verschiedenen Krämern große Schulden gemacht
hätte, die er den Fürstbischof bäte, sie zu bezahlen. Er
führte es als seinen Verdienst an, daß er "/.../ bei vorgewesenen Wassergüssen und Eisstössen mittels Anwendung alls
Flüsses /Fleißes/ und Eifers die zwei neue Au- und Schlagbrücken mit aller Zufriedenheit erbaut und hiebei viele Stra-
paz in Nachsicht, wie auch gelegentlich der Haubt Reparation
an der Spitalbrücke zu erleiden gehabt, /.../ wobey ich an
Kleidungen vieles abgenutzt /.../." Am 8.6.1790 wurden Pedetti 76 fl. 31 kr. (Apotheke) und 44 fl. 50 3/4 kr. (Bau-
amtsrechnung) abgeschrieben, "/.../ in der Zuversicht, derselbe werde in Zukunft mit dergleichen Gesuchen die höchste
Stelle nicht mehr behelligen[113]". Dennoch entschloß man sich
am 8.10.1795, "/.../ dem Baudirector Mauritius Pedetti auf
deßselben unterthänigst bittliches Anlangen, und in Rücksicht
seiner villjährigen eifrigen Dienste und dermaligen hohen
Alters eine jährliche Besoldungszulage von neunzig drey Gulden /.../ zu verleihen /.../[114]".
Pedetti war somit auf ein jährliches Gehalt von 618 fl.
gekommen.

Im Januar 1765 bewarb sich Pedetti - zusätzlich zu seiner
Stelle als Hofbaudirektor - um den Posten des Domkapitelbaumeisters. Aber das Domkapitel entschied sich gegen Pedetti,
da er ihrer Ansicht nach "/.../ mit fillen geschäften überladen[115]" wäre. Als Übergang für den verstorbenen Barbieri
wurde dann Andreas Bind(n)er, der Sohn des Ellinger Baumeisters Matthias Bind(n)er, übergangsweise mit den Aufgaben des
Domkapitelbaumeisters betraut und bekam das Gehalt von
Barbieri. Wirklicher Nachfolger wurde dann Domenicus Salle[116].

Am 14.3.1799 starb Mauritio Pedetti, der letzte Hofbaudirek-

tor des Hochstifts Eichstätt, an Wassersucht[117]. Begraben
wurde er am 16.3.1799 auf dem Eichstätter Ostenfriedhof.
Ihm und seiner bereits 1790 verstorbenen Frau zu Ehren wurde
ein 2,45 Meter hoher, klassizistisch kannelierter Säulen-
stumpf mit einer Obelisken-Bekrönung, der eventuell von Pedetti selbst entworfen wurde, aufgestellt. Hierüber ziehen
sich zwei Schriftbänder mit folgendem Text: (oben) "Peter
Moritz Pedetti, Hochfürstl. Eichstedtl Hof, und Kamer Rath,
Architekt und Bau Diretor ward gebohren zu Kasasco im Mailand /!/ im Jahre 1719. Trat in Hochfürstl. Dienste im
Jahre 1750 und starb den 14. März 1799. Gott gebe Ihm die
ewige Ruhe." Und darunter steht: "Hier ruhet die Hochedel gebohrne Frau Maria Ana Walburga Pedeti, gebohrne Hortis, gewesene Hofkamerrathin und Baudirectorin, nachdem sie 63 Jahre
tugenthaft gelebt, und 38 im Ehestande, bey vielen Krankhei-
ten geduldig, zugebracht hatte: entschlief sie den 19. April
1790, selig in den Herrn. Wer sich im Leiden stets an Gott
und Tugend hält, wer für die Zukunft wirkt als für die Aernte
Zeit, der findet ware Ruh, auch schon auf dieser Welt. Und
stirbt er; ist sein Tod ein Schritt zur Herrlichkeit. Sie
ruhe im Frieden."
Ursprünglich stand auf dem Grabdenkmal Pedettis Geburtsort
falsch geschrieben (Karasco). Neuhofer verbesserte diesen
Fehler.[117a]

Mit Mauritio Pedetti starb die Familie in Eichstätt aus,
während sie in Mannheim fortbestand bis zum Tod der Jacobina
Helena Pedetti am 3.5.1826[118]. Somit wären die Pedettis für
100 Jahre, von 1722-1826, in Mannheim nachgewiesen.
Ein Porträt von Mauritio Pedetti ist bisher noch nicht aufge-
taucht. Von seinem Vorgänger, Gabriel de Gabrieli, dagegen
sind fünf überliefert worden.

BAUWERKE

Profanbauten

Ländliche Profanbauten

Pedettis ländliche Profanbauten sind in drei Gruppen zu un-
terteilen: die reich gegliederten mit zum größten Teil barok-
ken Gliederungselementen, die frühklassizistisch-rasterartig
gegliederten und die schlichten, die sich meist nur auf Grund
von Quellen oder signierten Plänen zuschreiben lassen.
Eine chronologische Aufreihung ist hierbei nicht sinnvoll, da
Pedetti keine konsequente Entwicklung vom Spätbarock zum Frühklassizismus durchmachte, sondern eher im Alter konservativer
wurde. Dies läßt sich auch bei seinen Entwürfen für bedeuten-
dere Anlagen, vorwiegend Idealentwürfe, der Spätzeit feststellen. Bei dieser Tendenz zum Konservatismus im Alter stehen in der Reihe der ländlichen Profanbauten nur die Entwürfe für das Eichstätter Rathaus isoliert da, die, trotz
ihrer frühen Entstehungszeit (um 1760) so barock ausgefallen
sind.
Bei den ländlichen Profanbauten mit nur lokaler Bedeutung hing
der Dekorationsaufwand und Stil vom Geld, Ortsbild und bei
durchgreifenden Umbauten älterer Häuser von den Baugegeben-
heiten ab. Für Pedetti charakteristische Stilelemente sind
gehäuft nur den reicheren Fassaden zu entnehmen.
Das Grundkonzept aller Pedettischen Fassaden ist häufig
frühklassizistisch, kam doch Pedetti von Retti, dem Vorläufer des Frühklassizismus in Süddeutschland, barock dagegen
sind oft die Zutaten, die von Gabrieli oder Fischer von Erlach beeinflußt sind. Daraus schuf Pedetti seinen ganz
persönlichen Stil.
Der typisch ländliche Profanbau Pedettis ist der zweigeschossige Querrechteckbau mit fünf oder sieben Achsen, schlichten
Hochrechteckfenstern ohne Verdachungen, einem einachsigen,
flach vortretenden Mittelrisalit, Dreiecksgiebelabschluß und
flachen, breiten und feingenuteten Lisenen. Letztere bestimmen als Ecklösungen, zur Begrenzung der Risalite, seltener

zwischen den Achsen und fast immer zur Rahmung der Portalzone,
jeden Pedettischen Bau. Auch Retti verwendete die flachen,
breiten und feingenuteten Lisenen als Ecklösungen[119].
Das genutete Erdgeschoß kommt bei Pedetti selten vor. Die Absonderung des Erdgeschosses durch Nutung widerstrebte dem
Frühklassizismus der 60er und 70er Jahre, da die Gleichwertigkeit der Geschosse damit zunichte gemacht wurde.
Erst seit den 80er Jahren ist dieses Element auch an frühklassizistischen Bauten in Süddeutschland beliebter. In
dieser Zeit findet es sich auch erst bei Pedetti (Herrieden,
Dekanei; Eichstätt, Pfarrhof).
Bis auf wenige Ausnahmen ist, wie bereits gesagt, das Grundkonzept der Pedettischen Fassaden frühklassizistisch. Das
macht sich bemerkbar in der Gleichwertigkeit der Geschosse,
der weitgehenden Einheitlichkeit in der Behandlung aller
Fassaden eines Gebäudes, den flachen, rechteckig vortretenden einachsigen Risaliten ohne starkes barockes Eigenleben,
der konsequenten Anwendung von Hochrechteckfenstern, die im
ersten Obergeschoß immer etwas höher sind als im Erdgeschoß
(Betonung der Orthogonalgliederung), den flachen Bandrahmen
der Fenster und Türen, dem Verzicht auf Verdachungen, der
flächigen Gliederung (Lisenen, Verzicht auf Pilaster und
Kolossalordnung) und der sauberen Trennung durch Geschoßbänder bzw. - gesimse.
Es fehlen allerdings frühklassizistische Ornamente wie
Girlanden und Lorbeer etc... Diese sind bei Pedetti ausschließlich in verschiedenen Werken speziell für Eichstätt
in den 80er Jahren zu finden.

Beilngries, Kasten
Ein Beispiel für den typisch Pedettischen Landbau ist das Kastenhaus in Beilngries[120]. Der Amtssitz des Kastners wurde 1740 von
Hirschberg hierher verlegt. In den 60er Jahren bestand die Absicht, das Gebäude umzubauen. In Nürnberg ist eine Linealbleistiftzeichnung mit Auf- und Grundrissen des Baues erhalten[121].   1
Hierbei handelt es sich um eine Kopie für Verwaltungszwecke,

auf der vermerkt ist, daß das Kastenhaus neu zu bauen sei.
Der Entwurf ist aus stilistischen Gründen Pedetti zuzuschreiben. Die Zeichnung ist undatiert und unsigniert, ist aber,
wie bereits erwähnt, in die frühen 60er Jahre einzustufen. Um
diese Zeit (1762) hielt sich Pedetti auch zur Inspektion der Gerichtsschreiberei und des Oberamthauses länger in Beilngries
auf[122]. Das Kastneramt - der Kastner war der Vertreter des ade-
ligen Oberamtmannes und zog unter anderem die Steuer und den Zehnt
ein - diente ausschließlich als Wohnung. Der Kasten zur Aufbe-
wahrung des Getreides befand sich nebenan[123]. Das Kastenhaus, wie
es heute vor uns steht, entspricht zum größten Teil Pedettis
Plan[124].
Der Fassadenentwurf ist, wie gesagt, ein gutes Beispiel für
einen typisch Pedettischen Bau. Das zweigeschossige, fünfachsige Gebäude weist die üblichen, schlicht gerahmten Hochrechteckfenster auf, die im Erdgeschoß geringfügig niedriger
sind als im ersten Obergeschoß. Die Mittelachse ist als einachsiger Risalit leicht rechteckig vorgezogen und von einem
flachen Dreiecksgiebel bekrönt. Einziges Gliederungselement
der Fassaden sind genutete Lisenen als Ecklösungen und als
Rahmung des Risalits. Waagerecht teilt ein Gurtgesims sauber
die Geschosse. Das flache Stichbogenportal ist ohne Zier.
Gedeckt ist das Gebäude mit einem hohen Mansardwalmdach in
der Art Gabrielis mit ovalen Schlepp- und stehenden Gaupen.

Ornbau, Rat- und Kastenhaus

Reicher gegliedert als der Beilngrieser Kasten ist das ein
paar Jahre später von Pedetti erbaute Rat- und Kastenhaus in
Ornbau, die heutige Volksschule[125]. Die Entstehungszeit ist
belegt in dem Giebel des einachsigen Mittelrisalits: RAY (mund).
ANT(onius) S(acri) R(omani). J(mperii). P(rinceps) Fund(ator).
AEdific(ii) 1764. Außerdem referierte Pedetti am 15.2.1764
vor der Hofkammer, daß er sich letzthin im Oberland befunden
und sich dort gleich nach Ornbau begeben hätte zur Planung
des neuen Kasten- und Rathauses. Wegen Platzmangel und erhöhten Kosten könnten die im Rathaus vorgesehenen vier Kramläden nicht mehr untergebracht werden. Ein beiliegender Riß
und Überschlag wurden erwähnt und der Bau beschlossen:

"Es sey nach den beyschüssigen Rüß, und überschlag einen
Neuen Casten und Rathhaus bau zu ohrnbau vorzunemen gdigst
resolviret /.../[126]".

In Nürnberg sind zwei verschiedene Entwürfe Pedettis für einen
Neubau erhalten, wovon der erste signiert ist mit "Mauritio
Pedetti jnvenit"[127]. Dazu lieferte Pedetti einen Entwurf für   **2**
einen Stadel und Stall hinter dem Kasten[128] und zwei Bestandsaufnahmen des alten gotischen Kastens, der aus drei zusammenhängenden Häusern mit Fachwerk im Obergeschoß bestand, und
des sich daneben befindlichen Hecklischen Hauses[129].
Anstelle des dreiteiligen gotischen Kastens stellte Pedetti
1764 den Neubau neben das Hecklische Haus. Der Neubau folgt
größtenteils dem zweiten Plan Pedettis.
Der zweigeschossige verputzte Bau, wie er heute vor uns
steht, besteht aus neun Achsen im Verhältnis 1+3+1+3+1:4.
Dieses Achsenverhältnis sah der zweite Plan vor, während Pedetti im ersten Plan ein kürzeres Gebäude mit nur sieben
Achsen entwarf. Was die Fassadengliederung betrifft, so ist
diese zusammengesetzt aus breiten, hellblauen und gekoppelten
Lisenen, die in beiden Geschossen jeweils das erste und das
letzte Fenster rahmen, einem breiten hellblauen Geschoßband
(auf dem ersten Plan Gurtgesims) und, im Erdgeschoß genuteten,
Lisenen um den einachsigen Mittelrisalit.
Die hochrechteckigen Fenster[130] sind mit schlichten hellblauen
Bändern gerahmt, was auch in beiden Plänen vorgesehen war.
Im ersten Entwurf plante Pedetti gekoppelte Lisenen als Ecklösungen in beiden Geschossen und einfache Lisenen nach der
zweiten und fünften Achse. Der einachsige Mittelrisalit sollte
von schmaleren Lisenen gerahmt werden. Im Erdgeschoß waren
sämtliche Lisenen genutet.
Im zweiten Plan sah Pedetti durchgehend genutete Lisenen als
Ecklösung und um den Mittelrisalit vor. Das ausgeführte lise-
nengerahmte Portal mit der von Triglyphenkonsolen gestützten
geschweiften Verdachung - typisch auch für Gabrieli - wurde in
beiden Plänen nur als einfaches Stich-bzw. Hochrechteckportal
vorgebildet. Der scharf begrenzte Risalitgiebel über dem verkröpften Gebälk mit Wappen und Jahreszahl hat seine Vorlage

im zweiten Plan (allerdings unverkröpftes Gebälk), während
der erste Plan eine plastischere Lösung mit überhängendem
Wappenschild, Vasenbekrönung und zusätzlich je einem waagerechten Blendfeld über und unter dem Mittelrisalitfenster des
ersten Obergeschosses vorsah. Im zweiten Plan sind in der ersten und letzten Achse breite Stichbogenportale mit Keilsteinen
vorgesehen. Ausgeführt wurde nur das westliche (ohne Keilstein),
von dem aus man durch einen langen Gang zur ummauerten Hofseite gelangt.

Die Grundrißaufteilung der ländlichen Profanbauten Pedettis
allgemein beruht, trotz der unterschiedlichen Funktionen der
Gebäude, auf einem Schema. Der meistens an der Längs- und
Schauseite liegende (Mittel-)Eingang führt immer in einen
langen, durch die gesamte Tiefe des Gebäudes führenden Fletz
mit rechts und links sich angliedernden Räumen. Auf der gegenüberliegenden Seite vom Eingang liegt das Treppenhaus. Teilweise erweitert sich hier der Fletz, wie zum Beispiel in dem
ersten Entwurf für das Ornbauer Rat- und Kastenhaus. Hier
gliedern sich an den Fletz in der Mittelachse im Erdgeschoß
verschieden große rechteckige Zimmer: rechts Kinderzimmer mit
Kammer, Küche und Speisekammer, links Amtsstube mit Kammer,
gewölbte Registratur und ein Behältnis. Im zweiten Plan, in
dem der Bau länger geplant war, waren neben den vorher erwähnten, leicht verändert angeordneten Zimmern um den Mittelfletz, noch spezielle Räume für die Funktion des Gebäudes als
Rathaus vorgesehen: Amts- und Schreibstube, Registratur und
"Rathaus ud wag platz".
Im ersten Obergeschoß fällt der Mittelfletz für gewöhnlich
weg. Die Grundrißaufteilung des ersten Obergeschosses des Ornbauer Rat- und Kastenhauses ist auch hier wieder typisch für
Pedetti. Über die Hauptstiege erreicht man das erste Obergeschoß und gelangt in einen quergelagerten, rechteckigen Fletz
mit ausgerundeten Ecken zur Kaminbeheizung. An drei Seiten
gruppieren sich große Gast-, Kammerdiener-, Schlaf- und Haupt-
zimmer um den Fletz.

Aurach, Schloß und Wahrberg, Gerichtsschreiberei

Sehr elegant sind zwei Entwürfe Pedettis zur Gestaltung der
Fassaden des Schlosses in Aurach und der Gerichtsschreiberei
in Wahrberg. Das Schloß in Aurach ist allerdings noch heute
unverändert mittelalterlich erhalten, es wurde im 18. Jahrhundert nicht umgebaut[131]. In Wahrberg war das Gericht in der Burg
bzw. im Schloß. Pedettis Entwürfe für die Gerichtsschreiberei[132]
- die Zeichnungen sind nicht von ihm selbst - blieben unausgeführt. Auf einem der Pläne für das Auracher Schloß[133] ist der Tag
der Genehmigung des Umbaues durch die Hofkammer, der 5.6.1773,
festgehalten. Warum der ausgezeichnete Entwurf dennoch nicht
verwirklicht wurde, ist unklar. Auch der Entwurf für Wahrberg,
dem für das Auracher Schloß sehr ähnlich, ist in diese Zeit
zu datieren. Als Gliederung für das Auracher Schloß sind breitere genutete Lisenen als Ecklösungen und schmalere als Einfas-
sung der Mittelachse vorgesehen. Der Giebel ist waagerecht durch
glatte, schmale Geschoßbänder, die Hauptgeschosse durch ein Geschoßgesims unterteilt. Eine ähnliche Liseneneinteilung weist
die Wahrberger Gerichtsschreiberei auf, hier wurden nur die die
Mittelachse rahmenden genuteten Lisenen verdoppelt.
Im Vergleich zu Pedettis Karlsruher Schloßbauentwurf von 1750,
wo er ebenfalls das Element der genuteten Lisenen einsetzte,
sind diese beiden einfachen Landbauten wohlproportionierter
und eleganter in der Gliederung.

Herrieden, Kanonikats- und Vikariatshaus

In Herrieden gab es für Pedetti mehrere Bauaufgaben, im profanen wie im sakralen Bereich. Seine reichen Entwürfe wurden
aber nur zum Teil verwirklicht.
Das Kanonikats- und Vikariatshaus, der heutige katholische
Pfarrhof, ist eines der wenigen Projekte im Oeuvre Pedettis,
das vollständig nach seinen Plänen erbaut wurde und auch heute
zum größten Teil im originalen Zustand erhalten ist.
In Nürnberg sind zwei signierte Pläne Pedettis mit Grund- und
Aufrissen für den zweigeschossigen, zehn zu dreiachsigen Putz-
bau erhalten[134]. Leider sind die Pläne undatiert.   I

Der Bau muß aber auf Grund seiner zwar reichen, aber strengen
Fassadengliederung (vgl. Ornbau), die sich deutlich von den
wieder sehr barocken Plänen von 1786 für die Dekanei in Herrieden absetzt, in die 60er Jahre datiert werden. Der linke
Teil des Gebäudes (fünf Achsen) war vorgesehen für ein Kanoni-
kats-, der rechte (ebenfalls fünf Achsen) für zwei Vikariatshäuser. Die Fassade ist symmetrisch aufgeteilt und straff gegliedert. Zwischen den Achsen befinden sich genutete Lisenen,
die sich weiß von der heute rosa-orange getünchten Wand ab-
heben[135]. Wie der Fassadenplan angibt, werden sie zwischen dem
Erdgeschoß und dem ersten Obergeschoß von dem Gurtgesims ge-
brochen. Die Ausführung war allerdings einfacher. Aus dem
Gurtgesims wurde ein breites Geschoßband, und die Lisenen blieben unverkröpft.
Die schlicht gerahmten Fenster im Erdgeschoß sind quadratisch,
die des ersten Obergeschosses hochrechteckig. Dies unterstützt
die vertikale Tendenz.
Die lange Fassade ist zweiportalig. In der Gestaltung wird,
wie immer bei Pedetti, das Schwergewicht auf die Portale gelegt,
die eng von genuteten Lisenen umschlossen sind. Die Stichbogenportale liegen in der dritten und achten Achse und sind mit
einer geschweiften, verkröpften Gesimsverdachung, gestützt
von Volutenkonsolen, versehen.
Darüber befindet sich im ersten Obergeschoß eine rundbogige
(im Plan segmentbogige) Muschel-Statuennische, auf Pedettis
Plan leer, aber mit Postamenten ausgestattet. Die heute darin
befindlichen Holzfiguren eines Apostels links, um 1700 gefaßt,
und einer ebenfalls gefaßten Maria Immaculata rechts aus der
zweiten Hälfte des 18. Jahrhunderts waren wohl von vornherein
für die Nischen vorgesehen[136]. Die Figuren sind von unterschiedlicher Größe und stammen aus anderem Zusammenhang. Die
verschieden hohen Podeste, auf denen sie stehen, zeichnete
Pedetti in seinen Plänen bereits ein.
Die Mittelachse des Gebäudes, in der Fassade markiert durch
eine genutete Lisene, im Inneren durch die Feuermauer, krönt
ein mit einem Walmdach gedecktes Zwerchhaus, von Voluten gestützt und mit Dreiecksgiebel und Vasenbekrönung versehen.

Es besteht aus zwei stichbogigen Fenstertüren, die von brei-
ten, glatten Lisenen gerahmt sind. Oben öffnen sich zwei
Okuli. Das Zwerchhaus wurde vereinfacht ausgeführt. Pedettis
Entwurf sah noch eine Gliederung des Giebels vor. Das Zwerchhaus konnte von den Parteien des Kanonikat- und des ersten
Vikariathauses als Aufzug benutzt werden. Für das zweite
Vikariathaus stand ein weiteres Zwerchhaus an der Seitenfassade zur Verfügung.
Die Gartenfassade und die beiden dreiachsigen Seitenfassaden
haben ebenfalls noch die originale Aufteilung und Gliederung.
Es existiert keine Ansicht hiervon, aber die Fensteraufteilung
geht aus den Grundrißplänen hervor. Die Gartenfassade, bei der
durch flache Risalite Fenstergruppen zusammengefaßt werden, ist
noch einfacher gegliedert als die Vorderfront. Hier läuft ebenfalls ein breites Geschoßband durch, genutete Lisenen werden
hier nur als Ecklösungen und als Bezeichnung der Mittelachse
verwendet.
Auch die Grundrißeinteilung ist, abgesehen von wenigen, später eingezogenen Zwischenwänden, noch original. Überall sind
die alten Türen noch erhalten und vor allem ein klassizistisches Treppengeländer mit den für Pedetti typischen, aber
auch von Gabrieli verwendeten Hochovaldurchbrüchen. Ansonsten
ist das Innere - bis auf wenige einfache Stuckierungen - schmucklos. Die Grundrißeinteilung ist die für Pedetti typische.
In der Mittelachse zieht sich im Kanonikatshaus ein langer,
sich hinten wie ein Querschiff verbreiternder Fletz durch die
gesamte Tiefe des Gebäudes, um hinten die Treppe aufzunehmen.
Seitlich des Fletzes gliedern sich rechts Hauptstube, Kran-
kenstube und "Behaltnus" und links Küchenstube, Küche, Speis
und Abort an.
Durch eine heute zugemauerte Stichbogentür gelangte man in
den an der Seitenfassade anschließenden ummauerten Hof mit
Brunnen und Waschhaus. Das in derselben Farbe wie das Hauptgebäude gefaßte Waschhaus ist noch erhalten. Hinter der Rück-
fassade schließt sich ein großer Garten an, der aber nur von
dem Kanonikatshaus erreichbar war. Auf Pedettis Grundrißplan
war er geometrisch aufgeteilt in gleich große Felder.

Die beiden Vikariatshäuser teilten sich die gleiche Grundriß-
fläche, die das Kanonikatshaus in Anspruch nahm. Eine Feuermauer und ein Fletz in der Mittelachse dieses Gebäudeteils
trennten die beiden Vikariatswohnungen. Nur die linke war
vom Portal der Hauptfassade aus erreichbar, zur anderen fand
man Zugang durch ein Seitenportal. Aus Pedettis Plan geht hervor, daß sowohl das erste als auch das zweite Vikariatshaus
im Erdgeschoß aus Küchenstube, Küche, Speisekammer und Treppen in nicht symmetrischer Aufteilung bestanden. Für jedes
Vikariatshaus war ein ummauerter Hof mit "bedacht waschstatt"
und gemeinsamem Brunnen vorgesehen. Der Garten, an den Schmalseiten umschlossen von Höfen und Waschhäusern, war auch an der
dem Haus gegenüberliegenden Längsseite zugebaut. Hier reihten
sich ursprünglich Wirtschaftsgebäude und Höfe aneinander:
"Decanai Hoffreit ud wagen Remis", "Sattelcamer", "Stahlung",
"Capitl. Pau ambt material reserv", "alter stiffts ambt Köl-
ler" und "Stiftsambtmans Hofreit dan holzlög". Von diesen Gebäuden sind nur noch die zugemauerten Fensterdurchbrüche in
der Gartenmauer zu erkennen.
Die Aufteilung des Kanonikatshauses im ersten Obergeschoß
entspricht nicht der des Erdgeschosses, da der lange Flur weg-
fällt. Von der Treppe betritt man zunächst einen querrechteckigen Fletz und dahinter das ehemalige "ordinere Wohnzimmer"
(zur Hauptfassade). Rechter Hand befinden sich die ursprünglichen "Hauptzimer" und Gästezimmer, durch eine Glastür verbunden, links ein ehemals als Schlafzimmer benutzter Raum mit
Alkoven und Bibliothek - alles in allem eine dreiteilige Zim-
merflucht. Die Vikariatshäuser sind im ersten Obergeschoß
symmetrisch aufgeteilt. In der Mittelachse im hinteren Gebäudeteil befindet sich die Treppe. Zum Garten hin liegt ein
Raum, der ursprünglich als "Stibl" gedient hat, in der Mitte
die ehemaligen zweiteiligen Schlafkammern und nach vorne die
großen "ordinere wohnzimer".
Der Speicher des mit einem Walmdach gedeckten Gebäudes ist
dreifach unterteilt und diente zur Lagerung von Getreide.

Herrieden, Kasten

Zwischen dem Kanonikats- und Vikariatshaus und den späten
Entwürfen für die Dekanei in Herrieden, liegt zeitlich die
Planung für ein neues Kastenhaus, die unausgeführt blieb.
Der ehemalige Kasten, wie er heute noch vor uns steht[137],
ist ein mittelalterliches, zweigeschossiges verputztes Gie-
belhaus, das erst im 19. Jahrhundert verändert wurde.
Pedetti entwarf einen neuen Kasten mit Stallung und Stadel[138]. 3
Die mit sehr hartem Strich ausgeführten Zeichnungen stammen
nicht von ihm, aber der Gliederungsstil der Fassade läßt auf
seine Urheberschaft schließen. Die achtachsige Fassade ist
straff gegliedert. Der Eingang erfolgt durch ein schlichtes
Stichbogenportal in der zweiten Achse, das von rustizierten,
breiten Lisenen flankiert wird. Analog dazu ist die vorletzte
Achse gestaltet, allerdings ist hier anstelle der Tür ein
Stichbogenfenster mit Rauhputzblendfeld eingesetzt. Wie im
Kanonikats-und Vikariatshaus ist somit nicht die Mittelachse
betont. Die Gliederungselemente der Fassade sind eine Kombination aus den Elementen des Kanonikats- und Vikariatshauses
und des Rat- und Kastenhauses in Ornbau.
Die Fenster - im Erdgeschoß wieder niedriger - sind durchgehend hochrechteckig und schlicht gerahmt. Darunter befinden
sich Rauhputzblendfelder. Die zweite und die siebte Achse
sind als Risalit leicht vorgezogen und im Dachgeschoß von
einer volutengestützten, breiten Gaupe bekrönt, während sich
über den übrigen Achsen schlichtere Gaupen befinden.
Die Fassade ist zwischen den Achsen durch geschlitzte, glatte
Doppellisenen, wie in Ornbau, und an den Ecken durch genutete
Lisenen gegliedert. Waagerecht unterteilt wird das Gebäude
durch ein flächiges, wenig profiliertes Geschoß-und ein stark
profiliertes Traufgesims, die sich über den Risaliten verkröpfen.

Herrieden,Dekanei

Gegen Ende des 18. Jahrhunderts fertigte Pedetti Entwürfe für
die Umgestaltung der Herriedener Dekanei an, die aber unausgeführt blieben. Der Bau, wie er heute vor uns steht, gegenüber
der Gartenseite des Kanonikats- und Vikariatshauses, stammt aus

der Mitte des 18. Jahrhunderts[139]. An das Gebäude stößt hinten, im Südwesten, ein alter gotischer Bau mit der Nordost-
Giebelseite an. Dessen Südwest-Giebelseite berührt die Stadtmauer. Beide Gebäude sind abgebildet auf einer Tuscheansicht
Pedettis von Herrieden von 1762[140]und einer Ansicht von Herrieden von Johann Michael Franz im Rittersaal des Schlosses
Hirschberg bei Beilngries. Der gotische Bau ist deutlich
sichtbar, während der barocke - von der Gartenseite im Südwesten - nur undeutlich zu erkennen ist. Er weist ein einfaches Walmdach auf.
Um 1786 sollten diese beiden Bauten offensichtlich umgebaut
werden. Pedetti lieferte hierzu drei signierte und datierte
Risse, die die Grundrisse des Keller-, Erd- und ersten Obergeschosses, Fassadenansichten und Querschnitte wiedergeben[141]. 4,5
Die Pläne, bisher unbekannt, wurden, wie bereits erwähnt,
nicht ausgeführt.
Außerdem fertigte Pedetti ein Gutachten mit der Beschreibung
der drei Risse an[142]. Mit diesem reichen Quellenmaterial, das
dazu noch datiert und signiert ist, läßt sich die Planung
perfekt rekonstruieren.
Charakteristisch für Pedetti ist der Konservatismus in der
Gestaltung dieses späten Baues. Die Gliederungselemente sind
abhängig von seinem Amtsvorgänger Gabrieli. Vergleichbar ist
hier dessen zwischen 1730 und 1740 erbauter Dekanatshof in
Spalt[143], der allerdings noch zusätzlich durch Rokokoformen
belebt ist.
Das von Pedetti hier verwendete, bereits von Gabrieli bevorzugte Mansardwalmdach über kräftigem, profilierten Traufgesims
und mit stark ausladendem oberen Dachgesims, ist bei seinen
ländlichen Profanbauten, da er hier meist frühklassizistisch
gestaltete, selten. Häufiger dagegen ist diese Dachform bei
seinen Idealentwürfen und großen Projekten zu finden, was
wohl hauptsächlich dekorative beziehungsweise repräsentative
Gründe hatte. Der Vorteil des Mansardwalmdaches ist aber auch
ein praktischer. Diese Dachform bietet zusätzlichen Raum.
Pedetti gewann zwei große Kranzstockzimmer hinzu, deren Bedeutung als Belvedere er hervorhob[144]. Das Mansardwalmdach
ist im Untergeschoß mit hochrechteckigen, stichbogig geschlos-

senen, stehenden Gaupen und im Obergeschoß mit barocken
Okuli-Gaupen, wie sie auch Gabrieli verwendete, besetzt.
Krönender Abschluß ist ein dominierender, runder Schornstein,
wie er unter anderem auch in Schloß Hirschberg als bewußter
Endpunkt der Gesamtanlage eingesetzt wurde.
Die nach Nordosten ausgerichtete Hauptfassade ist reich gegliedert. Über einem schmalen, glatt belassenen Sockelstrei-
fen baut das weit hochgezogene und rustizierte Erdgeschoß auf.
Dieses ist durchbrochen von sechs geohrten, schlicht gerahmten Hochrechteckfenstern mit darunter befindlichen, hochrechteckigen, an den vier Ecken eingekerbten Putzblendfeldern auf
glattem Grund. Fenster und Blendfelder sind durch Bandrahmung
miteinander verbunden. Darüber verkröpft sich leicht ein Geschoßband über dem Sockelgeschoß. Das Portal ist flach stichbogig gewölbt und mit Keilsteinen versehen. Das darüber befindliche, querovale und geohrte barocke Oberlicht, das an das
Geschoßgesims anstößt, findet sich ansonsten bei Pedetti nicht,
stammt aber auch aus dem Formenapparat Gabrielis. Die Fenster des Erdgeschosses stoßen fast an das Geschoßgesims an.
Auch das erste Obergeschoß ist gegliedert durch geohrte Hochrechteckfenster und darunter gesetzte, schmal-querrecht-
eckige Blendfelder, verbunden durch schlichte Bandrahmung.
Die Mittelachse des Gebäudes ist durch das Portal im Erdgeschoß und durch den bekrönenden, flachen Dreiecksgiebel in der
Dachzone, der mit einer Wappenkartusche ausgefüllt ist, hervorgehoben. Dadurch, daß das Fenster des ersten Obergeschosses
sich nicht von den übrigen unterscheidet, wurde ein zu starkes barockes Eigenleben der Mittelachse verhindert. Dies unterstützt auch die Tatsache, daß sie nicht als plastischer
Risalit gestaltet wurde.
Wichtiger Akzent in der äußeren Gestaltung des Gebäudes wären
zwei Durchgangsportale zum Hinterhof und Garten geworden, die
Pedetti rechts und links neben der Hauptfassade plante.
Rechts der Dekanei schließt der damals "Canonicat loyische
Hof", mit Walmdach gedeckt, an. Zu dessen Hinterhof führte ein
einfaches Tor zwischen den beiden Gebäuden. Dieses und das
Einfahrtstor zu dem im Südwesten liegenden "Hoff Reith" des

Dekaneigebäudes sollten künstlerisch sehr anspruchsvoll gestaltet werden. Pedetti schreibt dazu, es "könnten nach dem
Riss beide Thor mit ein balustrat /.../[145]" besetzt werden.
Ein Plan[146] gibt die beiden gleich gestalteten Einfahrten wieder. Geplant waren zwei breite Stichbogenportale mit rechteckigen, triglyphierten Scheitelsteinen. Darüber baut je eine
Balustrade zwischen zwei, mit klassizistischen Vasen bekrönten
und profilierten Sockeln auf. Die Balustraden sind durchbrochen
von jeweils fünf, oben und unten rundbogig gewölbten Hochrecht-
ecköffnungen aus dem barocken Formenschatz Gabrielis. Die
Zwischenräume dekorieren Kreuzformen. Die Balustraden ruhen
auf, von der Kämpferzone der Portale ausgehenden, Stützvoluten.
Die Zwickel füllen dreieckige Blendfelder aus. Aber auch
dieser Plan wurde nicht realisiert. Die schlichten, vasenbekrönten Pfeiler der heutigen Portale könnten aber eventuell von
Pedetti stammen.
Dem Grundrißplan zufolge schloß südöstlich der Haupteinfahrt
eine französische Gartenanlage an, die durch Latten zwischen
Steinpfeilern von der Einfahrt getrennt werden sollte[147]. Am
Eingang zu dem zwei Stufen höher gelegenen Garten buchtete
die Begrenzung segmentförmig aus. Vom Garten ist auf dem Plan
nur sehr wenig zu sehen. Er ist in geometrische Flächen unterteilt, die von Hecken umgeben sind. Der Baumbewuchs ist sehr
sparsam gehalten. Bäume sind nur an markanten Stellen wie Weg-
anfängen oder Mittelmarkierungen gesetzt. Um besser auf den
Garten sehen zu können, sollte der direkt gegenüberliegende
alte Bau mit einem neuen Kranzstock versehen werden[148].
Die "faciada gegen den Garten" setzt die Gliederung der Hauptfassade in den hauptsächlichsten Elementen fort, ohne aber konsequent und einheitlich durchgebildet zu sein. Auch die Fassade des alten Baues weist eine angepaßte Gliederung auf.
Die Mittelachse ist betont durch einen einachsigen, aber sehr
breiten, schwach rund vorgezogenen Mittelrisalit, der der Gliederung der übrigen Fassade angepaßt ist. Die Mittelachsenfen-
ster sind eingefaßt von breiten, unten genuteten Doppellisenen.
Krönender Abschluß ist ein Aufzugsgiebelhaus mit einer lisenen-
gerahmten Dreifenstergruppe, bestehend aus einem breiten und

hohen Mittel- und zwei schmalen, niedrigeren flankierenden
Fenstern mit Blendfeldern. Das aufgesetzte Satteldach weist im
Giebeldreieck ein querovales Fenster, unterfangen von zwei
dreieckigen Blendfeldern, auf. Ein ähnliches Zwerchhaus gestaltete Pedetti am Kanonikats- und Vikariatshaus.
Im vorne erwähnten Gutachten[149] gibt Pedetti an, was von dem
alten Gebäude beibehalten werden sollte (in den Rissen schwarz
gezeichnet)[150]: zunächst die alten Kellermauern, dann die Nord-
ost- und Teile der seitlich anschließenden Mauern im Erdgeschoß (90 cm dick). Das gesamte erste Obergeschoß sollte aus
Ziegelsteinen neu gemauert werden, wie Pedetti angibt[151].
Das alte gotische Gebäude sollte ebenfalls beibehalten werden.
Nach Pedettis Wunsch sollten zur Herstellung des Gebäudes nicht
allein Werkmeister, sondern zumindest Maurermeister herangezogen werden[152].
Neu gemauert werden sollte vor allem das Wasch- und Backhaus
im hinteren, südwestlichen Teil des Gebäudes und verschiedene
Unterteilungsmauern zur Abgrenzung von Kellerräumen.
Da der alte Keller, der nur ungefähr zur Hälfte unterirdisch
war, "/.../ durchaus gewölbt /.../" war, war "/.../ kein ge-
bälckhwerckh erforderlich /.../[153]". Der sogenannte "alte"
Keller im Nordwesten hatte ein Tonnengewölbe, die restliche
Fläche, die Pedetti durch Trennwände und einen Gang in Vor-
keller mit "Behältnus" und Küchenkeller unterteilte, hatte
ein Kreuzgratgewölbe.
Wie in allen seinen Neubau- und Umbauplanungen sorgte sich
Pedetti auch hier um die technischen Probleme der Wasserversorgung mit der Planung eines neuen Leitungssystems.

Mittelpunkt des Erdgeschosses ist ein großes quadratisches
Vestibül mit abgerundeten Ecken. Zu diesem führt vom Haupteingang ein breiter Gang mit Stufen empor. Südöstlich des Ganges
liegt die rechteckige Küchenstube, dahinter die große achteckige Küche, deren dreiachsige Fensterwand zur Einfahrt südöstlich des Hauses vorspringt, und über dem Wasch- und Backhaus des Erdgeschosses in der südlichen Ecke eine Küchenkam-

mer und eine Stube. Nordwestlich vom Eingangsfletz liegt ein
großes quadratisches Gastzimmer, dahinter eine schlichte, ein-
wendige Stiege mit dem für Pedetti typischen Holzgeländer mit
Hochovaldurchbrüchen (vgl. Kanonikatshaus und Kasten in Spalt)[154]
Der längsrechteckige, ehemals große Saal des gotischen Gebäudes ist auf Pedettis Plan in zwei etwa gleich große und ein
kleines mittleres Gastzimmer unterteilt, der Höhe nach (ca.
drei Meter) angepaßt an die Höhe der übrigen Zimmer.
Bei dem Grundriß des ersten Obergeschosses, der in zweifacher,
leicht unterschiedlicher Form erhalten ist, bemühte sich Pedetti nach eigenen Worten um eine möglichst bequeme Einteilung der eigentlichen Wohnräume[155].
Die Höhe der Zimmer machte er "um etliche Zoll höher als der-
mahliger alte Saal /im gotischen Bau/ damit es eine gesunde
Wohnung /.../" beziehungsweise viel Licht gäbe[156]. Die Höhe
der Zimmerböden glich er an. Auffällig ist die erstaunliche
Dünne der Innenmauern, die teilweise nur knapp 15 Zentimeter
dick sind.
Von der Hauptstiege aus betritt man zunächst das ca. 4,80 x 6
Meter große, in den Ecken wiederum abgerundete Vestibül in der
Mitte des Stockwerkes. Von dort geht es weiter in das Haupt-
zimmer, das "Wohnzimer oder Sallet" (5,70 x 6,60 Meter) mit
abgerundeten Ecken und ausleuchtender Fensterwand an der Süd-
ostfassade. Vom Wohnzimmer führen zwei Türen einmal in das
Schlafzimmer mit Garderobe und Alkoven und zum anderen in die
Bibliothek beziehungsweise in das Studierzimmer. An die Biblio -
thek im vorderen Tei reihen sich entlang der Hauptfassade das
querrechteckige kleine Speisezimmer, ausgerundet an der Innen-
wand, und ein Gastzimmer, in der Ecke (auf dem Nürnberger Plan
mit einer in die Wand eingelassenen ausgerundeten, breiten
Nische für das Kopfende des Bettes und einer Fensterachse mehr).
In das Schlafzimmer in der schräg gegenüberliegenden Ecke im
hinteren Teil kann man vom Vestibül auch durch ein Vorzimmer
gelangen. Im Nürnberger Plan sind beide Zimmer durch eine Dop-
peltür getrennt.
Zwischen neuem und altem Teil sind, wie auch unten, die Loci,
eine Bedienstetenkammer und eine "/.../ verborgene bodenstiege

damit die HauptStiege ganz frey verbleibet /.../[157]" untergebracht.

Den Aufrissen nach war die Ausstattung sehr schlicht geplant.
Die Wandgliederung der Vestibüle im Erd- und im ersten Obergeschoß machen glatte Lisenen, Hochrechteckfelder und querrechteckige Supraporten aus. Die Türen sind schlicht gerahmt und
hochrechteckig. Das Stiegenhaus weist bis auf das bereits erwähnte schwere Holzgeländer mit den Hochovaldurchbrüchen keine
Gliederung auf.

Eichstätt, Stadtpfarrhof

Ein weiteres Spätwerk Pedettis, das ihm neu zugeschrieben werden kann, ist ebenfalls quellenmäßig bestens zu untermauern.
Es handelt sich hierbei um die ebenfalls unausgeführt gebliebenen Entwürfe für den Stadtpfarrhof in Eichstätt, die Pedetti
sechs Jahre vor seinem Tod anfertigte.
In den Kapitelsprotokollen vom 19.4.1793 ist die Rede von
einem "/.../ von dem Hochfürstl. Hofkamerrath und Bau Directore Pedetti /fol. 68 r/ gefertigten Riss, und überschlag über
den dahiesigen /Eichstätter/Stadtpfarrhofbau /.../. Concl.
Wird der von dem Bau Directore Pedetti verfertigte Riss, und
Uiberschlag hirmit genehmiget und wäre nach solchen der bau
quastl. zu vollführen, auch ob solches wirklich geschehe? von
seite der diesseitigen Oberbau-Komission öfters - und von Zeit
zu Zeit nachzusehen /.../[158]".
Nach der Genehmigung des Planes wurde also sogar auf die Notwendigkeit hingewiesen, zu kontrollieren, ob der Bau tatsächlich nach den Plänen ausgeführt wurde.
Auf dem bereits erwähnten Stadtplan Pedettis von Eichstätt aus
dem Jahre 1796 im Stadtarchiv Eichstätt ist der zur Collegiat-
kirche Unserer Lieben Frau gehörige Pfarrhof mit den ihn umgebenden Kanonikatshäusern im Grundriß eingezeichnet[159]. Er liegt
gegenüber der Collegiata[160] östlich der Straße, die vom Dom- zum
Marktplatz führt[161].
Nach Mader[162] gehörte zum Pfarrhof der Collegiata der sogenannte
Kugelberg-Garten auf dem gleichnamigen Berg in der im Nordosten der Stadt liegenden Buchthaler Vorstadt. Dieser ist eben-

falls auf dem Stadtplan eingezeichnet[163]. Mader schreibt den
Gartenentwurf - nach 1766 - Pedetti zu. Es ließ sich diesbe-
züglich keine Quelle finden. Im "Heimgarten"ist über den Pfarrhof folgendes vermerkt:"1791 /.../: Die Chorherren des Col-
legiatstifts bei der Pfarrkirche Unserer Lieben Frau haben
vor der Kirche über eine schmale Gasse ihre Wohnung, welche
zum Teil aneinandergebaut, zum Teil mit einer Mauer umgeben
sind, durch welche zwei Tore führen. Dieser Bezirk wird das
Pfarrhöflein genannt, es wohnen darinnen nebst den Chorherren
die 2 Stadtkapläne und der Stiftsbeamte /.../ Hier hat auch der
zeitl. Stadtpfarrer der Dompfarrei seine Wohnung /.../[164]".
Der mittelalterliche Pfarrhof gegenüber der ehemaligen Collegiata diente bis 1873 als Wohnung des Stadtpfarrers[165].
Von diesem Jahr an wurde der frühere "Bayerische Hof"[166]als
Wohnung für den Dompfarrer und zwei Kapläne gekauft.
Sowohl von Pedetti als auch von Domkapitelsbaumeister Domenikus
Maria Salle[167]wurden Pläne zu einem Umbau des Pfarrhauses ange-
fertigt. Dennoch blieb der Pfarrhof, abgesehen von verschie-
denen Reparaturen, bis zum 19. Jahrhundert unverändert. Dann
gestaltete ihn Schneidermeister Ochsner um[168]. Heute ist von
Veränderungen des 18. Jahrhunderts nichts zu sehen.
Im Diözesanarchiv in Eichstätt sind ein Plan des ursprünglichen mittelalterlichen Zustandes[169]und ein Umbauentwurf von
Salle[170]erhalten. Pedettis Entwurf befindet sich im Germanischen Nationalmuseum in Nürnberg[171].   6
Der Plan des mittelalterlichen Zustandes des Pfarrhofes zeigt
den Aufriß der Westfassade und zwei Grundrisse des 2 1/2 geschossigen Gebäudes. Der alte Bestand wurde von Salle aufgenommen. Das beweist die Handschrift, die der des Umbauentwur-
fes vom gleichen Meister gleicht. Außerdem haben beide Pläne
die gleichen Ausmaße.
Das knapp 16 Meter lange und ungefähr zehn Meter breite mittelalterliche Pfarrhaus bestand aus vier (im Erdgeschoß) beziehungsweise sieben zu vier Achsen. Einziges Dekorationsele-
ment der Fassade war eine hohe Muschelnische für eine Marienfigur zwischen Erdgeschoß und erstem Obergeschoß in der drit-

ten Achse und ein Schild für ein Wappen oder für eine Uhr
über der Tür in der vierten Achse. Gedeckt war das Gebäude mit
einem niedrigen Satteldach.

Das Erdgeschoß war einfach gegliedert: in der Mitte der breite
Eingangsflur mit der Hauptstiege, links daneben eine große Stube, eine kleinere Kammer und dazwischen die Einheizstube und
Aborte, rechts davon ein weiterer, rechtwinklig abzweigender
kleiner Gang, an den sich auf der einen Seite Speisekammer
und Herrenstube und auf der anderen Seite "die Kamer ober den
Keller", die Kellertreppe und eine gewölbte Holzkammer anschlos-
sen. Das Gebäude war an der nördlichen Schmalseite schräg zu-
geschnitten. An der südlichen Schmalseite schloß eine abge-
schrägte, ausgerundete Gartenmauer um einen großen Innenhof an.
Diese ist auch auf dem Pedettischen Stadtplan zu erkennen.
Im Innenhof befanden sich noch verschiedene Nebengebäude.

Das Hauptgeschoß war ähnlich aufgeteilt wie das Erdgeschoß:
in der Mitte der breite Gang mit der Stiege, links davon das
quadratische Wohnzimmer des Stadtpfarrers und die fast ebenso
große Stube der Magd, rechts davon Küche, Speis, ein großes
und ein kleineres Zimmer.

Aus den Domkapitelprotokollen von 1793[172] geht hervor, daß man
sich bereits 1791, angeregt durch Stadtpfarrer Eberhard Clanner, Gedanken um eine Reparatur des Pfarrhofes machte. In
einem Überschlag vom 6.5.1791 über die Baugebrechen am Stadtpfarrhof zählte Salle folgende notwendige Reparaturen auf[173]:
Dachumschlagen und neue Dachsteine, Kamin in der Wohnstube abtragen und erweitern, Dach- und Stallzimmer erneuern, Waschhaus reparieren, Holzlege neu decken und die hintere Haustür
erneuern.

In dem Hofkammerprotokoll vom 18.10.1792[174] wird von einer am
14.10.1792[175] angeordneten und am 17.10.1792 vorgenommenen Besichtigung der Geistlichen Räte und Kanoniker des Kollegiat-
kapitels berichtet. Es zeigten sich die folgenden Mängel:

- Die Fenster im Zimmer links neben der Haustür wären
  ruinös. An der Mauer des Zimmers befänden sich direkt
  die Loca, der Abwasserkanal davon verliefe bis unter
  den Fußboden "/.../ wodurch dieses /das Zimmer/ unge-
  sund und fast unbewohnbar zu machten seyn könte /.../".
  Eine Versetzung der Aborte wäre nötig[176].
- Die hintere Haustür wäre neu zu machen[177].

- Zwei Türen zum Hof wären schadhaft und müßten neu gemacht werden[178].
- In der Waschküche wäre der Kamin fast ganz eingefallen und müßte neu aufgemauert werden. Außerdem müßte die Bedachung abgedichtet werden[179].
- Die verfaulte Dachrinne im Hof wäre neu zu machen[180].
- Im hinteren Zimmer im oberen Stock "/.../ wo die Weibsbilder wohnen /.../" müßte der Fußboden neugemacht und die Holzdecke abgetragen und erneuert werden[181].
- Die Loca wären der Grund für üblen Geruch im hinteren Zimmer bei dem Anbau. Das Zimmer wäre deshalb fast nicht mehr zu bewohnen[182].
- Der Dachstuhl würde einfallen, da Balken und Lattenhölzer verwurmt wären. Bei der Neuerrichtung wäre deshalb kaum altes Holz zu gebrauchen[183].
- Die Mauern im oberen Stock wären sehr dünn und auch "/.../ auf der Seite gegen dem Pfarrhöflein nur mit Ruthen geflochten und mit einigwenigen Anwurf bedeket /.../". Das Holz wäre so verfault, daß die ganze Seite herausgerissen und neu gemauert werden müßte[184].
- Die Kreuzstöcke und Fensterrahmen wären überall schlecht[185].
- Der Fußboden im vorderen Wohnzimmer des Pfarrers wäre schadhaft[186].

Fazit dieser Besichtigung war, daß die ganze Reparatur als sehr kostspielig veranschlagt wurde. Die Mauern wurden, was den oberen Stock betraf, als zu schwach eingeschätzt, um einen neuen Dachstuhl zu tragen. Die unteren waren "/.../ zu winklhaft gebaut, um eine ordentliche und dauerhafte Wohnung einzurichten[187]". Man erachtete es als notwendig, den ganzen Pfarrhof bis auf die unteren Hausmauern abzubrechen. Vorher sollte aber Domkapitelsbaumeister Salle den alten Bestand aufnehmen und zusammenstellen, wie und mit welchen Kosten der Hof wiederhergestellt werden könnte. Außerdem sollte er einen neuen Grundriß und Überschlag vorlegen. In dem Kapitelprotokoll vom 16.11.1792[188] wird dann berichtet, daß Clanner bereits mehrere Male beim Dekanat und Domkapitel um die Besichtigung des Pfarrhofes gebeten habe. Das Ordinariat sei selbst auch sehr daran interessiert, "/.../ daß ein jeder Pfarrer rucksichtlich der aufhabenden Seelsorge mit einer convenablen Wohnung versehen werden möge /.../[189]".
Es wird dann noch erwähnt, daß das "/.../ hiesige Stadtpfarrhaus zugleich auch ein wahres Kanonikal-Haus sey /.../ und /.../ eine ganz gleiche Beschaffenheit, wie mit den übrigen Kanonikal-Häußern hat /.../[190]".

Aus den Protokollen geht weiter hervor, daß bis zu diesem
Zeitpunkt, November 1792, "/.../ bereits einige obschon geringe Pfarrhaus-Reparationen von der collegiata wirklich bestritten worden /.../[191]".
In den Domkapitelprotokollen vom 14.12.1792[192] wird weiterhin
dringlich darauf hingewiesen, daß es nötig sei, Salle und
einen weiteren Bausachverständigen sofort zur Besichtigung
der Bauschäden in den Pfarrhof zu schicken. Sie sollten die
nötigen Reparaturen zu Protokoll nehmen und der Collegiats-
Stadtpfarrei eröffnen, damit sofort mit der Reparatur begonnen
werden könnte. Zur Bestreitung der Reparaturkosten sei der Verkauf von pfarrstiftlichem Getreide notwendig.
Die am 18.10.1792 geforderten Risse, die von Salle angefertigt
werden sollten, waren am 22.12.1792[193] noch nicht eingereicht
worden.
Da sich Pfarrer Clanner am 14.2.1793[194] dafür bedankte, daß die
Reparatur genehmigt worden war, wird wohl bis dahin der Riß
angefertigt worden sein. Nach Clanners Meinung stürzte der
Bau zu diesem Zeitpunkt langsam ein. Es zeigten sich Spalten
und Risse, und der Wind wehte durch das Haus, so daß er, Clanner, sich bei großen Stürmen schon öfter in den Keller geflüch-
tet hätte. Sein Antrag auf Umzug in ein bei der Kirche gelegenes Haus (Kanzelist Kolb) wurde am selben Tag genehmigt.
Obwohl Salles Riß nun genehmigt war, wurde am 27.3.1793 bean-
tragt, um das "/.../ Gebäude auf eine andere minder kostbare,
jedoch gleich daurhafte Art herstellen zu können /.../", daß
"/.../ hierüber ein anderweiter Riss= und Kostenuiberschlag
gleich nach den Osterferien behörig vorgelegt werden solle
/.../[195]". Es war "/.../ dem Baumeister Salles ex parte rev<u>mi</u>
Capituli bereits der Auftrag geschehen, wegen fällung der
nöthigen bauhölzer sowohl, als wegen Löschung des Kalchs
/=Kalk/ die erforderliche ungesäumte Anstalt zu treffen[196].
Einen Monat später wurde, wie bereits ganz vorne erwähnt,
Pedettis Riß genehmigt. Salle, der als Domkapitelsbaumeister
eigentlich zuständig war, wurde wegen seines zu kostspieligen
Planes abgelehnt. Am 15.4.1793 wurde Pfarrer Clanner mitge-

teilt, daß Pedetti den "/.../ aufriß und Ueberschlag, nach
welchem auch allbereits schon der bau seinen Anfang genommen
/.../ verfertigt .hätte[197]". Man hätte sich für Pedetti ent-
schlossen, da die Arbeiten mit geringeren Kosten als bei
Salle gemacht werden könnten. Man hätte sich nicht "/.../
aus persönlicher abneigung, sondern aus wohlüberlegten Beweg-
gründen den Baumeister Sales verbethen /.../[198]".
In einem Schreiben vom 31.10.1793 bat Pedetti darum, die von
ihm gefertigten Risse extra vergütet zu bekommen.[199] Die 22 fl.,
die er bereits bekommen hatte, reichten ihm nicht aus. Er
hatte den alten Bau ausgemessen und vier Grund-und Aufrisse
angefertigt. Am selben Tag wurden ihm 2 Carolin als "Douceur
pro labore" zugestanden[200]. Am 13.2.1794 wurde in einem Cir-
culare das Schreiben Pedettis vom 31.10.1793 an das Stifts-
kapitel erwähnt und berichtet, daß Pedetti "/.../ mit denen
schon längstens erhaltenen 22 fl. für seine bemessung, und
die 2 Risse des Pfarrhofes nicht zufriden sondern 16 fl. weitere erbittet[201]".
Den Quellen nach zu urteilen, wurde Pedettis Riß also genehmigt, Salles ausgeschieden, Pedetti war bezahlt worden,
und man hatte bereits angefangen zu bauen. Entweder blieb
man in den Anfängen stecken oder, was wahrscheinlicher ist,
es wurden nur die nötigsten Reparaturen nach dem Plan Pedettis
ausgeführt. Den anfangs erwähnten Riß Pedettis, auf den noch
eingegangen wird, setzte man auf keinen Fall in die Tat um.
Der Riß hätte, ebenso wie der von Salle, eine tiefgreifende
innere Veränderung und auch eine völlige Umgestaltung der
Fassade nach sich gezogen. Pedettis und Salles Entwurf blieben also Idealpläne. Die Pläne für die ausgeführten Reparaturen ließen sich nicht finden. Eine "Baurechnung über das
Neue Kanonikat u. dermahlige Stadtpfarrhauß in Eichstätt", angelegt von Stiftskastner Franz Ludwig von Wolf vom 3.4.1793
bis zum 31.1.1794[202], ist ein Beleg dafür, daß Arbeiten ausgeführt wurden. Wolf führt 79 Wochenzettel von Handwerkern auf,
die am Pfarrhof in dieser Zeit tätig waren, unter anderem den
Wochenzettel der Maurer für "Abbrechen", "Ausräumen" und "Stei-
netragen"[203]. Außerdem gab es einen Hebtrunk für Maurer, Zim-

merleute und Tagwerker[204]. In derselben Rechnung ist auch die
"Remuneration /Entschädigung/ über 2 verfertigte Bau Risse
dem H. Bau Director Hochfürstl. Hofkamer Rath Pedetti in 4
Piecen worunter 2 Scheine 33 f." erwähnt[205]. Weiterhin ist von
neuen "öfen von der Schmölz /Obereichstätt/ ", von Dachdecker-
lohn und Spenglerarbeiten die Rede[206]. Die Schreiner fertigten
eichene Kreuzstöcke, Türen, Böden u. a.[207].

Salles Umbauentwurf weist in der Grundrißaufteilung im Vergleich zu dem mittelalterlichen Zustand keine gravierenden
Änderungen auf. Vor allem plante er die Ausrichtung der schrä-
gen Nordmauer und die Änderung der Funktion der Zimmer: in der
Mitte ein breiter Gang mit der Hauptstiege, links anschließend
in leicht verändertem Grundriß ein großes und ein kleineres
Dienstbotenzimmer und Aborte, rechts auf der einen Seite des
abzweigenden , zum Hof hinausführenden Ganges Küche und Brun-
nenstube, auf der anderen Seite eine große Kammer. Die Grund-
fläche des ersten Obergeschosses teilte Salle in sechs Teile
auf und ließ den breiten Gang in der Mitte weg. Das erste Obergeschoß sollte ein Wohnzimmer für den Pfarrer, zwei weitere
große Zimmer, ein Gastzimmer, das Treppenhaus, ein kleines
Schlafgemach, ein Seitengemach, eine kleine Kammer und Aborte
beherbergen.
Völlig neu gestaltete Salle die Fassaden des Pfarrhofes. Sein
Entwurf zeigt West- und Südfassade. Aus der unregelmäßig gegliederten mittelalterlichen Fassade schuf er eine symmetrische,
einheitlich frühklassizistische. Das alte Achsenverhältnis von
7:4 behielt er bei, setzte die Fenster aber in gleichem Abstand voneinander, vereinheitlichte sie und sorgte für eine
Gleichwertigkeit der beiden Geschosse. An der Hauptfassade
faßte er drei Achsen zu einem flach hervortretenden, rechteckigen Risalit mit profiliertem Dreiecksgiebel als Abschluß
zusammen. Sämtliche Fenster sind hochrechteckig, schlicht gerahmt und geohrt. Die Fassade ist waagerecht gegliedert durch
ein breites Sockel- und Gurtband und durch das Traufgesims.
Gedeckt ist das Gebäude mit einem hohen Walmdach mit Schlepp-
gaupen.

Frühklassizistische Elemente der Fassade sind: die Hochrechteckfenster mit Flachrahmen, im ersten Obergeschoß geohrt, die
Einheitlichkeit der Gestaltung aller vier Fassaden und des
dreiachsigen Mittelrisalits, das flache, rechteckige Hervortreten desselben, der scharf profilierte Dreiecksgiebel als
Abschluß und die präzise Unterteilung der Geschosse durch Geschoßbänder. Außer den senkrecht geschlitzten breiten Lisenen
an den Kanten weist die Fassade keine Gliederungselemente auf.
Einziges plastisches Element ist die flache Gesimsverdachung
über der schmalen, hochrechteckigen Tür, die in der Mitte
leicht ausbuchtet. Die Verdachung ragt wenig über das Geschoßband hinaus. Der schlichte Türrahmen ist geohrt mit Tropfen.
Das Ohrenportal ist eine von Gabrieli oft verwendete und in
Eichstätt weit verbreitete Form. Überhaupt scheint Salles Fassade eine frühklassizistische Interpretation der Gabrieli-
Fassade der Fürstbischöflichen Jägermeisterei in Eichstätt[208]
zu sein. Übernommen wurden vor allem die geschlitzten Lisenen
an den Gebäudeecken, das Geschoßband, die hochrechteckigen, geohrten Fenster im ersten Obergeschoß (bei Gabrieli im Mezzanin
des 2 1/2 geschossigen Baus) und der dreiachsige Mittelrisalit
mit dem Dreiecksgiebel. Verzichtet wurde auf die einer frühklassizistischen Fassade nicht zuträglichen Elemente wie Seg-
ment- und Bügelverdachungen, Kolossalordnung und Betonung des
Hauptfensters.

Pedettis Entwurf unterscheidet sich so erheblich von dem Salles,
daß es scheint, als hätte keiner von beiden die Pläne des anderen gekannt. Von dieser Zeichnung ist anzunehmen, daß nur
der Entwurf, nicht aber die Ausführung von Pedetti stammt. Wie
so häufig fertigte die Zeichnung wohl ein Angestellter des Hof-
bauamtes für ihn an. Dafür spricht auch die Beschriftung des
Grundrisses. Es taucht allerdings auch auf, daß Pedetti die
Zeichnung, ein Angestellter aber die Beschriftung vornahm.
Daß es sich bei diesem unbetitelten Entwurf überhaupt um den
Eichstätter Pfarrhof handelt, geht aus einer Grundrißerklärung
im Erdgeschoß ("gangel in Pfar Hoffreith"), aus der charakteristischen Gartenmauer, und auch aus der Tatsache hervor,

daß sich die Zeichnung in eben diesem Band der Nürnberger Bauzeichnungen befindet, die speziell Eichstätt betreffen.
Untypisch für Pedetti ist die bewußte Verlegung des Eingangs-
portales aus der Mittelachse. Dies findet sich nur noch im
Herriedener Kastenhaus[209]. Dadurch änderte sich die Grundrißaufteilung.
Der typisch ländliche Profanbau Pedetti hat, wie gesagt, sonst
immer den das Gebäude in zwei gleiche Teile gliedernden Mittelgang. Dieser Gang befindet sich hier nun in der ersten Achse.
Am Ende des Ganges steigt eine einfache, geradläufige Treppe
empor. Im Gegensatz zu Salle hielt Pedetti es nicht für notwendig, das Gebäude zu begradigen. Rechts des Ganges schließen
vier etwa gleich große und rechteckige Zimmer an: ein Wohnzimmer, ein kombiniertes Wohn- und Schlafzimmer mit abgetrenntem
Alkoven, eine Küche und Speis und eine Stube. Im oberen Stock
sah Pedetti ein Schlafzimmer, ein oberes Wohnzimmer, ein Gast-
und ein "Haupt Eck Zimer" und eine Kamer vor.
Die Gestaltung der zweigeschossigen, 5:3 (im Erdgeschoß vier)
achsigen Westfassade ist in ihren Grundzügen frühklassizistisch. Die Einheitlichkeit der Wirkung verhindern allerdings
verschiedene plastische Elemente.
Als Pendant zu der mit einem Segmentbogen verdachten Tür legte
Pedetti in der letzten Achse im Erdgeschoß ein gleichartig ge-
staltetes Fenster an. Diese Pendantwirkung findet sich ebenfalls
auf dem Neubauentwurf für das Herriedener Kastenhaus[210].
Zur optischen Verlängerung des im Vergleich zur Tür kürzeren
Fensters setzte Pedetti bei beiden Gebäuden ein Rauhputz-Blend-
feld unter das Fenster.
Die erste und letzte Achse des Eichstätter Pfarrhofes gestaltete Pedetti als eine Art Seitenrisalit, jedoch nur bezogen
auf die Gliederung. Die Risalite treten nicht hervor. Sie sind
im Erdgeschoß und im ersten Obergeschoß genutet. Im ersten Obergeschoß flankieren zwei breite, eng gekoppelte Lisenen mit
feinen Nutungsstreifen die geohrten, hochrechteckigen, mit
spitz zulaufenden Gesimsverdachungen bekrönten Fenster. Die
"Risalite" sind über einem breiten Traufgesims, das sich über

den Lisenen verkröpft, noch besonders betont durch zwei
niedrige, scharf profilierte Dreiecksgiebel mit Okuli. Auch
die Fassade des Herriedener Kastenhauses weist allein durch
die hervorgehobene Dekoration, nicht durch das Hervortreten,
die Portalachse und die dazugehörige Fensterachse als Risalite
aus. Hier sind Nutung und bekrönende Volutengaupen der Blick-
fang. Die drei mittleren Achsen der fünfachsigen Pfarrhoffas-
sade sind schlichter gestaltet. Beide Geschosse weisen einfach
gerahmte Hochrechteckfenster auf. Im ersten Obergeschoß sind
sie, auch durch die in der Verlängerung angebrachten Putzfel-
der, etwas höher gezogen. Dies unterstützt das frühklassizistische Orthogonalgliederungssystem. Das Erdgeschoß ist auch
hier durch Nutung als Sockelgeschoß gekennzeichnet, was, wie
bereits erwähnt, in Süddeutschland erst seit ungefähr 1780 im
Frühklassizismus wieder mehr verbreitet ist. Als eindeutiges
Zeichen für den Frühklassizismus läßt sich das genutete Erdgeschoß nicht werten, war es doch schon früher (italienische
Renaissance in Florenz, französische Klassik, süddeutscher
Barock) beliebt[211].
Beim Eichstätter Pfarrhof zieht sich die Nutung auch über die
Gartenmauer.
Als Bemühung um ein frühklassizistisches Fassadensystem ist die
Tatsache zu werten, daß trotz der plastischen Elemente in den
einachsigen "Risaliten" diese kein zu starkes barockes Eigen-
leben führen, da die Fensterreihung auch hier fortgesetzt wird.
Frühklassizistisch ist auch die Bemühung, das Stichbogenportal
und das Fenster in ein Hochrechteckfeld zu verspannen.
Gedeckt ist das Gebäude mit einem niedrigen Walmdach.

Eichstätt, Rathaus
Eine Sonderstellung innerhalb der "reichen" Entwürfe nehmen
die frühen barocken Pläne Pedettis für das Eichstätter Rathaus ein. Um 1760 sollte das gotische Rathaus am Marktplatz
umgestaltet werden. Pedetti fertigte dazu Entwürfe an, die
aber nicht zur Ausführung gelangten. Wie Christa Schreiber für
Franken, Schwaben und Baden im 18. Jahrhundert nachwies[212], bemühte man sich nur in wenigen Städten um einen Baumeister von ge-

wissem Rang beim Rathausbau. Eindeutig waren dabei die Städte
wie Eichstätt im Vorteil, da sie die meist höherrangigen
fürstlichen Architekten zur Verfügung hatten beziehungsweise
mindestens die fürstlichen Bauämter konsultieren konnten.
Der Neubauanteil zu der Zeit war sehr gering, so daß es nicht
erstaunt, wenn man sich auch in Eichstätt nur für eine Umgestaltung entschied, die dann immer weiter herausgezögert wurde.
Im Germanischen Nationalmuseum in Nürnberg ist eine bisher un-
bekannte Skizze von der neugeplanten Fassade und von dem Grundriß des ersten Obergeschosses erhalten[213].   II
Die unsignierte und unbezeichnete Skizze ist auf Grund des
Stils und der Ähnlichkeit mit weiteren signierten Entwürfen
im Eichstätter Stadtarchiv Pedetti zuzuschreiben. Die Entwürfe im Stadtarchiv geben Pedettis Vorstellung von der Neugestaltung der vier Fassaden und des Inneren wieder[214].   7
Drei Pläne dieser Serie[215] unterrichten uns über das Aussehen
des dreigeschossigen, sehr breiten (20 Meter)[216] gotischen Rathauses. Dargestellt sind die Haupt-(Ost-)fassade zum Markt hin,
die nördliche Langseite und die Westfassade zur Pfahlgasse.
Die Giebelflächen der Ost- und Westfassade des mit einem Satteldach gedeckten gotischen Baues waren durch übereck gestellte Lisenen gegliedert. Der Ostgiebel war von einem Dachreiter
mit der Rathausglocke, die bei Feuer, am Anfang und Ende des
Marktes, zur Zusammenkunft der Ratsleute und auf dem letzten
Weg eines Verurteilten geläutet wurde, besetzt. Die fünf-, im
zweiten Obergeschoß dreiachsige, Hauptfassade wies schlicht gerahmte Rechteckfenster auf. Nur das zentrale Fenster im ersten
Obergeschoß wurde durch Überhöhung des Mittelteils hervorgehoben.
Im Erdgeschoß waren, nach Bestandsaufnahmen nach dem Schwedenkrieg - das Rathaus blieb unbeschädigt - zu urteilen[217],
typisch für mittelalterliche Rathäuser, Teile des Marktes untergebracht. Da gab es Krambuden, unter anderem einen Seilerladen,
Freibänke, das Brothaus (nur zum Verkauf) und zwei Wachstuben.
Vor diesen Läden waren an der Ost- und der halben Südfassade
Vordächer angebracht, so daß ein umlaufender gedeckter Lauben-
gang gebildet wurde.

Der Haupteingang befand sich an der achtachsigen nördlichen
Langseite in der dritten Achse von Osten. Ungefähr in der
Mitte der nördlichen Langseite führte ein Gang durch das ganze
Gebäude; dieser wurde als Schranne, also als Verkaufsstelle
von Getreide, benutzt. Dahinter lag im westlichen Teil das
Fleischhaus. Hier konnte verkauft, geschlachtet (Kleinvieh)
und aufgehängt werden. Fleisch- und Brothaus waren noch bis
zum 19. Jahrhundert im Rathaus untergebracht. Somit waren die
wichtigsten Nahrungsmittel unter städtischer Kontrolle. Außerdem gab es hier eine "s.v. schwindgrube" in der Nähe des
Fleischgewölbes, Holzremisen und eine Waschküche. Im ersten
Obergeschoß war über dem Fleischhaus die Tenne untergebracht,
ein großer, auf drei Säulen gestützter Raum, der als Theater-
und Verkaufsraum für Kürschner genutzt wurde. Außerdem waren
hier das große Ratszimmer, Schreibstuben, Wartezimmer, Registratur u.a. untergebracht. Im zweiten Obergeschoß waren Wohnungen
für den Stadtrichter, den Stadtgerichtsschreiber und den Stadt-
türmer eingerichtet. Im Turm gab es eine Kammer, eine Gefäng-
niszelle und oben eine Türmerstube.
Dieser gotische Turm erhebt sich zwischen dem Schrannengang und
dem Fleischhaus. Er springt nicht aus der Mauer hervor, sondern
ist in das Gebäude miteinbezogen. Er war ursprünglich mit einem
Satteldach und Treppengiebeln ausgestattet.
Die Westfassade ist nach Norden abgeschrägt. Die Nordfassade
war in gotischer Zeit von unterschiedlich großen und unsym-
metrisch angeordneten Fenstern durchbrochen[218]. Ganz im Osten
dieser Fassade kragte im ersten Obergeschoß ein Erker auf drei
Kragsteinen hervor.
In Pedettis Entwürfen für die neuen Fassaden überwiegen die
barocken Elemente. Die Hauptfassade war als Repräsentations-
fassade geplant, breit gelagert und plastisch ausgestaltet.
Allgemein läßt sich eine Rückständigkeit in der Gestaltung von
Rathausfassaden im 18. Jahrhundert in Schwaben, Franken und
Baden feststellen[219]. Von Fall zu Fall verschieden lag es entweder an den Baumeistern oder dem Auftraggeber. Die Vorbilder
wurden meist aus der näheren Umgebung oder, wenn es sich um eine
Umgestaltung handelte, direkt vom Vorgängerbau bezogen. Dies
trifft auch bei Pedettis Entwurf zu. Sein Umgestaltungsplan

des Inneren folgt dem alten gotischen Bau, die äußere Gestaltung ist beeinflußt von Gabrieli.

Kein Einfluß hatten in den erwähnten Gebieten im 18. Jahrhundert die Architekturtheoretiker, wie Schreiber nachwies, mit ihren historisierenden Tendenzen und Vorbildern von vor 100 Jahren.- Pedettis Fassaden-Vorschlag zeigt ein bei ihm seltener verwendetes Gliederungselement, die Rustizierung des Erdgeschosses. Eine frühklassizistische, gleichwertige Gestaltung der Geschosse ist damit verhindert. Das Erdgeschoß wird von den beiden Obergeschossen durch ein profiliertes Gurtgesims getrennt. Die beiden Obergeschosse weisen zwischen den Achsen und als Ecklösungen glatte Kolossalpilaster mit korinthischen Kapitellen und hohen Sockeln auf. Die schlichten, bandgerahmten Fenster, deren quadratische Form im zweiten und deren hochrechteckige Form im ersten Obergeschoß bereits im gotischen Bau gegeben waren, wurden hier gleichmäßiger angeordnet. Die Anzahl der Achsen wurde erhöht. Konsequent einheitlich behandelte Pedetti alle vier Fassaden, indem er die Fenster in ein System aus Kolossalpilastern und Blendfeldern einfügte.

Der einachsige Mittelrisalit der fünfachsigen Hauptfassade paßt sich nicht ein in das Gliederungssystem, sondern hat ein stark barockes Eigenleben. Im Erdgeschoß weist der Mittelrisalit ein von zwei kleinen Rechteckfenstern flankiertes Rundbogenportal auf. Über dieser Dreiergruppe spannt sich ein zusammenfassendes Vordach. Das Erdgeschoß wird ansonsten gegliedert durch je ein großes Stichbogenfenster mit von Ovalöffnungen durchbrochenen Brüstungsgeländern und mit je einer Stichbogentür rechts und links der Mittelachse. Im ersten Obergeschoß sah Pedetti zur Beleuchtung der Hauptstiege im Fletz ein Palladiomotiv vor, bestehend aus einem breiteren, flach stichbogig gewölbten Mittelfenster und zwei flankierenden, schmalen Hochrechteckfenstern. Die Fenster sind unten durch eine massive Brüstung mit Blendfeldern geschlossen. Die die Dreifenstergruppe zusammenfassende Gesimsverdachung buchtet leicht aus über dem erhöhten Mittelfenster. Analog zum Erd- und zum ersten Obergeschoß gestaltete Pedetti auch das zweite Obergeschoß dreiteilig. Als Mittelmotiv wählte er ein stichbogig gewölbtes Hochrechteckfenster über einer Inschriften-

tafel und rechts und links davon je eine hohe, schmale und
rundbogige Muschelnische mit zwei Rokokofiguren.
Wenn Pedetti das Palladiomotiv anwendete, dann immer an architektonisch wichtigen Stellen und nur an bedeutenden Profanbauten wie Residenzen und Schlössern (u.a. Schloß Pfünz, Residenz
Eichstätt, Idealentwürfe). Das Eichstätter Rathaus nimmt hier
eine Sonderstellung ein.
Die Giebelfläche des Mansardgeschosses - Pedetti plante anstelle des gotischen Satteldaches ein barockes Mansardwalmdach
- an der Hauptfassade gliederte er mit stark plastischen Elementen, wie sie für keinen seiner ländlichen Profanbauten
sonst verwendet wurden. Als Mittelmotiv wählte er ein breites
und hohes Wappenfeld auf einem glatten Sockel und von Volutenstützen gerahmt. Das eigentliche Wappen, stark plastisch ausgebildet, sitzt auf einem Blendfeld mit Mutulifüßen auf. Über
diesem dominierenden Mittelmotiv ließ Pedetti das Dachgesims
sich spitz hochziehen. Die restliche Fläche gliederte er durch
glatte Lisenen beziehungsweise Pilaster um das Wappenfeld in
Verlängerung zur Gliederung der unteren Stockwerke. Über den
beiden kleinen Rechteckfenstern waren hohe quadratische Wappen-
felder mit klassizistischen Girlanden vorgesehen. Dem Verlauf
des Daches folgend, schwingen auch an den Ecken klassizistische Girlanden herab, die an Vasenpostamenten enden.
Krönender Abschluß ist der Glockenturm mit einer zierlichen,
luftigen Laterne mit Vasenbekrönung und darunter, auf voluten-
gestütztem Feld, ebenfalls mit Vasen, einer Uhrentafel.
Die der Hauptfassade gegenüberliegende Westfassade[220]glich
Pedetti dem Hauptgliederungssystem an. Den Turm an der Nordfassade gliederte er durch schmale Lisenen und Gurtbänder.
Durch die Lisenen betonte er die vertikale Tendenz des Turmes.
Anstelle des gotischen Satteldaches sah Pedetti für den Turm
ein kräftiges Mansardwalmdach mit Kuppelbekrönung vor.
Tatsächlich ließ Pedetti keine Fläche des Gebäudes ungeglie-
dert. Die Ausführung dieser barocken Prachtfassade wäre sehr
kostspielig geworden.
Die Bleistiftskizze im Germanischen Nationalmuseum in Nürn-   II

berg[221] weist ungefähr die gleichen Gliederungselemente auf
wie der Plan im Stadtarchiv Eichstätt, nur wurden hier die
plastischen Elemente am Mittelrisalit reduziert. Das Palladiomotiv verlegte er vom ersten in das zweite Obergeschoß und gestaltete das mittlere Fenster als Rundbogenfenster. Aber auch
im ersten Obergeschoß ordnete er eine aus schmalen Hochrechteckfenstern bestehende Dreifenstergruppe an. Im Gegensatz zu
dem Plan in Eichstätt sah er hier für die Fenster der Obergeschosse Gesims-bzw. Rundbogen- und Giebelverdachungen vor.
Als Abschluß des Mittelrisalits plante Pedetti einen Dreiecksgiebel mit Wappenrelief und darüber ein Glockentürmchen. Die
Bleistiftskizze in Nürnberg ist im großen und ganzen schlichter
gehalten und ist vor allem in der Gestaltung des Mittelrisalits
ruhiger als der in Eichstätt aufbewahrte Plan, der in jedem
Stockwerk eine völlig andere Gliederung aufweist.
Beide Entwürfe lassen nicht auf den ersten Blick erkennen, daß
es sich um ein Rathaus handelt. Es könnte ebenso ein Palais
sein, wenn nicht die für ein Rathaus typischen und bei Palästen im allgemeinen nicht üblichen Elemente wie "Glocke" und
"Uhr" auf die Funktion hinweisen würden. Bei den mittelalterlichen Rathäusern, so auch beim Eichstätter, waren die
auf die Funktion des Gebäudes hinweisenden, im Erdgeschoß befindlichen Läden von außen noch deutlicher sichtbar durch die
laubenartigen Vordächer. Läden gibt es allerdings auch bei anderen Bautypen.
Für Franken, Schwaben und Baden wies Christa Schreiber nach,
daß ein besonderer Bautypus "Rathaus" im 18. Jahrhundert nicht
existierte und die meisten Rathäuser nur durch funktionsbe-
dingte Baubestandteile und Motive als solche von Palästen zu
unterscheiden wären[222].
Pedettis Fassade wäre mit dieser üppigen Ausstattung an dem
"konkurrenzlosen" Marktplatz allerdings als Rathaus aufgefallen.
Durch die fehlende Nachbarschaft von Adelspalais, die sich
vor allem im Residenzplatzviertel befinden, hätte die reiche
Fassade, wenn sie ausgeführt worden wäre, dominiert.
Dieses Phänomen stellte Schreiber vorwiegend in Residenz-
städten fest, wo Markt- und Regierungsviertel - wie in Eichstätt - streng getrennt waren.

Im Inneren hatte Pedetti nur geringfügige Änderungen vorgesehen. Nach Schreiber war es allgemein im 18. Jahrhundert in
den von ihr behandelten Gebieten üblich, sich auf eine palast-
artige, repräsentative Ausgestaltung der Hauptfassade zu beschränken. Im Inneren wurden bei Umbauten mehr oder weniger
die alten Raumeinteilungen beibehalten und bei Neubauten
wurde auf alte Vorbilder zurückgegriffen. Das ist nicht als
Rückständigkeit zu werten, sondern als Traditionsgebundenheit
an Raumanforderungen, die jahrhundertelang unverändert blieben.
"Die Schwierigkeit, diese Vielzahl in ihrem Wert unterschied-
lichster und vielfach nicht gerade repräsentabler Räumlichkeiten /wie Stadtwaage, Lagerräume, Läden, Sitzungssäle, Schreibstuben, Archiv, Registraturen, Nebenstuben, Wachen, Gefängnisse oder Arrestzellen, Folterkammern, Ratskeller, Küchen,
Wohnungen, Ratsstuben, Festsäle/ nach barock-repräsentativen
Prinzipien zu disponieren, mag die größtenteils recht mittelmäßigen Baumeister häufig zur bequemen Übernahme der alten
Muster verleitet haben, zumal sich auch die Auftraggeber
meist mit einer barock-repräsentativen Fassade wahrscheinlich
auf Grund ihrer auffälligeren Sichtbarkeit ganz zufrieden
gaben[223]".
An einem mittelmäßigen Baumeister lag es in Eichstätt nicht,
waren es doch immer wieder die sparsamen Auftraggeber, die
Pedetti zur Zurückhaltung ermahnten.
Sechs Jahre vor den Umbauplanungen für das Eichstätter Rathaus war Pedetti bereits vor die Aufgabe eines Rathaus- Innen-
umbaues gestellt worden. Unter Beibehaltung zahlreicher Räumlichkeiten des alten Spalter Rathauses[224], richtete er 1754
hier zusätzlich eine Forstmeisterei und Gerichtsschreiberwoh-
nung ein. Davon ist die Kopie eines von ihm signierten Planes erhalten[225]. Wie in Eichstätt beließ er auch hier im großen und
ganzen die Einteilung. Um einen großen, rechteckigen Mittelraum, in den Pedetti einen neuen Tragbalken einzog, gruppieren
sich die Kramläden, die Fleisch- und Brotbänke im Erdgeschoß.
Sie öffnen sich an der östlichen Hauptseite, der Giebelseite,
zum Markt hin, in drei und an der nördlichen Langseite in vier
großen Achsen[226]. Im zweiten Obergeschoß beließ er die große
Ratstube, die vier der sechs Achsen der Hauptfront umfaßte.

Oben war weiterhin eine komplette Wohnung vorgesehen; außerdem eine Registratur und eine "Stube zu jeden gebrauch". Auch sollten die Getreideböden in den typisch hohen Giebeln bestehen bleiben.

Ebenso gering waren die Veränderungen im Inneren des Eichstätter Rathauses. Pedetti hatte, wie bereits erwähnt, anstelle des gotischen Haupteinganges an der Nordfassade, zwei Stichbogenportale in der ersten und letzten Achse der Hauptfassade und ein kleines Portal in der Mittelachse vorgesehen. Dadurch änderte sich die Inneneinteilung allerdings nur wenig.

Während im gotischen Grundriß[227] ein langer Gang in der Mittelachse der Hauptfassade Brothaus und Holzlege aufnahm, brachte Pedetti hier nun die Wache unter[228]. Die Bestimmung der gotischen Räume links und rechts des Ganges änderte Pedetti nicht, sondern nur die Einteilungen. Pedetti plante eine Vergrößerung des gotischen Fleischhauses in Richtung Osten um zwei Joche auf Kosten von zwei "Behältnüssen".

Das erste Obergeschoß ist auf der in Nürnberg aufbewahrten Tuscheskizze festgehalten[229]. In diesem Stockwerk, das Pedetti ebenfalls neu einteilte - unter Beibehaltung der Bestimmung der Zimmer -, waren südlich vom Fletz mit der Hauptstiege (direkt an der Hauptfassade) "die grosse ney rathstuben" (SO-Ecke), eine Schreibstube und eine Registratur vorgesehen, nördlich eine "ordinere rathstuben", fast ebenso groß wie die große, und Stuben für die Advokaten und Ratsdiener. Der über dem Fleischhaus des Erdgeschosses befindliche mittelalterliche "danzboden ud zugleich sall zu die Spectacel", also der Tanz- und Theatersaal, sollte beibehalten werden. Im zweiten Obergeschoß sollten, wie ein weiterer Plan Pedettis angibt[230], verschiedene Kammern, Stuben, eine Wohnstube, eine Küche, die Türmerstube und die Stadtschreiberwohnung untergebracht werden. Bis auf die Umgestaltung des großen Ratssaales, der von Johann Jakob Berg mit Rocaillestuckaturen und Rokokopilastern ausgeschmückt wurde, sah man von einer Umgestaltung in diesen Jahren ab. Erst 1787 bemalte der damalige Bürgermeister und Maler Johann Willibald Augustin Wunderer die Hauptfassade[231].

Umgebaut wurde das Rathaus erst 1823/1824[232].

II

Eichstätt, Domdekanei

Zu der zweiten Gruppe ländlicher Profanbauten Pedettis, den
frühklassizistisch-rasterartig gegliederten Fassaden, lassen
sich nur wenige Bauten rechnen. Hauptkennzeichen sind die in
ein System aus Rechteckrahmen - Lisenen oder nur farblich abgesetzte Bänder - eingepaßten Hochrechteckfenster, die strenge,
kühle Konzipierung der Fassaden und die Gleichwertigkeit der
Geschosse.

Bedeutendstes Beispiel ist die Eichstätter Domdekanei, die Pedetti zwischen 1763 und 1765 neu gestaltete. Für den Dompropst 8
und den Domdekan hatte es bereits im frühen Mittelalter Amtswohnungen gegeben. Beiden stand neben dem Fürstbischof eine
offizielle Residenz zu. Die Dekanei befand sich in Eichstätt
immer an der gleichen Stelle, an der Südwest-Ecke des im 17.
Jahrhundert angelegten Jesuiten-, des heutigen Leonrodplatzes.
Der mittelalterliche Bau, ein hohes Gebäude mit spätgotischem
Giebel, wie es ein Stich Wolfgang Kilians vor dem 30jährigen
Krieg angibt, wurde beim Schwedenbrand 1634 zerstört und
wiederaufgebaut.

Im Jahre 1763 wurde vom Domkapitel der Entschluß gefaßt,
den Bau umgestalten und vergrößern zu lassen. Vom Datum der
Fertigstellung, 1765, zeugt ein Chronogramm auf dem an der
Nordfassade angebrachten, farbig gefaßten Gußeisenwappen des
Domkapitels mit den drei Löwen: De Munificentia Capituli
(durch die Freigebigkeit des Domkapitels).
Die bereits erwähnte Stadtansicht von Michael Franz im Rittersaal des Hirschberger Schlosses (1766) zeigt das umgestaltete
Gebäude. Entwürfe für die Umgestaltung sind nicht erhalten.
Aufschluß geben allerdings die Domkapitelsprotokolle der entsprechenden Jahre. In den Protokollen von 1762 wird von Baumängeln in der Domdekanei gesprochen und "über den genohmenen
augenschein in der Domdechaney ist der Bau Directoris /.../
beliebet worden, daß /er/ ein Riß und Überschlag formirt[233]".
Ein paar Seiten weiter im selben Protokoll ist von einem Riß
und Überschlägen für eine Vergrößerung der Domdekanei durch
einen neuen Flügel die Rede.[234]

Die nächsten Bemerkungen finden sich in den Domkapitelsproto-
kollen vom Januar 1763[235], wo die für den neuen Flügelbau
"von dem Bau Directore Pedeti - dann vom Dominico Barbieri
gemachte Risse" erwähnt werden und außerdem beschlossen wird,
diese Risse in hölzerne Modelle umzusetzen. Die Entscheidung
wurde allerdings wegen der kritischen Zeitumstände des Siebenjährigen Krieges "auf das nächste peremptorium St[i] Jacobi verschoben, also auf die nächste Generalkapitelsitzung im Juli 1763.
Der entscheidende Vermerk, der Pedetti als den Urheber des ausgeführten Erweiterungsbaues ausgibt, findet sich in den Kapitel-
protokollen vom 27.7.1763:"Der Flügelbau in der Domdechaney.
Ad punctum secundum ist der Flügelbau in der Domdechaney nach
Gott Lob! erlangten friden /Friede von Hubertusburg am 15.2.
1763/ ebenmässig und zwar nach den Auf Riß und den Modell des
Erwür' Directoris Pedetti beliebet worden, in der Maaß, daß
/.../ die Direction dabey dem gehörten Bau Directori Pedetti
überlassen und endlichen allenthalben mit möglichen menagier-
ung der Kösten zu werk gegangen werden solle[236]". Mader[237],
der diese Quelle noch nicht gekannt hatte, hatte neben Pedetti auch Giovanni Domenico Maria Barbieri, den Domkapitelsbaumeister, in Erwägung gezogen, obwohl dieser 1764 starb und
somit den Bau zumindest nicht hätte zu Ende führen können.
Augenscheinlich ist auch die von Mader angeführte Stilverwandt-
schaft der Domdekanei mit dem von Barbieri in Eichstätt errichteten Dompfarrhof.
Wie aus dem Kapitelprotokoll vom Januar 1763 hervorgeht,
fertigte Barbieri ebenfalls Risse an, ausgeführt wurde der
Flügelbau aber nach Pedettis Plänen. Pedetti hatte sich, wie
bereits in der Biographie berichtet, im Januar 1765 vergeblich
um die Stelle des verstorbenen Barbieri beworben[238].
Ein weiteres Protokoll vom 7.6.1766, also bereits nach der Vollendung des Anbaues, berichtet über eine Erhöhung des Douceurs
für den Baudirektor für die Anfertigung der Risse: "Das ange-
schaffte Douceur für Bau Directore Dem Hochfürstl. Hoff Camer
Rath und Bau Directori Mauritio Pedetti seynd neben dem /.../
Douceur à 100 fl. wovon noch 50 zubezahlen seynd, wegen den
zu neuen, vom Dechanats flügelbau verfertigten Rißen anders

weiter 2 ganze Carldors / Carl d'or/ gnädig angewiesen
werden[239]".

Es wurde aber nur der südliche Flügelbau bzw. die südliche
Hälfte des Traktes neu gebaut, der ältere Gebäudeteil erfuhr eine frühklassizistische Umgestaltung. Zur Vergrößerung
wurde wohl damals der Muggenthaler Domherrenhof, südlich der
Dekanei, hinzugezogen. An der südlichen Hofmauer fand Mader
ein Steinwappen von 1612 als Überbleibsel dieses Hofes.
Von der frühklassizistischen Umgestaltung Pedettis zeugen
heute nur noch die Fassaden des Gebäudes. Das Innere wurde
völlig entkernt. Bereits 1803 wurde das Gebäude, auf Grund
der Entscheidung des Kurfürsten von Salzburg und Großherzogs
von Toskana, Erzherzog Ferdinand, dem das untere Hochstift
seit diesem Jahre unterstand, als städtische Schule umfunktioniert und die frühere Innenausstattung beseitigt. Der
letzte Domdekan des aufgelösten Domkapitels, Freiherr von
Groß, hatte seine Zustimmung dazu schriftlich erteilt. Im
Laufe des 19. Jahrhunderts wurde das Innere dann immer weiter unterteilt und verändert. Die letzte tiefgreifende Umgestaltung fand 1966 statt, als hier das Bischöfliche Ordinariat
und das Diözesanbauamt eingerichtet wurden. Man entschloß
sich, nur "die äußere Hülle zu erhalten und das Innere zu
ändern[240]". Der Umbau war aber so "gründlich", daß man nur
die Giebelwände, vor allem die Nordfassade mit den Erkern,
als unbedingt architektonisch wichtig für die Umgebung ansah[241] und die Längsmauern gänzlich erneuerte und außerdem Ein-
griffe in die Geschoßhöhen und Fensterachsen vornahm.
Die Gliederung der Längsfassaden wurde dem ursprünglichen Zustand nahegebracht.
Das dreigeschossige Gebäude besteht an den Längsseiten aus
dreizehn Fensterachsen, von denen jeweils die drei südlichen
als Risalite vorgezogen sind (südlicher Anbau). Das Erdgeschoß dieses südlichen Teils ist durch Nutung als Sockelgeschoß gekennzeichnet, während die restliche Fassade diese
Nutung nicht aufweist. Die beiden Obergeschosse werden durch
kolossale Pilaster mit Triglyphenkapitellen zusammengefaßt.
Mader[242] berichtete noch 1924 von einem an der Südseite ange-

brachten Stein (!) wappen des damaligen Domdekans Johann
Anton von Zehmen, wiederum durch ein Chronogramm (SVb feLICI
AntonII a ZehMen DeCanatV posIta) datiert auf 1765. Auch
Buchner[243] erwähnte dieses Wappen 1928 für die Südseite; es
wäre umgeben gewesen von den Wappen der Knebel, Thumshirn,
und Paffenham (richtig: Bassenheim). Heute befindet sich
dieses hochovale Gußeisen(!)wappen in der Eingangshalle des
Gebäudes. Ursprünglich war es farbig gefaßt.
Die Fassaden sind gleichwertig rasterartig gegliedert. Die
kolossalen weißen Pilaster zwischen den Achsen und die weißen
waagerechten Blendfelder heben sich von der taubenblau-grau
gefaßten Fassade ab, von der sie aber nur schmale Streifen
sehen lassen. Die zusätzliche Bereicherung durch Triglyphen-
kapitelle, deren Triglyphen ebenfalls blau abgesetzt sind, ist
dem südlichen Anbau und den gekoppelten Pilastern an den Nord-
ost- und Nordwest-Ecken vorbehalten. Die vierachsige Nordfassade am Leonrodplatz ist nur durch wenige Merkmale als Schauseite charakterisiert. Zunächst tragen zu ihrer Hervorhebung
die beiden, im Grundriß rechteckigen, von profilierten Kragsteinen getragenen Erker im ersten Obergeschoß in der Nordost-
und Nordwest-Ecke bei. Diese waren nach dem Brand von 1634 zerstört und wiederhergestellt worden und waren bei der Umgestaltung von 1765 stilisiert worden. Die jeweils drei "Fassaden"
der Erker werden gegliedert durch flache Stichbogenfenster mit
flachen weißen Putzrahmen und langgestreckten Blendfeldern
unter und über den Fenstern. Hier wird, im Gegensatz zu dem
übrigen Bau viel von der farbigen Fassung sichtbar.
Weitere Merkmale der Voranstellung der Nordfassade sind neben
den Triglyphenkapitellen, die Nutung des Erdgeschosses an der
Nordost- und Nordwest-Ecke unter den Erkern und vor allem der
große geschweifte, farblich gefaßte Giebel, dessen Scheitel
eine Rokokovase krönt. An Stelle dieser Vase waren ursprünglich "drei cöpf von harten Steinen"[244] angebracht, geschaffen
von dem Hofbildhauer Joseph Anton Breitenauer.
Die Gliederung der Nordfassade besteht aus schmaleren Lisenen,
ist aber ebenso rasterartig-frühklassizistisch aufgeteilt.

Die von schmalen, schlichten Putzstreifen gerahmten Fenster
sind vollständig in das aus Pilastern und waagerechten Blendfeldern gegliederte Fassadensystem eingeordnet. Frühklassizistisch ist auch die Gleichwertigkeit der Geschosse, die Einheitlichkeit der Gestaltung entlang der gesamten Fassaden und
das völlige Fehlen jeglicher plastischer Gliederung.
Mit der Domdekanei schuf Pedetti allerdings auch einen typisch
Eichstättischen Bau. Die Streifen- und Bändergliederung findet
sich bereits an zahlreichen älteren Bauten und prägt entscheidend das Eichstätter Stadtbild.
Von der ursprünglichen Inneneinteilung wissen wir nicht viel.
Mader[245] fand 1924 nur geringe Reste vor. Er berichtete von
einem bereits als Schulzimmer umfunktionierten Saal im ersten
Obergeschoß des neuen Flügelbaues mit Stuckdekorationen, die
seiner Meinung nach von Johann Jakob Berg stammten. Außerdem
gab es in dem Raum eine Decke mit Spiegelumrahmung und Eck-
und Mittelkartuschen im späten Rokokostil. In der Mitte befand
sich eine Muschelwerkrosette. In den Wänden waren, nach Mader,
ursprünglich kleine Ölgemälde, die meisten querrechteckig, eingelassen. Mader fand nur noch die mit stuckierten Rokokorahmen
umgebenen leeren Felder vor. In der Mitte der Nordwand war eine
stuckierte Nische für einen Ofen eingelassen. Ausgeschmückt war
der Raum mit klassizistisch gerahmten Porträts der Fürstbischöfe
Raymund Anton von Strasoldo und Johann Anton von Zehmen, die
Mader dem Hofmaler Michael Franz zuschrieb.
Zu den Handwerkern und den Kosten ist noch folgendes zu sagen[246]:
Baubeginn war am 6.8.1763. Die Bauarbeiten fanden unter der
Leitung des Domkapitelmaurermeisters Andreas Haid (Haydt) statt;
die Zimmermannsarbeiten führte der Eichstätter Joseph Lang
durch, der seine Tätigkeit mit der "Abbrechung des hintern
alten Saal nechst dem Garthen in der Domdechantey /.../" be-
gann. Die Malerarbeiten führte Fidelis Witzigmann aus Eich-
stätt aus, ein Bruder des Herrieder Malers Franz Joseph.
Auch die übrigen beteiligten Handwerker stammten, wie die
Quelle aussagt[247], und wie es auch nachzulesen ist bei Theodor Neuhofer[248], alle aus Eichstätt. Am 20.6.1764 fand die
Hebfeier statt. Trotz der Wappen am Außenbau (1765) war der

Innenausbau erst 1766 fertig. Die Gesamtkosten betrugen
- nach der Berechnung des Fabrikmeisters Georg Joseph Wittmann[249] - : 1763/64: 4384 fl., 1764/65: 4900 fl 27 x und
1765/66: 3707 fl 15 x 3 d. Insgesamt also 12.991 fl. 42 x 3d.

Berching, Pfarrhof

Ein weiteres Beispiel für Rastergliederungen ist der Fassadenentwurf für den Berchinger Pfarrhof. Für den 1617 errichteten
Bau [250], dreigeschossig, fünfachsig und mit einem geschweiften
Giebel versehen, fertigte Pedetti einen bezeichneten und signierten Fassadenentwurf an, der unausgeführt blieb[251]. Der alte 9
Bau, wie er noch heute unverändert vor uns steht, weist im Erdgeschoß und im ersten Obergeschoß Hochrechteckfenster und im
zweiten Obergeschoß ein von zwei schmalen hochrechteckigen
Fenstern flankiertes Rundbogenfenster auf. Im zweiten Obergeschoß in der vierten Achse ist ein Erker vorgeblendet. Dies
war Pedettis Ausgangsposition.
Die Fensterform und -anordnung änderte er nicht, außer daß er
aus dem rundbogigen ein stichbogiges Fenster machte. Der Erker
sollte wegfallen, und die Mauerfläche unter den Erdgeschoßfen-
stern sollte durch Rustizierung als Sockelgeschoß betont werden.
Vor allem gliederte er die Fassade durch Bänder und Felder.
Er schuf eine streng schachbrettartig, typisch frühklassizistisch aufgeteilte Fläche. Wie er in der Überschrift vermerkt,
sollten die Einteilungen entweder farblich gefaßt oder mit
"erhabener quadratur arbeit" hergestellt werden[252]. Im oberen
Giebelgeschoß sollten in jeder Achse hochrechteckige, im
oberen Abschluß an die Giebelform angepaßte, glatte Blendfelder und darauf wiederum kleinere, gleichartig geformte Rauhputzblendfelder aufgesetzt werden. Die Fenster der unteren
Geschosse sind breit gerahmt. Über und unter den Fenstern sind
schmale Rauhputzblendfelder auf glatten Blendfeldern angeordnet. Die Lisenen der Ecken und die Blendfelder verkröpfen sich
leicht über den schlichten, breiten Geschoßbändern.

Mitteleschenbach, Pfarrhof

Ähnlich ist auch ein unsignierter und unbezeichneter Fassaden-

entwurf - vermutlich für den Mitteleschenbacher Pfarrhof -
aufgebaut[253]. Die Zuordnung erfolgte auf Grund der Tatsache,
daß dieser Zeichnung zwei weitere direkt folgen, die sich
sicher auf den Pfarrhof ebendort beziehen[254].
Der alte Pfarrhof wurde 1965 abgerissen. Es ist nicht wahrscheinlich, daß der Fassadenentwurf ausgeführt wurde.
An schriftlichen Quellen, die sich auf eine Tätigkeit Pedettis
in Mitteleschenbach beziehen, sind Hofkammerprotokolle erhalten[255]. Leider beziehen sie sich nur auf verschiedene Besich-
tigungen Pedettis von Baumängeln am 20.6.1761. Am 30.1.1764
erstellte Salle einen Riß für den Stadel, der nach seinem Gutachten ruinös war und neugebaut werden mußte. Am 20.3.1770
wurden vom Amtszimmerer die schlechten Ziegel der Stallung,
die Balken und der Dachstuhl bemängelt. Pedetti wurde beordert
zu kommen. Jahrelang tat sich dann nichts. Am 29.7.1776[256] be-
sichtigte Pedetti, aus Herrieden kommend, auf Grund eines ei-
ligst übermittelten Befehles der Hofkammer, die Kirchen und
Pfarrgebäude und notierte die Schäden. Von einer Fassadenneu-
gestaltung ist zwar nirgends die Rede, wenn, dann wird sie
aber wohl um diese Zeit geplant worden sein. Die farbig gefaßte (Vorschläge rosa und hellblau) Fassade des zweigeschossigen, fünfachsigen Gebäudes mit schlicht gerahmten Hochrechteckfenstern ist gegliedert durch unterschiedlich breite, sich
weiß abhebende Blendfelder zwischen den Achsen. Die Breite der
hochrechteckigen Felder verschmälert sich zum einachsigen Mittelrisalit hin. Die waagerechten Elemente des Rastersystems
sind das schlichte weiße Geschoßband und die waagerechten weißen Blendfelder unter den Fenstern. Die Betonung der Fassade
liegt auf dem einachsigen Mittelrisalit mit der Portalzone.
Das bei Pedetti selten vorkommende Rundbogenportal weist frühklassizistische Formen auf in der geometrischen Gliederung der
flankierenden Lisenen. Es ist mit einem profilierten Segmentbogen verdacht.

Eichstätt, Pedettihaus (Ostenstraße 13/15)   10
Von dem Wohnhaus Pedettis, das er 1768 erwarb, wurde bereits

berichtet[257]. Bis zu dem Verkauf des Hauses, zu dem er 1780
gezwungen wurde, gestaltete er es mehrfach um. Eine Bautätigkeit ist quellenmäßig für die Jahre um 1768[258] und 1770[259] belegt. In den Kunstdenkmälern[260] ist das Gebäude unter den
wenigen klassizistischen Bauten von Eichstätt, allerdings mit
Rokokoeinfluß, eingeordnet. Das Gebäude besteht aus zwei Trakten, einem dreigeschossigen, fünfachsigen Haupt- und einem
langgezogenen, niedrigen Nebenbau. Im Erdgeschoß und im ersten
Obergeschoß sind beide Trakte durch ein Rastersystem aus Ru-
stikabändern und -lisenen gegliedert. Für die Fenster und
Türen dominiert die Hochrechteckform. Die Stichbogenfenster
des ersten Obergeschosses sind in Hochrechteckfelder eingespannt. Barocke Reminiszenzen sind die Dreiecks-Gesimsver-
dachungen der beiden Eingänge in der ersten und fünften Achse
des Hauptflügels, der plastisch hervortretende, dreiseitige
Erker in der zweiten Achse des Nebenflügels und die Blendbalustrade mit den für Pedetti typischen Hochovalmotiven als Ver-
deckung des Pultdaches.

Eichstätt, Luitpoldstraße 18
Zu der Gruppe hinzurechnen läßt sich ein Bürgerhaus in Eichstätt von 1748 in der Luitpoldstraße 18, das sowohl seine rasterartige Lisenengliederung, bestehend aus breiten, vertikalen Lisenen zwischen den Achsen und doppelten, schmalen
Horizontalbändern zwischen den Geschossen, als auch den geschweiften Zwerchgiebel mit Okulifenster, zur Zeit Pedettis
erhielt (an der Fassade ist das Wappen Stubenbergs, also
1790 ff.).
Dieses hier verwendete Gliederungssystem ist ebenfalls typisch
für zahlreiche Barockbauten in Eichstätt. Gabrieli verwendete
es zum Beispiel bereits unter anderem an dem Domherrenhof
Welden[261].

Eichstätt, Waisenhaus
Dieses Gliederungssystem kam dann noch zur Anwendung bei den
Entwürfen zu einem seiner frühesten und bedeutendsten Bauten,
dem Waisenhaus in Eichstätt gegenüber der Straßenfront der
Sommerresidenz[262]. Es wurde nach Pedettis Plänen durch Dom-

kapitelsbaumeister Barbieri 1758 auf älterem Kern (Fenster:
1695 und 1715) aus zwei Häusern errichtet. Der damalige Bürgermeister Johann Michael Gegg (gest. 1760) und Fürstbischof
Johann Anton II von Freiberg (gest. 1757) steuerten, letzterer
durch Testament, Stiftungen bei. Gegg zahlte allerdings nicht
in bar, sondern übertrug eine Geldschuld, die der bereits verstorbene Oberstallmeister Marquard Willibald Graf Schenk von
Castell bei ihm noch nicht eingelöst hatte, an den Fürstbischof.
Somit hatte er sich geschickt aus der Affäre gezogen. Über dem
Eingangsportal befindet sich noch heute das Wappen des Bürger-
meisters von 1758 mit der Inschrift "Joannes Michael Gegg Consul
emeritus /im Ruhestand/ Eystadii erexit anno MDCCLVIII /1758/".
Ausgeführt wurde der Bau unter Strasoldo, nachdem dieser die
"Behausung, Brandstatt und Garten" des hochfürstlichen Propstes
zu Berching, Johann Simon Yblagger, zwischen den bereits zum
Bau des Waisenhauses erkauften Häusern des Hofrats Schmetterer
und des Orgelmachers Martin Paumeister erworben hatte[263]. Um
1769 muß der Bau spätestens vollendet gewesen sein, da der
Fürstbischof in diesem Jahr die Vorschriften für den Waisen-
hausverwalter, die Waisenhauseltern, die Seelsorger, den Arzt,
den Bader und die Gehilfen herausgab.
Nach Pedettis Entwurf entstanden Zeichnungen der Hauptfassade
und der Grundrisse[264]. Zur Gliederung der Hauptfassade sah Pe-   11
detti ein Rastersystem vor, in das er die Hochrechteckfenster
einfügte. Es besteht aus durchgehenden, schmalen Doppellisenen
zwischen den Achsen, die sich über ebenso schmalen Horizontalbändern zwischen den beiden Hauptgeschossen verkröpfen. Das
Erdgeschoß ist rustiziert. An dem heutigen Bau ist hiervon
nichts erhalten, aber man erkennt die alten Einteilungen. Das
Waisenhaus ist eine große Rechteckanlage mit vier Flügeln um
einen kleinen Innenhof. Der Hauptbau an der Ostenstraße besteht
aus drei Geschossen zu 13 Achsen. Die drei Mittelachsen
sind von den anderen zurückgesetzt. Dadurch wird die Fassade
in der Vertikalen betont, genau an der Stelle, wo das Gebäude
am weitesten vorspringt. Über dem vielfach profilierten, nicht
schattenden Traufgesims baut ein hoher Speicher mit zwei Geschossen auf.

Die Fenster der beiden unteren Geschosse sind von unterschiedlicher Größe. Darüber ist eine Reihe mit acht Blendovalen eingelassen. Der Speicher wird von den Dächern der anschließenden
Flügel pultförmig geschlossen und ist oben abgewalmt.
Einzige plastische Zier der Fassade ist das Portal in der Mittelachse, das in seiner auf Pedettis Plan vorgesehenen Form erhalten blieb. Pedettis Plan sah ein geohrtes Rundbogenportal
(mit Tropfen an den Ohren) vor, dessen Bügelverdachung von
triglyphierten Konsolen gestützt ist. Darin befindet sich die
bereits erwähnte Wappenkartusche. Hier folgte Pedetti wieder
einem Portaltypus, der auch von Gabrieli, unter anderem im
Generalvikariat, angewendet und auch variiert wurde - zum Beispiel mit Rundbogen- oder Segmentverdachung, mit glatten oder
triglyphierten Klötzen, mit oder ohne Tropfen an der Unter-
seite. Pedetti notierte sich die Idee dazu auch in Rom. In
seinem Skizzenbuch der italienischen Reise hielt er ein Ohrenportal von Michelangelo fest[265]. Das Waisenhausportal ist wohl
Pedettis frühestes dieser Art.
Der Grundriß des Gebäudes ist folgendermaßen aufgeteilt:
Wenn man das Haus von der Straße aus betritt, wird man durch
einen kurzen Fletz geführt, an dem links ein großes Zimmer für
den "Thorwarth" und rechts für einen Geistlichen liegen. Von
diesem Fletz zweigt dann rechts und links je ein Gang ab, der
jeweils wieder in zwei, zu dem Eingangsfletz parallel verlaufenden Gänge mündet. Letztere führen jeweils von der dritten Fensterachse durch das ganze Haus. In der Fassade wurden deshalb
später Türen eingebrochen. In der Mitte des Gebäudes befindet
sich ein kleiner rechteckiger Innenhof mit rechts und links je
zwei Stiegen. Dahinter liegt die Kapelle mit der Sakristei und
einem "Plaz zum mess hören" für die Buben und Mädchen. An den
langen Gängen an den Seitenfassaden liegen links die Stube für
den Schulmeister, die Küche, eine Kammer und die Badestube und
rechts die Stube für den Waisen-"Vater", eine Küche und zwei
Kammern. Hinter dem Gebäude liegt ein rechteckiger Hof mit einstöckigen Wirtschaftsgebäuden auf der gegenüberliegenden Seite:
Back- und Waschhaus, Holzlege, Kuhstall für sechs Tiere und

Aborte, außerdem sind hier zwei Durchgänge zum Garten.
Der Grundriß des ersten Obergeschosses ist ähnlich aufgeteilt
wie das Erdgeschoß. Um den Innenhof in der Mitte gruppieren
sich - an der Gartenseite - Speisekammer und Küche, Kapelle
und Krankenzimmer. An den Seitenfassaden liegen das Arbeits-
zimmer für Mädchen und das Lesezimmer für die Knaben. Wie im
Erdgeschoß ist auch hier der rechte Gebäudeteil für die Mädchen, der linke für die Knaben gedacht. Im zweiten Obergeschoß
befinden sich Kranken- und Schlafzimmer für die Mädchen und
Knaben und die "stuben vor alte leith die die Kinder säuberen".

Spalt, Kastenhaus

Zu der dritten Gruppe der ländlichen Profanbauten Pedettis,
den schlicht gegliederten, die sich zum großen Teil nur auf
Grund von Quellen oder signierten Plänen zuschreiben lassen,
gehört ein früher und sehr sparsam gegliederter Bau, das Kastenhaus in Spalt, der heutige Pfarrhof[266]. Pläne sind dazu von
Pedetti nicht erhalten, aber in den Eichstätter Hofkammerprotokollen von 1759 ist seine Tätigkeit belegt[267]. Das Manuskript
wurde am 2.1.1759 in Eichstätt verfaßt und von Strasoldo und
Hofkammerrat Hainoldt unterzeichnet. Hier wird neben den Maß-
nahmen am Kastenhaus auch über notwendige Reparaturen an der
Stadtmauer, an Türmen, Brücken etc... berichtet[268]. Pedettis
Arbeiten am Spalter Kastenhaus, vorgesehen für das folgende
Frühjahr 1759, sollten lediglich "ohnumbgängllich nothwendtige
Reparationen zu vermeydtung grösserer Schäden, und Kössten"um-
fassen[269]. Das hatte Pedetti selbst, nachdem er das Kastenhaus
Ende 1758 besichtigt hatte, beschlossen. Das Gebäude ist also
kein reiner Neubau. Dennoch wurden letztendlich nur wenige
Teile des Vorgängerbaues wiederverwendet und aus einem aus
einer vermauerten Holzkonstruktion bestehenden Haus wurde nach
der Renovierung ein Massivbau. Für die am Spalter Kastenhaus
notwendigen Arbeiten fertigte Pedetti fünf, im Protokoll mit
A bis E bezeichnete Risse an, die nicht erhalten sind.
Die veranschlagte Summe betrug 1279 fl. 41 kr. Der Vorgängerbau bestand, wie gesagt, aus einer allseitig vermauerten Holzkonstruktion. Die Vermauerung war "/.../ entweder aus unver-

standt od aus bosheit /.../[270]" so hergestellt worden, daß kein
Platz für Luft belassen worden war. Bei verschiedenen Stich-
proben Pedettis - Einbohrungen in das Holz - erwies sich das
vermauerte Holzwerk als völlig morsch. Zum Teil brachen die
Wände ein. Auch die aus Weichholz bestehenden Innenwände waren
so morsch, daß das Holz zu "Staub zerriben werden könne[271]".
Bei zu hartem Auftreten im zweiten Stock schwankte das ganze
Haus, da es an den vier Ecken keinen Halt mehr hatte und "/.../
bey erfolgend grossen Sturm-Windt /: gott verhuette es:/ in
wahrheit ohnvermeydentlich über Hauffen geworffen werden könnte
/.../[272]". Pedetti ordnete deshalb eine provisorische Unter-
bolzung der schadhaften Ecken an. Die Innen- und Außenmauern
sollten später von ihm "/.../ ohne belassung des mündesten
Holzwerckhs /.../[273]" mit Quadersteinen neu hochgezogen werden und die Ecken verstärkt werden. Die Kranzstöcke sollten
gemauert werden. Das Gebälk des Erdgeschosses und der Dachstuhl sollten mit neuen Mauersohlen unterzogen und mit Schlau-
dern versehen werden. Der Entschluß zu einem reinen Massivbau
war nicht nur aus Gründen der Haltbarkeit und Modernität gefaßt worden, sondern auch wegen des "/.../ sonderlich im
oberen Hochstüft hervorscheinenden Holzma/n/gl /.../[274]".
Pedetti schlug vor, "/.../ da zu erpauung des Castenhaus ohne-
hin ville quater erforderlich wären /.../", den nach seinem
Befund ruinösen, "fast irreparablen /.../ ganz ohnnuz= und
ohnbrauchbar /.../" dastehenden Falkenturm abzutragen und die
Quader und sonstigen Steine für das Kastenhaus wiederzuverwen-
den[275]. Vom alten Bau sollten der Keller, die Grundmauern und
der Dachstuhl, die sich alle noch in gutem Zustand befanden,
wiederverwendet werden[276]. Auszulösen waren die morschen Trage-
säulen im Erdgeschoß. Fußböden, Fensterläden etc... waren noch
brauchbar, verschiedene Weißdecken wurden konserviert.[277]
Während der Arbeiten sollte der Kastner "/.../ das Haus raumen,
und ausziehen, damit die Thüren, d Klaidtung, Fensterstöckh...
mit Behuetsambkeit abgetragen = und bis zu d ferneren gebrauch[278]
in den herrschaftl: gethraidt Casten unter sein Castners quat-
tir aufsicht, damit nichts davon entzogen werde, verwahrt= und
aufbehalten werden könnte:/.../[279]".

Das Gebäude, wie wir es heute vor uns sehen, ist zweigeschossig und hat 5:3 Achsen. Die einzige Gliederung der hellgelben Fassaden besteht aus zwei schmalen, weiß abgesetzten Geschoßbändern und den ebenfalls weißen, schlichten Umrahmungen der Fenster. Die Mittelachse mit dem relativ wuchtig wirkenden Portal besteht aus zwei Lisenen, die den profilierten Stichbogengiebel mit eingelassenem Oberlicht tragen. Der Giebel ragt über das Geschoßband in das erste Obergeschoß. Nach einer Angabe in den Kunstdenkmälern, wo von einem Hofkammerprotokoll vom 15.10.1758 die Rede ist[280] - es war nicht zu finden -, sollte die Hauptfassade "erhabene Füllungen und Gurten" bekommen, die übrigen Fassaden sollten glatt bleiben. Die Fassaden wurden aber in der oben beschriebenen schlichten Art gestaltet. Mehrmals wird in dem Hofkammerprotokoll vom 2.1.1759[281] erwähnt, daß Pedetti darauf bedacht war, unnötige Unkosten zu verhindern.

Obermässing, Kastenhaus

Drei Jahre später gestaltete Pedetti das im Kern mittelalterliche Kastenhaus in Obermässing um[282]. Das heutige Erscheinungsbild - es handelt sich um einen einfachen, dreigeschossigen Giebelbau ohne Verzierung - weist nicht direkt auf Pedetti. Risse[283] und Quellen[284] belegen seine Tätigkeit. Am 21.4.1762 wurde vom Bauamt die "erbauung des dortigen Kastenhauses gnädigst resolvirt[285]". Das knapp 36 Meter lange und zwölf Meter breite Gebäude liegt westlich von der Kirche mit der westlichen Langseite zur ehemaligen "gassen", der heutigen Hauptstraße. Zu dem Bau gehörten verschiedene Nebengebäude, die zum Teil zum Abriß bestimmt wurden. Südlich schloß ein quadratischer Hof an, der durch eine Gartenmauer von der Straße getrennt wurde. Am 21.4.1762 referierte Pedetti[286], er hätte auf Grund des vom Pfleg- und Kastenamt Obermässing zugeschickten Berichtes über den Bauzustand des Kastenhauses dasselbe am 14. und 15.3.1762 besichtigt und befunden, daß das Gebäude immer baufälliger würde. Eine undichte Wasserleitung hätte zur Verfaulung des Gebälks beigetragen[287]. Er bemängelte auch ruinöse Tür- und Fensterstöcke, einen defekten Dachstuhl und eine zu schwere Ziegelwand auf dem Getreideboden.

Daraufhin folgt ein "Ohnmaßgebigster Überschlag über die erpauung des paufälligen Castenhauß zu obermässing nach angelegten Rüssen mit beybehaltung deren äusseren 4 Haubt gemeyr
und dachstuhl dann gebälckh mit applicierung samentl. sich
hieran zeigenden guetl. Materialien und was im̄er wider benüzen
seye, /.../[288]". Die vier Hauptmauern und der Dachstuhl sollten
also wiederverwendet werden. Größere Veränderungen waren nur
für innen vorgesehen. In dem längsrechteckigen Bau waren im
Erdgeschoß im südlichen Teil die Pferde- und Kuhställe und im
nördlichen Teil Wirtschaftsräume und die Hauptstiege untergebracht. Das erste Obergeschoß war ebenfalls durch einen parallel zu den Längsfassaden verlaufenden Mittelgang geteilt. Entlang der Straßenfassade waren untergebracht: eine große, aber
wegen Feuergefahr unbrauchbare Schreibstube und Registratur,
verschiedene "Behältnüsse", eine beheizbare Stube, die Hauptstiege und in der Nordwest-Ecke ein unterteilter Raum mit
Alkoven und die Loca. Östlich des Mittelganges gab es Loca,
"Kindtsstuben", Küchen und in der Nordostecke eine "Verhör
oder Ambts stuben"[289].

Von Pedetti wurden verschiedene Fensterdurchbrüche vorgenommen zur Lichtzufuhr, aber auch zur Symmetrisierung der Fassaden.
Im Erdgeschoß wurden die Stallräume belassen, aber stark verkleinert, um mehr Platz für die gewölbte Küche zu erhalten.
Das Wasch- und Backhaus im Garten mußte weichen und wurde neben der Küche untergebracht, wie Pedetti berichtete[290]. Im
Erdgeschoß sollten, ebenfalls im nördlichen Teil, eine Schreibstube, eine gewölbte Registratur, eine Stube, ein "Behaltnus"
und die Hauptstiege untergebracht werden, im ersten Obergeschoß die eigentliche Kastnerwohnung. Hier wurde die alte
Grundrißordnung zum größten Teil bewahrt. Im alten Bau wurde
im Dachgeschoß noch eine Hälfte des Raumes für die Kastnerwohnung beansprucht. Dies wäre nun nicht mehr nötig, entschied
Pedetti[291], da der Kastner genug Platz im Erdgeschoß und ersten Obergeschoß hätte. Der Boden sollte ganz zur Getreidela-
gerung benutzt werden. Der Dachstuhl war noch zu zwei Dritteln
brauchbar, da er "/.../ gegen 45. Jahr errichtet worden /.../[292]".

Die schmucklosen Fassaden des Vorgängerbaues zierte Pedetti
mit einer einfachen Bänder- und Lisenengliederung[293], wie sie
für verschiedene weitere seiner schlichten Bauten typisch ist.
Die Gliederung ist nicht mehr erhalten, aber es lassen sich
noch Spuren an den Fassaden feststellen. Die siebenachsige
Hauptfront besteht aus im Erdgeschoß etwas niedrigeren und im
ersten Obergeschoß höheren Hochrechteckfenstern mit schlichten
Bandrahmen. Gegliedert ist die Fassade durch ein glattes Geschoßband und glatte, breite Doppellisenen als Ecklösungen in
beiden Geschossen. In der dritten Achse befindet sich die übliche flache Stichbogentür mit waagerechter Gesimsverdachung,
die leicht über das Geschoßband ragt. Charakteristisch ist der
Einzug eines Querbalkens unterhalb vom Sturz, wodurch ein
Oberlicht geschaffen wurde. Dies ist in Eichstätt und auch
bei Gabrieli sehr häufig zu finden[294]. Die Giebelseiten sind
ebenfalls durch Lisenen gegliedert.
Die gleiche Art der Gliederung findet sich, wie gesagt, noch
bei weiteren Gebäuden Pedettis. Dazu gehört das Amthaus in
Obermässing[295], für das Pedetti einen Neubauplan entwarf. Die
hochrechteckigen Fenster sind schlicht bandgerahmt, die Geschosse durch glatte Bänder getrennt und die Ecken durch breite
Lisenen betont. Die Hochrechtecktür, wieder mit Querzug, ist
ebenfalls schlicht gerahmt. Weiterhin gehören dazu: Die Entwürfe für ein Zollhaus[296], das sogenannte "Zohlhaus auf der
Scheid"[297], das Amtsknechtshaus in Cronheim[298], das Oberamthaus in Beilngries[299], ein von Gabrieli errichtetes Gebäude[300],
das Pedetti wohl um 1762 veränderte[301], der Gerichtsschreiber-
bau in Beilngries[302], wo er im selben Jahr tätig war[303] und
das Propsthaus in Berching. Für alle Gebäude, bis auf das
Propsthaus, sind Pedetti die Entwürfe, nicht aber die Anfertigung der Zeichnungen zuzuschreiben. Für den Umbau des Propst-
hauses[304] in Berching[305] fertigte er eine signierte Planserie
an[306]. Die Fassaden mit schlicht bandgerahmten Fenstern und
Türen sind wiederum durch glatte Geschoßbänder und geschlitzte
Doppellisenen als Ecklösung geziert. Die Fenster wurden
rhythmisiert. Das Innere wurde nicht stark verändert. Hinten
rechts im Fletz befindet sich die Treppe mit dem für Pedetti
typischen eichenen, gefaßten Geländer mit Ovaldurchbrüchen.

Eichstätt, Collegium Willibaldinum mit Seminar/Ostenstraße

Durch Quellen und Pläne belegt ist Pedettis Tätigkeit für das
Hauptgebäude des Collegium Willibaldinums, das Jesuitenkolleg
am Leonrodplatz, und für ein dazugehöriges Seminargebäude in
der Ostenstraße[307].

Nach der Aufhebung des Jesuitenordens wurde das in der Ostenstraße untergebrachte Seminar 1783 in das Hauptgebäude verlegt.
Dieses schließt als Vierflügelanlage südlich der Jesuitenkirche an und besteht aus dem dreigeschossigen Ost-, den zweigeschossigen West- und Südflügeln mit Erdgeschoßarkaden im Innenhof und dem gangartigen Nordflügel an der Kirche. Pedetti
hatte hier bereits 1772 Anbauten an den Ostflügel vorgenommen.
Er errichtete den Flügel , der am nach Süden verlaufenden Ost-
bau im rechten Winkel nach Osten abbiegt,und einen weiteren,
vom Ostflügel nach Süden abbiegenden Flügel in der Südost-
Ecke. Hiervon sind verschiedene Pläne erhalten[308].
Eingerichtet wurden hier im ersten und zweiten Obergeschoß
mehrere einachsige gleich große Einzelzimmer mit Öfen und Wirtschaftsräume im Erdgeschoß. Am 5.4.1783 verfaßte Pedetti ein
Gutachten[309], "/.../ wie sowohl auß dem alten /Ostflügel/ alß
auch neuen bau /Anbauten von 1772/ ein bequemes Seminar und
Convict /Gemeinschaftsheim für Schüler und Studenten/ /.../
in separate abtheilungen /.../ daurhafft einzurichten sein
könnte /.../[310]". Die Umbauarbeiten beschränkten sich auf das
Innere. Nach den Beschreibungen Pedettis sollten im alten Bau,
dem Ostflügel, ohne Veränderung der Mauer im Erdgeschoß, folgende Umbauten vorgenommen werden[311]: das alte Refektorium
zu fünf Achsen sollte weiterhin bestehen bleiben und die "ab-
komende Kuchen hierbey würdet zu den convict, Exercier= u.
regreationszimer zu gebrauch sein[312]". Weitere Zimmer sollten
für Wirtschaftszwecke und Personal eingerichtet werden. Die
schon eingerichtete Schule sollte im vorderen Teil bleiben.
Im ersten Obergeschoß des alten Baues[313]sollten Convict,
Krankenstation und Übungsraum eingerichtet werden, ohne die
alte Einteilung stark zu verändern. Der alte und neue Bau sollten durch eine Zwischenwand getrennt werden. Im zweiten Obergeschoß[314]sollte das Seminar mit Zimmern für Seminaristen ein-

gerichtet werden. Das Zimmer des ehemaligen Rektors wurde
dem zeitlichen Regens /Leiter des Priesterseminars/ zugeteilt.
Die ehemals in diesem Stockwerk untergebrachte Bibliothek
sollte in den neuen Bau verlegt werden, wovon noch zu sprechen
sein wird. Weiterhin wurden Dormitorien eingerichtet, jeweils
mit einem Tisch, Sessel und Kästen, für jeden "/.../ ein bequem, "gesund" und anständiger blaz[315]".
Im neuen Bau von 1772 sollten 16 Wohnungen für die Professoren
eingerichtet werden, neun waren bereits bewohnbar[316]. Im Obergeschoß war ursprünglich das Armarium von Ignaz Pickl, von dem
später noch zu berichten sein wird, eingerichtet.
Die ehemalige Administrationswohnung im Erdgeschoß sollte als
Professorenwohnung eingerichtet werden. Im ersten Obergeschoß[317]
wurden acht Professorenwohnungen eingerichtet. Hier wurde auch
die bisherige Jesuitenbibliothek aus dem alten Bau untergebracht
und mit der hierher verlegten fürstbischöflichen Hofbibliothek
aus dem Schaumbergbau der Willibaldsburg vereinigt[318].
Pedetti fertigte hierzu einen signierten Plan an[319]. Würde die
Bibliothek des Kollegs schicklich eingerichtet, so könnte auch
"/.../ leichter dinge die Schloss Bibliothec eingebracht werden[320]". Ein großer Galerieplatz wäre bereits geschaffen zur
Einrichtung der Bibliothek[321].
An allen vier Wänden des querrechteckigen Raumes sah Pedetti
Bücherregale in zwei Geschossen vor. Die Wände sind völlig aus-
genützt. Die siebenachsige Fensterfront ist zwischen den Achsen,
über und unter den Stichbogenfenstern mit Regalen gefüllt.
Im zweiten Obergeschoß wurden ebenfalls Professorenwohnungen
eingerichtet[322].
Mit der Rückkehr des Seminars in das Gebäude am Leonrodplatz im
Jahre 1783 stand das vorher als solches umgebaute Gebäude in
der Ostenstraße leer. Das Gebäude - ursprünglich Besitz des Domdekans Heinrich Speth (+ 1699), gebaut von Jakob Engel - wurde
1709 von Fürstbischof Johann Anton I Knebel von Katzenellenbogen (1705-1725) gekauft und zum Seminar umgebaut. Nach dem Umzug des Seminars stand das Gebäude bis 1786 leer.
In diesem Jahr entschied sich der Fürstbischof Zehmen dazu,
das Haus für soziale Zwecke zu nutzen. Der Bau blieb

in geistlichem Besitz. Pedetti richtete dort ein "Zucht-
und Arbeitshaus" ein. Leider ist davon nur ein Plan erhalten, der nicht von Pedetti gezeichnet, aber sicher von ihm
entworfen wurde[323]. Der Plan gibt den Aufriß des dreigeschossigen, 7:4achsigen Gebäudes und den Grundriß des ersten Obergeschosses wieder. Die siebenachsige Süd- und Hauptfassade,
an der Straße gelegen, wollte Pedetti durch Rustizierung im
Erdgeschoß, durch Kolossallisenen zwischen den oberen Achsen
und durch Hochrechteckblendfelder zwischen den beiden Obergeschossen gliedern. In den beiden Geschossen richtete er die
für die Nutzung entsprechenden Räumlichkeiten ein.

Nutzbauten, Produktionsstätten, militärische Bauten

In Pedettis architektonischem Werk finden sich neben Wohn-,
Amts- und Sakralbauten auch zahlreiche Entwürfe für Nutzbauten. Er zog sich von keiner Aufgabe zurück, entwarf Hammer-
werke, Schmelzen, Mühlen, Wassertürme u.a. Er kümmerte sich
auch bei jedem von ihm erbauten oder umgebauten Haus um die
funktionalen Details wie Wasserversorgung und arbeitete zum
Beispiel den neuen Marienbrunnen mit Säule in Eichstätt
nicht nur rein künstlerisch aus, sondern entwarf auch die Ge-
rüste zur Aufstellung der Säule und ein Wasserversorgungssystem für die Brunnen[324].
An wichtigem Planmaterial zu diesem Themenkreis sind uns von
Pedetti vorwiegend Brauerei-Entwürfe überliefert. Zum Teil handelt es sich hierbei um Idealpläne, zum anderen Teil um Umbaupläne verschiedener, zum Teil artfremder Objekte im Hochstift
Eichstätt.
Der Stellenwert, den die Planung solcher Gebäude für Pedetti
selbst einnahm, wird offenbar in der Menge der Entwurfszeichnungen für Brauereien (später in zwei Bänden zusammengefaßt)[325].
Daher besteht im Rahmen dieser Arbeit die Möglichkeit, sich
auch mit diesem in der Kunstgeschichte wenig erfaßten Gebiet
auseinanderzusetzen. Vor allem mit den Idealplänen für Brauereien, Entwürfen von Anlagen, die wie Schlösser aufgebaut sind,
ist es deutlich geworden, daß der Bautypus "Nutzbauten" keines-
wegs als minderwertige Bauaufgabe verstanden wurde, sondern
sogar, neben der detaillierten Ausarbeitung der funktionalen
Einrichtungsgegenstände, Möglichkeiten zur künstlerischen Ausgestaltung bot.
Heute nimmt das Interesse an Nutz- und Zweckbauten zwar ständig
zu, beruht aber vorwiegend auf dem Wunsch, sich über den Ab-
lauf von Produktions- und Arbeitswegen zu informieren. Klingender[326] und Drebusch[327] haben wichtige neue Beiträge gelei-
stet, haben sich aber vorwiegend mit technischen Anlagen be-
faßt. In Monographien über Architekten, wie zum Beispiel über
Joseph Dossenberger[328], der wie Pedetti die verschiedensten
Bauaufgaben im profanen und sakralen Bereich bewältigte, geht

die Würdigung der Zweckbauten zum großen Teil nicht über eine
Zusammenstellung in einer Werkliste hinaus.
Die Zahl der heute noch erhaltenen Bauten dieser Gruppe aus dem
18. Jahrhundert ist allerdings verschwindend gering, da die
meisten im Verlauf der industriellen Revolution zugunsten be-
trieblicher Expansion oder Modernisierung abgerissen oder bis
zur Unkenntlichkeit verändert wurden. Das Studium von Plänen
für diese Bauten aus dem 18. Jahrhundert stellt also beinahe
die einzige Möglichkeit dar, sich mit diesem wenig erfaßten
Gebiet zu beschäftigen. Im Cours d'architecture von Jacques
François Blondel, erschienen 1771 in Paris, wurde zum ersten
Mal die Gestaltung von Nutzbauten behandelt[329]. Vorher schie-
nen sie kein künstlerisches Problem geboten zu haben. Bei der
Abhandlung über Reservoire, Märkte, Metzgereien, Kasernen, Zeug-
häuser, Gefängnisse, Leuchttürme usw. geht es nicht um technische beziehungsweise funktionale Aspekte. Jedem Bauwerk wird
ein bestimmter Charakter zugeordnet. Es gibt keine Gebäude mit
mehr oder weniger, sondern nur mit anderem Charakter. Die Bedeutung des Begriffs "convenance" änderte sich. Früher mußte
das Gebäude der Stellung des Hausherrn angepaßt werden, nun
aber mußte man dem Gebäude seine praktische Bestimmung ansehen,
es mußte ein Wesen haben, aber auch zugleich Kunstwerk sein.
Ein jedes Gebäude hatte seinen bestimmten Zweck und die Ausstattung hatte sich nach seiner Verwendung zu richten (bienséance).
Dieses Verlangen nach zweckmäßiger Ausstattung und Disposition
entsprang aber keinem ästhetischen Empfinden, sondern alltäg-
lichen Bedürfnissen, hatte also auf die künstlerische Gestaltung keinen Einfluß.

Im Germanischen Nationalmuseum in Nürnberg sind sechs Idealpläne von Pedetti für zwei Bräuhäuser erhalten[330]. Für jedes   <u>12,13</u>
Brauhaus sind in je drei Plänen die Grund- und Aufrisse, die
Schnitte und Fassadengestaltungen festgelegt. Alle Pläne sind
mit dem vollständigen Titel Pedettis signiert:"Inventirt ud
gezeichnet durch Mauritium Pedetti Hochfürstl. Eychstätt/i/s/cher/
HofcamerRath ud Baudirector".

Die Pläne sind undatiert und bisher unveröffentlicht. Im selben Band sind vorausgehend zahlreiche Pläne Pedettis enthalten, die sich mit Umbauplanungen artfremder Objekte zu fürstbischöflichen Brauereien im Eichstätter Raum befassen. Im Bistum Eichstätt bedeuteten die Brauereien eine große Einnahmequelle für die Hofkammer. In der vornapoleonischen Zeit gab es fünf herrschaftliche Bräuhäuser im Eichstätter Raum. Besonders Fürstbischof Anton von Zehmen verfolgte stark merkantile Interessen und setzte sich für den Bau von Brauereien ein. Das Domkapitel beanspruchte einen Teil der Brauereieinnahmen, die regelmäßig hoch waren, für sich. Die Planung von Brauereien war gerade für diese Gegend eine wichtige und geforderte Bauaufgabe. Aber da die fürstbischöfliche Kasse meistens leer war, mußte vorwiegend mit Umbauten vorlieb genommen werden. Besonders bei Fürstbischof Zehmen war "der Finanzstand des Hochstifts äußerst bedenklich und, wenn unerhoffte Unglücksfälle sich ereignen sollten, /wäre/ es um den bisher aufrecht erhaltenen Kredit bald geschehen, folglich bei dieser Lage die größte Gefahr eines unermeßlichen Zerfalls zu befürchten sein dürfte[331]". Da Pedetti auf den bereits vorhandenen Baubestand Rücksicht nehmen mußte, wird in den Plänen für die Brauereien in und bei Eichstätt wenig von seinen künstlerischen Absichten deutlich.

Eine umfangreiche Serie von Plänen fertigte Pedetti für das neue Hofmühlbräuhaus bei Eichstätt unterhalb der Willibaldsburg[332] und für den neuen Sommerkeller unter dem Zeughaus der Burg[333] an. Im Jahre 1752 war das Hofmühlbräuhaus abgebrannt und wurde unter Pedettis Leitung wiederhergestellt[334]. Ein Plan der Serie enthält die Genehmigung des Fürstbischofs Strasoldo (1757-1781). Dreißig Jahre später (1781) richtete Pedetti unter dem Zeughaus der Willibaldsburg, das sich zwischen dem Festungsgürtel der Haupt- und der Vorburg auf der Stadtseite des Schlosses befindet und von Fürstbischof Westerstetten (1612-1636) erbaut wurde, einen zur Hofmühle gehörigen Sommerkeller zur Lagerung von 141 Bierfässern à 22 Eimer bzw. für größere Fässer mit insgesamt 4000 Eimer Fassungsvermögen

ein[335]. Alles wurde sicher und bequem auch zur Säuberung der
Fässer und der Räume eingerichtet und eine neue Zufahrt von
der Bergseite her geschaffen.
Die Grundrißaufteilung des oben erwähnten neuen Hofmühlbräu-
hauses entspricht weitgehend der der noch zu besprechen-
den Idealpläne. Rechts und links eines längsrechteckigen, vorne
und hinten aus der Gebäudeflucht herausragenden Mittelteils
mit der Schwelch gliedern sich zwei querrechteckige Säle an:
links zwei Malztennen übereinander, rechts die gewölbten Win-
ter- und Sommerbräuhäuser mit vorgebautem Branntweinhaus. Im
ersten Obergeschoß sind im Mittelteil die Dörre, links zwei
Bräuknechtkammern und ein großer Boden und rechts die geräumige
Bräumeisterswohnung mit Stube, Kammer, Speisekammer, Küche, Behältnis und großem Flur und daneben ein Malzboden untergebracht.
Die drei Speichergeschosse nehmen rechts die Malz- und links
die Gerstenböden auf. Diese Aufteilung entspricht den Vorstellungen einer bequemen und praktischen Brauerei[336], wie bei den
Idealprojekten noch zu sehen sein wird.
In einer weiteren Serie mit signierten und undatierten Plänen
geht es um die Erweiterung der bereits bestehenden Brauerei in
Buxheim[337]. Darauf folgen Pläne für die Einrichtung eines neuen
längsrechteckigen Sommer-Braunbierkellers an der alten Zwingermauer und einer neuen Gärkammer in der bereits in dem Schlös-
schen in Herrieden eingerichteten Brauerei[338]. Der erste Plan
dieser Serie ist unten rechts bezeichnet mit "verfast den 28
abo (August) 1774 Baud Pedetti". Daran schließt ein Plan zur
Umgestaltung des Pflegschlosses Titting in eine fürstbischöfliche Brauerei an[339]. Schloß Titting wurde 1786[340] in eine
fürstbischöfliche Brauerei umgebaut, da die Pfleger seit
langem in Eichstätt residierten.

Idealprojekte für Brauereien

Wie viele Architekten so flüchtete Pedetti auf Grund der un-
befriedigenden Arbeitsaufgabe von Umgestaltungen in die Idealprojekte, die über seine Künstlerpersönlichkeit auch um so
vieles mehr aussagen.
Neben den Idealentwürfen im Germanischen Nationalmuseum in

Nürnberg, auf die noch eingegangen wird, ist der erste Band
des in der Staatsbibliothek in München aufbewahrten Codex mit
Entwürfen Pedettis, gefüllt mit einer Serie von acht Idealplänen für ein Brauereigebäude mit zugehörigen Ökonomiebauten,
erhalten[341]. Die Pläne sind alle unten links signiert mit   III,14
"M. Pedetti jnv et del:" und sind ebenfalls undatiert und bisher unveröffentlicht. Zu jedem Stockwerk des Hauptgebäudes,
einschließlich des Kellers, gibt es einen Grundrißplan, außerdem noch einen Situationsplan, Fassadenaufrisse und Schnitte.
Jedem Plan gehen, wie bei allen Plänen dieses Codex, hand-
schriftliche Bemerkungen Pedettis voraus. Diese umfassen jeweils eine sogenannte "Anleitung" mit dem Inhalt bzw. der Darstellung des folgenden Planes, eine "Erklärung", die die Legenden des Planes aufschlüsselt und eine kurze "Anmerkung", die
entweder den Plan würdigt oder nochmals auf besondere Probleme
des Gesamtentwurfs oder des folgenden Planes eingeht.
In der der ganzen Serie vorangeschickten "Anweisung" berichtet
Pedetti, daß man ihn zur Planung dieses Gebäudes beauftragt
hätte, aber daß unerwartete Umstände den Bau verhindert hätten[342]. Allerdings erscheint es als sehr unglaubwürdig, daß
Pedetti bei der Großzügigkeit der Planung tatsächlich angenommen hatte, der Plan würde verwirklicht. "Disen Civil Bau hat
hindts gesezter /der Unterzeichner/ aus disen Beweg Grundt zu
inventiren, sich veranlasset gesehen, weilen Man an einen grossen Kopf derley gebäu zu Werk zubeförderen wirklich angetragen,
jedoch da oftmahlen ganz ohnerwartete Zuställe denen Architecten ihre Mühsamst ausgeführte arbeiten ohnwirksam erliegen
lassen; /.../ hat auch eben solcher Zufall den vorgewesenen
Bau in Ruh= und Hinterstellung gebracht[343]". Dennoch, so fügt
Pedetti noch an, glaube er, daß die Pläne sowohl Bau- als auch
Bräuverständigen zusagen müßten[344]. Unterschrieben ist die Anweisung mit dem vollen Titel:"Inv. et Deli: durch Mauritio
Pedetti (Milanensis[345]) Hochfürstl. Eychstättischer Hofcameratt
ud Baudirector". Die Aufführung des vollen Namens und
Titels, bei den Nürnberger Plänen sogar auf jeder Zeichnung,
zeugt vom Stolz und Selbstbewußtsein des Verfassers.

Pedetti spricht immer wieder davon, welche "unsterbliche Ehre"
Architekten zuteil würde, wenn sie es erreichten, "/.../ ihre
Werke von grossen Häubtern aufgenomen zusehen und hier durch
beherrlicht zu werden /.../[346]". Aber für Pedetti ist es bereits Ehre genug, wenn seine Projekte zum reinen Studium für
Liebhaber und Kenner benutzt werden: "/.../ denen hochen Kennern lediglich zum belibigen gebrauch, gleich allen übrigen
dergleichen studio überlassen wirdet[347]".
Der erste Plan der Münchner Serie ist ein Situationsplan. Das <u>III</u>
2 1/2 geschossige querrechteckige Bräuhaus, angelegt wie ein
Corps de logis beim Schloßbau, ist an den Seiten und an der
Rückfront von einem halbkreisförmig sich schließenden Ring
von Ökonomiegebäuden umgeben. Vier größere Pavillons werden
durch gedeckte Arkadengänge miteinander verbunden. Die im Pavillonsystem mit unterschiedlichen Dachformen und - höhen angeordneten Gebäude sind streng symmetrisch zur Hauptachse gruppiert.
Diese führt durch den Haupteingang über den Hinterhof in die
freie Landschaft. Der Ring der Ökonomiegebäude schließt sich in
einem niedrigen sogenannten "Zwerch- oder Schlusbau zu ver-
schidenen gebrauch[348]".
Pedetti kam es darauf an, "/.../ bey einem vorseyenden genugsamen Blatz ein Bräustatt mit regularen umbgebenen vier Pavi-
lons, und übrigen obbeschribens oeconomigebäuen zirlich, haubt-
sächl: handtsam, und menagirlich anzulegen /.../[349]". Er bemerkte auch, daß es nötig wäre, "/.../ bey einem irregularen,
oder eingeschränkten Blatz die Eintheilung nach beschaffenheit
des Blatzes zurichten /.../[350]". Pedetti stellte sich also
nicht die schwierige Aufgabe, sich mit der Distribution einer
irregulären Platzsituation zu befassen, sondern ging von vorneherein von einer regulären Fläche aus. Im ausgehenden Barock
hatte man sich sonst gerne diese Aufgabe gestellt, und man
hatte Freude daran, Schwierigkeit zu suchen und zu lösen. Unter
anderem hatte sich Johann David Steingruber, Bauinspektor seit
1750 am markgräflichen Schloß in Ansbach, in seinem 1773 in
Schwabach erschienenen "Architektonischen Alphabet"[351] mit besonders diffizilen Grundrißproblemen auseinandergesetzt. Die
Formen der Buchstaben A-Z dienten ihm als Grundlage für Grund-

risse von Wohnhäusern und Palästen, was, wenn man die architektonischen Grundregeln nicht verletzen will, auf Schwierigkeiten stoßen kann. Diese Aufgabenstellung war ziemlich un-
realistisch und diente nur zur Übung und Präzisierung von
Raumvorstellungen.

Die Brauereianlage Pedettis ist wie ein Schloß aufgebaut.
Die Hufeisenform und der sich dadurch bildende große Hof sind
noch von spätbarocken Schloßanlagen beeinflußt, während die
Fassadengestaltung des Haupt- und auch der Nebengebäude frühklassizistische Elemente neben den barocken enthalten. Das mit
einem Mansardwalmdach gedeckte und mit unzähligen Gaupen be-
stückte Hauptgebäude der Brauereianlage besteht auf der Vorder-
und Rückseite aus je acht und auf den schmalen Giebelseiten aus
je drei Fensterachsen. In der Fassadengliederung mit den senk-
rechten Einteilungen der kolossalen Doppelpilaster und den
waagerechten der Gurtgesimse zwischen Mezzanin und Hauptgeschoß
und zwischen Haupt- und Kellergeschoß bemühte sich Pedetti um
eine klar gegliederte Außenansicht und eine für den Frühklassizismus typische gleichmäßig-rasterartige Aufteilung.

Die frühklassizistische Forderung nach hochrechteckigen Fenstern wird konsequent erst in den Nürnberger Entwürfen verwirklicht. Hier sind die Fenster im Mittelgeschoß leicht stichbogig geschlossen. Sie haben keine Verdachung. Die Fenster im
Mezzaningeschoß sind vierpaßförmig gebildet. Für den rechten
Teil des Gebäudes, das eigentliche Bräuhaus, ein großer Saal,
der durch zwei Geschosse führt, waren die hohen, schmalen Fenster auch aus praktischen, für das Bräuhaus notwendigen Gründen wichtig. Pedetti schreibt dazu:"Auf der bräuhaus seiten,
weilen solche Bräustatt zwey Stokwerkgeschoss einnimet, werden die Fesnter stok od Lichte nach dem Riß gross, und zu er-
haltung genugsamer helle gerichtet[352]".

Von Krünitz, dem Verfasser einer "Oeconomischen Encyklopädie"
von 1784, wird gefordert[353]: "Man muß auch zu allen Arbeiten
hinlänglich Tageslicht haben; daher es gut ist, wenn man das
Brau Haus mit hohen Fenstern versiehet, welche zugleich dazu
dienen, bey dem Brauen die vielen Ausdünstungen hinaus zu
lassen /.../". Zur konsequenten und symmetrischen Fassaden-

aufteilung gehört, daß im linken Gebäudeflügel die Fenster
ebenfalls durch zwei Geschosse gehen, obwohl sich hier im
Inneren keine doppelgeschossige Halle befindet. Dabei müssen
die von außen sichtbaren Zwischenböden in den Fensteröffnungen in Kauf genommen werden, was nach Marc Antoine Laugier[354]
jedenfalls eher möglich ist als eine uneinheitliche Fassade.
In der Anmerkung zum Fassadenaufriß spricht Pedetti von
"/.../ einer disem gebäu bemessenen glatten Verzierung /.../"
und davon, daß die "/.../ gleichheit, obwohlen das Bräuhaus
zwey Stokwerk einnimet so viel möglich, beybehalten worden
/.../". Außerdem käme es ihm mehr auf "/.../ bequemlichkeit
und dauer, alß /auf/ sonderbare zierde /.../" an[355].
Der barocken Tradition stärker verpflichtet ist der plastisch
stark heraustretende dreiachsige Mittelrisalit, ein Element,
das auch dem Schloßbau entnommen wurde. Auch Claude-Nicolas
Ledoux hat bei dem Entwurf der Salinenstadt Chaux im französischen Jura 1773 dieselben Prinzipien angewendet. "Die Ar-
beiter- und Sudhäuser nehmen mit ihrer strengen Symmetrie
und vor allem mit den gedrungenen Mittelrisaliten Motive der
Schloßarchitektur auf[356]". Nur hatte es bei Ledoux soziale
Gründe. Er wollte für das arbeitende Volk "adelige Bauformen"
verwenden. Seine Anlage ist allerdings nicht dem Typus einer
feudalen Herrschaftsarchitektur zuzuschreiben. Die Mitte des
Stadtovals wird nicht besetzt von einem sakralen oder politischen Repräsentationsbau, sondern von zwei Fabrikgebäuden
und einem Direktionsgebäude. Wenn noch hierarchische Stufen da
sind, dann Hierarchien der Arbeit.
Bei Pedetti ist die Situation ähnlich, nur spielten bei ihm
nicht soziale Überlegungen bei der Auswahl einer Schloßarchitektur für ein Brauhaus eine Rolle, sondern der dringende und
immer unterdrückte Wunsch, "große Architektur" zu machen.
Trotz der barocken Elemente, wie plastisches Hervortreten,
Einpaßung zahlreicher verschieden geformter Fenster anstelle
von mehr Flächen, Segmentbogenverdachung, Stichbogenportal
und Abrundung aller vier Ecken, paßt sich der Mittelrisalit
durchaus der frühklassizistischen Gestaltung der Flügelfassaden
an.

Neben den drei oberen der vier übereinanderliegenden Stichbogenfenster und neben dem ovalen Giebelfenster in der Mittelachse sind jeweils rechts und links hochrechteckige Blendfüllungen vorgesehen. Rechts und links vom Portal führen Kolossalpilaster bis hinauf zum Giebel und gliedern die Fassade
straff. Die besonders starke Durchfensterung des Mittelrisalits
ist auch vor allem auf praktische Erwägungen zurückzuführen.
Sogar in den zum Haupttrakt hin abgerundeten Ecken des Risalits sind Fenster eingelassen, zu denen Pedetti schreibt:
"/.../ die vier Winklfenster, welche durch samentl: geschoss
und böden /.../ gehen, damit der ganze bau mit genugsamen
Licht und haubtsächlich mit beherigen durchstreichenden Lufft
nuzlich versehen ist[357]".
Die am Anfang erwähnten Planserien für Brauereien im Nürnberger
Germanischen Nationalmuseum[358] geben, im Gegensatz zu den   12,13
Münchner Plänen, nur den Entwurf für die Hauptgebäude zweier
Brauereien wieder. Für eventuelle Nebengebäude liegen keine Ent-
würfe vor. Auf jedem Plan sind die verschiedenen Bauteile mit
Legenden erklärt.
Von der Fassadengestaltung und von der Grundrißaufteilung her
sind die Nürnberger Entwürfe fast identisch mit dem Münchner
Plan. Es handelt sich hier ebenfalls um achtachsige, 2 1/2 geschossige und querrechteckige Gebäude. Auffallender ist bei
den beiden Nürnberger Entwurfsserien die noch gleichmäßigere
und flächigere Fassadengestaltung, was für eine konsequentere
Durchführung frühklassizistischer Ideen spricht. Bei beiden
Entwürfen ist nicht der plastisch hervortretende barocke Mittelrisalit des Münchner Planes vorgesehen, sondern ein frühklassizistisch flach vorstehender. Besonders konsequent ist
der zweite Nürnberger Entwurf[359]. Sämtliche Fenster des Ge-   13
bäudes sind rechteckig. Lange hochrechteckige Fenster bestimmen das Hauptgeschoß - im linken Flügel wieder mit sichtbaren
Zwischenböden - und schmale querrechteckige das Mezzaningeschoß. Die Geschoßeinteilung bleibt im Mittelrisalit erhalten,
nur sind anstelle eines hochrechteckigen Fensters hier zwei
kleine quadratische vorgesehen mit waagerechten Blendfüllungen.
Frühklassizistisch ist auch die schlichte Rahmung der Fenster.

Schmale genutete Pilasterpaare, die unten zusammengeführt
werden und oben auf ein schmales waagerechtes Band führen,
unterstützen die klare Gliederung der Fassade. Der erste
Nürnberger Entwurf[360] ist dem Münchner Entwurf ähnlicher.   <u>12</u>
Die hohen Fenster sind wieder segmentförmig geschlossen und
hier geohrt, und die Mezzaninfenster sind oval. Dafür wird
eine höhere Gleichmäßigkeit dadurch erreicht, daß die Fassadengliederung der Flügel der des fünfachsigen Mittelrisalits entspricht. Die Doppelpilaster, die im Münchner Entwurf
frei nebeneinanderstehen und im zweiten Nürnberger Entwurf
unten zusammengeführt werden, werden hier oben und unten zusammengeführt. Dadurch entstand oben noch ein Feld für eine
runde Vertiefung, die gleichzeitig einem praktischen Zweck,
dem Dampfabzug, dient.
Die Grundrißeinteilung der drei Entwürfe ist sehr ähnlich
und entspricht auch weitgehend, wie bereits erwähnt, den Entwürfen für das Hofmühlbräuhaus in Eichstätt. Die Größe der
Räume wird notwendigerweise von der Ausdehnung der Geräte bestimmt. Alle Geräte haben ihren "architektonischen" Platz und
sind unverrückbar, ebenso wie die Möbel im Schloßbau der Zeit.
"Das ganze Bräuhaus muß, seiner Absicht gemäß, geräumig genug
angeleget werden. Die Größe des Ofens und der Pfanne, nebst
den nöthigen Gefäßen, bestimmen von selbst die Größe des Raumes der eigentlichen Braustube /.../[361]" und "Man muß vor
allen Dingen sorgen, daß alles mit leichter Mühe reinlich gehalten werden könne, welches ein Hauptumstand bey einer guten
Brauerey ist. Zu dieser Absicht ist es nötig, den Fußboden
des ganzen Brauhauses mit Steinen /.../ oder mit Ziegeln aus-
zulegen /.../[362]". Pedetti hat im Münchner und im zweiten Nürnberger Plan für die Malztenne im Erdgeschoß des linken Traktes
sogar einen fugenlosen Estrich vorgesehen, nicht nur aus Gründen der Reinlichkeit, sondern auch wegen der erhöhten Brandge-
fahr bei Holzfußböden. "/.../ und auch durch wenigeren gebrauch
des holtzes von aller feurs gefahr diser ganze bau zu ver-
sichern, ist ein Estrich, oder ziegelsteinerner boden durch-
auß zulegen, /.../[363]".
Daß Pedetti bei der Brauereiarchitektur auf Bequemlichkeit und

Übersichtlichkeit achtete, kommt immer wieder in den "Erklärun-
gen" der Münchner Planserie zum Ausdruck:" Wie nun obbeschri-
bener Plan des ersten geschosses bezeiget, das alles sowohl
die Bräustatt als Brandtweinhaus, Maltz Tennen, und Dörre, so
übriges nuzlich und handtsam nahe zusammen gezogen /.../[364]".
Die Grundrißaufteilung ist sehr übersichtlich. In der Mitte
liegt der große Zentralraum, der jeweils in allen Geschossen
entweder als Kreis[365] oder als Oktogon[366] gestaltet ist, ein
Motiv, das Pedetti wieder der Schloßbauarchitektur entnommen
hat[367].

Das Erdgeschoß besteht bei allen drei Entwürfen aus je einem   12,14
rechts und links an den Zentralraum anschließenden längsrechteckigen, dreischiffigen Saal. Der Längsrechtecksaal ist d i e
Grundrißform der frühklassizistischen Periode, was den Sakral-
wie auch den Profanbau betrifft.
Säulen- und Pfeilerpaare tragen die Gewölbe. "Wenn es die Gelegenheit zuläßt, so ist es am besten, das ganze Gebäude stei-
nern aufzuführen und zu wölben /.../[368]". Links vom Zentralraum erstreckt sich die große Malztenne mit zwei Weichen, in
denen die Gerste eingeweicht wird, und die Wasserreserve, von
der Wasserleitungen abführen. Rechts befindet sich jeweils das
eigentliche, durch zwei Geschosse reichende Bräuhaus mit Kes-
seln und Kühlvorrichtungen und eigenem Eingang vom seitlichen
Hof her. Die Hauptstiege befindet sich raumsparend und nicht
repräsentativ bei allen drei Entwürfen links vom Haupteingang.
Zwischen Bräuhaus und Zentralraum liegen unter anderem die Faß-
binderei und das Branntweinhaus.
Im ersten Obergeschoß hat der Zentralraum die Funktion, "Haubt-   13
pfletz des bräumeisters und bräuknechtes quatier[369]" zu sein,
das sich rechts anschließt. Für den Braumeister ist eine komplette Wohnung vorgesehen mit Küche und Wohnstube, für den
Knecht und den Burschen je eine Kammer. Die Lage der Quartiere
zwischen Zentralraum und Bräuhaus wurde von Pedetti bewußt gewählt, denn "/.../ von samentl. quatier kan man ins Bräuhaus
bequem sehen, und schleinig /schnell/, zur arbeith ab und auf-
komen[370]!" Auch von Krünitz wird dazu vorgeschlagen: "Neben dem
Brauhaus kann die Wohnung des Brauers und anderer Arbeiter sein,

über welcher und dem Brauhause selbst, gute Böden angelegt
werden, um theils vorräthiges Getreide, theils schon gedorrtes
Malz, aufzubehalten, sowie man auch da selbst eine gute und
wohlverwahrte Hopfenkammer anlegen kann[371].
Diese Einrichtungen befinden sich in Pedettis Plänen jeweils
im zweiten Obergeschoß.
In dem an den Ecken abgerundeten Raum des Mittelrisalits der
Rückfront liegt im ersten Obergeschoß einer der für eine Brauerei wichtigsten Räume, "die auch gewölbte, und mit behörigen
feur Maur versehene dörr[372]", die Darre. Hier wird das aus der
Gerste gewonnene und dann luftgetrocknete Malz "geröstet". Die
Darre besteht aus drei Feldern bzw. Rosten, auf denen das Malz
ausgebreitet wird. Unten wird ein Feuer entzündet. Das untere
Feld ist zuerst trocken, das Malz der beiden oberen Felder wird
dann nach unten verlagert. Danach kommt das "abgedörrte" Malz
auf die Malzböden im Stock darüber. Der große dreischiffige gewölbte Saal links neben dem Zentralraum dient hier im ersten
Obergeschoß als Schwelchboden, auf dem das Malz luftgetrocknet
wird.
Die Brauereien sind alle unterkellert zur Lagerung der Fässer,
als Einfässerungskeller und als Schenkkeller. Dazu gehört eine
Gärkammer und sogar Sommerkeller, die sonst üblicherweise,
wie beim Hofmühlbräuhaus, außerhalb des Gebäudes und sogar oft
außerhalb der Stadt gelegen waren. Die Würze mußte hier mehrere
Monate lagern.
Neben den zwei Planserien ist in Nürnberg ein weiterer Entwurf, bestehend aus zwei Grundrißplänen, für eine Brauerei
von Pedetti aufbewahrt[373]. Eventuell handelt es sich hierbei
nicht um einen Idealplan, da eine schiefe Mauer für eine konkrete Situation spricht, in die Pedetti das Gebäude einpassen
mußte. Interessant bei diesem Entwurf ist die Tatsache, daß hier
die großen Säle rechts und links vom Mittelsaal, der hier als
Rotunde gebildet ist, nicht längsrechteckig wie bei den übrigen
Entwürfen, sondern querrechteckig mit ausgerundeten Ecken gebildet sind. Aus den sparsamen Legenden ist nur zu entnehmen, daß
sich im Erdgeschoß rechts des Hauptsaales das Branntweinhaus
und im ersten Obergeschoß darüber die Dörre befindet. Im Erd-

geschoß im rechten Gebäudeteil ist die Schwelch untergebracht.

Die Ökonomiegebäude, die nur in der Münchner Planserie und dort <u>III</u>
auch nur mit Fassadenansicht und Grundriß des Erdgeschosses,
festgehalten sind, umfassen folgende Einheiten: Links neben
dem Hauptgebäude befindet sich die "gemainschaftliche Waschstatt"[374]und das Fässerlager in einem langgestreckten, einstök-
kigen Gebäude. Daran schließen zwei zweigeschossige Pavillons,
verbunden durch einen gedeckten Arkadengang, an. Der erste
Pavillon enthält die Mahl- und Malzmühle, hinter der der Bach
fließt, und das Wasserleitungsbrunnenwerk. Ein gedeckter Gang
führt vom oberen Stockwerk in das Hauptgebäude. Er dient dem
trockenen Transport des Malzes. Der große gewölbte Arkadengang
enthält die Holzlege und die Wagenremisen und darüber Fourageböden. Die durch dieses Gebäude abgerundete Hofecke wird durch
einen kleinen Hof wieder in eine rechteckige Form gebracht.
Der zweite zweigeschossige Pavillon am anderen Ende des Ganges
enthält die Wohnung des Bräuverwalters. In dem vorderen langen
einstöckigen Flügel befinden sich die Wagnerei, die Schmiede,
Ställe und Lager, in dem anschließenden zweistöckigen die Wohnung des Ochsenknechtes und des Gegenschreibers und Ställe.
In dem gedeckten Arkadengang sind hier die Maststallungen und
darüber die Fourageböden untergebracht. "Die s.v: tung statt,
welche ohnhinderlich geschlossen, und hirmit im Haubthof Reit
spatium nichts benimet[375]" ist separatisiert in einem kleinen
Hof untergebracht. Der zweite Pavillon am anderen Ende des Ganges enthält die Wohnung des Ochsenfütterers und Ställe.
Die Fassaden der vier zweigeschossigen Pavillons sind alle ebenso klar gegliedert wie der Haupttrakt. Hier haben sogar die
einzelnen Stockwerke Gleichberechtigung, was die Einheitlichkeit
fördert. Die beiden hinteren Pavillons bestehen aus je fünf
Achsen, von denen die mittlere durch einrahmende Pilaster und
durch ein Zwerchhaus betont werden. Blendfüllungen über und unter den Fenstern betonen die Vertikalgliederung. Genutete Lisenen bestimmen die Ecklösungen. Die beiden vorderen Pavillons

sind ebenfalls fünfachsig, hier werden die mittleren drei
Fensterachsen als Risalit leicht vorgezogen. Genutete Lisenen
begrenzen den Mittelrisalit und die Gebäudeecken.
Die an den mit Ökonomiegebäuden umschlossenen Hof anschlies-
sende Landschaft ist einfach und klar gegliedert. Breite
Alleen durchziehen die präzisen Feldereinteilungen. Die Hauptallee verlängert die Hauptachse der Anlage in die Landschaft.
Durch den eingeschossigen Torbau erreichte Pedetti, daß er
auf der einen Seite die Anlage in sich schloß, aber gleichzeitig durch die geringe Höhe des Gebäudes eine Öffnung und
damit einen Bezug zur Landschaft erreichte. Dasselbe Prinzip
taucht bei ihm in verschiedenen anderen Projekten ähnlich auf.
In Schloß Hirschberg und im Hofgarten von Eichstätt löste er
dieses Problem mit einem Mauer-Gitter-Abschluß, der öffnend
und schließend wirkt. Die barocke Aufgliederung der Landschaft
findet sich ebenfalls in Pedettis gesamten Gartenentwürfen[376].

Die Entstehung der Brauereipläne ist in die Zeit zwischen 1775
und 1785 zu legen, wobei der Münchner Entwurf eher etwas früher einzustufen ist als die Nürnberger Entwürfe, die in ihrer
Tendenz zu einer frühklassizistischen Fassadengestaltung konsequenter sind. Dennoch müssen sie auf Grund ihrer Ähnlichkeit
in der Fassaden- und Grundrißgestaltung in kurzem Abstand voneinander entstanden sein. In dem Zeitraum zwischen 1775 und
1785 entstanden auch die datierten Entwürfe der Umbauplanungen
für die Eichstätter Brauereien. Außerdem bestand wohl in der
Zeit das meiste Interesse an diesen Objekten
Eine präzise Datierung fällt hier, wie oft bei Pedetti, schwer,
da es bei ihm keine einheitliche Entwicklung vom Spätbarock
zum Frühklassizismus gab, sondern die Elemente beider Stile
bei ihm parallel auftraten.

Von Pedetti sind mehrere Entwürfe für Einbauten von Eisenham-
merwerken und Schmelzen in ehemalige Mühlen erhalten. Die
Zeichnungen dazu ließ er zum Teil von seinen Zeichnern ausführen. Die Entwürfe beziehen sich sämtlich auf Projekte
in der Nähe von Eichstätt. Für die Waltinger Mühle plante

Pedetti den Einbau eines Hammerwerkes mit vier Schmiedefeuern, Laborantenbehausungen und Stadel[377]. Die Forstermühle im Schambachtal[378] wollte er als Schmelze mit Laborantenhaus, Faktoreiwohnung und Kohlenstadel umbauen[379]. Für das bereits bestehende große Hammerwerk in Altendorf/ Gemeinde Mörnsheim[380] mit drei Hammern und Waffenschmiede ließ er technische Zeichnungen für Maschinen, unter anderem eine Eisenwalze[381], anfertigen.

Pedettis wichtigste Entwürfe für diesen Bautypus sind aber die für den Umbau der Schmelze in Obereichstätt, ein frühes Beispiel der vorindustriellen Zeit. Zusammen mit dem bereits vorne erwähnten Ignaz Pickl, Professor für Mathematik, Physik und Astronomie, Geistlicher Rat und Kanonikus in Eichstätt, trug Pedetti zum Aufschwung des Eisenhüttenwerkes in Obereichstätt bei[382]. Außer Obereichstätt gab es noch zahlreiche Eisenhütten in der Umgebung. Der erste Hammer in Obereichstätt wurde 1411 errichtet. Er war zunächst in privater und ab 1550 in fürstbischöflicher Hand. Im Jahre 1692 wurde die Anlage von Grund auf neu errichtet und ein erster Hochofen gebaut[383]. Unter den folgenden Fürstbischöfen schwand allerdings zugunsten von öffentlichen Bauten das Interesse an "technischen" Betrieben. Zeitweise war die Schmelze in Obereichstätt kurz vor dem Konkurs. Erst in den 80er Jahren am Ende der Regierung von Strasoldo und vor allem unter Zehmen konnte ein Aufschwung bewirkt werden. Dazu wurden ein Spezialist auf technischem Gebiet, Ignaz Pickl, und ein baulicher Berater, Pedetti, herangezogen. Beide hatten bereits kurz vorher (1778) bei dem Wasserversorgungssystem für die Residenzplatzbrunnen in Eichstätt eng zusammengearbeitet. Von Pedetti ist eine Serie mit teilweise signierten und undatierten Plänen für den Umbau der alten Schmelze erhalten[384]. Vom 21.5.1781 datiert die erste Erwähnung Pedettis in Bezug auf das Eisenwerk. Es handelt sich hierbei um ein Schreiben des Hofkammerrats und Eisenwerkkommissars Baumgartner an den Faktor (Leiter) der Hütten von Hagenacker und Obereichstätt[385]. Baumgartner berichtet, daß Pickl bereits 1780 in Obereichstätt gewesen wäre, um Berechnungen für eine bessere Nutzung des Werkes anzustellen. Nun wäre es nötig, daß Pedetti, Pickl und er selbst am 22.5.1781 zu einer weiteren Untersuchung in Anwesenheit des Faktors nach Obereichstätt kämen.

In verschiedenen Untersuchungen um 1785 fand Pickl, nun Leiter des hochstiftlichen Eisenwerkwesens, heraus, daß die Hütte noch ohne weiteres gewinnbringend zu betreiben wäre. Eisenerz wäre in den Hochstiftswaldungen genügend vorhanden und auch Holzkohle zum Beheizen könnte leicht beschafft werden, da es um Eichstätt ungefähr 20 Köhler gäbe. Zu erneuern waren allerdings die baulichen Einrichtungen von 1692. Dazu gehörten das Gebäude mit dem Hochofen, ein Magazin, Kohlenstadel, schlechte Arbeiterwohnungen, zwei Mahl- und eine Pulvermühle, ein Pochhammer, sämtlich gelegen am Forellenbach, und die Schlackenwäsche am Ende des Dorfes. Durch seine Berechnungen und den Umbau wurde eine Anhebung des Ertrages um das Doppelte erreicht. Die Umbaupläne Pedettis [386] müssen bereits vor 1781 verfertigt worden sein, da zwei noch von Strasoldo (gest. 1781) genehmigt wurden [387].

Der ca. 24 Meter lange, 14,3 Meter breite und 10,5 Meter hohe (Giebel) Querrechteckbau hat seinen Haupteingang an der Langseite, etwas aus der Mitte nach rechts verschoben. Betritt man das Gebäude, so liegt gegenüber vom Eingang der Hochofen zum Ausschmelzen des Eisens aus den Erzen (Verhüttung), für den Pedetti auch eine signierte Detailzeichnung entwarf [388], mit zwei Blasebälgen. Den Ofen bedienten Schmelzmeister und Knecht. Rundherum gruppieren sich die Räume zur Herstellung von Gußeisenwaren. In Obereichstätt wurden unter anderm gußeiserne Öfen hergestellt, wie wir sie in Schloß Hirschberg, in der Eichstätter Stadtresidenz u.a. finden. Für die Rokokoöfen sind Entwurfszeichnungen Pedettis erhalten [389].

Direkt vor dem Eingang ist ein Platz mit einem Gestell zum Herstellen von Modellformen aus Lehm, Gips und Ton eingerichtet. Die Formen wurden mit Sand ausgelegt und mit Eisenschmelze gefüllt. Rechts befinden sich ein "waagbalcken", ein Hebel zum Herausziehen von schweren Stücken aus dem Ofen und wiederum ein Platz zum Formen; links sind zwei Lagerräume für Sand und Gußmodelle vorgesehen. Im ersten Obergeschoß befinden sich die Wohnungen des Personals, Schmelzmeistersstube, Schreibstube des Faktors und Wohnung des Schlackenknechtes.

Auch im zweiten Obergeschoß sind rechts und links vom Hochofen Wohnungen eingerichtet: für den Schmelzmeister und Hütten-
knecht. Insofern ist es Pedetti - wie bei den Brauereien - gelungen, eine praktische und übersichtliche Anlage zu schaffen,
in der das Personal in der gleichen Etage, in der es arbeitete,
auch wohnte. Auch sind die Wohnungen sehr geräumig und immer
mit einer Küche für jede Partei ausgestattet. Zu dem Personal
gehörten (für Hagenacker und Obereichstätt) ein Faktor, zwei
Meister, ein Schmelzschreiber, Ofenknechte, Former und Labo-
ranten.
Die Fassaden des Gebäudes wurden von Pedetti rhythmisiert
und die hölzerne Außentreppe an der Giebelseite beseitigt.

Auch zu dem Bautypus "Militärische Bauten" leistete Pedetti
einen bedeutenden Beitrag:

Neuburg/a.d.D., Kaserne
In der Münchner Staatsbibliothek sind zwei undatierte, unten
links mit "Mauritio Pedetti jn et Del:" signierte Pläne für
einen nicht ausgeführten Kasernenbau in Neuburg/an der Donau
aufbewahrt[390]. Auf dem ersten Blatt finden sich der Grundriß   15,16
von Erdgeschoß und erstem Obergeschoß, auf dem zweiten Aufrisse der Fassaden. Dazu gibt es, wie zu allen Plänen in dem
Codex, ausführliche Erläuterungen Pedettis, in diesem Falle
eine "Anleitung über die von hindts gesezten nache Neuburg an
der Donau projectirte Riße des vorgewesten Caßern Baus auf ein
Regiment, oder 12 Compagnis"[391], eine Tabelle über die Verteilung der Zimmer[392] und eine Erklärung der Buchstabenbezeich-
nungen der Fassadenansichten[393].
Im Jahre 1768 sollte "zur Förderung des Wohlstandes der Be-
völkerung"[394] statt der bisher vier Kompanien ein ganzes Regiment nach Neuburg verlegt und deshalb in der "Oberen Vorstadt"
im Westen eine Infanteriekaserne gebaut werden, bestritten aus
den Mitteln des Herzogtums Neuburg. Der Militärarchitekt
Ingenieur Obrist von Pfister entwarf die Pläne[395], aber in
Neuburg gab es keinen Maurermeister, der nach dessen Rissen
arbeiten konnte. Daraufhin wurde der Augsburger Hofbaumeister

Johann Martin Pentenrieder herangezogen. Im Dezember 1771
waren zwei Drittel des Baues fertiggestellt. Gekostet hatte
der Bau 40 000 fl. mehr als geplant (geplant waren 70790 fl.).[396]
Die sogenannte "Äußere Kaserne" entstand hinter einer Böschung
westlich über der ehemaligen Ludwigstraße, der heutigen Fünf-
zehnerstraße 22[397], abgesondert von der eigentlichen Stadt,
auf einer natürlichen, mit Bäumen bepflanzten Terrasse. Eine
lateinische Inschrift über dem Hauptportal der heutigen Kaserne, bei der es sich um die im 19. Jahrhundert weiter ausgebaute Anlage von 1768 handelt, sagt aus, daß der Grundstein
am 2.7.1768 gelegt wurde[398]. 1772 war der Bau ganz vollendet.
Pedetti hatte wohl parallel dazu ebenfalls Pläne eingereicht.
Sie sind, auch stilistisch gesehen, ebenfalls in die Jahre
1768/1769 zu setzen. Warum sie nicht verwirklicht wurden, obwohl die Grundrißlösung fortschrittlicher ist als in den Plänen Pfisters, ist unklar. Bei der von Pfister geplanten und von
Pentenrieder ausgeführten Kaserne[399] handelt es sich um eine
dreigeschossige Dreiflügelanlage mit Öffnung nach Westen. Die
Hauptfront blickt nach Osten und ihre Wände sind in der Mitte
risalitartig leicht vorgezogen. Im Westen war der alte Kaser-
nenhof durch das Lazarett abgeschlossen, ist aber inzwischen
durch einen Neubau verdrängt worden. Die Grundrißaufteilung
ist etwas altmodisch, noch dem System folgend, das der französische Festungsbaumeister Vauban entwarf und das in Frankreich bis zur Mitte des 18. Jahrhunderts Gültigkeit hatte.
Auf dieses wird noch eingegangen. Der Grundriß der Anlage von
Pfister-Pentenrieder ist so aufgeteilt, daß jeweils ein Eingang vom Innenhof in einen kurzen Gang führt, von dem aus man
rechts und links je zwei Zimmer erreicht. Am Ende des kurzen
Ganges zwischen den Zimmern befindet sich je eine einläufige
Treppe zum Obergeschoß. Etwas problematisch ist es immer bei
Mittelkorridoren, die Belüftung und Beleuchtung der umliegen-
den Zimmer in den Griff zu bekommen. Erleichtert wird dies dadurch, daß bei der Anlage von Pfister-Pentenrieder der Korri-
dor, wie auch bei Vauban, sehr kurz ist. Allerdings gibt es für
jedes Zimmer, da ja jeweils zwei hintereinanderliegen, nur je
zwei Fenster, entweder nach außen oder zum Innenhof liegend.

Bei der Pedettischen Anlage handelt es sich, wie dem Grundrißplan[400] zu entnehmen ist, um eine dreigeschossige, nur teilweise unterkellerte[401] Dreiflügelanlage um einen Ehrenhof bzw.
Paradeplatz:"/.../ und der fordere grosse HofReith zu ordi-
naire Parade, und Exercirblatz dienlich /.../[402]". Die nach
vorne offene Hofseite wird durch vorspringendes, schmiedeeisernes Gitterwerk auf Steinfundamenten zwischen Steinpfosten geschlossen, wiederum gleichzeitig Öffnung und Schließung nach
außen. Hinter dem Haupttrakt liegt ein zweiter Hof, ein geschlossener Wirtschaftshof, mit Nebengebäuden.
Die gesamte Anlage ist ca. 120 Meter breit und - ohne die Nebengebäude - 60 Meter lang.
Untergebracht werden sollte, wie Pedetti mehrere Male bemerkt,
ein Regiment, bestehend aus zwölf Kompanien. Unsicher ist, wie
stark eine Infanterie-Sollstärke zu dieser Zeit war. Im Jahre
1790[403] betrug sie 150 Mann. Zu berücksichtigen ist allerdings,
daß die Regimenter in Friedenszeiten oft nur die Hälfte ihres
Soll-Standes erreichten.
Der Grundriß ist so aufgeteilt, daß sich im Haupttrakt, dem sogenannten "Corps de Caserne", abgeleitet von der im Schloßbau
gebräuchlichen Bezeichnung "Corps de logis", und in den Flügelbauten Mannschaftsräume befinden. Die höheren Offiziere sind
in den beiden Pavillons, die an die Flügel direkt anschließen
(Hofseite) und im Mittelteil des Haupttraktes untergebracht.
Die Anlage ist völlig symmetrisch; die drei Geschosse sind
gleich gegliedert. In jedem Stockwerk der drei Flügel befinden sich 16 Mannschaftsräume[404]. Pedetti spricht von insgesamt
"48 grosse Räume vor die gemeine, in jeder 8 Bethstätt gerech-
net[405]". Um aber zwölf Kumpanien unterzubringen, muß es sich um
"mehrschläfrige" Betten gehandelt haben. Bei den von Pedetti
als "grosse Räume" bezeichneten Mannschaftsunterkünften handelt
es sich um langgestreckte, durch einen offenen Bogen miteinander verbundene "Doppel"-Räume.
Sehr übersichtlich ist die Anordnung der Korridore, die żu den
Zimmern der Soldaten führen. Fortschrittlich ist es, daß die
Zimmer nur auf einer Seite des Ganges liegen. Dadurch ist die
Belüftung und Beleuchtung leichter zu lösen. Die Korridore

15

ziehen sich im Erdgeschoß an der Fassade der gesamten Anlage,
außer an den Pavillons, entlang. Es handelt sich dabei um
offene gewölbte Gänge, die zwar Regen und Wind vom Gebäude ab-
halten, aber den Aufenthalt im rauhen Klima nicht angenehm
machen. Diese offenen Gänge befinden sich auch in den beiden
Obergeschossen:"/.../ die bogengäng zur comunication p: durch
alle 3 Stokwerkh /.../[406]", abgesehen wiederum von den Pavillons und dem Mittelteil des Haupttraktes, in denen die Offiziere untergebracht sind. Vom Gang aus gibt es jeweils zu
zwei "Doppel"-Zimmern einen Eingang:"/.../ anbey ist bey zwey
gemeinen Kämern jedes orths ein separierter Eingang /.../[407]".
Vom Gang betritt man zunächst eine Art Alkoven, einen kleinen
quadratischen Raum, dessen Wände sämtlich mit Türen durchbrochen
sind. Links und rechts führt je eine Tür in ein "Doppel"-Zim-
mer, in der Mitte führt eine Tür zur Küche, die jeweils von
der Belegschaft von zwei "Doppel"-Zimmern benutzt wird. So befinden sich insgesamt 24 Küchen, jede ausgestattet mit einem
Herd, in den drei Stockwerken. In jedem "Doppel"-Zimmer ist
ein Kamin vorgesehen. Zwei Fenster zum Hinterhof bzw. bei den
Flügelbauten zur Außenseite der Kaserne und eines zum Bogengang weisend, sorgen für ausreichende Beleuchtung:"/.../ bey
disen zwey Kämern jedes orths ein grosse Kuchen, und Einheitz-
stätt bequemlich angebracht worden, und jede gemeine Kamer mit
doppelten Lichte den durchsteigenden Luft zur gesundheit zuer-
halten /.../[408]".
Die Offiziere sind dank der Übersichtlichkeit der Anlage dazu
in der Lage, von ihren Quartieren "/.../ ohnjeniret umb die
ganze Caßerne von jedem Stokwerkh[409]" zu gehen, was eine im-
mense Erleichterung der Kontrolle von Disziplin und Moral der
Soldaten bedeutet.
Die höchsten Offiziere sind in den Pavillons, die an die Flügelbauten anschließen, untergebracht. Von der Aufteilung der
Offiziersquartiere in den Pavillons und im mittleren Teil des
Corps de Caserne fertigte Pedetti eine Tabelle an[410]. Durch-
schnittlich umfaßt jedes Quartier ungefähr drei Kammern oder
Stuben, eine Küche, einen Keller und zwei Betten. Die Wohn-
fläche pro Stockwerk beträgt 50 x 50 Schuh (15 x 15 Meter),

was der Größe von zwei "Doppel"-Zimmern der Mannschaften entspricht. Im Pavillon "linker handt deß Haubt Eingangs"[411] ist im Erdgeschoß das Quartier des Kasernenverwalters vorgesehen, im ersten Obergeschoß das eines Obristen und eines Offiziers. Im Pavillon "rechter handt des Haubt Eingangs"[412] sind im Erdgeschoß "ein Auditors quartier"[413], also das Quartier des Vernehmungsrichters, und das Quartier eines weiteren Offiziers untergebracht. Im ersten Stock befinden sich die Quartiere eines Obristen und eines Offiziers. Im mittleren Teil des Haupttraktes, umgeben von Mannschaftsräumen, sind die Quartiere der niederen Offiziere vorgesehen. Im Erdgeschoß befinden sich das Quartier für den Profos, den die Regimentspolizei handhabenden Hauptmann, das für den Regimentstambour und die Corps de garde, die Wache, mit zwei Gefängnissen. In den beiden Obergeschossen sind jeweils vier Offiziersquartiere vorgesehen.

Die Voraussetzungen für eine leichtere Bewältigung der Abwasserbeseitigung war durch die geplante Lage der Kaserne, zwar nicht direkt, aber doch in der Nähe eines fließenden Wassers, der Donau, gegeben. Auf Pedettis Planentwurf verbindet ein langer Abwasserkanal Kaserne und Fluß[414]. Abgesondert von den Wohn- und Schlafräumen ordnete Pedetti die zwei "Locis für die gemeine"[415] mit Waschstätte an. Die Offiziere haben eigene sanitäre Anlagen.

Um den hinteren Hof, den Wirtschaftshof, gruppieren sich die Nebengebäude, bestehend aus Stallungen, Remisen und Holzlegen. und einem Lazarett-Pavillon[416]. In diesen kaserneninternen Lazaretten wurden meist nur Leichtkranke untergebracht. Im Hof befindet sich auch ein Marquetender-Pavillon (Händler). Typisch für diese frühe Zeit der Kasernenbauplanung ist es, daß außer den reinen Zweckräumen wie Schlaf- und Wohnräumen, Küche, Aborte und Waschräume keine Zimmer vorgesehen sind. Für Unterrichtsräume, Erholungsplätze, Lesezimmer etc... sowie Bekleidungskammern, Werkstätten, Waschküchen oder größere Badeanlagen und Speisesäle gab es keine Notwendigkeit, nicht einmal für Offiziere, geschweige denn für die gemeinen Soldaten. Die einzige kaserneninterne "Sonder"-Einrichtung war der Marquetenderbau.

Die Gliederung der Fassade eines so langen Zweckbaues bringt   16
besondere Schwierigkeiten mit sich. Der 24 Meter hohe Haupttrakt besteht aus 27 Achsen (teilweise Blendfenster). Elf
Achsen um das Portal sind hervorgehoben. Die Monotonie der
zahlreichen Fensteröffnungen ist durch die Bogengänge vor
den Mannschaftszimmern und den Mittelteil unterbrochen.
Die ganze Architektur steigert sich, wie im barocken Schloßbau, in der Portalzone. Das weite Stichbogenportal ist von
zwei Paar, durch alle Stockwerke bis hinauf ins Giebelfeld
sich ziehenden Lisenen gerahmt. Durch die offenen Gänge
gewinnt der Bau an Leichtigkeit. Die Mauerfläche ist bis auf
die Pfeiler reduziert. Die Fenster im Obergeschoß des Mittelteils sind hochrechteckig und einfach gerahmt. Zwischen beiden
Fensterreihen befinden sich einfache quadratische Blendfelder.
Zwischen jeder Fensterachse verlaufen, durchgehend durch den
ersten und zweiten Stock und als Verlängerung der Arkadenpfei-
ler des Erdgeschosses, schlichte Lisenen. Den Abschluß der Portalzone bildet ein Segmentgiebel mit einer Vase und Girlanden.
Die auf die Mittelachse bezogene Steigerung folgt noch ganz
dem Schema barocker Schloßanlagen: die Kolossalordnung, das
Giebelfeld als Würdeform und die untergeordnete Bedeutung aller Portale neben dem Hauptportal. Die Aufteilung der restlichen Fassade und der Flügelbauten verrät die Funktion des
Gebäudes. Den jeweils acht Fensterachsen der Mannschaftsräume
sind in allen drei Geschossen die Arkadengänge vorgelegt, so
daß hier auch wieder die Mauerfläche auf die Pfeilerstärke reduziert ist. Durch die Gänge ist es möglich, die Zimmer von
außen zu betreten.
Die dreigeschossigen Pavillons sind ähnlich gegliedert wie
der Haupttrakt. Anstelle des offenen Bogenganges sind hier im
Erdgeschoß und in den beiden Obergeschossen rechteckige, einfach gerahmte Fenster eingelassen. Die mittlere Achse ist
durch zwei durchgehende, in den Obergeschossen genutete Lisenen betont. Bekrönt wird die Mittelachse von einer Attika mit
Trophäen.
Die Fassaden der Gebäudeteile, in denen die Offiziere unterge-

bracht werden sollten, sind schlichter und vornehmer gegliedert.

Zu der Bauaufgabe läßt sich noch folgendes sagen: Die Bauaufgabe "Kaserne", also die Gebäudeanlage zur Dauerunterbringung
von Truppen, gibt es seit dem Ende des 17./ Anfang des 18.
Jahrhunderts. Seit dem 30jährigen Krieg gab es stehende Heere.
Die Landesfürsten nahmen die Anwerbung selbst in die Hand,
denn erst Ende des 18. Jahrhunderts wurde, zunächst in Frankreich, die allgemeine Wehrpflicht eingeführt. Um die Wende vom
17. zum 18. Jahrhundert stellte sich nun das Problem der Dauerunterbringung von Truppen, und es begann in größerem Umfang der
Bau von Kasernen, vor allem unter Ludwig XIV in Frankreich.
In der Kasernenarchitektur war lange Zeit Frankreich führend
mit dem von Sébastien le Prestre de Vauban (1633-1707), dem
berühmten französischen Festungsbaumeister, entworfenen Kaser-
nentypus, der, teilweise verbessert, bis in die Mitte des 18.
Jahrhunderts in Frankreich Gültigkeit hatte. Vauban hatte den
Typus der sogenannten "Stockkaserne" erfunden. Von der Ein-
gangstür in der Mitte erstreckte sich ein kurzer Gang in die
Tiefe des Gebäudes und rechts und links davon befanden sich je
zwei Zimmer. Vom Gang aus führte eine Treppe in das obere Geschoß, das genauso gegliedert war wie das Erdgeschoß. Mehrere
dieser Stöcke bildeten eine Kaserne. In dieser Art waren auch
die ersten Kasernen in München gebaut, wie zum Beispiel die
Kreuzkaserne im Südwesten von München in der Nähe der Joseph
Spitalstraße (1705-1712).
Die Anlage von Zimmern zu beiden Seiten eines Korridors, vor
allem wenn dieser, was in der Zeit nach Vauban geschah, noch
länger gestaltet wurde, erwies sich als nicht so günstig, da es
Schwierigkeiten mit der Beleuchtung und Belüftung gab. Ab
Anfang des 19. Jahrhunderts war es modern, lange Gänge an der
Frontseite anzulegen und nur auf einer Seite Zimmer anzuordnen,
wie zum Beispiel in der Hofgartenkaserne in München (1801-1807).
Pedetti griff bereits das moderne System auf. Von den offenen
Gängen, die einer spanischen Tradition verpflichtet sind, kam
man aber zugunsten geschlossener Korridore weg.

Schlösser, Residenzen, Palais

Stuttgart, Schloßfassade

Bereits 1747 - in seiner voreichstättischen Zeit - hatte Pedetti, wohl auf Anraten Rettis, der zu der Zeit in Ansbachi-
schen Diensten stand, Pläne zur Umgestaltung der Stuttgarter
Schloßfassade geliefert. Die Pläne sind leider nicht erhalten.
Über Pedettis Tätigkeit finden sich nur Hinweise in der Literatur[417].
Neben Retti und Pedetti fertigten auch der württembergische
Oberbaudirektor Johann Christoph David von Leger, der kur-
pfälzische Oberbaudirektor Alessandro Galli-Bibiena und später,
nachdem man sich bereits für Retti entschieden hatte, Balthasar
Neumann Pläne an[418]. Während Leger einen Säulenaufbau in den
drei Ordnungen und "auf römische Art verzierte Fenster" vorsah, planten Pedetti und Bibiena, zwei Geschosse mit einer
wuchtigen, imposanten und sehr kostspieligen italienisch-
barocken Kolossalordnung zusammenzufassen[419]. Verwirklicht
wurden, wie gesagt, Rettis Entwürfe im März 1747[420]. Diese
waren am zurückhaltendsten und zugleich am wenigsten kostspielig. Mit ihrer zarten Pilastergliederung der oberen Stockwerke waren sie der französischen Bauweise, etwa dem "Bâtiment
de 50 toises" in den "Maisons de plaisance" des Jacques François
Blondel, verpflichtet. Rettis Wandgliederungen sind mit die
wichtigsten Vorläufer des Frühklassizismus in Süddeutschland.

Karlsruhe, Schloß

Pedettis bedeutendster Beitrag zu der Neuplanung einer Residenz
sind seine Entwürfe für das Karlsruher Schloß aus dem Jahre
1750. Hierzu war er ebenfalls von Retti aufgefordert worden.
Dieser lieferte auch Pläne.
Mit seiner Beteiligung an den Planungen für das Karlsruher
Schloß und später auch für den Marktplatz dort erlangte Pedetti
eine erhöhte Bedeutung in der Geschichte und Kunstgeschichte
der Stadt.
Markgraf Karl Wilhelm von Baden-Durlach (reg. ab 1709) hatte
1715 seine neue Residenzstadt Karlsruhe gegründet. Den soge-

nannten Hardtwald teilte er in 32 Schneisen ein, in deren
Mittelpunkt er einen achteckigen Turm mit welscher Haube, den
sogenannten Bleiturm, stellte. Südlich des Turmes wurde unter
der Leitung von Festungsbaumeister Jakob Friedrich von Batzendorf die Residenz als Jagd-, Ruhe- und Gartenschloß errichtet.
Der Hardtwald im Norden wurde für die Jagd erschlossen. Diese
ursprüngliche Situation ist erkennbar auf einem Lage- und Stras-
senplan von Karlsruhe von Johann Carl Hemeling aus dem Jahre
1720[421] und auf einem "Prospect Hoch Fürstl. Baaden Durlach-
ischer Residenz Schloß und Statt Carls Ruh 1739" von Thran/
Steidlin[422]. Das Schloß bestand aus einem Mittelbau, der mit
der Hauptfront nach Süden zur Stadt gerichtet war, und zwei
schräg gestellten, in Richtung Süden verlaufenden Seitenflügeln, deren rechter bis zum Beginn des neuen Schloßbaues aber
nur zur Hälfte ausgeführt wurde, obwohl er hier komplett dargestellt ist. Die Flügel markierten die Richtung der seitlichen
Stadtbegrenzung. Vor den Schrägflügeln öffneten sich weitere
langgestreckte, ebenfalls schräg ausgerichtete und nicht mit
dem Schloß verbundene Flügel, die im Osten Orangerie, Reithaus
und Ballhaus enthielten und im Westen Logisflügel waren.
Zwischen den Flügeln lag - ungewöhnlich - in Richtung Stadt
der Lustgarten mit Parterres und Bosketts.
Der Turm an der Nordseite war vom Schloß abgerückt und nur mit
einem Gang, bestehend aus drei übereinanderstehenden Holz-
galerien, mit dem Mittelbau verbunden. Er war das Sinnbild des
Absoluten und "Point de vue" auf die barocke, planmäßige Anlage von Schloß, Landschaft und Stadt. Von ihm gingen in alle
Himmelsrichtungen die 32 Allen aus und fluchteten auch wieder
in ihm: neun in Richtung Stadt, beginnend hinter dem Lustgarten mit eingestellten zweistöckigen Häusern für Adel und Hof-
beamte, und die übrigen in Richtung Tier-und Fasanengarten,
die sich an der westlichen und östlichen Seite des sich kreis-
förmig um den Turm legenden Hofes befanden. Der Hof war umgeben von "Zirkel"-Häuschen, Ställen mit Tiergehegen, am Anfang
einer jeden Achse. Hinter der Anlage des Turmes und der 32
Allen steckt eine tiefere Symbolik. Die Zahl 32 bezieht sich
auf die Anzahl der Ordensritter des "Ordens der Treue", den

der Markgraf 1715 gründete und dem er als Ordensmeister vor-
stand. Die Alleen waren ursprünglich nach diesen Ordensrittern
benannt. So stellte der Turm das Sinnbild des Staates dar,
dem sich die Ritter (Alleen) und der Markgraf (Mittelallee)
als dienende und regierende Kräfte unterordneten.
Vorbild für die Karlsruhe Sternenanlage war das Alleenzentral-
system Lenôtres im Park von Versailles.
Unter der Regierung des folgenden Markgrafen Karl Friedrich
(reg. ab 1746) wurde der Neubau des Schlosses erwogen. Gleichzeitig fand eine modellmäßige Erweiterung der Stadt nach Süden
hin statt und vor allem eine Umstellung von Holz- auf Steinbau-
weise. Die Pläne wurden vom fürstlichen Bauamt ausgearbeitet
und die Arbeiten kontrolliert. Auch das Schloß war bisher bis
auf die Umfassungsmauern aus Fachwerk gebaut gewesen und
schlecht erhalten.
Für den geplanten Residenz-Neubau wurden verschiedene Architekten zu Rate gezogen. Es handelte sich um keinen eigentlichen
Wettbewerb, da kein Sieger gesucht wurde. Der Markgraf war daran interessiert, durch die Beteiligung mehrerer Architekten
eine Vielzahl von Ideen zu erhalten. Es war nicht Bedingung,
den alten Turm zu erhalten. Somit war die Bedeutung der Symbolik des Turmes mit den Alleen nicht mehr so groß wie zur Grün-
dungszeit. Außerdem war die Zahl der Ritter größer geworden
und die Straßennamen waren verändert worden. So planten auch
die meisten Architekten den Abbruch des Turmes und rückten das
Schloß in den Mittelpunkt des Radialsystems.
Als erster Architekt wurde Pedettis Onkel, Leopoldo Retti, vom
Markgrafen, der ihn bereits persönlich vom Stuttgarter Schloßbau kannte, herangezogen[423]. Er reichte drei Planserien ein,
die erste im Januar 1749, angefertigt in Ansbach[424], die zweite
mit nur geringfügigen Veränderungen im Juli desselben Jahres[425]
und die dritte 1750[426].
Retti sah einen kompletten Neubau vor, wobei er das neue Schloß
hinter das alte plazieren wollte, damit letzteres bis zur Vollendung des Neubaues noch benutzt werden konnte.
Von Retti ging die Aufforderung an Pedetti, an den bischöflichen
Architekten in Straßburg, Massol, und an De la Guêpière aus,

ebenfalls Pläne zu liefern.

Pedettis Pläne, basierend auf den Vorschlägen Rettis, sind
in der Staatsbibliothek München[427] und im Generallandesarchiv
Karlsruhe[428], teilweise in doppelter Ausführung, aufbewahrt. 17, IV
Zu den Plänen in München gibt es wieder ausführliche Erläuterungen Pedettis. An zwei Stellen in der Literatur[429] wird,
leider ohne Verweis auf eine Quelle, so daß die Information
nicht nachvollziehbar war, auf einen Brief Pedettis vom März
1752[430] an den Präsidenten von Üxküll[431] verwiesen. Hier berichtete Pedetti, daß Retti, inzwischen verstorben, auf dessen Anweisung hin er seine Entwürfe gefertigt hätte, ihm eine Belohnung für seine Bemühungen in Aussicht gestellt hätte. Tatsächlich war es so, daß Retti selbst auf eine Belohnung verzichtet hatte zugunsten seines Vetters. Pedetti erhielt ein
Douceur von fünfzehn Carolinen (elf Gulden) übersandt.

In den Jahren 1750/1751 reichte noch, vom Markgrafen dazu aufgefordert, Balthasar Neumann Pläne in drei Projekten ein[432].
Entscheidend hierbei ist, daß er, entsprechend den Wünschen des
Markgrafen, keinen Neubau plante, sondern das alte Schloß in
das neue miteinbeziehen und renovieren und auch den Turm beibehalten wollte. Im ersten Projekt verdoppelte er den Corps de
Logis Trakt, indem er die Seitenflügel nach hinten verlängerte
und von der Mitte des Corps de Logis einen Treppenhaustrakt
zum Turm führte. Im zweiten Projekt schob er den neuen Schloß-
trakt weiter nach hinten an den Turm. Das alte Schloß konnte
dann bis zur Fertigstellung des neuen bewohnt bleiben. Mit dem
dritten Projekt lieferte Neumann die billigste Lösung. Er stellte das Corps de Logis des neuen Schlosses auf die Fundamente
des alten und fügte zwei Flügel an. Der Turm blieb erhalten.
Ausgeführt wurde keines dieser Projekte. Aber das dritte Projekt war die Grundlage für den Ausführungsentwurf von Albrecht
Friedrich von Kesslau, seit 1737 in baden-durlachischen Diensten und seit 1751 Baudirektor in Karlsruhe, und M. Philippe de
la Guêpière[433]. Noch einmal völlig anders gestalteten sich die
Pläne von Nicolaus de Pigage aus Mannheim[434].
Auf die ausführliche Beschreibung der Pläne der außer Retti und
Pedetti beteiligten Architekten muß hier verzichtet werden.

In der Grundrißanlage wie auch in der Gesamtdisposition folgte   17
Pedetti den Entwürfen seines Onkels. Beide planten die Nieder-
legung des alten Schlosses samt dem Turm und die Errichtung
einer neuen Anlage über dem Grundriß von zwei doppelten, liegenden "T" mit langem Corps de Logis (ca. 120 Meter) und Flügeln,
die wenig in die Hofseite[435] ragten, zur Gartenseite hin aber
nur als ganz kurze Stücke ausgebildet waren. Durch die im Verhältnis zum Corps de Logis sehr kurzen Flügel wurde an der Hofseite ein nur sehr flacher Cour d'honneur gebildet. Die kurzen
Flügel hatten den Vorzug, daß das alte Schloß während des Neubaues, der dahinter hätte plaziert werden sollen, bis auf den
Turm hätte stehenbleiben können und erst danach hätte abgebrochen werden müssen. Dies wird klar auf einem von Retti angefertigten Situationsplan[436].
Die Form eines doppelten "T" war bereits von Friedrich Zocha
am Lustschloß Schwaningen (1729 ff.), wo auch Retti tätig war,
benutzt worden.
Retti und Pedetti schufen beide konventionelle Anlagen, in
völliger Symmetrie, geöffnet um einen rechteckigen Ehrenhof.
Wäre einer der Pläne verwirklicht worden, hätte die strenge
Rechteckanlage - noch mehr die Rettis, da Pedetti schwungvoller gliederte - in der rundangelegten Stadt als Ruhepunkt
gewirkt.
Mittelpunkt beider Anlagen ist jeweils der große Mittelsaal
an der Hoffassade, für dessen Grundrißform Retti in den drei
Projekten verschiedene Lösungen vorschlug: im ersten Entwurf
ein Querrechteck mit ausgerundeten Ecken, im zweiten die
eigenartige Form von sich durchdringenden kreisrunden und
nierenförmigen Räumen und im dritten ein querovaler-ellip-
tischer Raum. Für die letzte Raumform entschied sich auch
Pedetti. Nur fungierte bei ihm dieser Saal als Hauptsaal bzw.
"Sala Terrena" und der Raum dahinter an der Gartenseite als
Vestibül, während bei Retti der elliptische Raum als Vestibül
diente. Retti ordnete auch im Gegensatz zu Pedetti die Haupt-
repräsentationsräume an der Gartenseite an.
Dieser vordere Saal sollte in Karlsruhe als Ersatz für die
durch den Turm verloren gegangene Aussicht gestaltet werden.

Retti und Pedetti bezogen die 32 Alleen der Stadt in ihre
Planung mit ein. Der Mittelpunkt des vorderen Saales sollte
gleichzeitig der Mittelpunkt der kreisrunden Stadtanlage sein.
Durch die radiale Anordnung der Fenster in dem sich zur Hofseite
vorwölbenden, fünfachsigen Saal und dem dahinter liegenden
Raum und der Türen zwischen beiden, war es möglich, vom Mittelpunkt des vorderen Saales aus nach vorne in die Stadtalleen
und nach hinten in die Hardtwaldalleen zu blicken. Somit war
das Schloß "gericht auf den Puncten wo die 32 Alleen zusammen
komen [437]" und Mittelpunkt des gesamten Radialsystems. Früher
war der Turm dieses Zentrum gewesen.
Das Motiv des querovalen Mittelpavillons hatte Pedetti, wie
gesagt, aus Rettis drittem Projekt übernommen. Pedetti verwendete den Querovalsaal aber bereits früher. In einer von ihm in
Kopenhagen entworfenen Herrenresidenz aus dem Jahre 1745, einem 31,32
nicht verwirklichten Idealplan, verwendete Pedetti den querovalen Mittelraum als Vestibül[438]. Noch früher notierte sich
Pedetti in dem Skizzenbuch der Italienreise[439], angelegt zwischen
1739 und 1742, den Grundriß des 1732-1741 nach Entwürfen
Robert de Cottes von Guillaume d'Hauberat erbauten Palais
Thurn und Taxis in Frankfurt, dessen Grundriß nun wiederum
typisch für die französischen Hôtels eines Levau, Lassurance
oder Delamaire Ende 17./Anfang 18. Jahrhundert ist. Das Palais
weist, allerdings auf der Gartenseite, das Motiv des zentralen,
elliptischen und überkuppelten Mittelpavillons nach dem großen
Vorbild des Schlosses Vaux-le -Vicomte von Levau auf. Das
Motiv des Mittelpavillons war allgemein beliebt in der deutschen Schloßbaukunst der Jahrhundertmitte. Speziell der Quer-
ovalraum oder das querovale Vestibül stammen ursprünglich aus
Italien, wo es unter anderem im Palazzo Barberino von Carlo
Maderna (1624) auftaucht, war aber auch in der französischen
Baukunst des 17. und 18. Jahrhunderts beliebt. Als Beispiel
kann hier das Hôtel Lambert in Paris von Levau (um 1650) genannt werden.
Wie bereits erwähnt, probierte Retti zwei Grundrißlösungen
für den Mittelsaal aus, bevor er sich zu dem elliptischen entschied. Dabei lieferte er mit dem zweiten Projekt eine noch

ganz spätbarocke Lösung mit dem kurvigen Vorschwingen des
Mittelsaales und mit in diesen eingestellten Säulen. Diese
Lösung erinnert an das Ludwigsburger Schloß.
Die Gesamtdisposition des Rettischen Grundrisses ist von Vaux -
le-Vicomte von Levau abhängig. Hinter dem vorderen Saal (Vestibül) befindet sich an der Gartenseite die Sala terrena mit
zwei großen Vorräumen rechts und links, an die sich wiederum
seitlich je ein kleines, untergeordnetes, dem französischen
Empfinden gemäßes Treppenhaus angliedert (erstes Projekt).
Im zweiten Projekt dagegen entschied sich Retti zu einer mehr
deutschen Lösung, was die Unterbringung des Haupttreppenhauses
im Corps de Logis angeht. Hier legte er eine dreiarmige Treppe
in einen eigenen Anbau in die Mittelachse an die Gartenfront,
wie es ähnlich bereits im Stuttgarter Schloß gehandhabt wurde.
Im dritten Projekt entschloß sich Retti zu einer für die
relativ kleinen Ausmaße des Sclosses - zum Beispiel im Vergleich
zu Stuttgart - zu repräsentativen und prächtigen Anlage des
Treppenhauses. Er ordnete hier rechts und links der Sala
terrena zwei Treppenhäuser über innen rundem und außen poly-
gonalem Grundriß an. Wie bereits erwähnt, legte er die Appartements mit Vor-, Audienz-und Schlafzimmer mit Alkoven an die
Gartenseite und brachte die untergeordneten Räume in den Seitenflügeln unter. In dem westlichen Flügelstück an der Gartenseite brachte Retti im Erdgeschoß die Küche unter, im gegenüberliegenden östlichen die kleine doppelgeschossige Kapelle.
Pedetti folgte in der Grundrißdisposition weitgehend seinem
Onkel, schuf aber eine in den Details großartigere Anlage.
Er legte hinter die elliptische, fünfachsige Sala terrena,
deren Mittelpunkt gleichzeitig der Mittelpunkt der ganzen
Stadtanlage und "/.../ die maßregel zu stellung dißes Residenz-
baus"[440] war, ein schlauchartiges Vestibül. Dieses buchtet zur
Gartenseite hin rund aus. Die Haupttreppe legte Pedetti, ähnlich wie in Rettis zweitem Projekt und wie im Stuttgarter
Schloß, in einen eigenen Anbau in der Mittelachse an der Gartenfront. Dieser Anbau ist keilförmig - zum Schloß hin schmaler - angelegt und ragt weit heraus. Eine monumentale Freitreppe führt, ähnlich wie in Rettis drittem Entwurf, in den

Garten. Die Anlage dieses Mittelstückes des Corps de Logis
ist bei Pedetti prächtiger und großzügiger gestaltet als bei
Retti, entspricht aber mit dem schlauchartigen großen Vestibül und der monumentalen Prunktreppe im eigenen Anbau nicht
den Vorstellungen der französischen Architekturtheorie. Hier
wird eine bescheidene Treppenanlage, weniger raumverschwendend und seitlich angeordnet, gefordert. Blondel wünschte eine
Treppenanlage im Körper des Baues, unsichtbar von außen und
dezentralisiert. Wie Pedetti, so sah auch Neumann für die Treppe einen eigenen Anbau in der Mittelachse hinter dem Corps de
Logis vor. Dieser wurde in dem Ausführungsentwurf von Kesslau
und Guêpière übernommen.
Im Gegensatz zu Retti legte Pedetti die Hauptappartements des
Markgrafen und der Markgräfin nicht an die Gartenseite, wie es
von der französischen Distribution gefordert war, um den hohen
Personen mehr Ruhe zu geben, sondern an die Hofseite. In seinem Idealplan der Herrenresidenz von 1745[441] richtete Pedetti
sich nach diesem Ideal und legte die Hauptgemächer an die
Gartenseite und die Gardezimmer an die Hauptfront.
Westlich und östlich des Hauptsaales schließen, ganz symmetrisch und identisch angelegt, die Paradeappartements des Markgrafen mit Vor-, Audienz- und Paradezimmer an. Das Paradege-
mach, für offizielle Empfänge mit dem Bett des Markgrafen in
einer Nische ausgestattet, hat eine längsovale Form. Es vermittelt zwischen Corps de Logis und Seitenflügeln. Durch diese
Anordnung der ovalen Paradegemächer wird ein unfranzösischer,
da zu geschmeidiger Übergang zwischen Corps de Logis und den
Flügeln hergestellt. Dies zeigt sich auch am Außenbau. Die ein-
springenden Ecken erfahren eine Wölbung nach außen. Dieses
Motiv wendete Retti bereits im Stuttgarter Schloßbau an - hier
mit schräggestellten ovalen Kabinetten und nach innen ausgerundeten Ecken im Außenbau. In den Rettischen Projekten für Karlsruhe gibt es auch die vermittelnden Säle, hier allerdings in
rechteckigen Formen.
Der französischen Forderung nach Variationen in der Raumform
kam Pedetti durch die Aneinanderreihung von quadratischen,
querrechteckigen und längsrechteckigen Räumen nach. Es domi-

nieren die Rechteckräume. Nur die Haupträume haben ovale Grundrißformen. Auch folgte Pedetti der Forderung, große Zimmerfol-
gen nicht durch kleine Dienerzimmer zu unterbrechen.
Seitlich des Vestibüls an der Gartenfront legte Pedetti die
Gardezimmer der Leibwache des Markgrafen, die "/.../ zugleich
zu doppelte appartements zu dienen haben[442]", an.
Wie die Appartements an der Hofseite, sind auch diese Zimmer
durch das ganze Stockwerk als Enfilade gebildet. Die Türen der
an der Hofseite liegenden Gemächer fluchten im Mittelpunkt
des Hauptsaales. Durch sie führt die Ost-Westallee des Radialsystems. Im Mittelpunkt der Paradegemächer stößt die Enfilade
des Corps de Logis auf diejenigen der Flügel, wie es als
Idealfall von der französischen Theorie gefordert war.
Auch Retti disponierte mit der doppelten Enfilade. Er hatte
die Enfilade, in doppelter Reihung vom Hauptsaal ausgehend,
bereits im Stuttgarter Schoß angewandt. Vorbild war hier
Briseux, der in seinem Werk "L'art de Bâtir" von 1743 (- 1761)
einen Grundriß für ein Maison de Plaisance mit Enfilade in
doppelter Reihung veröffentlichte[443].
Bei Pedetti werden die Appartements des Markgrafen als "appartements de commodité"(Privatgemächer) entlang der Hofseite der
Flügel weitergeführt. Die Räume werden hier immer kleiner. Es
folgen nacheinander südlich vom Paradezimmer das Schlafgemach,
zwei kleinere Kabinette, das Kammerdienerzimmer und ein vor der
gesamten Zimmerfolge verlaufender Kommunikationsgang mit einer
Stiege zu den Garderoben.
Die Appartements der Markgräfin liegen in den Flügelstücken
der Hofseite gegenüber von den Privatgemächern des Markgrafen.
Sie sind erreichbar durch einen separaten Eingang an den Südfassaden der Flügel. Nördlich der Treppe liegen hintereinander
ein elliptisches Vorzimmer, Schlafzimmer, Audienzimmer und ein
weiteres Vorzimmer. Dazu gehören weiterhin Kabinette und
Garderoben seitlich der Treppe.
In den kurzen Flügelstücken an der Nordseite des Schlosses sind,
wie bei Retti, im Westen die Küchenräume und im Osten, durch
zwei Geschosse gehend, die Kapelle angeordnet. Hier werden die
eingeengten Verhältnisse der Karlsruher Residenz deutlich.

In seinen Idealentwürfen, zum Beispiel in dem 1745 entstandenen Planentwurf einer Herrenresidenz[444], konnte Pedetti   _31,32_
großzügiger planen. Gemäß der französischen Forderung nach
Absonderung der Wirtschaftsräume, legte er hier separate Trakte
seitlich der Residenz an und verband sie durch Passagen mit
dem Hauptbau. In dem Idealentwurf für die Herrenresidenz ist
überhaupt die Zimmerfolge differenzierter, dafür ist die Aufteilung konfuser und unübersichtlicher als im Karlsruher Entwurf. Die Grundrißeinteilung des ersten Obergeschosses entspricht der des Erdgeschosses. Auch hier sind hauptsächlich
Appartements vorgesehen. In der französischen Architekturtheorie war nur ein Stockwerk für den Hausherren vorgesehen,
weshalb auch die Treppenanlage von geringerer Bedeutung war.
In dem kurzen westlichen Flügelstück an der Nordseite des
Schlosses ist im ersten Obergeschoß das sogenannte Familien-
appartement vorgesehen, bestehend aus einem großen quadratischen
Hauptsaal, der sich in drei Achsen mit vorschwingenden Gittern
zum Garten hin öffnet, einem davor liegenden "Vestibul comunication" mit Stiege und rundherum angeordneten Vorzimmern,
Schlafgemächern, Kabinetten und Garderoben.
Wie im Erdgeschoß, so liegen auch hier entlang der Gartenseite
die Gardezimmer und - als Verbindung zwischen Corps de Logis
und Flügeln - im Westen eine Galerie, die um die Ecke führt
und gleichzeitig als Passage und Vorzimmer dient.
Der Hauptsaal des Mittelrisalits geht, was im Äußeren nicht
sichtbar ist, durch zwei Geschosse, so daß sich das Fehlen
eines weiteren Grundrißplanes erklärt.

Nur die Ansichten der Haupt- und Seitenfassade, nicht der Gartenseite, sind von Pedetti in einem Entwurf überliefert[445].   _IV_
Die Ansicht der Seitenfassade ist in einer vergrößerten Detailzeichnung in doppelter Ausführung erhalten[446].
Die Fassadengestaltung fiel bei Pedetti um vieles üppiger,
schwungvoller und italienischer aus als bei Retti, der eine
zurückhaltendere, akademischere und mehr französische Fassade
konzipierte.
Das einundzwanzigachsige Corps de Logis gliederte Pedetti in

den Seitenteilen auch sehr schlicht durch einfach gerahmte
hohe Stichbogenfenster mit Rocaille im Scheitel und darüber
befindlichen, die Fensterwölbung nachzeichnenden Blendfeldern
im Erdgeschoß und im ersten Obergeschoß. Die Achsenzwischenräume gliederte er mit breiten, glatten Lisenen.
Wuchtiger aber fiel der breite, elfachsige Mittelrisalit aus,
dessen fünf mittlere Achsen (Hauptsaal) sich rund vorwölben.
Der Risalit ist um ein ganzes Geschoß über den übrigen Bau erhöht und über den mittleren fünf Achsen von einer breiten,
flachen Mansardkuppel mit abschließender Balustrade (Belvedere)
bekrönt. Die Wirkung der Kuppel wird allerdings durch die klein-
teiligen Pilasterordnungen, die mit barocken Hochovalöffnungen
durchbrochene Attika und deren Figurenschmuck über dem Hauptgesims und den mit Wappen und Figurengruppen monströs ge-
schmückten geschwungenen Dreiecksgiebel über den drei mittleren Achsen unterdrückt. Während sich die seitlichen Achsen
des Risalits jeweils in der Gestaltung den Flügeln anpassen,
sind die drei mittleren Achsen durch besonders üppige Verzierung hervorgehoben.
Jedes der drei Stockwerke des Risalits hat seine eigene Ordnung: dorische, ionische und korinthische Pilaster, die aber
zu schmal wirken.
In den drei mittleren Achsen wechselte Pedetti von Stichbogen-
zu Rundbogenfenstern bzw. -türen (im zweiten Obergeschoß Hochrechteckfenster mit kassettierten Rundbogennischen).
Eng verwandt ist diese Unterteilung des dreigeschossigen Mittelrisalits mit dem Aufriß desjenigen der Stuttgarter Residenz
von Retti, der wiederum abhängig ist von dem Hôtel de Noailles
in Paris von Lassurance (erbaut 1711), wie Wörner nachwies[447].
Alle drei Projekte weisen fünfachsige Mittelrisalite auf, deren
drei mittlere Achsen nochmals hervorgehoben werden. Der Portikus des Hôtels hat drei Korbbogenöffnungen, die Stuttgarter
und Pedettis Karlsruher Fassade Rundbogenöffnungen. Im ersten
Obergeschoß sind drei Rundbogenfenster à la française mit Pilastergliederung zwischen den Achsen (in Stuttgart doppelt, am
Hôtel de Noailles nur an den Rändern doppelt) angeordnet.
Die Ecken des Risalits in Pedettis Karlsruher Entwurf sind von

Doppelpilastern in der jeweiligen Ordnung betont. Das Rundbogenportal im Erdgeschoß rahmen doppelte und die beiden anschließenden Achsen einfache dorische Säulen. Der Sala terrena
vorgeblendet ist, analog zu der Form des hinteren Treppenhaus-
anbaues, eine keilförmige, sich nach vorne verbreiternde Altane.
Was den fünfachsigen Mittelrisalit betrifft, so erinnert
Pedettis Entwurf stark an die im Äußeren dem italienischen Stil
verhaftete (Grundriß französisch) Rastatter Residenz südwest-
lich von Karlsruhe, erbaut ab 1699 ff. von Domenico Egidio
Rossi. Dies bezieht sich auf den Portikus, die Pilastergliе-
derung, die nochmalige Betonung der drei mittleren Achsen auch
durch den Giebel und die barocke Flachkuppel mit Belvedere.
Auch für die Anlage des Rastatter Schlosses innerhalb der
Stadt diente Versailles als Vorbild. Zur Stadt hin öffnet sich
das Schloß in einem tiefen Ehrenhof. Vom Hauptportal strahlen
drei Alleen aus, die bald von einer sehr breiten Querachse
durchschnitten werden - ähnlich wie in Karlsruhe.
Die siebenachsigen Südfassaden der Flügel des Karlsruher Entwurfes von Pedetti passen sich der Gliederung des Mittelrisalits weitgehend an. Hier sind die mittleren Achsen als Rundbögen gebildet, durch Lisenen im Erdgeschoß und ionische Pilaster im ersten Obergeschoß, verdoppelt an den Außenseiten, getrennt. Über dem Traufgesims sind Trophäen angeordnet.
Die Seitenfassaden der Flügel, die Ost-beziehungsweise West-
seiten des Schlosses, weisen den gleichen Übergang von Stichbogenfenstern zu Rundbogenfenstern in den drei mittleren Achsen
auf. Diese werden zusätzlich von einem scharf profilierten Dreiecksgiebel bekrönt, der mit einem monströsen Trophäenaufsatz
besetzt ist. Die Besonderheit dieser Seitenfassaden ist jeweils
der Terrassenraum, der durch die zurückgesetzten neun mittleren
Achsen entsteht. Zu den Terrassen, die durch stark rund ausbuchtende Gitter abgegrenzt sind, führen jeweils rechts und
links zwei Treppen empor. Durch diese Einfügung der Terrassen
wirkt Pedettis Entwurf reicher und lebendiger als der Rettis.
Gedeckt ist das Schloß - wie alle Idealentwürfe Pedettis von
Schloßbauten - mit einem sanft gebrochenen, barocken Mansardwalmdach mit niedrigem oberen und hohem unteren Teil.

Rettis Fassadenentwürfe sind, wie bereits erwähnt, französischer in der Gliederung, auch was die Anordnung der Stichbogenfenster im Erdgeschoß und der Hochrechteckfenster im ersten Obergeschoß betrifft. Er verwendete, typisch für alle
Rettischen Bauten, genutete Lisenen als Ecklösungen und zwischen
den Achsen des Erdgeschosses der Risalite. Das erste Obergeschoß und Mezzanin des Mittelrisalits faßte er durch Kolossalpilaster zusammen. Die charakteristische Flachkuppel mit dem
Belvedere des Pedettischen Entwurfes ist hier vorgebildet.
Den Wechsel von Stich- zu Rundbogenfenstern im Risalit, wie
ihn auch Pedetti vornahm, weist Rettis erster Entwurf ebenfalls
auf (im dritten nur im Erdgeschoß). Auch in Rettis Stuttgarter Schloßfassade ist dieser, von Blondel vorgeschlagene
Wechsel vollzogen.
Im ersten Projekt überzieht ein für Retti typischer scharf-
kantiger Dreiecksgiebel die drei mittleren Achsen des Mittelrisalits. Die Risalite der Flügelbauten tragen im ersten Projekt wie bei Pedetti horizontale Aufsätze mit Wappen und
Trophäen. Im dritten Projekt sah Retti ein großes, freistehen-
des Wappen mit liegenden Helden und Putti über dem Mittelrisalit und wappengeschmückte Dreiecksgiebel über den Flügelrisa-
liten vor. Auch bei Retti sind, allerdings in geringerem Maße,
besonders in den Risaliten Reminiszenzen an den italienischen
Barock spürbar. Als frühklassizistisch sind seine Fassadenentwürfe, geschweige denn die Pedettis, noch nicht zu bezeichnen,
obwohl sie stark flächig gehalten sind. Es fehlen hierzu unter anderm das Überwiegen der Hochrechteckfenster und frühklassizistische Dekorationen wie Girlanden und Triglyphen u.a.
Dennoch war Retti, was noch stärker an seiner Stuttgarter
Schloßfassade spürbar wird, einer der wichtigsten unmittel-
baren Vorläufer des Frühklassizismus in Süddeutschland[448].
Und hiervon ging Pedetti aus.

Harthausen, Schloß

Chronologisch nach Karlsruhe folgt die Tätigkeit Pedettis für
das Schloß der Herren von Riedheim in Harthausen bei Günzburg,
die zwar durch Pläne belegt, dennoch aber schwer abgrenzbar ist.
Die Geschichte der Familie und des Schlosses sowie die Baugeschichte wurden bereits abgehandelt, auch wurde teilweise
Plan- und Quellenmaterial aus dem dortigen Schloßarchiv veröffentlicht[449], ohne aber die Planungen Pedettis eingehender zu
behandeln.
Die erste Erwähnung des Schlosses findet sich in einer Urkunde
von 1438. Seit 1568 waren zum ersten Mal mit Freiherr Eglof die
Riedheimer hier. Bereits um 1560 war das ursprüngliche Schloß,
ein hoher kastenartiger Rechteckbau mit rechteckigen Bodener-
kern an allen vier Ecken und Satteldach, um einen ähnlich gestalteten Bau verdoppelt worden. Das ursprüngliche Schloß stand
in einem großen, von einer Ringmauer mit Rundtürmen und Torhaus
mit Zugbrücke umgebenen Hof. Um den Hof waren Wirtschaftsgebäude
angesiedelt. Die Anlage verblieb im großen und ganzen beim
zweiten Schloßbau. Nur kamen neue Wirtschaftsgebäude hinzu.
Außerdem wurden drei Weiher im Süden und Gärten an der Ringmauer angelegt. Neu war, wie gesagt, der um 1560 an den ursprünglichen Bau, der an der Südseite des Hofes im hinteren
(westlichen) Teil stand (Südbau) in einigem Abstand in Richtung Norden angefügte neue Bau (Nordbau). Dieser wurde fast
parallel in einer Flucht mit dem alten gesetzt und ganz ähnlich gestaltet. Etwas variierten nur die Höhe und die Breite.
Außerdem bekam der neue Bau runde Bodenerker bzw.-türme.
Die Giebel-(Haupt-) seiten zeigten nach Osten.
Zwischen die beiden Bauten wurde ein Zwischenbau mit Durchfahrt eingezogen, der zunächst niedriger war und seit dem Anfang des 17. Jahrhunderts auf drei Geschosse erhöht wurde.
Beide Gebäude wurden im Inneren durch einen durchgehenden Gang
verbunden, der jeweils den vorderen und hinteren Teil jedes
Gebäudes trennte. Die Breite des gesamten Traktes (Nord-Süd)
betrug ungefähr 40 Meter.
Von der Inneneinteilung zeugen zwei von dem Allgäuer Baumeister Franz Xaver Kleinhans aus Unterpinswang bei Füssen (1692-

1776), Baumeister des Augsburger Domkapitels und des Damen-
stifts St. Stephan ebenda, um 1760 angefertigte Grundrißpläne
des ursprünglichen Zustandes mit Bezeichnungen der Zimmerfunktionen[450]. Allerdings gibt es nicht für jedes Stockwerk einen
Plan. Im Südbau war im Erdgeschoß an der Schmalseite zum Hof
hin ein gewölbter Stall untergebracht. Dahinter teilte ein
Gang das Stockwerk in zwei Teile. Rechts und links gliederten
sich Backstube, Waschküche, Flachsgewölbe, Milchstube und Jä-
gerstube an. Die Treppe war nördlich außen an dem Südbau als
Wendeltreppenturm gestaltet.
Im ersten Obergeschoß des Nordbaues waren rechts und links des
Mittelganges Tafelzimmer, Kabinett, Schlafzimmer, Kammer und
Kinderzimmer, im zweiten Obergeschoß des Südbaues Schreibzim-
mer, Garderobe, Kammerjungferzimmer, Hauskapelle (vorne), Be-
dientenzimmer und Kapellenzimmer untergebracht.
Nach den Umgestaltungsarbeiten von um 1560 änderte sich, außer
der Renovierung von 1708, nichts an der Aufteilung und Gestalt
des Schlosses bis zu den Planungen in der Rokokozeit.
Nach dem Tod des Freiherrn Marquard Anton von Riedheim am
17.3.1751 erbte einer seiner vier Söhne, Johann Alexander, den
Besitz Harthausen. Dieser war Fürstbischöflicher Geheimer Rat
und Obriststallmeister in Eichstätt und Rat und Pfleger zu
Abenberg. Er entschloß sich um 1753 zu einem Umbau des Doppel-
schlosses. Der Grund war wohl der Wunsch nach einem repräsentativen Inneren und Äußeren, einer gärtnerischen Gestaltung der
näheren Umgebung des Schlosses und einem Abbau der Wehranlagen.
Er ersuchte Pedetti um einen ersten Entwurf. Mit diesem stand
er, selbst in engem Kontakt mit dem Eichstätter Hof, in freund-
schaftlicher Beziehung. Auch zwei seiner Brüder waren eng mit
Eichstätt verwachsen. Beide, Josef Ignaz und Johann Carl,
waren hier Domkapitulare (letzterer in Eichstätt und Augsburg).
Der dritte, Maximilian Xaver, war Deutschordensritter.
In seiner Position als Statthalter von Nürnberg sollte er 1788
bei den Planungen für die Deutschordenskirche in Nürnberg noch
mit Pedetti zusammentreffen. Auf einem Plan des zweiten Projektes von Pedetti für die Kirche ist vermerkt, daß Maximilian
Xaver Pedetti zu Änderungen veranlaßt hatte[451].

Hiermit ist der enge Kontakt der Riedheimer zu Eichstätt und
auch zu Pedetti [452] erwiesen, so daß es nicht erstaunlich ist,
daß die Wahl auf ihn fiel.

Die Planungen Pedettis müssen vor 1758 eingesetzt haben, da
erst von diesem Jahr an Rechnungen im Schloßarchiv vorliegen
und Pedetti hier nirgends erwähnt ist.

Er lieferte drei Pläne, einen unsignierten, aber ihm mit Sicherheit aufgrund der Handschrift zuzuschreibenden Hauptplan mit
dem Grundriß des Schlosses und den Grund- und Aufrissen der
Nebengebäude [453] und zwei Detailpläne von dem neuen Garten und   18
einem Treibhaus, von denen einer signiert ist.

Der Hauptplan mit dem Schloßgrundriß gibt leider nur sehr grob
die Vorstellungen Pedettis wieder. Die Inneneinteilung und auch
ein Fassadenaufriß sind nicht überliefert. Pedettis Stellung
innerhalb der Planungsgeschichte bleibt deshalb etwas unklar.

Um 1760 wurde der bereits vorne erwähnte Kleinhans zur Ausführung der Umgestaltungsarbeiten herangezogen. Seine Tätigkeit ist
bestens belegt durch Grundrißpläne [454], Korrespondenz und Rechnungen [455], die auch bereits veröffentlicht wurden [456].

Warum er und nicht Pedetti zur Ausführung bestimmt wurde, ist
unklar. Dennoch geht aus Pedettis Hauptplan hervor, daß dieser
die entscheidenden Änderungen bereits vorgesehen hatte. Kleinhans' Umbaupläne stützten sich also auf die grundlegenden Ideen
Pedettis.

Obwohl bereits in den Jahren 1759/1760 die Vorbereitungen zu
dem Umbau mit der Materialbeschaffung eingeleitet worden waren,
verschob sich die Ausführung auf Grund der Wirren des Siebenjährigen Krieges. Am 19.4.1762 wurde, was aus den Rechnungen
des Jahres hervorgeht, mit den Umgestaltungsarbeiten begonnen.

Kleinhans und seine um die 35, zum Teil einheimischen Maurer
arbeiteten immer im Sommer in Harthausen. Unter anderem beschäftigte er den Augsburger Stuckateur Ignaz Finsterwalder und
dessen Sohn Josef Anton, die in den Rechnungen der Jahre 1762-
1764 mehrfach erwähnt sind, unter anderem für Arbeiten in der
Kapelle. Es wurden auch zahlreiche Meister aus Eichstätt be-
schäftigt; die Öfen kamen aus der hochfürstlichen Schmelze
in Hagenacker bei Eichstätt.

Zunächst wurde mit den Arbeiten am nördlichen Schloß und dem
Verbindungstrakt begonnen. Am 20.2.1763 schrieb Kleinhans aus
Unterpinswang[457] und übersandte die Grundrisse. Auch ein Modell
hätte er gefertigt. Am 22.12.1763 schrieb er wiederum[458], daß
er bald die Risse für die Nebengebäude liefern würde.
Im Jahre 1767 waren die Umgestaltungsarbeiten beendet, es folgten nur noch die Arbeiten an den Außenanlagen. Kleinhans reiste
noch in diesem Jahr nach Erbach, um dort den Kirchenbau zu
leiten.
Pedettis Ideen zum Umbau waren, wie gesagt, grundlegend für die
Planungen von Kleinhans. Der Grundrißplan Pedettis vom Schloß   18
geht zwar nicht ins Detail, aber die wichtigste Neuerung, die
Neugestaltung des Zwischentraktes, die auch Kleinhans dann vornahm, ist bereits vorweggenommen. Pedetti hatte geplant, den in
der Mitte zwischen Nord- und Südbau befindlichen dreigeschossigen Zwischentrakt nach vorne (Osten) hin zu erweitern und als
Risalit mit einer Durchfahrt vortreten zu lassen. Dadurch entstanden neue repräsentative Säle im vorderen Bau. Der Risalit
sollte rechteckig mit abgeschrägten, einachsigen Ecken hervortreten. Nach dieser grundlegenden Idee wurde die Umgestaltung
letztendlich durchgeführt. Obwohl kein Aufriß von Pedetti erhalten ist, läßt sich mit Sicherheit sagen, daß es bereits von
ihm geplant gewesen sein muß, die Ostfassade des vortretenden
Risalits dominierend-repräsentativ auszugestalten und die Ost-
giebelseiten der beiden Hauptbauten in der Dekoration anzupassen, wie es letztendlich auch von Kleinhans ausgeführt wurde
und noch heute zu sehen ist.
Auch sah Pedetti bereits eine Vereinheitlichung der Grundrisse
der Bodenerker bzw. -türme vor. Die runden des Nordbaues sollten
den rechteckigen des Südflügels angeglichen werden. Entgegen
der endgültigen Ausführung war auf den Plänen von Kleinhans
nicht von vornherein die Vereinheitlichung der Bodenerker zu
rechteckigen Körpern geplant. Zunächst war es vorgesehen, die
hinteren (westlichen) Erker bei beiden Bauten zu belassen - im
Norden rund und im Süden rechteckig - und die Erker beider Bauten im Osten einheitlich rund zu gestalten. Aber Kleinhans
sprach sich dann selbst in einem Brief vom 30.9.1761[459] gegen

diesen ersten Plan aus. So wurden die Erker, wie Pedetti es
vorgesehen hatte, einheitlich rechteckig gestaltet.
Weitere Arbeiten unter Kleinhans am Hauptbau waren die Errichtung eines neuen Dachstuhles auf dem Südbau, der im August 1763
fertiggestellt wurde, ein neuer Keller neben dem alten im Nordbau, eine neue Dekoration im Inneren, Reparaturen etc...
Vor allem aber wurden die Zimmerordnung[460]und die Fassaden
umgestaltet. Neuer Platz wurde durch die Anfügung des neuen
Risalits in der Mitte gewonnen. Dieser wurde im Erdgeschoß für
einen Fletz auf vier Säulen und eine Einfahrt genutzt. Die
Grundrißaufteilung der beiden Flügel wurde in der Hauptsache
bewahrt, aber die Zimmerfunktionen zum Teil geändert.
Im Erdgeschoß des Nordbaues wurden die Küche, im Nordosterker-
zimmer die Hauskapelle und eine Treppe, im Südbau Kanzlei,
Archiv, das Schlafzimmer des Sekretärs, Wirtschaftsräume und
eine Treppe untergebracht. In das erste Obergeschoß des Nord-
und Mittelbaues wurden Kinder-, Wohn-, Schlaf-, Tafel-, Schreib-
und Bedientenzimmer, in den Südbau Gast-, Schlaf- und Offizian-
tenzimmer eingerichtet. Im zweiten Obergeschoß im Nordbau wurden ebenfalls Gast-, Tafel- und Bedientenzimmer untergebracht.
Die Zimmerfolge des dritten Obergeschosses ist nicht bekannt.
Die Fassadengestaltung des Schlosses geht ganz auf Kleinhans
zurück und weist für diesen typische Stilmerkmale auf (Giebel-
schwünge, Fensterverdachungen...).

Pedettis Tätigkeit wird erst wieder greifbarer in seinen Entwürfen für die Nebengebäude und die Gartengestaltung, die bestimmend waren für die Ausführung. Von Kleinhans liegen hiervon keine Pläne vor, aber er berichtete in seinem bereits erwähnten Brief vom 22.12.1763, daß er die Pläne für die Nebengebäude bald schicken würde.
Zunächst plante Pedetti, die alte Ringmauer mit den Rundtürmen
an den Ecken, die im Westen und Norden eng um das Schloß verlief, wie auf seinem Hauptplan zu sehen ist, zu beseitigen.
Im Westen gestaltete er dann weiter hinten den neuen Hofab-
schluß durch eine einstöckige, mit acht Stichbogenöffnungen
durchbrochene Holzlege und anschließender Kutschenremise.

Die Holzlege buchtete in Richtung Westen rund aus. Dadurch
entstand zwischen Holzlege und hinterer Schloßfassade ein kleiner Cour d'honneur. Die Südwestecke schloß Pedetti durch ein
Gebäude mit Waschküche, Backstube, Krankenzimmer und zwei Ar-
resträumen. Auch der nördlich anschließende Hofraum wurde
durch die Beseitigung der alten und die mehr zur Nordseite ver-
schobene neue Ringmauer vergrößert. Die neue Ringmauer wurde
mit gekurvten Anschwüngen gestaltet und buchtete somit nach
Norden aus. In ihre Mitte plazierte Pedetti eine dreiläufige
Freitreppe, bestehend aus zwei parallel zur neuen Ringmauer
verlaufenden Armen mit jeweils vier rundgebildeten Stufen am
Antritt, die zu einem Podest führten, von dem aus ein weiterer
Arm in nördlicher Richtung zu dem neuen Parktor leitete.
Vor der Mauer auf der Hofseite verlief ein Wassergraben und
ein schmaler Raum für Spalierbäume. Das an die Ringmauer in
Richtung Osten anschließende alte Torhaus mit Zugbrücke wurde
zugunsten einer neuen Einfahrt abgebrochen. In dem linken Teil
des anschließenden alten Pferdestalles sollte ein neues Torhaus
mit Torstube und Küchenräumen eingerichtet werden, die durch
eine Feuermauer von dem im rechten Teil verbleibenden Stall getrennt werden sollten.
Alles wurde nach Pedettis Plan ausgeführt. Bis auf die Ausbuchtungen der West- und Nordseite, Zeichen für eine noch spätbarocke, lebendige Platzgestaltung, wie sie uns auch in den folgenden Entwürfen für Schloß Hirschberg begegnet, sagen die
Entwürfe Pedettis für Harthausen wenig über seine künstlerischen Vorstellungen aus, sind aber innerhalb der Baugeschichte
von größter Wichtigkeit.
Nach Vollendung der Arbeiten am Schloß, 1767, wurde auch ein
neuer Schloßgarten geplant und die nähere Umgebung des Schlosses gärtnerisch gestaltet. Der Garten, heute nicht mehr erhalten, wurde im französischen Stil an der Nordseite des Schlosses hinter der zur Ringmauer parallel verlaufenden Straße angelegt. Er war von einer Mauer umgeben, die an den Ecken ausgerundet war. Seine Mitte nahm ein großes Springbrunnenbassin von
Martin Donschnack aus Eichstätt ein.

Von Pedetti existiert nun ein signierter Gartenplan, der die
Hälfte der Anlage wiedergibt und die Errichtung eines Treibhauses vorsieht[461]. Der Entwurf entspricht der Ausführung.
Von einem freien, runden Mittelfeld führen strahlenförmig Wege
ab, die dreieckige, an den Ecken ausgerundete Parterres ein-
schließen. In der Mitte des ca. 42 Meter breiten Gartens legte
Pedetti einen "Punct woenach das treibhaus angelegt"[462] werden
sollte fest. Die Mittelachse des in sich geschwungenen Häus-
chens trifft in ihrer Verlängerung auf den Mittelpunkt. Pedetti gestaltete ein ganz barockes Treibhaus, zum Garten hin
durch eine geschwungene Glaswand und an den Giebelseiten durch
Glastüren geöffnet. Das Haus folgt dem Schwung der Gartenmauer.
In der Mitte buchtet die Mauer aus. In dem dadurch entstandenen
Raum sind ein Treibhausofen und eine Stiege untergebracht.
Gedeckt ist das Gebäude mit einem barocken Mansardwalmdach, das
an der Gartenseite im unteren Teil als breite Hohlkehle gestaltet ist und somit als "Sonnenfang" dient. Die Gestaltung erinnert stark an Gabrielische Pavillons wie zum Beispiel die des
Eichstätter Hofgartens.
Pedetti entschuldigte sich für die fehlende Schnitt-Zeichnung:
"NB der durchschnit obige treibhaus ist wegen mangel der Zeit
nicht verferdiget worden[463]". Ein weiterer, unsignierter Entwurf Pedettis für ein Treibhaus über rechteckigem Grundriß
mit Walmdach und Blendfelder-Gliederung ist frühklassizistischer
im Aufbau[464].
Die Entwürfe für die Gartenanlage sind wie die des Schlosses
mit den Nebengebäuden nicht datiert. Der Garten wurde erst
nach Vollendung der Arbeiten am Schloß, 1767, angelegt. Dennoch muß davon ausgegangen werden, daß Pedetti die Pläne bereits vor 1758 fertigte, da er auch für diese Entwürfe nicht
in den Rechnungen erwähnt wurde, während geringere Künstler
hier auftauchen.

Hirschberg, Schloß

Mit der Umgestaltung der Burg Hirschberg bei Beilngries in eine
Rokoko-Sommerresidenz schuf Pedetti eines seiner bedeutendsten
Werke. Hier stellte sich ein dreifacher Aufgabenbereich: die
Gestaltung der Außenarchitektur und der Platzanlage, die Ein-
gliederung in die Natur und die Ausstattung der Innenräume.
Das Schloß liegt westlich von Beilngries auf einer steil ab-
fallenden Bergzunge, die sich aus dem Hochplateau gegen Osten
erstreckt. Die Lage erinnert an Burghausen. Die ursprünglich
spätromanische Burg der Grafen von Grögling-Dollnstein beherr-
schte, zirka 100 Meter über der Altmühl gelegen, sowohl das
Altmühltal mit der Straße nach Eichstätt als auch das Sulztal
mit der Straße nach Neumarkt und Nürnberg[465]. Es war damals
die größte Burganlage des Altmühlgebietes. Sie stand in der
Ausdehnung dem heutigen Rokokoschloß nicht nach. Im Westen war
die ungefähr 170 Meter lange und ungleich breite - im Westen
bis 50 Meter und im Osten ungefähr 25 Meter - Rechteckanlage
durch zwei Türme, einen Bergfried in der Nordecke und einen
Torturm weiter südlich, begrenzt. Diese waren durch eine hohe,
zwei Meter dicke Schildmauer verbunden, die vor dem Torturm
beidseitig rundlich vorsprang. Vor der Schildmauer lag der breite Halsgraben. Auf der gegenüberliegenden Ostseite befand sich
der dreigeschoßige Palas mit Treppengiebeln. Diese beiden Teile
wurden verbunden durch die Ringmauer. Der langgestreckte Hof
wurde - nach Mader[466] und Biller[467] - durch eine Quermauer mit
Tor, die sich wahrscheinlich vom Westende eines nachweisbaren
zweiten Wohnhauses an der südlichen Ringmauer quer über den Hof
zog, unterteilt. Auf der gegenüberliegenden Seite des Wohnhauses,
auf der Nordseite, liegt noch heute östlich der ehemaligen Mauer
der romanische Brunnen. Weitere, nicht nachweisbare Bauten
waren sicherlich vorhanden, da diese Burg aus mehreren Burghuten bestand. Die Häuser und deren Nebenbauten bewohnten Mini-
steriale, niederer Adel und später auch Bürgerliche, deren Aufgabe es war, die Burg zu bewachen und zu verteidigen.
Durch die Mauer war der Hof in zwei ungleiche Hälften geteilt.
Der zum Palas gehörige Teil war lang und schmal, der Teil vor
der Einfahrt im Westen breit und kurz.

Von der mittelalterlichen Burg sind noch heute Teile der Ringmauer und vor allem die beiden dominierenden Türme im Westen
erhalten. Mader wies auch die im südlichen Flügel gelegene
barocke Kapelle dem romanischen Bestand zu; Biller folgte ihm
hier nicht[468]. Auf einem Gemälde um 1652[469] ist an der entsprechenden Stelle kein weiterer Wohnbau neben dem noch erhaltenen
Ostflügel zu erkennen. Wie wir noch sehen werden, nahm Pedetti
bei der Umgestaltung weitgehend Rücksicht auf den alten Bestand.
Für die Baugeschichte des Schlosses entscheidend war, daß das
Geschlecht der Grafen von Hirschberg mit Gebhard VII 1305 er-
losch. Durch testamentarische Verfügung fielen Burg und Grafschaft an den Bischof von Eichstätt, auf dessen Grund und Boden die Burg einst gebaut und als Lehen vergeben worden war[470].
Unter den folgenden Bischöfen wurden weitere Neuerungen vorgenommen: Bau eines viergeschossigen Pfleggebäudes östlich des
Nordturmes anstelle eines kleineren Baues, der nicht an den
Turm anstieß, Errichtung einer Vorburg westlich des Halsgra-
bens, Bau eines dreigeschossigen Herrenbaues anstelle des alten Palas und Bau des Nordflügels ohne die drei westlichen
Achsen.
Nachdem das Schloß Mitte des 17. Jahrhunderts auf Grund eines
Blitzschlages fast völlig abgebrannt war, wie das vorne erwähnte Gemälde zeigt, war der Weg frei geworden für eine ganz
neue Bauperiode unter den Hofbaumeistern Engel, Gabrieli und
Pedetti. "In der ganzen mittelalterlichen Zeit spielte Hirschberg im Besitz der Eichstätter Fürstbischöfe bis hinein ins
18. Jahrhundert keine besondere Rolle /.../[471]".
Jakob Engel deckte nach dem Schwedenkrieg 1670 den Ostflügel
neu ein und schuf die für ihn typischen, das Eichstätter Stadtbild prägenden Erker an der Talseite dieses Baues. Gabrieli,
dessen Tätigkeit hier um 1729 einsetzte, verlängerte den Nordflügel nach Westen um drei Achsen und setzte dem Ostflügel ein
Mezzaningeschoß und ein Walmdach auf. Auch der Südflügel wurde
wahrscheinlich von Gabrieli bis zum Westende der Kapelle den
übrigen Fassaden angeglichen. Gabrieli ließ alle Fassaden einheitlich in Weiß und Englischrot tünchen, jedoch brachte er
keine Stuckverzierungen an.[472]

Unter Fürstbischof Strasoldo leitete Pedetti von 1760 bis 1765
die Umbauarbeiten in Hirschberg. Er gestaltete die Anlage zur
Sommerresidenz und zum Jagdschloß um. Das früher hier eingerichtete Pfleger- bzw. Oberamt war bereits 1740 nach Beilngries verlegt worden. Pedetti zur Seite standen der Palier und
zukünftige Domkapitelsbaumeister Domenikus Salle[473], der Hofstuckateur und Bildhauer Johann Jakob Berg und der Hofmaler
Johann Michael Franz.
Was Pedetti vorfand, war eine komplette Dreiflügelanlage, bestehend aus zwei sehr langen Seitenflügeln, dem Nord- und dem
Südflügel, die an der Ostseite durch einen kürzeren Querflügel
verbunden waren. Erhalten waren noch die beiden Bergfriede mit
der Schildmauer und dem Graben vor der Einfahrt und verschiedene, östlich der Türme liegende Gebäude, auf die noch einzugehen sein wird. Die mittelalterlichen Häuser der Burghuten
waren schon lange vor Pedetti beseitigt worden.
Pedetti ist vor allem die Schaffung einer symmetrischen und einheitlichen Anlage eines großen barocken "Cour d'honneur" mit
einheitlicher Bebauung und Fassadengestaltung zu verdanken.
Es ist selten, daß man ein Rokokoschloß auf einer Berghöhe
findet. Diese Lage und den Ausblick hat zu der Zeit eigentlich
nur noch das Sommerschloß der Äbte von Kaisheim in Leitheim bei
Donauwörth, das, oberhalb der Donau gelegen, 1739-1771 rokokomäßig umgestaltet wurde. Ansonsten zog man seit dem Ende des
17. Jahrhunderts mehr in die Ebene, wo man, entsprechend dem
Wunsch nach Kommodität, größere Anlagen bauen konnte.
In Eichstätt selbst hatten die Bischöfe 1725 die Willibaldsburg endgültig verlassen; um 1700-1702 hatte Jakob Engel den
ersten Flügel der neuen Stadtresidenz fertiggestellt.
Mader nimmt an[474], daß Fürstbischof Strasoldo, der aus einem
friaulischen Geschlecht mit zahlreichen Gütern in der Steier-
mark stammte, aus Liebe zu den Bergen die Burg umgestalten ließ.
Strasoldo beschränkte sich also bewußt auf einen bestimmten
Raum, der in keiner Richtung zu erweitern war. An die Gestaltung eines repräsentativen Gartens war da nicht zu denken.
Pedettis Aufgabe war es nun, trotz dieser Begrenztheit, eine
zumindest optisch großzügig wirkende Anlage zu schaffen.

Umbaupläne sind nicht erhalten. Ein wenig weiter helfen die
Hofkammerprotokolle der entsprechenden Jahre, obwohl sie nur
eine sehr summarische Aufreihung der Bautätigkeiten bieten.
In den Protokollen von 1760 bis 1765[475]referiert Pedetti über
den Fortgang der Arbeiten in Bezug auf die Abbrechung und Wie-
dererrichtung von Bauten zur Regulierung der unregelmäßigen Bebauung. Diese Regulierung war der Ausgangspunkt für die Schaffung eines Cour d'honneur.
Am 14.3.1761 ist vermerkt, daß Pedetti die von der Bautätigkeit
im Jahre 1760 angelegten Handwerkszettel durchgesehen hatte.
An Arbeiten waren vorgenommen worden: Die "/.../ abbrechung
des alten ruinosen Treüd-Kasten und Stahlung, dann neue auf-
richtung, und erganung /Ergänzung/ dessen, biß under den dachstuhl /.../[476]". Ebenso berichtet Pedetti, daß von dem alten
Getreidekasten "/.../ die aufgelegte Dachstainen /wohl Schie-
fer/ mehristen Theils, weillen solche nicht mehr vonnöthen
seyen, sogleich bey abtragung des gepäu verkauffet worden
/.../[477]" seien. Bei dem alten Getreidekasten mit Marstall handelte es sich um den Westteil des Südflügels von der Kapelle
an. Dieser wurde abgerissen und neu errichtet bis zu seiner
heutigen Ausdehnung nach Westen. Die Funktion als Stall (unten) und als Getreidekasten wurde beibehalten. Der Stall wurde
neu gewölbt und, ebenso wie der Getreidekasten, 1761 neu eingerichtet. Die Hoffassaden wurden neu gestaltet und zwar so, als
wäre ein bewohnter Trakt dahinter. Die Neuerrichtung wurde durchgeführt mit der Wiederverwendung der südlichen Ringmauer.
Das Obergeschoß wurde neu aufgesetzt.
Es wird auch von der bereits 1760-1762 "/.../ angefangenen
Ringmaur und Herstellung der ganz eingegangenen Hüll /Weiher/[478]"
berichtet. Mit der Ringmauer ist jener Teil an der Süd- und
Ostseite des Schlosses gemeint, der anstelle und mit dem
Material -Dolomitquadern - der mittelalterlichen Zwingermauer
errichtet wurde. Unter Martin von Schaumberg (1560-1590) war
hier ein neuer Torbau entstanden. Man mußte, um in das Schloß
zu gelangen, durch den südlichen Torzwinger und dann mit einer
Wendung in Richtung Norden gehen. Diese Einfahrt veränderte
Pedetti, worauf noch einzugehen sein wird.

Weitere bauliche Maßnahmen Pedettis waren: die Abtragung des
alten Kastenhauses an der südlichen Wallmauer in der Nähe des
Südturmes 1761 und die Errichtung einer neuen Kutschenremise
mit Fourageboden und Wohnräumen für das Stallpersonal 1763[479].
Dabei handelt es sich um das heutige Schloßwartshaus östlich
des Südturmes. Gegenüber, östlich des Nordturmes, befand sich
das alte, viergeschossige ehemalige Pfleghausgebäude aus der
Öttingen-Zeit, das auch auf dem bereits erwähnten Gemälde des
17. Jahrhunderts zu sehen ist. Pedetti ließ beide oberen Stockwerke abtragen und brach den dazugehörigen Treppenturm ab[480].
Das zu hohe Gebäude hätte sich sonst nicht in die Architektur
des Schlosses eingepaßt. Pedetti brachte den Bau in Symmetrie
zu der gegenüberliegenden Kutschenremise und glich die Fassaden
einander an. Er gliederte sie durch genutete Lisenen als Ecklösung und im Abstand von jeweils zirka vier Achsen und im
ersten Obergeschoß durch geschlitzte Lisenen.
Das Gebäude wurde umfunktioniert als Hausmeisterei, heute beherbergt es das Schwesternhaus St. Josef.

Mit der Regulierung der Hofbebauung hatte Pedetti die Voraus-
setzung für die Gestaltung einer neuen Platzanlage geschaffen[481].
Trotz der Beschränkung des Raumes und der Unregelmäßigkeit
des sich nach Westen um das Doppelte verbreiternden Hofes, war
es Pedetti möglich, einen großzügigen Platz zu gestalten. Entgegen kam ihm die Tatsache, daß der Nord- und Südflügel, wobei
er selbst letzteren regulierte, nicht im rechten Winkel zum
Querbau standen. Der Platz schwillt westlich der Seitenflügel
an; hier befindet sich kein Gebäude. An dieser Stelle senkt
sich gleichzeitig das Gelände. Hier zog Pedetti Zwischenmauern
ein, die die Torbauten mit der Dreiflügelanlage verbanden.
Das ist ganz entscheidend für die Raumwirkung. Im Mittelalter
verlief hier ein Quertrakt. Eine gerade Flucht wäre langweilig
gewesen, deshalb schuf Pedetti eine Auflockerung durch die konkaven Linien der sich nach Norden und Süden ausweitenden Galeriemauern. Die Seitenfluchten wurden nicht in starrer Linie durchgeführt, sondern schwellen in einiger Entfernung von dem West-
tor - Pedetti verlegte den Zugang wieder nach Westen - an und

ziehen sich gegen die Tiefe symmetrisch wieder ein. Es entstand ein typisch spätbarocker Platz, der sich abwechselnd verengt und erweitert, bewegt, ruhiger wird, ausbuchtet und gerad-
linig verläuft, dunkler wird und plötzlich aufhellt. Typisch
für den Spätbarock ist auch das Sichausweiten des Platzes über
die Platzwände hinaus. Über die Galeriemauern wird hier der
Blick nördlich und südlich in die Natur gelenkt. Der Platz wurde so gestaltet, daß es nicht nur eine Blickrichtung auf den
Hauptbau gibt, sondern nach allen Seiten hin neue Blicke gewonnen wurden. Kein Barockraum hat eine erschöpfende Aussicht.
Er ist keine geschlossene Einheit, sondern eine Entwicklung[482].
Auch in Richtung Westen schuf Pedetti einen neuen Durchbruch.
Er ließ die Mauer zwischen den beiden Türmen abbrechen[483] und gestaltete hier die Einfahrt, die im Mittelalter etwas südlicher
lag und im Spätmittelalter noch weiter an die Südecke des West-
berings verlegt worden war. Von Verständnis für die mittelalterliche Architektur zeugt die Tatsache, daß Pedetti die beiden Türme stehen ließ.
Anstelle der Mauer ließ Pedetti ein breites Gittertor zwischen
hohen Steinpfeilern einfügen, eine Arbeit des Hofschlossers
Sebastian Barthlme. Dadurch war dem Blick keine Grenze mehr   19
gesetzt. Auf den Steinpfosten sitzen, der Funktion des Schlosses als Jagdsitz entsprechend, Tierfiguren von Johann Jakob
Berg. Vor die Steinpfosten sind beidseitig Pilaster mit Triglyphenkapitellen an der Hofseite vorgeblendet, ein von Pedetti
von Gabrieli übernommenes Gestaltungselement.
Das Gitterwerk wurde im Segmentbogen zwischen die mit Absicht
geknickten Westfassaden der anstoßenden Torbauten eingefügt,
sorgt also für einen rhythmischen Kontrast zu den Bauten.
Die gitterdurchbrochene Mauer an der Westseite, die Möglichkeit
des freien Blicks über die Galeriemauern und auch die Öffnung
der Mittelachse des Ostflügels durch ein Gitter - zumindest im
Sommer - verraten eine ganz neue Einstellung zur Natur, zur
Architektur und zum Raum. Die Öffnung von Räumen, die normaler-
weise durch feste Wände geschlossen sind, gegen die Natur, bedeutet dynamische Bewegung, Ausgreifen der Architektur, aber
gleichzeitig auch eine Auflösung derselben.

Aus ästhetischen Gründen wird die Architektur zur "Ruine".
Diese Durchbrechung der Mauer durch Gitterwerk findet sich
bei Pedetti noch öfter. Unter anderem im Hofgarten der Eichstätter Sommerresidenz. Pedetti gestaltete hier die Gloriette
mit den beiden Nebenpavillons und der Verbindungsmauer (um
1779/1781).[484] Er löste sowohl die feste Gartenmauer als auch
die Pavillons auf, indem er Gitter einsetzte. Aus den festen
Gabrielischen Bauten[485] schuf er ästhetische Ruinen.   46,47
Vom Mitteltrakt der Sommerresidenz führt eine Achse durch
den Hofgarten auf den Mittelpavillon am anderen Ende zu.
Durch das Gitterwerk wird der Blick in die anschließende
Landschaft bis hin zum Cobenzlschlößchen freigegeben. Die
Achse war früher durch die geometrisch-französische Garten-
gestaltung stärker betont als heute.[486] Neben der Öffnung
hat das Gitter - wie auch in Hirschberg - zusätzlich die
Funktion der Schließung. Eine Mauer schließt nur ab, ein
Gitter aber öffnet und schließt. Das segmentbogige Vorschwingen des Gitters ist ähnlich wie in Hirschberg unter anderem
auch zu finden auf einem Entwurf Pedettis für ein Landschloß[487]. IX
In anderer Form - als Lindenhecke mit durchbrochenen Bogenöff-
nungen - findet dieses Gestaltungsprinzip Anwendung auf einem
Entwurf Pedettis für die östliche Begrenzung des Residenzplatzes
in Eichstätt[488].   37
Die Hauptachse von Hirschberg führte Pedetti durch das Gittertor weiter in gerader Flucht über die Schloßbrücke, durch die
Vorburg bis in die anschließenden Wälder. Diese Straße, die sogenannte Fürstenstraße, wurde in der Vorburg 60 Meter als Allee
gestaltet. In den Hofkammerprotokollen von 1763[489] referiert
Pedetti über die Herstellung der neuen "Haubt Bruggen", die bereits 1762 stattgefunden hatte. 1763 wurde an der Zufahrt durch
die Vorburg und an der Verlängerung derselben in die Fürstenstraße gearbeitet. Auch 1764 gab es noch unterschiedliche Schloß-
bauarbeiten. Der äußere Bauhof (Vorburg) und neue Stallungen
wurden gebaut[490]. 1764 waren zur Anlage der Allee vom Schloß
bis zum Wald Grundstücke gekauft worden, die Hirschberger Unter-
tanen gehört hatten. Neben dem künstlerisch-repräsentativen
Zweck diente die Anlage der Straße auch der Erschließung der
Wälder. Auch die Mauern der Vorburg waren ursprünglich von

einem Gitter durchbrochen. Bei der Gestaltung der Allee fand
wiederum das spätbarocke Gesetz der Verengung und Weitung Anwendung. Die dunkle, enge Allee erlaubt keinen Blick nach rechts
und links, sondern lenkt den Blick geradeaus auf das Schloß.
Aufhellung und Weitung erfolgt erst auf der Schloßbrücke, die
Pedetti anstelle der mittelalterlichen Zugbrücke schuf. Nach
einem Engpaß zwischen den Türmen innerhalb des Schlosses weitet
sich der Raum wieder, um sich nach den Galeriemauern wieder zu
verengen. Im Jahre 1765 waren die Außenarbeiten am Schloß
beendet[491].

Den Übergang von den niedrigen, geschwungenen Galeriemauern zu
den langen Seitenflügeln bilden wiederum Mauern, die durch breite Lisenen rasterartig aufgeteilt sind und mit Blendbalustraden
mit Ovaldurchbrüchen bekrönt sind.

Über die künstlerische Ausgestaltung der Fassaden findet sich
nichts in den Hofkammerprotokollen, aber die Hand Pedettis ist
deutlich erkennbar. Die dreigeschossigen, je 22 Fensterachsen
umfassenden Langflügel sind schlicht gegliedert durch Geschoßbänder bzw. -gesimse und gekoppelte, glatte Lisenen. Die einheitlichen Hochrechteckfenster, im Erdgeschoß niedriger, haben
flache schlichte Rahmen und keine Verdachungen. Die Monotonie
der Flügel ist unterbrochen durch je zwei einachsige Risalite,
die sehr flach und rechteckig hervortreten. Sie sind in den
beiden Obergeschossen von gekoppelten, glatten und im Erdgeschoß von breiten, genuteten Lisenen gerahmt. Die Risalitfen-
ster sind mit Rocaille dekoriert und mit Gesimsverdachungen
bekrönt. Plastische Anziehungspunkte der Fassaden sind je
zwei, die Portale flankierenden Hirschköpfe aus Gußeisen mit
echtem Geweih auf Rocaillekartuschen. In Richtung auf den Hauptbau, den Ostflügel, erfährt die Gliederung der Fassaden eine
Steigerung und erzeugt Spannung bis zum Endpunkt. Bereits die
drei östlichen Achsen der Langflügel sind reicher dekoriert.
Das Erdgeschoß ist hier rustiziert und die Mittelachse jeweils
betont durch ein von gekoppelten Rocaillepilastern gerahmtes
Portal mit Rundbogen-Gesimsverdachung auf Konsolen. Die Tym-
panonzone füllt eine nierenförmige Rocaillekartusche.

Parallel zu der Steigerung der Dekorationsformen in Richtung
Ostflügel läßt das Verspannen in Hochrechteckformen nach.
Betonung liegt jeweils auf dem Mittelfenster im ersten Obergeschoß der drei östlichen Achsen der Langflügel mit spitz zu-
laufender Gesimsverdachung, Rocaillekartuschen und Vasen auf
Lisenenstützen.
Die beiden Langflügel stoßen so auf den Ostflügel, daß sie
einen trapezförmigen Platz bilden. Die Hauptachse des Schlosses läuft genau auf das Hauptportal des Ostflügels zu.
Der Bau wird durch reichere Dekoration und die Überhöhung durch 20
das Mezzaningeschoß von Gabrieli hervorgehoben. Die Erdgeschoß-
zone weist gebänderte Rustika auf. Die schlicht gerahmten Hochrechteckfenster bekrönt je ein Hirschkopf in Rocaillekartuschen.
Rechts und links außen versetzte Pedetti zwei Wappen von
Bischof Wilhelm von Reichenau (1464-1496) und Martin von Schaumberg (1560-1590). Das schlichte, flache Stichbogenportal ist
links und rechts von je zwei weit auseinandergestellten, vortretenden Pilastern gerahmt. Zwischen den Pilastern stehen in
farbig gefaßten Rundbogennischen zwei Steinfiguren von Berg um
1764: links der Kellermeister mit einem Schlüsselbund, einladend
auf das Portal weisend und rechts, sich verbeugend, der Hof-und
Zeremonienmeister mit Brille und Hut. Über dem Portal ist eine
Gußeisenplatte mit dem Wappen Strasoldos und der folgenden Inschrift angebracht: "Post septem annorum bellum restituta pace
Iosephum benedictum archiducem Austriae Romanorum regem dum
salutat Germania, hanc arcem fere funditus restauravit Raym.
Ant: Ep.& PR. Eyst: Anno MDCCLXIV (1764)". Hier wird die Kai-
sertreue des Fürstbischofs zu Joseph II deutlich. Die geistlichen Fürsten und Klöster waren zu der Zeit überhaupt sehr
kaisertreu. Sie herrschten über ein relativ kleines Gebiet und
waren für ihren Schutz vom Reich abhängig. Deshalb unterstützten sie dieses stärker als die weltlichen Fürsten, die öfter
rebellierten. Der Kaiser förderte die kleinen geistlichen Staa-
ten, denn sie waren gute Steuerzahler.
Der Akzent des ersten Obergeschosses ist die mächtige Dreifenstergruppe, die durch ionisierende Pilaster mit Rocaille-
ornamenten gegliedert wird. Dieses Triumphbogenmotiv, über-

nommen aus dem Formenschatz Gabrielis, behielt sich Pedetti
für repräsentative Bauten vor[492]. Hier besteht die Fenstergruppe
aus einem breiten Mittelfenster mit flachem, stichbogigen
Sturz und zwei sehr schmalen, farbig gefaßten, flankierenden
Hochrechteckfenstern. Eine stark profilierte, vielfach abge-
stufte Gesimsverdachung, die über dem Mittelfenster rund ausbuchtet und bereits in das nächste Geschoß ragt, faßt die
Fenster zusammen. Im Tympanon befinden sich die Wappen des
Hochstifts, des Domkapitels und der Grafschaft Hirschberg.
Über der Verdachung ist eine Blendbalustrade mit dem beliebten Hochovalmotiv aufgesetzt, sie greift als Fensterbrüstung
ebenfalls in das nächste Geschoß über. Die übrigen Fenster des
ersten Obergeschosses sind denen der Langflügel angepaßt.
Vor die Dreifenstergruppe spannt sich ein auf Volutenkonsolen
ruhender Balkon mit französischem Eisengitter, das immer wieder
bevorzugt von Pedetti in Eichstätt angewendet wurde.
Auch die Fenster des zweiten Obergeschosses sind denen der Langflügel angepaßt; die Mezzaninfenster sind schlicht belassen.
Ansonsten ist die Fassade durch weiß auf rosa abgesetzte Lisenen und Blendfelder gegliedert, ohne allerdings eine einheitlich-
rasterartige Aufteilung aufzuweisen. Die Gebäudeecken sind in
allen Geschossen von je drei Lisenen gegliedert, von denen die
äußeren durchgehen. Die Lisenen unterstützen die vertikal Tendenz des an sich schon erhöhten Baues.
Über die drei mittleren Achsen spannt sich ein flacher, scharf
profilierter Dreiecksgiebel mit der Schloßuhr[493].
Die Rückfront des Saalbaues blieb - bis auf die Erker Engels
und die stuckierte Portalumrahmung - schmucklos. Durch die
schwungvolle, wellenförmige Stuckierung über dem Portal wurde
geschickt vertuscht, daß die Schloßachse und die Achse des
äußeren Ostflügels nicht ganz aufeinanderliegen.
Zusammenfassend läßt sich zur Fassadengestaltung Pedettis in
Hirschberg sagen, daß dieser - wie bei der Platzanlage - noch
ganz dem Rokoko verhaftet ist. Das Prinzip der Steigerung der
Dekoration ist dem Frühklassizismus fremd. Für den Hirschberger Ostflügel war die Palastarchitektur des Fischer von Erlach
ausschlaggebend, die Pedetti über Gabrieli vermittelt wurde.

Die Hofkanzlei Gabrielis in Eichstätt war hier wohl Vermitt-
ler[494].

Im Gegensatz zu Hildebrandt mit seiner rauschhaft-festlichen,
plastischen Architektur, war Fischer von Erlach eher zurückhal-
tend, strenger und auf eine Steigerung der Monumentalität bedacht, was in Hirschberg ebenfalls feststellbar ist. Das von
Fischer 1710 vollendete Palais Trautson in Wien, hat, obwohl
plastischer, zahlreiche Gemeinsamkeiten mit Hirschberg, wie
zum Beispiel die gebänderte, flache Rustizierung des Erdgeschosses, die Flankierung des Portales durch Doppelpilaster
bzw. -säulen (Palais Trautson), die Nischen (im Palais Trautson Türen) neben dem Portal, das Übergreifen der Verdachung
des Hauptfensters in das nächste Geschoß, reichere Fenster in
den Hauptgeschossen, schlichtere im Mezzanin, Betonung der
Dreifenstergruppe, die steilen Formen der die gesamte Geschoßhöhe einnehmenden Fenster, die flächige Gliederung (in Hirschberg Lisenen, am Palais Trautson zarte Pilaster) zwischen den
Achsen, der abschließende Dreiecksgiebel.

Obwohl keine Quellen vorhanden sind, war eindeutig Pedetti und
nicht Gabrieli der Schöpfer der Außengestaltung. Zweifel konnten wegen des Gabrielischen Formenschatzes aufkommen. Für Pedetti sprechen das Inschriftschild über dem Portal, die
Figuren von Berg und die Tatsache, daß der Mittel-"Risalit"
nachträglich vorgeblendet wirkt.

Auch bei der Innenausstattung des Schlosses hatte Pedetti die
Oberleitung. Beteiligt an der künstlerischen Programmgestaltung
war wohl auch der kunstliebende Strasoldo selber. Dies war allgemein üblich, war doch der Barock das Zeitalter der Kunstdilet-
tanten auf allen Thronen Europas. Vor allem das Thema "Jagd",
aber auch politische Themen von Grafschaft und Kaiser bestimmen
die Ausstattung des Schlosses. Das Programm drückt mehr als das
der Residenz in Eichstätt aus, was Strasoldo darstellte: Musik,
Geselligkeit und Jagd, aber auch Würde und Repräsentation als
Fürst und Bischof. Die Detailentwürfe für den Stuck lieferte
Berg; neben der Ausstattung der Eichstätter Residenz schuf er
hier sein Meisterwerk. Die Öl-und Deckengemälde schuf Johann

Michael Franz. Im Diözesanarchiv in Eichstätt ist ein "Inventarium über zum samentl. im Hochfürstlich: Schloss zu Hirschberg befündtl. Einrichtungs Requisiten verfaßt im Monath Martio 1767"[495] erhalten, das uns Aufschluß gibt über die beweglichen Ausstattungsstücke zur Zeit der Umgestaltung Pedettis. Mader kannte es bereits[496].

Für ein repräsentatives Treppenhaus wie in der Eichstätter Residenz gab es hier keinen Platz. An dem östlichen Ende des Nordflügels wurde eine dreiarmige Treppe über rechteckigem Grundriß angelegt. Es wurde also nicht bewußt auf eine barocke Repräsentativtreppe verzichtet zugunsten einer abseits gelegenen französischen, sondern Pedetti wurde aus Platzmangel dazu gezwungen. Die Treppenläufe ruhen auf Pfeilerarkaden. Die Pfeiler werden, ebenso wie die Säulen des Treppenhauses der Eichstätter Residenz, durch flache Korbbögen miteinander verbunden.

Im Erdgeschoß waren - heute dient das Schloß als Exerzitienhaus - die Wirtschaftsräume und die Zimmer verschiedener höherer und niederer Beamte des Hofstaates untergebracht: im südlichen Teil des Ostflügels das Mundschenkenzimmer, das Silbergewölbe und eine kleine Küche, im Nordflügel westlich des Stiegenhauses der Dürnitz und verschiedene andere Speisezimmer und Räume für das Küchenpersonal. Im Südflügel lagen neben der Kapelle die Zimmer des Hofkaplans und des Zeremonienmeisters, im westlichsten Teil blieb der Pferdestall bestehen.

Die Kapelle ist, typisch für die Zeit, bewußt untergeordnet. Zu einem repräsentativen und größeren Neubau innerhalb des Hofes reichten sowohl die religiöse Triebkraft als auch das Geld nicht aus. Hier in Hirschberg spielte auch der Platzmangel eine Rolle. Aber allgemein entschied man sich zu dieser Zeit bei Kirchen innerhalb von Residenzen mehr zum Typus der kleinen Pfarrkirchen. Ein Raum wie die Hofkirche der Würzburger Residenz ist in dieser Spätzeit nicht mehr zu finden.

Die Kapelle, dem Hl. Johannes Ev. geweiht, ist ein schlichter, die ganze Tiefe des Flügels beanspruchender und somit sehr heller Saalbau mit Ausrichtung nach Westen. Wie in allen Räumen des Schlosses, so wurde auch hier auf plastische Kontraste verzichtet. Die Wandfelder sind von leichten Pilastern unterteilt

und mit zarten, stuckierten Muschel- bzw. Rosengehängen geziert.
Der Altar, aus Stuck mit einer hellblauen Mensa und einer rosa-
farbenen Tabernakelbank, ist in eine Rundbogennische eingelassen und ist damit nicht sehr dominant.
Man kann sich der profanen Ausstrahlung dieses Raumes nicht
erwehren, auch wenn Mader sich entschieden dagegen ausspricht[497].
Im ersten Obergeschoß des Ostflügels liegt in der Mitte der sogenannte Kaisersaal[498] mit vier Achsen in Richtung Osten. Westlich verbindet ein Gang den Saal mit den beiden flankierenden
Räumen, mit der Treppe und dem Südflügel. Im Inventar von 1767
wird der Saal nur als "Antichambre" bezeichnet, als Vorzimmer
und Ausgangspunkt zu den Gemächern des Fürstbischofs im Südflügel. Die hier erwähnte Möblierung läßt auch auf die Funktion
als Gesellschaftszimmer schließen.
Über streng geometrischen, querrechteckigen Lambris wird die
Wand in große, hochrechteckige Felder unterteilt , die von zarten, schmalen Lisenen gerahmt werden. Hier befinden sich anstelle der sonst meist üblichen Tapeten die auch im Inventar
erwähnten Porträts der kaiserlichen Familie. Die Kaisersäle
bildeten einen charakteristischen Bestandteil der weltlichen
und vor allem der geistlichen Fürstenresidenzen Deutschlands.
Echte Kaisersäle wie der der Bamberger Residenz, einer der ersten seiner Art (Ausmalung 1707-1709), waren allerdings selten.
In Bamberg wurde das gesamte Raumprogramm auf dieses Thema
ausgerichtet und allegorisch verbunden mit der Geschichte des
Bistums. In Hirschberg lebt die Idee des Kaisersaales nur in
kleinem Rahmen als Wunsch des Fürstbischofs, sich zum Reich
offen zu bekennen, weiter.
Johann Jakob Berg zierte die architektonisch wichtigen Stellen,
die Supraporten, die Ofennische und die Hohlkehle zwischen
Wand und Decke, mit seinem verspielten, zum Teil à jour ge-
arbeiteten Stuck. In den Eck- und Mittelkartuschen der Decke
sind die Jahreszeiten mit Jagd- und Tiermotiven dargestellt[499].
Der Ofen ist, wie in allen künstlerisch ausgestatteten Räumen
des Schlosses, aus der Schmelze in Obereichstätt. Er zeigt das
Wappen Strasoldos von 1760.
Zusammenfassend zum Kaisersaal ist zu sagen, daß die Raumauf-

fassung sehr streng ist. Der Raum ist nur in den Westecken
leicht ausgerundet, hat eine Flachdecke und ist durch Felder
und Lisenen architektonisch gegliedert. Jede Plastizität ist
vermieden. Der nur auf architektonisch wichtige Stellen reduzierte Stuck ist in der bayerischen Manier des 18. Jahrhunderts weiß belassen[500]. Die künstlerisch ausgestatteten Räume
des Schlosses sind alle ähnlich gestaltet, so auch die nördlich (Gesellschaftszimmer[501]) und südlich (Audienzzimmer[502])
an den Kaisersaal anschließenden Erkerräume. Die Motive der
Stuckdekorationen sind sehr abwechslungsreich und jeweils der
Funktion des betreffenden Raumes angepaßt.
Im Südflügel sind die Privatgemächer, Arbeitskabinett[503],
Schlafzimmer mit Alkoven und Kammerdienerzimmer, untergebracht,
westlich daran schließt die Kapelle an. Gegenüber im Nordflügel liegt westlich der Treppe das Tafelzimmer[504] und anschließend Räume zur Unterkunft der höheren Hofbeamten mit ihren Be-
diensteten.
Im zweiten Obergeschoß gliedern sich an den Hauptsaal, den
sogenannten Rittersaal, in der Mitte des Ostflügels, im Nord-
und Südflügel künstlerisch ausgestattete Gastzimmer. Die Zimmer des Südflügels lassen sich zu einem zusammenhängenden Appartement verbinden, sie umfassen ein Kabinett, ein Schlafzimmer mit Alkoven, zwei weitere Zimmer und ein Gesellschaftszimmer. Die Ausstattung der Gastzimmer entspricht der der übrigen
Räume. An die Gastzimmer im Nordflügel schlossen sich westlich
noch zwei Pflegerzimmer und ein Zimmer für den Leibmedikus
- laut Inventar - an.
Der Hauptsaal des Schlosses ist der relativ kleine, elf Meter
lange und knapp zehn Meter breite, also fast quadratische Rittersaal im zweiten Obergeschoß des Ostflügels. In der Höhe
umfaßt er das zweite Obergeschoß und das Mezzanin, das bereits durch Gabrieli vorgegeben war. In der Tiefe nimmt er die
gesamte Breite des Flügels ein. Dadurch ist sowohl die Ost-
als auch die Westwand durch je vier zweigeschossige Achsen
durchbrochen. Der Grundriß ist klar längsrechteckig ohne Ausrundung der Ecken. Die Wandgestaltung ist wieder streng. Die
Sockelzone wird gebildet aus geometrischen Stucklambris ohne ver-

unklärende, überwuchernde Ornamentik. Darüber bauen Wandfelder
auf, die in den vier Ecken des Saales von flachen Pilastern mit
Rocaillekapitellen gerahmt sind. Diese sind belegt mit hellen
Ansbacher Fayencen mit bunten Tier- und anderen Motiven. Zwischen
Wand und Decke vermittelt eine breite Hohlkehle; die Trennung
von Wand und Decke ist klar durch ein stark profiliertes Gesims,
das nur an architektonisch wichtigen Stellen, an Eck- und Mittel-
motiven, von zarter, züngelnder Rocaille überhängt wird.
Im Vergleich zu den übrigen Räumen erfuhr der Hauptsaal eine
Steigerung in der Dekoration und ist gleichzeitig stärker dem
Rokoko verhaftet. Die Hochrechteckformen der übrigen Zimmer
sind hier abgerundet, verfließend, weich. Die Hochrechteckfenster der unteren Fensterreihe sind in stichbogig geschlossene
Muschelnischen eingelassen, die Fenster im Mezzanin in ausgerundete Nischen. Rokokomäßig sind auch die Lichtverhältnisse.
Die Stuckdekoration zwischen den Achsen löst die Wände aber
nicht völlig auf, der architektonische Aufbau bleibt bestehen.
In der Mittelachse ist je ein breiter Mauerstreifen stehenge-
blieben, hier sind die stichbogig gewölbten Porträts des letzten Grafen von Hirschberg, Gebhard VII, und Strasoldos eingelassen und darüber, der Form der Mezzaninfenster entsprechend,
Städteansichten. Nord- und Südwand sind jeweils dreigeteilt.
Über Rotmarmorkaminen in der Mitte befinden sich die Städteansichten von Eichstätt und Beilngries. Getrennt durch Fayence-
pilaster schließen rechts und links Hochrechtecktüren in Stich-
bogenmuschelnischen mit Städteansichten der Amtsstädte des
Hochstifts (Berching, Greding, Herrieden, Ornbau, Abenberg,
Spalt) darüber an. Sofort sichtbar wird, daß Pedetti zu diesen
Gemälden von Franz die Vorzeichnungen geliefert hat. Tatsäch-
lich fertigte er 1762 getuschte Stadtansichten von Berching, Gre-
ding[504a] und Herrieden, aufbewahrt in den jeweiligen Rathäusern
der Städte, an, mit ähnlichen klassizistischen Wappenträgern
am unteren Bildrand, dem gleichen Aufbau und der Anordnung der
Schrift. Die Zeichnungen gehören zu einer Serie, die für
Franz als Vorbild diente.
Das signierte und datierte Deckenfresko, vorbehalten für den
Hauptsaal, stammt ebenfalls von Franz (1764) und stellt die

Opferung der Iphigenie auf Aulis mit politischem Bezug zu der
Geschichte des Schlosses dar.

Pedettis Raumkunst in Hirschberg gehört grundsätzlich noch
der späten Rokokostilhaltung an, aber die Tendenz zur strengeren Gliederung des Frühklassizismus ist offensichtlich.
Wörner rechnete Pedetti bereits "/.../ einer strengeren /.../
Richtung /.../"[505] zu. Auf den Frühklassizismus weisen die folgenden Elemente: die querrechteckigen Lambris, die flächige
Gliederung der Wand, die absente Ordnung im Sinne Blondels bzw.
die Beschränkung auf sehr flach gehaltene Pilaster, die Bevorzu-
gung der Hochrechteckform bzw. Querrechteckform bei Supraporten, die scharf artikulierten Gesimse, die konsequent durchge-
zogen sind, die Flachdecken, die rechteckigen Grundrißformen,
die Tendenz zur Orthogonalität und die monochrome Fassung.
Im Rittersaal allein treten gehäuft Rokokoformen auf.
Kurz nach der Vollendung des Rittersaales schuf Pedetti seinen zweiten Festsaal, den Spiegelsaal in der Eichstätter Stadtresidenz von 1768, ebenfalls im zweiten Obergeschoß gelegen
und über eine repräsentative Treppe zu erreichen. Ohne den
Rittersaal ist der Spiegelsaal nicht denkbar. Obwohl später
entstanden, kam Pedetti hier aber wieder stärker auf Rokoko-
elemente zurück, wie noch zu beschreiben sein wird.

Bei der Raumdisposition hatte sich Pedetti in Hirschberg auf
bereits vorhandenen Baubestand zu beziehen, so daß eine freie
Entfaltung eingeschränkt blieb. Inwieweit er die Disposition
änderte, ließ sich nicht genau feststellen, sicher ist, daß
es ihm gelang, eine Anlage zu schaffen, die dem fürstbischöflichen Zeremoniell nach dem Vorbild des Wiener Hofes entsprach.
Rein zur privaten Nutzung hatte der Fürstbischof zwar nur
die nach den Regeln der Etikette angelegte Raumfolge im Südflügel,
aber der privaten Sphäre wurde allgemein erst später mehr Raum
zugestanden. Den höheren Hofbediensteten stand im Nordflügel
ein hierzu verhältnismäßig großer Raum zur Verfügung. Das gesamte zweite Obergeschoß war für die Gäste reserviert.

Quellenmäßig läßt sich die Beteiligung des leitenden Architekten am Dekorations- und Ausstattungsprogramm weder in
Hirschberg noch in Eichstätt, den wichtigsten Innenräumen
Pedettis, belegen. Die Oberleitung hat er gehabt, das heißt,
er hat in großen Zügen die Ausstattung und vor allem die Disposition vorgeschrieben. Auch bestimmte er, im Einvernehmen
mit den Wünschen des Bauherren, die geschmackliche Richtung.
Aber es war nicht seine Aufgabe, einzelne Ornamente zu entwerfen. In seinen beiden festen Mitarbeitern, Franz und Berg,
hatte er zwei ständige Kräfte zur Hand, die sich immer besser
auf ihn einrichten konnten. Als universeller Schöpfer der Innenausstattung kann Pedetti also nicht erklärt werden. Seine
Position ist wohl mit der seines Onkels Retti im Ansbacher
Schloß vergleichbar. Bei diesem war es allerdings - bedingt
durch den ständig wechselnden Künstlerstab - notwendiger als
bei Pedetti, genaue Konzepte vorzulegen, um eine Einheitlichkeit in der Ausstattung zur erreichen. Für die Stuckarbeiten
in den markgräflichen Zimmern fertigte Retti zum Beispiel ein
genaues Konzept an, das Thema und Anbringungsorte genau fest-
legte. Er lieferte dazu Risse und gab stilistische Anweisungen[506]. Es scheint, als sei er vielseitiger gewesen als Pedetti,
dennoch hielt auch er es für nötig, zu seiner eigenen Sicherheit die vollendeten Stuck- und Malerarbeiten der von ihm
engagierten Künstler Diego und Carlo Carlone durch die Ansbacher Hofmaler begutachten zu lassen[507]. Somit war auch Retti
nicht der selbstbewußte alleinige Schöpfer.

Eichstätt, Stadtresidenz

Zur gleichen Zeit mit Hirschberg begann Pedettis Tätigkeit
am Außenbau der Eichstätter Residenz. Um 1765-1767 führte er
die Arbeiten durch, die der Einbau eines neuen Treppenhauses
außen nach sich zog: die Gestaltung der Hoffassade des neuen
westlichen Anbaues, die Pläne zu einer Umgestaltung der Südseite des Domes und zum Bau einer Holzlege. In einem zweiten
Bauabschnitt zur Regierungszeit von Zehmen und Stubenberg entwarf er einen neuen Mittelrisalit für die Südfassade, fertigte
Vorschläge zur Veränderung des ehemaligen Südportales und lieferte Entwürfe für zwei Schilderhäuser am Süd- und Westportal.
Zur Aufnahme des neuen Pedettischen Treppenhauses war zum Innenhof hin ein neuer Westflügel an die Residenz angefügt worden. Für diesen entwarf Pedetti bereits 1765[508] eine frühklassizistische Fassade[509]. Die elfachsige Fassade ist an den Ecken   21
im Anschluß an die Domkirche im Norden des Innenhofes und im
Übergang zur Südfassade der Residenz abgerundet. Sie ist ca.
36 Meter breit und knapp 18 Meter hoch und besteht im Erdgeschoß aus einem teils rund- und teils segmentbogigen Arkadengang, zwei Obergeschossen mit Stichbogenfenstern und einem
Mezzaningeschoß über dem dreiachsigen Mittelrisalit. Der Arkadengang besteht aus toskanischen Pfeilern mit Triglyphenkapitellen, die durch Rund-bzw. Stichbögen verbunden sind.
Die Mittelachse ist in allen Geschossen beidseitig von gekoppelten Lisenen gefaßt. Waagerecht wird die Fassade durch Gurtgesimse bzw. -geschosse gegliedert und durch Rauhputzfelder
unter dem zweiten Obergeschoß und Mezzanin.
Die farbige Fassung der Fensterumrahmungen, Lisenen und Putzvor-
lagen gab Pedetti mit rosa an, aber bereits im 18. Jahrhundert
wurde dies öfters geändert. Heute hat die Fassade die Fassung
des späten 18. Jahrhunderts (graublau).
Das Mezzaningeschoß wurde wahrscheinlich nur zur äußeren Gliederung verwendet, denn für das Stiegenhaus war es nicht benutzt
worden. Die Höhe des Stiegenhauses richtete Pedetti aus konstruktiven und ästhetischen Gründen nach der Höhe der Hauptgeschosse, die sowieso noch niedrig genug waren.

Der Fassade des Westflügels angepaßt, entwarf Pedetti auch ein
Dekorationssystem für die Nordwand des Innenhofes, die <u>Südfas-
sade des Domes</u>[510]. Er ließ die hohen gotischen Fenster bestehen und gliederte die Wand dazwischen im gleichen System wie
den Westflügel. Durch zwei Gesimse bzw. Geschoßbänder unterteilte er die Fassade in vier Abschnitte. Die Sockelzone, durch
Rauhputz hervorgehoben, zieren Stichbogenfenster direkt unter
den Fenstern. Die Fenster sind wieder mit Hilfe farblicher Fassung in ein Rechteckfeld verspannt[511]. Über den Spitzbögen ist,
eine Gegenform bildend, je ein erhabenes Putzfeld angebracht.
Senkrecht wird die Fassade durch gekoppelte, in Rauhputz ausgeführte Lisenen in jedem Geschoß gegliedert. Im großen und
ganzen schuf Pedetti eine sehr einfühlsame Anpassung, die
allerdings nicht verwirklicht wurde. Dafür wurde eine eingeschossige Halle, ebenfalls von Pedetti entworfen, vor der Dom-
front ausgeführt[512]. Bereits Gabrieli hatte sich überlegt,
wie er die ihn ebenfalls störende Domfassade verändern könnte.
Er plante[513], der Südfassade des Domes eine Kolonnade vorzu-
blenden:"Colonaten woauff man zu bedeckhung des üblen Pros-
pects /!/ eine kleine altana gemacht werdten künte". Gebaut
wurde sie nicht. Gabrieli und auch Pedetti kam es auf eine
Vereinheitlichung der Fassadengestaltung des Innenhofes an.
Die Auffassung, von der Domfassade als einem "üblen Prospect"
zu sprechen, muß in diesem Sinne verstanden werden.
Pedettis Auffassung entsprach Johann Georg Sulzers Ausführun-
gen über das "Spitze" in der "Theorie der Schönen Künste" von
1771, wo alles Zugespitzte, Gezackte und Schroffe des gotischen Außenbaues als Gegenreaktion zur Barock- und Rokoko-
ornamentik verpönt wurde.
Die ca. 20 Meter lange, 5,50 Meter breite und 6,50 Meter hohe
eingeschossige Halle, die Pedetti aufführte, diente als Holzlege und Remise. Sie besteht aus fünf bzw. sechs Rundbogenar-
kaden mit Triglyphenkapitellen und ist in der Gliederung der
Residenzfassade angepaßt. Westlich und östlich schließen abgerundete Nebenräume an. Um die Lagerbedingungen für das Holz
optimal zu gestalten und auch der Residenzküche das Licht nicht
zu nehmen, hielt Pedetti einen Abstand von 70 Zentimetern ein.

In den späten 70er/Anfang 80er Jahren[514] entwarf Pedetti einen
Mittelrisalit für die Eichstätter Residenz[515]. Zunächst war   V
dieser für die (Haupt-) Westfassade vorgesehen. Da ein Risalit
an der Westfassade aber die bereits dominierende Domfassade
von Gabrieli ihrer Wirkung beraubt hätte, führte Pedetti denselben an der Südfassade aus. Der im Jahre 1781 geprägte Sedisvakanztaler[516] zeigt den Mittelrisalit noch an der Westfassade.
Auch eine von Pedetti gezeichnete und von Hutter gestochene
Ansicht der Residenz um 1791, eingelegt in Andrä Strauß' Beschreibung von Eichstätt[517], zeigt den Mittelrisalit noch an   22
der Westfassade. Ausgeführt wurde er dann nach 1791[518] an der
Südfassade am Residenzplatz. Am 18.4.1791 bezog der Fürst-
bischof vorübergehend während der Arbeiten die Sommerresidenz.
Das ursprünglich Gabrielische Portal an der Außenfassade des
Südflügels wurde von Pedetti nach innen versetzt. Eine Ab-
bildung der ursprünglichen Situation findet sich auf einer
Karte von Eichstätt von Johann Baptist Homanns Erben von 1730[519].
Das Portal wurde bei der Versetzung leicht verändert wiederaufgebaut. Das ursprüngliche Rundbogenportal war von je zwei
Paar toskanischen Säulen auf profilierten Sockeln gerahmt.
Das versetzte Portal wurde zu einem Stichbogenportal, gerahmt
von zwei Paar ionischen Säulen auf Sockeln, die einen geraden,
mit Blattstab gezierten Sturz tragen, umgeändert. Über den Säulen sitzen auf Volutenschenkeln die beiden wappentragenden Löwen, die auch am ursprünglichen Portal angebracht waren.
Pedetti hatte zunächst in einer Entwurfszeichnung zwei Vorschläge
zur Veränderung des Portales gemacht, da es auch teilweise
schadhaft war, wie er vermerkte[520]. Der erste Vorschlag zeigt
eine schwere Steinbalustrade mit den von Pedetti immer wieder
verwendeten Ovalöffnungen. Im zweiten Vorschlag nimmt deren
Platz ein geschwungener Segmentgiebel ein. Beide Vorschläge wurden nicht verwirklicht; besonders der erste wäre zu wuchtig-
barock ausgefallen zu den eleganten Innenhoffassaden.
Der Pedettische Mittelrisalit an der Südfassade durchbricht
die gleichmäßige Reihung der von Gabrieli gestalteten Residenzfassade. Dennoch ist er sehr einfühlsam eingegliedert.

Er betont die Mittelachse, ohne direkt in dieser zu liegen
und ohne eine zu starke barocke Eigenständigkeit und Dominanz
zu besitzen.

Das flache Stichbogenportal im genuteten Erdgeschoß wird gerahmt von zwei toskanischen Säulen, die einen Balkon im ersten
Obergeschoß tragen. Die dreiachsigen Obergeschosse werden unterteilt durch korinthische Kolossalpilaster, die als Ecklösungen
übereck gestellt sind. In der Mittelachse befindet sich je eine
dreiteilige Fenstergruppe, bestehend aus einem breiten, stichbogigen Mittelfenster und zwei schmaleren, flankierenden Hochrechteckfenstern. Im ersten Obergeschoß ist sie mit einer sich
über dem Mittelfenster zu einem Segmentbogen ausbildenden,
profilierten Gesimsverdachung versehen, im zweiten Obergeschoß
mit einer spitz zulaufenden. Die Mittelachse und die Pilaster
treten leicht aus der Fassade heraus, während die die Mittelfenster flankierenden Fenster auf Fassadenhöhe liegen. Oberster
Abschluß ist ein schlichter Dreiecksgiebel.

Wie in Hirschberg verwendete Pedetti hier das Palladiomotiv
an architektonisch dominierender Stelle. Gabrielische Vorbilder
befinden sich in nächster Nähe. Bei dessen vier um den Residenzplatz gruppierten Minister- oder Kavaliershöfen (1730/1736)
wurden je drei Achsen zu einem Risalit zusammengefaßt. Durch
die segmentförmige Gesimsverdachung darüber wurde jeweils eine
Art Palladiomotiv ausgebildet. Ebenfalls in der Nähe, gegenüber
vom Westflügel der Residenz, befindet sich die von Gabrieli
1728 erbaute Hofkanzlei für die Mitglieder des Geistlichen Rates,
den Hofrat und den Hofkammerrat.

Das Erdgeschoß ist als offene Rundbogenarkadenhalle mit einem
Palladiobogen in der Mittelachse gebildet. Das Palladiomotiv
findet sich hier auch im ersten Obergeschoß des Mittelrisalits
als Hauptakzent und dem Pedettischen sehr ähnlich. Den Abschluß bildet wie bei Pedetti ein präziser, schlichter Dreiecksgiebel.

Pedettis Risalit ist im Aufbau frühklassizistisch. Dafür
sprechen vor allem das flache, rechteckige Hervortreten des
Baukörpers, die Anpassung an die Gestaltung der Fassade, die
fast völlige Absenz plastischer Elemente, die Gleichwertigkeit

der beiden Obergeschosse, die Angleichung an die gegebene Geschoßeinteilung, der schlichte Dreiecksgiebel, die hochrechteckige Fensterform. Der Risalit "lebt" nicht allein, er soll
betonen, ohne zu stark zu dominieren. Er hat nicht die Eigenständigkeit, Wucht, Plastizität und Dominanz eines barocken
Risaliten.

Ganz so geplant wie ausgeführt wurde er jedoch nicht. Nur auf
einer Ansicht der Residenz von Effner[521] stellt er sich so dar,   <u>23</u>
wie er auch ausgeführt wurde. Auf dem bereits erwähnten Kupferstich, der den Risalit auf der Westseite zeigt, werden die
Palladiofenster von gekoppelten Kolossalpilastern flankiert.
Ebenso stellt sich der Risalit auf der Bleistiftzeichnung
Pedettis dar, wo sogar zwei Varianten zur Pilastergestaltung
angegeben sind - einmal die ausgeführte Lösung mit den Kompositkapitellen und dann eine Variante mit toskanischen Säulen
mit Blumengehängen an den Kapitellen.

Nur ein Jahr nach der Ausführung des Mittelrisalits, 1792,
entwarf Pedetti den Idealplan einer Fürstlichen Residenz[522],
auf dem das Palladiomotiv an der gleichen Stelle, aber wieder
in barocken Zusammenhang gestellt wurde. Der Rückfall des
alternden Architekten in die altertümlich-barocke Formensprache
zeigt sich vorwiegend in den Idealplänen. Die frühklassizistische Gestaltungsweise an der Eichstätter Residenz in Pedettis
späten Jahren ist offenbar gänzlich auf den Einfluß des Fürstbischofs zurückzuführen. Nach dem Tode Strasoldos (1781)
wurde Pedetti der Neigung des Hofes zum Klassizismus unterworfen.

In dieser Zeit entstanden auch die von Pedetti entworfenen
<u>Schildwachhäuschen</u>. Diese stellte er vor das Portal von Jakob
Engel von 1702 an der Westfassade und vor den Mittelrisalit
der Südfassade. Sie traten an die Stelle älterer, runder
Wachhäuser mit Kuppeldach und ohne Verzierung aus der Zeit
Gabrielis[523]. Die Entwürfe zu den Häuschen sind in Form
von zwei Tuschezeichnungen erhalten, von denen die eine
signiert und auf 1784 datiert ist[524].   <u>24</u>
Beide Zeichnungen und die Ausführung variieren leicht.

Die zweite Zeichnung[525] unterscheidet sich hauptsächlich durch   25
den stärker profilierten und wuchtigeren Sockel, entsprechend
der Ausführung, von dem ersten Entwurf. Auf dem ersten Entwurf
ist das Schildwachhäuschen zierlicher, schmaler (ca. 75 cm)
und niedriger (knapp drei Meter). Im zweiten Entwurf ist das
Häuschen gut 1,50 Meter breit und 3,75 Meter hoch. So wurde
es dann auch ausgeführt - um einiges höher auch als die ehemaligen Wachhäuschen, wie Pedetti vermerkte[526].
Die vier Häuschen wurden in Haustein ausgeführt. Pedetti be-
diente sich wiederum der klassizistischen Formensprache, um
sie dem Risalit anzupassen. Jedes Häuschen erhebt sich über halb-
kreisförmigem Grundriß, ist dreiseitig geschlossen und bekrönt
von einem giebelförmigen Dach und Aufsatz. Der Sockel springt
vielfach vor und zurück. In Verlängerung der vorspringenden
Teile sind am eigentlichen Körper schmale, aufgerauhte Pilaster mit langgezogenen Triglyphenkapitellen und Blattgehängen,
ähnlich den Dekorationselementen des Strasoldograbdenkmals
im Dom, das Pedetti im gleichen Jahr entwarf und das zwei
Jahre später ausgeführt wurde, aufgesetzt. Die Seitenwände
der Häuschen sind von hochovalen Öffnungen durchbrochen.
Auf den Kapitellen der Pilaster sitzt ein dem Grundriß folgendes, profiliertes Gesims auf, auf dem wiederum das giebel-
förmige Dach aufbaut. Das rauhe Giebelfeld, das segmentförmig
über dem Eingang ausbuchtet, ist dekoriert mit steigenden Voluten mit stilisiertem Blattstab-Ornament. Diese sind verbunden durch eine schwere, herabhängende Girlande. Der Blattstab
führt um das gesamte Häuschen. Bekrönt ist das Dach mit einem
Helm mit mächtigen Büscheln aus Akanthusblättern. Aus diesem
heraus hängen dicke stilisierte Blumengehänge über das Dach.
Für die Dekoration des Dachaufbaues gab Pedetti drei Varianten
an, die sich geringfügig voneinander unterscheiden.
Ganz im gleichen Dekorationsstil gestaltete Pedetti drei Entwürfe für Brunnen, die sich ebenfalls auf dem datierten Plan
der Schildwachhäuschen von 1784 befinden.
Gehäuft treten an diesen späten Eichstätter Werken Pedettis
die klassizistischen Dekorationselemente wie Triglyphen, Mutuli-
füße, Girlanden, Urnen, Zöpfe, Blattstab, Voluten, Rosetten auf.

Nach der Fertigstellung des West- und Ostflügels der Eichstätter Stadtresidenz durch Engel (1702/1714) und des Südflügels durch Gabrieli (1725), wurde auch mit der Innenausstattung begonnen. In der ersten Ausstattungsphase, 1736-1756,
wurde das Hauptgewicht auf den Deckenstuck (Bandwerk, Gitterwerk und Tiermotive) gelegt, wofür noch Beispiele im zweiten
Obergeschoß erhalten sind. Die Innenausstattung bezog sich
überhaupt nur auf die beiden Obergeschosse, im Erdgeschoß
waren die Unterkünfte für das Personal - Mundköchin, Kammer-
diener, Pagen - und Wirtschaftsräume, u. a. die Küche im nördlichen Teil des Westflügels untergebracht[527].
Entscheidend für die repräsentative Ausgestaltung des Inneren
wurden erst, ungefähr 20 Jahre später, die Planungen des Fürstbischofs Strasoldo. In dieser zweiten Ausstattungsphase, 1767
bis 1769, schuf Pedetti zwei seiner Hauptwerke, die repräsentative Treppe und den Spiegelsaal im Westflügel. Trotz mancher
Hinweise auf den Frühklassizismus, sind beide Werke noch stark
dem Rokoko verpflichtet.
Inwieweit Pedetti an den Umgestaltungsarbeiten unter Stubenberg
vom Jahre 1790 an[528] beteiligt war, wo vor allem im ersten Obergeschoß des Süd- und Westflügels der Stuck entfernt und eine
neue klassizistische Dekoration geschaffen wurde, ließ sich
nicht ganz klären. Es gab hier weniger architektonisch zu gestalten als bei der Treppe. Man beschränkte sich auf die dekorative Ausschmückung durch Malerei und Stuck. Ähnlich war es
kurz vorher im Walderdorffer Domherrenhof gewesen; auch hier beschränkte man sich bei der neuen Ausstattung um 1785 auf eine
klassizistische Stuckierung durch den Würzburger Hofstuckateur
Materno Bossi.
In der Eichstätter Residenz sind aus der Stubenberg-Zeit vorwiegend Supraportenreliefs im ersten Obergeschoß[529] und die
klassizistische Ausmalung der alten Residenzkapelle mit Schein-
kassetten, Konsolen und Girlanden im gleichen Stockwerk in der
Nordostecke am Dom erhalten, da auch in der Leuchtenbergzeit
noch Änderungsarbeiten vorgenommen wurden (ab 1817). Entwürfe
dazu sind nicht überliefert. Die einzige erhaltene Zeichnung
dieser Phase stammt von Johann Michael Franz um 1791[530].
Es handelt sich um einen Schnitt durch das sogenannte Ritter-

zimmer im ersten Obergeschoß des Westflügels gegenüber vom
Treppenhaus[531]. Einen ähnlichen Raum staffierte Franz bereits
1790 aus, den jetzigen Sitzungssaal des Bischöflichen Ordinariats im ersten Obergeschoß der Dompropstei[532]. Für beide
Räume konzipierte er eine klassizistische Ausmalung der Wände
mit scheinarchitektonischer Wirkung. Im Ritterzimmer ist diese
gemalte Wandgliederung - Lambris mit Girlanden, Pilaster mit
Rundbogennischen und Büsten oder Vasen auf Konsolen, Fenster
(!), Deckenleisten und Konsolenfries - leider nicht erhalten.
Die Entwurfszeichnung von Franz spricht für dessen selbständige Tätigkeit. Eine zweite Zeichnung mit einer klassizistischen Wanddekoration für einen unbestimmten Raum im Stil
von Bossi findet sich auf der Rückseite eines Planes von
Pedetti im Nürnberger Germanischen Nationalmuseum[533]. Eventuell
könnte sie von Hofbildhauer Breitenauer stammen.
Zusammenfassend läßt sich sagen, daß die Tätigkeit Pedettis
für die dritte Ausstattungsphase nicht direkt belegbar ist.
Die Detailentwürfe überließ er - wie bereits in Hirschberg -
den ausführenden Künstlern, die Oberleitung hat er gehabt.
Daß er selbst in diesen Jahren des aufkommenden Klassizismus
in diesem Sinne tätig war, beweist seine Arbeit am Außenbau der Residenz. Ein signierter Plan von 1784 beweist außerdem, daß er sich um "technische" Probleme der Wasserversorgung in der Residenz selbst kümmerte[534].
Im Jahre 1767 erhielt Pedetti den Auftrag für den Spiegelsaal im zweiten Obergeschoß des Westflügels und vor allem
für ein neues repräsentatives, steinernes Treppenhaus.
Nach den Datierungen auf den Skulpturen von Johann Jakob Berg
(1769) und auf dem Deckengemälde von Johann Michael Franz
(1768), war das Treppenhaus 1768/1769 fertiggestellt.
Bisher hatte je eine einfache Treppe im West- und Südflügel
die Verbindung zu den beiden Obergeschossen hergestellt.
Während die alte Treppe des Westflügels mit dem neuen Stiegenhaus eliminiert wurde, ist die des Südflügels noch heute unverändert erhalten.
Es war nur ein beschränkter Platz in dem Altbau möglich, wo
die Monumentaltreppe angelegt werden konnte. Pedetti legte sie
an die Hofseite des Westtraktes in die Mittelachse.

Es war selbstverständlich, daß eine neue repräsentative Treppe
die Aufgabe haben mußte, den Eintretenden vom Haupteingang
zum Festsaal, der hier, typisch für den deutschen Barock
und wie im Hirschberger Schloß, nicht im piano nobile, sondern im zweiten Obergeschoß liegt, emporzuleiten.
Von der Raumausdehnung war Pedetti stark eingeschränkt. Die
Stockwerkhöhe war von vorneherein gegeben. Für die Breitenaus-
dehnung hatte er zwar die gesamte Länge der Hoffront zur Verfügung, aber weit in die Tiefe des Altbaus konnte er nicht
gehen. Außerdem wäre es unschön gewesen, das neue Treppenhaus
in einem kastenförmigen Anbau weit in den Innenhof ragen zu
lassen.
Das eigentliche Treppenhaus, ohne die Rampen im Erdgeschoß,
nimmt eine Fläche von ungefähr 13 x 6 Meter ein. Das über den
drei Mittelachsen der Hofseite aufgestockte Mezzaningeschoß
wird von der Haupttreppe nicht berührt - eine gewöhnliche Er-
scheinung, denn die Treppenbildung hätte dadurch, daß sie in
einen gedrückteren Raum hätte einmünden müssen, an Wirkung
stark verloren. Nur über die neue repräsentative Haupttreppe
sind alle Zimmer der Residenz zugänglich, die übrigen Treppen
sind als nicht gleichwertig untergeordnet.
Von Pedetti sind verschiedene Entwurfszeichnungen für die
neue Treppe erhalten[535].   VI,26
Er hatte die schwierige Aufgabe zu bewältigen, den Altbau und
die Treppe zu einer Einheit zu verschmelzen, damit die Treppe
nicht immer als etwas nachträglich Hinzugefügtes wirken mußte,
sondern in einem architektonisch angemessenen Verhältnis zu
der Größe und Bedeutung des Hauses stand.
Tritt man durch das Hauptportal des Westflügels der Residenz,
so erhebt sich an der gegenüberliegenden Seite über der Durchfahrt zum Hof ein Treppenhaus von erstaunlicher Leichtigkeit
und Helle. Breite Rampen, die die Verbindung zwischen dem Altbau und der Treppe herstellen, führen zunächst auf beiden Seiten des Durchfahrtskorridors auf ein quadratisches Podest.
Von diesen Podesten aus steigen erst die eigentlichen, zehn-
stufigen Treppenarme, parallel zur Nord- und Südwand, empor.
Diese enden in je einem fast quadratischen Podest an der

Längswand zum Hof. Von dort aus steigt wiederum je ein Treppenarm zu acht Stufen von beiden Seiten im rechten Winkel auf ein gemeinsames Mittelpodest, um schließlich, wieder im rechten Winkel die Richtung ändernd, eine breitere einzige Treppe mit zehn Stufen zu bilden, die bis hinauf zum Vorplatz des ersten Obergeschosses führt. Diese gemeinsame Treppe ist in der Hauptachse des Baues eingegliedert.

Da die Höhe des Raumes im Verhältnis zur Breite und Tiefe des Vorplatzes etwas gedrückt erscheint, sind infolgedessen die einzelnen Treppenabschnitte sehr kurz und müssen oft wenden. Bei der Benutzung der gesamten Treppe macht der Emporsteigende eine völlige Kehrtwendung.

Vom ersten Obergeschoß an sind die Treppenabschnitte freischwebend, à jour, wie es in der französischen Architekturtheorie heißt[536]. Der Emporsteigende sieht die Rampen des Oberlaufes von unten. Die Treppenarme werden vorne und hinten von glatten Säulen auf quadratischen Sockeln - im ersten Obergeschoß zum Flur hin verdoppelt -, die durch flache Korbbögen verbunden sind, gestützt. Wie Baldachine wölben sich die mit Rocaille verzierten, stark gebusten Unterseiten der Läufe von Säulenpaar zu Säulenpaar. Die erste Mitteltreppe wird im Erdgeschoß von einem dorischen glatten Säulenpaar getragen, dem noch in Richtung Hofausfahrt ein Pfeilerpaar vorgelagert ist. Darauf baut die klassische Säulenordnung auf: im ersten Obergeschoß ionische, im zweiten korinthische Säulen.

Pedettis Treppenhaus ist, nach Mielke, dem Typus der "mehrgeschossigen verdoppelten Turmtreppen"[537] zuzuordnen, einem seit der Renaissance verbreiteten Typus. "In der Geschichte der Repräsentation hat die Steigerung des Ansehens durch Verdoppelung immer eine große Rolle gespielt[538]", weshalb im barocken Schloßbau, so auch hier, ein Aufgang nicht mehr ausreichte. Es mußten möglichst zwei sein, die auch symmetrisch angelegt sein sollten.

Vor 1700 hatte man doppelte Turmtreppen immer wie einen Kasten vor die Gebäudeflucht gesetzt. Erst nach 1700 bemühte man sich um die Einverleibung der Treppe in den Baukörper.

"Es heißt den Gedanken der Verdoppelung dreiarmiger Turmtreppen nur konsequent zu Ende denken, um zu einer Ausbildung zu
gelangen, die nicht mehr beide Läufe für sich bestehen läßt,
sondern sie miteinander verbindet, indem sie die jeweils ersten oder letzten Arme jedes Laufes in einem gemeinsamen Arm
vereinigt[539]". Neben der Eichstätter Residenztreppe führt
Mielke weitere Beispiele für mehrgeschossige Turmtreppen auf:
Wiblingen bei Ulm, Klostertreppen (1714-1750 von Christian
Wiedemann), München, Palais Preysing-Treppe (1723-1728 von
Joseph Effner), Dresden, Brühlsches Palais-Treppe (1737-1740
von J. Ch. Knöffel, abgebrochen), Ochsenhausen, Kloster-Treppe
im Konventflügel (ca. 1740). Viel früher schon hatte Harald
Keller das Eichstätter Treppenhaus mit 17 anderen unter den
sogenannten "Ellingen-Typ" eingeordnet, abgeleitet von dem
Treppenhaus des Franz Keller in der Residenz von Ellingen von
1718, dem bedeutendsten, aber nicht ersten Treppenhaus dieser
Art[540]. Harald Keller suchte die Herkunft der Treppenform in
Italien. In Genua findet sie sich im Palazzo Doria von Rocco
Lurago (1564) und reicher augebildet in der dortigen Universi-
tät (1628 von Bartolomeo Bianco). Die ersten deutschen Bei-
spiele finden sich im Südosten mit dem Treppenhaus in Schloß
Aussee von 1692/1693 von Martinelli und dem in der Rastatter
Residenz von Rossi (1698).
Der Treppentypus führt immer über mehrere Stockwerke hinweg,
und nach Kellers Ansicht ist, im Gegensatz zu Rose und Mielke,
die unendliche Fortsetzung in der Vertikalen möglich, ohne
daß die künstlerische Form wesentlich beeinträchtigt wird.
Rose[541], der die Eichstätter Treppe unter "dreiläufige Flügel-
treppen"[542]einordnet, empfindet, daß dieser Typus sich nur für
eingeschossige Anlagen eignet. "Sobald man sie auf den Etagen-
bau anwendet und die Figur in mehreren Geschossen wiederholt,
verliert sie ihren herrschaftlichen Charakter (Residenz Eichstätt)[543]". Mielke ist der Meinung, daß die auf ein Geschoß
reduzierte verdoppelte Turmtreppe dem Raum über der Treppe
einen größeren Anteil zubillige und dadurch eindrucksvollere
Möglichkeiten besitze als die mehrgeschossige Variante[544].
Dagegen ist einzuwenden, daß sich gerade bei dem Eichstätter
Treppenhaus der künstlerische Eindruck steigert, je höher man

gelangt - bis hin zum Endpunkt, dem repräsentativen Spiegelsaal
im zweiten Obergeschoß.
Die Vielzahl der Durchblicke, die Kulissenwirkung, der Reich-
tum an Überschneidungen, durch den eine Verunsicherung der
Raumabsichten bewirkt wird, die zahlreichen Blickpunkte und
die Lichteffekte, die diesem Treppenhaustypus eigen sind, entsprechen dem Kunstwollen des Spätbarock.
Im Ellinger Schloß springt, im Gegensatz zu Eichstätt, das
Treppenhaus an der Hofseite um die Tiefe seines Laufes vor.
Wie in Eichstätt handelt es sich um eine bizentrische Doppel-
anlage, die sich um zwei Schächte seitlich der Durchfahrt entwickelt. Die Treppenschächte sind um die doppelte Breite eines
Laufes auseinandergerückt. Wie in Eichstätt vereinigen sich die
anfangs auseinanderführenden Läufe in den oberen Halbgeschos-
sen auf der Hauptachse zu einem gemeinsamen Lauf, der in Ellingen doppelt so breit ist wie die übrigen Läufe. Die Besonderheit von Ellingen ist, daß sich jedes Geschoß ein wenig
anders darbietet und vor allem, daß man bis zum Festsaal im
zweiten Obergeschoß einen Weg zurücklegen muß, der aus einem
Halbdunkel im Erdgeschoß in hellere, festliche Zonen führt.
In Eichstätt ist das gesamte Treppenhaus von einer gleichmäs-
sigen Helligkeit durchflutet.
Mit dem um 1900 abgebrochenen Treppenhaus im Brühlschen Palais
von Dresden, dem ersten Beispiel dieses Typus', das Einflüsse
französischer Treppenbaukunst zeigt, hat Eichstätt nicht nur
die gleichmäßige Helligkeit, sondern auch die flache Rahmung
der Wände, die durchfensterte Außenwand, die alles abschließende
Flachdecke und die schmiedeeisernen Treppengeländer gemeinsam.
Pedettis Raum hat keine italienischen Proportionen. Das liegt
natürlich an der vorgegebenen Stockwerkhöhe.
Barock ist bei Pedettis Treppenhaus der Wechsel von einfachen
und gekoppelten Säulen, die rhythmische Gliederung der Arkaden,
die jeweils das Treppenhaus von den Fluren trennen, und die
stark gebusten Unterseiten der Läufe.

Mit der künstlerischen Ausgestaltung des Treppenhauses fing
Pedetti bereits im Erdgeschoß in Form von zwei das Portal zum
Hof flankierenden Rundbogen-Muschelnischen mit Vasen an.
Die Schmalwände des Treppenhauses gliederte er durch hohe, im
ersten Obergeschoß ionische und im zweiten komposite, Pilaster,
deren Intervalle hochrechteckige Felder mit stuckierter Muschel-
werkumrahmung zieren. Unter den Mittelpilastern der beiden Ober-
geschosse befinden sich halbplastische Stuckvasen mit den Per-
sonifikationen der Jahreszeiten am Ansatz des Fußes.
Die Längswand des Treppenhauses zum Hof hin ist in allen drei
Geschossen mit je drei breiten Korbbogenfenstern durchbrochen.
Die Wandstreifen dazwischen gliedern Pilasterpaare.
Alles in allem zeichnet sich das Treppenhaus durch ein sehr
sparsames und flaches Dekor aus, das mit verspieltem Spätrokoko-
Muschelwerk belebt wird. Dem passen sich die Wände der Vorräume
in den beiden Obergeschossen an. Die Wände sind ebenfalls mit
Pilastern gegliedert und mit Rahmenfeldern belebt.
Zur Gestaltung der Wände der Vestibüle sind Entwurfs-Varianten
erhalten[545]. Diese sehen für das erste Obergeschoß ionische und
für das zweite komposite Pilaster vor. Für die flachen Wandfelder dazwischen gibt es verschiedene Lösungen: quadratische Felder mit von zarten, teilweise züngelnder Rocaille aufgelösten
oberen Abschlüssen, Stichbogenwölbungen und Rokokomedaillons
in den Blendfeldern. Typisch französisch ist die Gliederung
der Wände in hohe gerahmte Felder (panneaux), rokokomäßig ist
die Verschleifung von räumlicher und flächiger Dimension.
Durch das Ornament wird das Spannungsverhältnis von Wandfeld
und Rahmung akzentuiert.
Die Leichtigkeit und Verspieltheit der Treppe wird unterstützt
durch das kunstvolle schmiedeeiserne Geländer des Hofschlossers Sebastian Barthlme, bestehend aus getriebenem Muschelwerk
mit Ranken, dessen ursprüngliche Vergoldung heute wiederhergestellt ist.
Anstelle von Säulen, die vor dem zweiten Obergeschoß keine Funktion mehr hätten, da kein weiteres Geschoß gestützt werden mus-
ste, sind hier auf hochrechteckigen Postamenten vier Putti,
geschaffen von Hofbildhauer Johann Jakob Berg, aufgestellt.

Auf den Sockelplatten der Figuren, die die Personifikationen
der vier Elemente darstellen, befindet sich die Signatur
"Joh. Jac. v. Bergen /!/ inv.", auf denen für "Feuer" und
"Luft" zusätzlich die Jahreszahl 1769.
Den Abschluß der Raumschöpfung bildet die querrechteckige langgestreckte Flachdecke über dem Aufgang zum zweiten Obergeschoß
mit dem Fresko "Sturz des Phaeton" des Hofmalers Johann Michael
Franz. Das farbenprächtige Gemälde kontrastiert stark zu den
silbrig-grauen Treppenhauswänden. Es ist rechts außen signiert
mit "M. Franz inv. et pinx. 1768". Dies spricht wiederum für
die weitgehende Selbständigkeit der die Dekoration ausführenden
Künstler. In seinen Entwurfszeichnungen berücksichtigte Pedetti
die Dekoration nicht. Er gab hier nur die architektonische
Situation an.

Die Treppe Pedettis leitet, wie gesagt, zu dem ebenfalls von
ihm entworfenen Festsaal im zweiten Obergeschoß[546]. Der rechteckige, noch original erhaltene Raum liegt rechts des querrechteckigen Flures vor der Treppe und öffnet sich mit drei Achsen
nach Westen. Außer der Treppe und zwei jeweils im ersten und
zweiten Obergeschoß nördlich von dieser liegenden und erst
durch deren Neubau enstandenen Säle[547], ist der Spiegelsaal
der einzige erhaltene, künstlerisch ausstaffierte Raum aus
der zweiten Ausstattungsphase von 1767 bis 1769.
Mit dem Spiegelsaal schuf Pedetti seinen zweiten Festsaal nach
dem kurz vorher entstandenen Rittersaal in Hirschberg. Leider
sind auch hierfür keine Pläne oder Quellen erhalten. Aus Stil-
und Kompetenzgründen kommt aber nur Pedetti als Urheber in
Frage - wieder in Zusammenarbeit mit Berg und Franz.
Warum Pedetti gerade diesen bereits vorhandenen Raum als Festsaal ausschmücken ließ, liegt daran, daß er der einzige grös-
sere Raum (9 x 15 Meter) neben dem darunter befindlichen
gleichen Ausmaßes war. Letzterer war "Haubt Speisszimer"[548].
Er war allein als repräsentativer Empfangs-, Audienz-, Fest-
und Musiksaal verwendbar.
Unter anderem wurde das zweite Geschoß auch aus Gründen der
langsamen Steigerung der künstlerischen Ausstattung bis hin

zum Höhepunkt gewählt. Im Gegensatz zu Frankreich und Italien
hielt man in Deutschland noch gerne an der Lage im zweiten
Obergeschoß fest. Es gab hier aber auch praktische Gründe.
Hätte Pedetti den Saal in das erste Obergeschoß gelegt und
ihm eine repräsentative Höhe gegeben - eineinhalb bis zwei
Stockwerke -, so wäre die Zimmerfolge im zweiten Obergeschoß
unterbrochen gewesen. Im zweiten Obergeschoß dagegen gab es,
trotz der Inkaufnahme eines weiteren Aufstieges, mehr Möglichkeiten, einen repräsentativen und hohen Saal zu schaffen. Die
zu geringe Stockwerkhöhe ließ sich hier dadurch leichter ver-
ändern, daß der Plafond ausgehoben wurde und in größerer Höhe,
im Dachstuhl, ein Spiegelgewölbe über den Saal gespannt wurde.
Dadurch erhob sich der Spiegelsaal über die anderen Räume.
Die Raumdekoration des Spiegelsaales ist noch stärker als der
Rittersaal dem Rokoko verhaftet, obwohl auch hier der architektonische Aufbau nicht zu leugnen ist.
Durch die vorgegebene Lage des Raumes in der Residenz hatte
Pedetti nur die drei Achsen der westlichen Schmalseite als
Lichtquelle zur Verfügung. Der Saal hätte sehr dunkel gewirkt,
wenn Pedetti nicht versucht hätte, die fehlenden Fenster durch
Spiegel zu ersetzen. Er gliederte die Westwand durch drei hohe
Stichbogenfenster über querrechteckigen Stuckmarmorlambris in
zurückgesetzten Nischen und mit Hochrechteckspiegeln mit stuk-
kierten und vergoldeten Aufsätzen und vergoldeten Rahmen auf
den vorspringenden beiden Mauerstreifen. Als Pendant dazu gestaltete er die gegenüberliegende Ostwand, die er auch durch
drei hohe Stichbogennischen, in die er anstelle der Fenster
Spiegel einließ, und durch Hochrechteckspiegel auf den Mauervorsprüngen gliederte.
Die Längswände im Norden und Süden teilte er durch drei Stichbogennischen auf, die er mit hellgrün-bläulichen Tapeten und
mit weißem und vergoldetem Stuck-Gitterwerk ausstaffieren ließ.
Die Nischen liegen im Norden tiefer; hier steht in der Mitte
ein gußeiserner Ofen aus der Schmelze in Obereichstätt von
1765. Der profilierte Zylinder steht auf vergoldeten Bronze-
delphinen und ist von vergoldeten Rokokobändern umwunden. Pedetti entwarf verschiedene gußeiserne Kanonenöfen[549], von

denen auf einem Blatt mit bauchigen und mit Messing verzierten
Ofenkörpern der Typus des Spiegelsaal-Ofens wiedergegeben ist[550].
Auf den Mauervorsprüngen zwischen den Nischen sind wiederum
Hochrechteckspiegel aufgesetzt mit stuckierten Aufsätzen.
Als eine im Rokoko beliebte Besonderheit ist hier Stuckmarmor-
dekor in Scagliolatechnik[551] auf die Spiegel aufgesetzt, oben
bizarre Rocailleranken und Äste, locker gruppiert und unten,
verfestigter und dichter, mythologische Darstellungen in Form
von Kinderszenen[552]. Dieser Dekor trägt zu einem unwirklich
wirkenden Wandabschluß bei.
Als humanistisch gebildeter Mann gab sicher Strasoldo selbst,
wie bereits im Treppenhaus und in Hirschberg, die Thematik des
Programmes an, mit der Absicht, mehr kritische und zum Nachden-
ken anleitende als selbstherrliche Darstellungen anbringen   .
zu lassen.
Die Spiegel rahmen flache Kolossalpilaster mit vergoldeten
Kompositkapitellen. In den Raum führen vier Türen, jeweils an
dem östlichen und westlichen Ende der beiden Langseiten. Über
diesen hochrechteckigen Flügeltüren befinden sich quadratische,
goldgerahmte Supraporten mit weißen Stuckmarmorreliefs mit ebenfalls mythologischen Szenen.
Durch die Durchbrechung aller vier Wände mit Spiegeln ist der
Raum noch stark dem Rokoko verhaftet. Dennoch hält sich die
illusionistische Wirkung der Spiegel in Grenzen. Die Spiegel-
nischen und Hochrechteckspiegel der Ostwand täuschen zwar einen größeren Raum vor, die Spiegel der übrigen Wände aber sind
zu weit auseinandergezogen, um den Raum durch ihre Wirkung vollkommen zu beherrschen. Die Raumwirkung ist weit entfernt von
der des runden Spiegelsaales der Amalienburg mit den vor- und
zurückspringenden Spiegelflächen. Hier sind die Raumgrenzen
deutlich erkennbar. Der rechteckige Raum ist an den Ecken
nicht abgerundet und erweitert sich durch die Spiegel nicht
grenzenlos. Ein breites durchgehendes, rot-graues Stuckmarmor-
gesims, das nur an der oberen Profilleiste leicht von vergoldetem Stuck überlappt ist, sorgt - stärker noch als in Hirschberg - für eine strenge Trennung zwischen Wand und Decke.
Der vergoldete lockere Rokokostuck von Berg, Muschel-, Schnek-

ken- und Hörnerwerk, Blumen, Ranken und Rocaille, die zum Teil
à jour gearbeitet ist, ist nur auf die architektonisch wichtigen Stellen beschränkt, ohne Wände und Decke verunklärend zu
überwuchern: Spiegelaufsätze, Kapitelle der Pilaster, Supraporten, Gesims und Voute. Auch in der Deckenzone bleibt der
Stuck in seinen Grenzen, ohne das Gemälde zu überlappen.
Das Deckengemälde selbst, geschaffen von Franz 1768 (signiert),
hat wiederum eine stark belehrend-moralisierende Thematik.
Dargestellt sind die Grundlagen eines guten bischöflichen
Regimentes, Friede und Gerechtigkeit, Wachsamkeit und Überfluß und dazu Aurora, die 'Morgenröte', die das Laster der
Nacht verscheucht.
Strasoldo wollte seine Regierungszeit als eine friedliebende
dargestellt wissen, in der Handel, Wissenschaft und Künste
blühten.
Die starke Farbigkeit des Raumes ist mehr dem Rokoko verhaftet
als in Hirschberg: die blauen Lambris, die den Raum umgeben,
die grün-blau ausgekleideten Nischen, der vergoldete Stuck,
das Rotmarmorgesims und vor allem das in Leimfarbentechnik
ausgeführte überaus farbige Deckengemälde.
Spiegel, Farbigkeit und Stuck täuschen dennoch nicht darüber
hinweg, daß auch diesem Raum ein architektonisches Gliederungssystem zu Grunde liegt. Über den leicht verkröpften Sockel-
leisten und den strengen geometrischen, querrechteckigen Lambris, die dem Wandverlauf folgend, vor- und in die Nischen
zurückspringen, werden die Längswände durch flache Pilaster
gegliedert. Darüber grenzt das breite Gesims Wand und Decke
exakt ab. Obwohl die Nischen ausgerundet sind, dominiert die
Hochrechteckform. Durch die flankierenden Pilaster und das
Gesims sind die Stichbogennischen in Hochrechteckfelder verspannt, was dem Frühklassizismus Rechnung trägt.

Pfünz, Sommerschloß

Unter Fürstbischof Zehmen (1781-1790) sollte das Sommerschloß
in Pfünz umgebaut werden.

Das Schloß liegt am Nordrand des Ortes auf einer sanft anstei-
genden Anhöhe. Die Hauptfront (Traufseite) im Norden weist zum
Garten hin, an der Südseite führt die Hauptstraße vorbei.

Der Bau, wie er heute vor uns steht, wurde in der Regierungszeit
des Fürstbischofs Johann Anton Knebel von Katzenellenbogen
(1705-1725) im Jahre 1710 durch den Eichstätter Hofbaumeister
Jakob Engel, wahrscheinlich unter Benutzung alter Bestandteile,
errichtet. Im Mittelalter hatte hier bereits ein kleiner Her-
rensitz gestanden, der 1475 von Fürstbischof Wilhelm von Reichenau gekauft und zu einem Lust- und Jagdschloß erweitert
wurde. Der Engelsche Bau ist eine breit gelagerte, 7:2achsige,
dreigeschossige Rechteckanlage mit flachem Satteldach. An der
Nordfassade flankieren zwei übereck gestellte, vom Boden durch
alle Geschosse führende, "Erker"-Türme den Mittelbau. Über
deren Bedachung sitzen achteckige Türmchen mit Ovaldurchbrüchen
auf. Sie werden von Zwiebelhauben - ähnlich denen der früheren
Willibaldsburg - bekrönt. Das Hauptportal, zu dem eine Freitreppe
führt, ist ein wenig nach rechts aus der Mittelachse verschoben,
saß aber ursprünglich genau in dieser. Es ist stichbogig gewölbt und von rustizierten Pilastern, die einen gesprengten
Giebel tragen, flankiert. Im Oberlichtgitter von 1710 befindet
sich das Wappen des Bauherren, darüber, im Auszug, das von
Stubenberg von 1805.

Bemerkenswert im Inneren ist nur noch der einzig stuckierte
Saal in der Nordwest-Ecke[553].

Der im Norden anschließende Garten, eine ummauerte Rechteckanlage, fällt zur Altmühl hin ab. Der Garten wurde 1710 angelegt. Zur Wasserversorgung der künstlich angelegten Teiche
und Springbrunnen diente ein nicht mehr erhaltener Wasserturm
an der Altmühl, für den Pedetti bereits 1765 Reparaturen vorschlug[554].

Fürstbischof Zehmen, der im Sommer oft in Pfünz weilte, plante
offensichtlich einen größeren und prächtigeren Neubau.

Als Anhaltspunkt für die Datierung der Baumaßnahmen dient ein

1785 von Joseph Xaver Effner, dem Zeichner Pedettis im Hofbauamt, angefertigter Plan, aus dem hervorgeht, daß Zehmen in
diesem Jahr eine Baumschule anlegen lassen wollte[555]. Sylvia
Habermann vermutete[556], daß 1785 eventuell der späteste Termin
für den Entschluß sein könnte, den Neubau nicht ausführen zu
lassen. Sie schloß das aus der Tatsache, daß auf dem Plan von
1785 die Neubauvorhaben nicht mehr verzeichnet sind. Die Planserie in der Architektursammlung der Münchner Technischen Universität mit verschiedenen Vorschlägen zur Neugestaltung des
Schlosses beziehungsweise der Gesamtanlage mit Nebengebäuden
und Garten von Pedetti müßte dann vor 1785 entstanden sein[557]. 27-29,
Diese von Pedetti entworfenen Pläne wurden zum größten Teil <u>VII</u>
von Effner gezeichnet.
Gegen die Theorie von Habermann, daß 1785 der Zeitpunkt der
Aufgabe der Planungen sein könnte, spricht der einzige von
Pedetti signierte und datierte Plan mit dem Querschnitt des
neuen Schlosses[558]. Der Plan ist auf das Jahr 1792, also bereits in die Regierungszeit von Stubenberg, datiert. Zu diesem Plan gehören zwei undatierte Grundrißentwürfe für Erdgeschoß und erstes Obergeschoß und eine Fassadenansicht[559], <u>29</u>
alle gezeichnet von Effner. Dennoch bleibt die genaue Datierung
der übrigen Entwürfe ungewiß, da außer den undatierten Plänen
keine Akten erhalten sind, die Aufschluß über die Bauplanungen
geben könnten. Pedetti lieferte vier Varianten zur Fassadengestaltung, zwei für den Garten und fünf für die Disposition
der Gesamtanlage. Er machte Vorschläge für einen Neubau mit
Abbruch des alten Schlosses, plante aber parallel dazu auch,
das alte Schloß an der Südseite des Gartens stehenzulassen
und in die neue Anlage miteinzubeziehen. Offenbar war über
das Schicksal des alten Schlosses noch kein endgültiger Be-
scheid gefallen.
Daß die Pläne zwar von Effner gezeichnet, aber von Pedetti entworfen wurden, läßt sich vorwiegend an Stilmerkmalen der verschiedenen Fassadenentwürfe ablesen, worauf noch einzugehen
sein wird. Effner war außerdem nur als Zeichner, nicht aber
als Entwerfer angestellt.
Ausgeführt wurden die Pläne nicht.

Als Ausgangsposition für die Neubauplanung waren das an der
südlichen Gartenmauer befindliche alte Schloß und verschiedene
Stall- und Wirtschaftsgebäude, die die Südwest-Ecke und die
Westseite schlossen, gegeben. Am nördlichen Punkt der Westseite gab es eine Orangerie mit Wachstube, Holzlege und einer
Jungfasanenstube. Zwischen dem Schloß und den anschließenden
Wirtschaftsgebäuden, die teilweise heute noch erhalten sind,
gab es einen Durchgang, ebenso in der Mitte der Westseite,
südlich der Orangerie. Den westlichen Wirtschaftsgebäuden folgte
die auf die SO-NW-Achse ausgerichtete Hofgärtnerwohnung, etwas
tiefer in Richtung Norden liegend als das Schloß. Zu dieser
gehörten zwei Höfe, ein ummauerter westlich der Orangerie und
ein weiterer nordöstlich der Wohnung. Nördlich schloß der
Garten an.
Die grundlegende Veränderung, die sich durch alle Pläne Pedettis zieht, ist die Schaffung eines dreieckigen Cour d'honneur. Die Grundform des Dreiecks war zwar von vornherein gegeben, aber der "Platz" war in Richtung Garten offen. Außerdem war es mehr ein "Freiraum" ohne Funktion. Erst durch Pedettis Planung wurde er zu einer repräsentativen Anlage.
Durch einen in die SO-NW-Achse verschobenen neuen Bau sollte
der Platz unten geschlossen werden.
Unter den Plänen Pedettis sind - abgesehen von dem neuen
Hauptbau - mehrere Varianten zur Neuanlage und -gruppierung
der Nebengebäude, um die bestmögliche Disposition zu finden.
Die Zufahrt erfolgt auf allen Plänen, bis auf eine Ausnahme,
durch die geöffnete Südwestspitze des Platzes. In dem einzig
abweichenden Plan[560] erfolgen die Durchgänge zum Hof durch die   <u>28</u>
Mitte der jeweils zwei, den Platz flankierenden Wirtschaftsgebäude. Dies ist der Ausgangsposition am ähnlichsten. Der
Abbruch des alten Schlosses war hier geplant.
Der interessanteste Plan von denen, die von einem Abbruch des
alten Schlosses absehen, ist eine Ansicht aus der Vogelperspektive auf Schloß und Garten[561]. Hier sollte das alte Schloß   <u>VII</u>
in der Südecke des dreieckigen Platzes nicht nur nicht abgerissen werden, sondern sogar, um eine symmetrische Anlage zu
bilden, auf der gegenüberliegenden Westseite verdoppelt werden.

Auf den nördlichen "Erkerturm" sollte dabei verzichtet werden,
während der südliche des achteckigen Türmchenaufsatzes beraubt
werden sollte. Der alte Bau und seine doppelte Ausführung soll-
lten dem neuen Hauptbau in der Gliederung angepaßt werden.
Die Bauten sind auf dem Plan durch überdachte, geschwungene
Korridorbauten mit dem Hauptbau verbunden. Die Korridore sind
im Untergeschoß mit Arkaden aus Palladiobögen - wie in Gabrielis Sommerresidenz in Eichstätt - durchbrochen.
Im Südwesten laufen Wirtschafts- und Stallgebäude spitz in der
Einfahrt zusammen.
Ein weiterer Plan der Gesamtanlage sieht ebenfalls die Erhal-
tung des alten Schlosses in der Südecke vor[562]. Allerdings sollte hierbei auf die achteckigen Türmchen mit den Zwiebelhauben
verzichtet werden. Das alte Schloß ist hier schlicht belassen
und nur durch Blendfelder gegliedert. Vielleicht sollte es, so
bewußt seiner künstlerischen Zier beraubt, als Wirtschaftsgebäude dienen. Die Zeichnung, die vorwiegend konzentriert ist
auf die Fassadenansicht des neuen Schlosses, verwehrt dem Betrachter leider den Einblick in den Hof.
Der dritte Plan zeigt die ursprüngliche Anordnung des alten
Schlosses und der Wirtschaftsgebäude; nur das neue Schloß ist
in der SO-NW-Achse hinzugefügt[563].
Durch den Abbruch des alten Schlosses wäre es möglich gewesen,
den Vorhof seitlich zu vergrößern. Zwei Pläne zeigen die Varianten. Bei dem einen handelt es sich um eine Ansicht aus der
Vogelperspektive[564] und einen Lageplan[565]. Die zweite Variante   27
ist nur in einem Lageplan erhalten[566].   28
Bei beiden Entwürfen wäre das Schloß im Weg gewesen, vor allem
im ersten, da hier das neue Schloß durch die Anfügung von zwei
Pavillons rechts und links breiter geworden wäre. Bei beiden
Entwürfen ist auch eine Verschiebung der südlichen Gartenmauer,
an der das alte Schloß stand, nach Süden zur Straße hin erwogen worden - beim ersten Entwurf weiter als beim zweiten. Um
den Hof noch zu vergrößern, sollten schmalere Wirtschaftsgebäude, Remisen und Ställe entlang der Mauer gruppiert werden.
Im ersten Entwurf sollten die alte Orangerie und die Hofgärtnerwohnung bestehen bleiben. Beim zweiten Entwurf erfolgt die

Einfahrt, wie bereits erwähnt, durch die Mitte der Wirtschaftsgebäude. Die SW-Ecke sollte hier von Gebäuden frei bleiben und
durch ein Gitterwerk zwischen Pfeilern geschlossen werden.

Zu einer Entwurfsserie aus fünf, von Effner gezeichneten Plänen gehört auch eine Fassadenansicht der Hauptfront[567]. Von
der Straßen- und den Seitenfassaden liegen keine Entwürfe vor.
Einer der Pläne der Serie ist von Pedetti signiert und auf 1792
datiert[568], womit die ganze Serie datiert ist.

29

Die dreizehnachsige Fassade ist reich gegliedert und, wie alle
Entwürfe Pedettis für Pfünz, auffallend barock gestaltet.
Das erste Obergeschoß weist eine bewegte Fenstergliederung auf.
Die fünf mittleren, stichbogig gewölbten und geohrten Fenster
sind gesondert behandelt und als leicht vorschwingender Risalit
gestaltet. Sie sind schlicht gerahmt und weisen volutengedrehte
Keilsteine auf. Sie reichen fast bis an das breite, geradlinige
und nur leicht verkröpfte Traufgesims. Die Achsen werden durch
glatte korinthische Pilaster auf profilierten Sockeln voneinander getrennt.
Die Gliederungselemente nehmen nach außen hin ab. Während die
beiden folgenden Fenster - schlicht gerahmte und geohrte Hochrechteckfenster mit Rauhputzblendfeldern unten und oben -
rechts und links der Mittelgruppe noch durch korinthische Pilaster getrennt sind, fehlen bei den äußeren Fenstern weitere
Gliederungselemente. Offensichtlich ist hier die barocke Steigerung bis zum Höhepunkt in der Mitte. Die Fassadengestaltung
kulminiert in der reich gestalteten Attika über den fünf Mit-
telfenstern. Diese zieren fünf Tondi mit Büsten auf Sockeln,
gerahmt von dreieckigen Blendfeldern und voneinander getrennt
durch kannelierte korinthische Pilaster. Darüber ruht ein vielfach profiliertes Gesims, das rund über dem Mitteltondo ausbuchtet. Zusammen mit den kannelierten Pilastern wird somit eine
Art Palladiomotiv gebildet - wieder typisch für Pedetti an
einer architektonisch wichtigen Stelle als Mittelmotiv.
Über dem Gesims erhebt sich eine massive Balustrade mit klassizistischen Vasen, diese rahmen ebenfalls die Attika.
Das Erdgeschoß, vom ersten Obergeschoß durch ein besonders

breites Gesims getrennt, ist als offene Galerie gestaltet.
Dreizehn Fenstertüren haben die Mauerfläche auf schmale Pfeiler reduziert.
Aus den Grundrissen des Erdgeschosses ist zu ersehen, daß in
der Mitte ein ovaler Saal - die immer wieder von Pedetti bevorzugte Grundrißform - geplant war, der durch die Öffnung der
Mauerfläche sehr hell und luftig gewesen wäre. Der lichte Saal
hätte nichts gehabt von dem Grottencharakter, der diesen Sälen
im 18. Jahrhundert gerne gegeben wurde. Dem Hauptsaal sollte
an der Südseite im Erdgeschoß ein rechteckiges, höher gelegenes
Vestibül vorgelagert werden. Der Höhenunterschied sollte durch
eine geschwungene Treppe überwunden werden. Rechts und links
vom Vestibül führt je eine Treppe in das Obergeschoß. Daran
schließen im Südwesten eine beheizbare Kanzlei und im Südosten
eine Laquaistube an. Ein Querschnitt[569] zeigt die klassizistische Feldergliederung des Vestibüls und Hauptsaales.
Im ersten Obergeschoß war das eigentliche fürstbischöfliche
Appartement vorgesehen. Der Mittelraum, der Saal oder das
Tafelzimmer, ist hier nicht wie im Erdgeschoß oval, sondern
längsrechteckig gestaltet. Die NO-Ecken sind abgerundet.
Der Raum sollte mit einer ovalförmigen Kuppel überwölbt werden.
Die Wandgliederung besteht, klassizistisch schlicht, aus quadratischen und hochrechteckigen Feldern bzw. korinthischen Kolos-
salpilastern.
Die "Tondi"-Zone, die über dem Tafelzimmer von einer Kuppel
gefüllt wird, ist über dem Vestibül frei und kann, wie vermerkt
ist, für ein oder zwei Zimmer benutzt werden. Westlich schlies -
sen an das Vestibül verschiedene rechteckige Zimmer an: das
Kammerdienerzimmer, das Schlafgemach des Fürstbischofs, das
Cabinet und Nebenräume. Östlich befinden sich Spiel- und Kaf-
feezimmer und die "Cappelle und zugleichs conferenz-zimer".
Es werden hier die kleinen Dimensionen der Anlage deutlich.
Ein zweiter Entwurf für die Fassadengestaltung des neuen Schlos-
ses zeigt Ähnlichkeiten mit dem ersten. Hierzu gehört auch ein
Grundrißplan[570].
Das Schloß wurde auf neun Achsen reduziert. Das hochgezogene
Erdgeschoß ist rustiziert und mit Stichbogenfenstern und drei

Stichbogenportalen in der Mitte durchbrochen. Schlichter als
beim ersten Entwurf ist die Gestaltung des ersten Obergeschosses. Es besteht aus schmalen, schlicht gerahmten Hochrechteckfenstern mit Blendfeldern. Die erste und letzte Achse ist jeweils als Risalit betont und von einem niedrigen Dreiecksgiebel mit Okuliöffnungen bekrönt. Die drei mittleren Fenster
sind stichbogig gewölbt und von glatten korinthischen Pilastern unterteilt. Sie treten als Risalit leicht rechteckig hervor. Darüber befinden sich, bereits in der Dachzone, Tondi mit
Büsten. Das in der Mitte ausbuchtende Gesims (Art Serliana)
darüber nimmt eine Kartusche auf. Krönender Abschluß ist eine
durchbrochene Steinbalustrade zwischen Sockeln mit Vasenaufsätzen.
Offensichtlich ist die Abhängigkeit der beiden Entwürfe in der
Motivwahl: die Tondi mit Büsen, das Palladiomotiv, die Dach-
balustraden mit den Vasen.
Der Grundrißplan des Hauptgebäudes bietet leider keine genauen
Bezeichnungen der Zimmerfunktionen. Die Gartenseite ist hier
nicht mehr so leicht und luftig gestaltet wie beim ersten Entwurf mit der Galerie. Dafür gibt es hier rechts und links vom
Hauptbau offene Loggien mit korinthischen Kolossalsäulen zwischen
den Rundbogenöffnungen und einer Terrasse im Obergeschoß.
Die Frieszone des Architravs ist mit klassizistischen Hängegirlanden geschmückt.
Wie wir noch sehen werden, war Pedetti bei den Pfünzer Entwürfen ganz unterschiedlichen Einflüssen unterworfen. Es zieht
sich allerdings durch alle eine konservative Tendenz, wie es
- außer bei den Entwürfen für Eichstätt - im späten Werk Pedettis typisch ist. Die beiden zuletzt besprochenen Entwürfe
sind beeinflußt vom italienischen Villenstil in der Art der
Villa Albani, die Marchionni 1750 für Kardinal Alessandro Albani baute, und deren Gartengestaltung "all italiana" Giovanni
Battista Nolli, den Pedetti 1740 in Rom besucht hatte, übernommen hatte. Die Tondi mit den Büsten finden sich auch an der
Villa Borghese (1613-1650) von Giovani Vasanzio.
Stark vom Wiener Barock abhängig ist dagegen ein weiterer Entwurf Pedettis [571] mit Schloß und Garten aus der Vogelperspektive.

Das dreigeschossige Hauptgebäude besteht aus dreizehn Achsen,
von denen die fünf mittleren konvex als Risalit hervortreten.
Der Risalit überragt die Flügelbauten um ein Geschoß. Rechts
und links von diesem Gebäude sind in gewissem Abstand zwei
dreiachsige Pavillons vorgesehen, die durch niedrige Korridore
mit dem Hauptbau verbunden sind. Das Gebäude ist, wie auf allen
Plänen Pedettis zu Pfünz, mit einem flachen Satteldach gedeckt.
Bauschmuck ist auf die Dachbalustrade und den Mittelrisalit beschränkt.
Offensichtlich ist die Beeinflußung Pedettis durch die zwischen
1691 und 1701 entstandenen Entwürfe für Lustschlösser von
Fischer von Erlach mit den weit hervortretenden, konvexen Mit-
telteilen[572], die wiederum aus der Auseinandersetzung mit den
französischen Landschlössern des 17. Jahrhunderts, wie Vaux-
le-Vicomte, entstanden waren. Zentren dieser großangelegten,
breiten Schlösser sind weit in den Garten reichende, quer- und
tiefovale Mittelsäle. Charakteristisch ist auch die Offenheit
der Bauten zur umgebenden Natur. Die Räume empfangen alle direktes Licht. Höfe, dunkle Korridore und Passagen sind vermieden.
Fischer übersetzte diese Formen ins Kleine. Er schuf reich bewegte Baukörper, in zarter Ordnung streng und klar gegliedert.
Er verzichtete dabei auf die hohen Dächer der französischen
Vorbilder. Die quer- und tiefovalen Mittelsäle schuf er als
"salle à l'italienne" (zweigeschossig) und übersetzte somit
den französischen Schloßbau ins Italienische.
Wie wir bereits bei Karlsruhe sahen und noch bei den Idealentwürfen sehen werden, interessierte Pedetti sich grundsätzlich
für die Anordnung von querovalen Sälen. In seinem Skizzenbuch
der italienischen Reise notierte er, wie bereits berichtet,
den Grundriß des Thurn und Taxisschen Palais in Frankfurt.
Ähnlich wie im Schloß Vaux-le-Vicomte legte er in Pfünz einen
querovalen, durch die halbe Tiefe des Gebäudes gehenden, weit
in den Garten tretenden Saal an und legte davor an die Hofseite
ein rechteckiges Vestibül mit Treppenanlagen rechts und links.
Die sehr einfache Disposition ist symmetrisch. Rechts und
links der Treppen neben dem Vestibül legte Pedetti je einen
quadratischen Raum ("Hoffcapelenzimer" und Firlez?).

Den "Sal Terein" flankieren rechts und links je zwei Gastzimmer.
Die Seite des Hauptsaales und die des Vestibüls trennt in der
Mitte eine schmale Flucht aus Gängen, die zu den Nebeneingängen
(Pavillons) führen, und schmale Bediensteten-Zimmer.
Zwischen Hauptsaal und Vestibül vermittelt ein kleiner Salon.
Der vierte und letzte Entwurf [573] ist wiederum von einem anderen <u>VII</u>
Einflußbereich abhängig.
Die fünf mittleren Achsen des 17achsigen Baues sind als plastisch hervortretender Risalit gestaltet. Der Risalit ragt mit
einem Mezzaningeschoß über die Flügel hinaus. Die erste und
die letzte Achse sind als flach hervortretender Risalit mit
Dreicksgiebel gebildet. Das Erdgeschoß ist durch Rustizierung
als Sockelgeschoß hervorgehoben. Die beiden Obergeschosse sind
einheitlich mit Hochrechteckfenstern in Abwechslung mit breiten Lisenen und Blendfeldern gegliedert. Der Mittelrisalit paßt
sich dem übrigen Gliederungssystem weitgehend an. Eine Sonderstellung nimmt er nur durch das plastische Hervortreten und
die verschiedenen Bereicherungen ein. Ionische Kolossalpilaster rahmen jeweils die erste und letzte Achse und fassen einmal das Erdgeschoß und das erste Obergeschoß und dann das zweite
Obergeschoß und das Mezzanin zusammen. Zusätzliche Bereicherung
erfährt der Mittelrisalit durch die Doppelsäulenpaare, die das
Portal flankieren und einen oval vorschwingenden Balkon tragen.
Das Erdgeschoß des Risaliten ist nicht rustiziert, vier große,
hochrechteckige, oben rund ausbuchtende Fenster durchbrechen
es. Wie bereits vorne erwähnt, war auf diesem Plan eine Verdoppelung des alten Schlosses vorgesehen. Die beiden Gebäude
sollten, was die Fassadengestaltung betrifft, dem Hauptbau angeglichen werden.
Im Hauptbau ist die starke Abhängigkeit von Gabrielischen Formen spürbar. Die Gartenseite erinnert vor allem an dessen Gartenfassade der Sommerresidenz in Eichstätt. Hier springt der
Mittelrisalit auf die gleiche Art kräftig hervor, ist vorne
abgerundet und durch ein Mezzanin erhöht.
Die Einfahrt zum Cour d'honneur wird durch zwei in der SW-Ecke
zusammenstoßende Wirtschaftsgebäude gebildet. Ein Torgebäude
in der Art der Parktore und Belvedere des Fischer von Erlach

überragt sie. Es handelt sich um ein hohes Rundbogentor mit
je zwei flankierenden korinthischen Kolossalpilastern, einem
Spreng - und einem geschweiften Dreiecksgiebel und Vasenaufsätzen. Wie bei Fischer von Erlach ist das Tor "ohne Zweck",
da weder ein verschließbares Gitter noch ein Torwärterhaus
vorgesehen waren.

Ellingen, Deutschordensresidenz

Große Berücksichtigung hat ein kleiner Entwurf Pedettis für ein
Blechdach auf Gußeisensäulen für die Residenz in Ellingen[574]
mit dazugehörigem Gutachten vom 11.9.1788 in der neueren Literatur gefunden[575].

Michel d'Ixnard hatte zwischen 1772 und 1775, da eine Umdis-
position der Innenräume notwendig geworden war, auch das
Äußere des Ostflügels umgestaltet und eine knapp 30 Meter
lange klassizistische Kolonnade vor die beiden unteren Geschosse
geblendet. Sie besteht aus zehn Dreiviertelsäulen auf hohen
Sockeln mit attischen Basen und toskanischen Kapitellen. Die
Säulen stützen ein hohes, vielteiliges, gerade durchlaufendes
Gebälk, an dem wiederum eine Steinbrüstung mit Querrechteck-
feldern zwischen Steinsockeln mit Vasenbekrönungen aufsitzt.
In den Interkolumnien sind Rundbögen und in halber Höhe waage-
rechte Stürze auf Konsolen eingespannt. Das Dach ist begehbar.
Für diese Promenade sah Pedetti als Schutz gegen die Witterung,
eventuell aber auch aus optischen Gründen zur Auflockerung der
schweren Kolonnade, ein leichtes Blechdach vor. Während seines
Aufenthaltes 1788 in Ellingen fertigte er auch die erste Entwurfsserie für die Deutschordenskirche in Nürnberg an[576].
Auf die Sockel zwischen den Brüstungsfeldern sollten Säulen aus
Gußeisen gesetzt werden, so daß diese genau über die Säulen der
Kolonnade zu stehen gekommen wären. Die Gußeisensäulen sollten
mit "antiquen Lauben" (Blattkränzen) umwickelt werden. Auf den
Säulen und einem Holzgerüst sollte die aus Weißblech gefertigte Bedachung ruhen, die über den sieben mittleren Interkolumnien gewellt und an den Rändern, chinesisch anmutend, hochge-
bogen werden sollte. Durch das Blechdach wären die Dreiecks-
giebelverdachungen der Obergeschoßfenster und die darüber befindlichen Ochsenaugen verdeckt worden. Pedettis sehr exo-
tischer Entwurf wurde nicht ausgeführt. Entweder empfand man
den Plan stilistisch nicht passend oder es lag an der Tatsache,
daß genau im selben Jahr die Landkommende Ellingen ihre Selbständigkeit verlor. Auch D'Ixnards chinesisch anmutende Dekoration
für ein Gobelinzimmer wurde nicht ausgeführt[577].
Schlegel berichtete 1926, daß die obere Plattform im 19. Jahrhundert ein Pultdach erhalten hätte, das aber vor kurzem wieder
entfernt worden wäre[578].

Regensburg, Freisinger Hof

Nur wenige Jahre vor seinem Tod beschäftigte sich Pedetti mit
der Planung des Wiederaufbaues des Freisinger Hofes in Regensburg. Dem waren die folgenden Ereignisse vorausgegangen[579]:
Am 6. Mai 1792 war im Hochfürstlich Thurn und Taxisschen Palais,
dem ehemaligen Freisinger Hof in Regensburg an der Nordseite
des Emmeramplatzes, ein Feuer ausgebrochen, das das Gebäude
bis auf die Fassaden zerstörte. Fürst Carl Anselm von Thurn
und Taxis hielt sich zu diesem Zeitpunkt nicht in Regensburg
auf. Als neue Residenz wurde ein Gebäude des Reichstifts St.
Emmeram, westlich des Freisinger Hofes, für den Fürsten gewählt.
Dabei handelt es sich um das heutige Regierungsgebäude der
Oberpfalz, das für Empfänge benutzt wird, an der Westseite
des Emmeramplatzes. Dieses Gebäude mietete der Fürst und ließ
es von seinem Baudirektor Joseph Sorg (1745-1808) zu einer
repräsentativen Residenz umgestalten. Am 5.11.1792 konnte er
einziehen. Da der Rat der Stadt es niemals zugelassen hätte,
daß sich ein Reichsstand in Regensburg niederließ, konnte der
Fürst keinen eigenen Grund erwerben außer einem sogenannten
"Freihaus". Auch der Freisinger Hof, der Freihaus war, war
nur gemietet gewesen. Das Fürstliche Haus hatte zwar 1780 an den
Erwerb des vom Reichsstift St. Emmeram 1655 an das Hochstift
Freising verkauften Hofes gedacht, war aber nicht bereit, die
geforderte Summe zu zahlen, so daß der Plan sich zerschlug.
Am 17.2.1794 kaufte Fürst Carl Anselm vom Hochstift Freising
den Grund des abgebrannten Freisinger Hofes für 22.000 fl.[580].
Der fürstlich Fürstenbergische Baudirektor Valentin Lehmann
aus Donaueschingen wurde beauftragt, Risse für einen Neubau
anzufertigen. Daß Lehmann und nicht Joseph Sorg, der fürstlich
Thurn und Taxissche Baudirektor, herangezogen wurde, beruht auf
der Tatsache, daß Lehmann "wegen seiner besonderen dem hochfürstl. Hof angerühmt wordenen Schicklichkeit und Erfahrenheit
im Architekturwesen"[581] bereits in dem fürstlichen Amtsbezirk
Scheer das Bauwesen leitete. Lehmann reichte vier Risse für
eine dreigeschossige, unterkellerte Vierflügelanlage ein,
die Geheime Kanzlei, Regierung und Hofbibliothek aufnehmen
sollte[582]. Joseph Sorg sollte die Pläne beurteilen und wies,

teils aus Ärger, daß man seine - nicht erhaltenen - Pläne
nicht beachtet hatte, sondern einen auswärtigen Architekten
beauftragt hatte, aber teils auch mit Berechtigung, auf verschiedene technische und künstlerische Mängel der Risse hin.
Daraufhin wurden Lehmanns Pläne abgewiesen.
Auch konnte der Fürst sich nicht entschließen, ob das neu zu
errichtende Gebäude als Residenz oder Verwaltungsbau dienen
sollte. Im Jahre 1796 wurde Sorg damit beauftragt, Gutachten
und Modelle, je eines für jeden Verwendungszweck, anzufertigen.
Von Sorg sind keine Pläne, aber Legenden eines Grundrißplanes
erhalten, die das geplante Gebäude als Residenz beschreiben.
Obwohl der Baugrund bereits tief ausgegraben war und das Baumaterial zum großen Teil schon an Ort und Stelle lag, gingen
die Arbeiten nicht vorwärts. Dies lag nicht nur an der Unsicher-
heit des Fürsten über die Bestimmung, sondern auch an der
wirtschaftlichen Lage des Fürstlichen Hauses, die sich durch
die Französische Revolution und deren Folgen verschlechtert
hatte.
Es geschah nichts bis 1804, dann kaufte der Kurerzkanzler Karl
von Dalberg den Baugrund. Emanuel d'Herigoyen baute für ihn
ein in seinen Ausmaßen bedeutend kleineres und vom Platz nach
Norden weiter zurückgelegenes Gebäude.
Parallel zu den Plänen Lehmanns und Sorgs fertigte auch Pedetti Entwürfe an, die plötzlich in Form von vier Blättern im
Kunsthandel auftauchten (1980) und vom Fürst Thurn und Taxisschen Zentralarchiv in Regensburg aufgekauft wurden[583].   VIII,
Er legte Risse für den Verwendungszweck als fürstliche Resi- 30
denz vor. Dies ist aus der Grundrißverteilung ersichtlich.
Die Legenden sind leider nicht erhalten. Auch begleitende Ur-
kunden ließen sich nicht finden.
Bis auf das dritte Blatt sind alle signiert; das erste ist zusätzlich datiert auf 1794.
Die Fassade des Corps de Logis, die Südfassade zum Emmerams-   VIII
platz, ist in ihrem Aufbau auffallend altertümlich gestaltet.
Das 3 1/2 geschossige, unterkellerte Gebäude besteht aus dreizehn Achsen, wovon je die beiden äußeren und die drei mittleren

zu Risaliten zusammengefaßt sind. Gemessen an den beigegebenen
Maßeinheiten, sollte das Gebäude eine Länge von ca. 45 Meter
und eine Höhe von ca. 22 Meter haben.
Wie bei den Wiener Stadtpalästen des Fischer von Erlach, zum
Beispiel das Palais Trautson, ist hier das Sockelgeschoß,
durch die Nutung als solches gekennzeichnet und besonders scharf
durch das Gurtgesims von den oberen Stockwerken getrennt, sehr
weit hochgezogen. Es umfaßt Erdgeschoß und erstes Obergeschoß.
Die Stichbogenfenster dieser beiden Geschosse sind durch die
senkrecht durchgezogenen, flachen Rahmen zu einer Einheit ver-
schmolzen. Der Zwischenraum zwischen den Fensterreihen ist gefüllt mit waagerechten Blendfeldern. Das erste Obergeschoß
ist mit einer leicht geschwungenen Verdachung versehen, die
im Mittelrisalit zusätzlich von Keilsteinen unterbrochen wird.
Das sich in der Mittelachse befindliche Hauptportal mit einem
mit Rosettenfeldern gefüllten Sturz, einem beliebten Motiv
Pedettis, ist von doppelten kannelierten Kolossalpilasterpaaren
flankiert, deren als Konsolen ausgebildete "Kapitelle" den
Balkon des zweiten Obergeschosses tragen.
Das durch den Balkon und die reichere Gliederung als Hauptgeschoß gekennzeichnete zweite Obergeschoß besteht aus Hochrechteckfenstern mit geohrten Flachrahmen mit herunterhängenden Girlanden. Die Fenster sind abwechselnd mit Segmentbogen und Dreiecksgiebeln verdacht.
Das Mezzaningeschoß besteht aus gedrungenen Hochrechteckfenstern mit geohrter flacher Rahmung und herabhängenden Girlanden.
Hier wie unter den Fensterachsen des zweiten Obergeschosses
sind waagerechte Blendfelder angebracht.
Völlig anders unterteilt als die Seiten ist der Mittelrisalit
im zweiten Obergeschoß und Mezzanin. In den drei Mittelachsen
öffnen sich drei große Rundbogen-Fenstertüren mit Rosetten-
Kassetten im Sturz und darüberliegenden Girlanden.
Im Mezzanin befinden sich querovale Fenster mit Zopfrahmung.
Die Achsenzwischenräume gliedern korinthische Kolossalpilaster.
Oberer Abschluß der Fassade ist ein Fries aus Ranken- und
Muschelwerk. Die Mittelachse wird durch einen Dreiecksgiebel

mit dem fürstlichen Wappen und Trophäen geschmückt.
Die Gestaltung des Mittelrisalits im Haupt- und Mezzaningeschoß ist somit nicht in die Gliederung der restlichen Fassade
miteingeschlossen und hat dadurch ein stärkeres barockes Eigenleben. Eine Parallele in der Gestaltung des Mittelrisalits findet sich im Schloß von Bruchsal, wo Pedetti 1742 als Zeichner
angestellt war und dessen Baugeschichte er sicher auch später
verfolgte. Der Mittelrisalit in Bruchsal wurde 1753 von Balthasar Neumann und dessen Schüler Leonhard Stahl in seiner heutigen
Form vollendet. Er hat hier gegenüber der Fassade auch eine
stark barocke Eigenständigkeit. Die Fassadengestaltung kulminiert hier wie dort im dreiachsigen Mittelteil. Der Bruchsaler
Mittelrisalit weist die gleichen Gliederungselemente auf wie
Pedettis Entwurf für den Freisinger Hof: im Erdgeschoß das
Stichbogenportal, im Hauptgeschoß die hohen rundbogigen Fenstertüren und darüber im Mezzanin querovale Fenster. Ebenso finden sich in Bruchsal die korinthischen Kolossalpilaster zwischen
den Achsen des Haupt- und Mezzaningeschosses und der - sich
hier allerdings über drei Achsen spannende - bekrönende Giebel.
Die Bruchsaler Fassade des Corps de Logis hat außerdem die
gleiche Achsenaufteilung wie Pedettis Fassade (2:3:3:3:2).
Wie die späten Entwürfe für Pfünz so sind auch die für den
Freisinger Hof von frühklassizistischen Tendenzen unberührt.
Es überwiegen Stich- und Rundbogenfenster. Altertümlich sind
auch die italienisierenden Segment- und Dreiecksgiebelverdachun-
gen im Hauptgeschoß, die für eine dem Frühklassizismus wi-
derstrebende plastische Gliederung sorgen. Barock ist auch,
daß die Geschosse nicht gleichberechtigt sind, sondern daß das
Hauptgeschoß in jeder Hinsicht hervorgehoben wird. Gedeckt ist
das Gebäude mit einem barocken Mansardwalmdach.
Die beiden gleich gestalteten Außenseiten der Seitengebäude der 30
Dreiflügelanlage sind sechsachsig und um das Mezzaningeschoß
niedriger. Das Erdgeschoß und das erste Obergeschoß sind gegliedert wie die Hauptansichtsseite des Corps de Logis. Das
zweite Obergeschoß wird durch schlichte, hochrechteckige Fenster mit waagerechten Verdachungen gebildet. Die Seitenfassaden
sind klarer, einheitlicher und straffer gestaltet.

Der, wie bereits berichtet, ebenfalls unausgeführt gebliebene
Fassadenentwurf des Donaueschinger Architekten Valentin Lehmann
für die Südfassade des Freisinger Hofes, stammt aus dem gleichen Jahr, ist aber in einiger Hinsicht fortschrittlicher als
Pedettis Entwurf[584]. Der dreigeschossige, fünfzehnachsige Bau
weist in den beiden Obergeschossen Hochrechteckfenster mit
schlichter, geohrter Rahmung, waagerechten Verdachungen in der
Bel Etage und Girlanden unter den Sohlbänken des zweiten Obergeschosses auf. Die Fassade ist einheitlich und straff gegliedert, nur sind die drei Fenster im Hauptgeschoß des Mittelrisalits leicht stichbogig gewölbt. Die breiten, flachen Kolossalpilaster zwischen den Achsen und die klar trennenden Gurtgesimse gliedern die Fassade rasterartig. Die Geschosse sind fast
gleichberechtigt. Plastische Elemente sind auf den den Mittelrisalit bekrönenden Segmentgiebel, auf einzelne Figuren auf
dem Dach und in Rundbogennischen neben dem Portal und Girlanden beschränkt. Nach Ansicht des beurteilenden Baudirektors
Sorg "gehört diese Fassade mehr an das Ende eines großen Gartens als auf einen freien Platz"[585].
Leider sind die Raumsignaturen zu den vier Grundrißplänen Pedettis nicht erhalten.
Vom Haupteingang des Corps de Logis führt ein gewölbter Gang
zu dem ebenfalls gewölbten Vestibül des großen Treppenhauses,
das ein eigener quadratischer Anbau auf der Hofseite beherbergt.
Der Treppenhaustypus entspricht dem der Eichstätter Residenz[586],
ebenso die Lage im Gebäudekomplex. Nur ragt hier der Anbau
weiter heraus.
Von je einem, durch sechs Stufen zu erreichenden Podest führen
zwei symmetrische Haupttreppen in langem Lauf zu zwei quadratischen Podesten. Dann steigen zwei weitere kürzere Treppenabschnitte im rechten Winkel dazu, entlang der Längswand zum
Hof, bis zu einem gemeinsamen Mittelpodest hoch, um schließlich,
abermals im rechten Winkel die Richtung ändernd, eine breitere
einzige Treppe bis zum Vestibül des ersten Stockwerkes zu
bilden. Das gleiche wiederholt sich bei der Führung der Treppe
vom ersten in das zweite Obergeschoß. Wie in Eichstätt wird von

dort an die Treppe einfach weitergeführt, da die Wirkung der
Prachttreppe im gedrückten Mezzanin stark gelitten hätte.
Zusätzlich zu der repräsentativen Haupttreppe, unfranzösisch
im Zentrum liegend, sind noch verschiedene Nebentreppen geplant.
Zwischen dem Treppenhaustrakt und den Seitenflügeln ist noch
- vom Corps de Logis bis zur halben Ausdehnung des Treppenhaus-
anbaus in den Hof reichend - je ein Verbindungstrakt eingefügt,
der im Erdgeschoß die gewölbte Küche aufnimmt. Ansonsten sind
auf Grund des Fehlens der Legende die Zimmer nicht näher be-
stimmbar.
Alle Zimmer des Erdgeschosses und des ersten Obergeschosses
sind von den auf der Hofseite vorgelagerten Kommunikationsgängen aus erreichbar, sind aber auch miteinander verbunden
(Enfilade).
Bei den Zimmern im Erdgeschoß wird es sich um herrschaftliche
Zimmer mit Vorzimmern, Garderobe etc. handeln und im ersten
Obergeschoß um Gesellschafts-(Audienz-u.ä.), Gäste- und Schlafzimmer. Im zweiten Obergeschoß befindet sich der große querrechteckige, repräsentative Hauptsaal, der sich zum Emmerams-
platz in den drei Rundbogenfenstertüren öffnet, außerdem weitere herrschaftliche Räume mit unbestimmtem Verwendungszweck.
Im dritten Obergeschoß (Mezzanin) sollten vermutlich Diener
und Pagen untergebracht werden.

Idealpläne für Schlösser und Residenzen

Bevor speziell auf die Idealpläne für Schlösser und Residenzen
sowie in einem späteren Kapitel für Sakralbauten eingegangen
wird, müssen hier ein paar Worte allgemein zu Pedettis Idealentwürfen gesagt werden.
Pedetti war nicht das Glück beschert, einem mächtigen und
reichen Fürsten zu dienen, der ihn finanziell und geistig
förderte und unterstützte. Widrige Zeitumstände, unter anderem der Siebenjährige Krieg, der genau in die Hauptschaf-
fenszeit Pedettis fiel, wirkten sich negativ auf die Baulust
aus. Dazu kam, daß Eichstätt, im 17. Jahrhundert durch die
Schweden zerstört, bereits unter Pedettis Vorgänger Gabrieli
neu erstanden war.
So wurden nur wenige Neu- und Umbaupläne Pedettis für Profan-
und Sakralbauten im und außerhalb des Hochstiftes ausgeführt.
Er scheute hierbei vor keiner Aufgabe zurück, was ihn oft in
die Grenzbereiche der Architektur führte.
Pedetti war nicht der Typ des intellektuell grübelnden Künst-
lers, der ständig auf der Suche war nach neuen Ausdrucksmög-
lichkeiten und Formen. Zweifel an seinen künstlerischen Quali-
täten plagten ihn nicht. Das zeigt sich vor allen Dingen an
den Idealentwürfen, die er hinterließ. Hierzu zählen nicht
augenblicklich alle von ihm angefertigten, nicht ausgeführten
Risse. Es zählen hierzu alle Risse für große Anlagen, wie
Paläste und Kirchen, die nicht auf einen bestimmten Ort bezogen sind, die Pedetti ohne Auftrag, "nur" aus eigenem Antrieb
und künstlerischem Schaffensdrang anfertigte, und die unausgeführt blieben. Seine Idealentwürfe sind uns in den folgenden
Formen überliefert:
- Entwürfe für Schloßgrundrisse im Skizzenbuch der italienischen
  Reise, das Pedetti 1739-1742 anlegte[587].
- Dreibändiger Codex mit Entwürfen zu profanen Nutz-, Reprä-
  sentations- und Sakralbauten - nicht nur Idealpläne - aus
  der voreichstättischen und der Eichstätter Zeit[588].
- Planserien für zwei Schlösser und eine Kirche, entstanden
  zwischen 1785 bis 1787[589].

- Entwürfe auf Einzelblättern[590].

Von außerordentlicher Wichtigkeit sind aus diesem Material
vor allem die Entwürfe des in München aufbewahrten dreibändigen Codex. Die Zeichnungen stammen aus verschiedenen Zeiten und Zusammenhängen und wurden von Pedetti zusammengestellt
und in der Form einander angepaßt. Dafür sprechen die durchlau-
fende Nummerierung (Pedettis) der Pläne jedes Bandes und die
streng eingehaltene Reihenfolge der vier Arten der theoretischen
Erläuterungen vor jedem Plan. Die Zeichnungen wurden zwar erst
später zu Bänden zusammengefaßt, aber Pedetti gab die Dreiteilung und innere Gliederung bereits vor.
Der dreibändige Codex faßt eine Auswahl von Pedettis wichtigsten Werken zusammen, Ergebnisse seiner eigenen Erfahrung,
seines Schaffens und seiner künstlerischen Vorstellungen. Diese
Zeichnungen sind die für ihn besten und mustergültigsten. Er
schuf damit das Vorstadium zu einem Traktat. Dieses einmalige
Exemplar hätte zur Verbreitung in Kupfer gestochen werden müssen. Da Pedetti aber niemand die Herausgabe eines Stichwerkes
finanziert hätte, hätte er die Kosten selbst tragen müssen, was
bei seiner ständigen finanziellen Notlage undenkbar war. Mit
einer größeren Auflage seines Werkes konnte er deshalb nie ge-
rechnet haben. Bei den Zeichnungen handelt es sich sowohl um
unausgeführt gebliebene Wettbewerbsentwürfe oder bedeutende
Aufträge als auch um Pläne, die Pedetti rein "auf eigenen Trib
inventiret"[591] - Idealpläne - hatte und die ebenfalls nicht
ausgeführt wurden.
Die von Pedetti zusammengestellten und theoretisch erläuterten
Zeichnungen sollten Vorbilder sein und als Anregung für Liebhaber und Fachleute dienen. Der praktische Zweck stand bei Pedetti dabei im Vordergrund. Dies drückt sich aus in der immer
wieder ausgesprochenen Hoffnung darauf, daß vielleicht doch die
ein oder andere Idee der Entwürfe übernommen werden würde.
Wie er selbst ausführt, würde es ihm "zu unsterblicher Ehre"
gereichen, wenn seine Pläne Aufnahme finden würden:"Gleich-
wie denen Architecten nicht benomen sohin freystehet, das-
jenige, was dieselbe mit grosser Mühewaltung angedenken, auch

in einen förmlichen Riß bringen, umb sich hierdurch die Ehre
zuerwörben, daß solche ihr arbeith durch grosse Häupter Aufnamb beherrlichet werde; als hat auch hindsgesezter /der Unter-
zeichner/ dise hiernach folgende architectonische arbeit an-
durch nit nur allein in compendio zu bringen, und kürzlich zu-
beschreiben getrachtet /.../", sondern er hoffte auch, daß
"/.../ denen Liebhabern /.../ sowohl ein, alß anderer Theil
zum gebrauch dienlich, und somit durch dessen aufnamb dem
Erfinder, und Verfasser die anhaftend unsterbliche Ehre gemacht, und zugehen wird"[592].
Pedetti hatte also das Bedürfnis, seiner Nachwelt mehr zu
hinterlassen als sein gebautes Werk. Die Idealentwürfe und die
großen, unausgeführt gebliebenen Pläne für bestimmte Projekte
zeigen am besten sein zeichnerisches und architektonisches
Können, die theoretischen Erläuterungen dazu untermauern
Pedettis Kunstwollen und zeigen den geistigen Hintergrund
auf. Hier drückt sich das künstlerische Selbstbewußtsein des
Architekten aus. Pedetti ist gleichzeitig Lehrer und Künstler.
Wie bereits erwähnt, wurden die aus verschiedenen Zusammenhängen genommenen Zeichnungen für das "Traktat" in die
gleiche Form gebracht. Der dreibändige Codex ist nach einem
festen Schema aufgebaut. Jeder Band beginnt mit einer sogenannten "Anweisung", in der der Titel und der Inhalt sämtlicher Pläne eines Bandes kurz genannt werden. Hier wird
ebenfalls erklärt, warum diese Planserien angefertigt wurden.
In diesen künstlerischen Rechtfertigungen spiegeln sich am
besten Pedettis Vorstellungen wieder. Sein Selbstbewußtsein
drückt sich aus in der ausführlichen Signierung der Pläne und
der "Anweisungen" der beiden ersten Bände mit den Zeichnungen
aus der Eichstätter Zeit:" Jnv. et Deli: durch Mauritio
Pedetti Milanensis / fälschlich mit anderer Schrift eingefügt/
Hochfürstl. Eychstättischer Hofcameratt ud Baudirector pm."[593].
Nach der "Anweisung" folgen die "Anleitung" mit dem Titel des
nächsten Einzelplanes, die "Erklärung" (Legende) dieses Planes
und die "Anmerkung", die eine abschließende Bemerkung zu
speziellen Problemen des Baues bringt und meistens ein

Eigenlob und die Bestätigung enthält, alles "bequem", "nuzlich" und "handtsam" (handlich) konzipiert zu haben. Erst danach folgt der signierte und teilweise datierte Plan selbst.
Der erste Band des Codex aus der Eichstätter Zeit enthält die
Entwürfe für eine Brauerei, über die bereits berichtet
wurde[594]. Nach Pedettis Angaben hatte ein "Zufall den vorge-
wessenen Bau in Ruh und Hinterstellung gebracht"[595]. Also
mußte es einen Auftrag dazu gegeben haben. Die Entwurfsserie,
auf Grund widriger Umstände nicht ausgeführt, erschien
Pedetti aber so bedeutend, daß er ihr als einziges Beispiel
seines Könnens im profanen Nutzbau einen ganzen "Band" widmete.
Er hatte vor, "/.../ sowohl den Bau= als Bräuverständigen ein
sonderbahres genügen abzuleisten /..,/"[596].
Als Beispiel für die Aufteilung einer Brauerei hält Pedetti
seine Entwürfe für brauchbar genug, um eventuell später doch
noch, wenn auch vielleicht nur teilweise, verwirklicht zu
werden. Seine Entwürfe seien sowohl für reguläre als auch für
irreguläre und eingeschränkte Bauplätze zu verwerten, wobei
Pedetti aber zugibt, daß ein "freyer" Platz besser sei.
Die Überschläge der Materialien und Baukosten könne er nicht
erstellen, da diese orts- und lagebedingt seien[597].
Es wird deutlich, daß Pedetti immer die Hoffnung hatte, daß
seine Pläne doch noch verwirklicht würden. So plante er sie
bis ins kleinste Detail, in diesem Fall mit der ganzen technisch komplizierten Inneneinrichtung.
Im zweiten Band, ebenfalls aus der Eichstätter Zeit, sind
drei sehr unterschiedliche Projekte zusammengestellt. Auch
diese Risse sollten Liebhaber und große Häupter erfreuen und
Pedetti zur Ehre gereichen. Er betont den großen Fleiß und
die Mühen, die zur Aufzeichnung und Inventierung der Risse erforderlich gewesen seien. Fast vorwurfsvoll stellt er fest,
daß dann noch zusätzlich zu den großen Bemühungen die Sorge
vor negativer Kritik vorhanden sei:"/.../ und zu dene muß man
sich aller critique unterwerfen /.../"[598].
Die erste Serie dieses Bandes umfaßt die Entwürfe für ein
repräsentatives Landschloß mit mehreren Höfen, Nebengebäuden
und gestalteter Landschaft, ein Idealplan ähnlich dem Ent-

wurf für eine Fürstliche Residenz von 1792[599], großzügig
geplant in gedanklicher und künstlerischer Freiheit, ohne
Rücksichten auf beengte oder ungünstige Bauplätze, Geldknapp-
heit oder sonstige Widrigkeiten.

Die Gefahr, in den Bereich des Phantastischen und Übertrie-
benen zu geraten, bestand bei Pedetti allerdings nicht, da die
Hoffnung auf Verwirklichung und seine sonstige praktische Be-
tätigung ihn immer in der Bahn hielten.

Hier war er realistischer als sein Vorbild Paul Decker (1677-
1713), Hofbaumeister des Pfalzgrafen Theodor von Sulzbach und
seit 1710 in den Diensten des Markgrafen Georg Wilhelm von
Brandenburg-Bayreuth, wo er 1712 zum Baudirektor für das ganze
Markgrafentum ernannt wurde, aber schon 1713 starb. Ihm war es
in noch geringerem Maße vergönnt, Pläne auszuführen. Ihn machten erst seine Idealpläne berühmt. Diese hatten großen Einfluß
auf Franken und auch auf Pedetti und überhaupt auf zahlreiche
deutsche Schloßbauten im 18. Jahrhundert.

Auch Pedettis Idealpläne wären am Ende in der Ausführung zu
kostspielig gewesen, bei Decker aber wird auf den ersten Blick
klar, daß an eine Ausführung überhaupt nicht zu denken war.
Selbst Decker hatte das nicht geplant. Dafür schuf er sich
die Möglichkeit zu noch größerer künstlerischer Freiheit.

In seinem architekturtheoretischen Hauptwerk, dem "Fürstlichen Baumeister"[600], entwarf er umfangreiche Residenz- und
Schloßanlagen mit Nebengebäuden in pompös überstiegenem
Barock mit mehreren Höfen und architektonisch gestalteten
Gärten. Er gab dazu nur kurze Texterläuterungen. Die repräsentativ gestalteten Tafeln sollten allein wirken. Im Gegensatz
zu seinem um 1707-1710 erschienenen Werk "Civilbau Kunst",
hatte hier die rein künstlerische Darstellung den Vorrang er-
rungen.

Von der Auffassung näher stand Pedetti Johann David Steingruber, der lange Jahre - allerdings ohne den Titel des Baudirektors - das Ansbacher Bauwesen leitete und ein Bekannter
Pedettis war. In seinem vierten und letzten architekturtheoretischen Werk "Architectonisches Alphabet" von 1773 stellte
er zahlreiche, in vielen Jahren gezeichnete und bis dahin un-

veröffentlichte Entwürfe für Schlösser über Buchstabengrundrissen und Initialen des Bauherren vor. Er fertigte die Risse
an und ließ sie auf eigene Kosten in Kupfer stechen. Wie
Pedetti legte er sie den "curieusen" Liebhabern zur geneigten
Einsicht und Aufnahme vor. Die von Steingruber entworfenen
Grundrisse weisen teilweise sehr seltsame, erzwungene Formen
auf, da es ihm daran lag, keinen Buchstaben auszulassen oder
von dessen spezifischer Gestalt abzuweichen. Dadurch engte er
sich zwar einerseits ein, stellte sich aber andererseits phan-
tasieanregende neue Aufgaben. Zu phantastisch sind seine Vorschläge nicht, sondern durchaus realisierbar, obwohl es nicht
leicht vorstellbar ist, warum ein Fürst sich dem Zwang einer
Buchstabenform unterwerfen sollte. Steingruber selbst rechnete
jedenfalls, ebenso wie Pedetti, mit einer Ausführung. Er
konzipierte deshalb sehr ausführlich. Für manche Buchstaben,
von denen er dachte, sie wären besonders gefragt, entwarf er
sogar mehrere Grundrißlösungen. Er litt durchaus nicht unter
der Vorstellung, daß die Pläne unverwirklicht blieben. Er sah
seine Arbeit nicht als umsonst an.
Im zweiten Band des Codex von Pedetti ist weiterhin eine Planserie mit Entwürfen zum Karlsruher Schloß von 1750, wie berichtet, enthalten. Diese war abgelehnt worden, ebenso wie die
nachfolgenden, bereits analysierten Pläne für einen Kasernenbau in Neuburg/a.d.Donau. Bei beiden Entwurfsserien handelt
es sich um Projekte, auf die Pedetti stolz war.
Im dritten Band sind frühe Entwürfe aus der voreichstättischen
Zeit für Kirchenportale, zwei Kirchen und zwei Residenzen enthalten. Eine Kirche über vierkleeblättrigem Grundriß hatte
Pedetti nach seinen Angaben "/.../ anno 1740 zu zeiten seiners
in florenz /.../ auf gewiße Sache anweisung inventiret"[601].
Er bekam also entweder einen Auftrag oder eine geistige Anregung hierzu. Wie er selbst bemerkt, wurde der Plan nicht
ausgeführt.
Eine zweite Kirche über einem länglichen Oktogongrundriß entstand in der gleichen Zeit während der Italienreise. Pedetti
hatte sie, "/.../ da er in Rom anno 1739 bey Johann Baptista
Nolli umb die studia der architectur fortzusezen sich befun-

den, auf eigenen Trib inventiret, und auch viele approbation
gefunden"[602].

Des weiteren schließen zwei Planserien für Residenzen an, von
denen die eine datiert ist. Pedetti entwarf "/.../ dises Project ao 1745 zur Zeit seiners in Coppenhagen /.../ auf grosser
Sache Anweisung /.../"[603]. Diese frühen Entwürfe sind zur Beurteilung von Pedettis Werk von außerordentlicher Wichtigkeit,
da sie - neben dem Skizzenbuch - die einzigen Zeugen seiner
architektonischen Tätigkeit vor der Eichstätter Zeit sind.

Herrenresidenz

Der früheste von Pedetti erhaltene Idealplan einer großen
Residenz ist - nach verschiedenen Grundrißskizzen für barocke
Hufeisenanlagen im Skizzenbuch der italienischen Reise (1739-
1742)[604]- die signierte, datierte und französisch beschriftete
Entwurfsserie für einen "prächtigen grossen Herren Residenz
Bau" mit ausführlichen Erläuterungen Pedettis[605].   31,32
Die Zeichnungen fertigte er während seines Aufenthaltes in
Kopenhagen im Jahre 1745 an. Er war in diesem Jahr in die
Dienste des Königs Christian VI. von Dänemark getreten.
Er fertigte das Projekt "/.../ auf grosser Sache Anweisung
/.../" und überließ es den Kennern und den in diesem Metier
Erfahrenen zur Beurteilung[606]. Da er zum "mehreren übungs
willen"[607]anderthalb Jahre in Kopenhagen war, hatte ihn der
König wohl zu diesem Projekt aufgefordert. Die Großzügigkeit
der Anlage im Vergleich zu der 1750 geplanten Karlsruher
Residenz läßt darauf schließen, daß an eine Ausführung nie
gedacht wurde.
Um einen mehr breiten als tiefen hufeisenförmigen und an den
Ecken abgerundeten Cour d'honneur gruppieren sich Corps de
Logis und zwei kurze Flügelbauten. Die Wirtschaftsgebäude
schließen, mit den Flügelbauten durch eine Passage verbunden,
rechts und links an. Durch die Größe des Gebäudes war eine
differenzierte Zimmerfolge allerdings auf Kosten der Rationali-
tät möglich. Die Inneneinteilung ist dem französischen Schloßbau verpflichtet, allerdings dem älteren, wofür die in die

Mittelachse gestellten Haupträume und die seitlich angeordneten Appartements sprechen - eine Anordnung, die der französische Schloßbau bereits zugunsten einer kommoderen Raum-
verteilung aufgegeben hatte. Auch Donato Giuseppe Frisoni,
dessen Schwester Pedettis Großmutter mütterlicherseits war,
gliederte ähnlich im Neuen Corps de Logis des Ludwigsburger
Schlosses.
Hauptmotiv der Zimmerfolge ist der bei Pedetti auch später
in Karlsruhe, bei verschiedenen Idealplänen und sogar bei den
nach Vorbildern von Schloßanlagen konzipierten Brauereien
immer wieder verwendete und variierte Querovalsaal[608].
Für die Verbindung der französisch-barocken Hufeisen-Ehrenhof-
Anlage, der Pedetti bis zuletzt treu blieb, obwohl sie im
Frühklassizismus unbeliebt wurde, mit dem zentralen Querovalsaal mit Kuppel, war, wie bereits im Zusammenhang mit dem
Karlsruher Schloß berichtet, allgemein für den süddeutschen
Schloßbau des Barock die Anlage des französischen Schlosses
Vaux-le-Vicomte von Levau Vorbild. Von diesem war nun wieder
das nach Entwürfen von Robert de Cotte durch Guillaume Hauberat erbaute Palais Thurn und Taxis in Frankfurt mit einem
zentralen Pavillon an der Gartenseite, abhängig. Dieses notierte sich Pedetti, wie bereits erwähnt, in seinem italienischen Skizzenbuch. Die eingestellten Doppelsäulen in dem
querovalen Vestibül Pedettis an der Hofseite der Herrenresidenz sind eine barocke Reminiszenz. Auch Retti verwendete sie
in seinen späten Entwürfen für Karlsruhe und Stuttgart. Wie
bei den Entwürfen Rettis und Pedettis für das Karlsruher
Schloß, buchtet hier das fünfachsige Vestibül zum Hof hin
spätbarock-rundlich aus. Der an der Gartenseite anschließende
doppelgeschossige Salon ist querrechteckig zur Längsachse hin
angeordnet und in den Ecken rokokomäßig ausgerundet zu einer
Ovalform. An der Gartenseite tritt der Raum flach abgeplattet
in sieben Achsen hervor. Dieses Motiv des flach abgeplatteten
Vortretens eines Ovalsaales (hier längs zur Mittelachse) gab
Jacques François Blondel in einem Entwurf für ein Maison de
Plaisance vor[609]. Auch Retti verwendete das Motiv am Stuttgarter Schloß, wo er den (querovalen) Raum aber zur Hofseite hin ab-

plattete. Es ist hierbei natürlich zu berücksichtigen, daß
Blondel "nur" ein kleines "Maison de campagne" entwarf,
während Pedetti und Retti Residenzen konzipierten.
Die Treppenanlage Pedettis, zwei symmetrisch angelegte,
gegeneinander gekehrte, dreiseitige Podesttreppen rechts und
links vom Vestibül, entsprechen, obwohl dezentralisiert,
nicht dem französischen Ideal, da sie als "grands escaliers"
raumverschwendend mit vorgelagertem "Palier" (Treppenflur)
gebildet sind. Ähnliche Anlagen schuf Donato Giuseppe Frisoni
im Neuen Corps de Logis des Ludwigsburger Schlosses.
Hier wie dort trennen die Mittelsäle die Doppeltreppenanlagen
ohne sie zu verschmelzen.
Solche Anlagen sind sonst nur in der österreichischen Architektur noch zu finden.
In Pedettis Entwurf reihen sich rechts und links des Salons
an der vornehmen Gartenseite in einer Enfilade die fürstlichen Gemächer in der vom Zeremoniell geforderten Reihenfolge
aneinander. Alle sind rechteckig beziehungsweise quadratisch
ohne Ausrundung der Ecken und werden zum Ende zu in den Kabinetten kleiner (convenance): Vorzimmer, Audienzzimmer, Chambre
de Parade und jeweils drei kleine Kabinette, die intimen
Aufenthaltsräume des Schloßherren.
Vermittelnd zwischen Corps de Logis und Flügeln wirkt je
weils ein großes Durchgangszimmer, "Salle de Comune", über
einem Saalkirchen-Grundriß mit runder "Apsis" (Kommunikations-
passage) und rechts und links anschließenden Garderoben.
Vor diesem Eckzimmer am Hof verläuft ein als Portikus gestalteter Kommunikationsgang, der die Fassade ausrundet.
Diese vermittelnden Eckräume verwendete auch Retti in Karlsruhe und Stuttgart. Sie sorgten hier ebenfalls für eine Ausrundung der Fassade.
In den Flügeln der Pedettischen Anlage folgen weitere Appartements in nicht strenger Symmetrie: Vorzimmer, Schlafgemach mit
Alkoven und Kabinett. Am äußeren Ende des linken Flügels an
der Hofseite liegt, wie in Pedettis und Rettis Entwürfen für
Karlsruhe, die zweigeschossige Schloßkapelle, eine rechteckige
Saalkirche mit ausgerundeten Ecken und umlaufendem Gang, der

vom Schiff durch eine Doppelsäulenstellung getrennt ist.
Im rechten Flügel liegt an der gleichen Stelle das "Chambre
de offices".
Die Grundrißaufteilung des ersten Obergeschosses entspricht   _32_
der des Erdgeschosses. Über dem Vestibül des Erdgeschosses
liegt hier der "Salle des gardes". Die Haupttreppen enden hier.
In das Mezzanin führen kleine Spindeltreppen zwischen den beiden Haupträumen. Die Wirkung einer Repräsentativtreppe hätte
im Mezzanin verloren. Dies Prinzip beachtete Pedetti grundsätzlich auch später (Eichstätter Stadtresidenz und Freisinger
Hof in Regensburg). Zwei weitere Stiegen in den Flügeln
führen durch alle Geschosse. Die Zimmerdisposition im Corps
de Logis und den Flügeln entspricht weitgehend dem Erdgeschoß.
Die Eckräume dienen hier als Speiseraum beziehungsweise als
"Salle à héremitage" (Einsiedelei). Die Aufteilung des zweiten Obergeschosses unterscheidet sich durch die Einfügung
von Kommunikationsgängen zwischen den Zimmern der Hof- und
der Gartenseite des Corps de Logis und in der Mitte der Flügel.
Im Hauptsaal ist ein Balkon eingefügt, "damit von disen Stokwerkh in saal eingesehen, oder ordinero musique chor dienen
kan"[610].
Als Verlängerung der Appartements an der Gartenseite des
Corps de Logis schließen rechts und links, verbunden durch
eine Passage mit Galerie im ersten Obergeschoß, Orangerien an;
an der Hofseite Wirtschaftsgebäude. Letztere sind Vierflügel-
anlagen um einen rechteckigen Hof, rechts der "grande cour
d'Ecurie" (Pferde) und links der "Cour de Remises". In den
Gebäuden sind im Erdgeschoß Pferdeställe, Sattlerei, Küchen
und Remisen untergebracht, im ersten Obergeschoß verschiedene
Wohnungen. Zwischen Orangerien und Wirtschaftsgebäuden liegt
jeweils ein "Petit jardin à fleur", kleine französisch- geometrisch gestaltete Gärtlein.
An der Fassade der Hoffront sind die dreizehn mittleren Achsen
als Risalit leicht vorgezogen und "mit römischer Architektur"[611]
durch ein Attikageschoß erhöht.
Wie in den Entwürfen Rettis und Pedettis zum Karlsruhe Schloß

sind auch hier die fünf Mittelachsen nochmals als rund vor-
gewölbter Risalit hervorgehoben.

Pedetti verwendete durchgehend Hochrechteckfenster, die er
mit italienisierenden, plastischen Segmentgiebel- und Gesimsverdachungen versah. Die Achsenzwischenräume gliedern im
ersten Obergeschoß und Mezzanin einfache und um die Mittelachse verdoppelte, kolossale Kompositpilaster. Die Mittelachse ist betont durch einen vorgezogenen barocken Säulenportikus. Die Gliederung des fünfachsigen Mittelrisalits erinnert an den des Neuen Corps de Logis des Ludwigsburger Schlosses von Frisoni, was den wuchtigen Säulenportikus, die Verdachung der Fenster, die Kolossalpilaster und die Überhöhung
durch ein Attikageschoß betrifft. Im Gegensatz zu Pedetti
ist hier aber die Mauer italienisch fest und nicht durch Fenster auf schmale Streifen reduziert.

Die Flügelbauten, im Erdgeschoß genutet, führen die Plastizi-
tät des Hauptteils im großen und ganzen weiter. Die Eckräume
zwischen Corps de Logis und Flügeln bekrönt eine barocke
Kuppel mit stumpfen Obelisken als Aufsatz, ein Motiv, das
Pedetti aus dem Formenschatz Filippo Juvarras bezogen hatte
und das in verschiedenen Idealprojekten Pedettis auftaucht.
Offensichtlich ist die Beeinflußung durch die Wiener Palastarchitektur, von der auch Frisoni kam. Hier ist vor allem das
Palais Liechtenstein in Wien zu nennen, das nach Entwürfen
Domenico Martinellis von Antonio Riva zunächst für den Grafen
von Kaunitz und ab 1694 bis 1705/1706, nachdem es die Liech-
tensteiner gekauft hatten, von Gabriel de Gabrieli vollendet
wurde. So waren die Entwürfe Pedetti sicher bekannt.

Trotz der Scharfkantigkeit und Präzision der Architekturteile,
die das Gebäude von Pedettis mehr malerischer Fassade abhebt,
ist eine Gemeinsamkeit vom Aufbau her erkennbar, stellt man
den dreizehnachsigen Hauptteil des Pedettischen Entwurfes dem
dreizehnachsigen Palais gegenüber.

Das dreigeschossige Liechtenstein-Palais weist ebenfalls einen,
allerdings nur schwach hervortretenden fünfachsigen Mittelrisalit mit glatten Kolossalpilastern zwischen den Achsen auf, an
den rechts und links jeweils noch vier Achsen anschließen.

Die Fenster sind im Erdgeschoß mit waagerechten Gesimsen, im
ersten Obergeschoß mit Dreiecksgiebeln beziehungsweise mit
Segmentgiebeln (im Risalit) verdacht (bei Pedetti durchgehend
Segmentgiebel) und im zweiten Obergeschoß mit waagerechten Gesimsen beziehungsweise Dreiecksgiebeln (bei Pedetti durchgehend
waagerechte). Dominierend ist hier wie dort das Hauptportal mit
Freisäulenpaaren und Figurengruppen auf den Postamenten des
darauf ruhenden Balkons. Am Liechtensteinpalais mildert das
Portal die Strenge des Baues. Gemeinsam haben auch beide
Bauten das über dem zweiten Obergeschoß aufgesetzte, bereits
in der Dachzone befindliche Mezzaningeschoß mit querrechteckigen kleinen Fenstern, deren Achsenzwischenräume bei Pedetti mit Triglyphen geziert sind. Darüber ruht jeweils auf
Konsolen das mächtige Traufgesims, über dem eine Balustrade
- bei Pedetti alle dreizehn Achsen umfassend, beim Liechtensteinpalais nur die fünf Mittelachsen betonend - mit Figurenschmuck aufbaut.

Auch das Vorbild für das Liechtenstein-Palais wird Pedetti
bekannt gewesen sein, es ist der Fassadenentwurf Lorenzo
Berninis zum Palazzo Chigi a SS. Apostoli in Rom, den Carlo
Fontana in einer Skizze festhielt[612].

Der Palast hat ähnliche Verdachungen, die Kolossalpilaster-
ordnung im allerdings siebenachsigen Mittelrisalit, ein Säulen-
portal und vor allem das aufgesetzte Mezzanin und Attikageschoß.

Die Gartenfassade der Pedettischen Residenz entspricht weit-   <u>32</u>
gehend der Aufteilung der Hoffassade, ist aber etwas schlichter und einheitlicher konzipiert. Der Mittelrisalit, hier
siebenachsig, tritt nur leicht rechteckig mit abgeschrägten
Ecken hervor. Eine Verdoppelung der Pilaster um die Mittelachse wurde hier fortgelassen. Das Mezzanin und das Attikageschoß umfassen hier fünfzehn Achsen. Die Fenster des Risaliten sind als Rundfenster von den übrigen Hochrechteckfenstern abgesetzt.

Residenz

Ebenfalls vor 1750 entstand die Entwurfsserie für eine Residenz von Pedetti. Sie ist zusammen mit zwei 1739 und 1740
entworfenen Kirchen und der Herrenresidenz von 1745 im dritten Band des erwähnten Codex in der Staatsbibliothek in
München aufbewahrt[613].
33,34

Die Pläne sind - ebenso wie die der Herrenresidenz - nur
mit "Mauritio Pedetti jnv et Deli[vit]", also ohne Titel
signiert, was auch auf die frühe Entstehungszeit weist.
Die Grundrißgestaltung der Residenz entspricht weitgehend
dem Schema der beschriebenen Herrenresidenz und wurde dann
von Pedetti für Karlsruhe wiederum raffiniert abgewandelt
nach dem Vorbild von Malgrange und Stupinigi mit x-förmig
sich überschneidenden Flügeln und einem Zentralbau in der
Mitte.
Um einen kurzen und breiten Cour d'honneur gruppieren sich
hufeisenförmig ein langes Corps de Logis und zwei kurze Flügel. Wiederum liegen Querovalsäle, von denen die Disposition
ausgeht, in der Mittelachse. Der vordere an der Hofseite
wölbt sich mit fünf Achsen wie bei der Herrenresidenz und
dem Karlsruher Residenz-Entwurf Pedettis und Rettis spätbarock rundlich hervor. Im Erdgeschoß dienen hier allerdings
33
die beiden hintereinanderliegenden Querovalsäle nur als
Durchfahrten beziehungsweise zur Aufnahme der seitlich liegenden Treppenantritte zum ersten Obergeschoß. Diese leiten
dann über zu den Hauptstiegen rechts und links der Querovalsäle. Die Treppenanlage ist, entsprechend dem französischen
Ideal, dezentralisiert und von kleinem Ausmaß.
Das Vestibül ist als Gang entlang der Hofseite - ähnlich der
Herrenresidenz - gestaltet, der als Bogen- und Kommunikationsgang auch über die Hälfte der Flügel weiterführt. Hiervon
führen noch weitere Kommunikationsgänge in das Innere des
Gebäudes.
Somit ist die gesamte Hofseite des Corps de Logis mit Gängen,
Treppen und Höfen zur Aufnahme des Regenwassers vom Dach
belegt, ähnlich wie auch bei der Herrenresidenz.

Entlang der Gartenseite des Corps de Logis und der Flügel
sind verschiedene Appartements zu zwei oder mehreren Zimmern
ohne nähere Charakterisierung der Einzelräume in einer Enfilade
angelegt. Am unteren Ende des linken Flügels liegt, wie bei
der Herrenresidenz, die Hofkapelle, eine quadratische Saalkirche mit ausgerundeten Ecken und einer Sakristei.
Dies entspricht den Vorstellungen von der Disposition Jacques
François Blondels[614].
In der unteren Hälfte des rechten Flügels sollten die Küchenräume untergebracht werden. Diese Residenz war also weniger
großzügig geplant als die Herrenresidenz mit separaten Wirtschaftsgebäuden.
Zwischen Corps de Logis und Flügeln vermittelt wiederum wie
bei der Herrenresidenz jeweils ein kirchenschiff-förmiger
Saal - im Erdgeschoß als Kommunikationsgang dienend - , der
auf die Galerie der Hofseite stößt. Letztere buchtet zur Hofseite leicht rund aus. Diese rokokomäßige Verschleifung der
Ecken ist in stärkerem Maße auch an der Herrenresidenz, in
Karlsruhe und bei dem Entwurf Rettis für das Stuttgarter
Schloß vorhanden.
Das erste Obergeschoß zeigt weitgehend die gleiche Grundriß-   <u>33</u>
gestaltung wie das Erdgeschoß. Neben der Treppenanlage sind
hier - wie bei der Herrenresidenz - längsrechteckige Gardezimmer mit ausgerundeten Ecken plaziert. Während die Hofseite
wieder mit Gängen und Stiegen ausgefüllt ist, liegen weitere,
verschieden große Appartements an der Gartenseite des Corps
de Logis und der Flügel. Den linken Flügel nimmt wiederum die
Kapelle am unteren Ende ein.
Der Eckraum dient als Galerie und Kommunikationsgang zu allen
Appartements. Die Nebenstiegen liegen wie bei der Herrenresidenz hinter der Mitte der Flügel. Im zweiten Obergeschoß sind
rechte und linke Gebäudeteile gleich eingeteilt.
Der vordere Querovalsaal in der Mittelachse dient hier als Vorsaal. Rechts und links gliedern sich die dezentralisierten,
aber sehr repräsentativen Stiegenhäuser mit vorgelegten Vesti-
bülen und seitlich anschließenden Gardezimmern an.

Hinter dem Vorsaal liegt der fast runde Hauptsaal mit Balkon
zum Hofgarten und anschließenden "Schenkzimmern", die sich in
zwei Türen zum Saal hin öffnen. Daran schließen rechts und
links an der Gartenseite des Corps de Logis Appartements mit
je zwei Vorzimmern, Audienzzimmer, Paradezimmer und zwei Kabinetten an. An der Hofseite liegen wiederum Einheiz- und Kommunikationsgänge, Passagen und Garderoben.
Auch in den Flügeln sind weitere Appartements mit Vor-,
Audienz-, Schlafzimmern, Kabinett und Garderobe. Oberhalb der
Hofkirche liegt ein Bildersaal und davor ein weiteres Schlafgemach und Kabinett.
Pedetti betonte besonders die von der Anlage der Galeriegänge
an der Hofseite des Corps de Logis und der Flügel herrührende
Bequemlichkeit, "/.../ und dises umb so mehr /.../, alß sonsten bey derley gebäuen mithabenden Cõmunicationsgäng, und vor-
werts gerichte Stiege dergleichen bequemlichkeiten nit erhalten werden könen, folgsam ein solcher bau jederzeit unhand-
sam"[615] . "Ebenso hat der Verfasser dises übel abzubiegen,
grossen Stigen vestibül, haubtsächlich ein Vorsaal, dan
gardezimer und gallerien statt denen gängen angebracht",
bemerkte Pedetti weiter.

Die Gliederung der langen Fassade ist ähnlich wie der Pedet- 34
tische Entwurf für Karlsruhe dem italienischen Barock verpflichtet, den Pedetti während seiner Italienreise so ausführlich
studierte. Hier wie dort steigert sich die Gliederung in dem
plastisch hervortretenden Mittelrisalit, der um ein Stockwerk
erhöht wurde,"damit die Haubt ein= und durchfart ihre bracht
/Pracht/ in der Höhe gewinne /.../"[616] . Wie in Karlsruhe sind
die Fassaden relativ schlicht ohne plastische Verdachungen der
Fenster gehalten. Erdgeschoß und erstes Obergeschoß - nur
durch einen sehr schmalen Mauerstreifen voneinander getrennt -
sind durch dorische Pilaster auf antiken Sockeln zusammengefaßt. Das zweite Obergeschoß gliedern ionische, das zusätzliche Risaltgeschoß korinthische Pilaster.
In der Fensterform dominiert der Segment- beziehungsweise der
Rundbogen an den Galerien und - wie bei dem Karlsruher Ent-

wurf - in den drei Mittelachsen der Flügel-Stirnseiten.
Der Mittelrisalit führt die Fensterform der Seitenteile im
zweiten Obergeschoß fort, erfährt aber eine Bereicherung in
der Gliederung durch eine Anhäufung der Pilaster. Der Akzent
liegt auf dem oberen Risalitgeschoß mit von rundbogigen
Lünetten überhöhten quadratischen Fenstern und der Betonung
des Mittelfensters durch das ausbuchtende Traufgesims mit
Kartuschenfüllung. Dieses ragt in einen darüber sitzenden,
leicht geschwungenen Dreiecksgiebel herein. Krönender Abschluß ist, auch über den jeweils rechts und links anschlies-
senden Achsen, eine Balustrade mit Figuren.
Das schlichte stichbogige Hauptportal ist durch Freisäulen
auf antiken Sockeln dreigeteilt, ähnlich wie in Karlsruhe.
Jeweils ein Nebenportal in der vierten Achse des Galerie-
ganges ist durch Säulenstellung von der übrigen Fassade abge-
hoben, ist aber sonst völlig integriert.
Bei dem Fassadenaufriß ist Pedetti ein Fehler unterlaufen. Er
zeichnete, obwohl er es in den Grundrißplänen korrekt machte,
den Mittelrisalit nicht genau in der Mitte ein.
Links hat er im Aufriß den Galeriegang um eine Achse vermehrt.
Die Flügelstirnseiten sind, wie in Karlsruhe, von der Gestaltung her dem Mittelrisalit untergeordnet. Sie erreichen nur die
Höhe des normalen Daches. Die drei Mittelachsen sind zwar betont durch den Wechsel zu Rundbogenfenstern, den auch Blondel
vorgeschlagen hatte, und den aufgesetzten Segmentgiebel, dennoch ist hier auf das plastische Hervortreten eines Mittelrisalits verzichtet worden.
Akzente bilden die getreppten Kuppeln über den Übergängen der
Galerien von dem Corps de Logis zu den Flügeln.
Gedeckt ist das Gebäude, wie alle Idealpläne Pedettis, mit
einem niedrigen Mansardwalmdach mit Okuligaupen. Hierfür fertigte er in diesem Fall einen speziellen Plan an[617].

Landschloß

Zu einem Land- beziehungsweise Lustschloß sind von Pedetti
vier signierte Blätter mit acht Zeichnungen und dazugehörigen Erläuterungen erhalten[618]. Die Serie, Bestandteil des IX, 35
zweiten Bandes des bereits mehrfach erwähnten Codex' in
München, schuf er in seiner Eichstätter Zeit, also nach
1750. Dies ist belegt durch die signierte "Anweisung" zu
diesem Band, in dem außerdem die Pläne für Karlsruhe und
das Projekt für die neue Kaserne in Neuburg enthalten sind:
"Mauritio Pedetti Milanensis /fälschlicherweise nachträglich eingefügt/ Hochfürstlich Eichstätisch Hofcamerath ud
Baudirector jnv et Deli"[619]. Wie Pedetti in der Anweisung
ausführt, schuf er diese drei Projekte, um sich Ehre zu erwerben. Er hofft, daß Liebhabern und großen Häuptern die ein
oder andere Anregung zum Gebrauch dienlich sei und daß er
durch die Verwirklichung seiner Ideen unsterbliche Ehre erlangen werde[620].

Der erste Plan aus der Vogelperspektive zeigt die riesigen   IX
Ausmaße der Anlage, die, ganz dem barocken Gestaltungsprinzip verpflichtet, weit in die Landschaft übergreift und diese
ordnet. Vor der Hauptfassade reihen sich zahlreiche Höfe von
verschiedenster Gestalt, umgeben von Gebäuden, aneinander.
Ähnlich wie bei der Anlage des Karlsruher Marktplatzes sind
sie ganz dem Spätbarock verhaftet. Die Platzfolge schwillt
abwechselnd an, verengt sich, öffnet und schließt sich wieder, ist also in rhythmischer Bewegung.

Ein weiter Querovalplatz öffnet sich vor der Hauptfront der
hufeisenförmig angelegten Dreiflügelanlage, um sich dann bis
auf äußerste zu verengen. Ähnlich wie in Pedettis Entwürfen
für den Karlsruher Marktplatz und der anschließenden Platzfolge, sind hier in den Rundungen der Schmalseiten des Quer-
ovalplatzes Brunnen eingestellt. Der Platz ist umgeben von
den symmetrisch angeordneten Gebäuden des Marstalles, der
Kutschenremisen, den Privatquartieren und Bogengängen, die
unterbrochen sind von gekuppelten Pavillons.

Der Engpaß nach dem Querovalplatz ist rechts und links begrenzt durch Hauptwachgebäude und nach außen hin geschlossen

durch ein kurvig ausbuchtendes barockes Gitterwerk zwischen
Steinpfosten, das einerseits gegen die Landschaft abschließt,
andererseits aber auch öffnet. Seitlich des "Engpasses" öffnen sich weitere Räume in Gestalt von dreieckigen Höfen, umstellt von Offizianterwohnungen, Remisen, Wachtürmen und
Pavillons für verschiedene Landwohnungen.

Nach dem Gitter weitet sich die Platzfolge wiederum in
einen jetzt schmaleren Querovalplatz, dem "Haubt Vorblatz"[621].
Zur Landschaft hin ist er mit Bäumen umstellt, rechts und
links läuft er in einer Querallee, ähnlich wie in Karlsruhe, aus. Die Querallee ist begrenzt durch Pavillons mit
Wohnungen und am äußeren Ende jeweils durch zwei symmetrisch
gestaltete Garnisonskirchen.

Von diesem Platz führt die fünfspurige Hauptallee in die Landschaft. Rechts und links dieser Allee hinter dem Querovalplatz
gliedern sich zwei weitere abgeschlossene Dreiecksplätze mit
Pavillons zur Unterbringung von fremden Herrschaften und dahinter zwei um einen quadratischen Innenhof gruppierte Vier-
flügelanlagen zur Aufnahme von Kasernen mit seitlich anschlies-
senden Hofküchengärten an.

Die Landschaft ist durch ein weitläufiges System aus Alleen,
Wegen und Kanälen aufgeteilt, deren Mittelpunkt das Schloß ist.
Nach ganz barocken Gesichtspunkten ist die Landschaft den Ge-
setzen der Geometrie unterworfen, ornamental gestaltet und
auf das Bauwerk bezogen. Der französisch-barocken Garten- und
Landschaftsgestaltung beziehungsweise der Gartenkunst Paul
Deckers blieb Pedetti bis zum Ende seines Lebens treu. Eine
ganz ähnliche Anlage, was Garten, Landschaft und Schloß betrifft, schuf er noch 1792[622].

In beiden Projekten öffnet sich das Schloß zum Vorplatz -
hier zur Gartenseite - in barock geschwungenen Arkadengängen
und gekuppelten Pavillons mit Durchgängen zu den seitlichen
Gärten, hier den Neben- beziehungsweise Orangeriegärten, die
geometrisch-oktogonal gegliedert sind.

Die Kuppeln der Durchfahrtspavillons sind in beiden Projekten
bekrönt von dem bei Pedetti so beliebten Motiv der stumpfen
Obelisken Juvarras.

Die im Idealplan für das Landschloß im Vergleich zu der
"Fürstlichen Residenz" sehr kurzen Arkaden laufen in breit
gelagerten Orangerien aus.
Die Ausmaße des eigentlichen Schlosses sind - im Vergleich
zu den übrigen Idealplänen -, da es sich mehr um ein Lustschloß handelt, relativ gering. Das fünfzehnachsige Corps de
Logis öffnet sich mit zwei sehr kurzen, vierachsigen Flügeln
zu dem großen Querovalplatz. Die Dreiflügelform findet man
ansonsten bei Lustschlössern kaum.
Was die Grundrißeinteilung betrifft, so lieferte Pedetti
hier nur Pläne für das Erd- und das erste Obergeschoß[623].
Die Mittelachse im Erdgeschoß nehmen, wie bei der Residenz
vor 1750, zwei Durchfahrtsräume auf, zur Gartenfront ein grosser, gewölbter und längsrechteckiger und zur Hofseite ein quer-
rechteckiger mit ausgerundeten Ecken. Die Wahl der Rechteck-
form für die Hauptsäle und für die Nebenzimmer weist bereits
auf den Frühklassizismus hin.
Die Treppenanlage entspricht weitgehend der Residenz vor 1750.
Der Durchfahrtssaal an der Hofseite nimmt seitlich die Treppenantritte auf. Diese leiten über zu den eigentlichen Hauptstiegen, Podesttreppen, rechts und links der Durchfahrtssäle.
Als Vestibül dient wiederum ein langer gewölbter Gang entlang
der Hauptfront und durch die Mitte der Flügel. Die Treppenanlage ist somit, entsprechend dem französischen Ideal, dezentralisiert und von kleinerem Ausmaß.
Die Disposition der wenigen, teilweise nicht näher charak-
terisierten Räume ist einfach. Neben der Treppe liegt jeweils
ein Vorzimmer zu den Appartements. Dieses führt zu einem seitlich anschließenden Schlafgemach und zwei großen Zimmern an
der Gartenfront für Gäste. Entlang des Ganges in der Mitte der
Flügel gruppieren sich auf beiden Seiten je vier kleine Zimmer.
Im ersten Obergeschoß liegt über dem Durchfahrtsraum der Gartenseite der doppelgeschossige Hauptsaal und davor ein Vorsaal. Entlang der Gartenseite und der Außenseiten der Flügel
gruppieren sich rechts und links zwei Appartements mit Vorzimmer, Audienzzimmer, Kabinett und Schlafgemach und ein
"Extra gemach" mit Vorzimmer, Kabinett, Garderobe und Kammer-

dienerzimmer. Wie Pedetti selbst bemerkt, sind zu dem zweiten Obergeschoß, dem Mezzanin und dem Belvedere des Risaliten "/.../ keine weithere grund Riß gemacht worden"[624].
Die Disposition und Funktion der Räume entspricht weitgehend
der der französischen Stadthotels eines Lassurance, Levau
und Delamaire. Entsprechend den geringeren Anforderungen der
deutschen Etikette, sind aber sowohl die Disposition einfacher
als auch die Zimmerfunktionen weniger vielfältig als bei
den Hôtels.
Das Erdgeschoß und das erste Obergeschoß gliedern die Arkaden   35
der Vestibül-"Gänge" vor den Stiegen. Die Arkaden bestehen aus
im Wechsel angeordneten hohen Rundbogenfenstern und niedrigeren
hochrechteckigen Fenstern mit girlandenumkränzten Medaillons
über den Stürzen. Das Erdgeschoß über rustiziertem Sockelgeschoß wird durch dorische Pilaster zwischen den Achsen, das
erste Obergeschoß durch ionische Pilaster, die sich am Risalit verdoppeln, gegliedert. Die Arkadengänge haben von der
Mauer nur noch schmale Streifen stehen lassen. Breite Gesimse scheiden die Geschosse.
Der Risalit hat ein stark barockes Eigenleben durch das
weite und runde Hervortreten, die Überhöhung durch eineinhalb Geschosse, die Verdoppelung der rahmenden Pilaster, die
Steigerung in der Dekoration (aufgesetzte Balustrade mit
Figuren) und das, wie Pedetti selbst bemerkt "/.../ durch
angebrachte Regel massige Saulen gestell /.../"[625], das das
weite Stichbogenportal und die beiden Nebeneingänge rahmt
und aus Doppelsäulen auf hohen Sockeln besteht, die den Balkon des ersten Obergeschosses stützen. Über dem Mezzanin des
Risaliten ist ein weiteres Mezzanin in dem Hauptgesims eingelassen mit Blumengehängen zwischen den Achsen.
Die Hoffassade ist noch völlig dem Barock verhaftet. Die Dekoration steigert sich bis hin zum Mittelpunkt, dem sich rundlich vorwölbenden Risalit. Es dominiert die Stich- und Rund-
bogenform, in die selbst die Hochrechteckfenster durch die
Medaillons gebracht wurden. Auf den Frühklassizismus verweist
das Bemühen, die Fensterform über den Risalit durchgehen zu
lassen, so daß dessen wuchtiges barockes Eigenleben etwas ge-

schwächt ist. Das Mittelfenster ist nur durch Rosetten im Sturz
zusätzlich betont. Durch die Pilaster- und Gesimsgliederung
sind die Rundbögen in ein Orthogonalgliederungssystem eingepaßt. Frühklassizistisch ist auch das Bemühen um eine Gleichwertigkeit der Geschosse. Ganz barock dagegen ist die Tatsache, daß die Hof- und Gartenseite jeweils einem völlig anderen Gliederungssystem unterworfen sind. Die Gartenseite ist   IX
trotz der geschwungenen, von ihr ausgehenden Arkadengänge,
mehr dem Frühklassizismus verhaftet. Darauf weist der nur
wenig und rechteckig hervortretende Mittelrisalit, der sich
weitgehend dem Gliederungssystem der Fassade anpaßt. Es dominieren die Hochrechteckfenster. Nur im ersten Obergeschoß und
im aufgesetzten Risalitgeschoß wurde ein Wechsel zu Rundbogenfenstern vorgenommen. Diesen Wechsel hatten Pedetti auch beim
Karlsruher Schloßentwurf und vorher Retti am Stuttgarter Schloß,
hier allerdings von Stich- zu Rundbogenfenstern, wie Blondel
es vorgeschlagen hatte, vollzogen.
Die Gartenfassade des Landschlosses ist im ersten und zweiten
Obergeschoß, der sogenannten Kavalieretage, durch komposite
Kolossalpilaster gegliedert. Erdgeschoß und erstes Obergeschoß weisen schlichte waagerechte Gesimsverdachungen auf.
Optisch als Risalit gestaltet, aber nicht aus der Fassade hervortretend, sind jeweils die drei äußeren Achsen, deren
Mittelachse im ersten Obergeschoß noch einmal durch ein drei-
teiliges, mit Spitzgiebel erhöhtes Fenster in der Art eines
Palladiomotives, wie es Pedetti gerne an architektonisch
wichtigen Stellen verwendete, gestaltet ist. Im Hauptgesims
ist wieder ein Mezzaningeschoß eingelassen. Darüber baut auf
dem Mittelrisalit das bei Pedetti beliebte "Belvedere", ein
weiteres volles Geschoß auf.
Das Portal rahmen vier Freisäulen auf hohen Sockeln, die den
kurvig vorschwingenden Balkon des ersten Obergeschosses tragen.
Gegenüber der Karlsruher Schloßfassade und dem Idealentwurf
der Residenz von vor 1750 ist diese Fassade mit ihrer Redu-
zierung der plastischen Elemente bereits fortschrittlicher im
Sinne des Klassizismus. Gerade aber dieser Schloßentwurf

macht deutlich, wie stark Pedetti barockes und frühklassizistisches Formengut parallel nebeneinander verwendete.
Eine konsequente Entwicklung zum Frühklassizismus ist, wie
bei den späteren, wieder sehr barocken Idealplänen sichtbar
wird, nicht ablesbar.

Grand palais

Im Jahre 1786 entwarf Pedetti ein "Grand palais" und fertigte hierzu zwei signierte und datierte Zeichnungen an[626].   36
Auch in seinen späten Entwürfen blieb Pedetti dem Hufeisen-
grundriß mit kurzen Flügeln treu. Hier allerdings öffnet
sich das sogenannte "Grand palais" mit den Flügeln zum Garten. Aus dem Corps de Logis tritt an der Gartenseite der
übliche fünfachsige, sich rund vorwölbende Risalit des querovalen Durchfahrtsaales hervor. Die Hofseite dagegen weist
keine Risalitbildung auf. Dafür ist diese, worauf noch einzugehen sein wird, überreich gegliedert.
Hinter der Fassade vermutet man noble Appartements. Diese
sind aber auf die Gartenseite und die Flügel beschränkt.
Drei Viertel des zur Verfügung stehenden Raumes des Corps
de Logis nehmen im Erdgeschoß an der Hofseite Treppenanlage,
Innenhöfe und Wirtschaftsräume ein. Durch das Hauptportal gelangt man in eine weitläufige, längsrechteckige Durchfahrts-
halle mit rechts und links zwar französisch dezentralisierten,
aber sehr umfangreichen Stiegenanlagen. Diese wurden mit Verzicht auf die Symmetrie rechts und links verschieden gestaltet. Die linke Treppe - ein Lauf leitet zu einem Podest, von
dem aus rechts und links zwei weitere Läufe hochführen -
führt nur bis zur Bel Etage, während die rechte, eine zwei-
läufige Podesttreppe, gerahmt von gewölbten Gardesälen,
außerdem in das Mezzanin über dem Erdgeschoß führt. Rechts
und links der Treppenanlage schließen zwei große gepfla-
sterte Innenhöfe (Cour privé) mit Wandbrunnen an, zu denen
von der Hofseite je ein separater Eingang führt. Rechts daran schließen die Wirtschaftsräume, große Küche, Speisekammer und -saal, links Garderobenräume und - wie rechts - ein
"cour caché" zur Aufnahme von Regenwasser wie bei dem Plan
für die Residenz von vor 1750, an. Die symmetrisch angelegten
Räume an der Hofseite nehmen links das "Appartement noble et
d'office" auf, rechts die "Chambres d'office". Sie sind von
den Wirtschaftsgebäuden durch einen Gang getrennt.
Quadratische Eckräume mit ausgerundeten Ecken - ganz ähnlich
dem Karlsruher Entwurf - sorgen wiederum für eine Verschleif-

ung der Fassade des Corps de Logis und der Flügel. Nicht
näher bezeichnet, sollten sie wohl als Kabinette dienen.
Im linken Flügel sind weitere Appartementräume, im rechten
"Salle de comuns" und "Chambre d'office de la cuisine" untergebracht.
Der Querovalsaal zwischen den Appartements des Corps de Logis
an der Gartenseite ist wie bei den frühen Idealentwürfen Pedettis von Säulen umstellt, eine barocke Reminiszenz.
Auch im ersten Obergeschoß ist die Disposition nicht streng
symmetrisch. Vor den Treppenanlagen rechts und links des
längsrechteckigen Haupteingangssaales liegen unterschiedlich lange Vestibüle, rechts gerahmt von Gardezimmern. Die
anschließenden "Cours privés" sind wie unten von Gängen zu
den Appartements umgeben. Rechts und links des Hauptsaales
an der Gartenseite schließen rechts und links entlang des
Corps de Logis und der Flügel Vorzimmer und die "Appartements
d'audience et de parade" an. In den Flügeln sind weitere
Appartements untergebracht mit je einem "Petit Sall avec
balcon" an der Gartenseite.
Rechts und links der Hof- und Gartenseite schließen Portiken mit Terrassen an.

An der sehr langen, 33achsigen Hoffassade ist, wie bereits   36
erwähnt, kein Mauerstreifen ungegliedert geblieben. In ihrer
Überladenheit und Plastizität ist sie einzigartig in Pedettis
Werk und erinnert an den Fassadenentwurf Franz Ignaz Neumanns für die Deutschordenskirche St. Elisabeth in Nürnberg
von 1775, zu der auch Pedetti später Entwürfe lieferte.
Das Erdgeschoß und das darüber befindliche Mezzanin sind durch
plastisch rustizierte dorische Pilaster mit Triglyphenkonsolen, die das Geschoßgesims stützen, zusammengefaßt. Das
Haupt- und die beiden Nebenportale zu den Innenhöfen sind
durch doppelte beziehungsweise einfache rustizierte Säulen-
stellungen gerahmt. Die Achsenzwischenräume des ersten Obergeschosses gliedern glatte ionische Pilaster, die sich, wie
unten an der Mittelachse, verdoppeln.

Das erste Obergeschoß-Fenster in der Mittelachse besteht,
ganz ähnlich wie bei dem sechs Jahre später entstandenen
Entwurf für eine "Fürstliche Residenz", aus einem Palladiomotiv. Außer diesem Triumphmotiv an zentralster Stelle weisen
beide Entwürfe Gemeinsamkeiten in der Gliederung auf. Hier
baut über den drei Mittelachsen ein weiteres Mezzaningeschoß
mit kannelierten korinthischen Doppelpilastern zwischen den
Achsen und einem die Mittelachse betonenden Segmentgiebel mit
Figurenaufsatz auf. Dies findet sich auch ganz ähnlich im Entwurf für die "Fürstliche Residenz" von 1792, auf die noch einzugehen sein wird. Hier wie dort sind die Mittelachsen der Flügel durch Dreiecksgiebel betont.
Bei dem Entwurf für das Grand palais überwiegen die barocken
Gestaltungselemente. Dominant ist die Mitte, die zwar nicht
als plastischer Risalit, aber dennoch in der Gliederung be-
tont ist durch die Säulenstellung, das Palladiomotiv, die
Verdoppelung der Pilaster, die Überhöhung durch das Mezzanin
und den Segmentgiebel mit Figurenaufsatz.
Langsam steigert sich mit noch ganz barockem Empfinden die
Dekoration von den Seiten zur Mitte. Betont sind zunächst die
Mittelachsen der Flügel durch Dreiecksgiebel mit Trophäenauf-
satz, dann folgt die reiche Ausgestaltung der säulengerahmten
Nebenportale mit den darüber befindlichen Fenstern, über denen
das Traufgesims rund ausbuchtet und mit Trophäen besetzt ist.
Das Ende der Treppenanlagen und deren Begrenzung durch Gänge
markieren im Äußeren zwei barocke Kuppeln in der elften und
23. Achse. Diese sind bekrönt von dem stumpfen Obelisken, den
Pedetti von Juvarra hatte. Weitere Hinweise auf barocke Ge-
staltungstendenzen sind die ausschließliche Verwendung von
Stichbogenfenstern und -türen und das bei Pedetti in allen
Idealentwürfen verwendete niedrige Mansardwalmdach mit barok-
ken Okuli- und stehenden Gaupen mit geschweifter Gesimsverdachung.
Auf den Frühklassizismus weisen in diesem späten Entwurf vor
allem die Ornamente. Dazu gehören die Girlanden unter den Erd-
geschoßfenstern, zwischen den verdoppelten Pilastern des Erdgeschosses und in den Lünetten über den Fenstern der Neben-

portale; außerdem die klassizistischen Vasen mit Girlanden-
gehängen auf den Portiken seitlich des Palais.
Auf den Frühklassizismus weist außerdem die Tendenz zum
Querrechteckbau ohne ausladende Teile wie Risalite und der
Verzicht auf die allgemein in der zweiten Hälfte des 18.
Jahrhunderts rückläufige Pavillongliederung.
Auch das Bemühen, die Stichbogenfenster durch Pilaster und
Gesimse in ein orthogonales Gefüge einzupassen und der Ver-
zicht auf italienisierende Segment- und Dreiecksgiebelver-
dachungen sind im modernen Sinne zu werten.

Château triangolear

Ein Jahr nach dem Entwurf des Grand palais, 1787, fertigte
Pedetti zwei signierte und datierte Pläne für ein Schloß
über dreieckigem Grundriß an[627].   X
Die Vorbilder für diese außergewöhnliche Grundrißform wurden bereits in einem ausführlichen und fundierten Aufsatz
von Arndt gefunden[628]. Diese Pläne und die des Grand palais
sind in Karlsruhe aufbewahrt. Wahrscheinlich schickte
Pedetti sie zusammen mit verschiedenen seiner Pläne für den
Eichstätter Residenzplatz als Empfehlung seines Könnens anläßlich der Planung des Karlsruher Marktplatzes dorthin.
Das Schloß entwickelt sich über einem regelmäßigen gleichseitigen Dreieck um einen runden Innenhof mit umlaufendem inneren Umgang. Die Ecken des Dreiecks sind abgeschnitten, dort
wurden Pavillons über querrechteckigem Grundriß mit rokokohaft ausgerundeten Ecken plaziert. In zwei dieser Pavillons
ist im Erdgeschoß jeweils ein "Salle terein", im dritten ist -
auf tieferem Niveau - im Erdgeschoß und Mezzanin die Kapelle
untergebracht. Im Obergeschoß befinden sich überall Festsäle.
Die Trakte dazwischen sind aufgeteilt in je zwei Folgen von
Appartements, getrennt durch je eine Einfahrt in der Mittelachse, die Trakte und Hof verbindet. Die Verbindung von den
Eckpavillons zum Hof wird hergestellt durch jeweils vier
"Garderobes et chambers d'office". In den Zwickeln des Dreiecks sind so sechs Binnenhöfe entstanden. Drei der Höfe
nehmen die Hauptstiegen auf, die sich in der Form dem Rund
des Hofes angleichen. Von den übrigen Höfen führen Spindel-
treppen zum Mezzanin.
Trotz der Schwierigkeiten, die diese Grundrißform für die
Disposition bereitete, hielt sich Pedetti an das französische
Vorbild. Die Appartements im Erdgeschoß und im ersten Ober-
geschoß bestehen jeweils aus einem großen Vorzimmer, einem
Schlafzimmer und Kabinett. Im ersten Obergeschoß war noch jeweils für zwei Zimmer Platz über der Einfahrt, die als
"Chambre de Garde" und Vorzimmer genutzt wurden. Vor allen
Zimmern liegt an der Hofseite eine Passage.

Rechts und links der Ecksäle sind jeweils Kabinette angeordnet, die außerhalb der Enfilade des Appartements liegen.
Im Mezzanin über dem Erdgeschoß sind sechs "Appartements
d'offices" untergebracht, im Keller Wirtschaftsräume wie
Küche, Fleischerei und Lagerräume.
Die oben erwähnten Treppenanlagen sind, entsprechend dem
französischen Ideal, untergeordnet. Sie sind einläufig mit
zwei Podesten und entwickeln sich schachtartig mit nur zwei
Fensterachsen und dem Arkadengang zum Hof, die den Raum
nur ungenügend erhellen. Dagegen steht das lichtdurchflutete
Treppenhaus der Eichstätter Residenz 20 Jahre vorher.
Im Château triangolear stellte Pedetti die Anlage des Treppenhauses vor der Disposition der Appartements zurück. Er
nahm einen langen Weg zugunsten einer regelmäßigen Anlage
in Kauf.
Die Vorbilder für die Grundrißform wurden, wie gesagt, bereits ermittelt[629]. Pedetti notierte sich zum ersten Mal in
seinem Skizzenbuch der italienischen Reise (1739-1742) einen
aus einem Dreieck entwickelten Schloßgrundriß, betitelt mit
"palazo in villa per tre personagi", ein Projekt des Carlo
Stefano Fontana[630]. Dieser Plan hatte den zweiten Preis im
Concorso Clementino der Accademia di San Luca in Rom im Jahre
1705 erhalten. Hier war gefordert worden, ein Landschloß
mit drei gleichen Kompartimenten zu entwerfen. Von Fontana
existieren noch weitere Projekte über dreieckigem Grundriß,
unter anderem auch für Kirchen. Auch Pedetti notierte im
Skizzenbuch einen Kirchengrundriß über einem Dreieck mit
rund eingezogenen Ecken[631], ähnlich einem Projekt Fontanas,
das in der Accademia di San Luca aufbewahrt ist[632].
Das von Fontana entworfene und von Pedetti notierte Schloß
besteht aus drei gleichen Palazzi, die mit der Langseite an
einen runden Innenhof stossen, sie liegen jeweils symmetrisch
zur Mittelachse. Der Innenhof weist, wie Pedettis Idealentwurf, einen Umgang auf. Zwischen den Trakten sind halbrund
eingeschwungene Durchfahrten mit Doppelsäulenstellung zum
Innenhof angeordnet.
Auch Filippo Juvarra leistete einen Beitrag zu der gefor-

derten Aufgabenstellung. Ein Vorprojekt zu dem preisgekrön-
ten Entwurf kommt dem Entwurf Fontanas nahe[633]. Juvarra ging
allerdings von einem regelmäßigen Sechseck aus. Er schob
zwischen die drei Hauptbauten noch Trakte mit ovalen Fest-
sälen ein. Als Vorbild für seinen Entwurf diente Juvarra ein
Idealplan von Jacques Androuet Ducerceau für drei Palazzi um
einen Sechseckhof[634]. Bei Juvarras Projekt findet sich auch
die für ihn typische obeliskenbekrönte Kuppel, die Pedetti
so häufig anwendete[635].
Der Rundhof, von Pedetti und Fontana gleichermaßen verwendet
und mit eckigen Baukörpern kombiniert, ist ein Hauptmotiv
der italienischen Baukunst. Fontanas Entwurf notierte sich
Pedetti in Rom. Pedettis Plan unterscheidet sich insofern
von Fontanas, als bei ihm durch die Anordnung der langen,
ungefähr 60 Meter langen und schmalen Trakte präziser ein
Dreieck gebildet wird als bei Fontana, bei dem es nur zu-
fällig entstand. Für diese Anordnung fand Pedetti nun wiederum ein Vorbild in der französischen Architektur.
In seinem "Traité du beau essentiel dans les arts" veröffent-
lichte Charles Etienne Briseux 1752 einen ähnlich gebildeten
Grundriß mit drei gleich geformten, langen Trakten über dem
Grundriß eines gleichseitigen Dreiecks[636]. Die Trakte sind
etwas kürzer und breiter als bei Pedetti.
Anstelle des runden platzartigen Innenhofes ist hier in der
Mitte ein beherrschender "Sallon à l'italienne" mit Doppel-
säulenstellung angeordnet. Ähnlich wie bei Pedetti ist die
Ausbildung der Binnenhöfe in den Zwickeln. Während bei
Pedetti Hof und Trakte durch die Einfahrten verbunden sind,
so sind hier Salon und Trakte durch die Mittelrisalite der
Trakte verbunden.
Die drei Flügel nehmen wie bei Pedetti je zwei Appartements
mit ähnlicher Raumfolge in jedem Stockwerk auf. Diese liegen
in einer Enfilade.
Ähnlich wie bei Pedetti sind die Kabinette seitlich der
Dreiecksspitzen angeordnet und aus der Enfilade herausge-
nommen.
Gemeinsam haben Briseux und Pedetti auch die Anordnung von

Garderoben und Gängen zwischen Salon beziehungsweise Innenhof und Eckpavillons.
Wie bei seinem späten Entwurf für den Karlsruher Marktplatz
setzt sich Pedetti auch hier von der zeitgenösssischen Tendenz zu klassizistischer Schärfe in der Raum- beziehungsweise
Grundrißgestaltung ab. Seine Konkurrenten in Karlsruhe lieferten bereits linear-geometrische und abstrakte Entwürfe,
während Pedetti in diesen späten Jahren noch dem Rokoko verhaftet blieb und detaillierte und malerische Entwürfe abgab.
Hier zeigt sich diese Tendenz in der Verschleifung der Kabinette rechts und links der Eckpavillons, an den Stellen, wo
zwei verschieden verlaufende Achsen zusammenstoßen. Dazu
kommt die Ausrundung der Ecken aller Hauptsäle.
Mehr den linearen Tendenzen der zweiten Hälfte des 18. Jahrhunderts folgte ein Bekannter Pedettis, der ansbachische
Baumeister Johann David Steingruber in seinem 1773 erschienenen, bereits erwähnten "Architectonischen Alphabet". Hier
entwarf er Schloßbauten über Buchstabengrundrissen und Initialen des Bauherrn. Diese Reihe, in der er keinen Buchstaben,
sei er auch noch so unbrauchbar für einen Schloßgrundriß, aus-
ließ oder stark veränderte, entsprang dem für diese Zeit
typischen Wunsch nach Abwechslung in der Aufgabenstellung,
den schon Marc Antoine Laugier bekundet hatte in seinem
"Essai sur l'architecture".
Das Beharren auf der jeweils typischen Grundrißform der
Buchstaben ohne Rücksicht auf eine Geschlossenheit der Baugestalt setzt Steingruber von barocken und spätbarocken Bei-
spielen ab[637]. Seine Entwürfe sind "architecture parlante".
Wie wir gesehen haben - und man könnte noch weitere Beispiele
aufführen - wurde das Problem der Verbindung von zwei so unterschiedlichen Figuren wie Kreis und Dreieck allgemein so gelöst, daß man versuchte, den Kontrast abzuschwächen. Entweder verschliff oder kappte man die spitzen Ecken, um die
Dreiecksform dem Kreis anzunähern. So auch Pedetti.

Bei Pedetti ist nicht nur die Grundrißgestaltung noch deutlich dem Rokoko verbunden, auch im Aufriß der drei gleich gestalteten Fassaden griff er, was bei ihm im Alter bereits an
mehreren Stellen zu beobachten war, auf einen älteren Formenschatz zurück. Jeweils in der Mitte der Trakte tritt ein kräf-
tiger dreiachsiger Risalit rund hervor. Er ist um ein Geschoß
erhöht. Aber nicht auf ihm liegt der Hauptakzent. Die Betonung liegt auf den ebenso hohen und um zwei Achsen breiteren
Risaliten der Eckpavillons, was der spätbarocken Tendenz der
Hervorhebung der Mitte entgegensteht. Bereits Briseux hatte
in dem vorne erwähnten Schloßplan[638] die Seitenrisalite betont. Auch brach er die Spitzen des Dreiecks und schuf weich
eingeschwungene Stirnseiten. Die Überhöhung der Bedeutung der
Eckpavillons ist hier wohl damit zu erklären, daß hier die
wichtigsten Räume des Schlosses untergebracht sind.
Die Mauer der Trakte ist durch unzählige Fensteröffnungen auf
schmale Streifen reduziert.
Rokokomäßig ist noch das Überwiegen der geohrten und gefas-
ten Stichbogenfenster mit Gesimsverdachung im oberen Geschoß.
Jedes Geschoß hat seine eigene Ordnung: Erdgeschoß und Mezzanin toskanische, erstes Obergeschoß ionische und Risalitgeschoß korinthische glatte Pilaster.
Auf den Frühklassizismus weisen die Girlanden unter den Erd-
geschoß- und die Mäander unter den Mezzaninfenstern.
Die Pilaster und Gesimse fügen die Fenster in ein Orthogonalgliederungssystem. Die Mittelrisalite sind jeweils betont
durch ein schmales Rundbogenportal mit einer in das erste
Obergeschoß ausbuchtenden Gesimsverdachung auf zwei Freisäulen. Im ersten Obergeschoß zeichnet ein Balkon die geschwungene Form des Gesimses nach. Auch werden die Achsen der
Risalite durch eine Häufung von Pilastern von den Fassaden hervorgehoben und durch einen Dreiecksgiebel und Vasenbekrönung
überhöht.
Die Eckrisalite haben ein noch stärkeres barockes Eigenleben
durch die plastischen Verdachungen der Fenster und die
Figuren über dem Traufgesims. Die Zeltdächer der Eckpavillons
sind höher als die Kuppeln über den Mittelrisaliten, was

wieder für deren Stellung spricht. Die Zeltdächer sind be-
krönt von dem immer wieder beliebten Motiv des stumpfen
Obelisken.
Gedeckt ist das Schloß mit einem barocken Mansardwalmdach,
das Pedetti wohl aus repräsentativen Gründen für alle seine
Idealentwürfe wählte.
Die Innenhoffassaden sind an den Risalitdurchfahrten durch
ein Palladiomotiv im ersten Obergeschoß betont. Hier griff
Pedetti wieder auf Gabrielische Formen zurück.

Von dem runden Innenhof des Schlosses aus erschloß Pedetti
in noch ganz barocker Weise die Umgebung. Die Hauptachsen
der Trakte und der Eckpavillons treffen sich im Mittelpunkt
und gliedern nach außen hin radial die Landschaft. Die Hauptachsen der Eckpavillons führen nach außen in Gartenwegen mit
Brunnenbassins weiter, nur vor der Kirche ist ein Platz angelegt. Zu den Durchfahrten der Trakte führen breite Anfahrten,
die gegen den geometrischen Garten durch Mauern mit Steinbalu-
straden streng abgegrenzt sind. Die Achsen münden jeweils in
einem Rondellplatz, auf den weitere Gartenwege stossen.
Die Gruppierung entspricht dem Innenhof des Schlosses.
Der Grundriß des Schlosses, die Gliederung der Landschaft
und das Verhältnis von Schloß und Landschaft basieren auf
der Form des gleichseitigen Dreiecks. Überall lassen sich
Achsen zu Dreiecken verbinden, unter anderem die Mittelpunkte
der drei Rondellplätze.
Akzente bilden am Ende der Rondellplätze je zwei Nebengebäude (Pferdeställe) mit vorgeblendeter barocker Triumphbo-
genarchitektur, im Grundriß mit "Belvedere" bezeichnet.
Das Nischenmotiv ist abhängig vom Cortile del Belvedere im
Vatikan.

Fürstliche Residenz

Pedetti ist ein weiterer Entwurf für eine Fürstliche Residenz zuzuschreiben. Dieses Projekt ist nur in einer bereits
von Habermann[639] veröffentlichten Ansicht aus der Vogelperspektive erhalten[640]. Habermann bezeichnete sie als aus dem
"Umkreis" Pedettis kommend. Einen "Umkreis" Pedettis gab es
aber nicht. Das Projekt muß von Pedetti selbst entworfen worden sein. Gezeichnet - und sicher nicht entworfen! - wurde der
signierte und auf 1792 datierte Plan von Joseph Xaver Effner,
der auch "nur" als Zeichner angestellt war.
Ähnlich dem Entwurf für das frühere Landschloß, entwarf Pedetti
auch hier eine dem barocken Gestaltungsprinzip des Schlosses
entsprechende geometrisch aufgebaute Gartenanlage und eine in
Achsen zerlegte Landschaft. Hier greift die Schloßanlage allerdings nicht, wie bei dem Landschloß, mit einer großen Anzahl
von mit Gebäuden umstellten Höfen in die Landschaft ein.
Rechts und links und hinter der Vierflügelanlage erstrecken
sich geometrisch gestaltete Gärten, Parterrefelder mit reichen Arabeskenbroderien. Für die Zeit um 1792 ist die Anlage
weit überholt. Sie ist nach Gestaltungsprinzipien von Versailles angelegt. Die geschlängelten Wege in den Boskettbezirken
lassen die Gestaltung auch nicht moderner werden im Sinne des
Landschaftsgartens. - Die Landschaft gliedert eine breite Mittelachse, von der, nach dem Vorbild der Karlsruher Residenz, sechs
Nebenachsen abgehen. Die davon durchkreuzten Wälder werden in
gleichmäßige geometrische Bezirke eingeteilt (Grand parc).
Für den Gartenentwurf zog Pedetti wohl eher als die französischen Vorbilder direkt, die Gartenentwürfe aus Paul Deckers
"Fürstlichem Baumeister", einem Kupferstich-Vorlagenwerk mit
kurz theoretisch erläuterten Plänen für ideale, nicht zur Ausführung bestimmte riesige Schloßanlagen mit Nebengebäuden und
architektonisch gestalteten Gärten in symmetrischer Anlage,
zu Rate[641]. Paul Deckers Gärten sind durchsetzt von unzähligen
Kleinarchitekturen, Springbrunnen, Grotten, Orangerien, Statuen, während Pedettis Entwurf im Vergleich dazu wenig belebt
ist.

Das Schloß selbst - auf Grund der fehlenden Grundrisse und
der Legende ist nur die Außenansicht der Hofseite überliefert - ist eine Vierflügelanlage um einen durch einen weiteren Trakt in der Mittelachse geteilten, quadratischen Innenhof. Zum Cour d'honneur und zur Gartenseite ragen die Trakte
als kurze und um ein halbes Geschoß als das Corps de Logis
niedrigere Flügel hervor. Durch geschwungene barocke Rund-
bogenarkaden am Cour d'honneur - ähnlich wie bei dem viel
früheren Entwurf für das Landschloß und wie bei diesem durch
gekuppelte Durchgänge mit den üblichen stumpfen Obelisken
Juvarras durchbrochen - werden die Hauptflügel mit zwei weiter vorne befindlichen Nebenpavillons verbunden.
Die Gestaltung der noch sehr barocken Fassaden des Corps de
Logis und der Stirnseiten der Flügel sind von Gabrielis Formenschatz abhängig. Die neun mittleren Achsen des dreizehnachsigen Corps de Logis treten als Risalit plastisch hervor.
Korinthische Kolossalpilaster fassen hier das erste Obergeschoß und das Mezzanin zusammen. Das Erdgeschoß ist rustiziert.
Typisch auch für Gabrieli ist das von Pedetti so gerne an
architektonisch wichtigen Stellen eingesetzte Palladiomotiv
(u.a. Eichstätter Stadtresidenz und Pfünzer Schloß), hier
zur Betonung des Mittelfensters im ersten Obergeschoß des
Corps de Logis und der Mittelachsen im Erdgeschoß und ersten
Obergeschoß der Flügel.
Zusätzlich betonen flache Segment- beziehungsweise Spitzbogen-
giebel diese Achsen. Ansonsten ist die Gliederung der Fassaden relativ schlicht belassen. Es dominieren die geohrten
Hochrechteckfenster in allen Geschossen.
Das Motiv der zwischen Corps de Logis und Flügeln vermittelnden Ecksäle, die die Fassade nach außen hin rokokohaft
ausrunden und die Trakte verschleifen, wurde, wie berichtet,
in den ganz frühen Entwürfen Pedettis für die Herrenresidenz
(1745), die Residenz (vor 1750) und das Karlsruher Schloß
(1750) bereits verwendet. In diesem späten Entwurf, wohl in
jeder Beziehung der altertümlichste Pedettis, wurden alle
bereits überholten Formen der früheren Entwürfe verwertet.

Städtebauliche Anlagen

In Pedettis Werk sind seine Entwürfe für städtebauliche Anlagen wie Brücken, Plätze, Straßen, Gärten, Brunnen von
einiger Bedeutung. Vor allem mit den ausgeführten Entwürfen
für den Eichstätter Residenzplatz und den unausgeführt gebliebenen für den Karlsruher Marktplatz griff er stark in
die Baugestaltung der beiden Städte ein.
Der wohl bedeutendste Gartenentwurf, vor allem was die architektonischen Elemente betrifft, ist der Eichstätter Hofgarten.
Für Eichstätt entwarf er außerdem kleine Gärten, Brunnen
und Brücken und legte Straßen an. Im Jahre 1764 wurden zehn
Staatsstraßen auf einer Wegstrecke von 36 Stunden gebaut.
Pedetti gehörte der leitenden Kommission an. Im Jahre 1781
bat Pedetti um eine Entschädigung für seine achtjährige Arbeit an der Stadtchaussee in Eichstätt[642].
An kleinen Brücken für Eichstätt führte er 1781 die Aumühl-
brücke in der Ostenvorstadt südlich der Sommerresidenz in
Stein auf[643]. Am 1.6.1790 schrieb Pedetti an den Fürstbischof
und bat um zusätzliche Bezahlung seiner an den Brücken der
Stadt getaner Arbeit[644]. Er hätte nach Wassergüssen und
Eisstössen die Au- und Schlagbrücken neu erbaut und hätte
"/.../ hiebei viele Strapazen in Nachsicht, wie auch gelegent-
heitlich der Haubt Reparation an der Spitalbrücke zu erleiden gehabt /.../". Auch hätte er Gutachten und Pläne gemacht.
Er bat, da er "/.../ an Kleidung vieles abgenutzt /.../, um
einen finanziellen Beitrag zur Tilgung seiner Schulden.
Zur Reparatur der Spitalbrücke gegenüber der Domwestfassade
sind keine Pläne Pedettis erhalten[645]. Die in der Quelle erwähnte Schlagbrücke in der Spitalvorstadt wurde von Pedetti
neu erbaut (1789)[646]. Der Plan sieht den Abriß des alten Tor-
hauses und eine Verlängerung der Brücke vor.
Die südlich daran anschließende Eselsbrücke hatte er bereits
1777 aus Stein neu errichtet[647].

Eichstätt, Residenzplatz

Als eines seiner Hauptwerke sind Pedettis Entwürfe für die
Neugestaltung des Eichstätter Residenzplatzes zu werten.
Eichstätt hat drei wichtige Plätze in der Domstadt, die die
Stadtgestalt entscheidend prägen, den Dom-, den Leonrod- und
den Residenzplatz. Den Mittelpunkt der im zwölften Jahrhundert
gegründeten Bürgerstadt stellt der Marktplatz mit dem Willi-
baldsbrunnen dar. Er ist gleichzeitig der wohnlichste, intimste
und lebendigste Platz, den Bedürfnissen der bürgerlichen An-
wohner angepaßt. Hier befinden sich das im Kern gotische Rathaus, zu dem Pedetti Umgestaltungsentwürfe lieferte, und die
Gast- und Wohnhäuser.
Aber Eichstätt war und ist eine geistliche Stadt. Ihre Geschichte und Ideologie drücken sich am besten in der älteren
Domstadt aus. Die drei genannten Plätze der geistlichen Stadt,
vor allem der Residenzplatz, huldigen Eichstätt als Bischofs-
residenz und Hochstiftshauptstadt.
Unter den drei Plätzen ist wohl der Domplatz, der bis 1535
Friedhof war, an der Nordseite des Domes der volksnaheste.
Durch seine Funktion als Versammlungsort von Kirchgängern
vermittelt er zwischen Geistlichkeit und Bürgerschaft und
ist das eigentliche Kommunikationszentrum der Stadt.
Seriöser wirkt bereits der Leonrodplatz, angelegt im 17. Jahrhundert vor der monumentalen Fassade der Jesuitenkirche, umgeben von ehemals fürstbischöflichen Amtsgebäuden und Ausgangspunkt zu der anschließenden Ostenvorstadt.
Der repräsentativste Platz von Eichstätt ist der Residenzplatz, umgeben von der eleganten Architektur der Kavaliers-
höfe und der Residenzflügel, die Seele der geistlichen Stadt.
Er ist ein Schauplatz, eine Festkulisse des Barock, ruhig und
hell. Er drückt aus, was die Herrschaft der Fürstbischöfe bestimmte. Ihre Macht war absolut; von der Hochstiftshauptstadt
aus regierten sie über ein geschlossenes Territorium.
Seit der Regierung Marquards II (1637-1685) nach dem 30jährigen
Krieg trat die fürstliche Herrlichkeit stärker hervor gegenüber der bischöflichen Würde. Von da an wurden die Regenten
nicht mehr "hochwürdigster und gnädigster Bischof", sondern

Fürstbischof tituliert. Im Wappen erhielt das Schwert seinen
Platz neben dem Bischofsstab.
Der Residenzplatz strahlt die Herrlichkeit der weltlichen
Macht aus, dennoch ist diese der Gottesmutter, der Schutz-
herrin der Stadt, in Form der von Pedetti gestalteten Mariensäule unterstellt.
Der Platz diente nicht zum gelösten Verweilen, eher zum Prome-
nieren für die gehobeneren Bevölkerungsschichten und die
Geistlichkeit und als Paradeplatz für die Residenzwachen,
für die Pedetti Schildwachhäuschen am West- und Südportal
der Residenz entworfen hatte[648].

Der Schöpfer der barocken Residenzplatzanlage war Pedettis
Amtsvorgänger <u>Gabriel de Gabrieli</u>. Pedettis spätere Umgestaltung ist als Bereicherung des Konzepts von Gabrieli zu ver-
stehen. Dieser hatte bei der Anlage des Platzes die mittelalterliche Bebauung zu berücksichtigen. Auf dem Gelände des
späteren Residenzplatzes, zwischen der südlich vom Dom gelegenen Residenz, dem mittelalterlichen Getreidekasten im Osten
und der von Westen kommenden Altmühl, die gerade hier nach
Osten abknickt, gab es zunächst einen mit Linden bepflanzten
Freiraum[649]. Daran schlossen südlich zwei Häuserzeilen und
kleine "Höffl" und "Gärdtl", dichtgedrängt auf engem Raum,
an. Gabrieli ließ die dem von ihm 1725-1727 neu errichteten
südlichen Residenzflügel - bis dahin hatte nur der 1702 von
Jakob Engel errichtete Westflügel bestanden - zunächst gelegene Häuserzeile, die vom Getreidekasten mit einem Schwung
nach Westen verlief, abreißen. Unter anderem gehörte hierzu
das Offizialat[650]und die burgähnliche Wohnung des Weihbischofs
mit einem Wehrturm. Auch die zweite mittelalterliche Häuserzeile, die von der ersten durch die ehemalige Domherrengasse
getrennt war, wurde abgerissen und einplanet. Hierzu gehörten vor allem der Domherrenhof Freyberg-Hopfenau mit großem
Garten und ein Hof, bezeichnet als "Gestüd".
Gabrieli plante hierfür eine Neubebauung. Durch den Abriß der
ersten Häuserzeile und durch die Schaffung einer weniger geschwungenen Baulinie bei den Neubauten auf dem Grund der ehemaligen zweiten Häuserzeile gewann Gabrieli mehr Raum für

seine Platzanlage.

Im Jahre 1728 begann Gabrieli mit der Randbebauung und legte
so den Grundriß des Platzes fest. Im Westen baute er auf dem
Gelände eines ehemaligen landwirtschaftlichen Anwesens die
Hofkanzlei für den Geistlichen Rat und den Hof- und Kammerrat,
südlich daneben das Generalvikariat. Hierbei mußte das alte
Grießbad fallen. Die Südseite des Platzes, entlang der alten
Stadtmauer und auf dem Gelände der ehemaligen zweiten mittelalterlichen Häuserzeile, besetzte er 1730-1736 mit den sogenannten Kavaliers- oder Ministerhöfen, den Amtswohnungen für
die Inhaber der obersten Land- und Hofämter: für den Oberst-
Hofmarschall, den Oberstallmeister, den Landvogt und für
fürstliche Gäste.

Auf der Ostseite des Platzes vor dem Getreidekasten entstanden um 1732 zwei Häuser mit Wohnungen für Mitglieder des
Chorherrenstifts St. Willibald. Diese Gebäude vermitteln mit
ihren Mansarddächern die große Satteldachfläche des Getreide-
kastens zum Platz hin[651].

Die Platzrandbebauung Gabrielis ist sehr unregelmäßig. Man
kann bei seinem Konzept nicht von einer bewußten Formung
sprechen, von einer genau abgezirkelten Barockplatzanlage.
Für die Platzfläche wurde weder ein Rund, Oval, Quadrat oder
Rechteck gebildet. Man kann höchstens von einer länglichen
Dreiecksform sprechen. Keine der Platzwände verläuft parallel
oder im rechten Winkel zur anderen.

Gabrieli hatte die Platzgestalt weitgehend dem bereits vorhandenen Baubestand und dem natürlichen Flußverlauf der Altmühl angepaßt und nicht gewaltsam versucht, einen geraden und
exakten Barockplatz zu gestalten.

Nach Gabrielis Tod (1747) war es nun Pedettis Aufgabe, dem
Platz einen Sinn zu geben. Da der damalige Fürstbischof Strasoldo wegen des Siebenjährigen Krieges in finanziellen Schwierigkeiten steckte, begann die Umgestaltung des Residenzplatzes durch Pedetti erst 1777. Seine Entwürfe sind uns in

zahlreichen Zeichnungen, zum größten Teil von ihm selbst,
überliefert.

Der für Pedetti zu gestaltende Raum war nicht groß genug, um
eine regelrechte barocke Raumbildung vornehmen zu können, wie
es ihm zum Beispiel möglich war bei der Planung des Karlsruher
Marktplatzes 1787/1790. Hier war genügend Gestaltungsraum vorhanden, und Pedetti konnte großzügig planen. Für Karlsruhe entwarf er eine gleichmäßige, symmetrische Platzfolge, deren
Wirkung sich bis zum Hauptblickpunkt und Endziel, dem Schloß,
steigert.

In Eichstätt dagegen mußte Pedetti in ganz anderen Dimensionen
denken, denn hier war der zur Verfügung stehende Raum eingeschränkt und auch bereits vorgeformt. Die Residenz war einge-
schlossen im alten Straßensystem, so daß man nicht frei auf
sie zugehen konnte. Den Platz also so zu gestalten, daß seine
Wirkung sich bis hin zur Residenz steigerte, war ausgeschlos-
sen. Pedetti bezog den Platz auch deswegen nicht auf die Residenz, konzipierte also keinen vorgelagerten Breitplatz, sondern richtete die Anlage auf die von ihm neu errichtete <u>Marien</u>-
<u>säule mit Brunnen</u> im Osten aus. Die Entwürfe für den Marien-
brunnen sind uns in Form von zahlreichen Detailzeichnungen
in der Technischen Universität in München und teilweise als
Duplikate in Karlsruhe, wohin Pedetti sie wahrscheinlich als
Beispiele seines Könnens schickte, erhalten[652].   <u>37-39</u>

Eine Ansichtszeichnung in der Staatsbibliothek in München
zeigt die Gestaltung der Ostseite des Platzes[653]. Hier ist   <u>XI</u>
die Mariensäule mit Brunnen in Schrägansicht und - als
innerster sakraler Bereich - durch eine Ketteneinfassung
vom übrigen Platz getrennt und mit Lindenheckenabschluß,
dargestellt. Hinter der Lindenhecke ragt der Huttensche
Getreidekasten und darüber der Giebel der Jesuitenkirche
und die Laterne des Turmes derselben empor. Die Säule und
das Brunnenbassin sind so dargestellt, wie sie auch heute
noch erhalten sind. Pflasterung und sonstige Gestaltung
sind nicht näher bezeichnet. Nur der direkte Brunnenumlauf
ist gepflastert.

Die signierte und schön angelegte Tuschezeichnung gibt den

Zeitpunkt der Aufstellung des Monuments an: "Hoc Moniment f.c.
/fieri curavit/ M.DCC.LXXVII" (1777). Diese Datierung befindet sich
auch auf der Säule selbst unter dem Wappen des Domkapitels.
Bei dem Prospekt handelt es sich um eine sehr präzise
Zeichnung mit der Wiedergabe aller Details. Die malerische
Anlage des Blattes und die lockere Hand Pedettis entsprechen
noch dem spätbarocken Kunstwollen.
Der Aufbau des Brunnens ist ein Wechselspiel von Konstruk-
tionen aus dem Kreis, dem Drei-, Vier- und Sechseck. In der
Mitte des Beckens erhebt sich der doppelgeschossige rustizierte, dreieckige Säulensockel, um den sich drei, die Was-
serschalen tragende, Tritonen gruppieren. Im Untergeschoß des
Sockels sind aus Bronze gegossene wasserspeiende Delphine, im
Obergeschoß die Wappen des Hochstiftes Eichstätt (Bischofsstab), des Fürstbischofs Strasoldo (fünf waagerechte Einteilungen) und des Domkapitels (drei Löwen übereinander) mit Inschriften angebracht.
Über dem rustizierten Sockel strebt die sehr schlanke, kannelierte Säule elegant und mit schöner Entasis zu einem Kompositkapitell empor, über dem wiederum ein weitausladendes
Gebälkstück aufsitzt, das den Sockel für die Steinkugel, auf
der die Gottesmutter steht, bildet. Daß die Komposition der
Säule vollkommen auf Pedetti zurückgeht, beweist eine Säulen-
darstellung auf dem von ihm entworfenen Hochstiftskalender
von 1759[654]. Die architektonische Rahmung des eigentlichen
Kalenders in der Mitte, bestehend aus kannelierten Säulen mit
Kompositkapitellen mit Gebälk und Attika, greift bereits der
Gestaltung der Mariensäule vor.
Ein Zeitgenosse Pedettis beschrieb die Säule 1791 folgendermaßen:"/.../ Die ganze Höhe der in der Mitte aufgerichteten
Saule ist 67 Schuh; das auf der Saule stehende, aus Kupfer
getriebene, und im Feuer vergoldete Frauenbild hat 10 Schuh,
folglich der ganze Obelisk 77 Schuh /.../ Der ganze Brunnen
ist von eichstädter Werkstein, und ist mit einer Gallerie
von drey Staffeln /drei Stufen/, dann einer Zierlichen und
starkh Ketten umfangen"[655].

Alle Steinfiguren des Brunnens - sowohl die Tritonen als auch
die Putti, die auf, aus der kräftig profilierten Steinbrüstung des Bassins hervorspringenden, Postamenten sitzen - stammen vom Hofbildhauer Johann Jakob Berg, einem der Hauptmitar-
beiter Pedettis. Die Putti spielen mit Krebsen, Vögeln, Fröschen,
Fischen und Muscheln. Einer betrachtet Versteinerungen - eine
Anspielung auf Eichstätts Besonderheiten. Ebenfalls von Berg
ist das Modell für die von Thomas und Franz Xaver Konrad in
Kupfer getriebene und feuervergoldete Marienfigur.

Im Osten wird der Platz durch eine halbkreisförmige, franzö-
sisch zugestutzte Lindenhecke hinter der Säule geschlossen[656].
Diese steht auf erhöhtem Terrain und ist eine geschickte Ab-
stufung vom Getreidekasten über die Kanonikerhäuser bis hin zum
Platz. Sechzehn Bäume sind paarweise hintereinander gepflanzt.
Auf jeden der durch den unteren Heckenausschnitt und die Stämme
gebildeten Zwischenräume trifft eine steinerne Vase auf einem
einfachen, die Stufen durchschneidenden Sockel.
Daß diese Laubwand tatsächlich angelegt wurde, ist dem nach
Pedettis Zeichnung angefertigten Kupferstich von 1791 zu
entnehmen[657]. Auf einer Zeichnung der Serie in der Tech-   40
nischen Universität in München, die das gesamte Platzprospekt wiedergibt[658], hat Pedetti vermerkt, warum er Linden-   37
bäume für die Hecke gewählt hatte:"/.../ Linden-Baum sind
darzu die beste, sie wachsen schnell, und komt kein unge-
ziffer daran, sind auch in hiesiger gegend zu 12. und 15.
Schuh hoch zubekomen." Aus dem gleichen Plan geht hervor,
daß Pedetti auch die Idee hatte, die kompakte Lindenwand,
die den Platz stark nach außen hin abschloß, mit Rundbögen
zu öffnen. Er schreibt dazu auf dem Plan:"/Die Hecken/ könen
unten mit Bögen gemacht und geschnitten werden, damit nie-
mant keine aussicht benomen werde: wan sie diesen Herbst
noch gesetzet, und etwan in zwey Jahren ein gestell von
holtz daran gemacht wird, so ist in zeit 5. oder 6. Jahren
das Ziel erreichet." Von der Idee her wäre der Plan gut gewesen: auf der einen Seite ein Abschluß des Platzes durch
die Hecke, die seine Intimität fördert, aber auf der anderen

Seite die Möglichkeit, seinen Blick schweifen zu lassen und
den Platz optisch zu erweitern durch die Rundbogenöffnungen.
Es war eine Forderung der französischen Klassik, daß eine
gute Platzanlage "bien percé" sein sollte. Man forderte die
Freiheit des Blickes. "Erst Öffnungen und Ausblicke machen
einen Platz willkommen"[659]. Von dem eben erwähnten Kupferstich von 1791 ist dann abzulesen, daß doch die Lösung der
geschlosseneren Hecke gewählt wurde.

Aus dem bereits erwähnten Platzprospekt von Pedetti und aus
einem Grundrißplan des Platzes von ihm[660] geht hervor, wie   41
Pedetti sich die _westliche Gestaltung des Platzes_ vorgestellt hatte. In Verlängerung zu dem großen Brunnenmonu-
ment im Osten hatte er in der westlichsten Ecke einen kleineren, auch aus einem Dreieck entwickelten Brunnen vorge-   39
sehen. Beide Brunnen liegen auf einer Linie, die von der
Portalmitte des Generalvikariats im Westen durch die Mitte
beider Brunnenbassins, des Lindenrondells und der Chorher-
renhäuser im Osten führt. Somit hatte Pedetti eine Symmetrieachse hergestellt. Auf beiden Plänen ist erkennbar, daß die
westlichen Spitzen beider Brunnen fast auf die Fluchtlinie
der Residenz stoßen, der große Brunnen auf die östliche,
der kleine auf die westliche[661]. Der kleine Brunnen im Westen wurde 1820 entfernt und ist heute bei der Planung der
Neugestaltung des Residenzplatzes ein sehr umstrittener Punkt.
Daß der kleine Brunnen tatsächlich gebaut und nicht nur geplant wurde, geht aus der Abbildung des Residenzplatzes auf
dem Sedisvakanztaler von 1781[662], aus dem Aufstellungsbericht
im Regensburger Stadtarchiv von 1780, in der es um die Wasserleitungen zum kleinen Brunnen geht und in der der unmittelbar bevorstehende Bau des kleinen Brunnens angekündigt
wird[663], aus den beiden, nach Zeichnungen von Pedetti angefertigten Kupferstichen von 1791[664], aus der "Topogra-   22,40
phischen Beschreibung"von Franz Xaver Lang von 1815[665]
und aus der Urkatastervermessung von 1814 im Landesver-
messungsamt in München hervor.

Trotz der starken Einschränkungen, die die eingekeilte Lage
und die Unregelmäßigkeiten des Residenzplatzes, bei dem die
Platzfronten in den verschiedensten Richtungen und abwechselnd
eckig und kurvig verliefen, mit sich brachten, waren Pedettis
Zutaten und Veränderungen eine wirkliche Bereicherung und
sogar Uminterpretation der Gabrielischen Anlage.
Pedettis grundlegendste Idee war wohl, die irreguläre Platzform auszugleichen. Der Kupferstich von 1791 mit der Ansicht   40
gegen Osten zeigt, wie sich Pedetti vielleicht die Regulierung der Platzform wünschte. So, wie sie auf diesem Stich dargestellt ist, wäre sie allerdings nicht zu verwirklichen gewesen. Während die Platzform sich in Wirklichkeit von Osten
nach Westen verengte und länglicher wurde, ist sie hier aus-
geglichener und runder dargestellt. Diese Platzgestalt wäre
aber nur auf Kosten der südlich verlaufenden Straße herzustellen gewesen, die hier aber noch zusätzlich breit eingezeichnet ist.
Eine grundlegende Veränderung der irregulären Platzform war
also für Pedetti aus Platzgründen nicht möglich. Möglich war
aber ein optisches Ausgleichen. Die beschriebene, neu ge-
schaffene Symmetrieachse war dazu nicht Pedettis einzige Idee,
obwohl sie die grundlegendste war. Sie machte den Platz zu
einem gleichschenkeligen Dreieck. Die unregelmäßige Platz-
front der Ministerhöfe glich Pedetti durch eine breitange-
legte schwungvolle Fahrbahn aus, die gleichzeitig den Ver-
kehr erleichterte und einen besseren Blick auf die begleitende Architektur erlaubte.
Gabrielis Platzanlage war der Residenz vorgelegt und hatte
die typisch barocke untergeordnete Rolle eines Vorplatzes,
dazu geschaffen, die Residenz "in posto" zu setzen. Eine
langsam sich steigernde Wirkung des Platzes war natürlich
aus Platzmangel nicht möglich. Gabrielis Platz war geformt
nach dem Vorbild eines antiken Theaters. Der Südflügel der
Residenz hatte dabei die Funktion eines Bühnenhauses, daran schloß sich im Halbkreis der Zuschauerraum. Fußpunkt
des Radius' bildete das südliche Residenzportal. Hauptfassade blieb aber dennoch die ältere Fassade des Westflügels

Dies blieb auch so unter Pedetti. Das von ihm neu erbaute
Treppenhaus und der Spiegelsaal sind von hier aus zu erreichen.
Der Mittelrisalit war auch zunächst für die Westfassade geplant. Der Eingang für den Fürstbischof und den Hofstaat war
ebenfalls an der Westseite, während das Südportal zu den Remisen führte. Letzteres war mehr ein Ausgang zu dem auf dem
Platz versammelten Volk.

Durch die Achsenverlegung und die Ausrichtung des Platzes auf
die Mariensäule in der Ostecke gab Pedetti dem Platz einen
anderen Sinn und eine neue Hauptansicht. So wurde der Breit-
zum Tiefenraum. In der Mitte des Platzes hätte das Brunnen-
monument weder eine platzgestaltende Funktion gehabt, noch
hätte die einansichtige Marienfigur gewirkt. Brunnen mit
krönenden Statuen sind auf Grund ihrer Einansichtigkeit im
allgemeinen ungeeignet für einen Standort in der Mitte des
Platzes.

Die Entscheidung Pedettis, eine Mariensäule als platzgestal-
tendes Element zu nehmen, war sehr glücklich. Er setzte der
sehr breit gelagerten Häuserzeile von Gabrieli mit der besonders schlanken Säule einen vertikalen Akzent gegenüber,
so daß Architektur und Monument sich gegenseitig steigern konnten. "Die Säule ist für nicht regelmäßig ausgebaute Plätze
ein vorzügliches Schmuckstück. Sie verlangt keine besonderen
Feinheiten für ihre Situation, gibt durch ihre Größe dem
Platz Einheitlichkeit, deckt keine Architekturen /zu/"[666].
Die Anlage des Brunnenmonuments und die ursprünglich halbkreisförmige Umrahmung durch die Lindenhecke erinnerten Mader,
was die künstlerische Funktion anbelangt, an die Art, wie
der Obelisk auf dem Petersplatz in Rom von den Kolonnaden
Berninis umfangen wird[667]. Ob man diese illustre Platzgestaltung allerdings mit einer deutschen Kleinstadt und die
Kolonnaden Berninis mit einer Lindenhecke vergleichen kann,
sei dahingestellt, selbst wenn man das Streben aller
Bischofsstädte zur Nachahmung Roms berücksichtigt.

Auch die Lindenhecke, architektonisch verwendete Natur, hat
platzgestaltende Funktion. Sie ist gegenüber den Chorherren-
häusern leicht gedreht und erstreckt sich nicht entlang der

gesamten Front. Dadurch zieht sie den Platz optisch zusammen
und gleicht ihn der schmaleren Westseite an.
Anlaß zu heftigen Diskussionen bei der geplanten Neugestaltung
des Platzes hat heute die ursprüngliche Pflasterung ausge-
löst[668]. Auf keinem der Pläne Pedettis ist eindeutig angegeben,
wie er sich die Gestaltung der Bodenfläche vorgestellt hatte.
Auf dem Hutterschen Kupferstich von 1791 mit der Ansicht des   40
Platzes gegen Osten ist eine Pflasterung des gesamten Platzes
angegeben, bestehend aus kleinen Steinen. Daß eine Pflasterung
bestand, dafür spricht die Korrespondenz der Herzoglich- Leuch-
tenbergischen Domänenkanzlei von Dezember 1821 bis Mai 1822.
Hier wird von dem Abtransport von auf dem Residenzplatz ent-
behrlichen Pflastersteinen gesprochen.[669] Diese wurden zum
größeren Teil auf dem Marktplatz wiederverwendet, so daß wir
uns dort über die Steinsorte orientieren können.
Neben der eigentlichen Pflasterung zeigt der Huttersche
Kupferstich noch eine zusätzliche Gliederung durch neun
strukturierende Steinreihen. Auch auf der bereits erwähnten
Ansicht der Residenz von Effner sind sie angegeben.   23
Auch diese Gliederung löste große Diskussionen in der Neuzeit aus und veranlaßte Versuche zu symbolischen Deutungen
und Zahleninterpretationen. Auch sah man in den Linien platz-
korrigierende Faktoren.[670]
Fiedler bewies nun einleuchtend in dem neuesten zu diesem
Problem erschienenen Aufsatz[671], daß die Pflasterung nicht
von Pedetti konzipiert wurde, sondern nach der Randbebauung
Gabrielis und vor Pedettis Neugestaltung verlegt wurde.
Begründet wurde dies damit, daß die Pflasterung keinen Bezug auf die Neuzutaten Pedettis nimmt, sondern schief dazu
verläuft. Außerdem wurde darauf aufmerksam gemacht, daß auf
dem bereits erwähnten - in der Münchner TU aufbewahrten -
Platzprospekt erwähnt wäre, daß das bereits bestehende Pflaster aufgehoben werden müßte. Unwahrscheinlich ist es in der
Tat, daß Pedetti das alte Pflaster entfernte und eine Neu-
pflasterung vornahm. Für die Ausführung des Pflasters in der
ersten Hälfte des 18. Jahrhunderts spricht auch die größere
Finanzkraft der Zeit. Somit ist die Pflasterung kein "Pedetti-
Problem" mehr.

Die Vollendung des Marienbrunnens zog sich bis zum Jahre
1780 hin. Die Säule wurde erst 1776 aufgerichtet. Die Stein-
metzarbeiten für die Säule waren bereits 1775 vollendet
(außer dem Bassin) und lagen fertig im Zwingersteinbruch, wie
Pedetti in dem zu der erwähnten Zeichnung in der Staats-   XI
bibliothek in München gehörigen "Unterthänigsten Pro Memoria"
feststellte.
Das Marienbild kam am 23.7.1777 um vier Uhr morgens auf die
Säule[672]. Ein typisch barocker Festakt mit der Enthüllung der
Figur ist nicht überliefert, aber sehr wahrscheinlich.
Das Brunnenbassin wurde 1778, das Brunnenwerk 1780 fertig.
Der kleine Brunnen wurde am 28.6.1780 vollendet.[673]
Unter der Leuchtenberg-Regierung wurde die barocke Platzge-
stalt durch eine Lindenbaumbepflanzung im englischen Stil
zerstört; diese wurde 1929 entfernt.
Nach einer neuzeitlichen Zergliederung durch Grünflächen,
Teilasphaltierung, Blumenrabatten und Bekiesung wurde der
Platz 1983 mit einer strukturierten, einheitlichen Pflasterung
versehen.

Da die Eichstätter Mariensäule zu den bedeutendsten ihrer
Art gehört, müssen hier noch einige Worte zum Säulenmonument
allgemein gesagt werden. Von der Eichstätter Mariensäule
wurde einmal behauptet: "Stünde dieser Brunnen mit Säule in
München, Paris oder Palermo, wäre die Kunstwelt von ihrem
Ruhme erfüllt. So steht sie aber bei uns in Eichstätt, von
zu wenigen gekannt"[674].
Einzigartig an der Eichstätter Säule ist ihre Schlankheit
und Höhe. Sie überragt die Münchner Mariensäule von 1637/1638
um zirka zehn Meter.
Die Entwicklung der Mariensäule ging aus von den antiken
Ehren- und Triumphsäulen mit Statuen von Persönlichkeiten,
die sich um den Staat verdient gemacht hatten. Diese hatten
die vorher beliebten anonymen Ehren- und Triumphbögen abgelöst.
Es kam zur Ausprägung der Kolossalsäule in der Art der Trajans-
und Marc-Aurel-Säule in Rom. Vor allem unter Papst Sixtus V
(1585-1590) wurden die antiken Monumente - als Zeichen des

Sieges des Christentums über das Heidentum - mit christ-
lichen Symbolen versehen. Sixtus V ließ allein vier Obelisken
in Rom versetzen und durch das Kreuz zu Denkmälern des Christentums erheben. Die Statuen der römischen Kaiser Trajan
und Marc Aurel wurden durch die Heiligen Petrus und Paulus
ersetzt.
Unter Camillo Borghese, der als Papst Paul V von 1605 bis 1621
regierte, kam es 1614 zur Errichtung der ersten Mariensäule im
monumentalen Stil auf dem Platz vor der Kirche Santa Maria
Maggiore in Rom. Während dann in Rom der Obelisk häufiger als
monumentaler Platzschmuck herangezogen wurde, fand in Deutschland, insbesondere im katholischen Österreich die Säule mehr
Verbreitung. Sie wurde errichtet als Bet-, Marter-, Pest- und
Türken- oder als Wetter- und Mariensäule. In Österreich finden
wir sie in jeder größeren Stadt. Bedeutendstes Beispiel ist
die Dreifaltigkeitssäule im Graben in Wien. Aber auch in
Deutschland taucht sie auf, nur viel seltener und immer sehr
niedrig. Die bedeutendsten Mariensäulen in Süddeutschland sind
neben Eichstätt München, Freising und Tittmoning, wobei
letztere aber nicht sehr groß ist und kein platzbestimmendes
Monument darstellt. Errichtet wurden sie als Votiv- und Ehren-
säulen für Maria, die Stadt-Beschützerin, die Beschirmerin des
Bistums, die Krieg und Feuersnöte fernhalten sollte.

Pedetti hatte bei der Gestaltung des Residenzplatzes nicht
nur die künstlerische Oberleitung, sondern er befaßte sich
auch intensiv mit der technischen Verwirklichung der Errichtung der immerhin 19 Meter hohen Säule mit dem drei Meter
hohen Standbild, die in halber Höhe einen Durchmesser von
85 Zentimeter hat. Er fertigte zahlreiche Pläne und Modelle
zur Herstellung eines Holzgerüstes an[675]. In dem bereits erwähnten "Pro Memoria" vom 24.11.1775 plante Pedetti, "/.../
in Zeit 8 Wochen, zugleich das gerist auffgestält und ganze
auffrichtung der Ehren Saullen zu Ende gebracht /zu haben/"[676].
Er stellte einen Kostenvoranschlag für Holz, Flaschenzüge
und sonstiges Material zusammen, aus dem hervorgeht, welche
ungeheueren Mengen an Holz erforderlich waren für das Gerüst.

Auch der <u>Wasserversorgung</u> der Residenzplatzbrunnen widmete
Pedetti sich in einem ganz besonderen Maße. Mit seinem Interesse an den technischen Problemen der Wasserzufuhr und
-leitung beschäftigte er sich mit einem sehr wichtigen Zweig
des Bauwesens. Joseph von Baader (1764-1835) bezeichnete
1797/1798 bei seiner Bewerbung um die Stelle eines "Machinen-
und Wasserbau-Director(s)" in München das "Wasserkunst-
wesen" als ein "vom übrigen Bauwesen gänzlich verschiedenes
Fach", aber dennoch als einen höchst wichtigen Zweig des
Bauwesens[677]. Baader erachtete es als notwendig, daß dieses
so wichtige Gebiet von einem speziellen Wasserbaudirektor
übernommen würde, damit man sicher sein könnte, bei den Ent-
wicklungen in der Wasserkunst immer auf dem neuesten Stand zu
sein und rentabel arbeiten zu können. Er kritisierte die Un-
wissenheit der Oberbaudirektion in München und wollte den Bereich der Wasserkunst - in München gab es im 18. Jahrhundert
immerhin sieben kurfürstliche und fünf städtische Brunnen-
häuser - aus deren Kompetenz heraushalten.
Als sich das Problem der Wasserversorgung der Residenzplatzbrunnen in Eichstätt 1779 stellte, gab es keinen Brunnenmeister.
Pedetti nahm sich Matthias Merkl zu Hilfe, der zwar berufs-
fremd aber dennoch beschlagen in diesem Bereich war. Neben
dem Marienbrunnen ist noch heute auf dem Deckel des Wasser-
leitungsschachtes sein Name zu lesen "Madhias Merckl inv.
1780". Merkl wurde nach der erfolgreichen Vollendung der Arbeiten zum Hofbrunnenmeister ernannt.[678]
Pedetti entwarf den künstlerischen und Merkl den technischen
Teil eines Wasserturmes[679]. Dieser wurde in dem Garten des
Bruderhauses St. Sebastian in der Spitalvorstadt, vom Residenzplatz im Westen durch die Altmühl getrennt, errichtet.
Durch eine Röhrenleitung unter der Altmühl wurde das Wasser
zu den Brunnen gepumpt. Der Turm wurde 1898 abgebrochen.
Mager berichtet in einem Aufsatz über Häuserinschriften von
einer Inschrift auf dem Turm.[680]. Diese sagte aus, daß der
Turm unter Leitung von Pedetti von Merkl innerhalb von dreizehn Monaten errichtet worden wäre. In den Kunstdenkmälern
ist eine verschollene Ansicht von Eichstätt von Ignaz

Alexander Breitenauer von 1799 mit der Darstellung des Wasserturmes[681] und bei Mager eine vereinfachte Zeichnung des Turmes
veröffentlicht[682]. Er wurde nach dem Entwurf Pedettis ausgeführt. In Nürnberg ist von Pedetti eine ganze Serie mit Situationsplänen vom Bruderhausgarten, Wasserhöhenberechnungen und
Grund- und Aufrissen des Turmes erhalten[683]. Weitere Pläne sind
in Karlsruhe aufbewahrt[684]. Der Wasserturm ist dreigeschossig
und zirka 18 Meter hoch. Für das Wasserrad sah Pedetti einen
niedrigen Anbau vor. Gedeckt ist der Turm mit einem Mansard-,
der Anbau mit einem Satteldach. Bei beiden sind die Ecken rustiziert. Die ganze Anlage steht unterirdisch auf Rosten. Das
Rad dreht sich durch das fließende Wasser, das "Freywasser".
Damit setzt es das Hauptzahnrad des Turmes, mit dem es verbunden ist, in Bewegung. Das Wasser, das von einem speziell angelegten Einzugskanal zunächst in einen Wasserkasten läuft, wird
durch sogenannte "aufsteig saullen", betrieben durch ein Zahn-
rad, hochgepumpt. Durch ein "Stelzenwerckgestell" wird das Wasser dann noch höher befördert bis hin zum Wasserkasten. Durch
dessen Trichter fällt das Wasser dann in Rohren herab, hat
Druck und fließt weiter bis zu den Residenz- und Hofgarten-
brunnen. Vermessen hatte Pedetti alles mit Hilfe von Ignaz
Pickl, wie er auf einem Plan von 1778 vermerkt[685]. <u>41</u>
Im Inneren sind Turm und Radstube nicht nur nach praktischen Erwägungen, sondern auch künstlerisch ausgestaltet
worden. Ein schmiedeeisernes Gitter ziert die Radstube,
die Treppengeländer zum Turm sind vielfach längsoval durchbrochen - ein beliebtes Motiv Pedettis - und in der Einheizstube für den Brunnenwart im Erdgeschoß ist ein kunstvoller,
aus zwei übereinandergestellten quadratischen Körpern gebildeter Ofen auf zierlich geschwungenen Rokokofüßen aufgestellt.

Eichstätt, Brunnenentwürfe

Wenige Jahre nach der Neugestaltung des Residenzplatzes mit
dem Marienbrunnen und der Säule, die noch ganz dem Rokoko
verhaftet war, fertigte Pedetti im Jahre 1784 bereits ganz
klassizistische Entwürfe für drei steinerne Wandbrunnen für
Eichstätt an[686]. Die Entwürfe blieben unausgeführt. Eich-   <u>24</u>
stätts kleine Brunnen stammen alle aus dem späten 19. Jahrhundert. Die drei Wandbrunnen sollten anstelle von "dennen
Gomppbronen" errichtet werden. Sie würden, wie Pedetti auf
seiner Entwurfszeichnung vermerkt, "in einer Statt zierliche
Monumenten zugleich darstellen".

Von den Ausmaßen sind die auf vieleckigem Grundriß aufgebau-
ten Brunnensäulen tatsächlich sehr zierlich mit ihrer Breite
von zirka 90 Zentimetern. Die Höhe ist unterschiedlich bei
den drei Entwürfen; zwischen 1,80 und 2,70 Meter.

Die Brunnenentwürfe sind, ebenso wie die Schilderhäuser auf
demselben Blatt, in rein klassizistischen Formen gestaltet.
Pedetti bemerkt ausdrücklich, daß er sich daran gehalten
habe, was "dermahlen üblich ist". Erst in den 80er Jahren
ist in Eichstätt eine Tendenz zu "moderneren" klassizistischen Formen bemerkbar. Pedetti entwarf in diesen Jahren
die bereits erwähnten Schilderhäuser, eine neue Domwestfassade, das Strasoldograbdenkmal und den Mittelrisalit der
Stadtresidenz.

Die drei Brunnen sind so konstruiert, daß mit einem "seyden
Leyerwerckh" das Wasser hochgepumpt wird. Der linke Brunnen
auf dem Blatt besteht aus einem "Postament mit Pfeiller und
Grodescen aufsaz". Ein kannelierter Pfeilerstumpf erhebt
sich über dem schlichten Sockel mit einem Rauhputzblendfeld
und einem Tierkopf-Wasserausguß als einziger Zier. Die Formen
sind bis auf die Auflösung in der Spitze streng geometrisch
und nüchtern. Der zweite Entwurf ist, wie Pedetti bemerkt,
mit antiken Verzierungen versehen. Die Spitze krönt ein
Pinienzapfen (römisches Element), beim ersten Entwurf war es
eine Blumenvase. Auf dem stark profilierten Unterbau mit einem
Fratzen-Wasserausguß, umrahmt von schlaffen Hängegirlanden,

baut ein volutengestützter Pfeiler mit Rauhputzfeld auf.
Darüber erhebt sich, als Sockel für den Pinienzapfen, ein
quadratischer Unterbau mit streng geometrischen, in Felder
gepreßte Mäander- und Kanneluren-Reihen.
Der dritte Entwurf unterscheidet sich von den anderen beiden
vor allem in der Höhenentwicklung und in der Grundrißgestaltung. Während die beiden ersten Entwürfe über einem rechteckigen, vielfach abgestuften Grundriß errichtet sind, buchtet der quadratische Grundriß an den Seiten und hinten rund
aus. Als Abschluß der Sockelzone, wiederum mit Fratzenwasser-
ausguß mit Hängegirlanden auf einem geohrten Rauhputzblendfeld gestaltet, sind über den runden Ausbuchtungen und vorne
vier kuppelige Steine mit Wasserausgüssen für Fontainen aufgesetzt. Über dem Sockel baut eine mit kassettierten Bändern
zusammengehaltene kannelierte Säule auf, deren Basis mit
einem Lorbeerkranz umwickelt ist. Über dem reich profilierten
Gesims erhebt sich ein Podest mit Rauhputzblendfeld, das
wiederum eine abgeschnittene Pyramide mit Hängegirlanden trägt,
auf der eine Urne steht.

Karlsruhe, Marktplatz

Pedettis Beteiligung an der Planung der Anlage eines neuen
Marktplatzes in Karlsruhe zwischen 1787 und 1790 ist in der
Literatur, ebenso wie die Entwürfe seiner Konkurrenten, bereits gewürdigt worden[687]. Dabei wurden allerdings die Detailentwürfe Pedettis für die Randbebauung nicht berücksichtigt.
Die unausgeführt gebliebenen Entwürfe Pedettis sind sein bedeutendster Beitrag zu einer städtebaulichen Planung. Hier
hatte er die Möglichkeit, in weit größeren Dimensionen zu
planen, als es ihm beim Eichstätter Residenzplatz möglich gewesen war. Dazu handelt es sich hier um ein Projekt von
höchstem Rang. "Kein besseres Bild der Entwicklung der Baukunst und der Anschauungen über den Städtebau kann man aus
dieser Zeit finden, als die Entwürfe für den Karlsruher
Marktplatz"[688]. "Diese Konkurrenz war hinsichtlich ihrer Frage-
stellung und der erzielten Resultate sympathischer als alles,
was in Frankreich gegen Ende des 18. Jahrhunderts gebaut
wurde"[689].

Mit der Verlegung seiner Hofhaltung aus Durlach und dem
Bau eines neuen Schlosses in Karlsruhe, begonnen 1715, machte
Markgraf Karl Wilhelm den Anfang zur Bildung einer neuen
Residenz-Idealstadt[690]. Nach ungefähr zwei Jahren, als der
Schloßbau bereits fortgeschrittener war, kamen aus der Umgebung Ansiedler in größerer Zahl herbei und bauten an den
neun, südlich der Schloßanlage eröffneten Radialstraßen
modellmäßig ein- und zweistöckige Häuser. Eine erste Kirche
entstand 1719, gebaut von J. Friedrich von Batzendorf, ein
Zentralbau über kleeblattförmigem Grundriß an der vom Schloß
ausgehenden Mittelachse, der heutigen Karl Friedrich Straße,
an der Stelle, wo heute die Pyramide steht.

Ein Marktplatz war bis zu diesem Zeitpunkt nicht geplant.
Auch ein Rathaus wurde aus Uneinigkeit über den Bauplatz zunächst nicht gebaut. Das lag wohl auch an den Prioritäten,
die der Markgraf setzte. Ihn interessierte anfangs nur die
Residenz mit dem durch 32 strahlenartigen Alleen erschlos-
senen Hardtwaldt. Erst 1730/1731 wurde an der Westecke des
Kirchplatzes als Gegenstück zum Gymnasium ein zweistöckiges

Fachwerk-Rathaus mit Brot- und Fleischbänken, einer Mehl-
waage und einer Korn- und Kaufhalle gebaut. Der Schloßplatz
wäre hierzu nicht geeignet gewesen. Die südliche Wand des
Kirchplatzes wurde 1731 geschlossen. Östlich der Kirche entstand das Pfarrhaus, westlich die Volksschule. So entwickelte
sich der Kirchplatz allmählich zum Marktplatz. Er war 45 Meter
lang und 20 Meter tief. Alle öffentlichen Anlagen und Bauten
waren hier auf sehr engem Raum vereinigt. Das sollte sich
nicht so bald ändern.

Als unter Markgraf Karl Friedrich im Jahre 1752 mit der über
30 Jahre dauernden Umgestaltung des Schlosses, zu der auch
Pedetti Pläne lieferte, begonnen wurde, wurde auch die Altstadt ausgebaut. Die Fachwerkhäuser wurden in Stein ausgeführt. Nach 1760 drängte die Stadt immer weiter nach Süden
und neue Wohnviertel entstanden. 1781 wurden die ersten Ost-
West-Querachsen zu den nach Süden verlaufenden Radialstraßen
angelegt.

Trotz verschiedener Planungen im Laufe der Jahre, kam man,
was die Anlage eines Marktplatzes betraf, zu keiner endgültigen Lösung. Ein nicht erhaltener Plan von La Guepière wurde
nicht verwirklicht[691]. Erst ab 1787 bemühte man sich inten-
siver um eine Lösung des Problems "Marktplatz", indem man
einen Wettbewerb ausschrieb für eine neue Anlage. Dazu wurden
verschiedene Architekten, "durchweg Vertreter der französischen Schule"[692], aufgefordert oder boten sich selbst an.
Es handelte sich nicht um einen Preiswettbewerb. Bis Anfang
1790 waren alle Pläne eingereicht. Für die Beurteilung und
Ausführung waren der Markgraf und der Stadtrat zuständig,
das Bauamt wurde als Berater hinzugezogen. Gutachter und Berater waren außerdem, wie Lacroix nachwies[693], der Engländer
Peter Perez Burdett[694], der einen Hilfsplan zur Größenbe-
stimmung des Platzes zeichnete[695], und Friedrich W. von Erd-
mannsdorf[696]. Die mit eigenen Entwürfen beteiligten Architekten waren neben Pedetti, der die ersten Entwürfe ein-
reichte, und Karl Friedrich Weinbrenner, der später den Ausführungsentwurf[697] lieferte: Michel d'Ixnard (1723-1795)[698],
Paul Guillaume Lemoine (geb. 1755)[699], Jacques Denis

Antoine (1733-1801)[700] und Nicolas Alexandre Salins de Mont-
fort (1753-1838?)[701]. Alle vier stammen aus Frankreich und
sind dem Frühklassizismus zuzurechnen. Sie gaben ihre Entwürfe alle um 1790 ab[702].
Die Ausgangsposition für die an dem Wettbewerb beteiligten
Architekten ist auf einem Stadtplan von Karlsruhe von 1786
deutlich ablesbar[703]. Die aus dem Norden vom Schloß kommende
in Richtung Süden verlaufende Haupt- und Mittelachse der
Stadt[704] stieß auf eine Querallee[705] und lief sich an dem
Standort der bereits erwähnten Konkordienkirche südlich der
Querachse tot. Vor der Kirche befand sich ein "Marktplatz",
im Westen von dem Rathaus, im Osten von dem Gymnasium und im
Süden von der Kirche, flankiert von Schul- und Pfarrhaus, be-
grenzt. Östlich und westlich des Kirchhofes erstreckten sich
Äcker und Gärten. Bei den Entwürfen mußten zwei im Süden ver-
laufende, aus Osten und Westen kommende und sich in einem Ron-
dellplatz vereinigende Querstraßen miteinbezogen werden, außer-
dem ein zwischen Rondell- und Marktplatz von Osten über die
Nord-Süd-Achse schräg nach Westen verlaufender Landgraben.
Geschaffen werden sollte südlich der Querachse, der heutigen
Kaiserstraße, ein neuer geräumiger Marktplatz, groß genug,
um sowohl die Kirche als auch sämtliche Amts- und Gewerbebe-
triebe der sich ständig vergrößernden Bürgerstadt aufzunehmen.
Der bestehende Platz sollte in der Achse der Schloßstraße in
Richtung Süden bis zum Landgraben vergrößert werden.
Neben den praktischen Funktionen, die der neue Platz erfüllen
sollte, mußte er aber auch repräsentativ gestaltet werden, da
er sich in nächster Nähe zu dem Schloßplatz befand.
. Bisher war der barocke Schloßplatz der dominierende Platz der
Stadt gewesen. Dies sollte sich nun verschieben, ohne allerdings den Schloßplatz seiner Wirkung zu berauben.
Grundlage aller Entwürfe sollte die Anlage einer "Via trium-
phalis" sein, die im Süden beginnen und über den Rondellplatz,
der neu gestaltet werden sollte, und den neuen Marktplatz bis
zum Schloß im Norden führen sollte. Eine Einschränkung der
künstlerischen Freiheit war die Auflage, eine quer zum neuen
Marktplatz verlaufende Straße einzuführen.

Pedetti hatte bereits 1750 auf Veranlassung seines Onkels
Leopoldo Retti Pläne für das Karlsruher Schloß vorgelegt[706].
Nun wurde er erneut herangezogen. Seine Pläne sind in Karlsruhe aufbewahrt[707] und bestehen aus einem bereits mehrfach veröffentlichten Grundrißplan[708] und sieben dazugehörigen Detail-   XII
zeichnungen der Randbebauung, der Stadtkirche und des Rathauses, die bisher unveröffentlicht sind[709]. Desweiteren ist   42,43
eine separat aufbewahrte, aber zu dieser Serie gehörige
Zeichnung der Fassadenfront des Marktplatzes erhalten[710].   44
Die bekannte Ansicht des Marktplatzes aus der Vogelperspektive, ebenso wie der Grundriß schon mehrere Male veröffentlicht, ist leider nicht mehr im Original erhalten. Im Jahre
1882 wurde eine Kopie des Originals angefertigt. Auch diese
ist verschollen. Erhalten blieb nur eine Fotographie der
Kopie[711]. Zu den Plänen existieren Kabinettsprotokolle, die   45
bereits Lacroix kurz erwähnte[712], die sich aber nicht alle
nachvollziehen ließen. Nicht finden ließen sich die von ihm
angegebenen Protokolle vom 3.2.1787 und vom 19.9.1788[713], in
denen berichtet wird, daß Pedetti zehn Pläne für die Anlage
des Marktplatzes übersendet hatte. Die Pläne waren dem damaligen Bauinspektor Müller zur Begutachtung zugeteilt worden.
Am 22. September 1788 wurde dann "/.../ gnädigst erlaubt, daß
dem hier anwesenden Baumeister von Eichstätt, der einen Plan
über die hiesige Marktplatzanlage geferttiget hat, vor diese
seine Bemühung eine Remuneration /Entschädigung/ von 20. Stuk
neuen Louisdor oder 220 fl. vor alles und alles aus dem Bau-
Departement-Reservefond gereicht werden darf"[714]. Pedetti war
also im September 1788 persönlich anwesend in Karlsruhe.
Ein Brief Pedettis vom Januar 1790 war mir nur indirekt durch
Lacroix zugänglich[715], da in der entsprechenden Quellensamm-
lung nichts Einschlägiges zu finden war[716]. Hier beschwert
sich Pedetti, daß er noch keine Nachricht über den Wert seiner
Entwürfe erhalten habe. Pedetti schreibt:"Auf den Fall wenn
ich eine hochgnädige Nachricht erhalten würde, dass meine Gedanken auf dasige neue Anlage zu kostspielig sein dürften zum
Beweis meinem Eifer einen mehreren Ehre mir zu erwerben, habe
den ehvorigen Entwurf in etwas abgeändert und erdichtete

Kirche und Rathaus andern 5 Risse verfasst und verlange davor
eine weitere Belohnung"[717]. Die Anzahl der in den Protokollen
angegebenen Risse, die Pedetti eingesendet haben soll, ist
heute nicht mehr erhalten. Bei den zuletzt erwähnten Rissen
handelt es sich um die bereits vorne genannten Detailpläne[718].
Aus einem Protokoll vom 8.4.1790 geht hervor, daß diese Risse
abgelehnt und zurückgeschickt worden waren:" In einem Privat-
schreiben übersendet der baudirector Pedetti weitere Risse
über die öffentliche Gebäude auf hiesigem Marktplatz und verlangt davor auch weitere Belohnung. Resol: der Gehl. Rath und
Präsident von Geyling habe dem Pedetti gedachte Risse, mit dem
anfügen, zurukzusenden, daß man davon keinen gebrauch zu
machen wisse"[719]. Pedetti war allerdings auch nicht aufgefordert worden, neue Risse zu liefern. Die übrigen Architekten
wurden für ihre Entwürfe besser und direkter bezahlt[720].

Am nördlichen Abschluß der "Thurlacher Straß"[721]beginnt die   XII,45
von Pedetti konzipierte <u>Raumfolge</u> zunächst mit dem eigentlichen Marktplatz. Dieser ist als ein sich in die Tiefe ent-
wickelnder rechteckiger Raum von zirka neun Meter Breite
und 10,5 Meter Länge gestaltet. Die Hauptbauten, Rathaus und
Kirche, stellte Pedetti schräg in die südlichen Ecken des
Platzes. In die SO-Ecke plazierte er die "Stadtkirch", in die
SW-Ecke das "Rath- Kauf und Lay Haus". Nördlich der Stadtkirche, im südlichen Teil des Platzes, mündet die im Wettbewerb geforderte Querallee[722], von Osten kommend, in den Marktplatz ein und wird über den Platz im Westen weitergeführt.
Südlich der Querallee, an der Einmündung auf den Marktplatz,
steht jeweils auf der Ost- und Westseite ein quadratischer,
im Erdgeschoß durch Arkaden geöffneter Pavillon. Ebensolche
finden sich rechts und links des südlichen Einganges zum
Marktplatz. Sie rahmen die vorschwingenden Fassaden des Rathauses und der Kirche. Im nördlichen Teil des Platzes, parallel
zur Längsachse, zwischen "Thurlacher Straße" und Querallee,
stellte Pedetti lange dreistöckige Gasthäuser mit jeweils
drei Risaliten und halbovalen Vorbauten für die "Platzwache"
im Osten und die "Nachtwachtstuben" im Westen. Somit war der

Platz bis auf die Öffnungen der Querallee und der Nord-Süd-
achse durch die Randbebauung geschlossen.

Zur Gestaltung des Innenraumes des Marktplatzes sah Pedetti
im südlichen Teil zwei barocke Brunnen mit Ketteneinfassung
und Säulen vor. Diese erinnern stark an den Marienbrunnen auf
dem Residenzplatz in Eichstätt. Die Säulen, die sich, wie der
Marienbrunnen, über mehrpaßförmigen Brunnenschalen erheben,
sollten, nach den Begleitfiguren, eine Höhe von zirka acht
Metern erhalten, was der Höhe der Mariensäule in Eichstätt
bei weitem nicht nahekommt. Der Aufbau der Säulen mit Sockel,
Entasis und Kompositkapitell entspricht weitgehend der Mariensäule.

Im nördlichen Teil des Platzes sah Pedetti zwei "Piedestal oder
monuments" vor. Diese bestehen ebenfalls aus mehrpaßförmigen
Brunnenschalen mit Fontänen, zu denen drei Stufen im gleichen
Grundriß emporführen. Im Anschluß daran erhebt sich südlich
jeweils das Monument, bestehend aus einem hohen, profilierten
Sockel, einem durch Pilaster gegliederten Mittelteil und einem
darüber befindlichen quadratischen Podest mit Inschriftentafel
und Figuren an den Ecken. Auf dem Podest stehen Sockel mit
Statuen, die auf dem Plan nicht identifizierbar sind. Im Osten
handelt es sich um eine weibliche, im Westen um eine männliche
Figur, die sich mit erhobenen Armen gegenüberstehen.

Die platzgestaltenden Elemente sind jeweils rechts und links
der Nord-Süd-Achse angeordnet und betonen somit den Richtungsstrahl, ohne ihn zu verstellen. Außerdem teilen sie den Platz
in der Breite in drei gleichgroße Teile ein. Die Brunnen betonen die Diagonalachsen der Kirche und des Rathauses, die
Monumente die Achsen der Gasthöfe. Südlich des Marktplatzes
führt ein sehr kurzes, an den Seiten geschlossenes Straßen-
stück weiter zu einem quergelagerten Platz. Als einziger Teil-
nehmer des Wettbewerbes plante Pedetti diesen Platz zwischen
Markt- und Rondellplatz ein. Bei den anderen Entwürfen wird
durch das Wegfallen eines "Zwischenplatzes" die Straße zum
Rondellplatz länger und monotoner. Pedettis Entwurf gewinnt
vor allem durch die Einführung dieses Querplatzes, den er als
Handelsplatz, umbaut von Geschäfts- und Gewerbebetrieben, kon-

zipierte. Der in die Breite entwickelte Platz ist östlich
und westlich halbkreisförmig geschlossen. Geschickt machte
sich Pedetti hier den "Stadtgraben u. Flüssel" zunutze, der
von allen Architekten des Wettbewerbes eingeplant werden
mußte. Dieser fließt bei Pedetti, von Osten kommend, durch den
Querplatz schräg nach Westen weiter und speist zwei große Nutzbrunnen rechts und links der Hauptachse. Diese praktische Nutzung des vorbeifließenden Wassers war bei den übrigen Planungen nicht berücksichtigt, hier fließt der Bach "nutzlos" vorbei und wird als notwendiges Übel angesehen.
Die beiden Nutzbrunnen auf Pedettis Entwurf sind bezeichnet
mit "Erste Wasserpiese zu zerschiedene Gebrauch u. Stapfhe-
lay"/Stapelplatz/ und zweyter Wasserpiese. beede keñen mit
Statuen oder Uhrnen geziert werden". Die Brunnenbecken,
zirka 2,60 x 2,60 Meter, sind nur auf dem Grundrißplan Pe-   XII
dettis sichtbar. Sie sind an den Ecken ausgerundet und leicht
vierpaßförmig ausgebildet. An den Außenseiten der Brunnen
befindet sich je ein runder Vorbau mit der Bezeichnung "Gra-
nich" (Kran), neben denen Treppen herabführen.
Seitlich des Breitplatzes plazierte Pedetti die Gewerbebe-
triebe, die den Platz als Handelsplatz charakterisieren und
sich ebenfalls den Wassergraben zunutze machen. Östlich
liegen die "Fabrique oder Gerbereyen" mit südlichen anschlies-
sendem Hof, durch den der Graben läuft, westlich befinden sich
die "Stadtmetz" und die "Judenmetz" mit Schlachthaus, Heuwaage
und Stallungen an dem ebenfalls südlich anschließenden Hof.
Vom Querplatz führt die Straße - dieses Mal etwas länger -,
gesäumt von Gärten und Höfen, zum Rondellplatz, in den von
Osten und Westen zwei Straßen münden. Die Mitte des Platzes
ist durch einen zierlichen Obelisken betont.
Die Hauptachse führt von dort aus weiter nach Süden zum Stadt-
oder Residenztor an der Stadtmauer, flankiert von zwei Pavillons mit Wachhäusern. Hinter dem südlichen Tor war eine Baum-
allee geplant, wie Pedettis Plan aus der Vogelperspektive   45
zeigt[723].
Von den abgegebenen Plänen sind die von Pedetti am besten
durchgearbeitet und am ideenreichsten. Mit einer für ihn und

den Spätbarock typischen Liebe zum Detail hat er die Raum-
folgen und Gebäude charakterisiert, wogegen seine Konkurrenten nur schematische, auf den Klassizismus weisende Darstellungen lieferten (insbesondere Antoine und d'Ixnard).
Wäre Pedettis Entwurf "in seiner Zeit und ursprünglichen Gestalt zur Ausführung gelangt, wir wüßten nichts daneben zu
halten", urteilte Giedion[724]. Diesem Urteil schloß man sich
in der Literatur fast ausschließlich an. Nur Rose kritisierte
die Wirkung von Pedettis Platzentwurf[725]. Er spricht von einer
störenden Uniformierungstendenz, der faden Pendantwirkung der
Brunnen und den Etagenhäusern (Gasthöfe), entstanden für eine
bourgeoise Massenkultur. Die abgeschrägten Ecken im SO und SW
seien mit dem Place Vendôme längst überholt.
Von einer faden Pendantwirkung kann dennoch nicht die Rede
sein, vergleicht man mit Pedettis Entwurf die Vorstellungen
der übrigen Architekten, deren klassizistische Entwürfe zwar
fortschrittlicher im Sinne der Stilentwicklung, aber langwei-
liger in der Gestaltung der Straßenzüge, der Platzfolgen und
der Fassaden sind. Pedetti gestaltete trotz der späten Entstehungszeit als einziger eine noch ganz dem Spätbarock verhaftete Anlage, die sich aber dadurch auszeichnet, daß sie
gegenüber den strengen, spannungslosen klassizistischen Entwürfen seiner Konkurrenten lebendiger und vielseitiger ist,
"eine wahre Meisterung des Außenraumes"[726].
Wie alle eingereichten Entwürfe, gestaltete auch Pedetti eine
Triumphstraße. Die Platzfolge ist von Süden nach Norden, vom
äußeren Tor über den Rondell-, den Breiten- und den Marktplatz
bis hin zum Schloß zu erleben. Pedetti ordnete gemäß dem absolutistischen Gedankengut, die Platzfolge und die ganze Stadt
dem Schloß, Zeichen fürstlicher Voranstellung, unter. Nacheinander öffnen und weiten sich die abgestuften Plätze. Sie folgen schnell hintereinander und drängen vor in Richtung Schloß,
dem Ziel und der Dominanten am äußeren Ende der Stadt. Dies
ist vergleichbar mit Versailles, Mannheim, Ludwigsburg und
Erlangen.
Der Platzfolge liegt das Prinzip der Steigerung zugrunde.
Die Nord-Süd-Achse leitet von der Landschaft (Allee) als

Richtungsstrahl zum Schloßplatz über und ordnet sich unter.
Ebenso ordnen sich die Plätze unter. Kein Platz ist selbständig und abgeschlossen, alle sind offen mit einem "Davor" und
"Dahinter". Man kann sich in keinem Raum ausruhen. Alle Platz-
teile sind einem großen System untergeordnet und sind in ge-
genseitiger Abhängigkeit voneinander angelegt. In immer neuen
Stufenreihen bereiten sie den Höhepunkt vor. Die unterschiedlichen Grundrißformen der Plätze, die ausgerundeten Ecken, das
Vor- und Zurückspringen der Straßenfluchten, das sich Aus-
dehnen und Verengen der Plätze[727] und die unterschiedlich langen Straßenstücke zwischen den Plätzen erhöhen die Spannung.
Rathaus und Kirche, die Hauptbauten der bürgerlichen Stadt,
"öffnen sich", um den Richtungsstrahl durchfließen zu lassen.
Sie sind als Prospekt dem Schloß gegenübergestellt und somit
diesem untergeordnet. Pedettis Marktplatz ist, typisch für den
Spätbarock, nicht selbständig. Pedettis Konkurrenten dagegen
versuchten bereits, den Marktplatz zu verselbständigen und somit dem steigenden Selbstbewußtsein der Bürgerschaft Rechnung
zu tragen. Der Marktplatz sollte zumindest als gleichwertig
dem Schloßplatz gegenüberstehen.
Wie bereits erwähnt, sind die Entwürfe der außer Pedetti beteiligten Architekten einfacher, straffer und spannungslo-
ser[728]. Die Auffassung ist eine völlig andere, vom Spätbarock
und dessen Gedankengut losgelöste. Dies drückt sich auch in
der geringeren Sorgfalt bei der Ausführung der Zeichnungen aus.
Pedettis Liebe zum Detail und dem Malerischen seiner Entwürfe
stehen scharfkantige, lineare Entwürfe gegenüber, die mehr den
Charakter einer schematischen Planung haben. Die einzelnen
Bauten sind nicht näher charakterisiert, sondern als Masse angelegt. Innerhalb dieser dem Klassizismus verhafteten Entwürfe ist, trotz der zeitlichen Nähe - die Entwürfe entstanden alle um 1790 - noch eine Entwicklung von d'Ixnard über
Antoine, Salins bis zu Lemoine, dem am strengsten klassizistisch orientierten Architekten, zu erkennen.
Allgemein ist die Tendenz zu Ruhe und Richtungslosigkeit bemerkbar. Das Rund und das Quadrat als ruhigere Platzformen
dominieren letztendlich. Teilweise wird mit der Verwendung

von Säulen und Pfeilerkolonnaden zum Umsäumen des Marktplatzes operiert - ein Motiv aus der Renaissance, das auf den
Klassizismus verweist.
In der Folge der Entwürfe verlieren die Baukörper ihre
rhythmische Verbundenheit, die bei Pedetti noch so stark ist,
und werden immer mehr isoliert. Lemoine erreicht hier einen
Höhepunkt. Keiner der Architekten nach Pedetti übernahm dessen
Platzreihung. Alle ließen den Quer-oder Handelsplatz fortfallen, den Pedetti zwischenschaltete. Erst Weinbrenner nahm
diese funktionale Trennung der Plätze wieder vor, allerdings
auf andere Weise.
Durch das Wegfallen dieses Platzes bestand die Gefahr, daß
die Verbindungsstraße zwischen Markt- und Rondellplatz zu
lang ausfiel, wie es zum Beispiel bei den ersten Entwürfen
d'Ixnards der Fall ist. Dies versuchte er im endgültigen Entwurf durch die Anlage eines zur Nord-Süd-Achse längsoval liegenden Marktplatzes zu verhindern. Überhaupt probierte d'Ixnard mehrere Formen für den Marktplatz aus und kam dabei auch
auf Rund- und Halbkreisformen, die zu wenig Raumtiefe haben
und auch Wiederholungen des Motivs des Schloß- und Rondell-
platzes sind.
Die meisten Entwürfe, so auch der von Pedetti, lassen den
Marktplatz nach Norden vor der Durlacher Straße enden. Als
einziger erweiterte d'Ixnard den Marktplatz in seinem zweiten
Entwurf über die Straße hinaus. D'Ixnard ist nach Pedetti
überhaupt am phantasievollsten und abwechslungsreichsten.
In der Anordnung von Kirche und Rathaus finden sich in den
abgegebenen Entwürfen drei Hauptlösungen mit kleineren Varianten. Entweder wurden die beiden Gebäude schräg in die SO- und
die SW-Ecke gestellt, wie bei Pedetti, d'Ixnards erstem Entwurf und Antoines erstem Entwurf, wobei beide Gebäude, außer
bei Pedetti, nicht unbedingt gleichgestaltet wurden, oder man
stellte die beiden Gebäude quer zur Längsachse gegenüber.
Dies war die Lösung von d'Ixnard und auch von Weinbrenner.
Bei dieser Lösung war die Ausrichtung auf das Schloß aufgehoben. Die dritte Möglichkeit, die bei Salins und Lemoine

zum Tragen kommt, ist die Anordnung der beiden Gebäude rechts
und links der vom Süden in den Marktplatz mündenden Straße,
so daß diese frontal zum Schloß ausgerichtet sind.
Die französische Revolution und die ungünstige politische
Lage verhinderten die Ausführung einer der vorgelegten Pläne.
Im Jahre 1791 wurde Friedrich Weinbrenner dazu aufgefordert,
unter Verwendung der Pläne seiner Vorgänger, einen neuen Plan
zu fertigen[729]. Sein zweiter, 1797 angefertigter Plan wurde
ausgeführt[730]. Weinbrenner ging auf Pedettis Entwurf zurück,
vereinfachte allerdings die Platzfolge, indem er, wie seine
Vorgänger, den Pedettischen Querplatz fortfallen ließ.
Weinbrenner unterwarf sich nicht dem barocken absolutistischen Gedankengut, wie es Pedetti getan hatte, sondern schuf
einen ganz selbständigen Marktplatz mit streng isolierten
Baukörpern und geraden Platzecken, der völlig dem Klassizismus verpflichtet ist. Seine Anlage besteht aus zwei anein-
andergefügten Einzelplätzen: südlich der schmale und lange
Hauptplatz mit Rathaus und Kirche, die sich in der Mitte der
Langseiten gegenüber liegen, dem Gymnasium und Kaufhäusern
und nördlich ein quadratischer Markthof mit zwei hufeisenförmig angelegten Gebäudegruppen, bestehend aus einstöckigen
Boutiquen für Handwerker und Fabrikanten mit vorgelegter
Säulenhalle nach dem Vorbild der antiken Forumshallen.
Somit hatte letzterer die Funktion eines Handelsplatzes, wie
es Pedetti mit seinem Querplatz vorgegeben hatte.

Wie bereits erwähnt, fertigte Pedetti Detailentwürfe für die
Hauptbauten, die evangelische Stadtkirche und das Rathaus,
an[731]. Die Fassaden der gesamten Randbebauung des Marktplatzes   42,43
sind in dem Plan des Marktplatzes aus der Vogelperspektive[732]   45
und in einer Ansicht der östlichen Längsseite mit der Kirche
charakterisiert[733].   44
Pedetti stellte die Kirche in die SO- und das Rathaus schräg
in die SW-Ecke des Marktplatzes ein und legte sie gleich an.
Die Nord-Süd-Achse diente dabei als Symmetrieachse. Kirche
und Rathaus bestehen jeweils aus zwei mächtigen Kuppelrotun-
den mit zum Marktplatz hin vorgelagerten Peristylen und einem
dominierenden Turm dazwischen. Sowohl die Grundriß- als auch
die Aufrißgestalt sind den Bedürfnissen eines Kirchenbaues angepaßt, dem das Rathaus aus Symmetriegründen angepaßt wurde.
Für die Stadtkirche erweist sich die Grundrißform der Rotunde
als sehr vorteilhaft. Pedetti hatte bereits in einem Idealplan für eine "L'église à l'antique moderne" 1785 mit dieser   66
Grundrißform experimentiert. Offensichtlich ist hier der Einfluß von St. Blasien. In dem Kapitel über den eben erwähnten
Idealplan ist die Herkunft der Grundrißform auch in Hinblick
auf Karlsruhe diskutiert [734]. Was für eine Kirche als Grundriß angemessen ist, ist noch lange nicht geeignet für ein Rathaus. Pedetti opferte der Pendantwirkung der Bauten auf dem
repräsentativen Marktplatz die Zweckmäßigkeit der Anlage. Wie
bei der Kirche schwingt zwischen jeweils zwei dreiachsigen
Pavillons, denen im Untergeschoß Rundbogenarkadengänge vorgeblendet sind, die breite neunachsige Fassade vor. Den drei
äußeren Achsen sind im Untergeschoß, in Fortsetzung der Gliederung der Pavillons, ebenfalls Rundbogenarkadengänge vorgelegt. Dem rechteckig vortretenden dreiachsigen Mittelrisalit
sind vier Doppelsäulen vorgeblendet. Auf den Säulen ruht ein
gerade durchlaufendes Gesims mit Triglyphenfries. Das darüber
aufbauende erste Obergeschoß und das Mezzanin sind durch kolossale ionische Doppelpilaster zusammengefaßt. Die drei Fenster
des ersten Obergeschosses sind ganz leicht stichbogig gewölbt
und mit Segmentgiebelverdachungen bekrönt. Das Mezzanin besteht aus Okuli mit Lorbeerumrahmung. Über dem sehr flächigen,

unverkröpften und scharf geschnittenen Traufgesims baut ein
flacher, exakter Dreiecksgiebel mit einer szenischen Darstellung in antiker Manier auf. Die dreiachsigen, niedrigen Flügel
sind in der Mittelachse durch die Aufsetzung eines Segment-
bogengiebels, auf dem wappenhaltende Figuren ruhen, betont.
Der Mittelrisalit ist dem Frühklassizismus verhaftet. Dafür
sprechen das rechteckige Vortreten, das waagerechte Durch-
laufen der breiten, scharf profilierten Gesimse ohne Verkröp-
fungen, der präzise geschnittene Dreiecksgiebel, die minimale
Reliefierung der Fassade und die Einfügung der Fenster in ein
Orthogonalgliederungssystem aus Doppelpilastern. Die antikischen Motive im Dreiecksgiebel und die harte Faktur der
Fassade weisen bereits auf den eigentlichen Klassizismus.
Barocke Reminiszenzen sind die Segmentgiebel über den Ober-
geschoßfenstern und die Gestaltung des Turmes, der sich
zwischen Kuppel und Vorderfassade erhebt[735].
Die Türme sind im Äußeren gleich, bei der Kirche allerdings
als Glockenturm und beim Rathaus als Observatoriumsturm eingerichtet.
Wie der Grundriß, so ist auch die Fassadengestaltung an der
Marktplatzseite für ein Rathaus ungeeignet. Hier haben wir
eine reine Kirchenfassade vor uns.
Das Äußere der mit einer flachen Halbkuppel bekrönten Rotun-
den beider Gebäude ist unterschiedlich gestaltet entsprechend den unterschiedlichen Funktionen der Gebäude. Die Gliederung durch Rustizierung in den Untergeschossen und durch
gekoppelte breite Lisenen zwischen den Achsen der Obergeschosse sind, wie auch die flache breite Kuppel mit den
barocken Okuli-Gaupen, Grundelemente beider Gebäude.
Das Rathaus ist im Hauptgeschoß vor dem Rathaussaal durch   43
ein dreifaches, repräsentatives Palladiomotiv gegliedert.
Über und unter diesen sind jeweils ebenfalls dreiteilige
Fenstergruppen angeordnet.

Die restliche Fassade ist sehr schlicht mit doppelten Reihen
von Hochrechteckfenstern mit geohrten Rahmen gegliedert, die
die Wandflächen zwischen den Rustizierungen beziehungsweise
den Pilastern voll ausfüllen und oben an das Gesims zwischen
erstem Obergeschoß und zweitem Obergeschoß beziehungsweise an
das Traufgesims stoßen. Die Kirche dagegen ist in zwei Geschosse mit hohen, geohrten Rundbogenfenstern und Hochovalfenstern über dem sich vorwölbenden Choranbau geteilt.
Hinter der breiten Frontfassade am Marktplatz verschmälert
sich der Raum dreiecksförmig. Im Rathaus sind hier im Erdgeschoß wie bei der Kirche hauptsächlich Stiegen - eine Spindel-
treppe zum Turm in der Mitte und Stiegen zu den oberen Stockwerken in den seitlichen Gängen - und Nebenräume untergebracht, im ersten und zweiten Obergeschoß Schreib- und Polizei-
zimmer. Die eigentliche Rotunde ist unzweckmäßig in eine dreischiffige Säulenhalle unterteilt. Die rustizierten Säulen verbinden Rundbögen. Im Erdgeschoß ist hier das Kauf- und Maut-
haus untergebracht. Der Raum dient größtenteils als Durchfahrt
mit Öffnungen nach SW und NO. An den dreischiffigen Gewölbe-
raum stossen rechts und links abgeschlossene Räume an, die an
der Außenseite die runde Form des Grundrisses nachzeichnen.
Die Grundrißform zwang auch zur Anlage von "Zwickelräumen".
Im ersten Obergeschoß ist das Leihhaus eingerichtet, ebenfalls 42
ein dreischiffiger Saal in der Mitte. In den Nebenzimmern, angelegt wie unten, sind Registraturen und Leihhauszimmer untergebracht. Im NO ist ein halbkreisförmiges Vestibül vorgeblendet. Im zweiten Obergeschoß befindet sich, eineinhalbgeschos-
sig, der große, nicht unterteilte Rathaussaal mit anschlies-
senden Rat- und Polizeizimmern und Registraturen.
Die das Rathaus rahmenden Pavillons nehmen die Wohnungen der
Maut- und Leihhausbeamten auf.

Repräsentativ im barocken Sinne sind die die Kirche und das
Rathaus rahmenden, dreigeschossigen und 18 Meter hohen Gast- 44,45
und Wohnhäuser angelegt. Die Bürgerhäuser, unterteilt in
drei gleichwertige Geschosse - es war Auflage gewesen, drei-
stöckig zu bauen -, sind bereits für zahlreiche Parteien,
dem erhöhten Wohnungsbedarf entsprechend, vorgesehen und in

der Gestaltung vereinheitlicht und vereinfacht konzipiert.
Die Gasthäuser setzen die Gliederung fort. Ihnen sind aber
barocke Akzente verliehen worden in Form von flach vortretenden Risaliten mit dem Triumphmotiv der Palladiobögen in beiden Obergeschossen und dem bekrönenden Dreiecksgiebel. Betont
sind auch die drei mittleren Achsen durch eine Zusammendrän-
gung der Fenster, die von einem aus dem ausbuchtenden Traufgesims entwickelten Segmentgiebel mit Kassettierung überhöht
sind, und den im Erdgeschoß vorgebauten, einstöckigen und
rundlich-plastisch hervortretenden, rustizierten barocken
Kuppelbauten für die Wachen. Gedeckt sind die Gebäude mit
Mansardwalmdächern mit barocken Gaupen. Die Bauten stehen in
starkem Gegensatz zu dem klassizistisch orientierten, kühlen
Mittelrisalit von Kirche und Rathaus.

Eichstätt, Sommerresidenz-Hofgarten

Unter den Fürstbischöfen Strasoldo und Zehmen wurde der zur
Sommerresidenz gehörige Hofgarten von Pedetti umgestaltet.
Um 1735-1737 war die Sommerresidenz von Gabrieli fertiggestellt worden. Danach wurde der Hofgarten südlich der Residenz angelegt. Die Stadtansicht von Eichstätt von Franz im
Rittersaal des Schlosses Hirschberg (1766) gibt das damalige
Aussehen des Gartens wieder. Im Süden hatte Gabrieli den Garten gegen die Landschaft durch eine massive Steinmauer abgeschlossen und am Ende der Mittelachse gegenüber vom Schloß
einen festen Gartenpavillon an die Mauer gestellt. Dazu kom-
ponierte er zwei kleinere Pavillons in die SO- und SW-Ecke.
Somit war der Garten zwischen die Gebäude eingespannt.
Durch Pedetti ist die Entstehungszeit der Pavillons genau be-
stimmbar. Er vermerkte auf einem Umgestaltungsplan des Mittel-   <u>47</u>
pavillons:"der alte Salett ist ano 1736 erbauet worden, nach
die abgedragen auffschrift auff der vordere eingang thach"[736].
Wie auf der Stadtansicht von Franz zu sehen ist, war das dominierende Element der damaligen Gartenanlage eine Fontäne mit
einem besonders hohen Strahl.
Die Umgestaltungen, die Pedetti vornahm, sind wohl am besten
überliefert in einer Ansicht des Hofgartens aus der Vogelperspektive um 1790 von Joseph Xaver Effner[737]. Diese Ansicht   <u>46</u>
gibt allerdings nur den hinteren Teil des Gartens und die
Pavillons wieder. Ganz entspricht die Darstellung auch nicht
der Ausführung. Der Gartenplan wurde wohl mehrere Male abgeändert. Weitere Varianten zeigen der bereits mehrfach erwähnte
Stadtplan Pedettis von 1796 im Stadtarchiv Eichstätt und ein
Plan von Effner[738]. Auf zwei verschollenen Ansichten der Stadt
von Ignaz Alexander Breitenauer von 1799 ist der Hofgarten als
fast ganz baumloses barockes Gartenparterre dargestellt mit
kleinen Bäumen und Sträuchern[739]. Gravierendste Veränderung
Pedettis war die Umgestaltung der Gabrieli-Pavillons an der
südlichen Gartenmauer, vor allem des Mittelpavillons, dem er
eine völlig neue Gestalt und Funktion gab. Glücklicherweise
ist der Mittelpavillon in dem ihm von Pedetti gegebenen Zustand erhalten. Hiermit ist uns "eine der schönsten Garten-

architekturen des 18. Jahrhunderts erhalten geblieben"[740].
Pedettis Tätigkeit für den Hofgarten begann unter Fürstbischof
Strasoldo 1779 und endete unter Zehmen, der gerade 1781 an
die Regierung gekommen war. Der Beginn der Arbeiten ist belegt durch einen datierten Plan, der Bestandteil einer ganzen Serie in der Technischen Universität in München ist[741].
Außerdem ist über der Hauptöffnung des Mittelpavillons innen
eine Inschrift angebracht:"RAIMUND ANTON COEPIT MDCCLXXX
(1780)" und "JOANN ANTON PERFECIT MDCCLXXXI (1781)", die Anfang und Ende der Arbeiten festlegt. Nach der Beendigung der
Arbeiten waren auch Umgestaltungsarbeiten in der Sommerresidenz geplant, wozu Pedetti verschiedene Vorschläge mit teilweise nur geringen Veränderungen lieferte[742]. Ein Plan sah
allerdings die Schließung der Galerien vor[743], ein anderer die
Umgestaltung der Hofgärtnerwohnung von Gabrieli[744].
Die Umgestaltungspläne Pedettis für den Hofgarten wurden zum
großen Teil von Effner gezeichnet. Es handelt sich um Konstruktionszeichnungen der Pavillons[745], Bauaufnahmen des alten Zustandes[746], Varianten zur Umgestaltung des Mittelpavillons[747], Detailzeichnungen von demselben[748] und Umgestal-   47
tungspläne für die Eckpavillons und die südliche Gartenmauer[749]. Bei dem von Gabrieli 1736 erbauten Mittelpavillon
handelt es sich um einen massiven, eingeschossigen Bau mit
Mansardwalmdach, zirka zehn Meter hoch, knapp 15 Meter breit
und zwölf Meter tief. Effner fertigte hiervon eine Bauauf-
nahme an[750]. Der Bau erhob sich über querrechteckigem Grundriß mit ausgerundeten Ecken. Die Mittelachse der Nordfassade
durchbrach ein flach gerahmtes, geohrtes Stichbogenportal mit
segmentförmig geschwungener Gesimsverdachung. Die Südseite
war ebenfalls von Hochrechteckfenstern durchbrochen, ebenso
die vier ausgerundeten Ecken des Pavillons. Es bestanden zusätzlich Eingänge an den beiden Schmalseiten.
Pedettis Umgestaltung bestand in der Auflösung der massiven   47
Architektur seines Vorgängers. Er durchbrach alle vier Fassaden und schuf an den ausgerundeten Gebäudeecken und an den
Schmalseiten im Westen und Osten Durchgänge. Vor allem aber
öffnete er die drei südlichen und nördlichen Achsen. Von der

Mauer der Südseite ließ er nichts stehen, sondern brach einen
großen Ausschnitt ein, den er offen ließ. Diesen teilte er
durch toskanische Säulen, geziert mit Rustikastreifen, in
eine breite mittlere und zwei flankierende schmalere Öffnungen ein. Die Rustikastreifen, ein Hauptgliederungselement des
Pavillons, hatte Pedetti kurz zuvor bei der Gestaltung der
Mariensäule verwendet, also ebenfalls bei der Aufgabe, Monument und Wasserbassin zu verbinden.
Die ausgebrochenen Ausschnitte und die Türen an den ausgerundeten Ecken an der Südseite, zur Landschaft hin, "schloß"
Pedetti mit schmiedeeisernen Gittern aus Obereichstätt. Die
Nordfassade brach Pedetti völlig auf, so daß man von einer
Fassade nicht mehr sprechen kann. An die Stelle des ursprüng-
lichen Gabrieli-Portals fügte er ein vierpaßförmiges Spring-
brunnenbassin ein, dessen südlicher Teil apsidenförmig in den
ansonsten beibehaltenen querrechteckigen Grundriß einbuchtet.
Im Inneren wird das Becken durch wiederum vier toskanische
Säulen mit Rustikastreifen von dem dahinterliegenden sogenann-
ten "Belvedere" getrennt. Diese tragen den rustizierten Sturz
einer großen Halbkuppel, die die Fontäne nischenartig umfängt.
Das ursprüngliche Mansarddach war zu massiv für den luftigen
Gartensaal. Die repräsentative Kuppel am Ende der Mittelachse
des Gartens hat die Wirkung einer Apsis. Der hintere Teil des
Pavillons wurde mit einem zeltförmigen und abgewalmten Dach
gedeckt. Für die Bekrönung der Kuppel gab Pedetti mehrere
Varianten von Vasen mit herabhängenden Girlanden und einmal
einen Putto an.
Die Form der Halbkuppel zieht die aufgesetzte, stark profilierte Gesimsverdachung nach. Das Innere der Kuppel wird
durch radiale Gurte in fünf Felder gegliedert. Diese laufen
im Scheitel zusammen. Dort sitzt auf blauem Untergrund eine
weiße Stuck-Spinne. Die Gurte sind rustiziert und auf den
glatten Teilen mit weißen stuckierten Insekten und Muscheln
von Johann Jakob Berg besetzt. Die Flächen zwischen den Gurten gliedern rautenförmige, von schmalen Rustikastreifen gerahmte Kassettenfelder mit aufgesetzten Stuckblumen auf
blauem Grund. Die Gestaltung der Kuppel entspricht in etwa

dem Plan mit der Nummer 88[751], der allerdings eine farbliche
Vorstellung nicht hergibt. Die neuzeitliche Tönung des Pavillons bestand bis 1983 aus einem gebrochenen Rosa mit blauer
Kontrastunterlage zu den weißen Stuckdekorationen. Inzwischen
ist die Hauptfarbe gelb.
Die verschiedenen Pläne weichen in der Gestaltung der Kuppel
geringfügig ab. Der Ausführung der Außengestaltung am
nächsten kommt Plan 84[752], vor allem, da er die charakteristische Rustikabänderung rundum an allen Flächen zeigt.
Plan 82[753] zeigt noch viel vom Gabrielischen Bau, vor allem   47
das Mansarddach und die noch relativ große Festigkeit des
Baues trotz des Aufbruchs durch die Gloriette. Die Rustikastreifen beschränken sich auf die Säulen und Pfeiler. Ähnlich ist auch Plan 85[754].
Die Wände im Inneren des Mittelpavillons - im eigentlichen
"Belvedere" mit dem Ausblick in die angrenzende Landschaft,
sind durch Pilaster mit Rustikastreifen gegliedert. Dazwischen
und in den Laibungen der offenen Türdurchbrüche befinden sich
jeweils vier beziehungsweise fünf übereinandergesetzte ovale
Medaillons mit Stuckornamenten. Diese sind leider, bis auf
die obere Reihe, zerstört. Ein Plan von der Innendekoration ist
nicht überliefert. Auf den querrechteckigen Supraportenfeldern
über den Durchbrüchen war ursprünglich Grisaillemalerei von
Franz angebracht. Mader berichtet von Landschafts- und Park-
szenerien[755]. Über dem östlichen Durchgang ist eine Signatur
"1781 M Franz pin." deutlicher nachgezeichnet. Den Übergang
von der Wand zur Flachdecke vermittelt ein schmaler Stalak-
titenfries in Rustikamanier. Die Decke ist durch Gurte mit aufgesetzten, stuckierten Rosetten und Muscheln in verschieden
große, querrechteckige, quadratische und ovale und Zwickelfel-
der unterteilt. Diese enthalten gelblich-ocker-weiße Grisaille-
fresken. Das große ovale Hauptbild auf der Seite des Wasser-
bassins zeigt Neptun auf dem Seepferdewagen mit Tritonen. Auf
der Südseite zur Landschaft hin ist die blumenspendende Flora
dargestellt, umgeben von Tierkreiszeichen. Die kleineren Felder füllen die Darstellungen der vier Elemente und Jahreszeiten. Im großen und ganzen handelt es sich also um ein durchaus
übliches Programm, das auch die weltlichen Herrscher zu dieser

Zeit für ihre Sommerresidenzen wählten: eine Huldigung der
Natur. Auf dem einzig datierten Plan von 1779[756] sind für die
Deckengemälde die Darstellungen von Landschaften, Bäumen,
Parks und Architekturen vorgesehen.
Auch die Gabrielische Gartenmauer, Verbindungsstück zwischen
Mittelpavillon und zwei Eckpavillons im Westen und Osten und
Gartenabschluß nach Süden, löste Pedetti durch Durchbrüche
mit Gittern auf. Die Grundelemente der Mauer sind noch aus
Gabrielischer Zeit erhalten. Zum Hofgarten hin ist sie ge-
gliedert durch geschlossene, eingetiefte Rundbögen mit Keilsteinen, getrennt durch Lisenen. Von Pedetti neu gestaltet
wurden die Gitterdurchbrüche, eingesetzt jeweils nach zwei
Rundbögen, ein Rustikafries und die Pinienzapfen- und Kugel-
aufsätze auf der Mauer.
Die Eckpavillons sind im wesentlichen noch Gabrielisch. Sie
erheben sich über einem quadratischen Grundriß von ungefähr
7,5 x 7,5 Metern mit ausgerundeten Ecken und sind neun Meter
hoch. Der Ostpavillon ist an der Nord- und West-, der West-
pavillon an der Nord- und Ostseite von dem für Gabrieli
typischen Palladiobogen durchbrochen. Pedetti setzte in die
Fensterdurchbrüche der Süd- und Ostseite des Ostpavillons
Gitter ein[757]. Das Hauptfeld der Deckengemälde ziert die
Darstellung der Aurora in Grisailletechnik von Franz. Be-
zeichnenderweise findet sich diese Darstellung im Ostpavillon, auf dessen Seite die Sonne aufgeht. Die Wände sind
durch toskanische flache Pilaster gegliedert. Darüber sind
Attikafelder angebracht. Die Ecken zieren Langfelder mit
Mittelrosetten und Gittermotiven.
Am westlichen Pavillon, im Aufbau als Pendant zum östlichen
gestaltet, nahm Pedetti gravierendere Änderungen vor. Die
Öffnung der Südseite wurde vergrößert und vergittert. Vor
allem aber wurde an der Westseite, in Richtung des westlich
vom Hofgarten liegenden Küchengartens, ein kleiner Anbau angefügt. Mader berichtet, daß zu seiner Zeit dieser Anbau als
Wohnung für einen Wächter diente[758]. Entsprechend dem Programm des Ostpavillons ist das Thema der Deckenmalerei hier
der Abend.

Die Gesinnung, die Pedetti im Sommer- und Jagdschloß Hirschberg zeigte, was die Öffnung von Raum und Architektur und die
Verwendung von Gitterwerk betrifft, wurde hier im Hofgarten
noch konsequenter weitergeführt. Mit Durchbrüchen löste Pedetti die Architekturen der Pavillons und die Gartenmauer bis
auf schmale Mauerstreifen auf. Er schuf, vor allem was den
Mittelpavillon betrifft, eine ästhetische Ruine. Sedlmayrs
Bemerkungen über den "Angriff auf die Architektur" Ende des
18. Jahrhunderts und insbesondere über die künstliche Ruine,
nicht zu verwechseln mit den künstlichen Grotten, die Natur-
gebilde vortäuschen, sind hier zu übertragen. Der Bau der
künstlichen Ruinen verrate "/.../ eine noch halb unbewußte,
aber vehemente Erschütterung des Gefühls für das Architektonische. Denn sichtbar angefochten wird damit der Anspruch
auf Dauer, den von sich aus jede Architektur erhebt. Statt
dessen wird die Architektur in den Zustand der Auflösung versetzt /.../"[759]. Der neue Mittelpavillon von Pedetti hat keine
praktische, sondern nur noch mehr künstlerische Funktion. Als
luftiger Gartensaal beziehungsweise Gloriette ist er, entsprechend der Funktion der Sommerresidenz, auch nur im Sommer
als schattenspendender Ruhepunkt während eines Parkspazier-
ganges zu benutzen. Eine künstliche Grotte ist der Pavillon
nicht, aber die stalaktitenartige Rustikagliederung, die ihn
beherrscht, läßt sinngemäß an eine Grotte denken. Auch die
Licht- und Schattenwirkung trägt dazu bei. Der erste Eindruck täuscht. Nicht einen sonnendurchfluteten Gartensaal
haben wir hier vor uns, sondern es liegen tiefe Schatten
über der Hauptöffnung und in den beiden Seitennischen. Auch
die Gitter liegen im Halbdunkel, während die Architektur hell
hervortritt. Es sind auch diese Schatten, die zur Auflösung
der Architektur beitragen.
Bei Gabrieli war der Mittelpavillon Endpunkt der vom Schloß
kommenden Mittelachse. Die feste Mauer grenzte den Garten
gegen die Landschaft ab. Pedettis Gloriette ist zwar auch,
bedingt durch die repräsentative apsisartige Kuppel und die
Erhöhung der Anlage über die angrenzende Landschaft, ein End-
punkt-Abschlußprospekt des Gartens, aber mit den Durch-

brüchen öffnete Pedetti den Blick in die anschließende Landschaft. Auf den schönen Ausblick auf das Cobenzl-Schlößchen
Bezug nehmend, nannte Pedetti den Hauptraum des Mittelpavillons "Belvedere". Das Gitterwerk hat die gleichzeitige Funktion von Öffnung und Schließung, gibt die Freiheit des Blickes
und die Intimität der Abgeschlossenheit. Trotz der noch streng
geometrischen Gestaltung des Gartens, wie sie Pedetti konzipiert hatte, sind diese rein dekorativ gestalteten Pavillons
und die auf die Ferne verweisenden Öffnungen bereits Elemente
der freieren englischen Gartenkunst.
Von der Umgestaltung der Gabrielischen Hofgartenanlage durch
Pedetti zeugen verschiedene Pläne und nachträglich angefer-
tige Ansichten, die allerdings variieren. Pedettis Stadtplan
von 1796 gibt den Grundriß des Hofgartens und der Pavillons
wieder. Der Garten ist hier in acht Abschnitte geteilt, die
sich spiegelsymmetrisch um die Mittelachse gruppieren. Details sind nicht wiedergegeben, aber zu erkennen sind vier
Springbrunnen als Zentrum der vier nördlichen Abschnitte und
ein großer im Zentrum. Auf dem bereits erwähnten, um 1790
von Effner gezeichneten Plan des hinteren Teils des Gartens   46
mit den Pavillons ist der Garten gerahmt von zwei Linden-
spalieren, ähnlich wie beim Residenzplatz. Als östliche und
westliche Begrenzung führen diese Alleen aus zu Hecken geschnittenen Bäumen mit rundbogigen Ausschnitten direkt auf
die Eckpavillons zu. Die südliche Gartenfläche ist geometrisch gestaltet mit zurechtgestutzten Buchsbaumhecken, die
verschieden große Flächen in den unterschiedlichsten Formen
umgeben. Um den in der Mittelachse befindlichen großen Springbrunnen gruppieren sich die Hecken halbkreisförmig. Sie
buchten teilweise aus, um "natürliche Nischen" für Statuen
zu bilden, die hier als heroische Gestalten, typisches Thema
für Gartenskulpturen, angegeben sind. An den Statuen führen,
dem Verlauf der Hecken folgend, zwei geschwungene, spiegelsymmetrische Wege vorbei. Vor den geschlossenen Teilen der
Gartenmauer sind ebenfalls gestutzte Hecken angeordnet.
Eine weitere Variante zeigt ein bereits vorne erwähnter Plan
von Effner[760]. Auch hier rahmen Alleen die Ost- und Westflan-

ken. Genau läßt sich die Anlage Pedettis nicht rekonstruieren.
Auf jeden Fall schuf er eine überschaubare barocke Rasteran-
lage, eine durch Aufschüttungen konstruierte Fläche mit spie-
gelsymmetrischen, um eine direkt auf den Mittelpavillon zu-
führende Achse gruppierten Parterren und kleinen Springbrunnen als Zentrum von vier Abschnitten und einem großen in der
Mittelachse vor dem südlichsten Abschnitt.

Wie die meisten Barockgärten Deutschlands, wurde auch der Eichstätter Hofgarten im Zuge der Anglisierung in einen Land-
schaftsgarten verwandelt, wodurch die barocke Anlage - die
Bäume verstellen die Pavillons - litt. Die Steinfiguren von
Berg, Götter- und Heldenfiguren und Darstellungen von Tages-
zeiten[761], wurden damals in die Nähe der Aumühle gebracht.
Die fünf dort erhalten gebliebenen wurden nach 1928 zurückge-
gebracht. Für Statuen hatte Pedetti steinerne Nischen und Podeste
im klassizistischen Stil entworfen[762]; sie blieben unausgeführt.
Was ansonsten von Pedetti an Gartenprojekten überliefert ist,
meistens in Verbindung mit einem Entwurf für eine Residenz,
ist grundsätzlich den alten Schemata verhaftet. Zur Anlage des
Gartens in _Pfünz_ lieferte Pedetti zwei Pläne[763]. Die Altertüm- _VII_
lichkeit in der späten Anlage ist in der Tatsache begründet,
daß Pedetti die Achseneinteilung des alten Gartens übernahm.
Dies beweist ein "Desinteresse an den revolutionierenden Ent-
wicklungen in der zeitgenössischen Gartenkunst"[764]. Sicher
waren Pedetti hier aber auch finanzielle Schranken gesetzt.
Der rechteckige Garten ist durch Achsen in gleichmäßige quadratische Felder eingeteilt. Die äußeren Quadrate sind als Bos-
kette gestaltet. Bereits vor Pedetti waren sie von einem Kanal
- nach holländischen Vorbildern des 17. Jahrhunderts - umgeben. Der sehr schematische Garten ist nur durch wenige
Architekturen belebt. Vor der Hauptfront erreicht die Gestaltung mit mehreren Springbrunnen, reichen Broderien und
Irrgärten ihren Höhepunkt.

In einem bereits vorne erwähnten, von Effner 1785 gezeichneten Gartenplan[765] sah Pedetti die Anlage einer Baumschule
vor mit Obstplantagen, Küchengarten, Fasanenhaus, Treib-
häusern und Sommerhäusern.

Im Jahre 1792 entwarf Pedetti einen Idealplan für eine
<u>Fürstliche Residenz mit Garten</u>, wie bereits berichtet[766].
Auch hier schuf er eine altertümliche geometrische, in Raster
aufgeteilte Anlage. Der Hauptgarten ist gegliedert wie der
Eichstätter Hofgarten. Rechts und links der Mittelachse entsprechen sich spiegelsymmetrische Quartiere, die in ihrer
Mitte Springbrunnenanlagen aufnehmen. Zentrum der Anlage ist
ein vierpaßförmiger Brunnen mit Fontäne. Gerahmt wird der Garten durch flankierende Bogengänge aus geschnittenen Hecken,
ähnlich wie im Eichstätter Hofgarten. Was die Grundkonzeption
anbelangt, so hatte Pedetti wohl Paul Deckers Gartenentwürfe
im "Fürstlichen Baumeister" studiert; dieser hatte besonders
in Franken großen Einfluß. Die rechteckigen Gartengrundrisse
Deckers, architektonisierte, symmetrische Anlagen, sind ebenfalls durch Raster gegliedert, aber belebt durch zahlreiche
phantasievolle Gartenarchitekturen und Brunnen. Pedettis Entwürfe dagegen entbehren dieser Elemente und sind weniger
lebendig und abwechslungsreich.
Eine Entwicklung zur neuen englischen Gartenkunst ist bei
Pedetti nicht feststellbar, wenn man seine Anlagen über Jahre
hinaus verfolgt. Freiere Gestaltung findet sich höchstens in
den weiter außerhalb gelegenen Boskettbezirken in Form von geschlängelten Wegen, die aber im Zusammenhang mit den streng
geometrischen Anlagen deplaziert wirken.
Für Eichstätt schuf Pedetti kleine Gartenentwürfe - Rechteck-
anlagen, von Mauern beziehungsweise Baumreihen umgeben, Dreipavillonsystem und streng barocke Feldergliederung. Eine ansehnliche Anlage ist der vereinfacht ausgeführte Entwurf für
den sogenannten "<u>Handlschen Garten</u>" in der Westenvorstadt
von 1753[767], von der Straße empor als Terrasse gestaltet.
Auch hier sind, wie im Hofgarten, drei Pavillons die dominierenden Gestaltungselemente. Der erhöhte Mittelpavillon
erinnert an die Gartenhäuser des Fischer von Erlach[768]. Auch
der <u>Garten am Kugelberg</u> in der Buchthaler Vorstadt, ehemals
zur Kollegiatpfarrkirche gehörend, wurde wohl von Pedetti
entworfen[769]. Auch hier kam das Dreipavillonsystem zur Anwendung. Auf der Stadtansicht von Franz im Rittersaal des

Schlosses Hirschberg von 1766 ist er noch nicht abgebildet.
Der im Südwesten der Stadt unterhalb der Willibaldsburg gelegene Augarten ist eine späte, geometrisch gestaltete Rechteckanlage (1795) Pedettis[770]. Ein Plan ist nicht erhalten.
Offensichtlich wirkten hier aber die drei Hofgartenpavillons
nach.

Sakralbauten

Ländliche Sakralbauten

Sakralbauten nehmen einen kleineren Teil als die Profanbauten in
Pedettis Werk ein; meist sind sie nur von lokaler Bedeutung.
Bedeutender sind vor allen Dingen seine Entwürfe für die
Deutschordenskirche St. Elisabeth in Nürnberg, "/.../ die
ihn über den Durchschnitt erheben"[771]und einige wenige Idealentwürfe für Oktogon- und Rundkirchen.
In und um Eichstätt baute Pedetti einige kleine Landkirchen beziehungsweise gestaltete sie tiefgreifend um. Diese stellen
allerdings nach Ilse Hoffmann "nichts Überragendes" dar[772].
Dennoch sind einige Schmuckstücke, wie unter anderem die
Berchinger Pfarrkirche, dabei.
Trotz ihrer Kritik ordnete Hoffmann Pedetti nicht unter die
einheimischen Kleinmeister ein, die, aus dem Handwerkerstand
kommend, in der landschaftlichen Tradition verwachsen und
meist ohne Auslandsstudium blieben. Diese waren keine Neuerer
und lehnten sich an bestimmte Vorbilder oder den üblichen
Typus der Gegend an. Pedetti gehört zu den ausländischen und
deutschen Baumeistern mit akademischer Bildung beziehungsweise
Studienaufenthalt im Ausland. Im Gegensatz zu den Kleinmeistern
standen diese Baumeister "mit den großen Entwicklungsströmungen
in Europa in engerem Kontakt"[773].

Berching, Stadtpfarrkirche Mariä Himmelfahrt

Vom Datum der ersten Planung ausgehend, sind Pedettis Entwürfe
für die heutige Stadtpfarrkirche Mariä Himmelfahrt in Berching
die frühesten in seinem Werk und zugleich die bedeutendsten
seiner ländlichen Kirchenbauplanungen.[773a] Es handelt sich hierbei
um keinen reinen Neubau, sondern um eine tiefgreifende Umgestaltung der ehemals frühgotischen, um 1684/85 nach Plänen von
Jakob Engel umgebauten Chorturmkirche.
Um 1742 wurden bereits Schäden am Bau festgestellt[774]. Die
Bürger baten um einen Neubau. Nacheinander legten Gabrieli,

Seybold und der Ingolstädter Baumeister Michael Anton Prunn-
thaler Gutachten vor. Bei Hauttmann, aber auch öfter in der
neueren Literatur, taucht noch die Annahme auf, Seybold hätte
die Kirche umgebaut.[775] Von Pedetti teilweise signierte und
datierte Pläne[776] und Überschläge[777] vom 8.3.1751 und 28.8.   XIII,
1753 widerlegen dies endgültig. Die Kirche wurde, was die   48,49
Innengestaltung betrifft - das Äußere wurde vereinfacht ausgeführt -, nach Pedettis zweitem Entwurf vom 28.8.1753[778]   XIII
durchgeführt und ist noch heute in diesem Zustand erhalten.
Die Baugenehmigung wurde im Juni 1755 erteilt, 1756 war das
Dach errichtet und am 4.9.1758 konnte der Stadtpfarrer Johann Martin Zinsmeister mitteilen:"allhiesigs Kirchen-gebäude
gehet gott lob! allgemach zu ende." Er nahm an, daß "/.../
die Maurer binnen 3 wochigen Frist ihre arbeit beschlüssen"
haben[779]. Palier war Domenikus Salle. Zinsmeister berichtete,
daß Pedetti selbst den Bau in Augenschein genommen hätte. Am
15.5.1760 war die feierliche Konsekration durch Fürstbischof
Strasoldo.
Als Ausgangsposition[780] für seine Umgestaltungen hatte Pedetti eine schlichte, rechteckige Saalanlage vor sich mit je
einem rechteckigen, gewölbten Kapellenanbau mit halbrunden
Konchen und ohne Fenster nördlich und südlich des Ostendes
des Schiffes. Sie stammen, ebenso wie der in den Turm einge-
brochene längsrechteckige Chor, aus der Zeit Engels. Der Hauptaltar war ungefähr in der Mitte des Chorraumes plaziert. Dahinter lag der "blaz wo die Klockh dermahlen gelitten werden".
Südlich schloß, durch einen Zugang mit dem Chorraum verbunden, die nahezu quadratische, gewölbte St. Anna-Kapelle, die
zugleich als Sakristei benutzt wurde, an. Die Kapelle war
durch einen Zugang mit dem Hauptschiff verbunden. Gegenüber
auf der nördlichen Seite lag ein langgestreckter, rechteckiger
Raum ohne eigentliche Funktion, nur mit der Stiege zum Turm
und von außen durch einen Nebeneingang zu betreten.
Das rechteckige Langhaus wies außer den beiden bereits erwähnten Kapellen keine Besonderheiten auf. Zwei sogenannte
"Hauptnebeneingäng" befanden sich im westlichen Teil des Langhauses. Altäre waren - neben dem Hauptaltar - in der St. Anna-

Kapelle, im Schiff rechts und links vom Chor und in den beiden Kapellen aufgestellt.
Pedettis Planungen zu dem Umbau setzten 1751 ein. Ein im
März dieses Jahres angefertigter Überschlag gibt die Baumaßnahmen im einzelnen wieder und sieht einen Kostenaufwand von
6263 Gulden für den Umbau vor[781]. Enthalten sind in diesem
Überschlag und in dem dazugehörigen Plan[782] allerdings nicht   48
der erst im Ausführungsentwurf[783], genehmigt vom Fürst-   XIII
bischof am 28.8.1753 und leicht verändert ausgeführt, vorgesehene und realisierte westliche Anbau mit der Doppelempore und den neuen Seiteneingängen. Im frühen Planungssta-
dium war zunächst vorgesehen, "/.../ die Kirche, die dermahl-
len etwas klein, auch nider ist, zu vergrösseren /.../ jedoch alles zierlich und daurhafft auf das Menagenischte /.../
herzustellen[784]. Der Chor und Altar wurden weiter vorgerückt,
da der Chorraum, der im Turm eingebaut war, zu eng und so
"/.../ finster daß beym hellen Tag ohne Licht auf den altar
wenig zu sehen ist"[785]. So rückte der Chorraum vor in die
Höhe der alten, innen halbkreisförmig geschlossenen Kapellen. Der ehemalige hintere Chorraum wurde als neue gewölbte
Sakristei anstelle der Anna-Kapelle eingerichtet.
Auf dem Ausführungsentwurf ist dann allerdings geplant, daß
die St. Anna-Kapelle im "/.../ bedreffenden fall zu einer
Sacristey verbleiben könne"[786]. Der neue Chor schließt sich
halbkreisförmig gegen die Sakristei ab. Pedetti machte allerdings darauf aufmerksam, daß es zu berücksichtigen wäre, daß
die große Glocke nun direkt über der neuen Sakristei geläutet werden müßte; die kleine, die öfter gebraucht würde,
könnte von der Sakristei aus geläutet werden[787].
Zur Abgrenzung des Altarraumes stellte Pedetti zwei Freipfeiler übereck in das Schiff etwa auf die Höhe der Westwand der Konchenkapellen. Er wollte damit ein "chormassiger
form, und eine weithere breithe als zuvor, auch eine genueg-
same Helle /.../"[788] bekommen.
Architektonisch notwendig waren diese Pfeiler nicht, aber
inhaltlich deutete Pedetti den Raumeindruck dadurch um, worauf noch einzugehen sein wird.

In die auf der gleichen Höhe mit dem neuen Chor befindlichen
gewölbten Konchenkapellen brach Pedetti je ein neues hohes
Rundbogenfenster ein, "/.../ wodurch in den Chor ein voll-
kommens licht gemacht /.../" würde[789]. Das Lichtproblem wurde
von Pedetti immer wieder betont. Mit den neuen Fensterdurch-
brüchen schuf er tatsächlich einen Raum, der durch seine
gleichmäßige Helligkeit überrascht.
Im Zwischenzustand sah Pedetti jeweils an der Ostwand dieser
Kapellen Seitenaltäre vor, die er im Ausführungsentwurf vor
das Freipfeilerpaar versetzte. Auch für die St. Anna-Kapelle
und deren Gegenüber sah Pedetti Veränderungen vor. Er befand,
daß "/.../ weillen die S: Anna Capellen eine schöne grösse
hat, und auch gewölbt ist, derselben von der Kürchen aus ein
besseres einsehen mit einen bogen von 2. Schue weith und 14.
Schue hoch zu machen /.../"[790]. Der ursprüngliche Zugang vom
Schiff zu der Kapelle sollte also vergrößert werden. Aus Gründen der Symmetrie sollte im vorderen westlichen Teil des nördlich gegenüberliegenden Raumes - bisher ungenutzt bis auf eine
Stiege - ebenfalls eine Kapelle eingerichtet werden[791].
Der alte Eingang von außen sollte dazu verkleinert und die
Stiege von der Nordwest- in die Südost-Ecke verlegt werden.
Ungefähr in der Mitte des Raumes wurde eine Querwand einge-
zogen, die den vorderen neuen und sehr kleinen Kapellenraum
vom hinteren Stiegenhaus trennen sollte. Das würde nicht viel
mehr Unkosten verursachen, da die Kapelle nur noch gewölbt
werden müßte. Ein Durchgang zum Schiff, der vorher gar nicht
bestand, war auch neu zu brechen.
Pedettis wichtigste Neuerung war die Anfügung zweier rechteckiger Kranzkapellen westlich der beiden Konchenkapellen im
Mitteljoch der dreijochigen Kirche. Da Pedettis Plan, die
Kirche zu vergrößern, in der Ost-West-Achse in größerem Ausmaße nicht hätte verwirklicht werden können, da außen im Westen nur beschränkt Platz vorhanden war, nahm er die entscheidende Vergrößerung durch den Anbau der tief nördlich und südlich herausragenden, gewölbten Kranzkapellen vor[792]. Erst der
Ausführungsplan sah auch einen westlichen Anbau vor.
Im Zwischenzustand war im Westen nur ein kleiner polygonaler   48

Anbau für den Haupteingang mit drei Durchgangsbögen und
zwei "Chören" (Emporen)[793] vorgesehen. Auf der oberen Empore
sollte die Orgel mit dem Blasebalg stehen. Der Anbau sollte
"/.../ so hergestellet werden, damit die durchfarth und Strassen nichts benomen, und bequemer in und aus der Kürche zugehen seyn wird, dann solle dises umbsomehres gemacht werden,
weillen die jezt stehende Vor Kürch ein guththeill d Kürchen
einnimet, und hierdurch die Kirche umb ein merckhliches verlängert wird /.../"[794]. Durch diese Veränderung versprach
sich Pedetti eine ansehnliche und bessere Proportion des
Schiffes. Weiterhin empfand Pedetti den Fußboden der Kirche
als zu niedrig. Bei einem heftigen Regenguß würde er immer
überschwemmt. Pedetti sah eine Erhöhung vor[795]. Außerdem erhöhte er die 29 Schuh hohe Kirche um zehn Schuh. Er entschied, daß "/.../ von Holz ein flaches einschal gewölb mit
oben einfallenden Licht / wie der Riss zeiget:/ gemacht
werden" sollte. Dann käme auch auf den Chor mehr Licht.
Pedetti hatte keine Zweifel, daß das Mauerwerk die zusätzliche Last tragen könnte[796]. Darüber sollte ein ganz neuer
proportionierter Dachstuhl aus dem noch guten Holz des alten
errichtet werden[797].
Entscheidendste Neuerung im Ausführungsplan vom 28.8.1753
war, wie bereits erwähnt, trotz der beengenden Verhältnisse,
ein rechteckiger Anbau mit abgeschrägten Ecken und polygo-
nalem Schluß im Westen der Kirche. Ein Situationsplan, angefertigt am 13.8.1753, gibt die eingekeilte Lage der Kirche im
Ortsbild wieder[798]. Die Kirche ist an allen Seiten von Häusern
umgeben, vor allem im Westen rücken diese sehr nahe an das
Gebäude. Um für seinen Anbau, den er offensichtlich auf Grund
eines fürstbischöflichen Wunsches neu plante, und für eine
westliche Durchfahrt den Platz zu schaffen, plante Pedetti,
einen Teil eines zwischen zwei Bürgerhäusern im Westen befindlichen Gartens hinzuzunehmen. Südlich und nördlich schuf
er zwei neue Seiteneingänge, während er die beiden alten
beseitigte. In dem Anbau brachte er eine Doppelempore

mit der Orgel im obersten, leicht vorschwingenden Geschoß
unter.

Den knapp 30 Meter langen und - bis auf die neuen Kapellen -
15 Meter breiten einfachen Saalbau mit longitudinaler Ausrichtung deutete Pedetti inhaltlich so um, das ein zentra-
listischer Raumeindruck entstand. Dies erreichte er durch
die neuen, 3,50 Meter tiefen neuen Seitenkapellen. Im Mitteljoch der dreijochigen Kirche situiert, wirken sie auf
Grund ihrer Ausmaße wie Querschiffe. Auch das schräg vor
den Ostchor in den Kirchenraum eingestellte Freipfeilerpaar
unterstützt die zentralistische Tendenz. Durch die Abgrenzung und Verengung nach Osten - im Ausführungsentwurf war
noch ein konkav-konvex vor- und zurückschwingendes Chorgit-
ter vorgesehen - wird das Mitteljoch hervorgehoben. Es wird
auch betont durch das Deckengemälde. Durch die Freipfeiler
wird der Blick kulissenartig über die scheinbare Verengung
des Raumes hinweg auf den Altar geleitet. Mit der Umdeutung
hob Pedetti die Bedeutung der Berchinger Pfarrkirche, die
vorher, wie viele fränkische Kirchen, nicht über dem Durchschnitt lag. Er beharrte nicht auf dem primitiven und ein-
tönigen Grundrißschema des einschiffigen Saal- und reinen
Zweckbaues, sondern schuf durch Abschnitte, Unterteilungen
und Gliederungen optisch einen lebendigen und malerischen
Raum. Durch die Pfeiler erreichte er eine Dreiteilung und
Auflockerung des Raumes. Die Längszüge der Wände sind
rhythmisch gegliedert durch die übereck gestellten, leicht
vorkragenden Pilaster auf hohen Sockeln, die gedrückten Korbbögen der neuen Kapellen und den lebhaften Rocaillestuck
von Johann Michael Berg, einem Bruder des Hofbildhauers
Johann Jakob Berg, der über dem Gesims ansetzt und die Kap-
pen der Decke überzieht.
Pedetti schuf einen reinen Rokokoraum mit Bewegungs- und
Spannungsdrang, mit nicht überschaubaren, verunklärten Raumgrenzen, malerischer Wirkung, dem Streben nach weicher Ausrundung und mit dem Wunsch der Verbindung eines Längs- und

Zentralbaues. Trotz allem ist eine Zurückhaltung in Gliederung und Dekoration bewahrt, die zum Frühklassizismus
weist. Die Pilaster greifen nicht so weit in den Raum vor,
daß ein Vor- und Rückschwingen der Langhauswände bewirkt
wurde. Das durchgehende Gebälk mit schwacher Verkröpfung
ist nicht plastisch-überschwer, sondern mit Betonung auf
der Linie scharf profiliert. Das Ornament ist der Architektur untergeordnet. Es wuchert nicht aus, ist plastisch zu-
rückhaltend und grau-gelb gefaßt. Bis auf die Ausstattungs-
gegenstände ist die Kirche in dieser schlichten grau-gelben,
sich von der weißen Tünchung absetzenden Fassung bestimmt.
Das Hauptdeckenfresko von Johann Michael Baader im Langhaus
von 1758 (signiert), das die Marienkrönung und Huldigung der
vier Erdteile an Maria darstellt, ist nicht vom Ornament
überwuchert, sondern ist isoliert durch einen exakt profilierten Rahmen.
Pedetti plante von vorneherein diese Zurückhaltung in der
Ausstattung, um Unkosten zu sparen. Vorgesehen waren glatte
Füllungen und nur wenig "stocador arbeith". An die Ausführung eines oder mehrerer Deckenfresken hatte er kaum geglaubt.
Vorsichtig bemerkte er:"/.../ In dem Plaffon könne ein od
mehrere Ramen gelassen werden worin allenfalls einige fresco
mallerey versetzt werden kann"[799].

Zwei Risse geben den ursprünglichen Zustand und die geplante
Umgestaltung der Außenfassaden wieder[800]. Ausgeführt wurde   49
der reiche Planentwurf nicht. Die vorher bis auf die Portalzone völlig ungegliederte Kirche wurde nur mit glatten,
weißen Doppellisenen geschmückt, die sich, wie die weißen
Fensterlaibungen, von der gelb getünchten Fassade absetzen.
Diese schlichte Lisenengliederung ist typisch für das Hochstift und wurde auch bereits von Gabrieli und Barbieri angewendet. Ein schmales, flächiges Gesims zieht sich rundherum. Reicher sind die beiden neuen, relativ schmalen Sei-
tenportale im Westen mit rundbogiger, flacher Gesimsverdachung auf Volutenkonsolen gestaltet. Darüber - weiß gerahmt und blau hinterlegt - erheben sich schlichte Rundbogen-

nischen mit den Figuren der Bistumspatrone Willibald und
Walburga. Der Turm ist durch einfache weiße Lisenen und Bänder gegliedert und unterscheidet sich wenig vom ursprünglichen Zustand. Geplant war eine reichere Gliederung. In
seinem Überschlag spricht Pedetti in Bezug auf die Gestaltung
des Turmes davon, daß dieser "/.../ verbuzt und geziert werden
/.../ solle[801]. Die Dachspitze sollte verbleiben, da sie aber
über 80 Schuh wäre und somit immer dem Unwetter ausgesetzt
wäre, sollte sie mit zwei Kugeln versehen werden. Wie der
Planungsentwurf wiedergibt, sollte der Turm im unteren Geschoß
durch breite, glatte Doppelpilaster an den Ecken mit Kapitellen
und Girlandengehängen geziert werden. Die Fenstereinteilung
sollte belassen werden, nur war eine reichere Rahmung vorgesehen. Das Hauptfenster, rundbogig geschlossen, sollte schlicht
gerahmt und mit Keilstein versehen werden. Über der Pilaster-
stellung liegt das Gebälk mit Triglyphen in der Frieszone auf.
Das bereits ursprünglich vorhanden gewesene Uhrtafel-Geschoß
sollte durch schmale Lisenen mit Blumengehängen gegliedert und
die Uhrtafel sollte um zirka 1,50 Meter erhöht werden. Über
der Uhrtafel ließ Pedetti das bereits vorhandene Gesims aus-
buchten. Darüber waren auf allen vier Seiten des Turmhelmes
"4 römische leuchter"[802] vorgesehen. Als Abschluß für den
spitzen Turmhelm entwarf Pedetti eine Zwiebelhaube mit Okuli
und Troddelgehängen.
Für die ursprünglich ganz schlichten Langhausfassaden, die
Pedetti, wie bereits erwähnt, durch neue Fensterdurchbrüche
- Rundbogenfenster unten und korbbogig geschlossene als Ober-
lichter - bereichert hatte, sah er eine breite, teilweise gekoppelte Lisenengliederung vor. Der Obergaden sollte durch
kurze Lisenen mit Rocaillegehängen, ähnlich wie beim Turm,
unterteilt werden. Auch die geplante Bereicherung der Kapel-
lenfenster durch Blendfelder und Kämpfersteine so wie die
Gestaltung des Westanbaues wurden nicht verwirklicht beziehungsweise vereinfacht ausgeführt. Für die neuen Seiteneingänge im westlichen Anbau waren von Säulen gerahmte Portale
mit einer Rundbogengiebelverdachung mit Reliefierung vorge-

sehen. Die darüber - vereinfacht ausgeführten - Rundbogennischen weisen im Plan Lisenengliederung und Muschelornament
in der Konche auf. Eine im Obergaden angebrachte, geohrte Inschriftentafel auf Mutulifüßen fiel letztendlich auch fort.

Beilngries, Frauenkirche
Früher noch als den allerdings bereits 1751 geplanten Umbau
der Berchinger Kirche vollendete Pedetti den Neubau der Frauenkirche am ehemaligen Oberen Tor in Beilngries. Sie ist somit
Pedettis erster Kirchenbau im Hochstift. An ihrer Stelle
stand in der Mitte des 17. Jahrhunderts eine Wegkapelle, die
1678 von Jakob Engel durch eine kleine Kirche ersetzt worden war. Von dieser ist nur der kleine Altarraum erhalten,
der heute als Sakristei dient (SW).[802a]
Am 9.5.1753 legte Pedetti signierte und datierte Neubaupläne
vor, die letztendlich stark vereinfacht ausgeführt wurden[803].
Pedetti stellte die neue Kirche parallel zur Straße und
richtete sie nach Süden aus, um Platz zu gewinnen. Die Vor-
gängerkirche war nach Westen ausgerichtet gewesen.
Gegenüber der Berchinger Kirche zeichnet sich dieser Bau
durch besondere Einfachheit, was die Grundrißgestaltung,
die Ausstattung und die äußere Gestalt betrifft, aus. Die
schlichte Saalkirche, bestehend aus einem kurzen Langhaus mit
nur zwei Achsen, ist an den Ecken ausgerundet und somit dem
Rokoko verpflichtet. Die Achsenzwischenräume sind durch gekoppelte Lisenen gegliedert. Den Raum schließt eine gekurvte
Spiegeldecke[804]. Im Süden verengt sich der Bau zum Chorraum,
der halbrund geschlossen ist und durch zwei hohe Rundbogenfenster im Südosten und Südwesten beleuchtet wird. Im Inneren
ist der Chorraum durch breite, flache Lisenen zwischen den
Achsen mit Rosetten in der Kapitellzone gegliedert.
Heute betritt man die Kirche durch den bereits erwähnten alten Bau im Südwesten. Der ursprüngliche Eingang liegt am
nördlichen Ende der Westseite. Die doppelstöckige Empore mit
massiver Brüstung erhebt sich über flachen Stichbogenarkaden.
Die Stichbogenwölbungen der Arkaden und die Rundbogenfenster
unterstützen die rokokomäßige Wirkung.

Auch im Außenbau kommt dies zur Geltung durch die Ausrundung
sämtlicher Ecken. Gegliedert ist die Kirche durch ein Rastersystem aus gelben Lisenen beziehungsweise gekoppelten
Lisenen an den Gebäudeecken und Bändern, ein für Eichstätt
und auch für Gabrieli beliebtes Dekorationssystem, was von
Pedetti ebenfalls, wie bereits berichtet, an verschiedenen
Profanbauten angewendet wurde. Die Gliederung war bereits auf
den Plänen vorgegeben. Die zusätzlich vorgesehene Verzierung
der Rundbogenfenster und der geschweifte, dekorative Giebel
über dem Portal fielen bei der Ausführung fort. Das lisenen-
gerahmte und geohrte Stichbogenportal mit Triglyphen in der
Kapitellzone wird von einem profilierten Rundbogengesims verdacht, ähnlich wie am Ornbauer Kasten und anderen Profanbauten. Diese Portalform ist uns in zahlreichen Variationen von
den Gabrielischen Bauten in Eichstätt bekannt.
Die nördliche Schmalseite gliedert ein einachsiger, stark hervortretender Risalit, der anstelle des von Pedetti geplanten
geschweiften Rokokotraufgesimses mit einem spitz zulaufenden
Traufgesims schließt. Darüber baut, entsprechend dem Entwurf, ein achteckiger Turm mit einer zierlichen Kuppelbekrönung auf.

Steinbach/b. Rauenzell, ehem. Wallfahrtskirche St. Salvator
Ungefähr 500 Meter südöstlich der Pfarrkirche Mariä Heim-
suchung in Rauenzell befand sich die bereits im 14. Jahrhundert als Wallfahrtskirche benutzte und 1807 abgebrochene
St. Salvator-Kirche im Steinbachwald. Pedetti erweiterte sie
zwischen 1767 und 1768. Er hatte drei Planvarianten vorgelegt. Nach der Fertigstellung des Umbaues hatte er sich
jahrelang mit Beanstandungen auseinanderzusetzen, die sich auf
die Unterschlagung von Bauholz und angebliche Mängel der
Handwerksarbeiten bezogen, und mußte aus seinem Geldbeutel
noch so manche Summe nachzahlen. Der "Prozeß" um diese An-
gelegenheit ist ausführlich handschriftlich festgelegt[805]
und bereits veröffentlicht worden[806], so daß eine kurze Besprechung des bürokratisch interessanten Falles genügen kann.

Trotz zahlreicher Erlässe aufgeklärter Bischöfe in den 60er
und 70er Jahren gegen das übermäßige Wallfahrten, das nach
ihrer Meinung die Leute nur von der Arbeit abhielt und Gelegenheit zu Ausschweifungen gab, entstanden gerade in den
Bistümern Freising und Regensburg und in der Diözese Eichstätt, die in dieser Hinsicht besonders altmodisch waren,
zwischen 1766-1799 noch zahlreiche, zum Teil große Wallfahrtskirchen, die, im Gegensatz zu spätbarocken Anlagen wie
der Wies, in der Grundrißaufteilung gleichgültiger waren gegenüber den besonderen Erfordernissen dieses Kirchentypus'.
Gerade auf dem Land hatte das Volk besonders um die Aufhebung von Verboten gekämpft, da Wallfahrten für sie Abwechslung und teilweise Gelegenheit zu richtigen Festen boten.
Aus diesen Gründen und der Tatsache, daß bereits eine alte
Wallfahrtstradition bestand, erfolgte wohl der Wunsch nach
einer Erweiterung des zu klein gewordenen, aber stark be-
suchten Vorgängerbaues. Dieser bestand nur aus einem Mittelschiff und einem Anbau und hatte als Ausstattung vier Altäre
und einen Beichtstuhl. Die anderen wurden im Freien aufgestellt.
Die Baugeschichte ist sehr ausführlich belegt in drei Bänden, angelegt zwischen 1764 und 1808, wovon der dritte, wie
bereits erwähnt, in der Hauptsache den "Prozeß" behandelt[807].
Der zweite Band enthält zwei Planentwürfe von Domkapitelsbaumeister Domenikus Salle[808] und drei von Pedetti[809]. Auch
in Nürnberg sind zwei Entwürfe Pedettis aufbewahrt[810].   50,51
Neben Salle reichten noch weitere Konkurrenten Pläne ein:
der Hofwerkmeister Friedrich Koch, der Maurermeister Johann
Kaspar Wohlgemuth aus Ansbach, der Maurermeister Georg
Entenberger und der Zimmermeister Steiger aus Herrieden.
Weitere unsignierte Pläne in Nürnberg stammen eventuell
auch von Salle[811]. Ausgeführt wurde Pedettis dritter Entwurf, der am 27.2.1767 genehmigt wurde[812].   50
Den Grundriß der ursprünglichen Wandpfeilerkirche mit dem
breiten (21 Meter) Mittelschiff, getrennt durch einen Chorbogen von dem schmaleren, langgestreckten Chor mit 5/8
Schluß, dem Turm an der nördlichen Langseite am westlichen

Ende des Chores und einer Nebenkapelle, veränderte Pedetti
nicht. An der Länge der Kirche veränderte er ebenfalls nichts,
sondern ging, wie in Berching, wiederum in die Breite. Er
fügte westlich des ursprünglichen Chorbogens, den er abbrechen
ließ, an der nördlichen und südlichen Langseite je eine zirka
drei Meter aus den Langhausmauern herausragende und zirka
6,50 Meter lange rechteckige Kapelle mit je zwei flachen Stichbogenfenstern an. Hier sah er je einen, von einem geschwungenen Gitter umgebenen Seitenaltar an den Ostwänden vor und
je einen Beichtstuhl unter den westlichen Fenstern. An der
nördlichen Kapelle war außen eine bauchige Kanzel vorgesehen,
die auch nur von außen zu erreichen war. Westlich der neuen
Südkapelle sah er in direktem Anschluß eine kleine quadratische
"aussen Capel" mit Altar und Gitterdurchbrüchen an der West-
und Südseite vor. Östlich der Südkapelle fügte er - bei Beibehaltung der inneren Langhauswand - eine neue, zirka drei
mal 4,50 Meter große Sakristei mit einem kleinen Stichbogenfenster an. Von dort gelangt man direkt in den östlich anschließenden oberen Choreingang, einem kleinen, fast quadratischen, von der Sakristei durch eine Quermauer mit Tür ge-
trennten neuen "Anbau", der auch von außen (Südseite) zu betreten ist. Am Haupteingang im Westen - gestaltet als ein
schlichtes Stichbogenportal - sollten zwei Steinstiegen zur
ersten und Holzstiegen zur zweiten Empore führen[813].
Von der Gestaltung des Inneren liegt uns nur eine Ansicht des
umgestalteten Chores auf dem Ausführungsentwurf vor. Zwei der
drei gotischen Spitzbogenfenster wurden zu flachen Stichbogenfenstern umgeändert, das mittlere wurde geschlossen. Ansonsten ist der Chorraum betont schlicht und flächig in der Gliederung gehalten. Chorschranken trennen den intimsten Bereich
ab. Überwölbt ist der Chor von einer Flachtonne.
Auch die Außengliederung des Ausführungsentwurfes ist betont 50
einfach gehalten. Der alte Turm wurde bis zum obersten Stockwerk erhalten, darauf wurde ein Stockwerk aufgemauert und eine
neue Kuppelbedachung aufgesetzt. Die Fassade wird rechts und
links von dem niedrigen, schlicht gerahmten Stichbogenportal
und dem großen Stichbogenfenster darüber in der Mittelachse
durch durchgehende überbreite, glatte Blendfelder und Lisenen

gegliedert, ebenso die neuen Seitenkapellen. Die Längsfassaden verblieben ungegliedert bis auf die schlicht gerahmten
Stichbogenfenster und -türen.

Von den beiden unausgeführt gebliebenen Plänen Pedettis war
der eine dem Ausführungsentwurf sehr ähnlich[814]. Die neuen
Seitenkapellen - hier mit der bauchigen Kanzel im Süden -
sind auf diesem Plan weiter in den Westen gerückt. Dadurch
war es möglich, der Sakristei einen größeren Platz einzuräu-
men. Diese besteht aus dem quadratischen Raum gegenüber vom
Turm und einem zusätzlichen, ebenfalls quadratischen Raum
westlich davon. Wie beim Ausführungsentwurf, ist durch den
neuen östlichen Anbau an der Sakristei der Eingang von außen
möglich. Ebenso ist die äußere Kapelle westlich der südlichen
Seitenkapelle vorgesehen. Die Außengliederung ist ebenfalls
schlicht. Die gotischen Chorfenster wurden belassen, ebenso
der Turm mit dem spitzen Helm. Das schlichte Westportal mit
hängender Verdachung und einem geohrten Fenster darüber ist
gerahmt von breiten durchgehenden Lisenen. Den Giebel darüber
schmücken ein Rundfenster und dreieckige Blendfelder.
Die Langseiten sind schmucklos bis auf die Kanzel und die teilweise geohrten Fenster.

Etwas weniger gelungen ist ein zweiter Plan, der in zwei
leicht variierenden Entwürfen erhalten ist[815]. Etwas unglück-   <u>51</u>
lich ist hier die Lösung, die neuen Kapellen seitlich des
oberen Chores zu plazieren. Sie wirken hier wie störende An-
hängsel. Die Kapellen sind im in Nürnberg aufbewahrten Entwurf an der Ostecke ausgerundet. Sie sind von außen zu betreten und haben auch die Funktion von Oratorien. Anders als beim
Ausführungsentwurf, wurde östlich der sogenannten "äußeren Kapelle" - durch Gitter nur zur Westseite geöffnet - ein Ein-
gangsanbau beziehungsweise ein Anbau für die Stiege zur inneren Kanzel angefügt.
Reicher als beim Ausführungsentwurf ist bei diesem Plan die
Außengestaltung. Vor das westliche Hauptportal setzte Pedetti
im Nürnberger Entwurf ein auf sechs rustizierten Pfeilern
ruhendes, weit vorgezogenes Vordach "worunder der äussere brö-
digstuhl zu stohn komet". Über dem schlicht gerahmten Stichbo-

genportal mit Kämpfersteinen ist eine Inschriftenkartusche
vorgesehen. Der Rest der Fassade, der Giebel und der neue Anbau sind mit glatten, dreieckigen Blendfeldern beziehungsweise
mit an den Ecken abgeschrägten Lisenen geziert. Der Turm weist
breite Pilaster und Lisenen als Ecklösungen auf.

Wie bereits bei der Berchinger Pfarrkirche so vergrößerte Pe-
detti auch hier die Kirche nicht in der Länge, sondern in der
Breite durch die Anfügung von zwei seitlichen Kapellen mit dem
Charakter von Querschiffen. Dadurch gab er auch diesem längs-
gerichteten Bau, wenn auch auf andere, nicht so eindeutige
Weise, ein neues Zentrum. Steinbach hat nun aber einen völlig
anderen Charakter als die noch vom Rokoko bestimmte Berchinger
Kirche. Pedetti übernahm den einfachen geraden Grundriß der
alten Kirche, und was er umbaute, führte er in geraden, klaren
Formen aus. Der 1768 genehmigte Entwurf zeigt einen Kirchenbau,
der vom französischen Akademismus beeinflußt ist. Hier war
wohl der fränkische protestantische Kirchenbau Rettis und
Steingrubers, der allgemein starken Einfluß auf den frühklassizistischen katholischen Kirchenraum hatte, Vorbild. Steingruber bevorzugte drei Grundrißtypen, von denen der eine die
aus Holland kommende T-förmige Anlage ist[816]. Durch die neuen
Seitenkapellen erhielt Pedetti eben diese Grundrißform. Pedetti konzipierte nach rein frühklassizistischen Gestaltungs-
tendenzen: klare Raumgrenzen, Überschaubarkeit, keine optische
Raumverschleifung und Ausrundung der Ecken.
Wie Ilse Hoffmann für die Zeit von 1766-1799 für Bayern,
Schwaben und Franken nachwies[817], zeigt die Raumgestaltung
der in diesem Zeitraum entstandenen Wallfahrtskirchen eine gewisse Gleichgültigkeit gegenüber den besonderen Erfordernissen
dieses Typus'. Sie hält diese Vernachlässigung für einen
typischen Wesenszug des Frühklassizismus. Im Gegensatz dazu
weisen die spätbarocken Wallfahrtskirchen (Wies, Vierzehn-
heiligen) die für ihren Zweck idealen Räume auf, in denen
große Prozessionen aufgenommen werden können, in denen aber
auch die Möglichkeit zum stillen Gebet des Einzelnen besteht.
Eine Wandpfeileranlage, wie sie Pedetti unverändert übernahm,

war grundsätzlich für diesen Kirchentypus ungeeignet und
im Spätbarock undenkbar. Im Frühklassizismus bestand aber
nun die Möglichkeit, diese Grundrißform umzudeuten.
Von der Innengestaltung der Steinbacher Kirche ist nur eine   50
Zeichnung erhalten, die Ansicht auf den Chor. Sicher ist,
daß die Kirche flächig, nüchtern und sehr karg ausgestaltet
war, weder mit Pilaster- oder Lisenengliederung noch mit
sonstigen plastischen Formen. Auch die Außengestaltung der
Fassaden und des Turmes ist typisch frühklassizistisch mit
der Anwendung von glatten und rustizierten Lisenen und Blendfeldern, den geraden oder flach stichbogig gewölbten und
schlicht gerahmten Fenstern, dem Verzicht auf Verdachungen
und sonstige plastische Formen, dem niedrigen Walmdach anstelle des barocken Mansarddaches und den frühklassizistisch
strengen Giebel. Auch Steingruber gliederte so, er bevorzugte rustizierte Lisenen, glatte Doppellisenen und seltener
glatte Einzellisenen.
Nach der Fertigstellung der Steinbacher Kirche am 13.9.1768
kamen, wie bereits vorne erwähnt, zahlreiche, sich bis April
1770 hinstreckende Schwierigkeiten auf Pedetti zu. "Die dies-
bezüglichen Akten[818] geben einen vorzüglichen Einblick in die
soziale Stellung des fürstbischöflichen Hofbaudirektors Pedetti, ebenso lassen sie einen Schluß zu auf seine Persönlich-
keit, dann illustrieren sie das Verhältnis des Baudirektors
zu den ausführenden Handwerksleuten und den Prozeßgang der
damaligen Zeit. Sie sind ein Zeit- und Kulturbild von seltener Anschaulichkeit"[819]. Am 13.9.1768 meldete Pedetti,
daß die Kirche "/.../ bis auf einige Stücke Pflaster und die
Beichtstühle vollkommen dauerhaft verfertigt und nach dem Riß
hergestellt" wäre[820]. Am 10.10. folgte ein ausführlicher Bericht, aus dem hervorgeht, daß er mehr als 300 Gulden über
den Akkord von 3900 Gulden benötigt hatte. Bei der Besichtigung der Kirche durch den Pfarrer von Arberg, zwei Ansbacher
Sachverständige, einen Maurer und einen Zimmermeister wurden
verschiedene Mängel festgestellt, die aber tatsächlich nur
Kleinigkeiten waren. Pedetti kritisierte daraufhin vorwiegend die Ansbacher Gutachter, die unparteiisch und keine

Architekten wären. Er gab einige Mängel zu, wie unter anderem den abgefallenen Verputz, gab daran aber dem Wetter die Schuld. Zu dem Vorwurf des Pfarrers "/.../ über den liederlich geführten Bau" vom 9.12.1768 mußte Pedetti sich dann noch die Anschuldigung der unrechtmäßigen Bereicherung mit Bauholz gefallen lassen. Auf ein Dekret des geistlichen Rates Eichstätt vom 7.4.1769 hin, in dem Pedetti zu einer Stellungnahme zu dem Vorschlag gebeten wurde, eine erneute Besichtigung vorzunehmen, deren Kosten der Verlierer tragen sollte, schlug Pedetti am 10.4.1769 vor,"zur Rettung seiner Ehre" den Ansbacher Bauinspektor und Architekten Steingruber und die Werkmeister der ersten Besichtigung hinzuzuziehen und zu prüfen, ob letztere auch bei der Anwesenheit des verständigen Architekten bei ihrer Meinung blieben. Dies wurde abgelehnt, weil man zu der Feststellung der Baumängel keinen Architekten bräuchte. Daraufhin verfaßte Pedetti am 13.4.1769 einen Protestbrief, in dem er sich beklagte, daß seine Ehre gekränkt wäre, wenn er sich als "/.../ ein hochfürstlicher Hofkammerrat und Architekt dem dummen crisi eines bloßen Maurers und Zimmermanns überlassen und aussetzen müßte." Er verlangte die Hinzuziehung eines auswärtigen, verständigen und unparteiischen Architekten. Wären es nicht die von ihm vorgeschlagenen Ansbacher, dann sollte es ein Architekt aus München, Bamberg, Würzburg oder Nürnberg auf Kosten des Verlierers sein. Daraufhin antwortete der geistliche Rat, wenn Pedetti einen Bauverständigen nach seinen Wünschen wollte, so könnte er ihn auf seine Kosten mitbringen. Bei der zweiten Besichtigung am 22.4.1769, zu der Pedetti einen Notar, zwei Baumeister und Zeugen hinzuzog, blieben die Maurer- und Zimmerleute bei ihren früheren Äußerungen. In einem Bericht vom 3.5. stellte Pedetti fest, daß seine Sachverständigen das Gebäude für nach dem Riß angefertigt erachteten. Die Kritik seiner Gegner wäre bloße Feindschaft und Neid.
So ging der Briefwechsel noch hin und her. Am 30.12.1769 wurde beschlossen, daß den Handwerkern 250 Gulden ausgezahlt würden. Wenn sie mehr bräuchten, sollten sie sich an Pedetti wenden. Diesem wurden 250 Gulden vom Akkord und 50 Gulden

Douceur nicht ausbezahlt. Am 7.4.1770 mußte Pedetti für 229
Gulden Nacharbeiten ausführen, die am 20.9.1770 beendet waren.
Im Jahre 1771 bekam Pedetti das gesperrte Geld. Noch 1774
ärgerte man ihn mit dem Auftrag, die verfaulten Emporenbal-
ken auf seine Kosten zu erneuern.

Arnsberg, St. Sebastian

Ein einfacher Bau ist - wie Beilngries - auch die 1770[821] von
Pedetti entworfene Arnsberger Kirche. In Eichstätt[822] und Nürnberg[823] ist dazu das Planmaterial erhalten. Von der älteren   52
Kirche, malerisch auf einem Berghang gelegen, brach Pedetti
das Langhaus ab. Der alte Bau war nach Norden ausgerichtet,
den neuen ostete Pedetti. Unerklärlich ist, warum Pedetti
den alten Turm der Kirche an der Nordseite auf seinen Plänen
im Süden einzeichnete. Mader[824] vermutete, daß dies entweder
auf einem Irrtum Pedettis beruhte oder daß die Kirche weiter
nach Süden gebaut wurde als Pedetti es geplant hatte, so daß
der Turm nördlich des Chores zu stehen kam.
Der Grundriß der neuen Kirche ist betont einfach. Diese Ein-
tönigkeit und relative Qualitätslosigkeit im letzten Drittel
des 18. Jahrhunderts ist typisch für Franken. Die meisten
Landkirchen aus der Zeit sind reine Zweckbauten, meist ein-
schiffig, flachgedeckt, ohne Pilastergliederung, ohne Unterteilungen des Langhauses in einzelne Abschnitte und einem
meist dreiseitig geschlossenen Chor.
Das Langhaus des Saalbaues hat hier zwei Achsen, ist zirka
zwölf Meter lang und neun Meter breit. Der im Osten anschlies-
sende schmalere lange Chor ist segmentbogig geschlossen, wie
es der Eichstätter Plan vorgesehen hatte. Er ist niedriger
als das Langhaus. Im Untergeschoß des Turmes ist die Sakristei untergebracht. Die Chorabschluß-Lösung des Nürnberger
Planes ist weniger elegant. Hier ist ein dreiseitig ge-   52
schlossener Chor vorgesehen. Wenn dieser Plan verwirklicht
worden wäre, hätten die beiden östlichsten Fenster weiter
nach Westen zurückgesetzt werden müssen. Besser ist bei diesem Plan der Verlauf der neuen Kirchhofmauer, die die Form
des Chores nachzeichnet, während sie im Eichstätter Plan zu

spitz zuläuft. Langhaus und Chor sind flachgedeckt. Die
Stichbogenfenster sind im Inneren von Blenden umrahmt, die
vom Boden aufgehen. Der Haupteingang liegt, wie auf beiden
Entwürfen geplant, in der westlichen der beiden Achsen an der
Nordseite. Es handelt sich um ein schlichtes, flach stichbogig gewölbtes Portal ohne Zier. In der Gestaltung der Westfassade variieren beide Pläne leicht. In beiden sind geschlitzte Doppellisenen als Ecklösungen vorgesehen. Während im Eichstätter Entwurf ein hohes, flach stichbogig gewölbtes Fenster die Fassade durchbricht, sind im Nürnberger Entwurf ein
kleines ebensolches Fenster und darunter ein geohrtes Quer-
ovalfenster vorgesehen. Auch für die Langhausfassaden waren
in beiden Entwürfen geschlitzte Doppellisenen als Ecklösungen
vorgesehen. Der Turm, mit neuem achteckigen Helm und Kuppel-
haube, sollte durch einfache Lisenen gegliedert werden. Die
Gliederung mit den geschlitzten Doppellisenen blieb unausgeführt. Heute sind der Bau und der Turm durch schmale, gemalte
Bänder in gelber Fassung gegliedert. Diese sind sowohl Ecklösung als auch waagerechter oberer Abschluß der Fassaden.
Auch die Stichbogenfenster und das Portal sind von gemalten,
gelb gefaßten Blenden gerahmt. Für diese Art der Bänder- und
Lisenengliederung, wie sie bereits bei der Beilngrieser Kirche
und verschiedenen Profanbauten Pedettis angewendet wurde,
gibt es unzählige, auch frühere Beispiele im Hochstift.
Es war bereits eine bliebte Dekorationsweise Gabrielis, nur
mit farblich anderer Fassung, und Barbieris.
Ein Beispiel aus der Nähe von Arnsberg ist die nach dem Riß
von Domenikus Barbieri 1755 erbaute Katholische Pfarrkirche
Heilig Kreuz in Schambach, die neben der ähnlichen Grundrißaufteilung[825] auch eine ähnliche Außengliederung wie Arnsberg
aufweist: rote, schmale gemalte Bänder als Ecklösung, als
oberer waagerechter Abgrenzungsstreifen und als Rahmung der
Stichbogenfenster. Auch die Katholische Pfarrkirche Mariä Himmelfahrt in Gungolding, 1740 von Gabrieli umgebaut, weist diese
Bändergliederung in der für diese Zeit bevorzugten Fassung
in Englischrot auf. Die Pfarrkirche St. Nikolaus in Nassenfels, 1738-1741 von Gabrieli erbaut und zwischen 1763-1765

von Pedetti mit einem neuen Turm auf einem Rost an der Westseite versehen[826], weist einfache und gekoppelte gemalte Bänder auch zwischen den Achsen, waagerechte als oberen Abschluß,
einfache am Turm und gemalte Fensterumrandungen auf.
Ebenso ist die Pfarrkirche St. Nikolaus in Mitteleschenbach
durch farbige Bänder gegliedert. Gabrieli erweiterte 1722 das
Langhaus und erhöhte den Turm. Auch Pedetti war hier tätig.
Auf Grund einer Besichtigung vom 23.7.1785 verfaßte er einen
Überschlag, die äußerst dringende Reparatur des durch Unwetter beschädigten Kirchturmes und die Bedachung betreffend[827].
Für die Berchinger alte Pfarrkirche St. Lorenz fertigte
Pedetti acht Jahre nach Arnsberg, 1778, einen unausgeführt gebliebenen Entwurf zur Gliederung aller vier Seiten des Turmes
an[828]. Keine erhabenen beziehungsweise plastischen Gliederungselemente waren vorgesehen, sondern nur farbig-hell-
grün gefaßte Bänder. Benutzt werden sollten aber starke,
dunkle Schattenstriche und "/.../ weiße Strichlinnien, damit
die arbeit erhaben scheinet"[829]. Mit diesen speziellen Anweisungen versah Pedetti den Plan und trug an die Stellen für
die hellen Linien ein 'x' ein. Die Ecklösungen bestehen im
Erdgeschoß aus breiten, rustizierten Lisenen und im ersten und
zweiten Stockwerk aus durchgehenden Doppellisenen. Die breit
farblich gefaßten sind zusätzlich von einem großen Rahmen mit
Geschoßhöhe umgeben. Das oberste Geschoß mit drei gegebenen
Schallöffnungen auf jeder Seite weist Doppellisenen als Ecklösungen auf. Hervorgehoben wird es durch das die drei Öffnungen zusammenfassende und über der mittleren ausbuchtende
Gesims mit der Wirkung eines Palladiobogens.

Eichstätt, Domwestfassade

Für die Domwestfassade in Eichstätt fertigte Pedetti Umgestaltungspläne an, die jedoch unausgeführt blieben. Die heutige Fassade geht auf Gabrieli zurück. Bereits 1714 (-1718)
hatte Gabrieli dem gotischen Westchor des Domes eine
barocke Fassade vorgeblendet. Dies wurde wohl weniger für den
Dom selbst, als vielmehr zur Anpaßung an den anschließenden
Westflügel der Residenz veranlaßt.
Gabrielis Lösung der gestellten Aufgabe ist nicht sehr über-
zeugend. Zu berücksichtigen sind allerdings die Schwierigkeiten, die zwangsläufig auftreten, wenn man einer vertikal
komponierten gotischen Fassade eine breite Barockfassade vor-
blenden will. Rein optisch fehlt auch nördlich ein Anschluß-
stück, wenn man von Westen, also von der Spitalbrücke, auf
den Dom zuschreitet. Wäre dieses vorhanden, so wie südlich der
Residenzflügel, hätte die Domfassade eine sinnvollere Stellung
als eine Art Mittelrisalit einnehmen können. Früher bestand
wenigstens noch ein Gegenüber - das 1816 abgebrochene Spital-
tor auf der Altmühlbrücke.
Über einem hohen und glatten, weit vorstehenden Sockel
bauen an Gabrielis Domfassade, als Rahmung des tieferliegenden
Portals mit dem hohen Fenster darüber, Gruppen kompositer
Kolossalpilaster auf - eine häufige Fassadenform des 18. Jahrhunderts nach dem Vorbild von S. Andrea al Quirinale in Rom
von Bernini. Darauf ruht ein breiter Architrav aus zwei Faszien, der sich flach segmentförmig über dem Mittelfenster
wölbt. Die Frieszone ist in dorischer Manier gestaltet. Es
wechseln triglyphierte Volutenstützen, auf denen das schwach
segmentförmig gewölbte Kranzgesims ruht, mit leeren Metopen-
feldern ab. Darunter fehlen nicht, der dorischen Ordnung entsprechend, die Taenia mit Regula und Guttae. Von letzteren,
sie sind dreieckig, sind nur fünf vorhanden, während in der
dorischen Ordnung sechs gängig sind.
Über dem Hauptgesims sitzt eine geschwungene und verkröpfte
Attika auf, vor die eine Blendbalustrade mit verschlungenen
Hochovaldurchbrüchen - in Mäanderart - gesetzt ist. Auf der
Attika stehen fünf monumentale Figuren auf Podesten, in der

Mitte Maria mit Kind, nördlich Willibald, dem der Dom geweiht ist, und sein Vater Richard, südlich die Geschwister
Walburga und Wunibald. Das Figurenprogramm war bereits im
Kleinen am gotischen Hauptportal an der Nordseite vorgegeben.
Über dem hohen, profilgerahmten und geohrten Stichbogenportal
wölbt sich ein rundbogig geschlossenes Giebelfeld.
Triglyphierte Konsolen mit Guttae tragen die rundbogige Gesimsverdachung darüber. Auf der Verdachung sitzt das plastische Wappen des damaligen Bischofs Johann Anton Knebel von Katzenellenbogen, gerahmt von zwei Putti, auf. Dieses ragt bis in das
hochrechteckige, flach stichbogig gewölbte, geohrte und pro-
filgerahmte Mittelfenster hinein. Weiterer figuraler Schmuck
ist der Fassade beigegeben durch die beiden Figuren des Petrus
und Paulus, die, das Portal flankierend, auf dem vorstehenden
Sockel vor den Pilastern stehen. Eine Kartusche über dem Fenster enthält die Jahreszahl 1718.
Offensichtlich ist die Beeinflußung Gabrielis durch die be-
nachbarte Schutzengel- beziehungsweise Jesuitenkirche am
Leonrodplatz, erbaut von Hans Alberthal aus Roveredo in
Graubünden. Diese ist allerdings noch, typisch für eine
Jesuitenkirche, viel monumentaler und flächiger und mit
trockeneren Formen gestaltet. Aber die grundlegenden Gestaltungselemente der beiden Fassaden stimmen überein: monumentale Kolossalpilasterpaare auf hohem Sockel, breiter Architrav mit triglyphierten Klötzen, Kranzgesims (bei der Jesuitenkirche gerade verlaufend), Anordnung von Portal und
hohem Mittelfenster, Attikazone. Man hätte sich gut vorstellen können, daß Gabrieli die Fassade mit einem Palladio-
Triumphbogenmotiv, wie er es so gerne verwendete, geschmückt
hätte. Davon haben ihn wohl die beengten Verhältnisse abge-
halten.
Pedetti wurde zuerst 1752 mit dem Problem "Westfassade" kon-
frontiert. Aus einem Referat vom 29.10.1752[830] ist zu schlies-
sen, daß er, nach Erhalt einer Anzeige des Domkapitels mit
Steinmetz Kösler eine "occular inspection" vorgenommen und
Mängel an der oberen Galerie, an den Figuren, am oberen Was-
serschlag und am Hauptgesims, bedingt durch Frost, festge-

stellt hatte. Die Reparatur wurde bis zum nächsten Frühjahr
verschoben.

Erst Ende des 18. Jahrhunderts, in den 80er Jahren, fertigte
Pedetti verschiedene Entwürfe zur Umgestaltung der Westfassade - speziell für den Giebelaufsatz - und eine Konstruk-
tionszeichnung für das notwendige Arbeitsgerüst in Form
eines an zwei Seilwinden hängenden Laufsteges an[831]. Auf   XIV,53
diesem Plan ist die Fassade als ruinös bezeichnet.

Pedettis Entwürfe für die Domwestfassade haben einen aus-
gesprochen eigenständigen Charakter. Sie zeigen nichts eigentlich Eichstättisches oder Italienisches. Es ist in
diesem Fall wirklich zu bedauern, daß sie unausgeführt
blieben. Wie bereits erwähnt, war von Pedetti nur eine Veränderung des Giebelaufsatzes mit dem Gebälk geplant. Unverändert bleiben sollten die Portalzone, die Kolossalpilaster,
das Mittelfenster und die Figuren oben und unten.

In drei Entwurfszeichnungen schlug Pedetti insgesamt fünf
Varianten für die klassizistische Umgestaltung der Giebel-
zone vor. Gerade in den 80er Jahren, seit dem Beginn der
Regierungszeit des Fürstbischofs Zehmen, kam, wenn auch nur
in bescheidenem Maße, der Klassizismus in Eichstätt zum
Durchbruch. Wie ganz Mittelfranken hatte sich auch Eichstätt
bis in das späte 18. Jahrhundert hinein der Entfaltung dieses
Stiles widersetzt. Die meisten Beispiele des klassizistischen Stiles lassen sich noch in der Werkgruppe "Grabdenkmäler" finden, von Pedetti ist das Strasoldo-Grabdenkmal
im Eichstätter Dom zu nennen. Pedettis wenige klassizistische
Werke entstanden alle zur gleichen Zeit und nur für Eichstätt.
Sie sind an den Fingern abzuzählen.

Der erste Plan für den Giebel der Westfassade zeigt zwei
Varianten, die über Gabrielis Entwurf zu klappen sind[832].   XIV
Verändert wurde vor allem das Hauptgebälk, das - eine
barocke Reminiszenz - weit über das Mittelfenster herumgeführt wurde. Dies ist nicht eben frühklassizistisch etwa im
Sinne d'Ixnards. Im Frühklassizismus treten Bögen nur selten auf und wenn, dann verspannt in ein Hochrechteckfeld.
Dort sind strenge Geradlinigkeit, Flächigkeit und waagerechter Verlauf des Architravs gefordert.

Dennoch sah Pedetti hier auch kein barockes, überschweres
und aus tiefschattenden Profilen bestehendes, wellenförmig
auf- und abschwingendes oder gar stark verkröpftes Gesims
vor. Er folgte keiner antiken Ordnung. Das Gesims besteht im
ersten Plan aus scharf abgegrenzten, schmalen Profilen, abwechselnd aus stehendem und fallendem Karnies, Rundstäben und
geraden Teilen. Die Laibung, entstanden durch die vorstehenden Sockel, ist im Bogen kassettiert und mit Rosetten besetzt.
Die Variante dagegen zeigt über dem Architrav mit Hängegirlanden als Teil des ansonsten gleich gestalteten, aber höher
angesetzten Gesimses ein frühklassizistisches Stabbündel, umwickelt mit einem Band. Unter der kassettierten Laibung ist
hier noch ein, dicht über dem Fenster sehr flach segmentbogig
gewölbtes Wappenfeld vorgeblendet. Das Wappen ist als Mittelmotiv mit lang herabfallenden Girlanden gestaltet und sitzt
auf einem schlicht gerahmten Rauhputzfeld auf. Die Attika und
die Sockel mit den Figuren über dem Hauptgebälk beließ Pedetti,
verdoppelte aber die verschlungenen, mäanderbandartigen Hoch-
ovaldurchbrüche.
Gabrieli hatte die Sockel der Figuren als Verlängerung der
Pilaster in der Attikazone gestaltet. Pedetti schuf auf beiden Seiten unter den Figuren in der Attikazone je ein rechteckiges klassizistisches Feld, flach gerahmt, mit Girlanden.
In der zweiten Variante verzierte er zusätzlich einen schmalen Streifen zwischen dem Hauptgesims und dem Girlandenfeld
mit einer Art Kreismäander, exakt abgegrenzt durch eine Rahmung. Krönender Abschluß des Ganzen ist eine barocke Mansard-
"kuppel" mit einer klassizistischen Urnenvase. Diese Kuppel
wäre vom praktischen Nutzen her nicht notwendig gewesen und
ist vermutlich nur aufgesetzt zur äußeren Gliederung. Im
Inneren wäre sie unsichtbar geblieben. Pedetti offenbart
sich wieder als der typische Barockklassizist, auf der Suche
nach einem Mittelwert.
Johann Georg Sulzer, dem er mit seiner Einstellung naheliegt,
der es aber als wichtig ansah, ein Dach möglichst unsichtbar
beziehungsweise flach zu machen und zum Beispiel durch eine
Attika zu verdecken, hätte Pedettis "unnötige" Einfügung nicht

verstanden. Das Dach hat bei ihm nur Berechtigung als "not-
wendiges Übel"[833]. Als Argument gegen die gotisch-spitzen
Formen ließ Sulzer allerdings die barocke Kuppel gelten[834].
Dies könnte auch Pedetti bewogen haben, die Kuppel einzu-
setzen. Sie hätte die gotischen Spitztürme des Domes verdeckt.
Abneigung gegen die Gotik hatten wir bereits festgestellt bei
der Gestaltung der Dom-Südfassade im Residenzinnenhof.
Rein optisch bietet die Kuppel auch einen sinnvolleren oberen
Abschluß der Fassade, wogegen Gabrielis Fassade wie abgeschnitten über der Attika wirkt.
Der zweite Plan, der signiert ist, gibt wiederum zwei Varianten zur Gestaltung des Giebelaufsatzes wieder[835]. Der linke   53
der beiden Vorschläge basiert noch auf dem ersten Plan, da
die Hauptelemente, das rundbogig gewölbte Gebälk und die kassettierte Laibung, noch vorhanden sind. Das Gesims ist aller=
dings klassizistischer gestaltet, flächiger und mit wenig ge-
rundeten und stärker voneinander abgesetzten Profilen. Die
großflächige Frieszone zieren klassizistische Festons, bestehend aus tiefdurchhängenden, an der tiefsten Stelle umwickelten Blattgirlanden in Schlaufen.
Eine zweite Reihe Kassetten in der Laibung und ein Wappenfeld mit einer Mittelkartusche und herabhängenden Girlanden
sind mit Bleistift skizziert.
Interessanter ist der zweite Vorschlag. Hier wird auf den
barocken Rundbogen ganz verzichtet und eine eingezogene Drei-
ecksgiebel-Gesimsverdachung mit den gleichen Profilen wie im
ersten Vorschlag vorgesehen. Diese ruht über einem Architrav
aus zwei Faszien, der flach segmentbogig über dem Mittelfen_
ster ausbuchtet, und der breiten Frieszone mit den Festons.
Als Mittelmotiv ist in die Frieszone eine bis in den Dreiecksgiebel hinaufreichende Kartusche mit Palmetten komponiert.
Oberer Abschluß der Frieszone im mittleren Teil ist ein frühklassizistischer Kettenmäander, den Pedetti bereits im ersten Plan unter den Sockeln vorsah. Das Giebelfeld ist, entsprechend seiner Form, mit einem dreieckigen Inschriftenfeld
gefüllt. Die hier unleserliche Inschrift ist innen gerahmt
von einem präzis eingefaßten Rankenmäander. Die Rahmung wölbt

sich flach segmentförmig knapp über der Mittelkartusche und
steht auf Füßen. Diese Form zeichnet die äußere, glatt belas-
sene Umrahmung nach. Sie weist eine zusätzliche Ohrung mit
Rosettenknöpfen und herabhängenden Zöpfen und Mutuli mit dreieckigen Guttae an den Füßen auf. Das gesamte Gebälk ist, ent-
gegen der bisherigen Vorschläge, leicht verkröpft.
Eigenständiger sind diese beiden Varianten dadurch, daß die
bereits von Gabrieli vorgegebene Attika hier wegfiel. Die
Figurensockel wurden schlicht belassen und reduziert, der
Sockel der Marienfigur aber besonders betont. Von diesem fallen lange, schwere klassizistische Girlanden direkt auf die
Gesimse. Die Barockkuppel ist hier weggefallen, ein spitzes
Dach ist im Hintergrund skizziert.
Zusammenfassend läßt sich feststellen, daß der zweite Entwurf
auf diesem Plan, nicht nur was die Ornamentik, sondern auch
was die strengere und klarere Durcharbeitung und Führung des
Gesimses betrifft, fortschrittlicher ist im Sinne des Früh-
klassizismus.
Wo der zweite Plan aufhört, macht der dritte der Serie - mit
nur einem Gestaltungsvorschlag - noch konsequenter weiter[836].
Wieder haben wir die eingezogene Dreiecksgiebel-Gesimsver-
dachung mit leichter Verkröpfung vor uns. Architrav und Frieszone sind ebenfalls unverändert. Verändert wurde lediglich die
Ornamentik, nicht die einzelnen Elemente, sondern deren Anordnung. Die Frieszone ist völlig ausgefüllt mit einem "Band" aus
Festons, wie beim zweiten Entwurf, nur legen sich hier die Girlanden um runde Medaillons mit Blumenmotiven und sind nicht
umwickelt. Oben ist die Zone begrenzt durch einen Kettenmäander. Den Giebelspitz füllt nun die Kartusche mit den Palmetten
aus. Je zwei Triglyphenkonsolen rahmen die Kartusche und
stützen das Gesims. Eine segmentförmige Taenia verbindet die
Konsolen und die Kartusche. Unter der Taenia hängen die üblichen Mutuli und Guttae. Hier griff Pedetti auf Gabrieli zurück. Klassizistisch streng ist die Gestaltung der Sockel.
Auf die Attika wurde verzichtet.
Vergleicht man die drei Entwürfe Pedettis, so läßt sich eine
konsequente Entwicklung vom ersten zum dritten Entwurf fest-

stellen. Während in den ersten beiden Entwürfen - im zweiten
schon weniger als im ersten - noch spätbarocke Reminiszenzen
wie Barockkuppel, Rundbogen-Gesims, Ovaldurchbrüche usw. auftreten, ist der dritte Entwurf frei davon. Offensichtlich ist
eine Beruhigung und Begradigung der Formen eingetreten. Bewegung und Spannung, wie sie vor allem im ersten Entwurf noch
vorhanden waren, sind hier einer linearen Gestaltungsweise ge-
wichen. Bestimmend sind nun vor allem die einfachen geometrischen Formen. Alle Gliederungselemente sind scharf voneinander abgegrenzt. Es ist typisch für den Frühklassizismus,
die so unterschiedlichen Ornamente voneinander zu scheiden.
Der Ornamentschatz ist reich. Ungegliederte und unverzierte
Stellen gibt es nicht. Die Ornamente sind zum großen Teil in
Rechteckfelder verspannt und klar umgrenzt. Geringes Relief
und Flächigkeit in der Gestaltung zeichnen den Entwurf aus.
Der Formenschatz, den Pedetti hier und bei seinen weiteren
Projekten der 80er Jahre in Eichstätt verwendete, unter anderem bestehend aus frühklassizistischen schlanken Blattgirlanden, Festons, Zöpfen, Medaillons, Kettenmäandern, Triglyphen mit Mutuli und Guttae, Kassettierung, Rosetten, Palmetten, Urnenvasen, Pinienzapfen, Pyramiden, Kannelierung,
stammt weder aus Franken noch aus dem übrigen Süddeutschland.
Pedettis Gestaltungsvorschläge für die Fassade sind ein Beispiel für den Einfluß von französischen Stichvorlagen des
Louis XVI. Neben Pedetti war in den 80er Jahren ein weiterer,
aus dieser Richtung kommender Künstler in Eichstätt tätig,
der Hofstuckateur von Würzburg, Materno Bossi. Er stuckierte
verschiedene Zimmer im damaligen Walderdorffer Domherrenhof. Von
ihm stammt auch die Stuckierung der Klosterkirche Ebrach
(1773-1791), eine regelrechte Anhäufung aller möglichen frühklassizistischen Formen in streng regelhafter uns stilisier-
ter Ausführung. Französische Stichvorlagen von Charles Dela-
fosse und Jean François Neufforge, die den grundlegenden Formenapparat des Frühklassizismus zusammenstellten, waren für
ihn vorbildlich. Sehr wahrscheinlich ist die Kontaktaufnahme
zwischen Pedetti und Bossi, da Bossis kurzes Wirken in Eichstätt gerade in die klassizistische Periode Pedettis fällt.

Eichstätt, ehemalige Kollegiatpfarrkirche Unserer Lieben Frau

Die Baugeschichte der Kollegiatpfarrkirche in Eichstätt,
ehemals zwischen Marktplatz (Ostchor) und Pfahlgasse gelegen,
war bisher nur unzureichend bekannt. Aus Pedettis Stadtplan
von 1796[837] geht hervor, daß es sich bei der abgebrochenen
Kirche um eine dreischiffige, siebenjochige Hallenkirche handelte. Mader veröffentlichte einen vermutlichen Grundriß der
Kirche[838]. Im Jahre 1806 wurde das Kollegiatstift aufgelöst
und die Pfarrei 1808 in den Dom verlegt. Der Versuch, die
Kirche zu verkaufen, blieb erfolglos. Im Jahre 1818 wurde sie
dem Stadtbaumeister Jordan Maurer, einem Schüler Pedettis,
übergeben. Er sollte den östlichen Teil abbrechen zur Erweiterung des Marktplatzes und hier und an der Pfallergasse je
ein Wohnhaus einrichten. Geringe Teile des Mauerwerks sind
heute noch an Ort und Stelle sichtbar, ansonsten wird der
Standort der ehemaligen Kollegiata von Neubauten einge-
nommen.

Das Diözesanarchiv Eichstätt konnte 1980 aus dem Kunsthandel
zwei signierte und datierte Umgestaltungspläne für die Kollegiata, angefertigt von Pedetti in den Jahren 1796/1797, an-
kaufen[839]. Diese geben nicht nur neuen Aufschluß über den   54,55
gotischen Grund- und Aufriß, sondern belegen auch Pedettis
Tätigkeit für diese Kirche, von der bisher nichts bekannt
war. Rein künstlerisch sagen die Pläne nicht viel Neues über
Pedetti aus, vielmehr verwendete der Architekt zwei Jahre vor
seinem Tod althergebrachte Formen. Aber die Pläne sind von
hohem baugeschichtlichen und historischen Wert.

Bei den unausgeführt gebliebenen Entwürfen Pedettis handelt
es sich um zwei farbig lavierte Einzelblätter. Auf dem ersten Blatt sind die Grundrisse des gotischen Turmfundamentes,
der Kirchenschiffe und der neuen Turmbedachung, die Aufrisse
der Süd- und Westseite und ein Querschnitt, jeweils mit den
geplanten Veränderungen, festgehalten.   54

Der zweite Plan zeigt den Längsschnitt durch die Kirche mit   55
der alten und neuen Bedachung und, zur Verdeutlichung der
baulichen Situation, mit der im Osten anschließenden Markt-
gasse und dem Kanonikatshaus.

Wie Pedetti auf dem ersten Plan vermerkt, sollte, da für

die "gegenwaertige ruinose Kirchen Bedachung, auch dergleichen ruinose sehr nahe angebauten Häussern, bei gott verhüthen wollenden feur ausbruch oder Einsturz keine Rettung wäre,
ein neue bequemer, und thaurhafter Dachstuhl u. thurn aufsaz"
errichtet werden. Das hohe, steile gotische Satteldach (zirka
21 Meter hoch und 24 Meter lang) sollte durch einen ungefähr
um die Hälfte niedrigeren und kürzeren Dachstuhl ersetzt werden. Dieser gebrochene Dachstuhl, ein Mansardwalmdach, sollte
auf einem gemauerten Bogengestell ruhen, das auf den Säulen
des Kirchenschiffes aufsitzen sollte. Von außen ergibt sich
ein dreifach abgestuftes Dach. Besetzt werden sollte es mit
rechteckigen Gaupen mit Dreiecksgiebel-Verdachungen und mit
runden Gaupen mit halbrunden, geschweiften Verdachungen.
Die gotische Kirche wies, wie auf dem Stadtplan Pedettis von
1796 und den beiden neuentdeckten Plänen zu sehen ist, nur
zwei Dachreiter auf, einen über der Chorfassade, den anderen
über dem Westgiebel zur Pfahlgasse hin. Letzterer enthielt die
Meß- und Sterbeglocke. Ein Turm existierte nicht. Aus dem
Querschnitts-Plan Pedettis geht allerdings hervor, daß man
wohl von vorneherein einen gotischen Turm über dem ersten
westlichen Joch des Mittelschiffes vorgesehen hatte. Das Fun-
dament dazu war gemauert, wie auf den Plänen Pedettis zu
sehen ist, und der Turm war bereits dreigeschossig bis über
die Höhe des Langhauses hochgezogen. Vollendet wurde er, wie
so viele Türme in der Gotik, nicht. Die Kunstdenkmäler berichten zum Problem des Turmes der Kollegiata[840], daß 1556 die Absicht beim Stadtrat bestanden hätte, den "gemaynen Statthurn"
des gotischen Rathauses abzutragen und einen andern aufzu-
bauen. Der damalige Bischof Moritz von Hutten hatte daraufhin
vorgeschlagen, den beabsichtigten neuen Turm an die Pfarrkirche zu setzen, was aber nicht ausgeführt wurde. Es blieb
also bei dem "halben" gotischen Turm und den beiden Dach-
reitern.
Für das neue Dach sah Pedetti an der Ostseite wiederum einen,
als "glattes" Türmlein bezeichneten Dachreiter mit Glocke vor.
Für die gegenüberliegende Seite war nur ein kleiner spitzer
Aufsatz vorgesehen, da ja direkt an das hier endende neue

Dach auf der Westseite ein neuer monumentaler Turmaufsatz
geplant war. Dieser wäre sehr dominierend geworden. An der
Nahtstelle zwischen dem alten Gemäuer und dem neuen Aufsatz
war als äußere Gliederung ein ornamentaler Fries vorgesehen,
der sich weiter um das neue Dach, hier geöffnet durch querovale Lukarnen, weiterziehen sollte. Über dem Fries sollte
dann ein kurzes Stück Wand, angepaßt an die gotische Gliederung, aufgemauert werden und darauf die eigentliche Aufsatz-
rotunde ruhen. Zuunterst war eine sogenannte "falsche" Balustrade mit vasenbekrönten Postamenten vorgesehen und darüber
das "Crongesims", umwunden von einem Lorbeerkranz. Diese Balustraden waren ebenfalls vorgesehen in der Dachzone über den
beiden Haupteingängen der Kirche an der Nord- und Südseite, an
der Westfassade über den Seitenschiffen und von dort weitergeführt an der südlichen und nördlichen Turmfassade und über dem
Chor. Über dem Krongesims erhebt sich das eigentliche "Gehäuse"
für das zirka sechs Meter hohe hölzerne Glockenstuhl- und
"Uhrtaflgestell". Geöffnet ist die Rotunde jeweils in allen
vier Himmelsrichtungen durch ein Säulenpaar mit Kompositkapitellen. Die übrigen Seiten sind geschlossen durch jeweils
zwei Pfeiler, die eine nach innen geschwungene Nische bilden
und darin eine Halbsäule aufnehmen. Die Säulenstellung ist,
wie Pedetti vermerkt, "nach dem römischen architect Boromini
art gehalten". Tatsächlich weist die Kirche S. Agnese/P.Navona
in Rom von Borromini gestaltete Glockentürme auf, die, was die
Säulenstellung und das Problem der Öffnung und Schließung
eines Glockenturmes betrifft, Pedetti Vorbild waren. Nur benutzte Borromini zur Schließung der Nebenecken jeweils gekuppelte Kompositsäulen, vorgelegt vor eine Wandfläche.
Aus Pedettis italienischem Skizzenbuch geht hervor, daß er
intensiv die Architekturen Borrominis studierte. Beide kamen
aus der Gegend um Como.
Als Abschluß des neuen Turmaufsatzes wählte Pedetti eine halb-
runde Kuppelbedachung. Verwirklicht wurde Pedettis Projekt
nicht, wie eine im Original verschollene Stadtansicht von
Ignaz Alexander Breitenauer von 1799 zeigt[841].

Kirchenausstattungen

Ingolstadt, Pfarrkirche St. Moritz-Innenausstattung und Hochaltar

Im Jahre 1756 wurde Dr. Johann Georg (von) Hagn an die Universität und als Pfarrer für St. Moritz in Ingolstadt berufen.
Unter ihm erfolgte die tiefgreifendste Umgestaltung des Inneren der gotischen Kirche. Als Professor für Apologetik und
Exegese an der Ingolstädter Universität war er wahrscheinlich
zum großen Teil zuständig für das Programm der Ausstattung.
Pfarrer Hagn starb am 8.9.1765 noch vor der Vollendung der Arbeiten. Die damals entstandene Rokokoausstattung fiel der Regotisierung von 1888/1889 zum Opfer. Erhalten geblieben ist
aber eine Federzeichnung des Ingolstädter Bildhauers Johann
Georg Widmann von zirka 1840/1850[842], die den Zustand vor   56
der Zerstörung wiedergibt. Die spitzen gotischen Arkaden-
reihen zwischen dem Mittel- und den beiden Seitenschiffen
waren durch runde Bögen verdeckt, die Säulen durch Umklei-
dungen mit je vier toskanischen Pilastern in Pfeiler verwandelt und das gotische Gewölbe von einer Stichkappen-Tonnen-
decke, einem Scheingewölbe aus Latten und Stuck, verhängt
worden. Zum Mittelschiff hin waren den Arkadenpfeilern breite
Pilaster vorgelagert, die an den Hochschiffswänden hochstie-
gen und in einfachen, geradlinigen und ausladenden Kapitellen, wie die der Pfeiler, endeten, um dann die gedrückten
Stichkappen der Decke aufzunehmen. Die Maurerarbeiten führte
wahrscheinlich der Ingolstädter Stadtmaurermeister Veit Halt-
mayr aus[843]. Die Stuckierung der Rahmen der Gewölbefresken,
der Zwickelkartuschen, der Rahmen der aus dem 17. Jahrhundert
stammenden Apostelbilder an den Hochwänden des Mittelschiffs
unter den Obergadenfenstern und die Uhrkartusche am Triumph-
bogen, geht auf Johann Baptist Zimmermann in die Jahre 1760-
1765 zurück. Dessen Schüler, Philipp Helterhof, Hofmaler in
München, schuf unter Mithilfe des Ingolstädter Malers Johann
Evangelist Hölzl die Gewölbefresken: im Chor "Christus lehrt
im Tempel", im Mittelschiff "Apostelkonzil von Jerusalem"
und das "Trienter Konzil" und in den Kartuschen des Chorge-
wölbes die vier Kirchenväter[844]. Von der damaligen Farbig-

keit kann man sich heute kein Bild mehr machen. Götz berich-
tet, die Deckengemälde seien "/.../ mit glänzend leuchtenden
Farben in Freskotechnik gemalt" gewesen[845].
Den neuen Baldachinhochaltar entwarf Pedetti. Es sind zwar
keine Entwürfe oder schriftliche Quellen erhalten, aber eine
in München aufbewahrte Zeichnung, die noch zu besprechen sein
wird, spricht dafür. Im Jahre 1760 wurde der Altar aufgestellt.
Man fand 1888 auf einem Zettel im Altar das Datum[846].
Ausgeführt wurde er von den Ingolstädter Schreinermeistern
Michael Zängl und Thomas Petz für 1200 Gulden[847]. Die großen
Figuren der Heiligen Mauritius und Gereon schuf der Eichstätter Hofbildhauer Joseph Anton Breitenauer[848]. Das 19 Fuß hohe
und zehn Fuß und drei Zoll breite[849] Hochaltarblatt mit der
Darstellung der Enthauptung des Heiligen Mauritius und dem
Martyrium der thebäischen Legion malte 1764 der Hofmaler Jo-
hann Joseph Schöpf aus München[850]. Den Rokokovorsetztaberna-
kel aus getriebenem, vergoldeten Kupferblech und Silberzie-
rat war bereits 1753 von dem Augsburger Goldschmied Franz
Joseph Berdoldt fertiggestellt worden. Der Tabernakel, heute
noch erhalten, war in den Altar miteinzubeziehen.
Bei der bereits erwähnten Regotisierung von 1888/1889 unter
Pfarrer Hecht - man wollte es dem Eichstätter Dom gleichtun -,
wurden die "verzopfte" Inneneinrichtung, die Fresken und der
Stuck beseitigt. Auch der Hochaltar wurde, bis auf die großen Figuren, einige kleine Fragmente[851] und das Altarbild zu
Brennholz zerhackt, nachdem er vorher, 1846 und 1872, re-
stauriert worden war[852]. Der heute in St. Moritz stehende Hoch-
altar wurde aus den erhaltenen Teilen des ehemaligen Altares
zusammengesetzt. Verwendet wurden hierzu ein spätgotisches
Kreuz aus Neustadt/an der Donau, der Tabernakel und die Reli-
quiare von Berdoldt und die beiden Figuren von Breitenauer.
Das Hochaltarbild wurde isoliert an der Chorwand aufgehängt.
Das ursprüngliche Aussehen des von Pedetti entworfenen Hoch-
altares aus Stuckmarmor ist uns mit der bereits erwähnten
Federskizze Georg Widmanns überliefert.   56
Während die Triumph- und Scheidbögen im Zuge der Umgestal-
tung ausgerundet worden waren, waren die zwei äußeren der

drei gotischen Chorfenster spitzbogig geblieben. Nur das
mittlere wurde, verdeckt von dem Altar, bis auf eine kreis-
runde Öffnung oben, vermauert. Die Konstruktion des Altares
paßte Pedetti einfühlsam den gotischen Gegebenheiten an.
Der Altar ist dem Typus der Kolonnaden- und Halbziboriums-
altäre zuzuordnen, einer häufig eingegangenen Verbindung, die
allerdings in der Zeit zwischen 1740 und 1760 seltener ist,
da die Säulennischen-Altäre vorherrschen[853].
Der breitgelagerte Altar bestand aus je drei gestaffelten,
zusammenhängenden korinthischen Säulen, die das zurückliegende
Hochaltarblatt rahmten. Davon abgesetzt waren zwei weitere
Säulen auf einem sich nach vorne entwickelnden, massiven
Sockel plaziert. In den entstandenen breiten Interkolumnien
konnten die gotischen Fenster durchscheinen. Außerdem nahmen
sie die beiden Figuren der Heiligen Mauritius und Gereon auf.
Der Altar war, soweit man nach der Skizze Widmanns gehen kann,
noch sehr barock gestaltet. Daß sich die Säulen zur vollständigen, lichtdurchfluteten Rokokokolonnade mit Auflösung der
seitlichen Travéen verselbständigten, wie zum Beispiel bei
Balthasar Neumann[854], wurde hier dadurch verhindert, daß sie
zu engen Dreiergruppen zusammengefaßt und in die Tiefe gestaffelt wurden. Auch der schräggestellte Sockel war relativ
schwer und wenig schwungvoll trotz der rundbogigen Durchgänge. Er war auch wenig kompliziert im Aufbau. Aufgelocker-
ter war die wellenförmige Gebälkzone, über der der von Voluten gestützte und mit Vasen bekrönte baldachinartige Aufsatz
aufbaute. Aufgrund der Einansichtigkeit des Altares und der
Schließung durch das Altarblatt, handelte es sich um keinen
reinen, freistehenden Ziboriumsaltar.
Der Altar entwickelte sich nicht nur in die Breite, sondern
reichte bis hinauf in die gotischen Gewölbe. In der Mitte des
Auszuges befand sich die Heilige Dreifaltigkeit, bestehend aus
den halbliegenden Figuren von Gottvater und Sohn und, darüber,
der Taube des Heiligen Geistes in einem hochovalen, honiggelb
verglasten Glorienfenster.
Für diese rokokohafte Lichtführung war die bereits erwähnte
obere Öffnung im ansonsten zugemauerten Mittelfenster belas-

sen worden. Der Altar war noch sehr "gebaut", also mehr mit
architektonischen Mitteln zusammengesetzt als von Ornamentik
beherrscht. Eine durch Licht und Schatten bewirkte Tiefen-
illusion, vor welcher die Säulen zu stehen scheinen, war
hier genauso wenig gegeben wie eine Verräumlichung, Auflok-
kerung und Durchstrahlung. Ansätze zur Verräumlichung boten
die interessante Lichtführung durch die Interkolumnien und
das Glorienfenster im Auszug.

Eine Beschreibung des ursprünglichen Aussehens des Altares
fertigte Joseph Schneid, Religionslehrer an der Lateinschule
in Ingolstadt, im Jahr der Zerstörung des Altares 1889/1890
an[855]. Schneid erwähnte auch Pedetti namentlich[856]. Er berichtete, daß man die Mensa Anfang August 1889 abgetragen
hätte, nachdem schon 1888 der Aufbau entfernt worden wäre[857].
Er fügte seinem Aufsatz Zeichnungen bei, aus denen hervorgeht, daß die Altarmensa 1,51 Meter von der Chor-Außenwand
im Osten und auf jeder Seite jeweils 3,27 Meter von den nördlichen und südlichen Seitenwänden des Chorraumes entfernt
stand[858]. Schneid schrieb ohne Verständnis für eine Altarkon-
struktion folgendes:

> Der Altar, den Hagn bauen ließ, war ein riesiges Ge-
> bäude aus Holz, der bis zur Decke des Chores reichte und
> die ganze breite desselben einnahm. Auf der mensa stand
> ein kleinerer Altaraufbau mit dem Tabernakel und den
> Leuchterbänken. Hinter diesem Voraltar und neben demsel-
> ben thürmte sich dann ein gewaltiger Hinterbau, der eine
> Art Ciboriumsaltar vorstellte. Auf massigen, etwa 5 m
> hohen Sockeln aus Fichtendielen mit Marmorimitation stan-
> den beiderseits je vier 6-7 m hohe Säulen. Dieselben
> waren aus dünen, marmorirten Latten gefertigt und iñen
> hohl /!/ und hatten reich vergoldete toskanische Kapi-
> täle. Auf ihnen lagen schwere /S. 88/ marmorirte Holz-
> gesimse. Diese Holzgesimse aber trugen allerlei Säulen,
> Pfeiler, schneckenartige Stützen u.s.w., die schließlich
> in eine große vergoldete Krone unmittelbar unter dem Chor-
> gewölbe auswuchsen. Unter dieser Krone saß die Heilige
> Dreifaltigkeit auf Bretterwolken /!/, die zum Theil von
> Engeln im leichtesten /!/ Kostüm gehalten wurden. Damit
> der Hl. Geist als Gott des Lichtes um so mehr hervor-
> trete, hatte man in dem großen Mittelfenster des Chores,
> welches wegen des Altares ganz hatte zugemauert werden
> müßen, ein rundes Loch offengelassen und dasselbe mit
> weingelbem Glase geschlossen; von diesem Glase mußte der
> Hl. Geist golden überstrahlt seine 1,50 m breiten Flü-
> gel ausbreiten. Auf dem Gesimse auf den 8 großen Säulen

blühten große Phantasieblumen aus Holz in goldenen
Urnen. Unten aber zwischen den beiden verdrehten Säulen
rechts und links standen die Statuen des Hl. Mauritius
und des Hl. Gereon über lebensgroß und weiß mit Goldsaum
angestrichen. Das große Altarbild nahm die Mitte des ganzen Altarbaues ein.

Abschließend fällte Schneid noch das folgende abwertende Urteil:

Der Altar ist jetzt, wie ich schon angedeutet habe, zu
brenholz klein geschnitten. Nur die Figuren sind noch erhalten u. sollen im Langhause verwahrt werden. Abgesehen
von dem Altarblatte und dem werthvollen kleinen Vorderal-
tar hatte meines Erachtens der gesamte Altar einen geringen Kunstwerth. Man sehe nur die äußerst manierirt gehal-
tenen Statuen des Hl. Mauritius und des Hl. Gereon an, um
sich von der barocken Geschmacklosigkeit des Ganzen zu
überzeugen. Jedenfalls darf man Niemanden /S. 89/ wegen
der Entfernung des Altars den Vorwurf des Wandalismus
machen 859.

Die überlebensgroßen Hochaltarfiguren schuf, wie bereits erwähnt, Joseph Anton Breitenauer. Diesen Figuren waren Krieger-
figuren, kleine Trabanten, zugeordnet, die bei der Umgestaltung
in Nischen über den Pfeilerkapitellen über den Pfeilerkapitellen gestellt wurden, wie die Zeichnung Widmanns zeigt.
Zu den beiden großen Holzstatuen existieren Lindenholzmodelli
aus der Mitte des 18. Jahrhunderts von Breitenauer[860]. Bei
der Untersuchung der Modelli, die Vorentwürfe für die beiden
großen Figuren, entdeckte Volk an den Attributen, daß ursprünglich nicht die Heiligen Gereon und Mauritius dargestellt werden sollten, sondern die frühchristlichen Märtyrer Georg und
Gereon[861]. Mauritius war ja auch bereits auf dem Hochaltarblatt
vertreten. Die heutige Mauritiusstatue hätte, nach Volk, somit ursprünglich den Hl. Gereon, die Figur des Hl. Gereon den
Hl. Georg wiedergeben sollen.

Für einen Altar vom Typus des St. Moritz Altares fertige Pe-
detti einen unsignierten und undatierten Entwurf an[862].   XV
Wegen des unverkennbaren malerischen Zeichenstiles und des
Schriftbildes ist er mit Sicherheit Pedetti zuzuschreiben.
Der Altar entspricht im konstruktiven Aufbau dem ehemaligen
Hochaltar in St. Moritz. Es handelt sich hier ebenfalls um
einen Kolonnaden- und Halbziboriumsaltar. Auf einem elegant
nach vorne schwingenden Sockel erheben sich sechs Säulen und

zwei Pfeiler, von denen je eine Säule und ein Pfeiler das
weiter zurückliegende Altarblatt rahmen. Die korinthischen
Kapitelle sind locker verbunden durch herabfallende Blumen-
gehänge. Die Einansichtigkeit und die Schließung durch das
Gemälde unterscheiden den Altar, wie auch den St. Moritz
Altar, von einem reinen, freistehenden Baldachinaltar.
Zwischen den beiden zuvorderst stehenden Säulen ist, wie
beim St. Moritz Altar, ein breites Interkolumnium belassen,
eventuell auch um gotische Fenster durchscheinen zu lassen.
In diesem Interkolumnium sind ebenfalls Figuren vorgesehen.
Der Sockelunterbau ist um vieles raffinierter als der ehe-
malige St. Moritz Altar. Allerdings muß man bedenken, daß die
vorher erwähnte Federzeichnung nur eine Skizze war. Der in
München aufbewahrte Entwurf weist ebenfalls die Sockeldurch-
gänge auf, die auch der St. Moritz Altar hatte. Hier bestehen
sie aus kassettierten Voluten. Der Sockel ist zusätzlich
durch hochrechteckige, quadratische und längsrechteckige
Felder gegliedert. Die Gesimse der die Durchgänge bildenden
Sockelpfeiler sind vielfach verkröpft.
Der baldachinartige Aufsatz erhebt sich über dem Gebälk,
dessen breiter Fries mit zahlreichen klassizistischen Elementen verziert ist: Lorbeergehänge und Medaillons ziehen sich
durch das Mittelmotiv, eine Rocaille mit Helmbüschel. Das als
Krone gebildete Halbziborium ruht auf vier kassettierten, gebrochenen Volutenträgern, die wiederum auf den hinteren Säulenpaaren aufsitzen und durch Blumengirlanden mit der Rocaille
verbunden sind.
Der Aufbau ist eleganter und lichter als der des St. Moritz
Altares. Über dem Gebälkteil der vorderen Säulen liegt jeweils auf einem Giebelschenkel ein maniriert überlängter
Rokokoengel.
Was aber nun davon abhält, den Münchner Entwurf Pedettis als
direkte Vorlage für den St. Moritz Altar zu erklären, ist die
Tatsache, daß das Programm ein anderes ist. Auf dem Hochaltarblatt des Münchner Entwurfes ist Mariä Himmelfahrt darge-
stellt. In den Interkolumnien stehen die Figuren der Hl.
Petrus und Paulus. So ein Programm ist für St. Moritz un-

denkbar. Für welche Kirche der Münchner Entwurf gedacht war
oder ob es nur ein Idealentwurf, die Notiz einer Idee war,
ist ungewiß. Der konstruktive Aufbau dieses Entwurfes und der
des St. Moritz Altares sind so ähnlich, daß mit größter Wahrscheinlichkeit angenommen werden kann, daß Pedetti auch den
St. Moritz Altar entworfen hat. Ähnlich sind vor allem das
Kronenmotiv auf Volutenträgern und die Tatsache, daß auch
der Altar auf dem Münchner Entwurf so gestaltet ist, als wäre
er für einen gotischen Chor gedacht (seitliche Öffnung, vertikale Streckung). Beide Entwürfe müssen ungefähr in derselben
Zeit angefertigt worden sein.
Lochner von Hüttenbach machte noch auf das bereits erwähnte
Motiv der Rocaille mit Helmbüschel aufmerksam, das sowohl
bei dem Münchner Entwurf als Mittelmotiv des Gesimses, als
auch am St. Moritz Altar auftaucht[863]. Hier trägt der Heilige
Mauritius ein aus einer Rocaille entwickeltes Helmbüschel.

Die direkten Vorbilder für Pedettis Altarentwürfe waren nicht
weit. Vor allem das Motiv des von Voluten getragenen Baldachins findet sich bereits ähnlich bei dem allerdings freistehenden Baldachingrabaltar des Heiligen Willibald im vorderen Teil des Westchores im Eichstätter Dom. Diesen schuf
1745 Matthias Seybold. Ihm diente wiederum Berninis Bronze-
altar über dem Petrusgrab in St. Peter in Rom als Vorbild,
das Pedetti während seiner Italienreise wohl auch im Original
sah. Seybolds Altar erhebt sich über einem Sockel aus Marmor
in sechs Stützen zu einer reichen Volutenbekrönung. Das Kronenmotiv, im Münchner Entwurf noch reiner und durchlichteter
als beim St. Moritz Altar, hat seine fast wörtliche Entsprech-
ung in dem ebenfalls von Matthias Seybold und Joseph Anton
Breitenauer 1749 im Eichstätter Dom errichteten Halbziboriumsaltar. Dieser Altar war durch die Vermittlung von Dr. Josef
Konrad Pfahler, früher Lycealprofessor in Eichstätt, seit
1867 Pfarrer in Deggendorf, in die 1748 barockisierte Pfarrkirche Mariä Himmelfahrt nach Deggendorf in Niederbayern gekommen. Bei der Regotisierung des Eichstätter Domes war er
im Weg. Der aus Salzburger Marmor bestehende, zwölf Meter

hohe, einansichtige Altar besteht aus einer Konstruktion
von sechs Säulen auf einem geschwungenen Sockel. Zwischen
den Säulen stehen auf Sockeln der angelsächsische König
Richard und seine drei Kinder Wunibald, Willibald und Walburga, die Bistumspatrone von Eichstätt. In der Mitte thront
Maria mit Kind freiplastisch auf einem Sockel. Im Eichstätter Dom wirkte die Figur durch die Beleuchtung von den dahinterliegenden gotischen Fenstern; dieser Wirkung ist sie in
Deggendorf beraubt. Über der Marienfigur schwebt eine von
Voluten gestützte, in Kupfer getriebene Krone als Halbziborium. Die Ähnlichkeit mit dem Münchner Entwurf Pedettis ist
verblüffend. Die Kronen sind beide vielfach durchbrochen und
weisen die gleichen herunterhängenden Akanthus-"Lappen" auf.
Die Idee und das Interesse für einen Baldachinaltar brachte
Pedetti aber bereits von seiner Italienreise mit, die er von
1739-1742 antrat. Er notierte in seinem Skizzenbuch Grund-
und Aufriß des Hauptaltares von S. Prassede in Rom[864]. Dieser
völlig freistehende Ziboriumsaltar, 1730 geschaffen von
Francesco Ferrari, ruht auf vier Paar gekoppelten korinthischen Säulen beziehungsweise Pfeilern, die mit Korbbögen verbunden sind. Darauf baut der von Voluten gestützte Aufsatz
auf, der durch seine Geschlossenheit schwerer wirkt als Pedettis Entwürfe.
Auch der Hochaltar von St. Peter in Bruchsal muß Pedetti bekannt gewesen sein. Fest angestellt und deshalb ständig in
Bruchsal war Pedetti allerdings nur 1742. Der Altar wurde
aber erst 1748 nach Vorschlägen Balthasar Neumanns von 1746
ausgeführt. Es handelt sich um einen lichtdurchfluteten,
sechssäuligen, nach vorne schwingenden Kolonnaden- und Halb-
ziboriums-Altar mit einer vielfach durchbrochenen Bekrönung
als Abschluß. In Karlsruhe sind zwei, bisher unveröffent-
lichte, unsignierte und unbezeichnete Entwürfe für diesen
Altar erhalten[865], die auf zirka 1735 zu datieren sind, was
für einen früheren Beginn der Planungen sprechen würde.
Es ist wahrscheinlich, daß Pedetti diese Pläne kannte, denn
sie haben viel gemein, sowohl im konstruktiven Aufbau als
auch vom Programm her, mit seinem Münchner Entwurf.

Beide Entwürfe zeigen je zwei, nur ganz unwesentlich voneinander abweichende Varianten. Bei dem ersten Plan handelt es
sich um einen auf sechs nach vorne gestaffelten Säulen ruhenden Aufbau. Durch die Tatsache, daß der Altar schmaler gehalten ist, konnte auf die breiten Interkolumnien zur Aufnahme
der Figuren und vor allem zur Durchscheinung der hier ebenfalls eingezeichneten gotischen Fenster verzichtet werden.
Letztere schauen neben dem Altar hervor. Die Figuren, Petrus
und Paulus, stehen auf von Voluten gestützten Sockeln neben
den vordersten Säulen. Die eine Variante des ersten Planes
weist ein größeres Interkolumnium zwischen den beiden vordersten Säulen auf, um dort Platz für eine Engelsfigur und
eine Draperie, hochgehalten von zwei Engeln, zu gewinnen.
Das Mittelteil weist kein Hochaltarblatt - wie der ausgeführte Bruchsaler Altar und wie Pedettis Entwürfe - auf,
sondern eine plastische Figurengruppe "Mariä Himmelfahrt".
Ganz unten steht der leere Sarg, umkreist von zwei Engeln.
Darüber schwebt Maria in den Wolken, umgeben von Engeln.
Bereits in der Gebälkzone befindet sich die Hl. Dreifaltigkeit. Über dem Gebälk sitzen auf Giebelschenkeln Engel und
halten den Kronenaufsatz, der von den Strahlen des Hl. Geistes "erhellt" wird. Durch die fehlenden Interkolumnien sind
die Durchgänge im Sockel, charakteristisch für den St. Moritz
Altar und für den Münchner Entwurf, hier weggelassen. Dadurch wirkt der Sockel massiver. Die Durchgänge weist dagegen die eine der beiden Varianten des zweiten Bruchsaler
Planes auf. Hier stehen allerdings die äußeren Säulen völlig
frei auf einem eigenen Sockel. Bei dieser Variante stehen die
Figuren, wieder Petrus und Paulus, neben den zwei das Mittelfeld rahmenden Säulen. Im anderen Fall sind vier Säulen vorgesehen, die innersten enger aneinander, zwischen der zweiten und dritten und der dritten und vierten ein größerer Abstand zur Aufnahme der Figuren und Draperien.
Eine Beeinflußung Pedettis durch diese Pläne läßt sich zwar
nicht eindeutig belegen, aber die Wahrscheinlichkeit ist
nicht gering.

Ein spätes Beispiel für Pedettis Vorliebe für den Baldachinaltar findet sich in seinen Planentwürfen für die St. Elisabeth-Kirche in Nürnberg von 1788[866]. Auch hier taucht wieder
das Kronenmotiv auf Volutenstützen von Seybold auf. Aber nur
der obere Aufbau, die Himmelszone, zeigt rokokohafte Durch-
lichtung. Die Unterkonstruktion des Altares ist klassizistisch
verfestigt.
Über einem strengen, mit Blendfeldern gezierten Sockel erheben sich vier korinthische Säulen mit Figuren in den Interkolumnien, die ein breites, wenig profiliertes und massives
Gesims tragen.

Herrieden, Stifts- und Pfarrkirche St. Veit-Seitenaltäre

Für die Stiftskirche St. Veit in Herrieden entwarf Pedetti
zwischen 1773 und 1776 den Franz-Xaver-Altar an der Ostseite
des nördlichen Seitenschiffes und das Gegenstück dazu an der
Ostseite des südlichen Seitenschiffes, den Sebastiansaltar.   57
Der Hochaltar war bereits 1695 von Jakob Engel entworfen
worden - ein hohes viersäuliges Ädikularetabel über einem
hohen Unterbau mit Durchgängen. Die vier Vollsäulen,
zwischen denen je ein Pilaster übereckgestellt ist, tragen
das Gebälk mit aufgesetzten Segmentgiebeln, auf denen wiederum Engel thronen. Das Giebelobergeschoß ist segmentbogig
geschlossen. Der Altar ist rot-grün marmoriert. Das Aufsatz-
bild zwischen den Segmentgiebelschenkeln ist kleeblattförmig
und von einem Wolken-Putten-Rahmen umgeben. Es zeigt die Darstellung Gottvaters mit der Taube. Das Altarbild aus der gleichen Zeit stellt die Apotheose der Heiligen Veit und Deocar
vor Maria dar.
Wie Pedetti am 19.5.1774 an Generalvikar Lehenbauer schrieb[867],
kam es ihm bei der Konzipierung der neuen Seitenaltäre darauf an,
daß diese mit dem bereits vorhandenen Hauptaltar im Chor har-
monierten. Den Choraltar hielt er für "/.../ an sich zimb-
lich ein guhte architectur /.../". Nur die Stockwerke wären
in "alter fasson" hergestellt. Der Hauptaltar könnte - nach
Belieben - mit Einlegearbeiten verziert oder "auf marbel art"
(marmoriert) gefaßt werden. Die Hauptsache wäre die Harmonie
der drei Altäre. Beteiligt an der Ausführung der nach Pedettis Entwürfen - die Risse sind nicht erhalten - konzipierten
Seitenaltäre waren unter anderem der Eichstätter Hofbildhauer
Joseph Anton Breitenauer, der Schreiner Joseph Heindl und der
Maler Joseph Witzigmann aus Herrieden. Pedetti hatte Witzigmann ersucht, da er selbst wegen der Kürze der Zeit nicht
mehr dazu kam, den Hochaltar abzuzeichnen, damit Pedetti
sein Gutachten machen könnte[868]. Pedetti war zwölf Tage vorher, am 7.5.1774, bei Schreiner Heindl gewesen und hatte sich
dessen Riß zeigen lassen. Dieser enthielt die Pedetti noch
fehlenden Maßwerte "ud Verdiffung wo solche altar zu stohn"
kommt. Er könnte nun fortfahren mit der Arbeit, da er auch
den Hochaltarriß bekommen hätte. Den Grundriß hätte er

"regoler ud frey"angelegt, damit er auch überall ins Auge
fiele. Er hoffte, innerhalb von 14 Tagen damit aufwarten zu
können. An Schreiner Heindls Entwurf kritisierte er den
Überfluß an Schnitzwerk. Am 2.6.1774 schrieb Pedetti einen
weiteren Brief[869]. Als Anlage übersandte er den versprochen-
nen Riß für die beiden neuen Seitenaltäre. Er versprach,
"/.../ das die architectur hieran nach allen regel sein
werde". Wie der Grundriß zeigen würde, würden sie von allen
Seiten gut ins Gesicht fallen und zu dem Hauptaltar gut har-
monieren. Allenfalls wäre es mit der Zeit eventuell notwendig,
den Hochaltar mit einem neuen Aufsatz und einem neuen und
höheren Altarblatt zu versehen, ohne das alte zu verwerfen.
Über die Fassung gab er keine Details an; dies könnte noch
später geschehen. Für die Füllung in den Postamenten gab er
an, daß diese nicht vertieft, sondern erhaben sein sollten.
Die Säulen sollten von aller Schneidarbeit frei belassen
werden. Im Nachwort fügte er an, daß nach seinem Riß der Altar um 33 Schuh hoch würde, wegen der Proportion um zwei Schuh
höher als vorgesehen. Im September bedankte sich Pedetti für
das Douceur, das er erhalten hatte[870]. Er hätte bereits mit
größtem Vergnügen erfahren, daß "/.../ bede zu machenden
Haubt neben alter würcklich alta in der arbeit begriffen ud
nach meinem Rüss zu machen accordirt worden". Er bäte nun darum, an dem Grundriß nichts zu verändern. Am 26.7.1776 stellte
Pedetti den Überschlag für die Arbeiten an den Seitenaltären
zusammen[871]. Er errechnete 700 Gulden für Marmorier- und Fas-
sungsarbeit, Firniß, Vergoldung, glatten Marmor, Gesims, Kapitelle, zwei Säulen und vier Lisenen, die "marbelartig gehalten ud geschliffen werden", Schneidarbeit und Zierate.
Daß bereits 1773 mit den Planungen begonnen wurde, beweist
ein Brief Breitenauers vom 10. August diesen Jahres[872].
Hier schrieb er von "ville und feine schneidtarbeithen" und
daß die Bedachung über den Säulen und das Kranzgesims vom
Schreiner furniert werden müßte. Für jeden Seitenaltar berechnete er 250 Gulden. Er bat um Vorschuß von 100 Gulden,
um sich mit dem nötigen Holz versorgen zu können, und um
weitere 200 Gulden nach der Beendigung der Hälfte der Ver-
goldungsarbeiten. Der Rest von 200 Gulden sollte am Ende be-

zahlt werden. Bei den beiden von Pedetti entworfenen Altären
handelt es sich wie beim Hauptaltar, dem sie angepaßt wurden,
um Ädikularetabel. Auf dem leicht vorschwingenden, marmorierten Sockel mit Füllungsfeldern erheben sich jeweils portal-
artig zwei übereck gestellte marmorierte Vollsäulen mit vergoldeten korinthischen Kapitellen und - in einigem Abstand -
von Pilastern hinterlegt. Auf den Säulen ruht das Gebälk, das
über dem Hauptaltarbild flach segmentförmig ausbuchtet. Über
den Säulen befinden sich Volutensprenggiebel auf dem Gebälk
mit zwei darauf sitzenden Engeln. Diese halten beim Franz-
Xaver-Altar ein Kreuz beziehungsweise einen Krebs, beim Sebastiansaltar einen Palmzweig beziehungsweise gekreuzte Pfeile.
Von den Putti führt je eine Blumengirlande zum Gebälkwappen,
beim Franz-Xaver-Altar ein Löwe mit Pflugschar (Stifterwap-
pen) und beim Sebastiansaltar der Heilige Veit im Ölkessel
(Stiftswappen). Zwischen den Sprenggiebeln erhebt sich bei
beiden Altären ein Volutenaufsatz. Beim Franz-Xaver-Altar
wird das geschnitzte Christusmonogramm, beim Sebastians-Altar
das Marienmonogramm von einem Wolkenband mit Puttenköpfen und
einem Strahlenkranz umgeben. Die Altarblätter sind bei beiden
Altären in stichbogig geschlossene, rankenumwundene Rahmen gesetzt. Auf dem Altarblatt des Franz-Xaver-Altares sind die
Heiligen Ignatius von Loyola und Franz Xaver mit Märtyrern
vor der Heiligen Dreifaltigkeit, auf dem des Sebastiansal-
tares ein Bischof, ein Chorherr und eine kranke Familie, die
den Heiligen Sebastian und die Heilige Familie um Hilfe an-
flehen, dargestellt.
Für die beiden Seitenaltäre wählte Pedetti nicht mehr den beliebten, in Ingolstadt angewandten Typus des durchleuchteten
Ziboriumaltares, sondern paßte sich den Architekturformen des
Hauptaltares an, um eine Einheit zu schaffen. Die Harmonie
der drei Altäre war ihm, wie bereits erwähnt, wichtig. Einfachheit und Schlichtheit in der Dekoration waren ausschlaggebend. Er wehrte sich gegen das Zuviel an "Schnitzelwerk" im
Entwurf des Schreiners und beließ die Säulen glatt. Die beiden Retabel haben gebauten Charakter und "stehen fest auf der
Erde". Die Stützenfunktion der nicht zu dünnen Säulen auf

dem massiven, wenig vorschwingenden Sockel ist betont. Sie
tragen das streng gegliederte Gebälk, das nicht von verun-
klärenden Draperien behängt ist. Klare, feste Formen herrschen vor, Unruhe durch zu viele Details ist vermieden wor-
den. Die Bewegung, Auflösung - etwa durch Lichtflutung oder
Staffelung von Säulen -, Körperlichkeit und Spannung des
Moritzaltares in Ingolstadt sind hier nicht mehr vorhanden.
Klassizistischer Schmuck, wie etwa die in den 70er Jahren
gerne verwendeten Festons, Rechteckvoluten, Mäander, tauchen
hier noch nicht auf, wahrscheinlich ebenfalls aus Gründen der
Anpaßung an den Hauptaltar.
Die Altäre wurden auch in der Marmorierung angepaßt.
Klassizistische Motive finden sich erst bei dem ebenfalls
Pedetti zuzurechnenden Hochaltar der St. Martinskirche in
Herrieden.

Herrieden, St. Martin - Hochaltar

Im Nordosten von Herrieden liegt innerhalb der Friedhofs-
mauern die St. Martinskirche, deren Hauptaltar Pedetti um
1782 entwarf. Diesbezügliche Erwähnungen und Risse ließen
sich in den einschlägigen Akten allerdings nicht finden[873].
Beteiligt an der Ausführung waren der Schreiner Kratzer aus
Herrieden, wiederum der Maler Witzigmann und der Bildhauer
Leonhard Meyer aus Ellingen. Die beiden Seitenaltäre sind aus
der Zeit um 1700 und wurden bei der Errichtung des neuen Hoch-
altares aus der St. Veit-Pfarr- und Stiftskirche geholt, wo sie
als Xaver- und Sebastiansaltar aufgestellt waren.
Auch hierbei handelt es sich um den gleichen Altartypus wie
in St. Veit, einen Ädikularetabel mit von Pilastern hinterleg-
ten Vollsäulen mit vergoldeten korinthischen Kapitellen und
einem verkröpften Gebälk mit aufgesetzten Segmentgiebelschenkeln. Der quadratische Aufsatz zwischen den Schenkeln ist von
Pilastern gerahmt und von einem Segmentsprenggiebelakroter bekrönt. In den hochovalen Aufsatzbildfeldern mit breitem Akan-
thusrahmen und in dem flach stichbogigen Altarblattfeld sind
Gemälde aus dem Anfang des 20. Jahrhunderts eingelassen. Die
Altäre sind rot-grün marmoriert und vergoldet.
Den neuen Hochaltar im kreuzgratgewölbten, um eine Stufe er-

höhten Chor brachte Pedetti wieder in Einklang mit den Nebenaltären. Er errichtete hier ein konchenförmiges Retabel mit
vier Vollsäulen mit vergoldeten korinthischen Kapitellen.
Zwischen den Säulen, die das Retabel direkt rahmen, und den
äußeren ist mehr Platz gelassen. Die Säulen tragen das verkröpfte Gebälk, wiederum mit Volutengiebelschenkeln mit Engeln und einem rundbogig geschlossenen Volutenaufsatz.
Erst in dieser Spätzeit tauchen bei Pedetti klassizistische
Ornamente auf, hier in Form von hohen weiß-gold gefaßten Vasen mit Früchtepyramiden, Eierstab und Hängegirlanden zwischen
den Säulenpaaren, zwischen den Kapitellen derselben Schnurgir-
landen.

Herrieden, St. Veit - Hochaltartabernakel

Für den Hochaltar von St. Veit in Herrieden entwarf Pedetti
im Jahre 1780 einen Tabernakel. Am 28.12.1779 forderte er   58
aus Herrieden noch verschiedene Informationen an, die notwendig waren zur Anfertigung des Entwurfes[874]. Er fragte
nach der Beschaffenheit und Breite des Altarsteines, der
Größe der Monstranzen, der Beschaffenheit der Tomba der
Reliquien vor oder hinter dem Tabernakel, der Größe des
vorhandenen silbernen "fraubild", der Höhe des Baldachins
und der großen und kleinen silbernen Leuchter. Weiterhin
fragte er nach, welche Heilige auf den "4 brustbildern" dargestellt werden sollten und ob sie nach der Proportion des
vorhandenen Frauenbildes zu richten wären. Außerdem fragte
er, ob es nicht besser wäre "die 2 kleine silberne Statuen" am Tabernakel anzubringen, wie groß die Reliquien-
Spascien wären und ob nicht ein "auff marbel oder lapis
lazer art gefaßter Sockel ad 4. Zohl hoch", auf den die
Treibarbeit aufgesetzt werden sollte, gut wäre.
Im März 1780 lag bereits ein Riß Pedettis vor, der aber
nicht erhalten ist. In einem Brief des Dekans von Herrieden
an Lehenbauer aus diesem Monat berichtete dieser von einer
abgehaltenen Konferenz mit einer Debatte über den neuen Sil-
ber-Altar[875]. Man hätte sich überlegt, welches alte Silber
noch für den neuen Tabernakel wiederverwendet werden könnte.
Außerdem hätte man über das Honorar Pedettis für "verfass-

ten Riss und noch weiteren bemühungen" beratschlagt. Zu
diesem Zeitpunkt wäre es aber noch nicht sicher gewesen,
"wie weit sich dessen bemühungen noch erstrecken werden".
Im August desselben Jahres berichtete wiederum der Dekan,
daß Pedetti sich im Dekanat eingefunden hätte "und uns wegen
des neuen altars verschiedene Vorstellungen gemacht" hätte[876].
Dies hätte sie dazu bewogen, ihm die Inspektion über die Arbeit des Gürtlers (Xaver Wanker aus Eichstätt) und des Bildhauers zu übergeben. Für seine Bemühungen und die bereits
verfertigten Risse wären ihm 110 Gulden "anstipuliert" worden[877]. Er bäte Lehenbauer darum, dies dem Gürtler, Schreiner
und Bildhauer mitzuteilen. Pedetti sollte den nötigen Fleiß
anwenden, damit ein gutes und zierliches Meisterwerk zur Ehre
Gottes entstände.
In einem Brief des Dekans an Lehenbauer im Oktober 1780[878] erwähnte dieser, daß der "silberne altar" sich bereits in Arbeit
befände.
In den Tabernakel wurden zwei Reliefs in Metallrahmen einge-
arbeitet, von denen das eine mit der Darstellung der Heiligen
Drei Könige aus Elfenbein ist und aus der zweiten Hälfte des
17. Jahrhunderts stammt. Es ist ein Geschenk des Markgrafen
von Ansbach. Eine Silberkartusche trägt die folgende Inschrift: Ex Dono/ Munifice(nt)issimo/ Serenissimi S(acri)
R(omani) I(mperii). Principis /CAROLI ALEXANDRI/ Marchionis
Onoldino Culmbacensis, è Serenissima Domo / Brandenburgica/
Anno Salutis MDCCLXXVI (1776)[879]. Dieses Elfenbeinrelief,
das im rechten (südlichen) Teil des zirka 4,80 Meter langen
Tabernakels eingelassen wurde, brauchte nun ein Pendant auf
der gegenüberliegenden Seite. Am 28.8.1780 schrieb der Dekan
an Lehenbauer, daß ein zweites Stück "nach den von Hfbau-
Director gegebenen Vorschlag" verfertigt werden sollte[880].
Er trüge sich aber noch mit der Hoffnung, in Ansbach ein
ähnliches Relief, wenngleich auch kein Original, sondern nur
ein Stück zum Abkopieren und Nachschneiden zu erlangen. Eventuell könnte er ein Relief mit der Darstellung der "Geburt
Christi" von Albrecht Dürer aus Nürnberg erhalten. Bis dahin
müßte man sich noch gedulden. Am 9.10.1780 berichtete der De-

kan weiter, daß er noch keine zuverlässige Nachricht erhalten hätte, ob sie noch ein Original-Relief mit der Darstellung der Geburt oder der Beschneidung erhalten würden[881]. Der Maler Witzigmann wäre aber abgeordnet worden, dies herauszufinden. Ansonsten trüge man sich mit der Absicht, daß Breitenauer, der doch zur Winterszeit nicht so viel Arbeit haben dürfte "ein denen Heil 3 Könige ähnliches Stück in billigen Preis" verfertigen sollte. Das Problem wurde dann so gelöst, daß Joseph Anton Breitenauer ein Holzrelief mit der Darstellung der Geburt verfertigte (1781). Am 31.11.1780 hatte er den Riß dazu vollendet[882]. Der Herriedener Maler Witzigmann hatte versichert, daß er diese Arbeit so fassen und herrichten wollte, daß sie von dem Elfenbeinrelief nicht zu unterscheiden wäre. Das Holzrelief befindet sich heute, weiß gefaßt, in einem Rocaillerahmen als Pendant zu den Heiligen Drei Königen auf der nördlichen Seite des Tabernakels.
Der zirka 4,80 Meter lange Tabernakel aus vergoldetem Kupfer mit Silberapplikationen steht ohne Sockel - Pedetti hatte einen marmorierten oder nach Lapislazuli-Art gefaßten Sockel vorgeschlagen - auf dem noch spätgotischen, mit Holz verkleideten Steinstipes festmontiert und unbeweglich auf.
Kostbarster Mittelpunkt der Anlage ist der eigentliche Tabernakel, eine durch einen Baldachin ausgezeichnete, 2,50 Meter hohe Muschelnische, eine Art Tempietto, mit Kruzifix und einer darüber befindlichen nierenförmigen Aussetzungsnische, flankiert von Vasen. Lebendig schwingen die Seitenwände rechts und links der Nische vor und zurück. Sie sind lisenenartig aufgeteilt und mit Blumenschnüren und gotischem Maßwerk geziert. Sie stellen das Verbindungsstück zu den bereits erwähnten eingearbeiteten Reliefs dar. Diese rahmen kunstvolle Rocaillerahmen mit Voluten und Kartuschen. Darüber erheben sich auf Postamenten Monstranzen. Besonders reich sind dann wieder die abgerundeten Abschlußstücke, wieder mit Blumen und Maßwerk verziert, mit Vasenaufsätzen und züngelnder Rocaille. Vor der Anlage stehen sechs große silberne Leuchter.

Einen <u>zweiten Tabernakel</u> hatte Pedetti bereits in den 60er   <u>59</u>
Jahren für einen nicht bekannten Ort entworfen und gezeich-
net[883]. Wie der Herriedener Tabernakel, so entwickelt sich
auch dieser zirka 4,50 Meter in die Breite.
Eventuell war diese Anlage dazu bestimmt, bei besonderen
Festen auf den Altar aufgesetzt zu werden, da sie auf der
Zeichnung so provisorisch auf einem Postament aufgebaut und
von einem Stoffvorhang mit Baldachin hinterfangen ist.
Zentrum des vergoldeten Silbertabernakels ist wiederum die
als Tempietto gestaltete Aussetzungsnische mit Baldachin
über der rosettengeschmückten Apsiskonche und mit einer Inschrifttafel darunter. Seitlich wird die Nische von mit
blumengeschmücktem Gitterwerk gezierten Volutenstützen flankiert, auf denen Postamente für Vasen mit Palmbüscheln auf-
bauen. Über dem Baldachin befindet sich, wie in Herrieden,
ein nierenförmiger Reliquienschaukasten. Auf den Volutenstützen sitzen rechts und links der Nische betende Putti.
Diese verweisen auf die nicht sichtbare Gegenwart des Aller-
heiligsten. Über dem Reliquienschaukasten ist skizzenhaft
eine Marienfigur im Strahlenkranz mit Lilie dargestellt.
Rechts und links der Aussetzungsnische reihen sich, kurvig
vor-und zurückspringend, Sockel für Figuren und Vasen an,
deren Verbindung als Nische für die davorstehenden Leuchter-
bänke dienen . Dieselben Zierelemente, Gitterwerk mit Blumen,
geschweifte Abschlüsse der Sockel, Vasenformen und Nieren-
nische wie in Herrieden sind vorhanden, aber noch viel mehr
dem Rokoko verhaftet. Die Sockel auf jeder Seite sind in der
Höhe gestaffelt und stark gegliedert. Auf den inneren Postamenten sitzen die Halbfiguren von vier Heiligen, bezeichnet
mit ST, SG, SD und S, auf den äußeren, wie in Herrieden,
Vasen auf.

Eichstätt, Dom - Grabdenkmal für Schönborn

Im Eichstätter Dom sind zwei Grabdenkmäler erhalten, die
nach Pedettis Entwurf entstanden und einzig sind in seinem
Werk. Von dem für den Dompropst von Eichstätt und Bamberg,
Marquard Wilhelm Graf von Schönborn, verstorben am 6.3.1770,
entworfenen Epitaph ist eine von Pedetti signierte Zeichnung
erhalten[884]. Auf dieser ist unten links vermerkt, daß Pe-   60
detti den Entwurf lieferte und Joseph Anton Breitenauer für
die Ausführung verantwortlich war. Am Epitaph selbst befindet sich auf der Vorderseite der drei kleinen Spitzen.
auf denen der Löwe steht, die Signatur des Bildhauers:
"Jos. Ant. Breidenaur excud. Eyst." Bei der Zeichnung Pedettis handelt es sich nicht um den eigentlichen Entwurf,
sondern um eine nach der Vollendung und Aufstellung des
Denkmals im Dom gefertigte Aufnahme, wie auf dem Plan vermerkt ist. Das Denkmal ist heute zu finden an einem Binnenpfeiler im nördlichen Seitenschiff des Domes, direkt östlich vom Haupteingang an der Nordseite. Hier in der Nähe,
zwischen Hauptportal und Kanzelpfeiler, ist auch das Grab
von Schönborn. Der Pfeiler, um dessen Westseite das Epitaph sich kurvig schmiegt, hat einen pfeilförmigen Grundriß,
dessen Spitze nach Süden weist. An der Südseite des Pfeilers zeichnete Pedetti einen heute nicht mehr vorhandenen
Beichtstuhl ein.
Die Form des Epitaphs ist, der Form des Pfeilers entsprechend, hoch und schmal. Es ist ungefähr 4,50 Meter hoch und
1,60 Meter breit. Vom Aufbau her ist es ein charakteri-
stisches Rokokodenkmal. Es besteht aus einem zweiteiligen
Sockel und einem Aufsatz mit der Büste des Verstorbenen.
Der aus rot-braunem und schwarzem Tiroler Marmor bestehende
Sockel ist unten schlicht belassen, im oberen Teil ist eine
schwarze, goldbeschriftete Inschriftentafel eingelassen. Sie
ist links und rechts gefaßt von zwei mit Blumenranken über-
wucherten Volutenstützen. Auf diesen ruht ein stark profiliertes Gesims mit einer Rocaille als Mittelmotiv und Blumengirlanden. Die lange lateinische Inschrift, bereits veröffentlicht, gibt den Lebenslauf des Verstorbenen wieder[885].

Er wurde am 6. Dezember 1683 in Mainz geboren und starb am
6. März 1770 in Eichstätt. Am 26.8.1704 wurde er in das Eichstätter Kapitel aufgenommen und 1735 Dompropst, desgleichen
in Bamberg 1714 beziehungsweise 1723. Marquard Wilhelm war
der jüngste von sieben Söhnen des Grafen Melchior Friedrich
von Schönborn und dessen Gemahlin Sophia von Boineburg.
Seine Brüder waren unter anderem Johann Philipp Franz, Fürstbischof von Würzburg, Damian Hugo, Bischof von Speyer und Kon-
stanz, und Franz Georg, Kurfürst von Trier. Durch seine sieben
Schwestern war Marquard mit den einflußreichsten Adelsge-
schlechtern Deutschlands verschwägert. Am Ende der Inschrift
ist vermerkt, daß für den Bamberger Dom auf Wunsch des Verstorbenen ebenfalls ein Denkmal angefertigt worden war
(Bonav. Joseph Mutschele). Dies fiel der Umgestaltung von
1828-1844 zum Opfer[886].
Über dem Sockel erhebt sich eine prächtige, hochovale Bildniskartusche mit Rokokodraperien und -ornamenten. In der
Mitte befindet sich, abgesetzt von einem schwarzen Hintergrund, auf einem dunklen Marmorsockel die aus weißem Marmor
gemeißelte Büste von Schönborn, eingehüllt in wildbewegte
Draperien. Die Büste ist umgeben von acht, in weißem Marmor
mit Goldschrift ausgeführten Wappenschildern der Ahnen Schönborns: (von unten nach oben zu lesen) Schönborn, Greiffen-
clau, Leyen, Eltz und Beneburg, Schitz, Buttlar, Dorfelden,
umrankt von goldenen Rosen.
Das Denkmal entbehrt in der Dekoration jeglicher christlicher
oder auf den Tod verweisender Allegorien, sondern zeigt im
Gegenteil einen hohen Realitätsgrad. Der Verstorbene ist nicht
idealisiert, in einer überirdischen Sphäre, in der materielle
Dinge an Wert verlieren, dargestellt, wie es etwa charakteristisch ist für das Epitaph des Eichstätter Fürstbischofs
Johann Anton II von Freyberg, gestorben 1757, an der südlichen
Westwand des Domes, wo der Verstorbene von Todessymbolen umrahmt ist. Die Ornamentik des Schönborn-Grabdenkmals ist
zwar dem Rokoko verhaftet, aber die Auffassung des Rokoko,
alle Gegenstände zu illusionieren und die Toten dem irdischen
Leben zu entrücken, kommt hier nicht zum Tragen.

Das Epitaph ist mehr historisches Denkmal und Verherrlichung
des irdischen Wirkens des Verstorbenen. Unterhalb des keinesfalls in die Unnahbarkeit entrückten, realistischen Bildnis-
ses von Schönborn steht links das Wappentier des Verstorbenen,
der bekrönte Löwe, auf drei Spitzen und hält den behelmten
Wappenschild. Ihm gegenüber, auf der rechten Seite unter dem
Bildnis, sitzt ein schreibender Putto vor einer noch unbe-
schrifteten Pergamentrolle. Er schreibt wahrscheinlich die
Verdienste des Toten auf[886a]. Darunter liegen die Kopfbe-
deckung des Dompropstes, das Birett, und ein Füllhorn mit
(Stiftungs)briefen und Münzen, die auf die, auch in der Inschrift erwähnte Freigebigkeit des Verstorbenen hinweisen.
Es handelt sich bei allen Beigaben um eindeutige Attribute,
die zu Schönborns irdischem Amt gehörten. Hinweise auf Symbolik und Zweideutigkeiten fehlen gänzlich.
Das Denkmal lebt von der Spannung. Diese wird bewirkt durch
den starken Kontrast zwischen dem schwarzen und dem weißen
Marmor und der Goldschrift beziehungsweise den Goldblumen.
Eine ebensolche Wirkung erzielt der Gegensatz zwischen der
flächig-ornamentalen Form der Inschrifttafel und den figür-
lich-plastischen Elementen des Bildnisaufsatzes.
Außerdem erhält das Grabdenkmal Spannung in der Gestaltung
durch die asymmetrische Aufteilung, typisch für die Dekora-
tionsplastik des Rokoko. "Anstelle des symmetrischen Gleich-
gewichts zueinander geordneter barocker Aufsatzgruppen, Put-
ten und Kartuschenträgern tritt eine asymmetrische Verla-
gerung/.../"[887]. So auch hier im oberen Abschluß.
Während sich, vom Betrachter aus gesehen, oben links eine
Rokokoprunkvase auf profiliertem, schlanken Sockel erhebt,
findet sich auf der gegenüberliegenden Seite kein Pendant
dazu. In der Mitte über dem Verstorbenen steht auf einem
Sockel ein von Draperien umhüllter Putto - auf Pedettis
Zeichnung noch zusätzlich in Wolken sitzend -, so als wäre
er eben hier, aus der göttlichen Sphäre kommend, gelandet.
Dies ist wohl der einzige Hinweis auf die außerirdische
Welt. Der Putto hält das Symbol einer der drei Tugenden,
den Anker der Hoffnung, und einen Blumenstrauß in den
Händen. Zu seinen Füßen fällt malerisch eine Draperie über
die Bildniskartusche zu einem zweiten Putto herab, der sich

auf der Höhe der gegenüber befindlichen Prunkvase befindet.
Er hat um den Arm einen Lorbeerkranz geschlungen.
Die Draperie, die malerisch über das Grabdenkmal gehängt ist,
gleichzeitig verhüllend und öffnend, hat, typisch für das
18. Jahrhundert, nicht nur dekorative Funktion, sondern ist
auch Würdeform. Johann Georg Sulzer sagte über die Funktion
der Draperie ("Gewand"):" Man sieht bisweilen Monumente, dergleichen Verstorbenen zu Ehren in Kirchen gesetzt werden, wo
die wenigen Sachen, etwa ein Sarg, darauf aber herum liegende
Wapen, und andere bedeutende Dinge, vermittelst eines ge-
schikt über geworfenen Gewandes vereinigt werden"[888].
In ganz ähnlicher Weise wie bei Pedetti wurde die Draperie
angeordnet an dem Stifterkenotaph für Welf VII in der ehemaligen
Prämonstratenserkirche in Steingaden von Johann Baptist Straub,
geschaffen im Jahre 1749. Auch in Steingaden ist das Epitaph
nicht Ort für das illusionistische Erscheinen der Allegorie,
sondern es verweist auf sich selbst als Grabmonument und historisches Denkmal.

Eichstätt, Dom - Grabdenkmal für Strasoldo
Genau gegenüber vom Schönborn-Denkmal im südlichen Seitenschiff, östlich von der neuen Orgel an einem ebenfalls pfeilförmigen Binnenpfeiler, befindet sich das Epitaph für den
Fürstbischof Raymund Anton Graf von Strasoldo, der am 13.1.
1781 verstarb. Den Entwurf dazu schuf Pedetti. Von ihm ist
eine schöne, signierte und datierte Kreidezeichnung auf
dunklem Papier erhalten, die einzige mir bekannte in dieser
Technik von Pedetti[889]. Der Entwurf stammt von 1784.   XVI
Das Denkmal wurde also erst drei Jahre nach dem Tod von
Strasoldo entworfen. Ausgeführt wurde es von dem Eichstätter Hofsteinmetzmeister Rupert Renner, dem Nachfolger des
1785 verstorbenen Breitenauer, im Jahre 1786, wie die Inschrift an der Südseite des Denkmalsockels berichtet:
"Rup Rener Hoff Stein Metz Meister 1786". Die Skulpturen
schuf Johann Christoph Wachter aus Ellingen, der zeitweise
in Eichstätt tätig war. Seine Tätigkeit hier ist belegt
durch eine Inschrift am Sockel des südlichen, wappenhalten-

den Puttos:" I.C. WaCHTer Sculp. de Elling./en/."
Er richtete sich wenig nach dem auf Pedettis Zeichnung angegebenen Vorschlag zur Gestaltung der Putti, sondern schuf
seine eigenen Skulpturen, die gegenüber den oft plumpen und
unproportionierten Figuren von Johann Jakob Berg viel mehr
Grazie und Raffinesse in den Bewegungsabläufen aufweisen.
Zu dem Epitaph von Strasoldo fertigte Joseph Anton Breitenauer ein Jahr vor seinem Tod einen Konkurrenzentwurf an.
Hatten die beiden Künstler, Pedetti und Breitenauer, beim
Schönborn-Epitaph noch zusammengearbeitet, so standen sie
sich nun als Konkurrenten gegenüber. Breitenauers Entwurf
von 1784 wurde nicht ausgeführt[890].
Das von Pedetti entworfene und 1786 ausgeführte Epitaph hat
ungefähr die gleichen Ausmaße wie das Schönborn-Epitaph. Rund
fünfzehn Jahre nach der Entstehung des noch ganz dem Rokoko
verpflichteten Schönborn-Epitaphs schuf Pedetti nun eine klassizistische Anlage. Die Aufteilung der beiden Grabdenkmäler
ist sehr ähnlich: ein zweiteiliger Sockel mit Inschrifttafel
und darüber die Bildnisnische. Hier sind die Dekorationselemente aber einem klassizistisch verhärteten Stil verpflichtet. Ganz gelöst vom Rokoko ist es dennoch nicht.
Das Epitaph besteht aus hellrotem und dunkelgrauem Marmor,
die Büste des Verstorbenen setzt sich in weißem Marmor ab,
die Wappen bestehen aus vergoldeter Bronze. Über dem schlichten Unterteil des Sockels befindet sich, wie beim Schönborn-
Denkmal, die dunkle Inschrifttafel mit goldenen Buchstaben,
umgeben von klassizistischen Dekorationsformen in hellem Marmor.
Das Inschriftfeld ist geohrt. Die auf der Zeichnung angegebenen, an den Ohren herunterhängenden Zöpfe wurden weggelassen, ebenso die Mutuli, die unterhalb des Feldes vorgesehen waren. Anstelle der in der Zeichnung über dem Inschriftfeld angegebenen Hängegirlande, die durch das Gesims,
das die Sockelzone vom Aufsatz trennt, gezogen ist, wurde ein
in zahlreiche Falten gelegtes Band ausgeführt.
Die Inschrifttafel ist auf der Zeichnung von zwei klassizistischen, kannelierten Volutenpilastern mit Triglyphenkapi-

tellen und herunterhängenden Zöpfen gerahmt. In der Ausführ-
ung wurden die Pilaster mit ineinander verschlungenen Ringen
und je einem Akanthusblatt unter den Kapitellen geziert.
Die Inschrift des Epitaphs lautet: VIVIT IN COELIS/CVIVS
QVIDQVID MORTALE FVIT/HOC CONDITVR TVMVLO/REVER: AC CELSISS:
S:R:I:PRINCEPS/RAIMVNDVS ANTONIVS/ EX COMITIBVS DE STRASOLDO/
EPISCOPVS EICHSTETTENSIS LXVI/NATVS ANNO MDCCXVIII. DIE APR:
XXIX/ELECTVS ANNO MDCCLVII. DIE IVL: V./ ORBI SVISQVE EREP-
TVS ANNO REGIMINIS XXV DIE IAN: XIII/ HANC AD ARAM CRVCIS/
EX VOTO SEPVLTVS/CVIVS SEMPER MEMOR AEQVE AC PATIENS/BELLI-
ANNONAEQVE CALAMITATES/ SVORVM MAGIS CVRA ANXIVS QVAM SVI/
SVSTINVIT FORTITER AC LAVAVIT/ DE DICATA ILLVSTRI STATVA/
DEVOTVS DEIPARAE CVLTOR/ PIENTISSIMVS VITA MORTEM PARATISSI-
MVS OBIIT/ BONIS IN PAVPERES EROGATIS AERARIO PROPRIO PAVPER/
MERITIS AETERNISQVE PRAEMIIS DIVES/ INTAMINATIS NVNC FVLCET
HONORIBVS.
Strasoldo war der 66. Eichstätter Bischof. Er wurde geboren
am 29.4.1718, wurde am 5.7.1757 zum Fürstbischof gewählt und
starb am 13.1.1781. In seine Regierungszeit fiel die unheil-
bringende Zeit des Siebenjährigen Krieges.
Das Obergeschoß des Strasoldo-Denkmals besteht in der Haupt-
sache aus der scharfkantigen Flachnische mit der Büste des
Verstorbenen auf einem Sockel, während das Rokokodenkmal
Schönborns aus einer aufgelösten, zerfließenden Kartusche
ohne feste Umrisse besteht. Auch die Büste Strasoldos zeichnet sich durch kühle Strenge, Vornehmheit und eine gewisse
Starre aus, die den Verstorbenen unnahbar macht.
Vom konstruktiven sowie thematischen Aufbau sind dennoch
beide Epitaphien sehr ähnlich. Auch das Strasoldo-Epitaph
entbehrt jeglicher Allegorien und Todessymbolik. Vielmehr
sind um den Verstorbenen alle Attribute seines hohen Amtes
gruppiert. Er selbst trägt das Pektorale. Rechts und links
flankieren, wie beim Schönborn-Denkmal, zwei Putti die Bildnisnische. Der stehende Putto rechts von Strasoldo trägt
auf Pedettis Entwurf ein Kreuz und stützt sich auf eine hochovale Inschriftentafel (umleserlich). Wachter führte einen
stehenden Putto aus, der ein Kissen mit dem Fürstenhut

trägt. Der Putto rechts von Strasoldo, auf Pedettis Entwurf
stehend und sich auf ein Wappenschild stützend dargestellt,
hält Pedum und Mitra. Wachter führte einen liegenden Putto
aus, der sich auf ein Wappenschild stützt.
Die Bildnisnische ist, wie beim Schönborn-Epitaph, von acht
Wappenschildern umgeben, aufgesetzt auf einem breiten, unten
kannelierten Band: Strasoldo, Khuenberg, Scherffenberg, Her-
berstein und Gera, Kazenstein, Wildenstein, Mindorff.

Die äußere Rahmung besteht, genau dem Plan folgend, aus je
einem enggeschnürten, oben sich öffnenden Palmbüschel. Das
Palmmotiv wurde in Rokokodekorationen (u.a. an den Spiegeln
der Amalienburg) gerne benutzt und war dann beliebt besonders
an Grabdenkmälern der 70er und 80er Jahre. Französische Stich-
werke der Zeit (Laugier, Observations, 1776) enthalten ähnliche Bildungen.
Unter dem Sockel der Büste verlaufen rings um das Denkmal
querrechteckige Rosettenfelder. Direkt unter dem Sockel befindet sich ein auf dem Entwurf nicht vorgesehenes Triglyphenkapi-
tell mit Mutuli. Den oberen Abschluß des Nischenaufsatzes bildet ein profiliertes, gewelltes Gesims mit Zahnschnitt, "gestützt" von den Palmbüschelsäulen. Über dem Gesims sitzt
zwischen zwei Feuerurnen ein Putto an einem kannelierten Säu-
lenstumpf. An der Nord- und Südseite des Denkmals wurde im
Sockeluntergeschoß jeweils eine große, hochovale Rosette aus
weißem Marmor aufgesetzt und im Obergeschoß die vergoldeten Insignien des Fürstbischofs (Kreuz, Bischofsstab, Mitra, Buch,
zusammengehalten von Bändern) dargestellt. Da Pedettis Entwurf nur die Vorderansicht wiedergibt, wissen wir nicht, ob
er dies auch plante.
In dem genau gegenüber angebrachten, spätklassizistischen Grabdenkmal des letzten Eichstätter Fürstbischofs Joseph von Stubenberg, der 1824 verstarb, fand Pedettis Strasoldo-Epitaph
ein würdiges Pendant. Das Epitaph, geschaffen von Peter Schöpf
aus München und Ferdinand Velhorn aus Eichstätt, lehnt sich
vom konstruktiven und thematischen Aufbau stark an das Strasoldo-Grabdenkmal an. Die Gliederung der Anlagen ist ähnlich.

Natürlich ist das Stubenberg-Epitaph rein klassizistisch
mit den trauernden, antikischen Jünglingen rechts und links
der Büste, den Füllhörnern und den erstarrten, scharf kon-
turierten Formen der Bildnisnische und des Sockels. Wie Strasoldo, so ist auch Stubenberg von einer ernsten Unnahbarkeit.
Die Insignien wurden wie Trophäen kreuzweise auf dem Aufsatz
über der Nische angeordnet.
Der Konkurrenzentwurf von Breitenauer zu dem Strasoldo-Grabdenkmal blieb, wie gesagt, unausgeführt. Auf einer sehr farbig
lavierten Zeichnung schlug er zwei nur wenig voneinander abweichende Varianten vor. Der Entwurf ist noch stärker dem Rokoko verhaftet. Der zweiteilige Sockelunterbau ist lebhaft-
kurvig gestaltet. Für das Inschriftenfeld im oberen Teil des
Sockels sah er zwei ähnliche Varianten mit Ohrung und Zöpfen
vor. Auf einem mächtigen, stark profilierten Gesims über dem
Sockel thront die Büste des Verstorbenen auf einem klassizistischen Sarkophag mit Wappenmedaillon und Girlanden. Dahinter
kreuzen sich Pedum und erzbischöfliches Kreuz. Das Recht, sich
das erzbischöfliche Kreuz vorantragen zu lassen, hatte Bene-
dikt XIV bereits Bischof Freyberg 1745 verliehen.
Vor Strasoldo liegen auf dem Sarkophag die Mitra und der Fürstenhut.
Gerahmt ist die symmetrische Anlage von zwei Pilastern mit Wappenschildern. Das darauf ruhende, stark profilierte Gesims bildet über Strasoldo einen Rundbogen. Über diesen ist eine,
gleichmäßig rechts und links über die Nische fallende Draperie
angelegt. Klassizistisch sind die beiden Feuerurnen neben, die
Hängegirlande über dem Rundbogen und die trauernden Mädchenge-
stalten links und rechts unter Strasoldos Büste. Rechts von
Strasoldo kniet die Personifikation der Eichstätter Kirche,
links steht ein großer Engel mit langem Gewand. Er hält das
flammende Herz und ein Füllhorn mit Blumen. Ein Posaunenengel
balanciert auf dem oberen Abschluß. Diese Figuren haben nichts
gemein mit den verspielten Putti von Pedettis Entwurf, sondern
sind bereits ganz klassizistisch. Dennoch ist Pedettis Entwurf
einheitlicher. Breitenauer ordnete Rokoko- und Klassizismus-
elemente willkürlich an. Seine Zeichnung ist noch ganz malerisch, während Pedettis Stil sich bereits verhärtet hat

Sakralbauten mit überregionaler Bedeutung und Idealpläne

Nürnberg, Deutschordenskirche St. Elisabeth

Mit der Beteiligung an der Planung des Neubaues der Deutschordenskirche St. Elisabeth in Nürnberg, einem der letzten gro -
ßen kirchlichen Bauunternehmen in Süddeutschland vor der
Säkularisation, entstanden Pedettis bedeutendste Sakralbauentwürfe. Die Planungs- und Baugeschichte der Kirche wurde
bereits mehrfach ausführlich behandelt[891]. Über die außer Pedetti beteiligten Architekten gibt es neben der Dissertation
von Hesslein[892], in der alle Entwürfe ausgiebig behandelt wurden, zum Teil auch längere Abhandlungen und Monographien, in
denen auch die Entwürfe für St. Elisabeth analysiert wurden.
Beteiligt waren neben Pedetti Franz Ignaz Neumann[893], Peter
Anton von Verschaffelt[894], Joseph Scholl, Wilhelm Ferdinand
Lipper[895] und Georg Philipp Stahl. Die Entwürfe Pedettis sind
bisher nur kurz beschrieben und interpretiert worden[896], als
Abbildung veröffentlicht wurde nur ein Entwurf Pedettis[897].
Es würde den Rahmen dieser Arbeit sprengen, auf die Vorgeschichte der Kirche und die Beschreibung der einzelnen Entwürfe der verschiedenen Architekten näher einzugehen. Auf
letztere soll nur dann stärker eingegangen werden, wenn sie
direkten Einfluß auf Pedettis Planung hatten. Die Vorgeschichte der Planung, die mit den um 1775 von Franz Ignaz
Neumann, dem Sohn des Balthasar, eingereichten Plänen begann,
sei hier kurz erwähnt zur Orientierung[898].
Im Jahre 1281 wurde die Kapelle zu dem 1210 gegründeten
Deutschordensspital St. Elisabeth gebaut[899]. Beide Gebäude
waren am Ende des 17. Jahrhunderts baufällig. Um 1718 wünschte der Orden eine Reparatur und Vergrößerung der Kapelle,
die von der protestantischen Freien Reichsstadt Nürnberg abgelehnt wurde, da ein katholischer Orden in der Stadt keine
Prachtbauten haben sollte. Während des über 60 Jahre lang
dauernden Streites wurden aber immer wieder Architekten beauftragt, die sich mit der Umgestaltung von Kirche und Spital und der Regulierung der unregelmäßigen Anlage beschäftigten. Tätig waren Johann Ulrich Mösel 1719-1724, Franz

Joseph Roth 1732-1734 und 1746-1748 und Matthias Bindtner
1757[900]. Ein Neubau der Kirche war damals noch nicht vorgesehen. Diesen plante zum ersten Mal <u>Franz Ignaz Neumann</u>. Im
Jahre 1774 hatte man sich fast geeinigt. Der Orden wollte das
Spital einreißen und an diese Stelle die neue Kirche setzen.
Neumann erhielt einen Planungsauftrag. Anstelle der Reparatur
plante er einen Zentralbau mit Tendenz zum Longitudinalbau[901]
und einen Spitaltrakt (Kastnerbau). Dann wurde sein Projekt
zurückgestellt. Im Mai 1780 wurde der endgültige Vertrag abgeschlossen, aber man begann erst mit dem neuen Spitalbau im
Osten der Kirche (1760-1783)[902]. Erst 1784 wurde die alte Ka-
pelle abgerissen und im Mai 1785 konnte der Grundstein der
Kirche gelegt werden. Im selben Jahr starb Neumann. Die un-
günstigen Grundstücksverhältnisse - das zur Verfügung stehende
Areal hatte die Form eines unregelmäßigen Polygons - hatten
Neumann zu einer außergewöhnlichen Grundrißgestaltung gezwun-
gen, die im Prinzip von allen nachfolgenden Planern übernom-
men wurde. Der Platz für den neuen Kirchenbau war bereits im
Westen durch die Komturei von 1559 begrenzt, im Osten hatte
Neumann sich selbst durch den zwischen 1780 und 1783 erbauten
Spitalbau eingeschränkt. Er konzipierte einen Zentralbau mit
Tendenz zum Longitudinalen, indem er eine Abfolge von in sich
zentralisierten Räumen nach dem Vorbild Rott am Inn miteinander verband. Zentrum ist ein aus einem ungleichseitigen
Achteck entwickelter, von einer steilen, gestuften Laterne
bekrönter Kuppelraum. Die Pendentifkuppel wird in den Diago-
nalen von je fünf, in Gruppen angeordneten Säulen gestützt.
Die sonstigen Innenstützen sind als Palmstämme gebildet. An
das Zentrum fügen sich im Osten und Westen in der Längsachse
flachrechteckige Anbauten mit eigenen flachen Spiegelgewölben an. Die Anbauten sind verhältnismäßig selbständig. Die
Neben- und der Hauptraum durchdringen sich nicht rokokomäßig.
Die verschiedene Scheitelhöhe der Gewölbe unterstützt die
Trennung. Die Längsachse ist durch die Aufstellung des Altares als solche gekennzeichnet. Die Eingänge liegen in der
Mitte der Langseite im Norden und Süden (Haupteingang und

Schauseite im Süden) des vorragenden Mittelteils. Das wurde
bei allen nach Neumann folgenden Entwürfen belassen. Ilse
Hoffmann kritisierte dies als Unstimmigkeit, da beim Betreten
der Kirche zunächst fälschlicherweise die Längsachse als Querachse aufgefaßt werden müßte[903].
Um alle Räume ist eine Säulenstellung angeordnet, die zweigeschossige Emporen trägt und einen schmalen Umgang vom Hauptraum absondert. Spätbarock ist die Lichtführung. Nicht nur von
den Seiten, sondern auch von oben dringt eine Fülle Licht ein.
Die Pendentifs sind bereits durchbrochen, die Kuppel selbst
ist durchlöchert. Im Inneren sind zwar klassizistische Dekorationselemente verwendet, aber sie treten in unklassizistischer
Häufung auf. Wenig geglückt und sehr manieristisch ist die
Verwendung des naturalistischen Palmmotives in monumentaler
Ausführung. Kuppel, Raum und Stuck sind farbig gefaßt zu denken, was die Unkontrollierbarkeit der Raumgrenze noch unterstützt hätte. Völlig überladen mit Zierat des Zopfstiles ist
die Fassade. Kein Platz ist unverziert belassen. Neumann zeigt
klassizistische Tendenzen, innen wie außen (Geradlinigkeit,
keine Verschmelzung des Grundrisses, Rechteckfenster, gerades
Dach, klassizistischer Formenapparat), verunklärt aber alles
durch die Häufung von Dekorationselementen.
Nachfolger des 1785 verstorbenen Neumann war der Mannheimer
Bildhauer und Architekt Peter Anton von Verschaffelt. Seine
Entwürfe[904] waren es, von denen Pedetti und auch Scholl später ausgingen. Verschaffelt übernahm die 4,50 Meter hohen
Fundamente Neumanns. Ansonsten war es ihm aber unmöglich,
nach dessen überlieferten, technisch äußerst diffizilen Plänen weiterzubauen. Auch empfand Verschaffelt Neumanns Konzeption nicht als modern genug. Verschaffelt fertigte 44 Pläne
an, die neun Projekte umfassen[905]. In den ersten fünf Projekten ging Verschaffelt von römisch-barocken Vorbildern aus[906].
Interessant ist in diesem Zusammenhang aber nur der Ausführungsentwurf, der mit Neumann nicht mehr viel zu tun hat. Hier
verarbeitete Verschaffelt Anregungen aus der Antike, von Palladio und dem internationalen Neoklassizismus. Im Gegensatz
zu den fünf ersten Projekten plante Verschaffelt im sechsten,

wie Neumann, einen Umgang um den Kuppelraum, allerdings
setzt sich dieser nicht wie bei diesem auch entlang der östlichen und westlichen Schmalseite der Anbauten fort. Der
Mittelraum ist gebildet aus einem Quadrat mit einbeschriebener
Rotunde auf vier starken, mit Pilastern belegten und mit Nischen
für Altäre und Beichtstühle versehenen Pfeilern. Darauf baut
ein sehr steiler Tambour mit Kuppel ohne Laterne auf. Die Dia-
gonalen öffnen sich zu Kapellen und Oratorien. Im Osten und
Westen sind, ähnlich wie bei Neumann, rechteckige Anbauten,
mit Tonnen gedeckt, angefügt. Die Tonnen und die Kuppel sollten kassettiert werden. Durch die Pfeiler werden nördlich
und südlich der Anbauten schmale "Seitenschiffe", die mehr
als Gänge zu bezeichnen sind, mit Emporen abgetrennt. Mit
einer betont schlichten Fassadengliederung setzt sich Verschaffelt deutlich von Neumann ab. Der Mittelteil ist allerdings ebenfalls durch vier starke korinthische Kolossalhalb-
säulen mit aufgesetztem Dreiecksgiebel gegliedert. Die Seitenteile sind durch Kolossalpilasterbündel zwischen den
Achsen geziert. Einzige Gliederung der zweigeschossigen Seitenteile sind nur noch die Hochrechteckfenster mit Dreiecksverdachung im unteren und Segmentbogenverdachung im oberen
Geschoß. Über dem geraden, durchlaufenden Gebälk baut eine
hohe Attika mit Balustrade auf. Das Kuppelgewölbe wird von
einem hohen, bossierten Tambour getragen. Ilse Hoffmann
charakterisierte die Fassadengestaltung folgendermaßen:
"Eine palladianische Fassade und eine Bramante-Kuppel über
einem an Vignola erinnernden Tambour"[907]. Im Jahre 1788 trat
Verschaffelt zurück. Die Gründe waren offenbar statische Mängel an den Kuppelpfeilern und zu hohe Baukosten. Der Orden
hatte sich für zwei so unterschiedliche Charaktere wie Neumann und Verschaffelt entschieden. Dieses Hin und Her
zwischen Spätbarock und Klassizismus sollte mit den nachfolgenden Architekten nun weitergehen. Ausgangsposition war
aber der Auftrag, Verschaffelts Pläne zu vereinfachen, um
eine Kostenreduzierung zu erreichen. Noch im selben Jahr des
Rücktritts wurden Pedetti und Joseph Scholl, Leutnant und
Architekt in Schwarzenbergischen Diensten, zu Rate gezogen.

<u>Pedetti</u> fertigte zwei Planserien, Gutachten und Voranschläge
an, die im Hauptstaatsarchiv in München aufbewahrt werden.
Die erste Serie[908], entstanden im April 1788, umfaßt fünf   <u>61,62</u>
datierte und signierte Pläne, die zweite[909] vom November   <u>XVII,63</u>
desselben Jahres besteht aus vier signierten und datierten
Plänen.

Der Grundriß der <u>ersten Entwurfsserie</u> ist von der Gesamt-   <u>62</u>
disposition von Verschaffelt übernommen. Ein Teil der Verschaffeltschen Anlage war auch bereits hochgeführt worden.
Der quadratische Mittelraum mit der einbeschriebenen Rotunde
wurde beibehalten. Eine stärkere zentralistische Wirkung des
Mittelraumes erreichte Pedetti dadurch, daß er nicht nur in
der Haupt (Längs-) achse, sondern auch in der Querachse Arkaden, im Ganzen also "4 gleichgehaltene bögen stücke der
Kupel" einfügte. Den Umgang um den Mittelraum der zur Ausführung bestimmten Verschaffeltschen Anlage ließ Pedetti
fortfallen. Die Vierungspfeiler mit den vorgeblendeten korinthischen Pilastern wurden aus statischen Gründen - ein Mangel
bei dem Verschaffeltschen Entwurf - verstärkt. Die Verstärkung
wurde auch dadurch erreicht, daß die Pfeiler mit den Außenmauern in Verbindung gebracht wurden, allerdings auf Kosten
des Umganges. In die Pfeiler wurden wie bei Verschaffelt
"4 grosse antique Niche /Nischen/" eingelassen, die im Nord-
und Südosten Altäre aufnehmen sollten.
Der Kuppeltambour wurde in der Höhe reduziert, indem der
Sockel fortgelassen wurde, und auch die Kuppel wurde niedriger
gehalten, um Kosten zu sparen. Pedettis Umgestaltung konzen-
trierte sich überhaupt vorwiegend auf die oberen Raumzonen.
Im Vergleich zu der Verschaffeltschen Anlage sparte er im
ersten Projekt zirka 15 Meter an Höhe ein. In einem Gutachten
vom 20.11.1788 führte er die Maße des zur Ausführung bestimmten Entwurfes von Verschaffelt auf[910]: Höhe der Fassade 75
Schuh, des Kuppelgestells bis zum Gewölbe 47 Schuh und des
Gewölbes 32 Schuh, insgesamt zirka 154 Schuh (46,5 Meter).
Pedetti sah dagegen im ersten Projekt eine Fassadenhöhe von
59 Schuh, ein erhöhtes mittleres Teil von 25 1/2 Schuh (Tambour) und eine Bedachungshöhe von 20 Schuh vor, insgesamt

also 104 1/2 Schuh (zirka 31,5 Meter). Diese kostensparende
Höhenverringerung sollte im zweiten Projekt noch weiterge-
trieben werden.
Wie in allen nach Neumann folgenden Plänen wurde auch von Pedetti die zweckmäßige Ausrichtung der Neumannschen Anlage mit
den bereits beschriebenen Unstimmigkeiten durch die Lage der
Eingänge in der Mitte der Langseite beibehalten. Die rechteckigen Anbauten in der Ost-West-Längsachse bewahrten ihre
Dreischiffigkeit, wurden aber mit Spiegelgewölben über Pendentifs geschlossen. Die Emporen in den Seitenschiffen, zu
denen einläufige Treppen über querovalem Grundriß - wie bei
Verschaffelt - emporführen, errichtete Pedetti über vorkragenden Pfeilern, ein klassizistisches Stilmerkmal[911].
In seinem ersten Entwurf ist die Grundrißgestaltung noch
sehr rokokomäßig mit dem erkennbaren Bemühen um Ausrundung.
Die schlichte sparsame Dekoration des Inneren weist aber auf
den Frühklassizismus und beschränkt sich auf wenige tekton-
ische Elemente, die der Architektur untergeordnet sind wie
bereits bei Verschaffelt. Frühklassizistisch ist die strenge
Flächenhaftigkeit und zeichnerische Schärfe des Wandsystems
mit glatten Hochrechteckblendfeldern auf den Emporenpfeilern
und schmalen, querrechteckigen auf den Brüstungen derselben.
Die Hochrechteckfelder und -fenster der Fassade und die hochrechteckigen Eingangsportale mit den großen quadratischen und
geohrten Oberlichtern, zusammengefaßt durch eine kleinteilige
Profilrahmung, unterstreichen das Orthogonalgliederungssystem.
Selbst die Rundbogenfenster des Tambours sind in Hochrechteckfelder verspannt. An den den Vierungspfeilern vorgelegten und
den zwischen den Tambourachsen plazierten, flachen korinthischen Pilasterbündeln und dem geraden, schwach verkröpften
durchlaufenden Gebälk fehlen barocke Wucht und Plastizität.
Die Pantheonidee spiegelt die mit Rosettenfeldern auf den
Gurtbögen kassettierte Hauptkuppel wieder.
Die Laibungen der Rundbogenfenster des Tambours, Pfeiler-
nischen und Nebengewölbe sind ebenfalls kassettiert. Die Emporen ruhen auf klassizistisch dekorierten Volutenkonsolen.
Die Fassadengestaltung des ersten Projektes ist im Vergleich   61

zu der Verschaffeltschen Anlage trotz verschiedener klassizistischer Elemente und trotz der Bemühung um die Bewahrung der
klassizistischen Breitenlagerung noch rokokomäßig ausgefallen.
Die Haupteingänge, jeweils Hochrechtecktüren mit segmentför-
migem Bündelstab als Verdachung und darüber befindlichem großen
ßen quadratischen Oberlicht, rahmen wie bei Verschaffelt je
zwei mächtige, hier allerdings dorische Säulen auf hohen
Sockeln, die einen klassizistischen Triglyphenfries tragen.
Über dem geraden, schwach verkröpften Gebälk baut, ebenfalls
ähnlich wie bei Verschaffelt, ein scharf profilierter Dreiecksgiebel mit Wappenaufsatz auf, für den eine szenische
Reliefdarstellung vorgesehen war. Die Seitenteile sind gegliedert durch flache dorische Pilaster zwischen den Achsen.
Die schlichten Hochrechteckfenster der beiden Geschosse sind
getrennt durch jeweils einen dicken umwickelten Bündelstab,
wie er im zweiten Projekt noch an anderer Stelle auftaucht.
Die aufgesetzte Attika, niedriger als bei Verschaffelt und
ohne Balustrade, buchtet in der ersten und letzten Fensterachse als profilierter Rundbogengiebel auf Volutenkonsolen aus.
Darauf stehen breite klassizistische Vasen mit herabhängenden Girlanden. Die geohrten Okuli darunter sind ebenfalls
durch Girlanden mit den Konsolen verbunden. Etwas gedrückt
und unproportioniert wirken von außen der in der Höhe reduzierte, außen rechteckig gebildete Tambour mit gekoppelten
korinthischen Säulen zwischen den Achsen und Blendfeldern mit
Girlanden unter den Fenstern und vor allem die niedrige Kuppel, zu der Pedetti gezwungen war und die am ehesten noch
seine Neigung zum Rokoko verrät. Im Vergleich dazu schuf Verschaffelt eine rein klassizistische Kuppel mit bossiertem
Tambour, rustizierten Fenstereinfassungen und "schwebenden"
Okuli. In der Kuppelzone sind über den Tamboursäulen querovale
Öffnungen und davor auf Sockeln Zierwerk aus Muscheln, Roll-
werk und Girlanden. Wenig geschickt plaziert sind die kleinen
spitzen Dächer mit den barocken Okuligaupen über den seitlichen Anbauten. Sie sitzen nicht direkt über der Mitte der
Joche.

Die zweite Planserie entstand im November 1788. Diese fertigte
Pedetti nach der "angebung Ihro Excellence Hochwürden und
gnaden Herrn Stadthalter Freyherrn von Riedheim /.../ auf
eine mehr menagirliche Art" und zierlicher an als die im
April in Ellingen hergestellten Risse des ersten Projektes,
wie er in dem bereits erwähnten Gutachten vom 20.11.1788[912]
und auch auf dem Grundrißplan des zweiten Projektes[913] erwähnt. Die Idee oder zumindest die Aufforderung zur Änderung
stammt also von einem der Riedheimer, mit denen Pedetti bereits bei den Planungen für Schloß Harthausen zu tun hatte.
Der Grundrißplan nimmt in der Reihe der Entwürfe nach Ver-   63
schaffelt eine Sonderstellung ein und ist eigenwilliger, aber
nicht so gelungen wie beim ersten Projekt. Verändert wurde
hier der Mittelraum. Die westlichen und östlichen Rechteckan-
bauten wurden in derselben Form belassen. Der Mittelraum -
vorher Quadrat mit einbeschriebener Rotunde - wurde zu einer
dreischiffigen Anlage umgeändert. Die Vierungspfeiler wurden
im Umfang wieder verringert und die Säulen an den vier Ecken
besser zusammengerückt. Um dennoch keine statischen Probleme
zu haben, fügte Pedetti zwischen die Pfeiler in der Längsachse je vier Säulen ein. Die daraus gebildeten drei Säulen-
arkaden trennen vom Mittelraum nördlich und südlich je ein
sehr breites, ungefähr die Hälfte des Mittelraumes ausmachen-
des Seitenschiff ab. Der Mittelraum erlangte dadurch eine
längsrechteckige Form. Dadurch, daß er nicht mehr breiter als
die Mittelräume der Anbauten war, wurde der Übergang zu gerad-
linig. Im ersten Projekt war die Trennung stärker. Inkonse-
quent ist die Tatsache, daß zur Trennung von Hauptraum und
Seitenschiffen Säulen gewählt wurden, während weiterhin Pfeiler die Anbauten von deren gangartigen "Seitenschiffen" trennen. Die Seitenschiffe des Mittelraumes sind als selbständige
Anlagen gebildet und nicht nur Fortsetzungen der "Seitenschiffe" der Anbauten. Sie sind viel breiter, liegen nicht
mit diesen in einer Achse und sind in sich geschlossen durch
Apsiden an den Schmalseiten. Die Abtrennung der Seitenschiffe
erinnert an die Damenstiftskirche in Buchau am Federsee, die
1769 bis 1773 von d'Ixnard modernisiert wurde.

Die Vorbilder Pedettis für St. Elisabeth sind in Frankreich
zu suchen. Dabei spielte für Pedetti die neue französische
Architektur keine Rolle, er hielt sich an die französischen
Kirchen des 17. und frühen 18. Jahrhunderts. Da für Pedetti
kein Frankreich- beziehungsweise Paris-Aufenthalt belegt
werden kann, ist es möglich, daß diese Orientierung von Ried-
heim, der dieses Projekt veranlaßt hatte, ausging.
Maßgebend war zum Beispiel die Kirche Sainte-Ursule-de-la-
Sorbonne in Paris, ab 1635 errichtet von Jacques Lemercier,
Architekt von Richelieu und Konkurrent von François Mansart.
Mit diesem seinem Hauptwerk schuf Lemercier einen der ersten
Sakralbauten des barocken Klassizismus in Frankreich.
Im Inneren von St. Elisabeth fügte Pedetti dem Langhaus in der
Mitte ein sehr kurzes Querhaus mit einer weiten Vierungskuppel
hinzu. Seitliche Kapellen begleiten wie Nebenschiffe den Haupt-
raum, zu dem sie sich in weiten Arkaden öffnen. Die Kuppel
Verschaffelts änderte Pedetti um. Den steilen Tambour der Ver-
schaffeltschen Anlage ersetzte er durch eine breite Hohlkehle,
die er mit Hochovalfenstern durchbrach. Zu der Hohlkehle leiten die Zwickel in den Ecken der Arkadenzone empor. Vorbild
für die Gestaltung der Zone zwischen Arkaden und Gewölbean-
satz war wiederum ein Pariser Kirchenbau, es handelt sich um
Saint Louis du Louvre (1740)[914].
Anstelle einer Kuppel wählte Pedetti hier ein flaches Spiegelgewölbe über ovalem Grundriß. Diese Lösung ist sehr gelungen.
Im zweiten Projekt sparte er wieder an Höhe ein. Er kam letztendlich auf 27,5 Meter und errechnete, daß dadurch 8000-9000
Gulden gespart werden könnten, so daß die Gesamtkosten bei
drei Jahren Arbeit auf 78.000 Gulden kommen würden[915].
Im Inneren erreichte Pedetti eine größere Helligkeit gegenüber dem ersten Projekt und Verschaffelt, dessen Bau durch
komplizierte Säulen- und Pfeilerstellung und durch den Mangel an Fenstern an den Eingangsfassaden finster wirkt.
Pedetti brach über den Portalen in der Mitte der Längsseite
und rechts und links davon zwischen den Säulen hohe Rundbogenfenster ein, die innen mehr direktes Licht als bei Verschaffelt
in den Mittelraum bringen und auch von außen sehr gut wirken.

Der schlichten und sparsamen Dekoration des Inneren im
ersten Projekt folgte eine reichere und kleinteiligere, aber
keinesfalls überladene Dekoration im zweiten Projekt. Dominierend sind auch hier die frühklassizistischen Elemente. In-
konsequent ist allerdings die durchgehende - unklassizistische
- Verwendung von Rund- und Segmentbogenfenstern und -türen.
Beibehalten wurde unter ausdrücklicher Erwähnung Pedettis die
korinthische Ordnung[916]. Darüber ruht anstelle des flächigen,
ungegliederten Gebälkes des ersten Projektes ein durch stehenden Karnies, Zahnschnitt und Konsolenfries gegliedertes profiliertes Gebälk, das gerade durchläuft und nur schwache Ver-
kröpfungen aufweist. Die drei Arkadenbögen der Langseiten sind
jeweils von profilierten Leisten und einem Astragal, die ihre
Form nachzeichnen, umgeben. Über dem Scheitelpunkt befindet
sich jeweils eine Rosette. Die Grenzlinie zwischen Arkaden-
und Gewölbezone bildet ein dicker, umwickelter Bündelstab,
ein beliebtes Motiv des Frühklassizismus, das besonders in
den 70er Jahren Verbreitung fand.
Die Hochovalfenster der Hohlkehle sind in den Laibungen kassettiert. Die Zwischenräume der Achsen gliedern kassettierte
Lisenen. Die Fenster sind innen verdacht von runden, kleinteilig profilierten und geohrten Gesimsverdachungen, wie sie
sich Pedetti in seinem Skizzenbuch der italienischen Reise
in zahlreichen Variationen notierte[917].
Den Pfeilern der Anbauten sind keine Hochrechteckblendfelder
wie beim ersten Entwurf, sondern korinthische Kolossalpilaster vorgeblendet. Die auf Konsolen ruhenden Brüstungen durchbrechen die für Pedetti typischen barocken Hochovalöffnungen
in Mäanderform. Konsolen und Brüstungen trennen wiederum die
dicken umwickelten Bündelstäbe. Kassettiert sind auch hier die
Gurte der Gewölbe. Im Gegensatz zum ersten Projekt ist vom
zweiten ein Querschnittplan erhalten, der Einblick in den
Chorraum gibt. Dieser sollte mit großen hochrechteckigen
Blendfeldern schlicht geziert werden. Davor plazierte Pedetti
einen Kolonnaden-Baldachinaltar in der Art des Matthias Seybold[918]. Auch ein Einblick in die Ostapsiden der Seitenschiffe
wird gewährt. Im unteren Bereich rahmen zwei Stichbogentüren,

von denen je eine eine Scheintür ist, mit kleinteilig profilierter Segmentgesimsverdachung je einen kleinen, gekuppelten
klassizistischen Altar mit Putti rechts und links. Die Brüstung der Emporen sind wie beim ersten Projekt massiv und
mit querrechteckigen, schmalen Blendfeldern verziert und un-
terlegt mit dem Bündelstab. Alles in allem überwiegen die
klassizistischen Elemente.

An der Gesamtkonzeption der Fassade hat sich nur wenig geän-   <u>XVII</u>
dert. Günstiger in der Proportion wirkt die niedrige Flachkuppel, die die Breite betont. Die Kuppel ist ringsum mit
hohen, schlanken und kurzen, breiten Vasen besetzt. Zwischen
die Achsen im "Tambour" sind breite, kannelierte korinthische
Doppelpilaster gesetzt. Beibehalten wurde im großen und ganzen
die Gestaltung des Mittelteils mit der dorischen Säulenordnung
mit "composito Schafft"-Gesimsen in der Art des Palladio, wie
Pedetti angibt[919], dem Triglyphenfries und dem aufgesetzten
Dreiecksgiebel, der hier allerdings ein Wappen im Giebelfeld
und aufgesetzte Vasen mit Girlanden aufweist.

Besser wirkt im zweiten Projekt die Gestaltung der Fassade mit
den hohen Rundbogenfenstern zwischen den Säulen und über dem
Portal. Die Portale sind von kleinteilig profilierten Rahmen
umgeben, geohrt und mit einem Rundbogengesims auf Konsolen verdacht. Entscheidend ist bei dem zweiten Projekt der Fortfall
der Attika, wodurch Pedetti an Höhe einsparen konnte.

Belassen wurden die etwas ungünstig wirkenden spitzen Dächer
der seitlichen Anbauten, die hier allerdings von der Größe her
zur Kuppel besser korrespondieren. Außerdem stehen davor zwei
Gaupen über den Achsen der Fassaden. Die Fassade der Anbauten
ist aufgeteilt wie beim ersten Projekt, nur daß hier die Stichbogenfenster - im Erdgeschoß mit vielfach profilierter, eingezogener Segmentgiebelverdachung - verwendet wurden.

Wie bereits erwähnt, wurde neben Pedetti <u>Joseph Scholl</u> zu
Rate gezogen. Er hatte wie Pedetti sein Betätigungsfeld in der
Nähe. Scholl legte ebenfalls im November 1788 sein erstes Projekt vor. Hier verfolgte er zunächst noch spätbarocke Gestaltungsprinzipien, indem er Haupt- und Nebenräume miteinander
verschmolz. Das wurde dadurch erreicht, daß die Kuppel die

angrenzenden Gewölbe durchdrang. Den Mittelraum bildete er
als Längsellipse mit einer über dem Kranzgesims ansetzenden
Flachkuppel. Den Umfang behielt er bei. Die Kuppelpfeiler wurden reduziert und je zwei neue Pfeiler dazwischen geschoben.
Mehr Helligkeit erreichte er durch die Anordnung von vier Fenstern in zwei Geschossen an der Mittelfassade. Das Aufrißsystem
hat dieselbe Strenge wie bei Verschaffelt. Zur Ausführung bestimmt wurde das zweite Projekt Scholls, in dem er sich wieder Verschaffelt annähert und einen Zentralraum mit Seiten-
räumen schuf. Der Umgang um den Mittelraum fehlt, vor die
Pfeiler wurden Säulen beziehungsweise Pilaster gesetzt. Aus
unbekannten Gründen wurde Scholls Planung verworfen. Der
Hochmeister des Ordens, Kurfürst von Köln und Bischof von
Münster, übergab dem Münsteraner Baudirektor Wilhelm Ferdinand Lipper den Bau. Er ließ die Mauern teilweise wieder abtragen und fertigte neue Entwürfe, die sich zum Teil an Verschaffelt anlehnten. Als er im Jahre 1800 starb, übernahm
Georg Philipp Stahl aus Mergentheim die Ausführung der Pläne.
Auf die Analyse der Lipperschen Pläne sei hier verzichtet,
da dies schon an anderer Stelle vorgenommen wurde.[920]
An der langen Baugeschichte der St. Elisabeth-Kirche in Nürnberg läßt sich der Wandel vom Spätbarock zum Klassizismus
verfolgen. Die Entwicklung war allerdings keine chronologische
von 1775 bis nach 1800, sondern abhängig von dem Einflußbereich der so unterschiedlichen Architekten. Einheimischer
Einfluß wurde nicht verarbeitet, weshalb die Kirche auch
heute wie ein Fremdkörper in Nürnberg wirkt.
Pedettis Auftreten war zwar nur ein kurzes Intermezzo, immerhin hatte er aber die Möglichkeit, mit so bedeutenden Architekten wie Franz Ignaz Neumann und Peter Anton von Verschaffelt um ein Projekt von überregionaler Bedeutung zu konkur-
rieren. Während er in der ersten Entwurfsserie der modernen
klassizistischen Strömung Verschaffelts folgte und dessen
Pläne gekonnt umarbeitete, bewies er im zweiten Projekt eine
größere Eigenständigkeit bei der Planung und entwarf einen
Bau, der in der Reihe der Entwürfe nach Neumann eine Besonderheit darstellt.

Idealprojekte für eine Oktogonkirche und eine Kirche über kleeblattförmigem Grundriß

Während seiner Italienreise (1739-1742) entwarf Pedetti zwei
Kirchenbauten über zentralisiertem Grundriß. Den ersten Bau
hatte er "/.../ zu zeiten, da er in Rom anno 1739 bey Joann
Baptista Nolli umb die Studia der architectur fortzusezen
sich befunden, auf eigenen Trib inventiret[921]. Nach eigener
Aussage Pedettis hätten seine Pläne für die in Rom entworfene
Kirche große Anerkennung gefunden und sollten den hohen Ken-
nern zum beliebigen Gebrauch dienen[922].
Pedettis Italienreise diente ihm zum Studium des italienischen
Barocks. Rom stand zu dieser Zeit in der letzten Blüte der
spätbarocken Architektur. Es entstanden die Fassaden der La-
teranskirche (1734 von Alessandro Galilei) und der Kirchen
S. Giovanni dei Fiorentini (1734), Sta. Maria Maddalena (ab
1735 von Giuseppe Sardi ?) und Sta. Maria Maggiore (1743 von
Ferdinando Fuga). In seinem im Diözesanarchiv in Eichstätt
aufbewahrten Skizzenbuch der italienischen Reise - einzig er-
haltenes Dokument neben den beiden Kirchenbauentwürfen aus
der Zeit - notierte Pedetti Portale und Fenster von barocken
und mittelalterlichen Kirchen vorwiegend in Rom und Florenz.
In Rom studierte er vor allem die Kirchen S. Giovanni in
Laterano, Sta. Maria Maddalena, die Chiesa di XII apostoli,
S. Pietro, S. Andrea della valle und St. Prassede, zu denen
er sich Aufzeichnungen machte. Das Studium des italienischen
Barocks war damals ein altertümliches Ziel. Modern war es,
die Antike und die oberitalienischen Theoretiker zu studieren.
Von seiner Italienreise verwendete Pedetti allerdings wenig
in seinem Werk. Wichtigstes Beispiel hierfür sind die beiden
Kirchenbau-Entwurfsserien.
Von Giovanni Battista Nollis Tätigkeit als praktischer Architekt - Pedetti hielt sich bei ihm auf - konnte er noch nicht
profitieren, da dieser erst 1748-1750/1751 an den Entwurf
seiner einzigen Kirche, S. Dorotea in Rom, ging.
Die Planserie für die Oktogonkirche besteht aus vier signierten Plänen in dem bereits mehrfach erwähnten Codex in
der Staatsbibliothek in München und ist wie üblich mit umfang-

reichen Erläuterungen versehen[923].   64, XVIII

Ausdrücklich wurde von Pedetti betont, daß die Kirche als
freistehender Bau in keinem Zusammenhang geplant worden
wäre und sich von allen Seiten regulär zeigen würde[924].

Die Kirche erhebt sich über kreuzförmigem Grundriß mit län-   64
gerer Hauptachse und oktogonförmiger, überkuppelter Vierung.
Dreiseitig geschlossene Kapellen mit Nebenaltären sind in
die Diagonalachsen eingefügt und geben somit der Kirche auch
von außen eine Oktogonform. Rechts und links des Chorraumes
ist hinten jeweils ein quadratischer überkuppelter Zentralraum für Sakristei und Oratorien darüber angefügt. Analog
dazu sind zwei Räume seitlich des Haupteinganges gebildet.
Der Grundriß erinnert an Bramantes Entwurf für St. Peter in
Rom (um 1505), wo er einen kuppelbekrönten Zentralbau über
dem Grundriß eines griechischen Kreuzes mit vier Zentral-
räumen in den Diagonalachsen und vier weiteren als Ecksitua-
tionen in den Diagonalachsen konzipierte. Während aber bei
Bramante die angefügten Räume isolierte Gebilde sind, sind bei
Pedetti die dreiseitig geschlossenen Kapellen nach allen Seiten geöffnet. Sie sind somit in den die Vierung umgebenden
Umgang miteinbezogen. Bewegtheit erhält der Grundriß durch
die wechselnden geometrischen Formen: halbkreisförmig geschlossene Querarme und Hauptapsis, quadratische Anräume,
dreiseitig geschlossene Kapellen und Rotunde über achteckigem
Grundriß. Vor den Haupteingang ist ein viersäuliger, rechteckig hervortretender Portikus geblendet. Seitlich davon
führen zwei Seiteneingänge in die Turmuntergeschosse.
Jeweils zwei korinthische Pfeiler in den Diagonalachsen
der Vierung, verziert mit Lisenen, tragen die Kuppel. Dazwischen sind jeweils zusätzlich zwei korinthische Säulen
eingestellt. An den Öffnungen zu den Querarmen, zum Haupteingang und zum Chor sind größere Interkolumnien belassen.

Die zweite vorne erwähnte Kirche hatte Pedetti "/.../ anno
1740 zu zeiten seiners in florenz seyn auf gewiße Sache anweisung inventiret /.../"[925]. Die Entwurfszeichnungen finden
sich im gleichen Codex wie die 1739 in Rom entworfene

Kirche[926].

65

Pedetti hatte sich hier die Aufgabe gestellt beziehungsweise war dazu veranlaßt worden, die Kirche zwischen anschließenden Bauten anzusiedeln. Wahrscheinlich war sogar
eine konkrete Situation vorhanden. Pedetti bemerkte, daß
die Kirche nicht zustande gekommen wäre[927]. Die frühere
Kirche war freistehend geplant gewesen, hier bezog er die
Hauptfassade auf eine Hauptstraße oder einen Platz, zu denen
er sie sich durch konkave Einschwingung öffnen ließ[928]. Die
seitlich vortretenden Teile der nach innen gewölbten Fassade
konzipierte er als eigene Fassaden, auf die Neben- oder Quer-
strassen führen sollten oder denen ein Platz vorgelagert werden sollte[929]. Diese auf einen Platz oder eine Straße bezogene
Einschwingung der Fassade findet sich auch bei dem späten
Idealentwurf Pedettis für die "Eglise à l'antique moderne"

66

und bei dem unausgeführt gebliebenen Entwurf für die evangelische Stadtkirche in Karlsruhe, die mit konkav-konvex gewölbter Fassade Bezug auf den Marktplatz nimmt.
Seit Borromini, den Pedetti in Rom ausgiebigst studierte, wie
das Skizzenbuch beweist, sind Kirchenfassaden über geschwun-
genem, bewegtem Grundriß ein immer wiederkehrendes Motiv des
römischen Barocks und noch mehr des Rokokos. Während konvex
geschwungene Fassaden schon früher auftauchten und auch beliebter waren, wurden konkave wie die von Pedettis Plan von
1740 seltener verwendet[930]. Mit S. Agnese in Agone in Rom gestaltete Borromini eine konkave Fassade, die, wie es Pedetti
auch für die Fassade des Idealentwurfs und für die evangelische Stadtkirche in Karlsruhe geplant hatte, Bezug nimmt
auf einen davorliegenden Platz (Piazza Navona).
Die Fassade der S. Maria Maddalena, die Pedetti in Rom studiert hatte, ist ein Beispiel für zweigeschossige, konkav
einschwingende römische Rokokofassaden.
Die 1740 entworfene Kirche überließ Pedetti ebenso wie die
ein Jahr früher entstandene Kirche den Kennern zum beliebigen
Gebrauch. Ebenso bemerkte er, daß "/.../ derley Kirche auf
zerschidene art sowohl in Italien, als anderwertig erbauet
zu finden /.../" wäre[931].

Der Zentralbau erhebt sich über kleeblattförmigem Grundriß.   <u>65</u>
Trotz der Einschränkung in der Möglichkeit der Ausdehnung
durch angrenzende gedachte Bauten, bemerkte Pedetti, wäre
ihm sowohl von innen als auch von außen eine regelmäßige Anlage gelungen[932].
Viel mehr als die Oktogonkirche ist diese Kirche auf Ausrundung und Verschleifung der Raumteile hin konzipiert.
Vorbildhaft wirkte wohl hier die bereits erwähnte Kirche
S. Agnese in Agone, die von Giralamo und Carlo Rainaldi im
griechischen Kreuz angelegt wurde. Die kurzen Arme wölben
sich halbrund hervor. Aus diesen Halbkreisen treten jeweils
bei den Querarmen eine rechteckige, innen ausgerundete Kapelle
mit Nebenaltar und in der Hauptachse der auch außen halbkreisförmige Chor hervor. Über der quadratischen Vierung erhebt
sich über acht Säulen vor vier Pfeilern die Kuppel.
Vor die konkav eingeschwungene Hauptfassade ist analog zur
Form des Chores ein halbkreisförmiger Portikus, bestehend
aus vier freistehenden Säulen, vorgeblendet. Dadurch ist ein
konvexer Gegenschwung zur Fassade erreicht worden. Die vortretenden Teile der konkaven Fassade sind als eigenständige Fassaden mit zweisäuligem, rechteckig vortretenden Portikus gebildet.
Im Gegensatz zu S. Agnese, wo die rechteckig vortretenden
Seitenteile auch auf den Hauptplatz bezogen sind, treten sie
auf Pedettis Entwurf schräg rechteckig hervor und sind auf
weitere seitlich anschließende Plätze oder Straßen bezogen.

Die Fassaden beider Kirchen sind typische Fassaden aus dem
barocken Rom. Die Oktogonkirche zeigt in der Außengliederung   <u>XVIII</u>
Parallelen zu der bereits erwähnten Kirche S. Agnese in Rom
von Borromini. Dies betrifft zunächst den allgemeinen Aufbau.
Beide Kirchen haben Doppelturmfassaden mit hohen dominierenden Tambourkuppeln. Die Untergeschosse sind gegliedert durch
korinthische Doppelkolossalpilaster, die die Turmunterbauten
rahmen, und einen Portikus in der Mittelachse aus zwei Paar,
bei Pedetti freistehenden, bei Borromini aus Halbsäulen bestehenden korinthischen Kolossalsäulen. Die konkave Einschwingung der Fassade, wie sie bei Borromini angewendet

wurde und wie sie Pedetti für die 1740 in Florenz gezeichnete Kirche verwendete, kam hier nicht zur Anwendung.
Die nur dreiachsige Fassade tritt rechteckig hervor. Ihr ist
ein rechteckiger Portikus vorgeblendet. Die Türme erheben
sich direkt über den beiden den Haupteingang rahmenden Achsen.
Hier führt je ein Nebeneingang in die quadratischen Anräume.
Bei Borromini ist zwischen Hauptportal und den Achsen der
Türme noch je eine Achse eingeschoben. Ähnlich gestaltet sind
auch die Portalzonen: Hochrechteckportale mit Segmentgiebelverdachung, wie sie Pedetti in zahlreichen Variationen in
seinem Skizzenbuch notierte. Über den Nebeneingängen der Turm-
achsen, bei Pedetti mit Dreiecksgiebeln verdacht, sind, wie
bei Borromini, zur Beleuchtung des unteren Teils der Kirche
Hochrechteckfenster mit geschweifter Rundbogenverdachung
(bei Borromini Dreiecksgiebel) eingelassen. Über den Säulen
baut bei beiden Kirchen ein breites, wenig profiliertes und
schwach verkröpftes Gesims mit niedrigem Dreiecksgiebel über
der Portalzone auf. Zur "Verbörgung deren gewölber Bedachung"[933] blendete Pedetti eine um das ganze Gebäude verlaufende massive Attika mit querrechteckigen Obergadenfenstern
und doppelten Triglyphenpilastern zwischen den Achsen vor.
Darauf sitzt eine Balustrade, unterbrochen von Postamenten
für Figuren, auf. In der Mittelachse der Hauptfassade wölbt
sich diese über einem flachen, im Sturz kassettierten Stichbogenfenster mit vorgeblendetem Balkon. Ganz ähnlich ist die
Gliederung bei Borrominis S. Agnese, wo ebenfalls eine massive
Attika mit Balustrade über dem Hauptgesims aufbaut.
Auch die Kuppelgestaltung übernahm Pedetti von Borromini.
Über einem hohen Tambour mit von Dreiecksgiebeln verdachten
Hochrechteckfenstern (bei Borromini abwechselnd Dreiecks- und
Segmentgiebel) und kompositen Doppelsäulen (bei Borromini Pi-
laster) baut eine Halbkuppel auf mit "römischen antiquen
Lichtern"[934] (Vasen) über den Tamboursäulen.
Sowohl für Borromini als auch für Pedetti war hier S. Pietro
direktes Vorbild, was die Kuppelform, die Säulenordnung und
die Fenstereinteilung im Tambour betrifft.
Bekrönt ist Pedettis Kuppel mit einer gekuppelten Laterne.

Analog zu der großen Kuppel sind bei Pedetti die kleinen
Kuppeln mit hohen, schmalen Laternen über ovalem Grundriß
über den Seitenaltären der Querarme und über dem Hauptaltar
gebildet. Die Türme sind um ein Geschoß niederiger gehalten
als bei Borromini. Während bei Borromini die hohen Türme die
Kuppel an der Hauptfassade rahmen, sind sie bei Pedetti jeweils an der Vorder- und Hinterfront vorgeblendet. Die
Glockentürme sind, ähnlich wie die oberen Turmgeschosse bei
Borromini, als luftige Laternen gestaltet mit acht Kompositsäulen über oktogonalem Grundriß und geschweifter Kuppelbedachung. Pedetti selbst zeichnete sie als "Tempel"[935].

Die dreiachsige Hauptfassade der kleeblattförmigen Kirche ist,
wie die meisten römischen Barockkirchen, zweigeschossig und,
wie bereits berichtet, konkav geschwungen. Das Untergeschoß
ist ebenfalls durch eine Kolossalordnung, bestehend aus
ionischen Pilastern beziehungsweise Säulen an den Portiken, gegliedert. Der überkuppelte Portikus des Haupteinganges - ein
Hochrechteckportal mit Segmentgiebelverdachung - schwingt mit
vier freistehenden Säulen konvex hervor nach dem Vorbild von
S. Maria della Pace bei der Piazza Navona in Rom, deren Barockfassade von Pietro de Cortona neu geschaffen wurde. Die Gliederung der Fassade durch die hohen "antiquen"[936], von Pilastern (teilweise kanneliert) gerahmten Rundbogennischen mit
Dreiecks- oder Segmentgiebelverdachung und dem hohen, ebenso
gestalteten zentralen Fenster in der Mittelachse des Hauptge-
schosses, entspricht den Vorstellungen des römischen Barocks.
Die Achsenzwischenräume des Obergeschosses sind wie im Untergeschoß durch - in diesem Fall korinthische - Pilaster und seitlich der Hauptachse durch Säulen gegliedert. Auf den vier
das Hauptfenster rahmenden Säulen im Obergeschoß ruht ein
niedriger, von einer Kartusche unterbrochener Dreiecksgiebel.
Untergeschoß und Obergeschoß trennt ein hohes, schwach verkröpftes Sockelgeschoß, das mit Blendfeldern geziert ist.
Die Fassadengliederung findet sich in zahlreichen Varianten
an den römischen Barockfassaden: unter anderem die Chiesa del
Gesù, 1575 von Giacomo della Porta. Hier haben wir auch eine

zweigeschossige, dreiachsige, mit antiken Nischen mit Drei-
ecks- und Segmentgiebelverdachung rechts und links der Hauptachse in beiden Geschossen vor uns. Ebenso finden sich hier
das Hochrechteckportal mit Segmentgiebelverdachung, breite und
wenig verkröpfte Gesimse, das zentrale und von Säulen gerahmte
Hauptfenster mit Dreiecksverdachung im Obergeschoß, Kolossalordnung in beiden Geschossen und das Sockelgeschoß zwischen
Unter-und Obergeschoß. Ähnlich gegliedert sind auch die von
der Chiesa del Gesù abhängigen Fassaden der Kirchen S. Susanna
(1603 von Carlo Maderno) und Andrea della valle (1665 von
Carlo Rainaldi).
Die Giebellösung findet sich vorgebildet bei der Kirche S.
Maria della Pace, die Balustrade über dem Giebel mit den Postamenten für elf barocke Großfiguren bei S. Giovanni in Laterano in Rom.
Die Fenster-, Nischen- und Portallösungen, die Pedetti in
seinem Skizzenbuch der Italienreise von den römischen Barockfassaden kopierte - zu zwei Portalen ist auch ein Einzelent-
wurf aus der Zeit erhalten[937] - kamen nur bei diesen beiden
frühen Kirchen zur Anwendung.
Eine Besonderheit stellt die Kuppel der letzteren Kirche
dar. Diese ist über der Halbrundform abgetreppt.-

Eglise à l'antique moderne

In seinen Idealplänen für Kirchenbauten widmete sich Pedetti,
wie wir bereits an den frühen Entwürfen der voreichstättischen
Zeit gesehen haben, ganz dem Zentralbau.
Erst 1785 fertigte er allerdings wieder einen Entwurf für eine
Idealkirche an. Hierbei handelt es sich um eine Rundkirche,
eine sogenannte "Eglise à l'antique moderne", zu der von Pedetti drei signierte und datierte Pläne erhalten sind[938].   XIX,66
Nur, wo die Pariser Klassizisten oder ihre Vorbilder wirkten, wurden im Frühklassizismus noch zentrale Kuppelräume
gebildet. Ansonsten war der vorherrschende Grundriß zwischen
1760 und 1790 in Süddeutschland der längsrechteckige Saal-
raum und das nicht nur, wegen der Schlichtheit, bei kleinen
Landkirchen, sondern auch bei bedeutenden Bauten. Dasselbe
galt im Barock für den Zentralbau. Neben dieser Leitform
des rechteckigen Langhaussaales wurde die Tradition des
Zentralbaues an verschiedenen großen Bauten des Frühklassizismus fortgeführt. Hierzu gehört vor allem die Deutschordenskirche in Nürnberg von Lipper, für die auch Pedetti,
wie bereits berichtet, Pläne lieferte, und das Hauptwerk des
Frühklassizismus im Kirchenbau, d'Ixnards St. Blasien.
Neufforge notierte im siebenten Band seines "Recueil élémen-
taire d'Architecture" von 1768 drei Grundrißtypen für Kirchen-
pläne: das lateinische Kreuz mit überkuppelter Vierung, den
Zentralbau mit kurzen, allseitig gleichen Kreuzarmen (mit Ab-
wandlungen) und die zirkelreine Rotunde (Pantheonide).
Zwei Jahre nach diesem Idealentwurf aus dem Jahre 1785 fer-
tigte Pedetti, wie bereits erwähnt, einen Entwurf für die
evangelische Stadtkirche an dem von ihm neukonzipierten
Marktplatz in Karlsruhe an, deren Grundrißgestaltung dem
Idealplan ganz ähnlich ist[939].
Das Vorbild für die beiden Rundkirchen ist in vielerlei
Hinsicht in d'Ixnards St. Blasien zu finden, der sich mit
der französischen Klassik auseinandersetzte. Er lieferte
1768 einen Vor- und 1772 einen Hauptentwurf, von denen die
Ausführung noch abweicht.
Obwohl er mit St. Blasien ein Hauptwerk des Frühklassizis-

mus schuf, lebten bei ihm noch barocke Elemente nach.
Gemeinsam haben alle drei Kirchen den Grundriß der kreis-
förmigen Rotunde mit Kuppelaufsatz, selbständig anschließen-
den Räumen und einem inneren Umgang.
Bei der doppelgeschossigen "Eglise à l'antique moderne" wird   66
die Rotunde von acht Säulen vor sich nach innen verjüngenden
Pfeilern getragen. Zwischen diesen inneren Säulen und den
Wandpfeilern der Außenmauern wird ein Umgang herumgeführt,
eine überkuppelte "passage circulers". Diese Zweischaligkeit,
ebenso angewendet bei der doppelgeschossigen evangelischen
Stadtkirche in Karlsruhe und bei St. Blasien, ist noch ein
Merkmal des deutschen Spätbarock. Ebenfalls noch barock ist
die Betonung der Längs- und Querachse bei der "Eglise" durch
breitere Interkolumnien und in diese eingestellte zierliche
Pfeiler. Auch bei St. Blasien waren in den Vorentwürfen breitere Interkolumnien zur Betonung des Choreinganges und des
Portales gebildet worden. Dieses dynamisch-barocke Relikt
wurde hier allerdings in der Ausführung wenigstens am Portal
weggelassen. Bei der evangelischen Stadtkirche in Karlsruhe
dagegen sind acht Doppelsäulen in gleichmäßigem Abstand
- ohne Betonung der Hauptachsen - im Inneren angeordnet, dem
Regelmäßigkeitsempfinden des Frühklassizismus Rechnung tra-
gend. Diese regelmäßige Folge von Säulen ohne größere Interkolumnien an Chor und Haupteingang findet sich auch ähnlich
bei einem Plan für eine Rotundenkirche, der von Petzet als
Konkurrenzentwurf für Ste. Geneviève Marc Antoine Laugier zugeschrieben wurde[940]. Hier befindet sich zwischen einem regelmäßigen inneren Kranz aus Doppelsäulen und den sich nach innen
verjüngenden Wandpfeilern ein breiter Umgang - ähnlich wie in
Karlsruhe.
Betonung erfuhren Quer- und Längsachse bei der "Eglise" auch
durch die Aufstellung von Altären - je ein Seitenaltar vor
den Wandpfeilern der Querachse und der Hauptaltar in der
Längsachse. Zwischen zwei Wandpfeilern sind jeweils auf jeder
Seite zwei Kapellen mit Nebenaltären eingelassen. Zwei Nebeneingänge befinden sich zwischen zwei Wandpfeilern seitlich des
Chores mit anschließenden Spindeltreppen, deren Lage ähnlich

ist wie in dem Entwurf für Karlsruhe und St. Blasien.
Die Längsachse ist eindeutig - im Gegensatz zu den bereits
beschriebenen Unstimmigkeiten bei St. Elisabeth in Nürnberg -
als Hauptachse interpretiert. Der Chorraum liegt in der Hauptachse in der Passage, der Altar ist weit nach hinten gerückt,
was bereits auf den Frühklassizismus deutet. Barock wäre eine
vermittelnde Funktion des Altares zwischen Chorraum und Rotunde gewesen. Hier aber liegt er eindeutig im Bereich des
Chorraumes. Hinter dem Chor schließt ein selbständiger, halbkreisförmiger und dreiachsiger Anbau für die Sakristei an.
Bei der evangelischen Stadtkirche ist ebenfalls im Südosten
ein solcher Anbau geplant, hier rechteckig hervortretend und
stichbogig geschlossen. Hier nimmt er den Chorraum mit den
Sakristeiräumen rechts und links auf. Dadurch ist der Altar
noch weiter zurückgesetzt. Eine scharfe, dem Frühklassizismus
genehme Trennung zwischen Altarraum und Rotunde ist hier somit konsequenter weitergeführt. Vermittelnde Funktion zwischen
Chorraum und Rotunde übernimmt hier die Kanzel. Diese ist von
allen Seiten einsehbar, während der Altar von den Emporen kaum
zu sehen ist. Da es sich um eine protestantische Kirche handelt, ist hier über der Kanzel die Orgel angeordnet.
In St. Blasien war die Trennung zwischen Chor und Rotunde noch
eindeutiger erreicht worden. Auch hier ist der im Süden liegende Chorraum als selbständiger Anbau gestaltet. Durch den
basilikalen Grundriß allerdings setzt er sich noch stärker
von der Rotunde ab als bei den Pedettischen Entwürfen.
Der Altar liegt weit zurück auf etwa einem Drittel der Längs-
erstreckung des Chorraumes. Als selbständiger Anbau ist - wie
bei St. Blasien - bei der "Eglise" auch das vor den Haupteingang geblendete Peristyl, bestehend aus vier freistehenden
Säulen, gebildet. Die Rotunde ist an der Hauptfassade durch
zwei vorschwingende Passagen mit vorgeblendeten Portiken mit
den Flügeln eines "Palai publique" verbunden.
Je ein frontal ausgerichteter Turm schließt die Passagen nach
vorne ab. Durch die Passage liegt der Portikus am Haupteingang
in einem halbkreisförmigen "Platz". Eine ähnliche Lage von
Zentralbau und anschließenden Pavillons weist die Kirche des

Collège des Quatre Nations in Paris auf (1674 vollendet).
Konkav einschwingende Flügelbauten verbinden den zentralen
Bau der Kirche mit weiter vorne liegenden Pavillons zu einer
halbrunden Anlage. Dominierende Elemente sind auch hier der
hervortretende Kolossalsäulen und -pilaster-Portikus mit Dreiecksgiebel und die hohe Tambourkuppel mit Rundbogenfenstern und
Lisenen- (bei Pedetti Säulen-)gliederung zwischen den Achsen.
Auch die evangelische Stadtkirche für Karlsruhe ist, wie bereits erwähnt, zwischen zwei schräggestellten Pavillons angeordnet und ebenfalls durch Gänge mit dem Hauptbau verbunden.
Hier ist allerdings zwischen Rotunde und Peristyl ein eigenständiger Raum eingeschoben, der sich keilförmig in Richtung
Rotunde verengt. Dieser nimmt in beiden Geschossen je ein zen-
trales Vestibül und seitlich anschließende Räume, im Erdgeschoß
Stiegen und Behältnisse und im ersten Obergeschoß die Wohnung
des Stadtpfarrers und eines Geistlichen, auf. Vor die gesamte
Front der Pavillons, Verbindungsgänge und des Vorbaues ist
hier ein Bogengang gelegt. Vor den Haupteingang ist ein Peristyl aus vier Doppelsäulen auf hohen Sockeln geblendet.
Der Turm ist zentriert in der Mitte des Anbaues angeordnet.

Die Fassadenidee der "Eglise" - dominierende Kuppel und zwei   <u>XIX</u>
rahmende Türme - kommt ebenfalls von St. Blasien beziehungsweise von dem hier verwerteten Entwurf Giovanni Niccolò Servandonis für die Westfassade der Kirche S. Sulpice in Paris,
für die er 1732 einen Wettbewerb gewonnen hatte[941]. In seinem frühen Entwurf von 1768 für St. Blasien[942] hatte d'Ixnard
nach dem Vorbild von Servandoni noch zwei sehr hohe Türme dominieren lassen, während er in seinem späteren Entwurf von
1772[943] davon abkam und die Türme nicht über die Kuppel gehen
ließ, sondern letztere dominieren ließ. Dies war für einen
Zentralbau passender. Im ausgeführten Bau sind die Türme sogar auf ein Minimum reduziert.
Bei Pedettis "Eglise" dominiert ebenfalls die Kuppel vor zwei
niedrigen Türmen. Diese sind viergeschossig wie im frühen Entwurf für St. Blasien und wie bei der linken Variante des
Hauptentwurfs für diese Kirche. Mit der Dominanz der Kuppel

entspricht er einer Forderung des Frühklassizismus. Das
Problem der Kombination von Kuppel und zwei Türmen hatte
sich bereits im römischen Barock gestellt. Allgemein im
18. Jahrhundert, so auch für d'Ixnard und Pedetti, war der
Invalidendom von Jules Hardouin Mansard vorbildhaft. Er weist
die gleiche hohe Tambourkuppel und die Vasenbekrönungen am
Kuppelansatz auf.
Vor die "Eglise" ist auf eine hohe Freitreppe ein aus vier
freistehenden, kannelierten Kolossalsäulen in dorischer
Ordnung gebildetes Peristyl gestellt. In St. Blasien waren es
im frühen Entwurf sechs und im Hauptentwurf ebenfalls vier.
Um den Haupteingang ist, ebenfalls wie bei St. Blasien, ein
größeres Mittelinterkolumnium gebildet worden. Diese nicht
regelmäßige, dynamische Gruppierung ist ein noch barockes
Element. Die dorische Säulenordnung, die auch am ausgeführten
Bau von St. Blasien gewählt wurde, weist auf den Frühklassizismus. Die kannelierten Kolossalsäulen des Peristyls der
"Eglise", fortgeführt an den Portiken der Verbindungsgänge
zu den Flügeln des Palais und in kannelierte breite Pilaster
übergehend, sind nicht ohne Beeinflußung durch die Louvre-
Kolonnaden von Claude Perrault gebildet worden. Auch hier sind
im zentralen, von einem Dreiecksgiebel überhöhten Mittelrisalit und weiterführend in den Flügeln kannelierte (Doppel-)
Kolossalsäulen eingestellt, die an den äußeren Risaliten in
breite kannelierte Kolossalpilaster übergehen.
Die zweigeschossige Rückwand hinter dem Peristyl der "Eglise"
ist alternierend mit Fenstern und Statuennischen durchbrochen.
In Servandonis Entwurf für S. Sulpice wechseln sich offene
und geschlossene Rundbogenöffnungen ab. Über den Säulen des
Peristyls der "Eglise" ruht - wie in dem Hauptentwurf und dem
ausgeführten Bau von St. Blasien - ein besonders niedriger
Architrav zu zwei Faszien und darüber ein hohes Triglyphon
mit Guttae. Das Gesims zieht sich sowohl bei Pedetti als auch
bei Servandoni um die Türme und wird weitergeführt an den anschließenden Flügeln des Palais. Im Hauptentwurf für St.
Blasien geht das Triglyphon nur über das Peristyl.

Das Triglyphon ist an den wichtigen Stellen, über dem Peristyl und an den Türmen, noch zusätzlich mit Girlanden und Medaillons geziert.
Wie bei d'Ixnards frühem Entwurf für St. Blasien, so über-
spannt auch hier ein niedriger Dreiecksgiebel das Peristyl.
Über dem Gebälk baut - wie bei dem Hauptentwurf für St. Blasien - eine Balustrade mit massiven Zwischenpfeilern mit Fi-
guren-(in St. Blasien Vasen-) bekrönungen auf.
Die Fassadenidee stammt von St. Blasien. Die Dekoration allerdings greift zurück auf den Formenschatz der französischen
Spätrenaissance. Die Fassade ist, manieristisch anmutend, von
Ornamenten überhäuft und, typisch für die Spätrenaissance, un-
ruhig. Fenster und Nischen füllen die Wandfelder zwischen Säulen und Pilastern ganz aus und rücken nach oben bis an das
Gebälk. Hierdurch entsteht der Eindruck des Gestauten, vor
allem in der Peristylzone. Fenster und Nischen ziehen die Wandfläche in die Höhe, gleichzeitig wird diese waagerecht gespannt.
Die barocke Betonung der Mitte ist hier nur durch ein breiteres
Interkolumnium und den Dreiecksgiebel gegeben. Die Dächer des
Verbindungsganges, des Palais, der Kuppelansatz, die Laterne
und die Türme sind mit antiken beziehungsweise römischen Laternen geziert.

ZEICHNERISCHE TÄTIGKEIT

Neben dem umfangreichen Bestand an Bauzeichnungen sind
auch einige Stadtansichten und Karten von Pedetti erhalten[944]. Diese schuf er vorwiegend als Vorlagen für Kupfer-
stiche, wie zum Beispiel den großangelegten Stadtplan von
Eichstätt[945], oder auch für Ölgemälde. Die bereits vorne erwähnten Tuschezeichnungen (S. 139) von Stadtansichten[946]
dienten als genaue Vorlage für die Ölgemälde des Johann
Michael Franz im Rittersaal des Schlosses Hirschberg.
Pedettis Zeichenstil ist noch ganz dem Rokoko verhaftet.
Seine Zeichnungen prägt eine Liebe zum Detail und ein Hang
zum Malerischen. Sie verraten eine sichere Hand und ein Ge-
fühl für Perspektive und Plastizität. Die Herrschaft über
die Technik der Zeichenkunst war für Pedetti ebenso selbstverständlich wie die plastische und architektonische Formge-
bung. In dieser Hinsicht war er eine Doppelbegabung. Es gelangen ihm sowohl lockere Freihandskizzen, wie wir sie im
Skizzenbuch der Italienreise und in Form von malerischen,
groß angelegten Situationsplänen finden, als auch präzise,
mit dem Lineal ausgeführte Konstruktionszeichnungen mit Maß-
angaben und mathematischen Berechnungen. Als Zeichner über-
trifft er sogar - ähnlich wie sein Bekannter, der Architekt
Johann David Steingruber -, berühmte Meister Frankens wie
die Dientzenhofer.
Pedetti hatte zwar seine Zeichner im Hofbauamt, von denen vorwiegend Joseph Xaver Effner für ihn tätig war, führte dennoch
die meisten Bauzeichnungen selbst aus.
Er hatte sich schon früh im Zeichnen geübt und war in seiner
voreichstättischen Zeit vorwiegend als "Designateur" angestellt. Das Talent eines guten Zeichners und Kopisten wurde
ihm sogar bei seiner unehrenhaften Entlassung aus dem Bruchsaler Hofdienst (1742) zugebilligt[947].
Seine frühen Zeichnungen des Idealplanes der Herrenresidenz
und der oktonalen und kleeblattförmigen Idealkirchen verraten bereits eine für einen 20jährigen erstaunliche
Virtuosität.

31,32
64,65,
XVIII

Sein Zeichenpapier bezog Pedetti vorwiegend aus der nord-
holländischen Papiermühle Cornelis A. u. Jan Honig (De vor-
gulde Bijkorf, genannt de Guisman) in Zaandijk, deren Erzeug-
nisse als Gütezeichen besonderer Qualität im 18. Jahrhundert
galten. Auf dem von Pedetti verwendeten Papier aus dieser
Mühle ist das Wasserzeichen "C&C Honig und Zoonen" mit Lilie.
verwendet.
Als Papierformat bevorzugte Pedetti das Querrechteck. Alle
Zeichnungen rahmte er mit einem Tuscherand, um seine Urheberschaft zu sichern.
Bei Pedettis Zeichnungen handelt es sich durchgehend um Blei-
stift- und Tuschezeichnungen, die durch meistenteils mehrfar-
bige Lavierung Tiefe gewinnen. Der Federstrich ist zart und
flüssig in seinen Linealzeichnungen und breiter in seinen Freihandskizzen. Die mehrfarbig angelegte Lavierung - in einigen
Fällen handelt es sich um ganz bunte Pläne, in den meisten
aber herrschen die Farben rosa, gelb und grau vor -, ist als
Charakteristikum der Pedettischen Zeichnungen zu werten. Sie
hat vor dem ästhetischen Selbstzweck die Aufgabe, Richtlinien
für auszuführende Farbgebungen, etwa von Fassaden wie beim
Berchinger Pfarrhof, zu bieten. Aus Pedettis zeichnerischem   9
Nachlaß ist nur ein einziges Blatt in anderer Technik erhalten. Für den Entwurf des klassizistischen Grabdenkmals für   XVI
Strasoldo im Eichstätter Dom zog er einen härteren Strich
vor und legte die Zeichnung in heller Kreide auf dunklem Papier an. Sonst bevorzugte er den malerischen Stil. An Pedettis spätem Plan des Karlsruher Marktplatzes aus der Vogelperspektive haben wir gesehen, wie stark sich sein Zeichenstil von dem abstrakten Idealismus seiner klassizistisch geprägten Konkurrenten absetzte und wie gerade hier,
trotz aller Unmodernität, der malerische, ausgefeilte Entwurf Pedettis von allen vorgelegten Entwürfen am meisten überzeugt.
Bei Pedetti ist - analog zu seinem architektonischen Werk -
kein ausgesprochener Spät-Stil in seinen Zeichnungen bemerkbar. Graphologisch änderte sich nichts.
Seine Zeichnungen bleiben durchgehend plastisch und räum-

lich durch Farbkontraste und Spannungen zwischen Licht und
Schatten, die die Situation der Bauglieder verdeutlichen.
Niemals allerdings werden zu starke Schlagschatten oder
Lichteinfälle eingesetzt.
Klassizistische Verhärtungen des Zeichenstils in Form von
flächigerer Gestaltung unter Verzicht auf starke Kontraste
treten selten auf und wenn, dann parallel zu der mehr klassizistischen Tendenz eines Gebäudes.
Die Liebe zum Detail wirkt sich bei den Bauzeichnungen in der
Konsequenz aus, mit der Pedetti ein Gebäude von allen Seiten,
mit Bestandsaufnahmen des ursprünglichen Zustandes, Gesamt-
ansichten und Situationsplänen festhielt, selbst wenn es sich
nur um einen geringfügigen Umbau handelte. Von Schloß
Ellingen, für das er nur ein Blechdach entwarf, hielt er die
gesamte architektonische Situation der Kolonnade und der anschließenden Flügel fest.
Unvollendete Zeichnungen gibt es kaum.
Ebenso präzise ging Pedetti an die zeichnerische Darstellung
der einzelnen Bauglieder, die er teilweise neben den eigentlichen Hauptzeichnungen noch zusätzlich vergrößert abbildete.
Selbst Darstellungen im Hintergrund vernachlässigte er nicht.
Zahlreiche Zeichnungen sind belebt durch figürliche Darstellungen, die gleichzeitig zur Vorstellung von Größenverhält-
nissen dienen. Bewegtheit in der Landschafts- und Wolkenla-
vierung unterstützen die malerischen Wirkungen großangeleg-
ter Situationspläne. Dennoch bleibt der architektonische Riß
exakt und brauchbar als Vorlage. Oft sind in der Zeichnung
selbst die Buchstaben der Legende eingefügt. Nur wenige
Zeichnungen sind hauptsächlich in Hinblick auf die optische
Wirkung hin konzipiert. Dazu gehören vor allen Dingen die
Aufrisse und Ansichten aus der Vogelperspektive ("Prospecte"),
die in dem vorbereiteten Architekturtraktat für Kenner und
Liebhaber - teilweise unterstützt von Titelangaben auf aufge-
rollten Schriftrollen und umfangreichen Signaturen - repräsentativ wirken sollten. Dazu gehören auch nachträglich nach
der Vollendung des Bauwerkes angefertigte Zeichnungen wie etwa
ein Blatt mit der Ansicht der Mariensäule auf dem Eichstätter XI

Residenzplatz oder die Darstellung des ausgeführten Schönborn-Grabdenkmals im Eichstätter Dom.   60

Großartigstes Beispiel für Pedettis zeichnerisches Talent   XX
ist der repräsentative Eichstätter Hochstiftskalender, den
er 1758 entwarf und der für das Jahr 1759 zum ersten Mal erschien. Er entstand in Zusammenarbeit mit dem Hofmaler Johann
Michael Franz. Das Domkapitel ließ ihn von den berühmten Brü-
dern Joseph und Johann Klauber aus Augsburg in Kupfer
stechen.[948] In einem Dekret an das Hochfürstl. Zahlamt wurde
Pedetti am 20.10.1760 ein Douceur von 75 Gulden für seine
Arbeit am Hochstiftskalender angewiesen: "Von ds hochwür-
dtigsten etc. dem Hoffzahlambt hierdurch gdst anzuebefehlen,
daß selbes höchst Ihro Hoffcammer Rath und Pau Directori
Mauritio Pedetti für die mit Zeichnung des neuen Hochstüffts
Calenders gehabte vielle Bemüehung zur ergözlichkeit 75 fl.
verreichen und ausgablich: in Rechnung bringen solle"[949].
Vorher hatte sich Pedetti beim Fürstbischof beschwert, er
hätte den "allhiesigen Hochstüffts Calender mit ville Mühe
gezeichnet, jedoch nicht das Mündiste Douceur gleich anderen
erhalten /.../".[950]
Der großformatige Wappen-Wandkalender, den alle geistlichen
Fürstentümer des Heiligen Römischen Reiches Deutscher Nation,
so auch Eichstätt, besaßen, ist in mehreren Exemplaren erhalten.[951]
"Diese Einblattkalender zählten zu den im Format größten, im
Aufwand anspruchsvollsten und in der Wirkung repräsentativsten
graphischen Unternehmungen ihrer Zeit. Heute gehören sie zu
den auf dem Kunstmarkt seltensten, im Bewußtsein des kunst-
interessierten Publikums, ja selbst in Fachkreisen am wenig-
sten bekannten und von der Forschung weitgehend vernachläs-
sigten Äußerungen des Barocks und Rokokos".[952]
Das eigentliche Kalenderblatt war auswechselbar, so daß das
Hauptblatt über mehrere Jahre lang in Benützung bleiben konnte.
Die Entstehungskosten teilten sich der Fürstbischof und das
Domkapitel. Der Eichstätter Hochstiftskalender wurde bis zur
Säkularisation verwendet. Das Eichstätter Exemplar ist unten
signiert und weist Pedetti als Entwerfer und Zeichner (des

Gesamtaufbaues und der architektonischen Rahmung), Johann
Michael Franz als Entwerfer und Maler (der Figuren) und die
Brüder Klauber als Stecher aus[953]. Das auswechselbare Kalenderblatt wurde gedruckt von der Hochfürstlichen Hofbuchdruk-
kerei in Eichstätt. Dies war allgemein üblich, während das Hauptblatt und die sonstigen am Kalender anfallenden Arbeiten an
einen Kupferdrucker vergeben wurden.
Für die Darstellungen, die das Kalenderblatt in der Mitte
rahmen, mußte den Kupferstechern Klauber eine äußerst präzise
Vorzeichnung Pedettis vorgelegen habe. Die Entwurfszeichnung
muß man sich ungefähr als halb so groß vorstellen.
Die Aufteilung des Frontispiz erfolgte nach einem allgemein
gültigen Grundschema. Es besteht aus drei Hauptteilen.
Typisch ist die Gestaltung des Mittelfeldes, des Herzstückes,
das bei allen Hochstiftskalendern triumphbogen- oder altar-
artig gestaltet ist. Hier rahmt ein monumentaler Säulenportikus mit kannelierten Säulen das hochrechteckige, sechsspal-
tige Kalenderblatt in der Mitte. Das, wie es allgemein üblich
war, zweifarbig gedruckte (zusätzlich rot) Kalenderblatt ist
tituliert "Hochfürstl. Eichstättischer Hochstiftskalender
auf das Jahr nach der gnadenreichen Geburt unsers Herrn und
Erlösers Jesu Christi ... /.../". Das Kalenderblatt ist im
Vergleich zu dem umgebenden figuralen und ornamentalen Bei-
werk sehr klein. Dies ist ein typisches Merkmal für die Spätzeit des Kalenderwesens. Im 16. und oft noch im 17. Jahrhundert hatte das Kalenderblatt den meisten Raum beansprucht.
Dies verdeutlicht, daß der Wandkalender immer mehr zur repräsentativen Zierde als zum Gebrauch diente. Im Rokoko domi-
nierte, wie auch hier, eindeutig die bildliche Darstellung.
Wie eine Art Hochaltar mit Altarblatt wirkt die architektonische Rahmung und der darin befindliche Kalender. Diese
Architektur besteht aus zwei mächtigen kannelierten Kompositsäulen mit weit ausladendem Gebälk und Attika. Der Fries besteht aus einer Konsolenreihe, die wie ein Triglyphenfries
wirken soll. Hier finden sich Anklänge zu Gabrielis Domwestfassade. Das weitausladende Kranzgesims ist ein bei Pedetti
beliebtes Motiv, das er auch bei der Mariensäule auf dem   XI

Eichstätter Residenzplatz anwendete, für die die Säulen
auf dem Hochstiftskalender überhaupt als direktes Vorbild
gedient haben.
Der Portikus ist umgeben von den ebenfalls austauschbaren
Wappen des Fürstbischofs, der Domkapitulare und Domizellare.
Die jeweils oberen Wappen werden von Putti gehalten. In der
Mitte prunkt in einem hochovalen Medaillon das titulierte und
austauschbare Porträt des jeweiligen Fürstbischofs, umgeben
von Wappen und Putti mit den fürstbischöflichen Insignien.
Darunter befindet sich das für Eichstätt typische Rationale.
Das Porträt leitet über von der irdischen zur überirdischen
Sphäre. Über dem Porträt des Fürstbischofs sind, bereits in
der im Gegensatz zu der strengen Architektur aufgelockerten
Himmelszone, in Wolken thronend, verschiedene barocke Figurengruppen angeordnet. Hierbei handelt es sich um die Bistumspatrone, wie von Putti gehaltene Schriftbänder erklären:
Bonifatius und dessen Verwandte Richard und Wuna, die Eltern
der gleichfalls dargestellten Geschwister Willibald (Stadt-
und Bistumspatron), des ersten Bischofs von Eichstätt, Wunibald und Walburga, die als Missionare aus England kamen.
Das Figurenprogramm befindet sich unter anderm auch an dem
Hauptportal des Eichstätter Domes und, in monumentaler Ausführung, als Bekrönung der von Gabrieli gestalteten Domwestfassade.
Neben den kannelierten Säulen, die den Kalender rahmen, sind
rechts und links naturalistische Baumgruppen angeordnet. Fragmente einer Heliosstatue und eine Baumruine verweisen auf die
Vergänglichkeit der Zeit.
Die Fußzone des großen Blattes ist als ganz eigenständige Komposition aufzufassen. Durch die Säulenbasen ist sie getrennt
vom Mittelteil. Hier ist eine Ansicht der Stadt Eichstätt von
Süden her dargestellt. Auch hier folgte Pedetti in der Aufteilung dem gängigen Schema von Hochstiftskalendern. Es war
allgemein üblich, in diesem unteren Teil Stadtansichten und
Flußgötter oder andere Allegorien darzustellen.
Man blickt auf den Residenzplatz, der noch nicht die Veränderungen Pedettis wie Mariensäule, kleinen Brunnen und Linden-

rondell zeigt. Während der Entwurf des Kalenders von 1758
ist, wurde der Residenzplatz erst zirka 20 Jahre später umgestaltet. Sehr schön kommt auch die Willibaldsburg in einer Ansicht von Südosten, in der man Einblick gewinnt in alle Innenhöfe der Burg, zur Geltung.
In der linken unteren Ecke des Kalenders sitzt eine unbeklei-
dete männliche Gestalt mit weit vorgestrecktem rechten und an-
gezogenem linken Bein. Es ist die Personifikation der Altmühl,
die sich mit dem rechten Arm auf einen umgestossenen Wasser-
krug stützt und von toten Wassertieren umgeben ist. Die Krebse
weisen auf den damaligen Krebsreichtum der Altmühl hin.
Als Gegenüber dieser Figur sind in der rechten Ecke des Kalenders fünf Putti dargestellt, einer als Jäger und vier weitere mit Jurasteinplatten spielend, auf denen Abdrücke vorge-
schichtlicher Lebewesen zu sehen sind. Wiederum ist dies eine
Parallele zum Marienbrunnen auf dem Residenzplatz. Hier beschäftigen sich die Putti ebenfalls mit "Produkten" beziehungsweise typischen Dingen der Landschaft um Eichstätt,
unter anderem auch mit Versteinerungen.
Das Figurenprogramm geht, wie bereits berichtet, auf das Konzept des Johann Michael Franz zurück, während die Gesamtdisposition Pedetti zuzuschreiben ist.
Mit dem Eichstätter Hochstiftskalender schuf Pedetti keine
revolutionäre Neuerung, sondern folgte einem bereits seit
zirka dem 17. Jahrhundert üblichen Schema. Sowohl die geistig
-theoretische Konzeption als auch die Aufteilung und Dreiteilung der Komposition waren nicht neu: die traditionelle
Säulenarchitektur mit dem Almanach in der Mitte, darüber das
Porträt des regierenden Fürstbischofs und die Bistumspatrone
und unten die Stadtansicht mit dem Flußgott. Die Gestaltungsweise und der Zeichenstil sind typisch für den Spätbarock.
Dazu tragen auch die verschiedenen Bildebenen, Zusammenhänge
und Themen bei. Die Komposition wechselt von einer strengen
symmetrischen Rahmen-Prunkarchitektur mit der zentralen
Gestalt des Fürstbischofs und den aufgereihten Wappenschildern
zu der lockeren Darstellung der Himmelsphäre und der Ansicht
der Stadt Eichstätt mit den Rahmenfiguren.

Ständig wird der Betrachter dazu gezwungen, von einer
anderen Sicht aus zu betrachten.
Die Präzision und Kleinteiligkeit der Darstellung hat
in Pedettis Werk hier ihren Höhepunkt erreicht.

ANHANG

Abkürzungsverzeichnis

Archive und Bibliotheken

Bamberg, StB	Staatsbibliothek
Eichstätt, DA	Diözesanarchiv
Eichstätt, HV	Historischer Verein
Eichstätt, SA	Stadtarchiv
Ingolstadt, HV	Historischer Verein
Ingolstadt, SA	Stadtarchiv
Karlsruhe, GLA	Badisches Generallandesarchiv
München, BHStA	Bayerisches Hauptstaatsarchiv
München, BVSS	Bayerische Verwaltung der Staatlichen Schlösser, Gärten u. Seen (Nymphenburg)
München, StB	Bayerische Staatsbibliothek
München, TU	Technische Universität (Arch.slg.= Architektursammlung, Cod. A. = Codex Aureatinus)
Nürnberg, GNM	Germanisches Nationalmuseum
Nürnberg, StA	Bayerisches Staatsarchiv
Regensburg, SA	Stadtarchiv
Regensburg, TTZA	Fürst Thurn und Taxis-Zentralarchiv
Stuttgart, HStA	Hauptstaatsarchiv
Warschau, HStA	Hauptstaatsarchiv

Zeitschriften (Eichstätt, Ingolstadt)

EJ	Hochfürstlich Eichstättisches Intelligenzblatt
EK	Eichstätter Kurier
EV	Eichstätter Volkszeitung
HB	Historische Blätter für Stadt u. Landkreis Eichstätt
HG	Heimgarten, Beilage zu EK u. EV
P	Pastoralblatt des Bistums Eichstätt
SHVE	Sammelblatt des Historischen Vereins Eichstätt
SHVI	Sammelblatt des Historischen Vereins Ingolstadt

Sonstiges

a	ausgeführt
Anm.	Anmerkung
AR	Aufriß
bez.	bezeichnet
EG	Erdgeschoß
GR	Grundriß
Hfass	Hauptfassade
Insp.	Inspektion
lav.	laviert (Farbe verlaufend verwaschen)
N	Neubauplan
n.a.	nicht ausgeführt
OG	Obergeschoß
Ref.	Referat
Rep.	Reparatur
U	Umbauplan

Worterläuterungen

Abend	Westen
ad	bezieht sich auf Punkt ...
Approbation	Anerkennung
Aufgang	Osten
cas(s)i(e)rt	nicht genehmigt
copia	Nachzeichnung d. Originals für Verwaltungszwecke
delineavit (del)	er hat gezeichnet
Diät	Tagegeld, Entschädigung
Douceur	Trinkgeld, finanzielle Anerkennung
erexit	er hat errichtet
Florin (fl.)	Gulden
hand(t)sam	handlich
hind(t)sgese(t)zter	Unterzeichner
idem	ebenso
in cabineto	Beschluß des Bischofs

in consilio camerare (in cons. cam.)	Hofkammerratsbeschluß
invenit (inv)	er hat entworfen, erfunden
Lager	Zustand
littera (lit)	Buchstabe (zur Zählung der Pläne)
locum (pl. loca)	Abort
menagierlich	sparsam
Mittag	Süden
Mitternacht	Norden
Morgen	Osten
ohnmaßgeblich	ohne Gewähr
parere	Gutachten
peremptorium	General-Kapitelsitzung (zwei Mal jährlich)
placet	es gefällt (Baugenehmigung)
propria manu (p.m. oder m.p.)	eigenhändig
Remuneration	Entschädigung
resolvieren	beschließen
Riß	Bauzeichnung
samentl(ich)	sämtlich
sculpere	schnitzen, bildhauern
sit venia (s.v.)	es möge verziehen sein (u.a. bei Aborten und Schweineställen)
Überschlag	Kostenaufteilung

Anmerkungen

1   EK, 1864-1922, 1956 ff.- EV, 1877-1922 (1922 Vereinigung
     mit EK), 1936 verboten, 1949-1956.- HB, 1952 ff.-
     HG, 1920-1938, 1949-1956.- P,1854 ff.- SHVE, 1886 ff.-
     EJ, 1791-1850.-

2   Eichstätt, DA: Zwei Mappen (8 und 71) mit Material über
     Pedetti, das mir die Vorarbeiten sehr erleichterte.

3   Hirsching. Historisch=litterarisches Handbuch, S. 222-224.

4   Cavarocchi. Artisti, S. 140: Taufnachweis.

5   Vor allem: Die Kunstdenkmäler von Mittelfranken, I,
     Stadt Eichstätt. Bearb. Felix Mader. München 1924; Mit-
     telfranken, II, Bezirksamt Eichstätt. München 1928.

6   Buchner. Archivinventare.

7   Vor allem Dehio. Handbuch der deutschen Kunstdenkmäler,
     Bayern, I, Franken. München-Berlin 1979.

8   Vgl. Lit.-angaben der Kapitel über das Residenzschloß
     und den Marktplatz in Karlsruhe.

9   Hesslein. St. Elisabeth, S. 24-28, S. 61-63 u. S. 71/72.

10   Vgl. Lit.-angaben Kapitel "Residenzplatz Eichstätt".

11   Illustrierter Führer durch Eichstätt und das Altmühltal.
     Hg. Leo Woerl. Leipzig 1905.

12   Giedion. Klassizismus (1922), S. 120/121 u. S. 160/161.

13   Ebda, S. 121.

14   Ebda, S. 160.

15   Ilse Hoffmann. Kirchenbau (1938), S. 30 u. S. 187/188.

16   Ebda, S. 30.

17   Schindler. Große Bayerische Kunstgeschichte, S. 291 und
     310/312.

18   Wörner. Frühklassizismus (1979), S. 150, 165, 215.

19   Ebda, S. 165

20   Bayern Kunst und Kultur, S. 464 Nr. 1513.

21   Sylvia Habermann. Die Planungen für ein Sommerschloß der
     Eichstätter Bischöfe in Pfünz. In: Klassizismus in
     Bayern, Schwaben und Franken, S. 362/363.

22   Ebda, S. 363.

23   Ebda, S. 364.

24   Arndt. Ein "Château triangulaire" des Maurizio Pedetti.

25   Nürnberg, GNM, ZR ABK 394 I-III: Drei in Pappe (19. Jh.)
      gebundene Bände mit Tusche- und Bleistiftzeichnungen, zum
      größten Teil von Pedetti, teilweise datiert und signiert.
      Alte und neue Nummerierung der einzelnen Blätter; hier
      Angabe der neuen Nummern. Bd. I: (32,0 x 43 cm) 100 Pläne,
      teilweise Faltpläne, Profanbauten in der Stadt Eichstätt.
      Bd. II: (31,5 x 43) 38 Pläne, teilweise Faltpläne, Brau-
      hausprojekte in und um Eichstätt und Idealprojekte.
      Bd. III: (36 x 53 cm) 129 Pläne, teilweise Faltpläne,
      Profan- und Sakralbauten vorwiegend aus dem oberen Hoch-
      stift Eichstätt.

26   München, StB, Cgm 2645 A-C (3 Bde.) und D (Einzelblatt):
      Drei in Pappe mit hellbraunem Lederrücken gebundene Bände
      (49 x 31,6 cm, teilweise Faltpläne) mit lavierten Tusche-
      zeichnungen, alle von Pedetti, signiert und teilweise
      datiert. A: 15 Blätter, B: 19 und C: 23. Schloßbauten
      und Sakralbauten, zum großen Teil Idealprojekte.

27   München, TU, Arch.Slg., Cod. A: Mappe und Kassette mit
      insgesamt ca. 118 von Pedetti, Joseph Xaver Effner und
      Joseph Anton Breitenauer gezeichneten Einzelplänen un-
      terschiedlicher Größe. Diese wurden später auf Leinwand
      aufgezogen. Lavierte Tusche- und Bleistiftzeichnungen,
      meist unsigniert und undatiert. Slg. aus dem Nachlaß von
      Prof. Wenglein, der sie von seinem Onkel Effner erhalten
      hatte. Am 17.3. 1910 kam die Slg. von seiner Kgl. Hoheit
      dem Kronprinzen Rupprecht von Bayern an die Architektur-
      sammlung des Münchner Polytechnikums.
      Profanbauten und städtebauliche Anlagen in der Stadt
      Eichstätt und Pfünz.

28   Es ist der Verdienst Franco Cavarocchis, den richtigen
      Geburtsort Pedettis ermittelt zu haben. Bisher hatte man
      Casasco als "bei Mailand" bezeichnet (vgl. Grabdenkmal).
      Cavarocchi, Artisti, S. 140, Pkt. 13; S. 141.

29   Veröff. bei Cavarocchi. Artisti, S. 141.

30   Dies geht aus der Taufanzeige des Mauritio hervor. Cava-
      rocchi. Artisti, S. 141.

31   Nach Cavarocchi. Artisti, S. 148: ohne Quellenverweis.

32   Maria Josepha Paulina, geb. 1731 (Taufurkunde vom 23.6.
      1731 in der Oberen Pfarre Mannheim).- Maria Magdalena,
      geb. 1733 (Taufurkunde vom 22.8.1733 ebda).- Lorenzo,
      geb. 1735 (Cavarocchi. Artisti, S. 148), Kleinuhrmacher.
      Er blieb ledig und wurde am 22.6.1766 in den Hofschutz
      der Fürstbischöfe von Eichstätt gestellt.

33   Mannheim, Städtisches Archiv, Mannheimer Ratsprotokoll
      vom 27.1.1746.

34   Fleischhauer. Barock, S. 225:"Gleicher Art war die Ar-
      beit des Steinmetzen Francesco Pedetti (vorher war die
      Rede von der Bearbeitung bunten Marmors aus Füssen in
      Ludwigsburg) von 1722 bis 1729/30 für den Ordensbau, den
      Ovalsaal und die Favorita". S. 226: Rentkammer Bauverwal-
      tung Stuttgart A 302/3. R.K.B.V.L.

35   Walter. Regesten. Schloßbaurechnung vom 1.7.1725/1726:
      "Dem Francesko (sic !) Bedetti (Marmorier) wegen gelie-
      ferten Kamins und Platten 150 fl" (Rechnung Nr. 969).-
      Mannheimer Spezialakten 102 vom 26.11.1731: "Dem Marmo-
      rierer Francesco Pedetti werden wegen verfertigter Mar-
      morarbeit im Schloß zur Schadloshaltung 500 fl. ange-
      wiesen."

36   Walter. Regesten. Mannheimer Spezialakten 101 (9.2.1732).

37   Ebda.

38   Rott. Bruchsal, S. 32/33 Nr. 150, K. Prot. 17.9.1727.

39   Erwähnt bei Thieme-Becker. Allgemeines Lexikon der bil-
      denden Künstler. Bd. 26, S. 341 unter Pedetti, Francesco:
      "1743 Säulen und Marmorierung des Hochaltares der Lieb-
      frauenkirche ebda. (Bruchsal)."

40   Kirchenbücher der Oberen Pfarrei Mannheim. C. Todesein-
      träge: 8. August 1748 sepultus est Franciscus Pedetti.

41   Nürnberg, StA, EA 3271, Bestallungsakten (422).- Veröff.
      bei Cavarocchi. Artisti, S. 142, 143.

42   Vgl. Anm. 33

43   Vgl. Anm. 41, fol. 1 r (eig. Zählung).

44   Ebda.

45   Braun. Leopoldo Retty, S. 509-516 (Kap. "Personalfragen").

46   Nürnberg, StA, MBA Nr. 2 Bauamtsreglement 1738, hier Be-
      stallungsdekret vom 11.12.1737 erwähnt.

47   Kreisel. Ausstattung, S. 78.

48   Nürnberg, StA, MBA Nr. 2 Besoldungslisten von 1729-1741.
      Abgedruckt (zusammengefaßt) bei Braun, Leopoldo Retty,
      S. 516.

49   Nürnberg, StA, MBA 476, Teil I, Prod. 76 (Protokoll vom
      2.9.1738). Abgedruckt bei Braun, Leopoldo Retty, S. 539/
      540.

50   Vgl. Anm. 41, fol. 1 r.

51   Skizzenbuch der italienischen Reise, aufbewahrt im
      Diözesanarchiv Eichstätt (10,3 x 13 cm), ca. 220 Blätter,
      teilw. lav. Tusche- und Bleistiftzeichnungen, in Leder
      gebunden, vorne dat. und sign.

52   Falsche Angabe der Reisedauer bei Cavarocchi. Artisti,
      S. 141: 1730-1745. Pedetti wurde bereits am 27.8.1742
      aus dem Bruchsaler Hofdienst entlassen (Karlsruhe, GLA,
      Nr. 435, Protokollbd. 12261 pag. 435-46, Abt. 61). Er
      muß deshalb spätestens Anfang-Mitte 1742 aus Italien zu-
      rückgekehrt sein. In seinem Lebenslauf spricht Pedetti
      von einem dreijährigen Aufenthalt.

53   In Rom (bez.): S. Giovanni in Laterano, S. Pietro, S.
      Prassede, Sta. Croce in Laterano, Chiesa di SS XII apo-
      stoli u.a.- In Florenz: Sta. Maria del fiore (Dom), S.
      Spirito, Sta. Maria del Carmine, Sta. Maria Novella, Sta.
      Croce.

54   München, StB, Cgm 2645 C

55   Ebda, fol. 6 v (Beschreibung), fol. 7 r (sign. Plan).

56   Ebda, fol. 11 v (Anmerkung), fol. 12 r (sign. Plan).

57   Vgl. Anm. 51, fol. 35 r.

58   Vgl. Anm. 51, fol. 47 v.

59   Vgl. Anm. 51, fol. 57 v/58 r.

60   Vgl. Anm. 51, fol. 65 v: "Di Bologna torre di Asinelli
      di pietre" (li) u. "Di Modena torre di Marmi bianchi"
      (re). Fol. 66 r: "Di Cremona torre di Marmi e pietre"
      (li.) u. "D Firenze torre di Sta Maria de fiore" (re).
      Fol. 66 v: "Di Pisa torre di Marmi bianchi" (li) u.
      "Di Venetia torre di S. Marco di marmi e pietre" (re).

61   Vgl. Anm. 41, fol. 1 r.

62   Karlsruhe, GLA, Nr. 435, Protokollbd. 12261 pag. 435-46,
      Abt. 61.

63   Vgl. Anm. 51, fol. 96 r.

64   Weilbachs Kunstnerleksikon, S. 546.

65   Dies geht hervor aus den von M. Henry Lemonnier veröff-
      entlichten "Procès-verbaux de l'Académie royale d'
      architecture", Tome V, 1727-1743, Paris 1918. Hier sind
      alle Studenten dieser Jahre verzeichnet.

66   Vgl. Anm. 41, fol 1 r/v.

67   Vgl. Anm. 41, fol. 1 r.

68   München, StB, Cgm 2645 C, fol. 18 v (Anmerkung), fol.
      19 r, 21 r, 23 r (Pläne).

69   Christian Elling. Studien und Quellen zur Geschichte der
      spätbarocken Baukunst in Dänemark, I: Der Architekt
      Johann Friedrich Oettinger. In: Artes - Monuments et
      Mémoires. Copenhague 1937, Tome V, S. 71-106.

70   Johann Friedrich Oettinger: geb. am 19.6.1713 in Wald-
      bach/Württ., seit 1738 in Dänemark, bis 1743 Aufsicht
      beim Kopenhagener Schloßbau, ab 6.8.1745 in Kiel, am
      17.5.1746 wieder kurz in Kopenhagen.

71   Elling, a.a.O., S. 99.

72   Stuttgart, HStA, Reg. Geheimrat I, b. 317, Nr. 8:"Antrag
      von J.F. Oettinger an den Herzog Karl Eugen von Württem-
      berg mit der Bitte, Zeichnungen für das Schloss in Stutt-
      gart einreichen zu dürfen", Kiel den 18 ten April 1746.
      Abgedruckt bei Elling, a.a.O., Anhang.

73   Scholl. Leopoldo Retti, Baudirektor, S. 193: Stuttgart.

74   Vgl. Kapitel über die Residenzen Stuttgart und Karlsruhe.

75   Kopenhagen, Dänisches Reichsarchiv, Deutsche Kanzlei,
      "Patenten-Extracten", 1746, pag. 310 Nr. 26.

76   Vgl. Anm. 41, fol. 1 v.

77   Mitteilung des Staatsarchivs Dresden vom 28.8.1979.

78   Warschau, HStA, Archiv der Familie Radziwill, Dz. V.-
      F. 258 Nr. 11457, Brief vom 3.6.1746 aus Dresden.

79   Katholische Hofkirche in Dresden. Architekt Gaetano
      Chiaveri (geb. 1689 in Rom), 1737 Architekt des Königs
      von Polen, seit dem 18.9.1738 Direktor des Baues der
      Katholischen Hofkirche in Dresden.

80   Diese Briefe sind nicht erhalten.

81   Vgl. Anm. 41, fol. 1 v. Pedetti war zur Zeit, als er sein
      Anstellungsgesuch in Eichstätt verfaßte (1750), noch bei
      Radziwill angestellt aber beurlaubt.

82   Hirsching. Historisch-litterarisches Handbuch, S. 222-224.

83   Warschau, HStA, Archiv der Familie Radziwill, Dz. V.-F.
      258 Nr. 11457, Brief vom 16.4.1747 aus Nieswies.

84   Abb. in Gurlitt. Warschauer Bauten, S. 85: Stich aus der
      Umrandung eines von R. de Tirregaille angefertigten
      Planes von Warschau von 1762.

85 Warschau, HStA, Archiv der Familie Radziwill, Dz.V.-
    F. 258 Nr. 11457, Brief vom 12.12.1748.

86 Angaben aus einem Brief von Prof. Dr. Jan Zachwatowicz
    (Warschau) an Dr. Eberhard Hempel (Dresden) vom 30.1.1957,
    weitergeleitet an Dr. Theodor Neuhofer (Eichstätt), auf-
    bewahrt im Diözesanarchiv Eichstätt (Mappe 8).

87 Nach Koza, Architekci, S. 229.

88 "Totengerüst" in der Pfarrkirche in Nieswies.

89 Koza. Architekci, S. 229.

90 Hirsching. Historisch-litterarisches Handbuch, S. 223.

91 Angabe des Österreichischen Staatsarchives in Wien vom
    3.4.1980.

92 Anstellungsgesuch, vgl. Anm. 41.

93 Nürnberg, StA, Hochfürstliche Dekrete. Vgl. auch Sax,
    Baudirektoren.

94 Vgl. Anm. 41, fol. 1 v.

95 Nürnberg, StA, EA 3271, Bestallungsakten (422): Dekret
    vom 14.4.1750.

96 Ebda.

97 Warschau, HStA, Archiv der Familie Radziwill, Dz.V.-
    F. 258 Nr. 11457, Brief vom 14.9.1751.

98 Vgl. Anm.95, Brief vom 5.2.1752

99 Ebda, Dekret vom 18.2.1752.

100 Sausenhoffer. Staatskalender (Exempl. DA, Eichstätt)

101 Ebda.

102 Pest. Finanzierung, S. 18.

103 Heiratseintrag in der Eichstätter Collegiata und in St.
    Veit in Herrieden. Pedetti wird als Sohn des "honoratus"
    D. Julian Franz Bedetto, pm. (= piae memoriae, da er be-
    reits verstorben war), Aedilis in Mannheim, und der
    Johanna Catharina, Ehefrau, genannt.

104 Vgl. Anm. 95, Brief vom 8.10.1760.

105 Ebda, Dekret vom 20.10.1760.

106 Ebda, Dekret vom 18.7.1770.

107 Alte Ansicht in KD, Mfr, Stadt Eichstätt, S. 733.

108 Nürnberg, StA, EA ↑186 (1768), fol. 97 v.

109 Vgl. Anm. 95, Dekret vom 1.10.1770.

110 Ebda, Dekret vom 15.3.1783.

111 Ebda, Dekret vom 10.4.1787.

112 Ebda, Brief vom 1.6.1790.

113 Ebda, Dekret vom 8.6.1790.

114 Ebda, Dekret vom 8.10.1795.

115 Nürnberg, StA, EA 1184 (Jan. 1765), fol. 4 v/5 r.

116 Ebda, EA 1191 (1773), fol. 76 r (Bewerbung), fol. 107 r
    (Annahme).

117 Todesnachricht im EJ, XII, 23.3.1799:" Gestorben Den 14
    ten. Titl. Der Hochedelgebohrne Herr Peter Mauriz Pedetti,
    Hochfürstl. Eichstätt: Hof= und Kammerrath, und Bau-
    direktor 79 J. alt". - Sterbeeintrag in der Eichstätter
    Marienpfarrei, Collegiata, Colleg. Mortui 1786-1802:
    "Praenobilis D Pedetti, Hofkammer Rath und Baudirector,
    obiit Hydropsi (Wassersucht!), omnibus S. provisus. Se-
    pultus 16. huius a paroche post vesperas".

117a SHVE 61, 1965/66, S. 21.

118 Mannheim, Amt für Öffentliche Ordnung, Familienbogen
    "Pedetti".

119 Palais Nostiz Ansbach, Herriedener Tor Ansbach, Schloß
    Schwaningen, Schloß Dennenlohe, Pfarrhaus Weidenbach,
    Wohnhaus Retti Ansbach u.a.

120 Hauptstraße Nr. 12, heute Landpolizei.

121 Nürnberg, GNM, ZR ABK 394 III 39. GR EG u. 1. OG u. AR
    des Kastenhauses Beilngries. "Grund und aufrecht stöhende
    Riß des ney zu bauen seyende Castenhaus zu Beylengrüß"
    bez. ob. re., Bleistift, 45 x 62 cm.

122 Nürnberg, StA, EA 3274 (18.8.1762).

123 Heute Hauptstraße Nr. 14, sogen. "Rathaus", errichtet
    1445-1464 (heutige Form). Im EG waren Kramläden u. Fron-
    waage, im 1. OG die Ratsstube untergebracht. Die übrigen
    Stockwerke dienten als Speicher.

124 Heute grün getüncht mit weißen Lisenen. Der ursprüng-
    liche Eingang an der Vorderfassade wurde zugemauert und
    an die Seitenfassade verlegt.

125 Heute "In der Altstadt Nr. 5".

126 Nürnberg, StA, EA 3279 (15.2.1764), fol. 11 v, 12 r.

127 Nürnberg, GNM, ZR ABK 394 III <u>124</u>. GR EG u. 1. OG u. AR.
"Auffrecht stehende RüB des ney zu pauen seyend Kastenhaus" bez. ob. u. "Grund RüB des zweiten Stockwerck /.../"
bez. Mitte u. "Grund RüB von ersten Stock /.../ bez. unt.
Sign. unt. li.:"Mauritio Pedetti jnvenit. Tusche, schwarz
lav., 29 x 56,5 cm. <u>125</u>. GR EG u. AR, Variante. "Grund
RüB des ersten Stockwerck des ohrenbauer neyen Kasten ud
Rathhausbau" bez. unt., Tusche u. Blei, grau lav., grau
lav., 31 x 40 cm. <u>127</u>: saubere Zeichnung von 125.

128 Ebda, <u>128</u>. GR u. AR Stadel u. Stall.

129 Ebda, <u>126</u>. GR u. AR d. Hecklischen Hauses und des gotischen Kastens (bez.). <u>129</u>. Situationsplan.

130 Heute moderne Verglasung.

131 Lage im Ort, "Im Mooshof 4", heute Gemeindeverwaltung,
früher Vogtei, bei Säkularisation aufgelöst, Wappen 1511.

132 Nürnberg, GNM, ZR ABK 394 III <u>94</u>. GR u. AR der Gerichtsschreiberei in Wahrberg. "Project über die gerichtschrei-
berey in Wahrberg" bez., Tusche, 50,3 x 72 cm.
<u>97</u>. GR u. AR d. Auracher Schlosses, ehem. Zustand (bez.)
"In cons: cam: d. 5 t May 1773 ad 43" bez Rückseite.
<u>98</u>. GR u. AR vom Umbau d. Auracher Schlosses. "Project
über das Schlossel zu aurach" bez. ob. re., Tusche,
50 x 72,5 cm. <u>99</u>. GR u. AR des Auracher Schlosses.
"Grund ud aufrecht stehends RiB des amtknecht behauBung
zu aurach wie solches resolvirt herzustellen seyn."
Blei, 35,5 x 43,5 cm.

133 Vgl. Anm. 132 Nr. 97.

134 Nürnberg, GNM, ZR ABK 394 III <u>106</u>. GR EG d. Kanonikats-
und Vikariatshauses in Herrieden. "Grund RüB von ersten
Stockwerk des CanonicalhauB zu Heriden", "Grund RüB von
ersten Stockwerck des ersten vicari hauB", "/.../ des
zweiten vicari hauB" bez. unt. Sign. unt. re. "Baud. Pedetti inv et del et eregit". Tusche, schwarz-gelb lav.,
86,8 x53,4 cm. <u>107</u>. GR 1.OG u. Speicher u. AR. "Aufrecht
stohnde Rüss des Canonicat dan zweyen vicari heysseren
wie solche zu stöhen komen wan selbe an einander gebauet
etc..." bez. ob., "Getreit Casten /.../" bez. Mitte.
"Grund RüB von zweyten Stockwerck /.../" bez. unt. Sign.
unt. re. "Baud. Pedetti jnv et del", Tusche, rosa-
grau lav., 51,3 x 68,8 cm.

135 Seit Ende 1981 gelb getüncht mit weiBen Lisenen u.
grauen Fenstereinfassungen.

136 KI, XXI, Feuchtwangen. München 1964. S. 82.

137 Marktplatz Nr. 23. An der Giebelfront Kalksteinwappen-

relief "GABRIEL D(ei) G(ratia). E(pisco) PVS. EYSTETTEN (sis) me fieri fecit anno MDXXII (1523)".

138   Nürnberg, GNM, ZR ABK 394 III <u>108</u>. GR 1. OG u. AR des Kastenhauses in Herrieden. "Grund Riß des 2 t Stockh wie das Casten Hauß, Stahlung und Stall in Herrieden neu her- gestellet und gebauèt werden kann " bez. ob., Tusche, rosa-grau lav. 30,5 x 66,5 cm. <u>109</u>. GR (bez.)<u>110</u>, <u>111</u>. GR (unbez.). <u>112</u>. GR u. AR Stall (bez.). <u>113</u>. Stadel (unbez.). <u>114</u>. GR EG (bez.).

139   KI, XXI, Feuchtwangen. München 1964. S. 83: Alte Haus- nummer 12, heute Herrnhof Nr. 16 (Wohnung und Arztpraxis).

140   Original im Rathaus Herrieden. "S. CIVIUM HERRIEDENSIS" bez. unt. Mitte. Sign. unt. Mitte: "Delin. Mauritio Pe- detti Hoffcamer Rath u. Bau. 1762". Tusche, grau lav., 69 x 32,5 cm.- Dekanei bez. mit Buchstabe "G".

141   Eichstätt, DA, Akte p 151$_2$, Pläne lose eingelegt. <u>Lit A</u>. GR Keller d. Dekanei in Herrieden. "Grund Riss von den Stockwerck zu obere Erden nebst alten und neye keller geschoß /.../" bez. ob. Sign. u. dat. unt. li.: "Mauritio Pedetti jn et del. 1786". Tusche, farbig lav., 45 x 52,5 cm. <u>Lit B</u>. GR EG und Schnitte. "Grund Riß des Ersten Stockwerck der ernanten neyen zu bauenden Decaney Hoff zu Herriden. Neben deren Profillen" bez. ob. re." Sign. u. dat. unt. li.: "Mauritio Pedetti jn et Del 1786". Tusche, lav., 58,4 x 78,2 cm. <u>Lit C</u>. GR 1. OG und AR, Fassade. "Grund Rüß des zweyten Stockwerk von mär besag- ter neyen zu bauenden Decaney zu Herriden nebst deren faciada" bez. ob. Sign. u. dat. unt. li.:" Mauritio Pe- detti jn. et Del. 1786". Tusche, farbig lav., 57,5 x 73,6 cm. <u>Doppelte Ausführung</u> (leicht variierend): Nürn- berg, GNM, ZR ABK 394 III <u>105</u>. "Grundris des zweiten Stockwerg ud Haubtwohung der ney zu bauenten Decanayhoff zu Heriden" bez. unt. Sign. unt. li.: "Pedetti Del: 1786". Tusche, lav., 47,2 x 52,6 cm.

142   Eichstätt, DA, Akte p 151$_1$, Aktenteil 2 (Dechanteigebäude 1786-1789). "Pro Memoria u. zugleich parere wie der Neue Decaneiji Bau zu Herrieden nach bey komenden von Endes gesetzten verschafften Rissen nebst Profile und Faciada mit conservierung der alten Kellerei, und des 3. Schue dickhe erste Stockwerckh gemauer, dann den ganzen alten hinderen bau, und saal beyzubehalten seyn". Es folgen neun Seiten Planbeschreibung. Unterschrieben ist der Text mit "Eychstätt dn 14. May 1786 Hofkamer Rath ud Baud. Pedetti."

143   Heute Stiftsgasse 4 (Rathaus)

144   Eichstätt, DA, Akte p 151$_1$, Aktenteil 2, fol. 3 r.

145   Ebda, fol. 3 v.

146 Vgl. Anm. 141, Lit C.

147 Eichstätt, DA, Akte p 151$_1$, Aktenteil 2, fol. 1 v.

148 Ebda, fol. 2 v.

149 Eichstätt, DA, Akte p 151$_1$, Aktenteil 2.

150 Ebda, fol. 1 r.

151 Ebda, fol. 4 r.

152 Ebda, fol. 4 v.

153 Ebda, fol. 1 v.

154 Vgl. Anm. 141, Lit B.

155 Eichstätt, DA, Akte p 151$_1$, Aktenteil 2, fol. 2 v.

156 Ebda.

157 Ebda.

158 Nürnberg, StA, EA 1212 (1793), fol. 67 v, 68 r.

159 Eichstätt, SA, Stadtplan von 1796, Nr. 16

160 Ebda, Nr. 14.

161 Heute Marktplatz Nr. 4, Fotogeschäft Fuchs.

162 KD, Mfr, Stadt Eichstätt, S. 740.

163 Vgl. Anm. 159, Nr. 78.

164 Franz von Hofer. In: HG, 1. JG, Nr. 2 (27.11.1920), S. 2.

165 Ebda.

166 Abb. des ehemaligen Gasthofes von 1843 (Stahlstich) u.a.
    in: Der Eichstätter Raum in Geschichte und Gegenwart, S.67.

167 Über diesen: Zendralli. Graubündner Baumeister, S. 161/
    162. Salle arbeitete als Palier Pedettis am Schloß Hirsch-
    berg. Ab 1773 war er Domkapitelsbaumeister. 1765 hatte
    sich Pedetti - nach dem Tode Barbieris - vergeblich um
    die Stelle des Domkapitelbaumeisters bemüht (vgl. Bio-
    graphie S. 30).

168 HG, 1. JG, Nr. 3 (6.12.1920).

169 Eichstätt, DA. GR u. AR d. gotischen Pfarrhofes in Eich-
    stätt. "Grund und Aufriß des allhiesigen Stadtpfarrhofes
    wie er für jetzt steht sub lit A der Grundriß des unte-
    ren Stockwerkes B des oberen Stockes mit Zigelwänden

C der Aufriß /.../" bez. ob., Tusche, grau-gelb-rosa lav.
49,5 x 71,3 cm.

170 Eichstätt, DA. GR u. AR für den Umbau des Pfarrhofes in
Eichstätt. "Grund- und Aufriß des Stad Pfarrhofes zu
Eichstätt wie solcher könte gebauet werden. Sub A.B.C."
bez. ob. Mit Legende. Sign. unt. re: "D. Sales p.m.".
Tusche, grau-rosa lav., 46,8 x 67 cm.- Derselbe Plan
als Linealbleistiftzeichnung in Nürnberg, GNM, ZR ABK
394 I 55 (unbez.).

171 Nürnberg, GNM, ZR ABK 394 I 67. GR EG u. 1. OG u. AR
des Pfarrhofes Eichstätt (unbez.).

172 Eichstätt, DA, PfA Dompfarrei:"Baulichkeit am Pfarrhause
1793", Aktenteil I,2:" Acta in Sachen des Unser Lieben
Frauen Collegiat Stifts contra Herrn Canonikern u. Stadt-
pfarrern Eberhard von Clanner zu Eichstatt in Belange eines neuen Pfarrhaus Baues."

173 Eichstätt, DA, Akte D 141: "Acte des allhießigen Pfarr-
hauß 1792 et 1793", Eigentum des HV Eichstätt. Überschlag vom 6.5.1791.

174 Ebda. Protokoll vom 18.10.1792, fol. 1 r - 4 r, Nr. 8.

175 Ebda. Protokoll vom 14.10.1792.

176 Ebda. Protokoll vom 18.10.1792, fol. 2 r, Pkt. 1.

177 Ebda, fol. 2 r, Pkt. 2.

178 Ebda, fol. 2 v, Pkt. 3.

179 Ebda, fol. 2 v, Pkt. 4.

180 Ebda, fol. 2 v, Pkt. 5.

181 Ebda, fol. 2 v, Pkt. 6

182 Ebda, fol. 2 v, Pkt. 7

183 Ebda, fol. 3 r, Pkt. 8

184 Ebda, fol. 3 r, Pkt. 9

185 Ebda, fol. 3 r, Pkt. 10

186 Ebda, fol. 3 v, Pkt. 11

187 Ebda, fol. 4 r.

188 Nürnberg, StA, EA 1211 (1792), fol. 155-157 r.

189 Ebda, fol. 156 r.

190 Ebda, fol. 156 r, Pkt. "a".

191 Ebda, fol. 156 v.

192 Nürnberg, StA, EA 1211 (1792), fol. 169.

193 Nürnberg, StA, EA 1211 (1792), fol. 172 v.

194 Eichstätt, DA, D 141, Brief v. Pfarrer Clanner (14.2.1793).

195 Nürnberg, StA, EA 1212 (1793), fol. 60.

196 Ebda, fol. 60 v, Pkt. 3.

197 Eichstätt, DA, D 141, Brief vom Domkapitel an Clanner
vom 15.4.1793, fol. 1 r.

198 Ebda, fol. 1 v.

199 Eichstätt, DA, D 141, sign. Schreiben von Pedetti vom
31.10.1793, eingeordnet nach dem Protokoll vom 13.2.1794
(dort Bezug auf das Schreiben), fol. 4 v.

200 Ebda, fol. 2 r.

201 Eichstätt, DA, D 141, 13.2.1794, fol. 1.

202 Eichstätt, DA, D 139 (Eigentum HV)

203 Ebda, fol. 1 v.

204 Ebda, fol. 8 v, Pkt. 37.

205 Ebda, fol. 15 r.

206 Ebda, fol. 17 v, Pkt. 11 a, b u. 12 b.

207 Ebda, fol. 18 r, Pkt. 9 b.

208 Heute Kaufhaus Stoelzl, Luitpoldstraße 36.

209 Hier liegen das Portal und das zugehörige Fenster in der
zweiten bzw. vorletzten Achse. Anders liegt der Fall bei
dem von Pedetti entworfenen und ausgeführten Kanonikats-
und Vikariatshaus in Herrieden. Das Gebäude ist zweiportalig, da es zwei Häuser für drei Parteien umfaßt.

210 Nürnberg, GNM, ZR ABK 394 III 108 (Vgl. Anm. 138).

211 Wörner. Frühklassizismus, S. 232.

212 Christa Schreiber. Rathäuser des Barock, S. 302.

213 Nürnberg, GNM, ZR ABK 394 I 84. GR 1. OG und AR. Umgestaltungsentwurf für das Eichstätter Rathaus (unbez.),
Bleistift und Tusche, 47,5 x 64 cm.

214 Eichstätt, SA, Planslg. mit Auf-u. Grundrissen des
gotischen und des umgestalteten Rathauses. Alle Pläne
Tusche, hellrot-grau lav. Nr. 28 (Lit. A) GR EG Gotik.
Bestandsaufnahme Pedetti's (bez.) Sign. unt. re.: "Pe-
detti delin.^{vit}", 45 x 73 cm. Nr. 29 (Lit Aa). GR EG
Umgestaltungsentwurf. "Grund Riß wie das alhiessige Rat-
hauss reparirter zu stehen komet" bez. ob. Sign. unt. re.
"Mauritio Pedetti in et del." 50 x 74 cm. Nr. 29 a (Lit
CC). GR 2. OG Umgestaltungsentwurf. "Grundriß von dritten Stockwerk wie g...... Rathhauß in Reparation zu
zihen" bez. ob. Sign. unt. re.:"Mauritio Pedetti inv. et
Del", 49 x 73,5 cm. Nr. 30 (Lit D). AR Hauptfassade
Gotik (bez.) Sign. unt. re. "Pedetti Deli^{v}", 43 x 68 cm.
Nr. 31. AR Hauptfassade Umgestaltungsentwurf. "Aufrecht
stehender Riß wie ds Rathhauß zu Eychstätt nach projec-
tirter Reparation von den Hauptgübl /.../ zu stehen
komte" bez. ob. Nr. 33 (Lit E). AR Nordfassade Gotik
(bez.) Sign. unt. re.:"Pedetti Deli:^{vit}", 75 x 66,5 cm.
o. Nr. (Lit Ec). AR Nord- u. Westfassade. Umgestaltungsentwurf (bez.). Sign. unt. re.:"Mauritio Pedetti jn et
Del.", 72,5 x 70 cm. o. Nr.. AR Hauptfassade unterer
Teil (Gotik), unbez., 42 x 28 cm.- Zum Jahreswechsel
1981/82 erschien ein Kalender "Rathaus Eichstätt" mit
(u.a.) Abbildungen eines Teils der Pläne ohne textliche
Erläuterung.

215 Vgl. Anm. 214, Nr. 30, 33 und o. Nr.

216 Die 20 Meter breite Vorderfront muß bei der Anlage des
Platzes von vorneherein festgelegt gewesen sein.

217 Vgl. Anm. 214, Nr. 28.- Eichstätt, SA, Nr. 28 a: GR EG
(got.). Bestandsaufnahme des Feldmessers und Visierers
Georg Heinrich Wagner von 1708 (bez.) Dies ist der einzige aus dieser Zeit erhaltene Plan. Trotz der allgemein
vermehrten Bautätigkeit nach dem Schwedenkrieg kein Umbau.

218 Vgl. Anm. 214, Nr. 33.

219 Christa Schreiber. Rathäuser des Barock, S. 300.

220 Vgl. Anm. 214, o. Nr. (Lit Ec).

221 Vgl. Anm. 213.

222 Christa Schreiber, Rathäuser des Barock, S. 298.

223 Ebda, S. 299.

224 Marktplatz Nr. 27, heute Feuerwehr und Laden.

225 Nürnberg, GNM, ZR ABK 394 III 74 GR EG u. 1. OG. Umbau-
plan für das Spalter Rathaus. "Copia des dem originali
gleichlautenden Grundt Rüsses. Wie dmahlen das herrschaftl. Spalter Raht Haus mit einrichtung einer Forst-
meisterey, und ghrtschreiber Wohnung zu stehen komen

solle, /.../" bez. ob. re. u. "Grundt Ris des zweyten
Stockwerckhs. In cons: cam: praes/entirt/ d. 6. april
/1/754. Iro Hainolth Maria Hoff- und Camerrath. Hoffcamer-
ath ud Baudirector Pedetti delineavit". Tusche, rosa-
gelbl. lav.,58,5 x 45 cm.

226 Heute noch erhalten (Feuerwehreinfahrten, Ladenfenster).

227 Vgl. Anm. 214, Nr. 28.

228 Vgl. Anm. 214, Nr. 29.

229 Vgl. Anm. 213

230 Vgl. Anm. 214, Nr. 29 a.

231 Strauss. Historisch-topographische Beschreibung, S. 100.

232 Die Malereien sind heute nicht mehr erhalten.- Vgl. über
die Bautätigkeit im 19. Jh.: Edwart Mager. Der Umbau des
Eichstätter Rathauses 1820-1824. In: HB, 20. JG (1971),
Nr. 6, S. 21-24.

233 Nürnberg, StA, Protoc. cap. de anno 1762, EA 1181, fol.
99 v.

234 Ebda, fol. 147 v.

235 Nürnberg, StA, EA 1182 (1763), fol. 7 v.

236 Ebda, fol. 86 v. Diese Stelle abgedruckt bei: Neuhofer.
Beiträge zur Kunstgeschichte, S. 16.

237 KD, Mfr, Stadt Eichstätt, S. 603.

238 Nürnberg, StA, EA 1184 (1765), fol. 4 v und 5 r.

239 Nürnberg, StA, EA 3283.

240 Karljosef Schattner. Ordinariatsgebäude Eichstätt. Umbau
zum Verwaltungsgebäude. In: Bauen und Wohnen, Bauen in
historischer Umgebung (München 1979).

241 Eichstätter Zeitung vom 7./8. 1965:" Nur die Giebelwände
stehen noch".

242 KD, Mfr, Stadt Eichstätt, S. 603.

243 Franz Xaver Buchner. Das Eichstätter Volksschulwesen. In:
Deutsche Illustrierte Rundschau, JG 1928, Nr. 6.

244 Bau- und Ausstattungsgeschichte: Eichstätt, DA, Rechnung
Nr. R 160: "Fünffte Jahres Rechnung yber Eines hochwürdig
hochgnädigen Domb Capituls zu Ehstätt nach gesezten Fa-
bricambt geführt Durch mich Georg Joseph Wittmann fabric-

meistern von Wilibald, 1763 bis wider dahin 1764. id
est pro anno 1763".

245 KD, Mfr, Stadt Eichstätt, S. 603.

246 Vgl. Anm. 244.

247 Ebda

248 Neuhofer. Beiträge zur Kunstgeschichte, S. 16.

249 Nürnberg, StA, EA, "Sibente Jahresrechnung des domka-
pitl. Fabrikamtes von Wilibaldi 1765 bis wieder dahin
1766. id est pro anno 1765".

250 Bahnhofstraße 2. Relief mit Wappen an der Stadtseite von
1617.

251. Nürnberg, GNM, ZR ABK 394 III 44. Fassadenentwurf. "Ohn-
gefarliche Riße des fordere faciada an den parhoff zu
berchingen wie ein solcher in abbutzung endwetter mit
der Farb auf Stein ardt zu fassen oder mit erhabener
quadratur arbeit /.../" bez. ob. Sign. unt. li.:" Baudirector Pedetti Deliᵛit", Tusche, grau-rosa lav.,
45,2 x 36,2 cm.

252 Vgl. Anm. 251

253 Nürnberg, GNM, ZR ABK 394 III 81. Fassade (unbez.).
Tusche, hellblau und rosa lav., 43,4 x 29,5 cm.

254 Ebda, 82. Situationsplan. "Grund Riß des ersten Stockwerck des parhof zu miteleschenbach" bez. unt., Blei
mit Tuschebeschriftung, 46 x 49 cm. 83. GR. " Mitel-
Eschenbacher Parhoff" bez. (Blei) ob., Tusche, gelb-
grau lav., 49,4 x 38,7 cm.

255 Eichstätt, DA, PfA Mitteleschenbach, I₂ "Baulichkeit an
den Pfar- und Kirchengebäuden von 1712-1775.

256 Ebda, I₃ "Baulichkeit an der Kirche und am Pfarrhauße"
1776-1797.

257 Vgl. Biographie, S. 29.

258 Nürnberg, StA, EA 1186 (1768), fol. 97 v.

259 Vgl. Anm. 106.

260 KD, Mfr, Stadt Eichstätt, Text S. 731, Abb. S. 733.

261 KD, Mfr, Stadt Eichstätt, Abb. S. 699.

262 Ostenstraße 25, heute leerstehend, soll renoviert werden.

263 Eichstätt, Pfarramtsarchiv, Immissionsbrief des Rates
der Stadt Eichstätt vom 1.8.1758 mit der Unterschrift
des Amtsbürgermeisters Arnold Wilh. Moers und Siegel.-
Abschrift Eichstätt, DA.

264 Nürnberg, GNM, ZR ABK 394 I 91. AR Hauptfassade des
Waisenhauses in Eichstätt. Unbez., Tusche, grau-rot lav.,
60,8 x 43,5 cm. 92. GR EG. "Weißen Haus zu Euchstett"
bez. Rückseite, Tusche, hellrosa lav., 60,5 x 43,5 cm.
93. GR 1. OG. "Zweyte Stockwerck" bez. ob., Tusche, hellrosa lav., 60,2 x 43,5 cm. 94. GR 2.OG (bez.), wie 93.
95. GR EG (bez.), saubere Zeichnung, Tusche grau lav.,
61,5 x 45,2 cm. 96. GR 1.OG. Vgl. 86, Tusche, grau lav.,
61,4 x 44,5 cm. 97. GR 2.OG. Vgl. 87, Tusche, grau lav.,
61,4 x 44,5 cm.

265 Eichstätt, DA, Skizzenbuch, fol. 7 r.

266 Am Kirchplatz 2.

267 Nürnberg, StA, EA 3263 (2.1.1759), unfol. (Falsche Angabe in KD, Schwabach, S. 367: 15.10.1758. Keine Sitzung
an diesem Tag) "Hof-Pauambts Relation über das zu reparieren seyende Casstenhaus zu Spalt sowohl als auch über-
ige Bueswürdigkeiten in dasigem Ambt."

268 Ebda, fol. 5 r, 5 v, 6 v (eig. Zählung).

269 Ebda, fol. 1 v.

270 Ebda, fol. 2 r.

271 Ebda.

272 Ebda.

273 Ebda, fol. 3 v.

274 Ebda, fol. 5 r.

275 Ebda, fol. 6 r. Der Turm würde, wenn er einstürzte, den
Mühlbach verschütten und das Mahlwerk zertrümmern.

276 Ebda, fol. 2 v.

277 Ebda, fol. 3 v.

278 Ebda, fol. 3 r.

279 Ebda, fol. 3 v.

280 Vgl. Anm. 267: Es gab keine Sitzung vom 15.10.1758. Am
14.10 und 21.10. wurde Spalt nicht behandelt.

281 Vgl. Anm. 267

282 Heute leerstehend, bis vor fünf Jahren Schule. Gehört zur

Zeit zum Teil der Stadt und der Kirche, Bestimmung ungewiß.

283 Nürnberg, GNM, ZR ABK 394 III 29. Situationsplan vom
Kastenhaus in Obermässing. "Beyläufig Situation von Castenhauß obermeßingen" bez. ob. Tusche, rosa-gelb lav.,
43,5 x 30 cm. 30. Situationsplan, unbez. 31. GR und
AR. "Castenhaus Obermässing" bez. unt. Tusche, grau-rosa
lav., 71,4 x 51 cm. 32. GR EG und 1. OG, urspr. Zustand
(bez.). 33. Wie 32.

284 Nürnberg, StA, EA 3273, 3.4.1762 und 21.4.1762, fol.
9 r ff.: Überschlag und Erwähnung der Risse (fol. 11 v).

285 Nürnberg, StA, EA 3275, 21.4.1762, fol. 14 r.

286 Vgl. Anm. 284, 21.4.1762, fol. 9 r.

287 Ebda, fol. 9 v.

288 Ebda, fol. 11 r.

289 Vgl. Anm. 283, Pläne 31 und 32.

290 Nürnberg, StAN, EA 3273, 21.4.1762, fol. 11 v.

291 Ebda.

292 Ebda.

293 Vgl. Anm. 283, Plan 31.

294 U.a. ehem. Generalvikariat und Willibaldschorherrenhäuser
am Residenzplatz in Eichstätt.

295 Nürnberg, GNM, ZR ABK 394 III 34. GR und AR des Amthau-
ses zu Obermässing. "Grundt und aufrecht stehenter Rüß
wie das Ambthauß zu obermässing yberbauen wäre" bez. ob.
u. "Grundrüss des ersten Stockwerckhs" bez. re. unt.,
Tusche, grau-rot-gelb lav., 29,6 x 46,1 cm.

296 Ebda, 20. GR und AR. "Das neue Zohlhaus auf der Scheid"
bez.ob., Tusche, 43,4 x 45 cm.

297 Scheid = wahrscheinlich untere Hochstiftsgrenze südlich
der Linie Wellheim (O) und Nassenfels (W). Der Plan ist
zwischen diesen beiden Orten eingeordnet.

298 Nürnberg, GNM, ZR ABK 394 III 95, 96

299 Ebda, 36. GR des Oberamthauses Beilngries. "Oberamthaus
beylengrüß" bez. ob. li, graue Tusche, 35,4 x 61 cm.
37. GR u. AR (bez. hinten). 38. GR u. AR (unbez.)

300 Heute Bürgermeisteramt, Hauptstraße Nr. 24.

301 Am 18.8.1762 referierte Pedetti jedenfalls vor der Hof-
    kammer (Nürnberg, StA, EA 3274, 18.8.1762, fol. 5 r)
    über die nötigen Reparaturen in der Oberamtwohnung (Zie-
    gelwände, Dach, Kamin, Dachzimmer, Hauptgesims, Altane).

302 Nürnberg, GNM, ZR ABK 394 III 40. GR u. AR der Beiln-
    grieser Gerichtsschreiberei. "Grund Rüß des ersten Stock-
    werck des vorstehende beylengrieser gerichtschreiberey
    bau" bez. unt. u. "Grundrüß des zweyten Stockwerck" bez.
    Mitte. Tusche, grau lav., 26,6 x 62 cm.

303 Nürnberg, StA, EA 3275 (10.3.1762): Rep. Fenster, Stiegen.

304 Pröpste nur in Berching, sonst Amtmänner und Pfleger als
    Leiter der äußeren Angelegenheiten des Amtes.

305 Heute Reichenauplatz 17, Textil- und Fotogeschäft.

306 Nürnberg, GNM, ZR ABK 394 III 54-59: Probsthaus Berching.
    54. GR u. AR. Bestandsaufnahme (bez.). 55. GR und AR Vor-
    derseite. Bestandsaufnahme (bez.). 56. GR EG u. AR Sei-
    tenfassade (bez.) Sign. unt. re.: "Hofcamerraht ud Baud.
    Pedetti". Tusche, grau-braun lav., 41,4 x 72 cm. 57. GR
    1. OG u. AR Vorderseite nach Umbau. "Aufrecht stehender
    Rüss des vorderen gübels solches nach der reparation zu
    stehen komet. Lit D". bez. ob. u. "Grund Rüss des oberen
    Stokwerks von Probsthauß berching wie solches nach der
    Reparation komet". Sign. unt. re: "Hofcamerrath ud Baud.
    Pedetti". Tusche, grau-braun lav., 41,4 x 72 cm. 58. GR
    EG (bez. Rückseite). Tusche, grau lav. 45,8 x 63,5 cm.
    59. GR 1. OG (bez.).

307 Heute städtisches Krankenhaus

308 Eichstätt, DA, Akte Fach 122 Fasc. 735. Drei Pläne,
    GR 1.OG u. 2.OG u. AR. Sign. ist der dritte Plan mit
    "Baudirector Pedetti" unt. re. Ein weiterer Plan ist von
    Maurermeister Georg Stubentall.- Nürnberg, GNM, ZR ABK
    394 I 98, 99 (GR).

309 Eichstätt, DA, Akte y 32. Gutachten von Pedetti, unfol.
    Unterzeichnet mit "Mauritio Pedetti Hoffcamerrath ud
    Baudirector" u. "verfast Eychstät den 5: Aprill 1783".

310 Ebda, fol. 1 r (eigene Zählung).

311 Ebda, fol. 1 v

312 Ebda

313 Ebda, fol. 1 v, 2 r

314 Ebda, fol. 2 r

315 Ebda, fol. 2 v

316 Ebda

317 Ebda, fol. 3 v

318 Grundbestand der heutigen Staatsbibliothek in Eichstätt
(bis 1900 hier, ab da in der Sommerresidenz).

319 München, TU, Arch.slg., Cod. A. 49. GR u. AR der Bibliothek. "Grund und auf Riss wie in den Neuen bau unter den
armarium in St. Wilibalds colegio die Bibliotec vor den
alten bau auch zu seiner Zeit die Schloss Bibliotec einzurichten und zu .... seyn" bez. ob. li. Sign. unt. li.:
"Baud. Pedetti delin". Tusche, gelbl.-grau-rosa lav.,
151,5 x 56 cm.

320 Eichstätt, DA, Akte y 32 (vgl. Anm. 309), fol. 4 r.

321 Ebda, fol. 3 v

322 Ebda, fol. 4 v

323 Nürnberg, GNM, ZR ABK 394 I 88. GR u. AR des Zucht- und
Arbeitshauses Eichstätt. "Aufrecht stehender Rüß des
weißen Zucht oder Arbeitshauß" bez. ob. u. "Litt B
Grundt Rüss des anderten Stockwercks von weisen Zucht=
oder Arbeits Haus. NB der oberste dritte Stockh ist
gleich disem formiert oder untertheillet."

324 Vgl. Kapitel über die Mariensäule in Eichstätt, S. 211 ff.

325 München, StB, Cgm 2645 A (Idealprojekte) und Nürnberg,
GNM, ZR ABK 394 II (Idealprojekte und Umbaupläne).

326 Francis D. Klingender. Kunst und industrielle Revolution. Frankfurt 1976 (1947[1], engl.).

327 Günter Drebusch. Industriearchitektur. Heyne Stilkunde
Bd. 6. München 1976.

328 Koepf. Dossenberger.

329 Blondel. Cours d'architecture, I, S. 411 ff.

330 Nürnberg, GNM ZR ABK 394 II: 1. Serie: 28-30. Idealplan
Brauhaus. 28. GR Keller und Querschnitt. "L.A. der unter-
ürdischen Anlage zu einen vollstaendigen Praeu Hauß /.../"
bez. unt. li. Sign. unt. li.: "Mauritio Pedetti Hochfürstl. Eichstetischer Hoff und Camer Rath ud Baudirector
jnvenit et delineavit". Tusche, farbig lav., 71 x 51,5 cm.
29. GR EG u. AR. "L.B. grund Riß des ersten Stokwerckes
des vollstaendigen Präuhaus" bez. unt. li. Sign. unt. li.
"Mauritio Pedetti Hochfürstl. Hoff ud Camer Rat dan Baudirector jn et Deli:". Tusche, grau-grün lav., 60 x 48
cm. 30. GR 1. u. 2. OG. "L.C. "Grund Riß des zweiten
Stockwerckes ernannten Praehauses" bez. unt. li." u.
grund Riß des dritten Stockwercks worinnen leediglich die

Malzböden gericht" bez. Mitte li. Sign. unt. li.:
"Mauritio Pedetti Hochfürstl. Eichstetischer Hof und
Camer Rath u Baudirector jnvenit et Delineavit." Tusche,
grau-schwarz lav., 70,5 x 53 cm.- 2. Serie: 31-33. Idealplan Brauhaus. 31. GR EG. "Grundt Rüss des ersten Stockwerckh Eines vollstaendig eingerichteten Handsamen Preu-
haus" bez. ob. Sign. unt. re.:"Inventirt und gezeichnet
durch Mauritium Bedetti Hochfürstl. Eichstettis. Hof Ca-
merraht und Paudirectore". Tusche, grau lav., 64 x 44 cm.
32. GR 1. OG u. AR. "Grund Rüß des zweyten Stockwerckhs
samt aufrecht stehenden Rüss /.../" bez. Mitte. Sign.
unt. li. wie 31. Tusche, grau-schwarz lav., 63 x 45 cm.
33. GR 2. OG und Längsschnitt. "GrundRüss des dritten
Stockhwerck dann durchschnit /.../" bez. Mitte. Sign.
unt. li. wie 31. Tusche, grau-schwarz lav., 63 x 45 cm.

331 Bauernfeind. Säkularisationsperiode, S. 2 Anm. 7: Ver-
     weis auf Quelle: Nürnberg, StA Nr. 498, fol. 53-84:
     "Vorlegung des wahren Zustandes der Hochst. Eichst. Kam-
     mer- und Kriegskasse, so, wie solcher, sich bei der im
     Kristmonath 1785 vorgenommenen allgemeinen Rechnungsab-
     hör, und denen nachgefolgt weiteren Hof conferenzen ver-
     offenbahrt hat".

332 Heute Hofmühlstraße 10. Mehrflügelige Anlage, Wohnbau
     mit Durchfahrt bez. 1680.- Vgl. Eichstätt, SA, Stadtplan
     von 1796, GR Nr. 87.

333 Nürnberg, GNM, ZR ABK 394 II: 2-5. Bestandsaufnahmen des
     ehemaligen Hofmühlbräuhauses. 6. GR, Schnitte (bez.)
     Sign. unt. re.:" Baud. Pedetti del." Tusche, farbig lav.
     51 x 68 cm. 7. GR, Schnitt (bez.). Sign. unt. re. "Baud.
     Pedetti del." "Wird genehmiget R. Antoni bisch." bez. li.
     Tusche, grau-blau lav., 58 x 47 cm. 8-11. Detailpläne
     von Branntweinhaus, Waschhaus etc (Plan 10 dat. 3.6.1769)
     12. GR, AR u. Schnitt für einen neuen Sommerkeller.
     "Grund und auf Rüss des im Schloss St. Wilib. berg un-
     der dortigen Zeuchhaus sich fintenden großen Keller ge-
     wölb" bez. ob. li. Sign. unt. re.:" Baud. Pedetti del
     1781". Tusche, farbig lav., 84 x 50,5 cm. 13. GR u. AR
     des Sommerkellers (bez.). Sign. wie 12. Tusche, farbig
     lav., 73,5 x 34 cm.

334 Nürnberg, StA, EA 3251 (14.4., 13.5. u. 29.7.1752)

335 Vgl. Anm. 333, Plan Nr. 12 u. 13

336 Vgl. Kapitel über die Grundrißaufteilung von Ideal-
     Brauhausplänen, S. 91 ff.

337 Die Brauerei wurde 1974 abgerissen. Heute befinden sich
     hier, am Dorfplatz gegenüber der Kirche, Gemeindeamt und
     Bank.-Nürnberg, GNM, ZR ABK 394 II 18 Bestandsaufnahme.
     Sign. unt. re. "Baud. Pedetti". 19. Erweiterungsplan.
     Sign. wie 18. 20. AR u. GR 1.OG. Sign. wie 18.

338 Nürnberg, GNM, ZR ABK 394 II <u>21</u> (Sign. unt. re:"28.12.
1774 Baud. Pedetti) - <u>26</u>.

339 Nürnberg, GNM, ZR ABK 394 II <u>28</u>

340 KD, Mfr, Hiltpoltstein, S. 306.

341 München, StB, Cgm 2645 A, Nr. I-VIII (Maße ca. 49 x 31, 6
cm).Idealprojekt für eine Brauerei: <u>I</u> (fol. 3 r) Ansicht
aus der Vogelperspektive u. AR Hfass. <u>II</u> (fol. 5 r) GR
Keller. <u>III</u> (fol. 7 r) GR EG. <u>IV</u> (fol. 9 r) GR 1. OG.
<u>V</u> (fol. 11 r) GR 2. OG. <u>VI/VII</u> (fol. 15 r) AR, Schnitt Hfass.

342 München, StB, Cgm 2645 A, fol. 1 r

343 Ebda

344 Ebda, fol. 1 v:" Der Verfasser dises Werks ist aber be-
glaubet, sowohl denen Bau- als Bräuverständigen ein sonderbahres genügen abzuleisten /.../".

345 Milanensis (mailändisch) später fälschlicherweise eingefügt.

346 U.a.: München, StB, Cgm 2645 C, fol. 1 v

347 Ebda, fol. 6 v

348 München, StB, Cgm 2645 A, Erklärung zu Plan I, fol. 2 v

349 Ebda, Anmerkung zu Plan II, fol. 4 v

350 Ebda

351 Steingruber. Architectonisches Alphabet (1773)

352 München, StB, Cgm 2645 A, Erklärung zu Plan VI, fol.
12 v, Pkt. 3

353 Johann Georg Krünitz. Oekonomische Encyklopädie oder
allgemeines System der Staats= Stadt= Haus= u. Landwirt-
schaft, in alphabetischer Ordnung. Neue Auflage, 5. Teil.
Berlin 1784, S. 40 ff.:"Von Anlegung einer Bierbrauerey
und zwar von der Erbauung und Einrichtung des Brauhauses insbesondere". S. 42, Pkt. 6.

354 Laugier. Observations, p. 83

355 München, StB, Cgm 2645 A, Anm. zu Plan VI, fol. 12 v.

356 Drebusch, a.a.O., S. 53

357 München, StB, Cgm 2645 A, Erklärung zu Plan II, fol. 6 v,
Buchstabe "J".

358 Vgl. Anm. 330

359 Vgl. Anm. 330, Pläne Nr. 31-33.

360 Vgl. Anm. 330, Pläne Nr. 28-30.

361 Krünitz, a.a.O., S. 40 Nr. 3

362 Ebda, S. 41 Nr. 4

363 München, StB, Cgm 2645 A, Anm. zu Plan V, fol. 10 v.

364 Ebda, Anm. zu Plan III, fol. 6 v.

365 Erster Nürnberger Plan, vgl. Anm. 330, Nr. 29.

366 Zweiter Nürnberger Plan, vgl. Anm. 330, Nr. 31 und Münchner Plan, vgl. Anm. 341, Nr. III.

367 Vgl. u.a. Pedettis Entwurf für die Karlsruhe Residenz mit ovalem Zentralraum (1750), München, StB, Cgm 2645 B, fol. 11 r u. 13 r, und die Idealprojekte für Schlösser.

368 Krünitz, a.a.O., S. 41 Nr. 5.

369 München, StB, Cgm 2645 A, Erklärung zu Plan IV, fol. 8 v.

370 Ebda, Zusatz zu Pkt. 5

371 Krünitz, a.a.O., S. 41 Nr. 5

372 München, StB, Cgm 2645 A, Erklärung zu Plan IV, fol. 8 v

373 Nürnberg, GNM, ZR ABK 394 II 35. GR eines Bräuhauses (unbez.) 36. GR 1. OG (unbez.).

374 München, StB, Cgm 2645 A, Erklärung zu Plan II, fol. 4 v Nr. 20.

375 Ebda, Erklärung zu Plan II, fol. 4 v.

376 Vgl. das Kapitel über Gartenentwürfe, S. 242 ff.

377 Heute modern.- Nürnberg, GNM, ZR ABK 394 I 44-47.

378 Forstermühle - Ortsteil von Schambach

379 Nürnberg, GNM, ZR ABK 394 I 48

380 Ebda, I 56-58

381 Ebda, I 58

382 1932 aufgelöst. Heutige Gebäude aus der Leuchtenbergzeit, gebaut von Michael Maurer. Litographie von 1835 von Emil Büttner, Abb. in: Josef Ettle, 5 Jahrhunderte Hütte Obereichstätt. Obereichstätt 1974, S. 9.

383 Geschichte vgl. bei: Julius Sax. Geschichte des kgl. bayerischen Hüttenwerks zu Obereichstätt und Hagenacker. In: Jahresberichte d. HV Mfr., XXIX (Ansbach 1861), 1-28.

384 Nürnberg, GNM, ZR ABK 394 I 39-43 Schmelze in Obereichstätt. 39. GR EG, 1. OG u. 2. OG (bez.). Unt. li.: "Placet R. Antoni bi mp". Tusche, grau-rosa-gelb lav., 74 x 48,4 cm. 40. GR EG u. 1. OG (Ausschnitt v. 39) (bez.). Tusche, grau-rosa lav., 30,5 x 28,4 cm. 41. AR vorderer Giebel und Seite (bez.), m. Genehmigung des Bischofs. Tusche, grau lav., 41,2 x 52,4 cm. 42. AR der Schmelze vor dem Umbau (bez.). 43. Hochofen (bez.). Sign. unt. re.: "Baud Pedetti".

385 Quellenangabe bei E. Schmidtill. Dr. Ignaz Pickl und das Eisenhüttenwerk Obereichstätt. In: SHVE, 53 (1938), S. 172: Nürnberg, StA, Akten des Obereichstätter Hütten-werkes Akt Nr. 201 (Rep. 217), S. 635.

386 Vgl. Anm. 384

387 R. Antoni, nicht Johann Anton von Zehmen

388 Vgl. Anm. 384, Plan Nr. 43

389 Nürnberg, GNM, ZR ABK 394 I 35-38

390 München, StB, Cgm 2645 B 12/13, fol. 17 r. GR EG u. 1. OG Kaserne Neuburg/a.d.D. (bez. in den vorangehenden Erläu-terungen). Sign. unt. li.:"Mauritio Pedetti in et Deli". Tusche lav., 49 x 36,1 cm. 14/15, fol. 18 r. AR u. Längs-schnitt. Sign. unt. li wie 12/13. Tusche, lav., 49 x 36,1 cm.

391 Ebda, Anleitung u. Anmerkung über die Pläne 12/13, fol. 16 r.

392 Ebda, fol. 16 v

393 Ebda, fol. 17 v

394 Alois Wörner. Neuburg/a.d.D. und sein Militär. Der Ka-sernenbau. In: Kollektaneenblatt, 98, 1933, S. 34/35.

395 Zeichnungen von Pfister (1768): München, BHStA, Kriegsarchiv.

396 Nach Joseph Niklas. Die Stadt Neuburg a.d.D. und ihre Garnison. Ein Beitrag zur Geschichte der Stadt Neuburg/D. Neuburg/a.d.D. 1955, S. 40.- Er gibt auch an, daß in Mann-heim, das damals bayerisch war (also 1778 ff.),der Bau einer Kaserne mit Ausstattung für 27 Kompanien nur 83 000 fl. gekostet habe.

397 Katasterplannr. B. 102. Katasterplan von Neuburg (1817) im Staatsarchiv Neuburg. Abb.: Gerhart Nebinger und Roman Fitzek Neuburg in historischen Ansichten. Neuburg 1978, S. 62.

398 Garnisonsbeschreibung von Neuburg, u.a. auch der Kaser-
    nenbau mit der - allerdings fehlerhaften - Wiedergabe der
    lateinischen Inschrift (1890) in München, BHStA, Kriegs-
    archiv Mkr 10 326.

399 Grundriß des Erdgeschosses der ausgeführten Kaserne in
    München, BHStA, HN 2 e, Abb. in KD, Schwaben, Stadt und
    Lkr. Neuburg/a.d.D., S. 292, Abb. 253.

400 München, StB, Cgm 2645 B, fol. 17 r

401 Unterkellert sind nur die Pavillons und die Nebenbauten.

402 München, StB, Cgm 2645 B, fol. 16 r

403 Freundl. Hinweis von Archivrat Dr. R. Braun, München,
    BHStA, Kriegsarchiv, vom 11.3.1981.

404 München, StB, Cgm 2645 B, fol. 17 r, Buchstabe "D"

405 Ebda, fol. 16 v

406 Ebda, fol. 17 r, Buchstabe "D"

407 Ebda, fol. 16 r

408 Ebda

409 Ebda

410 Ebda, fol. 16 v

411 Ebda

412 Ebda

413 Ebda, fol. 17 r, Buchstabe "P"

414 Ebda, Buchstabe "O"

415 Ebda, fol. 16 v

416 Richter, Handbuch der Architektur, IV. Teil, 7. Halbbd.,
    2. Hft., 4. Abschnitt, Militärbauten, S. 122.

417 Das Residenzschloß und das Rokoko in Stuttgart. In: Her-
    zog Karl Eugen von Württemberg und seine Zeit. Hrsg.
    Württ. Geschichts- und Altertumsverein Eßlingen (1907),
    Bd. 1, S. 622 f., S. 626: Pedetti.- Scholl. Leopoldo
    Retti. Baudirektor, S. 193: ohne Quellenangabe.

418 Veröff. u. Katalogisierung der Pläne Neumann: Liselotte
    Andersen. Die Residenz in Karlsruhe. In: Balthasar Neu-
    mann in Baden-Württemberg, S. 83 ff.

419 Scholl, Leopoldo Retti, Baudirektor, S. 193

420 Hans Andreas Klaiber. Die Entstehung der Fassade des Neuen Schlosses. In: Schwäbische Heimat, 7. JG (1956), S. 48-50; S. 48 Anm. 3: Rettis Entwurf ist nicht erhalten, erhalten ist nur das Promemoria in Stuttgart, HStA, A 25/15 a.

421 Karlsruhe, Staatliche Kunsthalle. Sign. und dat. unt. re.: "a Dourlac 1720 Johan Carl Hemeling fecit". Tusche, farbig lav., 30,8 x 48 cm.- Abb. in Andersen, a.a.O., Abb. 3.

422 Karlsruhe, Staatliche Kunsthalle, Inv. II 3551-6. Sign. unt. "Christian Thran Kunst und Lust-Gärtner allda delineavit/ Joh. Math. Steidlin, et Compagnions sculps Carls-ruh 1739". Radierung und Kupferstich. 56 x 53,5 cm. Abb. in Andersen, a.a.O., Abb. 4.

423 Vgl. Beschreibung in: Durm. Residenzschloß Karlsruhe (1892), S. 19 ff. u. Abb.- Gutmann. Residenzschloß Karlsruhe (1911), S. 38 ff.- Scholl, Leopoldo Retti, Baudirektor, S. 209 ff u. Abb.

424 Veröff. der Pläne in Gutmann, Residenzschloß Karlsruhe, S. 40-43, Abb. 6-11.

425 Ebda, S. 50, Abb. 13

426 Ebda, S. 50, Abb. 14 und 15

427 München, StB, Cgm 2645 B, Nr. 7-11, fol. 11 r-15r. Karlsruhe, Residenzschloß. Alle Pläne sind signiert und datiert unt. li.:" Mauritio Pedetti jnvenit et Deli: 1750". Maße alle ca. 49 x 31,6 cm. Bezeichnung der Pläne in den vorangehenden Erläuterungen. 7. GR EG. 8. GR 1. OG. 9. AR Hauptfassade. 10. AR Seitenfassade. 11. Querschnitt.

428 Karlsruhe, GLA, G/KA 72, 73, 75. Karlsruhe, Residenzschloß. 72. GR EG (entspricht München, StB, Cgm 2645 B Nr. 7)"Grund Riß von Ersten Stockh zu dem Neu zu erbauen seyenden Hochfürstl. Residenz Schloß Carls Ruhe gericht auf den Puncten wo die 32 Alleen zusamen komen" bez. ob. Sign. unt. re.:" Mauritio Pedetti hochfürstl. Eychstätt. Baudirector jn et delinavit". Tusche, 97 x 60,5 cm. 73. GR 1. OG (entspricht München, StB, Cgm 2645 B Nr. 8)"Grund Riß oder Bel Etage /.../" bez. ob. Sign. unt. re. wie 72. 75. AR Seitenfassade der Seitenflügel (Vergrößerung von München, StB, Cgm 2645 B Nr. 10). "Seyden Fassade zu denen beeden flüglen des neu zuerbauen seyenden Hochfürstl. Residenz Schloß Carlsruhe" bez. ob. Sign. unt. re. wie 72. Tusche, lav., 66,5 x 44 cm.

429 Durm. Residenzschloß Karlsruhe, S. 8.- Gutmann, Residenzschloß Karlsruhe, S. 62.

430 Durm. Residenzschloß Karlsruhe, S. 8: 24.3.- Gutmann.

Residenzschloß Karlsruhe, S. 62: 27.3.

431   Nach Gutmann. Residenzschloß Karlsruhe, S. 62.

432   Karlsruhe, GLA, Baupläne Nr. 40, 42-44, 49, 53 und
      HfK/Hd Mappe XXIII Nr. 1. Veröff. u. Katalogisierung der
      Pläne in Andersen, a.a.O., S. 61-74.- Gutmann. Residenz-
      schloß Karlsruhe, S. 54 ff.- Lohmeyer. Baumeister, S.
      160 ff. und Abb. 107-111.

433   Ausführungsentwurf (GR EG) Karlsruhe, GLA, Baupläne Nr.
      59. Abb. in Andersen, a.a.O., S. 72 Abb. 13.

434   Karl Lohmeyer. Die Pläne Nicolaus de Pigages zur Karls-
      ruher Residenz. In: Monatshefte für Kunstwissenschaft.
      Hg. Georg Biermann. IV. JG (1911), Hft. 10, S. 452-453
      u. Tf. 99.- Ders.. Baumeister, Abb. 140/141.

435   Die Bezeichnung "Hof"- und "Garten"-seite ist problema-
      tisch in Karlsruhe, da ursprünglich der Garten vor dem
      Schloß war und hinten der Wald lag. Retti u. Pedetti plan-
      ten aber vorne den Cour d'honneur und hinten den Garten.

436   Gutmann. Residenzschloß Karlsruhe, S. 40 Abb. 6.

437   Bez. auf dem Plan Karlsruhe, GLA, G/KA 72 (vgl. Anm. 428)

438   München, StB, Cgm 2645 C 16, fol. 19 r.

439   Eichstätt, DA, fol. 48 r, bez. "Fürst Tachische Hauß zu
      frankford". Wahrscheinlich kopierte Pedetti den Grundriß
      aus einem Kupferstichwerk ab. Die Werke von Cotte und
      auch von Mansart waren durch Kupferstiche auch in Deutsch-
      land weit verbreitet.

440   München, StB, Cgm 2645 B, fol. 10 v, Buchstabe "B"

441   Vgl. Anm. 438

442   München, StB, Cgm 2645 B, fol. 10 v, Buchstabe "W"

443   Abb. in Brinckmann. Baukunst, S. 288 Abb. 311

444   Vgl. Anm. 438

445   Vgl. Anm. 427, Nr. 9-11

446   Vgl. Anm. 428, Nr. 75

447   Wörner. Frühklassizismus, S. 168/169

448   Ebda, S. 167/168

449   Maximilian Frhr. von Riedheim. Die Freiherren von Ried-
      heim und die Herrschaft Harthausen. In: Burgen und Schlös-
      ser, 1978/II, S. 117-119 (Geschichte d. Familie, Ver-

öff. der Pläne von Kleinhans und eines Planes von Pedetti, S. 118 Abb. 2).- Werner Meyer. Schloß Harthausen
-Baugeschichte. Ebda, S. 120-123 (Geschichte 15.-18. Jh.).
Anton H. Konrad. Der Umbau des Freiherrl. von Riedheim-
schen Schlosses zu Harthausen in den Jahren 1762-1770.
Ein Beitrag zur Geschichte des schwäbischen Rokoko. In:
Aus Archiv und Bibliothek. Studien aus Ulm und Ober-
schwaben. Weißenhorn 1969 (Planungsgeschichte der Rokokozeit, Tätigkeit von Kleinhans anhand von Quellen).

450 Harthausen, Schloßarchiv. Bestandsaufnahme des Schlosses um 1760 von Kleinhans. Kellergeschoß des Nord- und
EG des Südflügels (bez.) Unsign. (veröff. bei Riedheim,
a.a.O, S. 119 Abb. 3).- GR d. 1.OG des Süd- und des 2.
OG des Nordflügels (bez.) Unsign. (veröff. bei Riedheim,
a.a.O., S. 119 Abb. 4).

451 München, BHStA, Planslg. Nr. 11793

452 Angabe von Baron von Riedheim am 17.7.1979: Er
wäre in den Akten darauf gestossen, daß Pedetti für ein
Mitglied der Familie einen Grabstein entworfen hätte.
Diese Stelle ließ sich nicht wieder auffinden.

453 Harthausen, Schloßarchiv. GR des Schlosses Harthausen u.
GR, AR u. Schnitt der Nebengebäude (bez.). Unsign., aber
mit Sicherheit von Pedetti. Tusche, lav., 52 x 72 cm.

454 Harthausen, Schloßarchiv. Umbaupläne von Kleinhans.
GR 1.OG (bez.).- GR 1. OG des Nordbaues (bez.).- GR
des 2. OG (bez.), veröff. bei Riedheim, a.a.O., S. 119
Abb. 5).- GR 3. OG (bez.), veröff. bei Riedheim, a.a.O.,
S. 119 Abb. 6)

455 Harthausen, Schloßarchiv. C. Die Gutsverwaltung, 1. Bau-
sachen Fasz. 428, 429, 431, 432 ff. (Korrespondenz).
Rechnungen der Jahre 1762/1763 und 1763/1764.

456 Veröff. der Pläne bei Riedheim, a.a.O., S. 119 Abb. 3-6.
Besprechung der Korrespondenz bei Konrad, a.a.O., S.
160 ff., S. 165-167: wörtlicher Abdruck von zwei Briefen
von Kleinhans vom 20.2. und 22.12.1763.

457 Wörtlich abgedruckt bei Konrad, a.a.O., S. 165-167.

458 Ebda

459 Harthausen, Schloßarchiv. Brief von Kleinhans vom 30.9.
1761. Vgl. Anm. 455

460 Vgl. Meyer, a.a.O., S. 122/123

461 Harthausen, Schloßarchiv. GR vom Garten u. GR u. AR vom
Treibhaus. "Aufrecht stehend Rüß wie das Treibhauß von
mitelpunct anzusehen ist /.../" bez. li. etc... Sign. unt.
re.:"Mauritio Pedetti jnv. et Delinavit". Tusche, lav.

53 x 45 cm.

462 Bezeichnung ebda

463 Bezeichnung ebda

464 Harthausen, Schloßarchiv. GR u. AR eines Treibhauses.
Variante, unsign. Tusche, lav., 42 x 53 cm.

465 Über die mittelalterliche Anlage vgl.: KD, Oberpfalz und
Regensburg, XII, BZA Beilngries, 1908, S. 69.- Mader. Geschichte des Schlosses (1940).- Michael J. Lehner. Burgen
und Schlösser im unteren Altmühlgebiet. Riedenburg 1920,
S. 167-180.- Neuere Veröff.: Thomas Biller. Schloß Hirschberg im Altmühltal, eine staufische Burganlage. In: Burgen und Schlösser, 12, 1971, S. 17-19.- Bauch. Schloß
Hirschberg, 1970, S. 2-4.

466 Mader. Schloß Hirschberg, 1929, S. 12

467 Biller. a.a.O., S. 18

468 Mader. Schloß Hirschberg.- Biller, a.a.O., S. 19.

469 Im 2. OG des Stiegenhauses hängt das Votivbild des
Pflegers Lorenz von Helmstedt, das eine Ansicht des
Schlosses nach dem Brand wiedergibt; Öl auf Leinwand,
ca. 110 x 50 cm.- Abb. in: Bauch. Schloß Hirschberg, S. 7.

470 Die Herzöge von Bayern stritten das Testament an, da
Gebhard VII der Sohn einer Wittelsbacherin war. Der Bischof
mußte auf einen Teil der Erbschaft verzichten, er hielt
aber Besitzungen in 122 Orten.

471 Rudolf Düll. Hirschberg. In: Bayerland, 33. JG (1922),
S. 194.

472 Nürnberg, StA, Hofkammerprotokolle vom 6./16.7.1729 und
vom 31.1. 1730

473 Erwähnt u.a. in: Nürnberg, StA, EA 3277 (26.2.1763, fol.
7 v: "Hof Palier Sale". Angaben in KD, Oberpfalz und
Regensburg, XII, BZA Beilngries, S. 77: 14.3.1761,
3.2.1762, 4.2.1764, 15.3.1765, 15.3.1766.

474 Mader. Schloß Hirschberg, S. 6.

475 Nürnberg, StA, EA 3266-3282 (1760-1765).- Zusammenfas-
sung eines Teils der Hirschberg betreffenden Protokolle
bei Mader. Geschichte des Schlosses, S. 28 ff.

476 Nürnberg, StA, EA 3271 (14.3.1761), fol. 1 r

477 Ebda, fol. 2 r

478 Ebda, fol. 1 r.- Nach Mader. Geschichte des Schlosses,

S. 28, Pferdeschwemme in der Vorburg.

479 Nürnberg, StA, EA 3277 (26.2.1763), fol. 7 r.

480 Nürnberg, StA, EA 3277 (26.2.1763), fol. 10 r. Pedetti referiert hier über die ausgeführten Schloßreparaturen in Hirschberg, u.a. über die "abtragung eines thurn", die "abnehmung alles Camin und übriges Dachöffnung". Mit dem Turm ist wohl der Treppenturm gemeint.

481 Vgl. Grundrißplan bei Bauch. Schloß Hirschberg, S. 6.

482 Brinckmann. Platz und Monument, S. 53.

483 Mader. Geschichte des Schlosses, S. 28: gibt unpräzise Quelle an: StAN, EA 1960: Abbruch eines alten "Stuckganges". Er nimmt an, es handele sich hierbei um die Ringmauer zwischen den Türmen.

484 München, TU, Arch.slg., Cod. A. 82-94. Pläne zur Umgestaltung des Hofgartenpavillons, entworfen von Pedetti und z.T. gezeichnet von Effner (Nr. 85 dat. auf 1779).

485 Ursprüngliches Aussehen der 1736 von Gabrieli gebauten Pavillons auf der Stadtansicht von Eichstätt von Johann Michael Franz von 1766 im Rittersaal des Schlosses Hirschberg.- Mittelpavillon von Gabrieli: München, TU, Arch.slg., Cod. A. 81.

486 Vgl. München, TU, Arch.slg., Cod. A. ohne Nr., eingeordnet als viertes in der Kassette. "Prospect des Eichstetter Hofgartens gegen Abend anzusehen gezeichnet von Jos: Effner" bez. unt. li. Tusche, grau lav., 61,3 x 42 cm.

487 München, StB, Cgm 2645 B, fol. 3 r.

488 München, TU, Arch.slg., Cod. A. 28

489 Nürnberg, StA, EA 3277 (26.2.1763), fol. 7 r.

490 Nürnberg, StA, EA 3279 (4.2.1764)

491 Nürnberg, StA, EA 3281 (15.3.1765); EA 3283 (15.3.1765).

492 Beispiele: Marktplatz Karlsruhe, Randbebauung; Eichstätt, Residenz-Mittelrisalit; Idealentwurf für eine Fürstliche Residenz; Rathaus Eichstätt,...

493 Nach Bauch. Schloß Hirschberg, S. 10: Giebel von Gabrieli. Der Giebel ist ebenso denkbar für Pedetti, hat dieser doch gerade in diesem Bau verstärkt Gabrielisches Formengut verwendet.

494 Dreifenstergruppe (obwohl die flankierenden Fenster zuge-

mauert sind) im 1. OG, rustiziertes EG, Palladiobogen im
EG (Hirschberg: dreiteilige Portalzone durch Einfügung
von zwei Figurennischen), Fensterverdachung, Dreiecksgiebel.

495 Eichstätt, DA, B 22, unfol.

496 Mader. Geschichte des Schlosses, S. 31-35.- Derselbe.
Schloß Hirschberg, S. 16-30.

497 Mader. Schloß Hirschberg, S. 23.

498 Bez. des 19. Jhs. nach den Porträts hier. Farbabb. in
Bauch. Schloß Hirschberg, S. 13.

499 Ausführliche Beschreibung der Stuckaturen bei Mader.
Schloß Hirschberg, S. 18/19.

500 Braunfels. Cuvilliés, S. 46: Er unterscheidet die französische Dekorationsmanier, die nur vergoldete oder ver-
silberte Schneide- und Stuckarbeiten auf weißem Grund
kennt,und die bayerische mit weißem oder farbigem Stuck.

501 Mader. Schloß Hirschberg, Taf. 13

502 Ebda, Taf. 12

503 Ebda, Taf. 22

504 Ebda, Taf. 14

505 Wörner. Frühklassizismus, S. 156.

506 Braun. Leopoldo Retty, S. 535. Quellenangabe S. 534, Anm.
105: Nürnberg, StA, MBA 476, Teil I, Prod. 33.

507 Ebda, S. 536, Anm. 111, Quellenangabe: Nürnberg, StA,
MBA 476, Teil I, Prod. 25 und 27.

508 Das Treppenhaus war erst 1768/69 fertig. Die Ansicht der
neuen Fassade ist aber bereits festgehalten auf einem
dat. Situationsplan von 1765: München, TU, Arch.slg.,
Cod. A. 11. Situationsplan des Residenz Innenhofes. AR
der Westfassade u. GR u.AR der neuen Holzlege. Legende.
Sign. ob. re:" Verfaßt Eychstät d. 13. May 1765 durch
Hofcamer Rath ud Baudirector Pedetti". Tusche, rot-grau
lav., 91,5 x 66,5 cm.

509 München, TU, Arch.slg., Cod. A. 12. AR der Hoffassade
d. Westflügels der Eichstätter Residenz, unbez. Tusche,
grau-rosa lav., 79 x 50 cm.

510 Ebda, Nr. 13. AR der Dom-Südfassade, unbez. Tusche, grau
lav., 44,3 x 32,3 cm.

511 Farbvorstellung Pedettis unbekannt, da der Plan nur
grau lav. ist. Wahrscheinlich Anpassung an die Westfassade (rosa, s. Plan Nr. 12) geplant.

512 München, TU, Arch.slg., Cod. A. 11 (vgl. Anm. 508) und
ebda 18. GR u. AR der Holzlege und der halben Eichstätter
Residenz, unbez. Tusche, grau lav., 106,5 x 43,7 cm.

513 München, TU, Arch.slg., Cod. A. 3. GR EG Residenz Eichstätt (vor 1725). "Grundriß des ersten stocks von der
allhiesigen Hochfürstl. Residenz der Neue bau genandt
/.../" bez. ob. li. Tusche, grau lav., 55 x 83,6 cm.

514 Franz Xaver Thurnhofer. Willibaldsburg und Residenz. In:
Eichstätts Kunst, S. 105: Er datierte die Ausführung des
Mittelrisalits in die Regierungszeit Strasoldos. Anm. 1:
Ein Fenstergiebel trägt die Anfangsbuchstaben R.A.S.R.I.P.
(Strasoldo). Der übrige Teil der Inschrift war damals nur
mehr fragmentarisch erhalten.- Oscar Lochner von Hüttenbach. Die Mariensäule auf dem Residenzplatz zu Eichstätt.
Ein Beitrag zur Kunst- und Handwerksgeschichte Eichstätts. In: SHVE, 23, JG (1909), S. 70 Anm. 1: Klärung,
warum es zu dieser falschen Datierung kam. Nach dem bei
ihm veröffentlichten Promemoria vom 24.11.1775 von Pedetti (S. 84/85) waren die Steinmetzarbeiten bereits beendet. Aufgestellt wurde der Risalit erst später.

515 München, TU, Arch.slg., Cod. A. 22. GR u. AR des Mittelrisalits der Eichstätter Residenz. Unbez. Bleistift,
27,1 x 56,5 cm.

516 Cahn. Münzen, Bd. 3, S. 138: Abb. Sedisvakanztaler (u.a.)

517 Strauss. Historisch-topographische Beschreibung: einge-
legter Kupferstich "Hochfürstl. Eichstädtisch Residenz
Platz gegen Mittag", gestochen von Franz Xaver Hutter,
gez. von Pedetti, 26 x 18 cm.

518 Lang. Topographische Beschreibung, S. 227.

519 Eichstätt. DA. Sign. Kupferstich. Ansicht von Eichstätt.
Von Joh. Bapt. Homanns Erben. "Eigent. Verzeichnung der Gegend und Prospecten der Hochfürstl. Bischöfflich Haupt
und Residenzstadt Aichstaedt /.../ erschienen in Nürnberg im Jahre 1730" bez. ob. 62 x 55,1 cm.- Unten links
Ansicht der Residenzfassade (bez.).

520 München, TU, Arch.slg., Cod. A. 23. GR u. AR Seitenportal an der Eichstätter Residenz. "Riß von der Seiden Portal an der Residenz wie solches abzuandern vorgewesten
wegen dessen schadhafften Stücken" bez. unt. re. u. li.
Tusche, grau lav. 31,1 x 41,5 cm.

521 München, TU, Arch.slg., Cod. A. o. Nr. (3. Kassette).
AR West- und Südfassade der Eichstätter Residenz von

Joseph Xaver Effner. "Hochfürstl. Eichstaetische Residenz. Jos. Xaver Effner delin" bez. unt. li., Tusche,
grau lav., 71,5 x 43, 1 cm.

522 München, BVSS, Gartenabtlg. Entwurf einer fürstlichen
Residenz mit Garten (Vogelperspektive). "Prospect und
Perspective einer Fürstlichen Residenz gezeichnet von
Joseph Xav. Effner 1792" bez. unt. re. Tusche, grau lav.,
76,2 x 64,2 cm.- Veröff. bei Sylvia Habermann. Prospekt
und Perspektive einer fürstlichen Residenz. In: Klassizismus in Bayern, Schwaben und Franken, S. 364/365.

523 Vgl. Homanns Erben, Anm. 519: Abb. der Residenz-Süd-
fassade mit den alten Schilderhäusern.

524 München, TU, Arch.slg., Cod. A. 41. GR u. AR der Schilderhäuser für die Eichstätter Residenz und Brunnenentwürfe."/.../ auch wie ein zierlich und bequemes Schildwachhäusel als antiquen arbeith dermahlen üblich ist"
bez. ob. u. "Schildwachthäusel" bez. Mitte. Sign. unt.
li.:"Mauritio Pedetti jn et Deli ano 1784". Tusche, grau
lav. 53,2 x 42 cm.

525 München, TU, Arch.slg., Cod. A. 42. GR u. AR Schilderhäuser für die Eichstätter Residenz. "Grund und AufRiß
über die bei der Hochfürstlichen Residenz zu stehen komen
sollend steinernes Schildwachhäusel" bez. re. Tusche,
grau-gelbl. lav., 51,5 x 75,5 cm.

526 Bez. auf Plan 41, vgl. Anm. 524

527 Vgl. GR EG von Gabrieli (vgl. Anm. 513)

528 Zwischen 1781, dem Todesjahr Strasoldos, und 1790 gab es
im Inneren der Residenz keine neue Ausstattung.

529 Heute Zimmer 103-111 und 114 im West- und Südflügel
(107 Audienzzimmer, 108 Blaues Zimmer, 111 Altanzimmer).

530 München, TU, Arch.slg., Cod. A. 20. Schnitt durch das
Ritterzimmer in der Eichstätter Residenz."Profil wie das
vor oder Riterzimmer von der Pfeiller auff, den Portal
zu verbleiben hat und zur Semetri nach den grund Ris die
4 wende von quadratur oder mallerarbeit versen worden"
bez. Tusche, grünl.-grau lav., 72,7 x 50,2 cm.- Detail
abgebildet in KD, Mfr, Stadt Eichstätt, S. 535, Fig. 417.

531 Bez. "Ritterzimer oder anticamer" (heute Raum 102 I):
München, TU, Arch.slg., Cod. A. 7. GR 1. OG des Westflügels. Unbez. Tusche, lila-rosa lav., 73,2 x 39,4 cm.

532 Abb. in KD, Mfr, Stadt Eichstätt, S. 621, Fig. 493.-

533 Nürnberg, GNM, ZR ABK 394 I 38, Rückseite: klassizistische Wanddekoration, unbez.

534 München, TU, Cod. A. 21. GR Küche. Der Plan ist von Pedetti sign. und dat. auf den 10.1.1784.

535 München, TU, Arch.slg., Cod. A. 6-10: Stiegenhaus in
der Eichstätter Residenz. 6. GR EG des Westflügels mit
der neuen Treppe. "GrundtRüß von Ersten Stokwerk beym
Haubt Einfarts, wie die Hochfürstl. Residenz zu stehen
komet" bez. unt. Tusche, schwarz-grau lav., 72,1 x 49,5
cm. 7. GR 1. OG d. W-flügels, unbez. Tusche, lila-rosa
lav., 73,2 x 39,4 cm. 8. GR des EG-Antritts d. nördl.
Treppenflügels. "GrundRüß von ersten Stockwerck von der
Halbscheid der neye Stiegen in der Hochfürstl. Residenz
vor den Hoffsteinmetzmeister Rönner /Rupert Renner/ zur
Verfördigung der steinmetzarbeit gehörig ". Sign. unt.
re.:" Hofcamerraht ud Baud. Pedetti". Tusche, rosa-grau
lav., 62,6 x 48,2 cm. 9. Längsschnitt, unbez. Tusche,
rosa-gelbl. lav., 72,7 x 51,2 cm. 10. Querschnitt, unbez.
Tusche, rosa-gelbl. lav., 51 x 73 cm.

536 A jour (fr.) = durchbrochen. Der Begriff der "escaliers
à jour": Blondel. Cours d'architecture, IV, S. 292/293.

537 Mielke. Treppe, S. 242. Turmtreppe nur deshalb, weil der
Typus in Türmen entstand.

538 Ebda, S. 238

539 Ebda, S. 242

540 Keller. Treppenhaus, S. 72 ff.: Der "Ellingen Typ".

541 Rose. Spätbarocke Studien, S. 193.

542 Begriff der "escaliers à trois rampes": Blondel. Cours
d'architecture, IV, S. 287-317 (Hôtel Lionne v. Le Vau).

543 Rose. Spätbarocke Studien, S. 193.

544 Mielke. Treppe, S. 242

545 München, TU, Arch.slg., Cod. A 19. Varianten zur Gestaltung der Vestibül-Wände im 1. u. 2. OG der Eichstätter
Residenz. "Vestibulo in dritten stockwerck woenach auch
die trey wönde der Haubtstiegen verziret werden" bez.
ob. u. "vestibulo im zweyten Stockwerck /.../" bez. unt.
Tusche, lav., 72,6 x 41 cm.

546 Heute Raum 201 II

547 Heute Raum 100 I im 1. OG (Gemäldegalerie, liegt vor
der Kapelle (NO-Ecke W-flügel)) u. beherbergte früher
den "Music Chor" (TU, Cod. A. 7) u. Raum 200 II im 2. OG
(mit gewölbten Fenstern zum Hof wie das Treppenhaus).
Beide Säle haben Nischen in der NO-Ecke zur Anpassung an
die Domsüdfassade.

548 Bez. auf Plan 7 in der TU (vgl. Anm. 531)

549 Nürnberg, GNM, ZR ABK 394 I <u>35-38</u>. Modelle für Kanonenöfen, teilweise mit Marmorsockeln und Messingverzierung.
Unbez.

550 Vgl. Anm. 549 Nr. 35 (vier Kanonenöfen auf roten Marmorsockeln und Messingverzierung)

551 Formmasse aus Gips, die mit Leimwasser und Pigmentfar-
ben nachträglich geschliffen wird.

552 Ausführliche Deutung der Sageninhalte auf den Supraporten und Spiegeln bei: Georg Schörner. Griechische Sagen-
motive in der Fürstbischöflichen Stadtresidenz. In: HB,
26. JG (13.5.1977), Nr. 3 und Fortsetzungen in den folgenden Nummern.- Ders. Führung durch das Innere der Residenz. In: Erneuerung der ehemals fürstbischöflichen Residenz, S. 86-92, 99-106.

553 Nach dem Umbau in ein Bischöfliches Diözesan-Jugendamt
wurde das Schloß innen völlig entkernt.

554 Nürnberg, StA, EA 3281 (1.2.1765).

555 München, BVSS, Gartenabtlg., Reg. nr. B 17/10. Hofgarten
zu Pfünz. "Entwurf über den Hochfürstlichen Hofgarten zu
Pfünz, welcher vorstellet, wie aus selben eine Baum-
Schule könnte angeleget werden" bez. ob. re. Sign. unt.
re.:"gezeichnet von Jos. Effner geometer im Monath De-
cemb 1785". Tusche lav., 60 × 70 cm.

556 Sylvia Habermann. Die Planungen für ein Sommerschloß der
Eichstätter Bischöfe in Pfünz. In: Klassizismus in Bayern,
Schwaben und Franken, S. 362/363.

557 München, TU, Arch.slg., Cod. A. 105-118: Schloß Pfünz.
<u>105</u>. Lageplan. GR EG. "Grund Rüs des ersten Stockwerk
des ney zu bauenden Pfünzer Schlos". bez. ob., Tusche,
53,5 × 38 cm. <u>o. Nr.</u> Hofgarten. "Pfünzer Hofgarten" bez.
ob. li., Bleistift u. Tusche, 20 × 26,9 cm. <u>106</u>. Lageplan. Variante zu 105. Unbez. Tusche, 72,4 × 47,8 cm.
<u>107</u>. GR EG. Variante. "Grund Ris des in den Pfünzer Hoff-
garten zubauenden Neuen Schlösel und Saal Terenne" bez.
unt., Tusche lav., 47,3 × 51,9 cm. <u>108</u>. Lageplan. Bestandsaufnahme und GR. Unbez., Bleistift, 74 × 52 cm.
<u>109</u>. GR EG. Variante. Unbez., Bleistift, 51,6 × 72,5 cm.
<u>110</u>. Fundamentplan, unbez. <u>111</u>. Dachgebälk, unbez. <u>112</u>.
AR Gartenseite. "Faciada von seiten des Hofgartens" bez.
unt. Mitte. Tusche lav., 193,5 × 35,3 cm. <u>113</u>. GR EG.
Variante. Unbez. Sign. unt. li.:"Jos. Xav. Effner delin."
46 × 32,5 cm. <u>114</u>. GR 1. OG. Unbez. Sign. wie 113. 45,8
× 33 cm. <u>115</u>. AR Gartenfassade. Variante. "Faciada, wie
dieses Gebäude von der Garten Seite anzusehen ist" bez.
ob. Sign. unt. li. wie 113. Tusche, grau-rosa lav.,
46,2 × 33 cm.- Abb. bei S. Habermann, a.a.O. S. 362 Nr.
94.1. <u>116</u>. Querschnitt. "Profile wie der vorseyende
Pfünzer Schlos bau zu stehen komet" bez. ob., Sign. unt.

li.:" Mauritio Pedetti delineavit 1792". Tusche, gelb-
grau-rot lav., 70,7 x 50,8 cm. <u>117</u>. Gartenhäuser. Pfünz?
<u>118</u>. Gartentor Pfünz. <u>o. Nr</u>. Ansicht aus der Vogelpers-
pektive. Variante. Unbez. Tusche, grau lav., 57,5 x 45
cm. Abb. bei Habermann, a.a.O., S. 362 Nr. 94.5.

558 Vgl. Anm. 557, Nr. 116

559 Vgl. Anm. 557, Nr. 113/114/115

560 Vgl. Anm. 557, Nr. 106

561 Vgl. Anm. 557, o. Nr. (nach 118)

562 Vgl. Anm. 557, Nr. 112

563 Vgl. Anm. 557, Nr. 108

564 München, BVSS, Gartenabtlg., Reg. Nr. B 17/11. Schloß
Pfünz aus der Vogelperspektive. "Prospect der Hochfürstl.
Eichstädtischen Sommer Residenz Pfünz. Joseph Xaver Effner del" bez. unt. li., Tusche, grau lav., 101,4 x 72,3
cm. Abb. bei S. Habermann, a.a.O. S. 363 Nr. 94.3.

565 Vgl. Anm. 557, Nr. 105

566 Vgl. Anm. 557, Nr. 106

567 Vgl. Anm. 557, Nr. 109, 113, 114, 115, 116

568 Vgl. Anm. 557, Nr. 116

569 Vgl. Anm. 557, Nr. 116

570 Vgl. Anm. 557, Nr. 107 und 112

571 Vgl. Anm. 564

572 Z.B.: Engelhardstetten (Niederweiden), Idealentwurf
sogen. "Mailänder Lustgebäude" (vor 1696), Lustgebäude
der Historischen Architektur ...

573 Vgl. Anm. 557, o. Nr. (nach 118)

574 München, BHStA, Planslg. Nr. 10463 (alte Nr. 533/13).
GR, AR u. Schnitt des Blechdaches in Schloß Ellingen.
"Grund und Aufrieß wie die ofen Promonat im Schloß mit
weisen blech zu bedecken wäre /.../" bez. Mitte. "Profil /.../" bez. re. Sign. unt. re.: "Mauritio Pedetti
delineavit". Rückseite beschriftet: "Riss zur bedachung
der altana von H. Pedetti 1788". Tusche, grau-rosa-gelb
lav., 66,4 x 82,2 cm.- Dazugehöriges Gutachten vom
11.9.1788 "auf welche Art die an dem Schloß zu Ellingen
befindliche große Altane oder Promenade gegen die Witterung mittels einer leichten Bedachung dauerhaft zu
sichern und mit welchen Kosten dieses herzustellen wäre."

575 Bayern Kunst und Kultur. Nr. 1513.- Klassizismus in
    Bayern, Schwaben und Franken, S. 366.

576 München, BHStA, Planslg. Nr. 11819. Gutachten Pedettis
    vom November 1788 für St. Elisabeth in Nürnberg. Hier
    erwähnt er die im April in Ellingen angefertigten er-
    sten Entwürfe für die Kirche (fol. 15 r).

577 München, BHStA, Planslg. Nr. 10458.

578 Arthur Schlegel. Die Tätigkeit Michel d'Ixnards in der
    Deutschordensresidenz Ellingen. In: Belvedere, 9/10
    (1926), S. 134.

579 Detailliert nachzulesen bei: Max Piendl. Beiträge zur
    Kunst- und Kulturpflege im Hause Thurn und Taxis. In:
    Thurn und Taxis Studien. Hg. Fürstlich Thurn und Taxis-
    sches Zentralarchiv und der Fürst Thurn und Taxisschen
    Hofbibliothek, 3. Bd. (Kallmünz 1963), S. 90 ff.

580 Piendl, a.a.O., S. 99 Anm.122: Quellenangabe: Fürstlich
    Thurn und Taxissches Zentralarchiv Regensburg, Besitz-
    ungsurkunden Nr. 2621.

581 Ebda, S. 101 Anm. 125: Quellenangabe: Fürstlich Thurn
    und Taxissches Zentralarchiv Regensburg, Personalakten
    Nr. 5402.

582 Ebda, S. 99 Anm. 123: Quellenangabe: Fürstlich Thurn
    und Taxissches Zentralarchiv Regensburg, Domänenkammer
    Nr. 21129.- S. 100 Abb. 13: Fassadenriß von V. Lehmann.
    S. 101 Abb. 14: GR des ersten Stockwerks.

583 Regensburg, TTZA. Plannummern I/II, III/IV, VI u. VII.
    Freisinger Hof Regensburg. I/II. GR Keller u. EG.
    "Grundriß zur halben anlage zur ebenen Erde /.../" bez.
    unt. re. u."Grundriß der auch halbscheidigen Anlage des
    ersten Stockwerks /../ bez. unt. li. Sign. unt. li.:
    "Mauritio Pedetti invenit et delineavit 1794". Tusche,
    rötl.-grau lav., 99,5 x 64 cm. III/IV. GR 1. u. 2. OG.
    "Grundriß zur halben Anlage des Hfürstl. Taxischen Pa-
    lais zweiten Stockwerks /.../" bez. unt. li. u. "Grund-
    riß zum halben Theil des dritten Stockwerks /.../" bez.
    unt. re. Sign. unt. li.: "Mauritio Pedetti jn. et deli-
    neavit". Tusche, rötl.-grau lav., 99,5 x 63,5 cm.
    VI. Fassade. "Haupt Facciada wie sich dieses Palais bei
    der Haupteinfahrt, und Corps de Logis durch sämmtliche
    Stockwerke zeuget, nebst den antiquen Verzierung" bez.
    unt. Tusche, braun-grau lav., 99,5 x 52 cm. VII. Seiten-
    Facciata von dem Haubt als auch Flügelbau /.../" bez.
    unt. Sign. unt. li.: "Mauritio Pedetti jin et deli,
    Tusche, schwarz-grau lav., 72 x 52 cm.- Über den Ankauf in-
    formierte mich fr.weise Herr Appel, Eichstätt, DA.

584 Piendl, a.a.O., S. 99 Anm. 123: Quellenangabe: Fürst-
    lich Thurn und Taxisches Zentralarchiv Regensburg.

Domänenkammer Nr. 21129.- S. 100 Abb. 13

585 Piendl, a.a.O., S. 100

586 S.S. 151 f.

587 Eichstätt, DA

588 München, StB, Cgm 2645 A,B (Eichstätter Zeit) und C
    (voreichstättische Zeit)

589 Karlsruhe, GLA, HfK/Hd schwarz Nr. 17/7-17/12

590 München, BVSS, Gartenabtlg., Reg. Nr. C 30/2

591 München, StB, Cgm 2645 C, fol. 11 v

592 Ebda, B, fol. 1 r (Anweisung). Ähnlich auch in C, fol. 1 v

593 Ebda, A, fol. 1 v

594 Vgl. S. 85 ff. und Anm. 341

595 München, StB, Cgm 2645 A, fol. 1 r

596 Ebda, fol. 1 v

597 Ebda, fol. 6 v u. 14 v

598 Ebda, fol. 8 v

599 Vgl. Anm. 590

600 1. Teil 1711 in Augsburg erschienen, Anhang 1713, 2. Teil
    1716

601 München, StB, Cgm 2645 C, fol. 6 v

602 Ebda, fol. 11 v

603 Ebda, fol. 18 v

604 Eichstätt, DA, Skizzenbuch, fol. 52 v/53

605 München, Cgm 2645 C 16-18. Idealplan für eine Herrenresi-
    denz. Alle Pläne sign. unt. re.:"Mauritius Pedetti jnvit
    et Del: Copenhagen 1745". Zu jedem Plan gehören ausführ-
    liche Erläuterungen und Titelangaben auf den vorausgehen-
    den Seiten. 16. GR EG u. AR Hoffassade. 17. GR 1. OG u.
    AR Hofgartenfassade. 18. GR 2. OG und Schnitte.

606 München, StB, Cgm 2645 C, fol. 18 v

607 Vgl. Biographie S. 19 und Anm. 67

608 Vgl. auch Karlsruher Schloß, S. 110 und verschiedene

Idealpläne für Schlösser.

609   Blondel. De la Distribution, Bd. I, Taf. 23.

610   München, StB, Cgm 2645 C, fol. 22 v, Buchstabe "B"

611   Ebda, fol. 18 v, Anmerkung

612   Abb. bei Coudenhove-Erthal. Fontana, S. 9 Abb. 1

613   München, StB, Cgm 2645 C 10-15. Idealprojekt Residenz.
Alle Blätter sind unt. li. sign.:"Mauritio Pedetti jnv
et Deli^{vit}". Zu jedem Plan gehören ausführliche Erläuterungen und Titelangaben auf den vorausgehenden Seiten.
10/11.(fol. 14 r). GR EG u. 1. OG. 12 (fol. 15 r). GR
2. OG. 13 (fol. 16 r). Bedachung. 14/15 (fol. 17 r)
AR u. Schnitt.

614   Blondel. De la Distribution, Bd. I, Taf. 23

615   München, StB, Cgm 2645 C, fol. 14 v (Anmerkung)

616   Ebda, fol. 16 v (Anmerkung)

617   Vgl. Anm. 613, Nr. 13

618   München, StB, Cgm 2645 B 1-6 1/2. Idealprojekt Landschloß. Alle Blätter sind unten links sign.:" Mauritio
Pedetti jn et Deli". Zu jedem Plan gehören ausführliche
Erläuterungen und Titelangaben auf den vorausgehenden
Seiten. 1 (fol. 3 r). Fassade gegen den Hofgarten.
Schloß aus der Vogelperspektive. 2/3 (fol. 5 r). GR EG
u. 1. OG. 4/5/5 1/2 (fol. 7 r). GR EG u. 1. OG (Detail
vergrößert) u. AR Hoffassade. 6/6 1/2 (fol. 9 r). Quer-
und Längsschnitt.

619   Ebda, fol. 1 r

620   Ebda

621   Ebda, fol. 2 r (I)

622   Vgl. Anm. 522

623   Vgl. Anm. 618, Nr. 2/3 u. 4/5

624   München, StB, Cgm 2645 B, fol. 4 v (Anmerkung)

625   Ebda, fol. 6 v (Anmerkung)

626   Karlsruhe, GLA, HfK/Hd 17/8 u. 17/10 schwarz. Idealprojekt "Grand palais". Die Pläne sind dat.: "Ouvrage et
invantion par Maurice Pedetti conseiller de La Chambre
de Finance (Hofkammer) d. S.A.R Mgr Le Prince Eveque
d'Eichstet. Fait lannee 1786". 17/8. GR EG u. AR Hoffassade. "Lit Aa. Plan d'un grand palais au Rez De

Chaussé" bez. ob. u. "Elevation du Front de l'antré
/.../" bez. unt. Tusche, grau lav., 101 x 64,5 cm.
17/10. GR 1. OG u. Schnitte. "Lit Bb. Plan du premier
ou Bel Etage Corps de Logis" bez. ob. u. Schnitte (bez.)
Tusche, farbig lav., 100 x 65,2 cm.

627 Karlsruhe, GLA, HfK/Hd 17/7 u. 17/11 schwarz. Idealprojekt "Château triangolear". 17/7. GR EG u. AR. "No 1.
Plan d'un château triangolear Rez de Chausse compose de
trois avenu et entre Egalles Entourne des Jardins et
Allee" bez. ob. u. "Elevation du front de la primier
Avenue du chateau et de la grand Cour d'armes. Ouvrage
et invantion par Maurice Pedetti conseiller de la Chambre
de Finance de S.A.R. Mgr. Le Prince Eveque d' Eichstet.
Fait l'annee 1787" bez. unt. Tusche, schwarz-grau-rosa
lav., 105 x 65,5 cm. 17/11. GR 1. OG u. Mezzanin, Bedachung, AR u. Schnitt. "Nro II Plan du dits chateau de
les Mezanins et du Bel Etage" bez. ob. li. u. "Nro III
Plan de la covertur du dits chateau" bez. ob. re. Sign.
unt. re wie Plan 17/7. Tusche, farbig lav., 101 x 64,5
cm. Veröffentl. bei Arndt. Ein "Château triangulaire"
des Maurizio Pedetti, Abb. 1, 2.

628 Arndt. Ein "Château triangulaire" des Maurizio Pedetti.

629 Ebda

630 Eichstätt, DA, Skizzenbuch, fol. 35 v/36 r (Faltplan)

631 Ebda, fol. 44 (Freihand-Tuscheskizze)

632 Projekt für eine trianguläre Kirche. Abb. bei Braham.
Fontana, Abb. Nr. 239.

633 Orig. in Berlin, Ehem. Staatl. Kunstbibliothek, Hand-
zeichnung Nr. 1151. Abb. veröff. bei Arndt. Ein"Château
triangulaire" des Maurizio Pedetti, S. 259 Fig. 5 (AR)
und Boscarino. Juvarra, Abb. 54-57 (GR).

634 Livre d'architecture. Paris 1559, pl. XXVIII

635 U.a. Herrenresidenz (1745), Landschloß (nach 1750),
Grand palais (1786), Fürstliche Residenz (1792)

636 Charles Etienne Briseux. Traité du beau essentiel dans
les arts". Paris 1782, pl. 36, 37. Abb. in Arndt. Ein
"Château triangulaire" des Maurizio Pedetti, S. 261 Fig.
6 (GR) u. 7 (AR).

637 Erstes Beispiel für eine Grundrißgestaltung über Initialen ist die Solvgadens-Kaserne in Kopenhagen, 1765
bis 1771 von Nicolas Jardin.- Außerdem Kirchengrundrisse
von Thomas Gobert um 1680.

638 Vgl. Anm. 636

639 Sylvia Habermann. Prospekt und Perspektive einer
Fürstlichen Residenz. In: Klassizismus in Bayern, Schwaben und Franken, S. 365 Abb. 95.1.

640 München, BVSS, Gartenabtlg., C 30/2. Residenz mit Garten aus der Vogelperspektive (vgl. Anm. 522).

641 Paul Decker (1677-1713). 1699-1705 in Berlin bei Schlü-
ter. 1710 Fürstlicher Baudirektor in Bayreuth. Seine
Entwürfe hatten großen Einfluß auf Franken. Sein Oeuvre
als freischaffender Architekt war nicht bedeutend.

642 Nürnberg, StA, EA 1199 a (März 1781), fol. 131.

643 Nürnberg, GNM, ZR ABK 394 I 2 (sign.)

644 Nürnberg, StA, EA 3271, Dekret vom 1.6.1790

645 Es ist nur ein von Pedetti signierter Plan zur Einrichtung eines Torschreiberquartiers hinter dem Spitaltor-
turm erhalten: Nürnberg, GNM, ZR ABK 394 I 83.

646 Nürnberg, GNM, ZR ABK 394 I 4 (sign. u. dat.)

647 Nürnberg, GNM, ZR ABK 394 I 6 (sign. unt. re., dat. Rückseite 10.5.1777)

648 München, TU, Arch.slg., Cod. A. 41, 42 (vgl. Anm. 524/525).

649 München, TU, Arch., Cod. A. 1. GR Residenzplatz-Gebäude.
"Plan von der hießige Hochfürstlichen Residenz und denen
in der Nähe befindlichen alten und neuen gepäuen auch
platz und gaßen" bez. ob. li. Tusche, grün-rosa-grau lav.
64 x 70 cm. 2. Bez. wie 1. Tusche, lav., 68,5 x 72,7 cm.
Der Plan gibt die Situation um 1725 wieder (Gabrieli).
Er ist zwar undat., muß aber vor 1728 entstanden sein,
da die Hofkanzlei (geb. 1728) im Westen noch als "neu
zu pauen" bez. ist.

650 Offizial, lat.: Beamter, bes. der Vertreter des Bischofs
bei der Ausübung der Gerichtsbarkeit.

651 Dat. am Torbogen zwischen beiden Gebäuden

652 München, TU, Arch.slg., Cod. A. 28-40. Residenzplatz
Eichstätt. 28. Ansicht des Platzes. "Prospect wie die
zwey neue Rohr brunen samt Linden spalier gang, auf den
Hochfürstl. Residenz Parade Plaz zu stehen komen solle"
bez. ob. Tusche, grün lav., 37 x 47,5 cm. 29. GR u. AR
des Bassins des Marienbrunnens. Unbez. Sign. unt. li.:
"M. Pedetti". Tusche, rosa lav., 41,7 x 54,7 cm. 30. GR
u. AR d. Mariensäule mit Brunnen. "Grund und aufrecht
stehender Riß deß neuen bronnen auff dem Hochfürstl.
Residenz Blaz" bez. ob. Tusche, grau-blau-rot lav.,
47,6 x 71,6 cm. 31. Säulenschaft, unbez. 32. Mariensäule, Maßberechung. 33. GR Bassin. "Grundt Riß des Neu

aufgerichten Residenz bronnen, und Monument zu Eychstätt"
bez. ob. Sign. unt. li.:"Mauritio Pedetti jnv et Dele[it]"
Tusche, hellgrün lav., 32,3 x 44,6 cm (entspricht dem
Plan in Karlsruhe, GLA, HfK/Hd 17/2 schwarz Nr. 2. Tusche,
grau-schwarz lav., 33 x 46,8 cm). <u>34</u>. Ansicht der Mariensäule u. Bassin. "Aufriß des neuen monuments und fon-
taine auf den Residenz Blaz zu Eychstätt von der Seit-
hen aufgenomen" bez. unt. Tusche, grau lav., 32,7 x
45,6 cm (entspricht dem Plan in Karlsruhe, GLA, Hfk/ Hd
17/3 schwarz Nr. 3. Tusche, grau lav., 33 x 46,5 cm).
<u>35</u>, <u>36</u>. GR und AR der Gerüste zur Aufstellung der Marien-
säule (bez.) Beide Pläne sind signiert. 35: "Mauritio
Pedetti jn. del et erecit", 36: "Baud. Pedetti (35
entspricht dem Plan in Karlsruhe, GLA, Hfk/Hd 17/6
schwarz Nr. 6, Tusche, grau lav., 33,5 x 47 cm).
<u>37</u>. Winde. <u>38</u>. GR u. AR Marienbrunnen-Bassin. Unbez.
Tusche, 31,5 x 43,3 cm. <u>39</u>. GR u. AR des kleinen Brunnens. Unbez. Blei u. Tusche, rötl. lav., 32,5 x 44 cm.
<u>40</u>. GR u. AR d. kleinen Brunnens. Variante. Unbez. Blei
und Tusche, grün lav., 36,4 x 42 cm.

653 München, StB, Cgm 2645 D (Einzelblatt). Mariensäule Eich-
stätt. "Moniment auf den Hochfürstl. Residenz Plaz zu
Eychstätt /.../" bez. unt. u. dat. (1777 Aufstellung).
Sign. unt. li.:"Mauritio Pedetti in. D.d. Erec." Tusche,
lav., 28 x 38 cm.- Dazugehörig:"Underthänigstes Pro
Memoria die Praeparationes und auffrichtung der Ehren
Säullen an den Hochfürstl. Residenz Blatz betreffend, mit
beykommenden Yberschlag, Rüss und Gerist". Sign. "Hoff
Camersch... Baud. Pedetti" (24.11.1775). Veröff. bei
Oscar Lochner von Hüttenbach. Die Mariensäule auf dem
Residenzplatz zu Eichstätt. Ein Beitrag zur Kunst- und
Handwerksgeschichte Eichstätts. In: SHVE, 23. JG (1909),
S. 84-89.

654 Exemplare u. a. in Eichstätt, DA (1787) und in der
StB Bamberg (H.v.G 12/14) von 1764 (Abb. XX). Entwurf
von Pedetti und Franz. Pedetti erhielt am 20.10.1760
ein Douceur von 75 fl. (Nürnberg, StA, EA 3271, Dekret
vom 20.10.1760).

655 Strauss. Historisch-topographische Beschreibung, S. 80.-
Höhe der Säule ca. 22,67 Meter. Verhältnismäßig hoch
im Vgl. zu den Mariensäulen in München (13,2 m) und
Freising (ca. sechs Meter).- Am Randes des Stufenunter-
baues wird die Kette gehalten von abwechselnd einer Ku-
gel mit Löwenkopf u. zwei Obelisken

656 Strauss. Historisch-topographische Beschreibung, S. 82:
"gegen Aufgang umgiebt solchen /Brunnen/ ein artiges,
halbrundes, mit Lindenbäumen, und schönen steinernen
Geschirren besetzten Amphitheater /.../".

657 Kupferstich "Hochfürstl. Eichstädtisch. Residenzplatz
gegen Aufgang" bez. Sign. "Vom H.K. (!) Pedetti gezeichnet (Zeichnung verschollen) - vom F: X: Hutter ge-

stochen". Um 1791. Als Einzelblatt eingelegt in
Strauss. Historisch-topographische Beschreibung.
Maße: 26 x 18 cm.

658 München, TU, Arch.slg., Cod. A. 28 (vgl. Anm. 652)

659 Brinckmann. Platz und Monument, S. 140 Anm. 83: Zitat
aus 'Mercure de France', Décembre 1748, p. 96.

660 München, TU, Arch.slg., Cod. A. 4. GR des Residenzplatzes in Eichstätt mit Anmerkungen. Bez. li.:" /.../ so
den 29 Julii 1778 mit Professor Piecl aufgenomen worden
/.../". Unsign., aber sicher von Pedetti. Tusche, grün-
rötl.-gelb lav., 36,4 x 52,7 cm.

661 Später wurde der große Brunnen um zwei Meter nach Westen verschoben.

662 Sedisvakanztaler von 1781 (13.1-27.3), geprägt nach dem
Tod Strasoldos anläßlich der Übergangsregierung des Dom-
kapitels. Der Entwurf ist von Pedetti. Auf dem Revers
Darstellung der Innenstadt mit Residenzplatz.- Vgl. Anm. 516.

663 Regensburg, SA, Akt A 1974/44 (Urk. 5 Blätter). Inhalt:
Wasserleitung zur Versorgung der Residenzplatz- und Hof-
gartenbrunnen. Rechnungsaufstellung. Dat. 18.3.1780 (1.
u. 2. Blatt), 23.3.1780 (3. Blatt) und 31.3.1780 (4.
Blatt). Sign. u.a. von "Hof Camerrath Baudir. Pedetti".

664 1. Kupferstich: vgl. Anm. 657.- 2. Kupferstich "Hoch-
fürst Eichstädtisch. Residenz Platz gegen Mittag".
Sign. "Vom H.K. Pedetti gezeichnet (Zeichnung verschollen) - vom F:X: Hutter gestochen". Um 1791. Als Einzelblatt eingelegt in Strauss. Historisch-topographische
Beschreibung. Maße: 26 x 18 cm.

665 Lang. Topographische Beschreibung, S. 32:" Der Residenz
Platz ist unter diesen Plätzen der sehenswürdigste und
zwo Fontainen zieren denselben".

666 Brinckmann. Platz und Monument, S. 110

667 KD, Mfr, Stadt Eichstätt, S. 470

668 Neben zahlreichen Beiträgen und Diskussionen in Eichstätter Zeitungen erschienen die folgenden Artikel über
die Vorstellungen zur Neugestaltung und zum Problem der
Pflasterung: Edmund Endl. Residenzplatz - ein Gesamtkunst-
werk. Dokumentation zur Restaurierung. In: HB, 28. JG
(1979), Nr. 1, S. 1-4.- Werner Gross u. Ulrich Kuder. Der
Residenzplatz in Eichstätt im Für und Wider seiner geplanten Neugestaltung. In: EK vom 28./29.4.1979.- Alexander Rauch. Der Residenzplatz in Eichstätt. Analysen und
Gedanken zur Wiederherstellung seiner historischen Gestalt. In: HB, 29. JG (1980), Nr. 2, S. 5-8.- Rembrant
Fiedler. Der Residenzplatz in Eichstätt - ein Beitrag

zur Quellenkritik. In: SHVE, 75. JG 1982, S. 179-210.

669 Eichstätt, SA, Akt Nr. 2784: Quelle nach Fiedler. A.a.O., S. 208 Anm. 28.

670 Die verschiedenen, zu diesem Themenkreis erschienenen Aufsätze übersichtlich zusammengestellt in den Anmerkungen von Fiedler. A.a.O., S. 205-210.

671 Fiedler. A.a.O., bes. S. 202 ff.

672 Eichstätt, DA, Slg. Franz Ludwig Heusler, Jahr 1777.- Joseph Georg Suttner (über die Aufstellung d. Mariensäule). In: P, 2 (1855), Nr. 9, S. 45.

673 Nürnberg, StA, EA 3308 (28.6.1780), Hofkammerprotokoll: Fertigstellung des kleinen Brunnens.

674 O.V. Die Mariensäule in der Residenz. In: Eichstätter Volkszeitung vom 7.12.1958.

675 München, TU, Arch.slg., Cod. A. 35-37 (vgl. Anm. 652 und Karlsruhe, GLA, HfK/Hd 17/6 schwarz Nr. 6) Gerüstpläne.

676 Abgedruckt bei Lochner, a.a.O., S. 85. Vgl. Anm. 653.

677 Aus: Birgit Rehfus. Das Brunnenhaus in Nymphenburg und die Wasserversorgung in München. In: Klassizismus in Bayern, Schwaben und Franken, S. 301 Anm. 1: Quellenverweis: München, BHStA, FM 12657.

678 Sausenhoffer. Staatskalender. Exempl. in Eichstätt, DA.

679 Nürnberg, StA, EA 1196 (Okt. 1778), fol. 359 v: Hier ist die Rede von einem neuen Wasserwerk, um Wasser in den Hofgarten zu führen. Dazu sei "/.../ Hofkamer Rath und Bau Directo Bedetti anbefohlen /.../" worden.

680 In: HB, 19. JG (1970), Nr. 5, S. 18

681 Ansicht von Eichstätt von Ignaz Alexander Breitenauer von 1799 (seit 1924 verschollen). "Prospect gegen Mitternacht, der Hochfürstl. Bisch: Residenz Stadt Eichstaedt" bez. li. Sign. unt. li.:"IG Alexander Breitenauer hat diese Stadt ud Gegend mit freien Auge aufgenommen und gezeichnet". Tusche, 120 x 40 cm. Abb. in KD, Mfr, Stadt Eichstätt, S. 15.

682 Vgl. Anm. 680, S. 18 Abb. 21.

683 Nürnberg, GNM, ZR ABK 394 I 15-26, teilweise sign. (15:"/.../ aufgenohmen durch moriz Pedetti Hof und Kamer Rath dann Baudirector dahier ao 1797", 16: "Baud. Pedetti", 20: "Ign. Pixel Prof Math", 23: Rücks. bez. "Außzuch des conferenzprotocol de dato 11. Juli 1778", 24, 25: dat. 24.9.1779 Professor Pickl u. Pedetti).

684 Karlsruhe, GLA, HfK/Hd 17/1 schwarz Nr. 1. GR. Wasserturm (bez.). Sign. unt. li. "Mauritio Pedetti jnv."
17/4 schwarz Nr. 4. Schnitt Wasserturm. Sign. wie 17/1.
17/5 schwarz Nr. 5. Radstube. Sign. unt. li.:"Mauritio
Pedetti del". Tusche, gelb-grün lav., 32 x 45,5 cm.

685 Vgl. Anm. 660

686 München, TU, Arch.slg. 41. GR u. AR von drei Brunnen
(u. von den Schilderhäusern der Residenz Eichstätt).
"AufRißen von zerschiedner Posttamenten so statt dennen
Gomppbronnen / Gumpe = (mundartl./süddt.) Wasseransamm-
lung, Wasserloch/ von stain gerichtet /.../" bez. ob.
Sign. und dat. unt. li. "Mauritio Pedetti in et Deli
ano 1784". Tusche, grau lav., 53,2 x 42 cm.

687 Ehrenberg. Baugeschichte von Karlsruhe (1908): erste
wissenschaftliche Arbeit über Karlsruhe, summarische Behandlung Pedettis.- Valdenaire. Friedrich Weinbrenner
(1919).- Rose. Spätbarocke Studien (1922): kurze Kritik.-
Giedion. Klassizismus (1922): positive Kritik Pedettis.-
Valdenaire. Karlsruhe (1929): positive Erwähnung Pedettis.
Lacroix. Baugeschichte Marktplatz (1933): Baugeschichte
des 19. Jhs. unter Berücksichtigung der Entwürfe des 18.
Jhs.- Ders. Entwürfe Marktplatz (1940): Ausführliche Beschreibung der Pläne aller Beteiligten und künstlerische
Würdigung, zahlreiche Abb.- Valdenaire. Karlsruher Markt-
platz (1948): ausführliche Beschreibung mit Abb.

688 Ehrenberg. Baugeschichte von Karlsruhe, S. 56

689 Rose. Spätbarocke Studien, S. 92.

690 Vgl. Vorgeschichte bei Lacroix. Baugeschichte Marktplatz,
S. 26 ff.- Ders. Entwürfe Marktplatz, S. 127.- Valde-
naire. Karlsruhe, S. 8 ff.- Ders. Karlsruher Marktplatz,
S. 415 ff.

691 Über verschiedene städtebauliche Schwierigkeiten vgl.
Valdenaire. Karlsruher Marktplatz, S. 418-419.

692 Ebda, S. 423

693 Lacroix. Baugeschichte Marktplatz, S. 40/41

694 Gest. am 9.9.1793, Ingenieur, 1775 in fürstlichen Diensten, tätig in Rastatt, Aufgaben: vorwiegend topographische Landvermessung.

695 Karlsruhe, GLA, G/KA 216, 484, 485 (1781, 1782 u. 1792)
Veröff. bei Lacroix. Entwürfe Marktplatz, S. 136 Abb. 12.

696 Geb. 1736 in Dresden, gest. 1800 in Dessau

697 Karlsruhe, GLA, G/KA 106, 488, 491 (1791 und 1797)

698 Karlsruhe, GLA, G/KA 486 (u. Deckblatt); HfK/Hd$_4$ (2 Deckbl.); Hfk/Hd$_6$. Veröff. u.a. bei Lacroix. Entwürfe Marktplatz, S. 131 Abb. 4 u. 5, S. 133 Abb. 6 und 7.

699 Karlsruhe, GLA, G/KA 487. Veröff. bei Lacroix. Entwürfe Marktplatz, S. 136 Abb. 13.

700 Karlsruhe, GLA, HfK/Hd 1-3, 5, 7, 8. U. a. erbaute er die Münze in Paris (1771-75)und verschiedene Hôtels. Seine Pläne sind u.a. veröff. bei Lacroix. Entwürfe Marktplatz, S. 134 Abb. 8, 9, S. 139 Abb. 16.

701 Karlsruhe, GLA, G/KA 479-483. Veröff. bei Lacroix. Entwürfe Marktplatz, S. 135 Abb. 10 a und 10 b, 11.- Er war ab 1807 Baudirektor in Würzburg.

702 Entwurf von Karl Friedrich Meerwein (Abb. b. Lacroix. Entwürfe Marktplatz, S. 130 Abb. 3) ist nicht dazuzuzählen, da er erst 1799 abgeben wurde.

703 Lacroix. Entwürfe Marktplatz, S. 129 Abb. 1

704 Auf Pedettis GR-plan (Karlsruhe, GLA, G/KA 513) als "Haupt u. mitlere Residenz Straße" bez. (später Bärengasse, heute Karl-Friedrich-Straße).

705 Ebda als "Thurlacher Straße" bez. (später Langestraße, heute Kaiserstraße)

706 Nicht ausgeführt. München, StB, Cgm 2645 B, fol. 11 r, 13 r, 15 r und Karlsruhe, GLA, G/KA 72-75.

707 Karlsruhe, GLA, G/KA 513-520

708 Karlsruhe, GLA, G/KA 513. GR des Marktplatzes in Karlsruhe und Gesamtsituation. "Haupt Plan über die vorseiende Erweiderung der Hochfürstl. Marggrafl. Badischen Residenz Stadt Carlsruh. Lit. A."bez. ob. Sign. unt. li "Mauritio Pedetti jnv. et del." Tusche, farbig lav., 63 x 101 cm.

709 Evangelische Stadtkirche Karlsruhe: Karlsruhe, GLA, G/KA 514. GR EG u. 1. OG u. Turm. "Lit. C. Grundriß von ersten Stockwerk der neu zu bauen vorseyende Stadtkirch /.../" bez. ob. li. u. "Grundriß des zweyten Stockwerk /.../" bez. ob. re. Ganz re. Turm-GR (bez.). Sign. unt. li.:"Mauritio Pedetti jnv et del", Tusche, grau und schwarz lav., 124 x 63 cm.515. AR u. Querschnitt (bez.) Sign. wie 514. Tusche, grau-rosa-gelb lav., 99 x 61,5 cm. Rathaus. 516. GR EG, 1. u. 2. OG u. Turm. "Lit. F. Grundriß von ersten Stockwerk der neu zu Bauen vorseyende Rathhaus /.../ welches von außen der Stadtkirchen gleichfermich hierin vor Kauf- und Maudhaus dienet" bez. ob. li. u. GR 1. u. 2.OG (bez.), GR vom Turm (bez.). Sign. unt. li.:"Mauritio Pedetti jnv et Del." Tusche, grauschwarz lav., 124 x 62,5 cm. 517. AR u. Querschnitt

(bez.). Sign. unt. li.:"Mauritio Pedetti jnv. et Del".
Tusche, grau-rosa-gelb lav., 99 x 61,5 cm. <u>518</u>. GR d.
Turmes (bez.) Sign. wie 517. Tusche, grau lav., 73 x
51,5 cm. <u>519</u>. Turmfassade (bez.). Sign. wie 517. Tusche,
grau-rosa-gelb lav., 51 x 73,5 cm.

710 Karlsruhe, GLA, I/B KA Nr. 72. Fassadenfront am Marktplatz Karlsruhe. "Lit. D" bez. ob. li. u. "Aufriss der
einde Marktplatz Seiten und der Stadt Kirche bis zu den
Stadtgraben Brücke u. Wasser Piessen" bez. unt. Sign.
unt. li.:" Mauritio Pedetti jn et delin". Tusche, grau
lav.

711 Fotoplatte im Landesdenkmalamt Baden-Württ., Außenstelle
Karlsruhe, KA/Marktplatz, Plattennr. 6829 (alte Nr. 4246).
Foto nach der verschollenen Kopie von 1882 des verschollenen Originals. Ansicht des Marktplatzes aus der Vogelperspektive. "Lit. B" bez. ob. li. u. "Perspectivischer
Endwurff wie zu der Hochfürstl. Marggräfl. Badischen
Residenz Stadt Carlsruh die neue Anlag von seiden der
mitlere u haupt Residenz Strass sich presentire" bez.
unt. Sign. unt. li.:"Mauritio Pedetti jnv et del". Bez.
unt. re."Nach dem Original des Großh. General Landes
Archiv copirt IX. 1882". Tusche, lav.-

712 Lacroix. Baugeschichte Marktplatz, S. 31-32.

713 Lacroix. Baugeschichte Marktplatz, S. 31 u. Anm. 2:
Quellenangabe: GLA K'he Conv. 225. Heutige Sign.: GLA
K. Protokollslg. Nr. 1728 (enthält Febr. 1787): kein
Protokoll für den 3.2.1787 auffindbar.-Ebda, Nr. 1735
(enthält September 1788): kein Protokoll vom 19.9.1788
auffindbar.

714 Geheimes Kabinettsprotokoll von Montag, dem 22.9.1788:
Karlsruhe, GLA K. Protokollslg. Nr. 1735.

715 Lacroix. Baugeschichte Marktplatz, S. 31 Anm. 4: Quellenangabe: GLA Conv. 223.

716 Karlsruhe, GLA K. Protokollslg. Nr. 1743 (Jan. 1790 enthalten): nichts auffindbar.

717 Zit. nach Lacroix. Baugeschichte Marktplatz, S. 32.

718 Vgl. Anm. 709

719 Karlsruhe, GLA K. Protokollslg. Nr. 1744 (enthält April
1790): Protokoll vom 8.4.1790 Nr. 614 (Bausache), fol. 3r.

720 Vgl. Lacroix. Baugeschichte Marktplatz, S. 32.

721 Bez. auf Pedettis GR-plan, vgl. Anm. 708, heute Kaiserstraße.

722 Ebda, als "Nebenstrass" bez.

723 Vgl. Anm. 711

724 Giedion. Klassizismus, S. 160.

725 Rose. Spätbarocke Studien, S. 94

726 Giedion. Klassizismus, S. 121.

727 Vgl. in kleineren Dimensionen in Hirschberg, Cour d'
     d'honneur, S. 129 ff.

728 Ausführliche Beschreibung bei: Lacroix. Baugeschichte
     Marktplatz, S. 46 ff.- Ders. Entwürfe Marktplatz, S.
     132 ff.- Ehrenberg. Baugeschichte von Karlsruhe, S. 68 ff.

729 Karlsruhe, GLA, G/KA 491 (1791)

730 Karlsruhe, GLA, G/KA 106 (1797)

731 Vgl. Anm. 709

732 Vgl. Anm. 711

733 Vgl. Anm. 710

734 Vgl. S. 326 ff.

735 Vgl. Anm. 709, Nr. 518/519

736 München, TU, Arch.slg., Cod. A. 82

737 München, TU, Arch.slg., Cod. A. o. Nr. (4. in der Kas-
     sette). Ansicht des Hofgartens aus der Vogelperspektive.
     "Prospect der Eichstetter Hofgartens gegen Abend anzu-
     sehen. gezeichnet von Jos. Effner" bez. unt. li. Tusche,
     grau lav., 61,3 x 42 cm.

738 Abb. KD, Mfr., Stadt Eichstätt, S. 562 Fig. 439

739 Zwei seit 1924 verschollene Stadtansichten von Eichstätt
     von Ignaz Alexander Breitenauer: 1: vgl. Anm. 681.- 2:
     "Hochfürst. Bisch. Ressidenz Stadt Eichstaett gegen Mit-
     tag anzusehen" bez. unt. Sign. unt. re:" Anno MDCCIII
     hat Ignaz Alex. Breittenauer Hochfürstl. Eichstaedt.
     Kabinets und Hofbildhauer diese Stadt aufgenomen und ge-
     zeichnet". Abb. in Edwart Mager. Verschollene Stadtbil-
     der. In: HB, 18. JG (1969), Nr. 4, S. 14/15.

740 Joachim Hotz. Aus Frankens Kunst und Geschichte. Mittel-
     franken. Lichtenfels 1976, S. 96.

741 München, TU, Arch.slg., Cod. A. 85

742 München, TU, Arch.slg., Cod. A. 69, 74, 76

743 München, TU, Arch.slg., Cod. A. 76

744 München, TU, Arch.slg., Cod. A. 77-80, 98

745 München, TU, Arch.slg., Cod. A. 62, 93

746 München, TU, Arch.slg., Cod. A. 81

747 München, TU, Arch.slg., Cod. A. 82-85. Mittelpavillon im
Hofgarten Eichstätt. 82. GR u. AR d. Mittelpavillons mit
Bassin. "Grund= und aufrüss wie in den Hoffgartten steh-
ende Salet der vorräthig gerichtete Baseng in einer Nische
gleichsam ein Belvedere zu stehen komen könne" bez. ob.,
Tusche, farbig lav.,(83 fehlt). 84. AR Mittelpavillon.
Ausführungsentwurf. Unbez. Sign. unt. re.:" Joseph
Xaver Effner del". Tusche, grün lav., 31,9 x 27, 7 cm.
85. GR u. AR Mittelpavillon. "Faciada von der in Hoch-
fürstl^{en} Lustgartten zu Eichstätt befindlichen Wasser
Nische und Belveder" bez. ob. Sign. unt. li. "Joseph
Xaveri Effner delin. 1779". Tusche, farbig lav. 41,3 x
53 cm.

748 München, TU, Arch.slg., Cod. A. 86-89

749 München, TU, Arch.slg., Cod. A. 90, 91. Eckpavillons im
Hofgarten in Eichstätt. 90. Östlicher Eckpavillon. GR u.
AR. Unbez. Tusche, grau lav., 35,5 x 47 cm. 91. West-
licher Eckpavillon. GR u. AR. "Aufrüß wie dermahlen das
hinds salet gegen den Küchen gardten stehe" u. "Aufrüß
ds neyen anbaulein /.../" bez. ob. u. "Aufrüss wie der
neye anbaulein zu stehen komet" bez. li. Tusche, lav.,
57,7 x 45,6 cm. 92, 94. Gitter der Gartenmauer; Dach.

750 München, TU, Arch.slg., Cod. A. 81

751 Vgl. Anm. 748

752 Vgl. Anm. 747

753 Vgl. Anm. 747

754 Vgl. Anm. 747

755 KD, Mfr, Stadt Eichstätt, S. 568

756 Vgl. Anm. 747

757 Vgl. Anm. 749

758 KD, Mfr, Stadt Eichstätt, S. 571

759 Hans Sedlmayr. Verlust der Mitte. Die bildende Kunst
des 19. und 20. Jahrhunderts als Symptom und Symbol der
Zeit. Frankfurt-Berlin 1977, S. 77.

760 Vgl. Anm. 738

761 Strauss. Historisch-topographische Beschreibung, S. 47.

762 München, TU, Arch.slg., Cod. A. 95, 96

763 Vgl. Anm. 557, Nr. 108; Anm. 564 (dazugehörig); Anm.
     557, o. Nr. nach 118.

764 Sylvia Habermann. Die Planungen für ein Sommerschloß
     der Eichstätter Bischöfe in Pfünz. In: Klassizismus in
     Bayern, Schwaben und Franken, S. 363.

765 Vgl. Anm. 555

766 Vgl. Anm. 522

767 Heute als "Englischer Garten" bez.- Abb. in KD, Mfr,
     Stadt Eichstätt, S. 741 Fig. 590.

768 Aus Sedlmayr. Fischer. Abb. 62-69: Gartenentwürfe aus
     dem Codex Montenuovo (Wien, Graphische Sammlung Albertina)
     von 1694.

769 Ansicht der heutigen Anlage bei: Edwart Mager. Alteich-
     stätter Gärten und Gartenhäuser. In: HB, 22 (1973) Nr. 1,
     S. 2 Abb. 8.

770 Eigentlich "Ow"-Garten nach dem damaligen Besitzer Ge-
     heimrat Adam Anton Frhr von Ow, dirigierender Minister
     unter Stubenberg. - Abb. in Mager, a.a.O., S. 1 Abb. 4
     und Ansicht auf Pedettis Stadtplan von 1796 in Eich-
     stätt, SA: Nr. 55 "Hr. v. Ow Garten"

771 Ilse Hoffmann. Kirchenbau, S. 30

772 Ebda

773 Ebda, S. 43

773a Siehe Ergänzungen S. 404

774 Eichstätt, DA, PfA Berching I$_2$ "Bau und bauliche Unter-
     haltung der Pfarkirche od B."Unfol. 27.10.1742.

775 Hauttmann. Baukunst, S. 54 (Tabelle).- Richtig stellte es
     u.a. dar: Buchner. Bistum Eichstätt (1937).

776 Nürnberg, GNM, ZR ABK 394 III 46-52. Kirche Berching.
     46. Gewölbeplan. 47. Situationsplan (bez.). Rückseite be-
     schriftet "In Cabineto den 13 t aug. 1753". Tusche-Blei,
     grau-rosa lav., 42,8 x 56 cm, 48. Bestandsaufnahme Alt-
     bau (bez.) Rückseite beschriftet wie 47. 49. GR Zwischen-
     zustand. "Grund Riß der Neuen Pfarrkirchen zu berching
     wie solche anjezto gebaut werden solle" bez. ob. Tusche,
     rosa-gelb lav., 53,7 x 63,8 cm. 50. GR. Ausführungsent-
     wurf. "Grundt Riss der neuen Pfarr Kürch zu Berching wie
     solche dermahlen zu stehen komen solle" bez. ob. Sign.
     unt. re.: "den 28. augusti 1753 neyerlich verfaßt Hoff-
     camer Rath ud Baudirector Pedetti". Li.: "Johann Anton
     BzE mp" (Genehmigung). Tusche, lila lav., 48,5 x 70 cm.

51. AR, n.a. "Aufrecht stehender Riß von der neu herzustellen seyende Pfarrkirche zu Berching wie solche von
ausen in brospect fallet" bez. ob. Tusche, rot-grau lav.
71 x 94,8 cm. 52. AR ursprünglicher Zustand.

777   Eichstätt, DA, PfA Berching I$_1$ "Die sehr ruinöse und
baufällige Pfarkirche zu berching betr. mit bey gehenden
Riss". Ohnmaßgeblichster Yberschlag. Sign."Mauritius
Pedetti Baudirector p m." 8.3.1751.

778   Vgl. Anm. 776, Nr. 50

779   Eichstätt, DA, PfA Berching I$_2$ (vgl. Anm. 774). 4.9.1758.

780   Vgl. Anm. 776, Plan Nr. 48

781   Eichstätt, DA, PfA Berching I$_1$ (vgl. Anm. 777), fol. 3 v.

782   Vgl. Anm. 776, Nr. 49

783   Vgl. Anm. 776, Nr. 50

784   Eichstätt, DA, PfA Berching I$_1$ (vgl. Anm.777), fol. 1 r.

785   Ebda, fol. 1 r, Pkt. 2.

786   Vgl. Anm. 776, Nr. 50

787   Eichstätt, DA, PfA Berching I$_1$ (vgl. Anm. 777), fol. 1 r
Pkt. 5

788   Ebda, fol. 1 r, Pkt. 2

789   Ebda, Pkt. 3

790   Ebda, Pkt. 4

791   Ebda

792   Ebda, fol. 1 r, Pkt. 1

793   Ebda, Pkt. 6

794   Ebda

795   Ebda, Pkt. 8

796   Ebda, Pkt. 9

797   Ebda, Pkt. 10

798   Vgl. Anm. 776, Nr. 47

799   Eichstätt, DA, PfA Berching I$_1$ (vgl. Anm. 777), fol. 2 r,
Pkt. 12.

800 Vgl. Anm. 776, Nr. 51, 52

801 Eichstätt, DA, PfA Berching I$_1$ (vgl. Anm. 777), fol.
1 v, Pkt. 11

802 Ebda, fol. 2 r, Pkt. 11

802a Zur Baugeschichte: Neuhofer, SHVE, 61, 1965/66, S. 46 f.

803 Eichstätt, DA, PfA Beilngries "Baulichkeit an der Pfarrkirche 1693-1805". Neubau der Stadtpfarrkirche. Einge-
legte Pläne. Sign.:"Verfaßt dn 9. May 1753 Hofcamerrath
ud Baudirector Pedetti". 1. AR. "Aufrecht stehender Riß
der Marian. Gnad Cappellen zu Beylngrüss wie solche von
der Hauptstrassen anzusehen samt dessen Chor und Lang-
hauß dann Haupteingang" bez. Rückseite Genehmigung vom
10.5. Tusche lav., 59 x 34 cm. 2. GR. "Grund Rüss von
Marianischen Gnaden Cappellen zu Beylngrüss /.../".
Tusche, lav. 60 x 73 cm. 3. AR Giebelseite. "Aufrecht
stehender Rüss von Marian. Gnad Capelle zu Beylengrüss
wie solche beym Hauptgübel /.../ anzusehen" bez. ob.
Tusche, lav., 43,5 x 55,8 cm.

804 Im Langhaus befindet sich ein Deckengemälde aus dem 19.
Jh., umgeben von einem barocken, geschweiften Rahmen.

805 Eichstätt, DA, PfA Rauenzell "Kirche ad S. Salvatorem
zu Steinbach bei Rauenzell", 3. Bd. (1769-1808) Fasc.
C und Ende 2. Bd. (1766-1769).

806 Buchner. Bauprozeß (in: HG, 17. JG (1936), Nr. 36, S. 140-
42, Nr. 37, S. 145-146, Nr. 38, S. 149/150, Nr. 39,
S. 153/154.

807 Eichstätt, DA, PfA Rauenzell (vgl. Anm. 805): Bd. 1
(Fasc. A) 1764-1766, Bd. 2 (Fasc. B) 1766-1769, Bd. 3:
(Fasc. C) 1769-1808.

808 Vgl. Anm. 807, Bd. 2, Plannr. Ia, b u. II (GR u. AR der
ursprünglichen Kirche und nach dem Umbau).

809 Vgl. Anm. 807, Bd. 2, Plannr. III a,b, c. Steinbach, St.
Salvator. IIIa. GR, AR u. Querschnitt. Kopie des Ausführungsentwurfs. "LBb Grund und aufrecht stöhender Rüss
nebst durchscheit der zu erbauen seyenden Walfartskirche
ad S. Salvator zu Steinbach betröfflich /.../ bez. ob.
li. Sign. unt. re:"Hofcamer Rath ud Baud. Pedetti".
Tusche, grau-rosa-gelb lav., 51,2 x 70,2 cm. IIIb. GR,
AR, Querschnitt. Variante. Titel wie III a. IIIc. GR
u. AR. Variante. "Lit A. Grund= und aufrecht stehender Rüss
/.../" bez. ob. Sign. unt. re.:"Baud Pedetti". Auf der
Rückseite dat. 1766. Tusche, grau-rosa-gelb lav.,
51,8 x 72,9 cm.

810 Nürnberg, GNM, ZR ABK 394 III 103, 104. Steinbach. St.
Salvator. 103. GR u. AR. Variante. "Grund ud aufrecht
stehende

Rüss über die Haubtreparation dan erweiderung der Kürchen zu Steinbach wie solche mit Consevation ganzlichen
alten gemeyer erweidert ud hinlänglich spacium zu ver-
schaffen seyn " bez. li. Sign. unt. re. "Baud. Pedetti". Tusche, lav., 43,5 x 62,5 cm. <u>104</u>. Original zu
Plan III a (vgl. Anm. 809). Unt. li.: <u>fürstbischöfliche</u>
Genehmigung. Tusche, lav. 50,2 x 71,7 cm.

811 Nürnberg, GNM, ZR ABK 394 III 100 (Chor), 101 (AR, GR
urspr. Kirche), 102 (GR, sign. "Schäffer"?)

812 Vgl. Anm. 810, Nr. 104

813 Einziger Plan von der Empore (AR): Eichstätt, DA, PfA
Rauenzell, Bd. 2, Plan II (Salle oder Pedetti).

814 Vgl. Anm. 809, Plan III b

815 Vgl. Anm. 809, Plan III c (1766) u. Anm. 810, 103

816 U.a. beim Umbau der gotischen Kirche von Cadolzburg, Landkreis Fürth, 1. Projekt (n.a.): langer got. Chor und Langhaus beibehalten und Anfügung je einer rechteckigen Kapelle in der Mitte der Langhausseiten.

817 Ilse Hoffmann. Kirchenbau, S. 18.

818 Vgl. Anm. 805

819 Buchner. Bauprozeß, S. 142

820 Die folgenden Daten sind alle aus den Bauakten von
Rauenzell-Steinbach, vgl. Anm. 805.

821 Dat.: Eichstätt, DA, PfA Gungolding "Betreff Baulichkeit an der Filialkirche Arnsberg 1747-1805". Sign.
Attest von Pedetti vom 27.3.1770.

822 Eichstätt, DA, PfA Gungolding, vgl. Anm. 821. Einge-
legte Pläne für die Kirche in Arnsberg. Plan <u>Lit. A.</u>
GR u. AR d. W-fassade."Grund u. aufrecht stehender
Rüss wie die Kirche zu arnsperg mit beybehaltung des
alten Thurns anbequemst hergestelt werden könne" bez.
ob. Sign. unt. re.:"Baud. Pedetti". Tusche, lav., 50 x
62 cm (Abb. d. GR in KD, Mfr, BZA Eichstätt, S. 33
Fig. 7 unt.). <u>Lit. B.</u> AR d. N-fassade. "Aufrecht stehender Rüss wie die arnsberger Kürche auff der seiden anzusehen komet" bez. Sign. unt. re.:"Baud. Pedetti fecit".
Tusche, lav. 39 x 40 cm (Abb. in KD, Mfr, BZA Eichstätt,
S. 33 Fig. 7 ob.). <u>O. Nr. (1)</u>. GR urspr. Bau (bez.)
<u>O. Nr. (2)</u>. AR. "Aufrecht stehender Riß des löbl. Gotts-
haus bey St. Sebastiane zu Arnsberg". Tusche, farbig lav.
35,2 x 25,2 cm. <u>O. Nr. (3)</u>. GR. "Grund Riß deß löbl.
Gotteshaus /.../". Tusche farbig lav., 43,3 x 36 cm.

823 Nürnberg, GNM, ZR ABK 394 III 5,6. Arnsberg St. Seba-

stian. <u>5</u>. GR u. AR W-fassade (leichte Variante zu Plan
Lit. A, vgl. Anm. 822). Unbez. Tusche, grau-rosa lav.,
40 x 53 cm. <u>6</u>. AR N-Fassade (entspricht weitgehend Plan
Lit B, vgl. Anm. 822). Unbez., Tusche, grau-rosa lav.,
29 x 33,8 cm.

824 KD, Mfr, BZA Eichstätt, S. 32

825 Vierachsiges Langhaus, eingezogener, dreiseitig geschlossener Chor, dreigeschossiger, achteckiger Turm N-seite.

826 Nürnberg, StA, EA 3279 (Jan.-Juni 1764), fol. 13 v:
Turm hängt 1,5 Schuh von oben herab über, Chorbogen ge-
fährdet.- fol. 15 r: Herstellung eines neuen Turms für
847 fl 10 kr nach Pedettis Riß und Überschlag.

827 Eichstätt, DA, PfA Mitteleschenbach I$_3$ "Baulichkeit an
den Kirchen und dem Pfarrhauße 1776-1797". Unfol. Überschlag vom 23.7.1785 von Pedetti.

828 Nürnberg, GNM, ZR ABK 394 III <u>45</u>. St. Lorenz Berching.
AR Turm. "Auf Rüss wie der Kürchenthurn ad S. Lorenzi
zu berchingen abzubutzen ud zu fassen seye /.../" bez.
ob. li. Sign. unt. re.:"/.../ Eychstät dn 9 t augusti
1778. Baud. Pedetti". Tusche, hellgrün lav., 33 x 45,3 cm.

829 Ebda, Bez. unt. re

830 Nürnberg, StA, Reg. von Mfr, K.d.F., Abg. 1937, Nr. 681.

831 München, TU, Arch.slg., Cod. A. 43-46. Eichstätter Domwestfassade. Giebelaufsatzentwürfe.<u>43</u>. GR u. AR der
urspr. Fassade u. Vorschläge Pedettis zur Umgestaltung
des Giebels. Unbez. Tusche, lav., 39 x 26,2 cm. <u>44</u>. GR
u. AR. Zwei Varianten. Unbez. Sign. unt. li.:" Mauritio
Pedetti del:". Tusche u. Blei, 54 x 41,5 cm. <u>45</u>. AR.
Weitere Variante. Unbez. Tusche, 45,9 x 27,5 cm. <u>46</u>. Ge-
rüstplan. Sign. unt. re.:" Baud. Pedetti".

832 Vgl. Anm. 831, 43

833 Sulzer. Allgemeine Theorie der Schönen Künste, III, 60-61

834 Sulzer. Allgemeine Theorie der Schönen Künste, III, 61

835 Vgl. Anm. 831, 44

836 Vgl. Anm. 831, 45

837 Original in Eichstätt, SA

838 KD, Mfr, Stadt Eichstätt, S. 374 Fig. 282

839 Eichstätt, DA. Pläne der Collegiata Eichstätt. <u>Lit A</u>.
GR, AR, Schnitt. "Wie gegenwaertige ruinose Kirchen Bedachung, auch der gleichen ruinose sehr nahe angebauten

Häussern, bei gott verhüthen wollenden feur ausbruch
oder Einsturz keine Rettung wäre, ein neue bequemer,
und thaurhafter Dachstuhl, u. thurn aufsaz zu errichten
seyn dürfte /.../" bez. unt. re. Sign. unt. re.:" aufgenomen dann projectirt und gezeichnet von Mauritio Pedetti
Hoff Camer Rath dan Baudirector in Jahre 1796 et 1797".
Tusche, farbig lav., 106,6 x 62,3 cm. Lit. B. Längsschnitt. "Profil /.../" bez. Sign. wie Lit. A. Tusche,
grau-rosa-gelb lav., 64 x 45,8 cm.

840 KD, Mfr, Stadt Eichstätt, S. 658

841 Vgl. Anm. 739, Plan 2

842 Ingolstadt, SA. Federzeichnung von Widmann "Die St.
Moritzkirche zu Ingolstadt". Sign. unt. re "G. Witmann".
49,5 x 42 cm.

843 Über diesen: Siegfried Hofmann. Das Ingolstädter Land-
schaftshaus, ein Werk Veit Haltmayrs. In: Ars Bavarica,
Hg. Volker Liedke, Bd. 3, München 1975, S. 82-93.

844 Beschreibung (nach Fotos von Ostermair/HV Ingolstadt).
In: Johann Baptist Götz. St. Moritz in Ingolstadt. Kirche
und Pfarrei auf Grund urkundlicher Quellen. In: SHVE, 47.
JG (1928), S. 8,9.

845 Götz, a.a.O., S. 8

846 (Dengler). Zur Baugeschichte der St. Moritz Pfarrkirche
in Ingolstadt. In: Unterhaltungsblatt der Ingolstädter
Zeitung, 1904, Nachträge.

847 Ingolstadt, SA, Ratsprotokoll 1759/60: Antrag der beiden Maurermeister vom 2.3.1757 betreffs der Werkstatt
zur Ausführung des Altares im Tuchhaus.

848 Über diesen: Oscar Lochner von Hüttenbach. Joseph Anton
Breitenauers Werke. In: SHVE, 25./26. JG (1910/11), S.
56 ff.

849 Nach Joseph Schneid. Beiträge zur Baugeschichte der St.
Moriz Kirche in Ingolstadt. Ingolstadt 1888/89, S. 83 ff:
II Die Ausstattung der Kirche. 1) Die Einrichtungsgegenstände. a) die Altäre; S. 87.- Zwei Exempl. mit unter-
schiedlichem Wortlaut, aber gleichem Inhalt in ·Ingol-
stadt, SA, A XXII/46.

850 Johann Nepomuk Mederer. Geschichte des uralten könig-
lichen Maierhofes Ingoldestat, itzt der königl. baieri-
schen Hauptstadt Ingolstadt, von ihrem ersten Ursprunge
..., Ingolstadt 1807, S. 301 f: Aufstellung der Besoldung: Zängl und Betz 1200 fl, Breitenauer 300 fl. und
Schöpf 650 fl. (Quellen verschollen).

851 Götz, a.a.O., S. 17: "Einige Reste von Figuren, ein ab-
gesägter Christuskopf, ein paar Engelsköpfe u. eine Helm-
kartusche warf man auf den Boden des Stadels, es dem Mes-
ner überlassend, ob er auch sie noch verbrennen wolle
oder nicht. Dieser aber hatte mehr Pietät als sein Auftraggeber u. so blieben diese Reste bis heute (1928) erhalten". Inzwischen sind sie verschollen.

852 Götz, a.a.O., S. 12/13

853 Zürcher. Barockaltäre, S. 56: Kolonnadenaltar, S. 76:
Kolonnaden- und Halbziborienaltäre Balthasar Neumanns.

854 Brühl, Franziskanerkirche - Hochaltar von 1745 (Zürcher.
Barockaltäre, S. 70 Abb. 9); Bruchsal, St. Peter - Hochaltar von 1748 (Zürcher. Barockaltäre, S. 75 Abb. 14).

855 Schneid, a.a.O.

856 Schneid, a.a.O., S. 87

857 Schneid, a.a.O., S. 83

858 Schneid, a.a.O., S. 84

859 Schneid, a.a.O., S. 87, 88, 89

860 Zugeschrieben durch Peter Volk. Zwei Modelli von Joseph
Anton Breitenauer für den Hochaltar von St. Moritz in
Ingolstadt. In: SHVJ, 88. JG (1979), S. 7-10 und Abb. S.
175-181. Maße der Modelli: 23,3 u. 22,2 cm hoch. Inv. Nr.
70/31 a-b.

861 Volk, a.a.O., S. 8/9.- Bereits bei: F. Koislmaier. Die
Untere Pfarr St. Moritz/Ingolstadt a.d.D., Erolzheim 1954,
S. 13.

862 München, TU, Arch.slg., Cod. A. 47, 48. Altarentwurf.
47. GR u. AR eines Altares. Unbez. Tusche, grau lav.,
43 x 77 cm. 48. GR. Unbez. Tusche, grau lav., 44,7 x
29,1 cm.

863 Lochner, a.a.O., S. 61

864 Eichstätt, DA, Skizzenbuch, fol. 43 v/ 44 r. Bez.: "al-
tare nela chiesa di St Prasedi in Roma".

865 Karlsruhe, GLA, G/Bruchsal Nr. 73. GR u. AR d. Hochal-
tares von St. Peter in Bruchsal. Unbez. Tusche, grau-
rosa-gelb lav. 31,7 x 46 cm. 74. AR. Variante. Unbez.
Tusche, grau-gelb lav., 38,8 x 59,6 cm.

866 München, BHStA, Planslg. Nr. 11804 (alte Nr. 7791/XXII)
Vgl. Anm. 909.

867 Eichstätt, DA, p. 150, PfA Stiftskirche St. Veit Her-

rieden, Aktenteil Sebastians- und Xaver Franz Altar
1777-1779. Sign. u. dat. Brief Pedettis:"Eychstatt den
19. May 1774 Euer Hochwürd. gehorsamer diner Mauritio Pedetti Hoffkamerrath Baud p.m."

868 Ebda

869 Ebda. Sign. u. dat. Brief vom 2.6.1774 "Eichstätt dn 2.
Juny 1774 Euer Hochwürden gehorsame diner Mauritio Pedetti Hofkamerraht Baud".

870 Ebda. Sign. u. dat. Brief vom 26.9.1774 "Eichstätt dn
26 7ber 1774. Euer Hochwürd Hochwohlgebor. gehorsamster
diener Mauritio Pedetti Hoff-Camerrath Baud. p.m".

871 Ebda. Sign. u. dat. Überschlag. "Verfaßt Eichstätt dn
26 July 1776 Baud. Pedetti".

872 Ebda. Sign. u. dat. Brief "Euer Hochwürd. ganz gehorsamb-
ster diner Joseph antoni braidenauer in Eichstätt den 10.
august 1773".

873 Eichstätt, DA, PfA Herrieden. Baulichkeit an der St.
Martinskirche 1718-1801, I$_1$.

874 Eichstätt, DA, p. 150, PfA Stiftskirche St. Veit/Her-
rieden. Sign. u. dat. Pro Memoria "Verfaßt Eichstätt dn
28 8ber 1779 Baud. Pedetti".

875 Ebda. Aktenteil "Altäre" 6. (?) März 1780

876 Ebda. 27.8.1780

877 Stipulation: (aus dem röm. Recht) durch mündliche Verein-
barung rechtswirksam werdender Vertragsabschluß

878 Eichstätt, DA, p. 150, Aktenteil "Altäre". Brief vom
14.10.1780.

879 Goldschmiedezeichen ICB Augsburg 1775-1777: Johann Cas-
par Bertold oder J. K. Berger.

880 Eichstätt, DA, p. 150, Aktenteil "Altäre", Brief vom
28.8.1780

881 Ebda, Brief vom 9.10.1780

882 Ebda, Brief vom 31.11.1780

883 Nürnberg, GNM, ZR ABK 394 III 2. AR Tabernakel. Unbez.
Ehemals unt. re. sign. "Baud. Pedetti jn" (unleserlich)
und Jahreszahl 176. (?). Tusche, farbig lav., 54 x 66
cm.

884 München, TU, Arch.slg., Cod. A. 53. GR u. AR d. Schönborn-

Grabdenkmals im Eichstätter Dom. "Grund und auf Riß des hochgräffl. Schönbornischen Epitaphio wie solches in der hohen Dom Stüffts Kürchen allhier stehet" bez. Mitte. Sign. unt. li.: "Mauritio Pedetti inv. et del et Breidenauer fecit". Tusche, gelb-grau-rot lav., 34,5 x 87,6 cm.- Vgl. Max Domarus. Marquard Wilhelm Graf von Schönborn. In: SHVE 58, 1943/60, S. 141-145.

885 Oscar Lochner von Hüttenbach. Joseph Anton Breitenauers Werke. In: SHVE, 25/26, 1910/11, S. 64.- Domarus, a.a.O., S. 142.

886 Beschr. d. Denkmals u. Wiedergabe der fast gleichlautenden Inschrift bei M. Landgraf. Der Dom zum Bamberg mit seinen Denkmälern, Inschriften, Wappen und Gemälden, nebst der Reihenfolge der Fürstbischöfe v. 1007-1803. Bamberg 1836, S. 140.- Domarus, a.a.O., S. 144.

886a Fr. Hinweis v. Diözesanarchivar Appel, Eichstätt, DA.

887 Loers. Rokokoplastik, S. 27

888 Sulzer. Allgemeine Theorie der Schönen Künste, Bd. II, Artikel "Gewand"

889 München, TU, Arch.slg., Cod. A. 51. AR Strasoldo-Grabdenkmal im Eichstätter Dom. Unbez. Sign. u. dat. unt. li: "Mauritio Pedetti jnv et delinavit 1784". Kreide auf dunklem Papier. 44,2 x 69,7 cm.

890 München, TU, Arch.slg. 52. GR u. AR Strasoldo-Grabdenkmal. Konkurrenzentwurf von Breitenauer. Unbez. Sign. unt. re.:"Joseph Andoni Preidenauer inv: 1784". Tusche, farbig lav., 20,5 x 65,2 cm.

891 Georg Schrötter. Die Kirche der Hl. Elisabeth in Nürnberg. Nürnberg 1903.- Hesslein. St. Elisabeth (Diss. 1925).- Ilse Hoffmann. Kirchenbau (1938), S. 178-192.- KI, Stadt Nürnberg (1977[22]), S. 40.- Wörner. Frühklassizismus (1979), S. 150/152.- Gabriele Dischinger. St. Elisabeth in Nürnberg, ehemalige Deutschordenskommende mit Kirche. In: Klassizismus in Bayern, Schwaben und Franken, S. 367-373.

892 Hesslein. St. Elisabeth

893 Van Treeck. Franz Ignaz Neumann (1973)

894 Beringer. Verschaffelt (1902).- Beisel. Verschaffelt (Diss. 1915, 1920).- Krämer. Verschaffelt (Diss. 1973).

895 Bussmann. Lipper (1972)

896 Vor allem: Hesslein. St. Elisabeth, S. 24 ff. und 61 ff..- Ilse Hoffmann. Kirchenbau, S. 187/188.- Dischinger, a.a.O., S. 370.

897 München, BHStA, Planslg. Nr. 11790 (Abb. in Ilse Hoffmann. Kirchenbau, Tf. 24 u.a., vgl. Anm. 909)

898 Ausführlich bei Hesslein. St. Elisabeth, S. 24-28, 62-64.

899 Name erst seit der Heiligsprechung d. Elisabeth 1235.

900 Beschreibung der Pläne bei Hesslein. St. Elisabeth, S. 11-15.

901 Von der Planserie existiert nur noch ein Plan im Original (München, BHStA, Planslg. Nr. 11801; Abb. in Dischinger, a.a.O., S. 369 Nr. 97.3) und die Kopie eines GR von Georg Friedrich Uz (München, BHStA, Planslg.9882)

902 Im Zweiten Weltkrieg zum großen Teil zerstört

903 Ilse Hoffmann. Kirchenbau, S. 179.

904 München, BHStA u. Heidelberg, Kurpfälzisches Museum

905 Ausführliche Beschreibung bei Hesslein. St. Elisabeth, S. 52 ff.

906 Beschreibung speziell dieser Projekte bei Krämer. Verschaffelt, Teil II, S. 31 ff.

907 Ilse Hoffmann. Kirchenbau, S. 186

908 München, BHStA, Planslg. Nr. 11785, 11787, 11792, 11795, 11809. St. Elisabeth in Nürnberg, 1. Projekt. Alle Pläne sind sign. u. dat. unt. re.:" Mauritio Pedetti Deli nürenberg d 7 april 1788". 11785 (alte Nr. 7791/III) Längsschnitt. "Nro 5 Profil /.../" bez. ob. li. Tusche, gelbl.-rosa-grau lav., 46,5 x 86 cm. 11787 (alte Nr. 7791/V) AR. "Nro 4. Facciada, wie diese Kürche mit Beibehaltung der jetzigen Anlage und Aufsezung ordine Dorico zu stehen komet" bez. ob. li. Tusche, grau-rot lav., 98 x 86,2 cm. 11792 (alte Nr. 7791/X) GR. "Nro 1 Grundriss wie an die neue Anlage der hohen ordens comende Kürche zu Nürnberg mit Abänderung der einwendigen Anlage ieden noch mit einer Kupel prächtig herzustellen seye" bez. ob. li. Tusche, grau-rot-gelb lav., 99,4 x 67,7 cm. 11795 (alte Nr. 7791/XIII) GR Kuppel (bez.) 11809 (alte Nr. 7791/XXVII). GR Kuppel bez.

909 Ebda, Nr. 11790, 11793, 11794, 11804. St. Elisabeth in Nürnberg, 2. Projekt. Alle Pläne sind sign. und dat. unt. re.:" Mauritio Pedetti deliniavit 1788". 11790 (alte Nr. 7791/VIII). Längsschnitt. "Nro III Profil nach der Länge der gedachten Kirche" bez. ob. Tusche, lila-orange lav., 103 x 66,5 cm. Abb. veröff. bei Ilse Hoffmann. Kirchenbau Taf. 24 u. Dischinger, a.a.O., S. 370 Nr. 97.11. 11793 (alte Nr. 7791/XI). GR. "Nro I Grundriss der hohen Ordens Commende Kirche zu Nürnberg, wie selbe auch nach Angebung Titl S Excellence Hochwürden und Gnaden Hern Statthalter Freyherrn von Riedheim angelegt werden könne" bez. ob. Tusche, lav., 100 x 64 cm. 11794 (alte Nr. 7791/XII) AR. "No II Facciada der schon benannten Kirche" bez. ob. li.

Tusche, rosa-lila lav., 100 x 65 cm. 11804 (alte Nr.
7791/XXII). Querschnitt. "No IV Profil mehr erwähnter
Kirche nach der Breite"bez. ob. li. Tusche, gelb-rosa-
lila lav., 72,5 x 64,5 cm.

910 München, BHStA, Planslg. Nr. 11819 (alte Nr. 7791), sign.
     und dat. Gutachten Pedettis, fol. 15 v

911 Vgl. die freischwebenden Ränge anstelle der Logen im
     Theaterbau dieser Zeit.

912 München, BHStA, Planslg. Nr. 11819, fol. 15 r

913 Vgl. Anm. 909, Nr. 11793

914 Abb. in Blondel. Architecture française, V, Nr. XII

915 München, BHStA, Planslg. Nr. 11819, fol. 16 r Pkt. 5

916 Ebda, fol. 15 r

917 Eichstätt, DA, Skizzenbuch, u.a. fol. 7 r, Freihand-
     skizze in brauner Tusche. "Fenestri di Mich. Angel. bo-
     naro" und "disegn/i/ata (gezeichnet) in Roma" bez.
     Darstellung (li) einer geohrten, kleinteilig profilier-
     ten Segment-Gesimsverdachung; fol. 22 v/23 r "fenestar
     alla ciessa nono rive alla conse/rvato/rio" bez. li.

918 Typus: vgl. St. Moritz-Hauptaltar, S. 281 ff., 290

919 München, BHStA, Planslg. Nr. 11819, fol. 15 r

920 Wörner. Frühklassizismus, S. 150-153.- Heßlein. St.
     Elisabeth, S. 28-32.- Ilse Hoffmann. Kirchenbau, S.
     189 ff.- Bussmann. Lipper, S. 77 ff.

921 München, StB, Cgm 2645 C, fol. 11 v

922 Ebda

923 München, StB, Cgm 2645 C, 6-9. Idealplan für eine Okto-
     gonkirche. Alle Pläne sind unt. li. sign.:"Mauritio Pe-
     detti jn et. Del." Erläuterungen und Titelangaben der
     Pläne jeweils in den vorausgehenden Textseiten. No 6.
     (fol. 9 r) GR der beiden Geschosse. No 7 (fol. 10 r).
     GR der Bedachung. No 8 (fol. 11 r). AR der Hauptfront.
     No 9 (fol. 12 r). Querschnitt.

924 München, StB, Cgm 2645 C, fol. 1 r

925 Ebda, fol. 6 v

926 München, StB, Cgm 2645 C, 3-5. Idealplan für eine Kirche
     über kleeblattförmigem Grundriß. Alle Pläne sind unt. li.
     sign.:"Mauritio Pedetti jnv et Del:" Erläuterungen und
     Titelangaben der Pläne jeweils in den vorausgehenden
     Textseiten. No 3 (fol. 5 r). GR. No 4 (fol. 6 r). No 5
     (fol. 7 r). Querschnitt.

927 München, StB, Cgm 2645 C, fol. 6 v

928 Ebda, fol. 4 v, Buchstabe "A"

929 Ebda, fol. 4 v, Buchstabe "B"

930 Renate Wagner-Rieger. Die Kirchenfassaden des römischen
Spätbarocks. In: Christliche Kunstblätter. 92, 1954, S.
47, 96, 133; 93, 1955, S. 11, 51, 138.

931 München, StB, Cgm 2645 C, fol. 6 v

932 Ebda

933 Ebda, fol. 10 v, Buchstabe "D"

934 Ebda, fol. 10 v, Buchstabe "I"

935 Ebda, fol. 10 v, Buchstabe "F"

936 Ebda, fol. 5 v, Buchstabe "A"

937 München, StB, Cgm 2645 C 1/2 (fol. 3 r). GR und AR von
zwei Portalen. Titelangabe und Erläuterungen vorangehend
(fol. 2 r). Sign. unt. li.:"Mauritio Pedetti jnv. et
Delinevit".

938 Karlsruhe, GLA, HfK/Hd 17/9 schwarz Nr. 9, 17/12 schwarz
Nr. 12 und 17/13 schwarz Nr. 13. Idealprojekt für eine
"Eglise à l'antique moderne". Alle Pläne sind signiert:
"Ouvrage et invantion par Maurice Pedetti conseiller de
La Chambre de Finance de S.A.R. Mgr. Le Prince Eveque d'
Eichstet. Fait Lanne 1785". 17/9. GR EG u. 1. OG. (Nr. 1
u. 2). "Project d'une Eglise à l'antique moderne à deux
Etager avec un tour rond contenant un double choeur et
deux hauts Autels environés de deux autres en croix et de
quatre petites chapelles /.../". bez. ob. Tusche, schwarz
-grau lav., 98,5 x 64,8 cm. 17/12. Längsschnitt und GR
der Kuppel und des Turmes (Nr. 4-6). "Coupe et Profil sur
la longeuer de la dits Eglise a deux Etage avec Plan de
la Coupole et le Plan du Closher". bez. ob. Tusche,
schwarz-grau-ocker lav., 96,8 x 65,5 cm. 17/13. AR Hauptfassade. "Elevation de L'entree Principal de la dits
Eglise a deux Etager avec Dom et deux Renfermées entre
deux Ailes d'un Palai Publique" bez. ob. Tusche, schwarz
-grau lav., 98 x 65,3 cm.

939 Vgl. Anm 709, Nr. 514 (GR)

940 Michael Petzet. Soufflots Ste. Geneviève und der französische Kirchenbau des 18. Jahrhunderts. In: Neue Münchner Beiträge zur Kunstgeschichte. Hg. H. Sedlmayr II.
Berlin 1961.

941 Erich Albert Brinckmann. Die Baukunst. S. 283 Abb. 305.
hunderts in den romanischen Ländern

942 Wörner. Frühklassizismus, Abb. 36

943 Wörner. Frühklassizismus, Abb. 39

944 Vgl. alphabetische Liste Gesamtwerk, S. 413

945 Eichstätt, SA

946 Vgl. alphabetische Liste Gesamtwerk, S. 413

947 Vgl. Anm. 62 und S. 17

948 Vgl. auch den hier nicht mehr einbezogenen Aufsatz von Josef H. Biller. Die Hochstiftskalender des Fürstbistums Eichstätt 1562-1803. 2. Teil. In: SHVE, 76, 1983.

949 Nürnberg, StA, EA 3271, Dekret vom 20.10.1760

950 Ebda, 8.10.1760

951 Exemplare u.a. in Bamberg, StB, H.V.G. 12/14 (1764), 77,5 x 155,5 cm (vgl. Abb. XX); Eichstätt, DA (1787), 78,5 x 160,5 cm; Salem, Kloster (1779) ...

952 Biller. Regensburger Hochstiftskalender. S. 105.

953 Sign. unt. li.: "Maurit Pedetti Rmi Princ. et Episc. Eijchst. Cam. Aul. Cons. et Archit. inv. et delin."
Sign. unt. Mitte:" Joan Mich. Frantz figuras inv. et pinxit. Eiichst."
Sign. unt. re.:"Jos. et Joan Klauber Cath. Ser.^{mi} S.R.J. Princ. et Episc. August. Landgr. Hassia Chalcogr. Sculps. Aug. Vind.

Ergänzungen zu den Anmerkungen:

504a Abb. in: Manfred Röber. Greding. Vergangenheit und Gegenwart. Greding 1983, S. 57. Fr. Mitteilung von Herrn Diözesanarchivar Appel, Eichstätt, DA.

773a Neuhofer. In: SHVE 61, 1965/66, S. 48-55: er hat den Bau bereits kurz behandelt.-
Kirchenführer von Hugo A. Braun. Berching/Opf., Mariä Himmelfahrt-St. Lorenz. Schnell und Steiner-Kunstführer Nr. 1094. München-Zürich 1977[1]. Hier Abb. des Ausführungsentwurfs auf S. 3.

Alphabetische Liste Gesamtwerk

Ländliche Profanbauten

Ort	Landkreis	Jahr	Objekt und Tätigkeit	Quelle
Abenberg	Roth		Schloß, Wohnungseinbau	GNM, ZR ABK 394 III 85-93
Altdorf	Eichstätt		Forsthaus (U)	GNM, ZR ABK 394 III 11-15
Arberg	Ansbach		Wohnung Förster (Rep.)	StAN, EA 3274 (12.5.1762)
Arberg	Ansbach	1762	Schloß (U, n.a.)	GNM, ZR ABK 394 III 97-99
Aurach	Ansbach	1773	Gerichtsschreiberbau (U)	GNM, ZR ABK 394 III 40
Beilngries	Beilngries		Oberamtshaus (U)	GNM, ZR ABK 394 III 36-38
Beilngries	Beilngries		Kastenhaus (U, a.)	GNM, ZR ABK 394 III 39
Beilngries	Beilngries	ca. 1762	Pfarrhof, Fassadenentw.(n.a)	GNM, ZR ABK 394 III 44
Berching	Beilngries		Probsthaus (U, a.)	GNM, ZR ABK 394 III 54-59
Berching	Neumarkt		Amtsknechtshaus (Aufnahme)	GNM, ZR ABK 394 III 63
Berching	Neumarkt	1753 ?	Mauthaus(N, von Pedetti?)	GNM, ZR ABK 394 III 60-62
Berching	Neumarkt	1758/59 ?	Amtsknechtshaus (U)	GNM, ZR ABK 394 III 95,96
Cronheim	Weißenburg-Gunzenhausen	1757/59	Schulhaus (N)	StAN, EA 3263 (2.1.1759)
Cronheim	"	1759	Pfarrhaus (Rep.)	StAN, EA 3263 (2.1.1759)
Cronheim	"	1758	Schloß (Insp.)	StAN, EA 3263 (22.11.1759)
Denkendorf	Eichstätt	1775	Tafernwirtschaft (U)	GNM, ZR ABK 394 III 41,42
Dollnstein	Eichstätt	1772/83	Schloß, Wohnungseinrichtung	GNM, ZR ABK 394 III 4,
Eichstätt	Eichstätt	1763-65	Collegium Willibaldinum (U)	DA, Akte y 32 + TU, Cod.A.49
Eichstätt	Eichstätt		Domdekanei (U)	StAN, EA 1181+1182(1762/63)
Eichstätt	Eichstätt		Forsthaus, Roßmarkt (U)	StAN, EA 394 III 70,71
Eichstätt	Eichstätt		Fürstbischöfl. Kanzlei (U)	GNM, ZR ABK 394 III 63-66
Eichstätt	Eichstätt	1790ff.	Luitpoldstraße 18, Fassade	GNM, ZR ABK 394 I 68,69
Eichstätt	Eichstätt	1787	Normale Schule (U, a.)	Zuschreibung
Eichstätt	Eichstätt	1793	Ostenstraße 13/15 (U, a.)	GNM, ZR ABK 394 I 67
Eichstätt	Eichstätt	1768-80	Pfarrhof (U, n.a.)	StAN, EA 422 (1770),1186(1768)
Eichstätt	Eichstätt	1760	Rathaus (U, n.a.)	GNM, ZR ABK 394 I 67 + ; StAN, ZR 1212 (19.4.1793); BA-E, 28-33 u. o. Nr.

Ort	Landkreis	Jahr	Objekt und Tätigkeit	Quelle
Eichstätt	Eichstätt	1758	Waisenhaus (U, a.)	GNM, ZR ABK 394 I 91-97
Eichstätt	Eichstätt	1752+65	Willibaldsburg (Rep.)	StAN, EA 3251 (11.8.1752) + StAN, EA 3281 (11.5.1765)
Eichstätt	Eichstätt	1784-86	Willibaldsburg, Spital (U) Zuschreibung	
Eichstätt	Eichstätt	1786	Zucht- u. Arbeitshaus (U)	GNM, ZR ABK 394 I 88
Großwein-garten	Roth	1786	Forsthaus (N, a.)	GNM, ZR ABK 394 III 76,77
Herrieden	Ansbach	1786	Dekanei (N, n.a.)	GNM, ZR ABK 394 III 105 + DA, PfA (p. 151)
Herrieden	Ansbach	60er J.	Kanonikats- und Vika-riatshaus (N, a.)	GNM, ZR ABK 394 III 106,107
Herrieden	Ansbach	70er J.	Kastenhaus (U, n.a.)	GNM, ZR ABK 394 III 108-114
Mittelescher-bach	Ansbach	1776?	Pfarrhof (Fass.entw., n.a.)	GNM, ZR ABK 394 III 81-83
Mörnsheim	Eichstätt	1764/65	Schloß (Rep.)	GNM, ZR ABK 394 III 24
Nassenfels	Eichstätt	1759	Pfarrhaus-Stadel (Insp.)	StAN, EA 3277 (17.3.1763)
Obererlbach	Weißenburg-G.	1759	Zoll- u. Gegenschreibers-wohnung (N, n.a.)	StAN, EA 3263 (2.1.1759)
Obermässing	Roth	1762	Kastenhaus (U, a.)	GNM, ZR ABK 394 III 29-33 + StAN, EA 3275 (3.4.1762) + StAN, EA 3273 (21.4.1762)
Obermässing	Roth		Amtshaus	GNM, ZR ABK 394 III 34
Ochsenfeld	Eichstätt	1798	Pfarrhof (N)	GNM, ZR ABK 394 III 34
Ornbau	Ansbach	1765	Rat- u. Kastenhaus (N, a.)	Zuschrg. Pedetti od. Salle
Raitenbuch	Weißenburg-G.	1774	Schloß (U)	GNM, ZR ABK 394 III 124-129
Sandsee	Weißenburg-G.	ca. 1782	Schloß, Turmhaube (a.)	GNM, ZR ABK 394 III 7-10
Schönfeld	Eichstätt	1778	Pfarrhof (N)	GNM, ZR ABK 394 III 73 nach Buchner, II, 495
Spalt	Roth	1759	Kasten (U, a.)	StAN, EA 3263 (2.1.1759)
Spalt	Roth	1754	Rathaus (U innen, a.)	GNM, ZR ABK 394 III 74

Ort	Landkreis	Jahr	Objekt und Tätigkeit	Quelle
Wahrberg	Ansbach	1773?	Gerichtsschreiberei (U)	GNM, ZR ABK 394 III 94
Weilheim	Eichstätt		Schloß (Sit.plan)	GNM, ZR ABK 394 III 22,23
Wernfels	Roth	1759	Schloß (Best.aufnahme)	GNM, ZR ABK 394 III 78-80+ StAN, EA 3263 (2.1.1759)
Nutzbauten, Produktionsstätten und militärische Bauten				
Altendorf	Eichstätt		Hammerschmiede (U)	GNM, ZR ABK 394 I 56,57
Buxheim	Eichstätt		Brauerei (U)	GNM, ZR ABK 394 II 18-20
Eichstätt	Eichstätt		Hofmühle, Hammerwerk	GNM, ZR ABK 394 I 29-31
Eichstätt	Eichstätt	1757-81	Hofmühlbräuhaus (U)	GNM, ZR ABK 394 II 2-17
Herrieden	Ansbach	1774	Brauerei (U)	GNM, ZR ABK 394 II 21-26
Neuburg/D.	Neuburg/D.		Hofmühle	GNM, ZR ABK 394 II 38
Neuburg/D.	Neuburg/D.	1768/69	Kaserne (N, n.a.)	StB, Cgm 2645 B 12-15
Obereichstätt	Eichstätt	1780/81	Schmelze (U, a.)	GNM, ZR ABK 394 II 39-43
Schambachtal	Eichstätt		Forstermühle (U Schmelze)	GNM, ZR ABK 394 I 48
Titting	Eichstätt	1786	Schloß (U Brauerei)	GNM, ZR ABK 394 I 27
Walting	Eichstätt		Mühle (U, Hammerwerk)	GNM, ZR ABK 394 I 44-47
IDEALPROJEKT		um 1775	Brauerei (n.a.)	GNM, ZR ABK 394 II 28-30
IDEALPROJEKT		-1785	Brauerei (n.a.)	GNM, ZR ABK 394 II 31-33
IDEALPROJEKT		"	Brauerei (event. a.)	GNM, ZR ABK 394 II 35,36
IDEALPROJEKT		vor 1775	Brauerei (n.a.)	StB, Cgm 2645 A 1-8

Ort	Landkreis	Jahr	Objekt und Tätigkeit	Quelle
Schlösser, Residenzen, Palais				
Eichstätt	Eichstätt	1767/69	Residenz, Spiegelsaal (a)	Zuschreibung
Eichstätt	Eichstätt	1767/69	Residenz, Treppenhaus (a)	TU, Cod. A. 6-10,19
Eichstätt	Eichstätt	1791	Residenz, Mittelrisalit(a)	TU, Cod. A. 22
Eichstätt	Eichstätt		Residenz, Seitenportal	TU, Cod. A. 23
Eichstätt	Eichstätt	1784	Residenz, Wachhäuschen (a)	TU, Cod. A. 41,42
Eichstätt	Eichstätt	1765/67	Residenz, Innenhof m. Dom-fassade u. Holzlege (a)	TU, Cod. A. 11-13,18
Eichstätt	Eichstätt	nach 1780	Sommerresidenz (U, n.a.) und Gärtnerwohnung (U)	TU, Cod. A. 69,74-76 + 77-80, 98
Ellingen	Weißenburg-G.	1788	Schloß, Blechdach (n.a.)	BHStA, Planslg. 10463
Harthausen	Günzburg	vor 1758	Schloß (U, a.)	Schloßarchiv Harthausen
Hirschberg	Beilngries	1760-1765	Schloß (U, innen u. außen)	StAN,EA 3266-3282 (1760-65)
Karlsruhe	Karlsruhe	1750	Residenz (U innen u. außen, n.a.)	StB, Cgm 2645 7-11 + GLA, G/KA 72,73,75
Pfünz	Eichstätt	1785/92	Schloß u. Garten (U, n.a.)	TU, Cod. A. 105-16, 2 o.Sig
Regensburg	Regensburg	1794	Freisinger Hof (U, n.a.)	TTZA
Stuttgart	Stuttgart	1747	Schloß, Fassade (n.a.)	Hinweis Scholl, L. Retti, Baudirektor, S. 193: o.Q.
Warschau		1747/48	Palais Radziwill(U)	HStA-W, Archiv d. Fam. Radziwill Dz. V-F. 258 Nr. 11457 (Brief 12.12.1748)
Idealpläne für Schlösser und Residenzen				
Idealpläne		1739/42	Schlösser, Grundrisse	DA, Skizzenbuch, fol. 52 v, 53 r und 53 v

Ort	Landkreis	Jahr	Objekt und Tätigkeit	Quelle
Idealprojekt		1745	Herrenresidenz (n.a.)	StB, Cgm 2645 C 16-18
Idealprojekt		vor 1750	Residenz (n.a.)	StB, Cgm 2645 C 10-15
Idealprojekt		nach 1750	Landschloß (n.a.)	Cgm 2645 C 1-6 1/2
Idealprojekt		1786	Grand palais (n.a.)	GLA, HfK/Hd 17/8 + 17/10
Idealprojekt		1787	Château triangolear (n.a.)	GLA, HfK/Hd 17/7 + 17/11
Idealprojekt		1792	Fürstliche Residenz (n.a.)	BVSS, Gartenabtlg. B 7/11
Städtebauliche Anlagen				
Eichstätt	Eichstätt	1781	Aumühlbrücke (N, a.)	GNM, ZR ABK 394 I 2,3
Eichstätt	Eichstätt	1777	Esselbrücke (N, a.)	GNM, ZR ABK 394 I 6
Eichstätt	Eichstätt	1789	Schlagbrücke (N, a.)	GNM, ZR ABK 394 I 4
Eichstätt	Eichstätt	ca. 1790	Spitalbrücke (Rep.+ Torschreiberwohnung)	GNM, ZR ABK 394 I 83 + StAN, EA 3271 (1.6.1790)
Eichstätt	Eichstätt	1784	Brunnentwürfe (n.a.)	TU, Cod. A. 41
Eichstätt	Eichstätt	1781	Chaussee (a.)	StAN, EA 1199 a (1781)
Eichstätt	Eichstätt	1779/81	Hofgarten u. Pavillons (a.)	TU, Cod. A. 56,59,62,81-96, 99 u.o.Sig.
Eichstätt	Eichstätt	um 1795	Augarten (a.)	TU, Cod. A. 28-40 u. o. Sig.
Eichstätt	Eichstätt	1753	Handischer Garten (a.)	HV, Tuschezeichnung
Eichstätt	Eichstätt	nach 1766	Kugelberggarten	Zuschreibung
Eichstätt	Eichstätt	1777-80	Ostenfriedhof (Erweiterung)	GNM, ZR ABK 394 I 100
Eichstätt	Eichstätt		Residenzplatz u. Marien- säule	+StB, Cgm 2645 D TU, Cod. A. 28-40 u. o. Sig.
Eichstätt	Eichstätt	1778	Residenzplatz	GNM, ZR ABK 394 I 15-26 + GLA, HfK/Hd 17/1-17/6
Eichstätt	Eichstätt		Wasserversorgungssystem	GLA,
Karlsruhe	Karlsruhe	1787/90-	Marktplatz, Via triumpha-lis und Randbebauung	G/KA 513-520 + I/8 KA 72 + LD-K Fotoplatte 6829

Ort	Landkreis	Jahr	Objekt und Tätigkeit	Quelle
Niesmies	(Polen)	1748	Niesmies, Jardin de la Consolation	HStA-W, Archiv d. Fam. Rad-ziwill, Dz. V-F. 258 Nr. 11457 (Brief 12.12.1748)
Ländliche Sakralbauten				
Arberg	Ansbach	1766	Pfarrkirche, Oratorium(n.a.)	nach Buchner, I, 42
Arnsberg	Eichstätt	1770	St. Sebastian (N, a.)	DA, PfA Gungolding + GNM, ZR ABK 394 III 5,6
Beilngries	Beilngries	1753	Frauenkirche (N, a.)	DA, PfA Beilngries I + GNM,
Berching	Neumarkt	1751/53	Mariä Himmelfahrt (U, a.)	ZR ABK 394 III 46-52
Berching	Neumarkt	1796	Maria Hilfkapelle (N)	Eventuell von Pedetti
Berching	Neumarkt	1788	St. Lorenz, Turmglieder-ung (n.a.)	GNM, ZR ABK 394 III 45,53
Beyerberg	Ansbach	1781/83	Evang. Kirche, Turm	GNM, ZR ABK 394 III 118-121
Eichstätt	Eichstätt	1796/97	Collegiata, Dach (n.a.)	DA,
Eichstätt	Eichstätt	80er J.	Dom, W-fass.-Giebel (U,n.a.)	TU, Cod. A. 43-46
Eichstätt	Eichstätt	1752	Dom, W-fass.-Baumängelinsp.	StAN, Reg. v. Mfr., Kammer d. Finanzen Abg. 1937 Nr. 681
Eichstätt	Eichstätt	1784-86	Mariahilfkapelle Willibaldsburg, Zuchthaus-kapelle (U des Spitales)	Event. v. Pedetti umgest. Event.-Zuschreibung
Mannheim	Mannheim	um 1787	kath. Bürgerhospital, Kirche-Turm (Gutachten)	nach J. Kuld, in: Mannhm.Ge-sch.bl. XXII,2 (1921), 35.
Mitteleschen-bach	Mitteleschen-Ansbach	1785	St. Nikolaus, Turm (Rep.)	DA, PfA Mitteleschenb. I 3
Mörnsheim	Eichstätt	1768	Kirche (U)	StAN, EA 3274 (28.7.1762)

Ort	Landkreis	Jahr	Objekt und Tätigkeit	Quelle
Moritzbrunn	Eichstätt		Gutshof, Kirche-Turmabschl.	nach KD Mfr., BZA Eichstätt S. 224: Gabrieli od. Pedetti
Nassenfels	Eichstätt	1763/65	St. Nikolaus-Turm (N)	StAN, EA 3277 (17.3.1763)+ 3279 (17.3.1764) + GNM, ZR ABK 394 III 19
Kirchenausstattungen				
Wieseth	Ansbach	1757	St. Wenzeslaus, Turmaufsatz	GNM, ZR ABK 394 III 115-117
(-Rauenzell)	Ansbach	1767/68	St. Salvator (N, a.)	GNM, ZR ABK 394 III 100-104
Steinbach	Ansbach	1764/66	St. Nikolaus, Gewölbe (n.a.)	DA, PfA Rauenzell (3 Bde.)+ GNM, ZR ABK 394
Spalt	Roth	1793	St. Nikolaus, Portal (U)	DA, PfA Spalt (p. 227)
Rebdorf	Eichstätt		Kloster, Portal (U)	Event. von Pedetti.
Pleinfeld	Weißenburg-G.	1770/84	St. Nikolaus, Turm + Decke	GNM, ZR ABK 394 III 71,72
Eichstätt	Eichstätt	ca. 1760	Altar Mariä Himmelfahrt	TU, Cod. A. 47,48
Eichstätt	Eichstätt	60er J.	Tabernakel	GNM, ZR ABK 394 III 2
Eichstätt	Eichstätt	1773	Dom, Chorgestühl	StAN, EA 1191 (1773)
Eichstätt	Eichstätt	1770	Dom, Grabdenkm. Schönborn	TU, Cod. A. 53
ohne Ort	Eichstätt	1784	Dom, Grabdenkm. Strasoldo	TU, Cod. A. 51
ohne Ort	Eichstätt	vor 1799	Ostenfriedhof, Pedetti-grabdenkmal	Entw. event. von Pedetti
Herrieden	Ansbach	1782	St. Martin, Hauptaltar	Zuschreibung
Herrieden	Ansbach	1773-76	St. Veit, Seitenaltäre	DA, PfA Herrieden (p. 150)
Herrieden	Ansbach	1780	St. Veit, Hochaltartabernakel	DA, PfA Herrieden (p. 150)
Ingolstadt	Ingolstadt	1760	St. Moritz, Hauptaltar u. Innenausstattung	Zuschreibung

Ort	Landkreis	Jahr	Objekt und Tätigkeit	Quelle
Nieswies	(Polen)		Jesuitenkirche, Hpt.altar	nach Loza, Architekci, S.229
Nieswies	(Polen)	1747	Pfarrkirche, Radziwill- Trauerkapelle	Zuschreibung
Nürnberg	Nürnberg	1788	St. Elisabeth, Altar (n.a.)	BHStA, Planslg. 11804
Rebdorf	Eichstätt	um 1790	Kloster, Altar im südl. Seitenschiff	Event. von Pedetti

Sakralbauten mit überregionaler Bedeutung und Idealpläne

Ort	Landkreis	Jahr	Objekt und Tätigkeit	Quelle
Karlsruhe	Karlsruhe	1787/90	Marktplatz, Ev. Stadtkirche	GLA, G/KA 514,515 + I/B KA 72
Ludwigsburg	Ludwigsburg	1762	Garnisonskirche(Ri8, n.erh.)	HStA-St, Bestand A 8 Kabinett Bü 249 Nr. 99 (Brief vom 21.6.1762)
Nürnberg	Nürnberg	1788	St. Elisabeth (N, n.a.)	BHStA, Planslg. 11785,11787, 11792-95,11804, 11809
Idealprojekt		1739	Oktogonkirche (n.a.)	StB, Cgm 2645 C 6-9
Idealprojekt		1740	Kleeblattkirche (n.a.)	StB, Cgm 2645 C 3-5
Idealprojekt		1785/86	Rundkirche (n.a.)	GLA, HfK/Hd 17/9-17/13
Idealprojekt			Zwei Kirchenportale	StB, Cgm 2645 C 1-2

Ansichten und Karten

Ort	Jahr	Objekt und Technik	Quelle
Berching	1762	Stadtansicht (Tuschezeichnung)	Im Rathaus Berching
Eichstätt	1753	Englischer Garten (Tuschezeichnung)	HV
Eichstätt	Entwurf 1758	Hochstiftskalender (Kupferstich nach der Zeichnung Pedettis)	U.a. Exempl. im DA (1787) u. in d. StB-B, H.V.G. 12/ 14 (1764)
Eichstätt	um 1791	Residenz- u. Dom-Westfassade (Kup- ferstich nach d. Zeichnung Pedettis)	Eingelegt in: Strauß, Hist. -topograph. Beschr.
Eichstätt	um 1791	Residenzplatz, Ansicht gegen Osten Kupferstich nach d. Zeichnung Pe- dettis)	Eingelegt in: Strauß, Hist. -topograph. Beschr.
Eichstätt	1794	St. Walburg (Tuschezeichnung)	Im Kloster St. Walburg
Eichstätt	1796	Stadtplan und Umgebungskarte (Kupferstich nach d. Zeichnung Pe- dettis)	SA + EJ, X (5.3.1796), XVI 29.4.1797), XXVI (8.6.1797)
Eichstätt	1751	Willibaldsburg (Tuschezeichnung)	HV
*Herrieden	1762	Stadtansicht (Tuschezeichnung)	Im Rathaus Herrieden
Italien	1739/42	Skizzenbuch der italienischen Reise (Tuschezeichnungen)	DA
Rebdorf	1751	Kloster, Ansicht von SO (Tusche- zeichnung)	HV
Rhein	1794	Landkarte des Flußes von Basel bis Koblenz m. Beschr. der Feldzüge von 1792 und 1793 (nicht erh.)	EJ, XXII (31.5.1794): An- kündigung
*Greding	1762	Stadtansicht (Tuschezeichnung)	Abb.: vgl. Anm. 504a

Bibliographie

Arndt, Hella und Karl. Ein "Château triangulaire" des Maurizio
    Pedetti. In: Beiträge zur Kunstgeschichte. Festgabe für
    H.R. Rosemann zum 9.10.1960. München 1960, 249-278.

Balthasar Neumann in Baden-Württemberg: Bruchsal, Karlsruhe,
    Stuttgart, Neresheim. Ausstellung Staatsgalerie Stuttgart
    1975.

Barock in Baden-Württemberg. Vom Ende des 30jährigen Krieges
    bis zur französischen Revolution. 2 Bde. Ausstellung des
    Landes Baden Württemberg. Schloß Bruchsal vom 27.6.-25.10.
    1981. Karlsruhe 1981.

Bauch, Andreas. Biographien zur Geschichte der Diözese Eichstätt.
    Bd. I, Studien VIII, 1. Eichstätt 1962.

Bauernfeind, Ernst. Die Säkularisationsperiode im Hochstift
    Eichstätt bis zum endgültigen Übergang an Bayern, 1790-
    1806. In: Historische Forschungen und Quellen. Begr. von
    Joseph Schlecht. Hg. von Anton Mayer u.a. Hft. 9.
    München, Freising 1927.

Baumeister, Engelbert. Rokokokirchen Oberbayerns. In: Studien
    zur deutschen Kunstgeschichte. Hft. 92. Straßburg 1907.

Baumgärtner, Walter. Die Erbauung des Ludwigsburger Schlosses.
    Ein Beispiel staatlicher Bauwirtschaft im 18. Jahrhun-
    dert. Würzburg 1939.

Bayer, Adolf. Die Ansbacher Hofbaumeister beim Aufbau einer
    fränkischen Residenz. In: Neujahrsblätter. Hg. von der
    Gesellschaft für fränkische Geschichte. XXII. Würzburg 1951.

------. Das Ende des Ansbacher Hofbaudirektoriums. In: 73. Jahres-
    bericht des Historischen Vereins für Mittelfranken, 1953,
    71-83.

Bayern. Kunst und Kultur. Ausstellung des Freistaates Bayern
    und der Landeshauptstadt München. Münchner Stadtmuseum
    vom 9.6. bis 15.10.1972. München 1972.

Beisel, Edmund. Ritter Peter Anton von Verschaffelt als Archi-
    tekt. In: Bauwissenschaftliche Beiträge. 5. Berlin 1920
    (vorher Dresden, Diss. 1915).

Beringer, Josef August. Peter Anton von Verschaffelt. Straß-
    burg 1902.

Bibliographie der Kunst in Bayern. Bearbeitet von H. Wichmann.
    Unter der Leitung von H. Sedlmayr. Wiesbaden 1961 ff.

Biedermann, K. Deutschland im 18. Jahrhundert. 5 Bde. Leipzig
    1854-1880.

Biller, Josef H. Der grosse Regensburger Hochstiftskalender
von Josef Anton Zimmermann. Die Entstehungsgeschichte
einer spätbarocken Großgraphik. In: Ars Bavarica. Hg. von
Volker Liedke. Bd. 15/16. München 1980, 105-120.

Bleicher, Joseph. Führer durch Eichstätt und Umgebung. Eichstätt 1923.

Blondel, Jacques François. De la Distribution des Maisons de
Plaisance et de la Décoration des Edifices en generale.
2 Bde. Paris 1737/1738.

------. Cours d'Architecture ou Traité de la Décoration, Distribution et Construction des Bâtiments /.../. 9 Bde.
Paris 1771.

------. Architecture Françoise ou Recueil des Plans, Elévations,
Coupes et Profiles des Eglises, Maisons Royales, Palais...
Les plus considérables de Paris. 4 Bde. Paris 1752-1756.

Boscarino, Salvatore. Juvarra architetto. Rom 1973.

Braham, Allan und Hager, Hellmut. Carlo Fontana. The drawings
at Windsor Castle. London 1977.

Braun, Heinz. Ansbacher Spätbarock. Ein Beitrag zur Stilge-
schichte der Baukunst im Fürstentum Brandenburg-Onolzbach
1695-1791. Sonderdruck aus: Jahrbuch für fränkische Landesforschung. Bd. 16. Kallmünz 1956, 455-491.

------. Leopoldo Retty und der Ansbacher Schloßbau. Ein Beitrag
zur Baugeschichte des Markgrafenschlosses zu Ansbach im
18. Jahrhundert. Sonderdruck aus: Jahrbuch für fränkische
Landesforschung. Bd. 19. Kallmünz 1959, 507-545.

Braunfels, Wolfgang. Abendländische Stadtbaukunst. Herrschafts-
form und Baugestalt. In: Dumont Dokumente. Reihe Kunstge-
schichte/Wissenschaft. Köln 1976.

------. François de Cuvilliés. Ein Beitrag zur Geschichte der
künstlerischen Beziehungen zwischen Deutschland und Frankreich im 18. Jahrhundert. Bonn, Phil. Diss. 1938.

Brinckmann, Albert Erich. Die Baukunst des 17. und 18. Jahrhunderts in den romanischen Ländern. Berlin 1915.

------. Platz und Monument als künstlerisches Formproblem.
Berlin 1923[3] (1908[1]).

------. Die Stadtbaukunst des 18. Jahrhunderts. Berlin 1914.

Buchner, Franz Xaver. Archivinventare der katholischen Pfarreien in der Diözese Eichstätt. In: Veröffentlichungen
der Gesellschaft für fränkische Geschichte. V. Inventa-
rien fränkischer Archive. Bd. II. München, Leipzig 1918.

-----. Ein aufschlußreicher Bauprozeß des 18. Jahrhunderts. Aus dem Leben des Architekten Moriz Pedetti. In: Heimgarten. 17, 1936, Nr. 36-39.

-----. Das Bistum Eichstätt. Historisch-statistische Beschreibung auf Grund der Literatur, der Registratur, des Bischöflichen Ordinariats Eichstätt sowie der pfarramtlichen Berichte. 2 Bde. Eichstätt 1937-1938.

Bundschuh, J.K. Geographisches statistisch-topographisches Lexikon von Franken oder vollständige alphabetische Beschreibung aller im ganzen Fränkischen Kreis liegender Städte, Klöster, Schlösser, Dörfer, Flekken, Höfe, Berge, Thäler, Flüsse, Seen, merkwürdiger Gegenden /.../. 6 Bde. Ulm 1799-1804.(Nachdruck in: Bavarica historica et topographica reimpressa, Series I: Franconia. München 1979).

Bussmann, Klaus. Wilhelm Ferdinand Lipper. Ein Beitrag zur Geschichte des Frühklassizismus in Münster. Münster 1972

Cahn, Erich B. Münzen des Hochstifts Eichstätt. München 1962.

Cassirer, Kurt. Die ästhetischen Hauptbegriffe der französischen Architekturtheoretiker von 1650-1780. Berlin, Diss. 1909.

Cavarocchi, Franco. Artisti della Valle Intelvi e della Diocesi comense attivi in Baviera alla luce di carte d'archivio del Ducato di Milano. In: Arte lombarda. Anno X, Sec. Sem. Mailand 1965, 135-148.

-----. Originalità e genio dei Magistri Intelvesi nella produzione artistica d'Oltralpe. IV. Magistri Intelvi Kongreß 26.-29.8.1968 in Passau. In: Ostbairische Grenzmarken 11, 1969, 128-138.

Coudenhove-Erthal, Eduard. Carlo Fontana und die Architektur des römischen Spätbarocks. In: Römische Forschungen des kunstgeschichtlichen Institutes Graz. Hg. von Hermann Egger. Wien 1930.

Decker, Paul. Fürstlicher Baumeister oder Architectura civilis. Augspurg 1711 ff. (Teil 1,1: 1711; Teil 1,2: 1713; Teil 2: 1716). (Nachdruck Hildesheim: Georg Olms Verlag 1978).

Dehio, Georg. Handbuch der deutschen Kunstdenkmäler. Bayern I: Franken. Die Regierungsbezirke Oberfranken, Mittelfranken und Unterfranken. Bearb. Tilmann Breuer u.a. München 1979.

-----. Handbuch der deutschen Kunstdenkmäler. Baden-Württemberg. Bearb. Friedrich Piel. München 1964.

Dobai, Johannes. Die bildenden Künste in Johann Georg Sulzers
    Ästhetik. Seine "Allgemeine Theorie der Schönen Künste".
    In: 308. Neujahrsblatt der Stadtbibliothek Winterthur.
    Winterthur 1978.

Döry, Ludwig. Donato Giuseppe Frisoni und Leopoldo Mattia
    Retti. In: Arte lombarda. 12, 1967 II, 127-138 (Frisoni).
    Ebda, 14, 1969 I, 75-98 (Retti).

Durm, Josef. Zur Baugeschichte des Großherzoglichen Residenz-
    schlosses in Karlsruhe. Karlsruhe 1892.

Ehrenberg, Kurt. Baugeschichte von Karlsruhe. 1715-1820. Bau-
    und Bodenpolitik. Eine Studie zur Geschichte des Städte-
    baus. Karlsruhe, Diss. 1908.

Eichhorn, Ernst. Vom Anteil "welscher" Künstler an der Barock-
    kunst Frankens. In: Erlanger Bausteine zur fränkischen
    Heimatforschung. Hg. vom Heimatverein Erlangen und Umgebung.
    6 (1959), 127-157.

Eichstätter Kurier (1. Tagesztg. von Eichstätt). 1864-1922.
    1922 vereinigt mit Eichstätter Volkszeitung.
    1956 ff.

Der Eichstätter Raum in Geschichte und Gegenwart. Hg. von der
    Stadt- und Kreissparkasse Eichstätt. Eichstätt 1973.

Eichstätter Volkszeitung. 1877-1922. 1922 mit dem Eichstätter
    Kurier vereinigt. 1936 verboten. 1949-1956.

Eichstätter Wochenblatt. 1850-1878.

Eichstätts Kunst. Zum goldenen Priesterjubiläum des H.H.
    Bischof Franz Leopold Frhn. von Leonrod. Von Franz Xaver
    Herb, Felix Mader, Sebastian Mutzl, Joseph Schlecht, Franz
    Xaver Thurnhofer. München 1901.

Die Erneuerung der ehemals fürstbischöflichen Residenz in Eich-
    stätt 1976/1977. Hg. vom Historischen Verein Eichstätt
    und vom Landratsamt Eichstätt. Eichstätt 1976.

Fleischhauer. Barock im Herzogtum Württemberg. Stuttgart 1958.

Foerster, Rolf Hellmut. Das Barockschloß. Geschichte und Archi-
    tektur. Köln 1981.

Fränkische Bibliographie. Veröffentlichungen der Gesellschaft
    für fränkische Geschichte. Schrifttumsnachweis zur histo-
    rischen Landeskunde Frankens bis zum Jahre 1945. Hg. Ger-
    hard Pfeiffer. Reihe XI, Bd. I. Würzburg 1965.

Giedion, Sigfried. Spätbarocker und romantischer Klassizismus.
    München 1922.

Gurlitt, Cornelius. Geschichte des Barockstiles, des Rococo
    und des Klassizismus in Belgien, Holland, Frankreich,
    England. Stuttgart 1888.

-----. Geschichte des Barockstiles und des Rococo in Deutsch-
    land. Stuttgart. 1889.

-----. Geschichte des Barockstiles in Italien. Stuttgart 1887.

-----. Warschauer Bauten aus der Zeit der sächsischen Könige.
    Berlin 1917.

Gutmann, Emil. Das großherzogliche Residenzschloß Karlsruhe.
    In: Zeitschrift für Geschichte der Architektur. Beihft. 5.
    1911, 51 ff.

Haas, W. Die Architekten Retti und La Guêpière am Neuen Schloß
    in Stuttgart. In: Deutsche Kunst und Denkmalpflege, 1960,
    30-38.

Hansmann, Wilfried. Baukunst des Barock. Form, Funktion, Sinn-
    gehalt. Köln 1978.

Hausladen, Eugen Maria. Der markgräfliche Baumeister Johann
    David Steingruber und der evangelische Kirchenbau. Ans-
    bach 1930.

Hautecoeur, Louis. Histoire de l'architecture classique en
    France, 1750-1792. Tome IV. Paris 1952.

Hauttmann, Max. Geschichte der kirchlichen Baukunst in Bayern,
    Schwaben und Franken, 1550-1780. Berlin, Leipzig 1923^2
    (1921^1).

Heimgarten. Beilage zur Eichstätter Volkszeitung-Kurier.
    1920-1938, 1949-1956.

Hempel, Eberhard. Gaetano Chiaveri, der Architekt der Katho-
    lischen Hofkirche in Dresden. Dresden 1955.

-----. Baroque art and architecture in central Europe: Germany,
    Austria, Switzerland, Hungary, Czechoslovakia, Poland.
    O.O. 1965.

Hentschel, Walter. Die sächsische Baukunst des 18. Jahrhunderts.
    in Polen. 2 Bde. Berlin 1967.

Hernandez, Antonio. Grundzüge einer Ideengeschichte der fran-
    zösischen Architekturtheorie von 1560-1800. Berlin 1928.

Herrmann, Wolfgang. Laugier and eighteenth century french
    theorie. London 1962.

Hesslein, Hans. Baugeschichte der Deutschordenskirche St. Elisabeth. Würzburg, Diss. 1925.

Hirsch, Fritz. Das Bruchsaler Schloß. Aus Anlaß der Renovation. Text- und Mappenwerk. Heidelberg 1910.

Hirsching, Friedrich Carl Gottlieb. Historisch-litterarisches Handbuch berühmter und denkwürdiger Personen, welche in dem achtzehnten Jahrhunderte gelebt haben; oder biographische und historische Nachrichten von berühmten Kaisern, Königen, Fürsten, großen Feldherren, Staatsmännern, Päpsten, Cardinälen, Erz= und Bischöffen, Gelehrten aller Wissenschaften, Malern, Bildhauern, Mechanikern, Künstlern und anderen merkwürdigen Personen beyderley Geschlechts. Leipzig 1805 (Unveränd. Nachdruck Graz 1973).

Historische Blätter (HB) für Stadt und Landkreis Eichstätt. Beilage zum Eichstätter Kurier. 1952 ff.

Hochfürstlich Eichstättisches Intelligenzblatt. 1791-1850.

Hoffmann, Ilse. Der süddeutsche Kirchenbau am Ausgang des Barock. München 1938.

Hoffmann, Richard. Bayerische Altarbaukunst. München 1923.

Hotter, Anton. Eichstätt, Geschichte der Stadt und des Bezirksamtes. Eichstätt 1865.

D'Ixnard, Pierre Michel. Recueil d'Architecture. Straßburg 1791.

Junecke, Hans. Die Maisons de Plaisance. In: Sitzungsberichte der Kunstgeschichtlichen Gesellschaft zu Berlin, Februar 1952 bis Mai 1953, 26/27.

Kaufmann, Emil. Die Architekturtheorie der französischen Klassik und des Klassizismus. In: Repertorium für Kunstwissenschaft. Hg. Karl Koetschau. Bd. 44, 1924, 197-237.

Keller, Harald. Kunst des 18. Jahrhunderts. Propyläen- Kunstgeschichte. Bd. 10. Berlin 1971.

-----. Das Treppenhaus im deutschen Schloß- und Klosterbau des Barock. Kassel, Diss. 1929.

Klassizismus in Bayern, Schwaben und Franken. Architekturzeichnungen 1775-1825. Ausstellung der Architektursammlung der Technischen Universität München und des Münchner Stadtmuseums in Verbindung mit dem Zentralinstitut für Kunstgeschichte und dem Bayerischen Hauptstaatsarchiv vom 8.5-27.7.1980. München 1980.

Knorr, Eduard. Johann David Steingruber. Ein markgräflicher Baumeister des 18. Jahrhunderts. Ein Beitrag zur Ansbacher Baugeschichte. München TH, ungedr. Diss. 1922.

Koepf, Karl Heinrich. Joseph Dossenberger (1721-1785). Ein
    schwäbischer Baumeister des Rokoko. Weißenhorn 1973.

Krämer, Gerhard. Die römisch-barocke Stilkomponente im Werk
    Peter Anton von Verschaffelts. Dargestellt anhand der
    Entwürfe für die Nürnberger Deutschordenskirche. Heidel-
    berg, Diss. 1973.

Kreisel, Heinrich. Die Ausstattung der markgräflichen Wohn-
    und Festräume in der Ansbacher Residenz. In: Zeitschrift
    des Deutschen Vereins für Kunstwissenschaft 6, 1939,
    50-86.

Kunoth, George. Die Historische Architektur Fischers von Er-
    lach. Neuausgabe und Kommentar des "Entwurff einer histo-
    rischen Architectur". Wien 1721. In: Bonner Beiträge zur
    Kunstwissenschaft. Hg. H. von Einem u. H. Lützeler.
    Bd. 5. Düsseldorf 1956.

Die Kunstdenkmäler von Bayern. Mittelfranken: Stadt Eichstätt.
    Bearb. von Felix Mader. München 1924.- Bezirksamt Eich-
    stätt. Bearb. Felix Mader. München 1928.

Die Kunstdenkmale von Bayern (Kurzinventare). Hg. T. Gebhard,
    H. Kreisel, A. Horn. München 1958 ff.

Lacroix, Emil. Die Entwürfe für einen neuen Marktplatz in
    Karlsruhe, eine städtebauliche Konkurrenz um 1800. In:
    Oberrheinische Kunst. 9, 1940, 127-139.

-----. Zur Baugeschichte des Karlsruher Marktplatzes. In:
    Zeitschrift für Geschichte des Oberrheins 86, 1933,
    24-57.

Lang, Franz Xaver. Topographische Beschreibung und Geschichte
    der königlich baierischen Kreishauptstadt Eichstätt /.../.
    Mit zwei Kupfern. Eichstätt 1815.

Laugier, Marc Antoine. Observations sur l'architecture.
    Paris 1765.

Loers, Veit. Rokokoplastik und Dekorationssysteme. Aspekte
    der süddeutschen Kunst und des ästhetischen Bewußtseins
    im 18. Jahrhundert. Münchner Kunsthistorische Ab-
    handlungen VIII. Hg. vom Kunsthistorischen Seminar der
    Universität München, Wolfgang Braunfels und Norbert Lieb.
    ·München 1976.

Lohmeyer, Karl. Die Baumeister des rheinisch-fränkischen
    Barocks. Heidelberg 1931.

Koza, Stanisław. Architekci i budowniczowie w Polsce.
    Warszawa 1951.

Mader, Felix. Schloß Hirschberg. In: Deutsche Kunstführer.
    Hg. Adolf Feulner. Bd. 33. Augsburg 1929.

-----. Geschichte des Schlosses und Oberamtes Hirschberg.
    Eichstätt 1940.

Mager, Edward. Moritz Pedettis Stadtplan von Eichstätt 1796.
    In: Historische Blätter für Stadt und Landkreis Eichstätt.
    20, 1971, Nr. 1.

Merzario, Giuseppe. I maestri comacini. Storia artistica di
    1200 anni (600-1800). Milano 1893.

Mielke, Friedrich. Die Geschichte der deutschen Treppe.
    Berlin, München 1966.

Neuhofer, Theodor. Beiträge zur Kunstgeschichte des Hochstifts
    Eichstätt. Hochfürstliche Haupt- und Residenzstadt
    Eichstätt. In: Sammelblatt des Historischen Vereins Eich-
    stätt, Jg.61 (1965/1966).

Pastoralblatt des Bistums Eichstätt. 1854 ff.

Pest, Matthäus. Die Finanzierung des süddeutschen Kirchen-
    und Klosterbaues in der Barockzeit. Bauwirtschaftliche
    und finanzielle Probleme des kirchlichen Barocks im
    deutschen Süden von ca. 1650-ca. 1780. München, Diss.
    1937.

Plank, Joseph. Chronik von Eichstätt in Mittelfranken von
    Bayern. München 1854.

-----. Entwurf einer Geschichte des ehemaligen Fürstentums
    Eichstätt. München 1859.

Ponten, Josef. Architektur, die nicht gebaut wurde. Stutt-
    gart 1925.

Popp, Hermann (Hg). Die Architektur der Barock- und Rokoko-
    zeit in Deutschland und der Schweiz. Stuttgart 1924.

Popp, Theodor David. Matrikel des Bissthumes Eichstätt od.
    Verzeichniss und kurze Beschreibung der zu diesem Bi-
    ssthume gehörigen Pfarr-Bezirke, Kirchen, geistlichen
    Pfründe und Schulen, nach dem Stande vom Jahre 1835.
    Eichstätt 1836.

Romstöck, F.S. Die Stifter und Klöster der Diözese Eichstätt
    bis zum Jahre 1806. In: Sammelblatt des Historischen
    Vereins Eichstätt, 30, 1915, 19-86.

Rose, Hans. Spätbarocke Studien zur Geschichte des Profan-
    baues 1660-1760. München 1922.

Rott, Hans. Bruchsal, Quellen zur Kunstgeschichte des Schlosses und der bischöflichen Residenzstadt. In: Zeitschrift für Geschichte der Architektur, Beihft. 11, 1914.

Rupprecht, Bernhard. Die bayrische Rokokokirche. In: Münchner historische Studien. Hg. Max Spindler. Abtlg. Geschichte. Bd. 5. Kallmünz 1959.

Sammelblatt des historischen Vereins Eichstätt (SHVE). 1886 ff.

Sausenhoffer, Wolfgang Engelbert. Des Fürstlichen hohen Stifts Eichstätt Hof- u. Staatskalender für das Jahr ... (1783-1802). Eichstätt 1783-1802.

Sax, Julius. Die Bischöfe und Reichsfürsten von Eichstätt. 2 Bde. Landshut 1884/1885.

------. Hochfürstlich Eichstättische Baudirektoren. Landshut 1889.

------. Geschichte des Hochstifts und der Stadt Eichstädt Nürnberg 1857 (Neuaufl. Josef Bleicher, Eichstätt 1927).

Schelter, Alfred. Innenarchitektur fränkischer Sakralbauten des Protestantismus im 18. Jahrhundert. Berlin, Diss. Ing. 1978.

Schindler, Herbert. Große Bayerische Kunstgeschichte. Bd. II. Neuzeit bis an die Schwelle des 20. Jahrhunderts. München 1976 (1963[1]).

Schlagberger-Simon, Adelheid. Süddeutsche Entwurfszeichnungen zur Dekorationskunst in Residenzen und Kirchen des 18. Jahrhunderts. In: Sammlungskataloge der Kunstbibliothek Berlin 10. Berlin 1976.

Schlecht, Joseph. Zur Kunstgeschichte der Stadt Eichstätt. Eichstätt 1888.

Schlegel, Arthur. Die Deutschordensresidenz Ellingen und ihre Barockmeister. Marburg 1927.

------. Die Tätigkeit Michel d'Ixnards in der Deutschordensresidenz Ellingen. In: Belvedere 9/10, 1926, 133-138.

Schmitz, Hermann. Kunst und Kultur des 18. Jahrhunderts in Deutschland. München 1922.

Schneider, Ernst. Paul Decker d. Ä. Beiträge zu seinem Werk. Frankfurt/M., Düren, Phil. Diss. 1937.

Scholl, Fritz. Leopoldo Retti, markgräflich Ansbach'scher Baudirektor, herzoglich württembergischer Oberbaudirektor. Ein Beitrag zur Baugeschichte des XVIII. Jahrhunderts in Franken und Württemberg. Ansbach 1930.

-----. Leopoldo Retti, ein herzoglich württembergischer Hofbaumeister. In: Schwäbische Heimat, 1951, 229-235.

Schreiber, Arndt. Frühklassizistische Kritik an der Gotik.
1757-1789. Berlin, Diss. 1937.

Schreiber, Christa. Rathäuser des Barock in Franken, Schwaben
und Baden. Berlin, Diss. 1973.

Sedlmayr, Hans. Zur Charakteristik des Rokoko. In: Manierismo,
barocco, rococò. Concetti e termini. 1962, 343-349.

-----. Johann Bernhard Fischer von Erlach. In: Grosse Meister,
Epochen und Themen der Österreichischen Kunst. Begr.
Willy Lorenz. Wien 1976^2 (1956^1).

Sperl, Wilhelm. Der protestantische Kirchenbau im 18. Jahrhundert im Fürstentum Brandenburg-Onolzbach. In: Einzelar-
beiten aus der Kirchengeschichte Bayerns. Hg. im Auftrag
des Vereins für bayerische Kirchengeschichte von Karl
Schornbaum. XXIV. Bd. Nürnberg 1951.

Steingruber, Johann David. Architectonisches Alphabeth /.../.
Ansbach 1773 (Faksimile von Berthold Wolpe. London 1972)

Strauss, Andrä. Versuch einer historisch-topographischen Beschreibung der hochfürstlich bischöflichen Residenzstadt
Eichstätt. Mit den in Kupfer gestochenen beiden Residenz-
plätzen. Eichstätt 1791.

Sulzer, Johann Georg. Allgemeine Theorie der Schönen Künste
in einzelnen, nach alphabetischer Ordnung der Kunstwörter
aufeinanderfolgenden Artikeln abgehandelt. Leipzig 1792^2
(vermehrte Auflage; Teil 1: 1771^1, Teil 2: 1774^1).
(Nachdruck der 2. vermehrten Auflage Hildesheim: Olms 1970).

Thiel, Heinrich. Protestantischer Kirchenbau in den Markgrafen-
schaften Ansbach und Bayreuth im 18. Jahrhundert. Erlangen,
Diss. (Mskr.) 1946.

Treeck, Peter van. Franz Ignaz Neumann. In: Mainfränkische
Studien Bd. 6. Würzburg 1973 (Würzburg, München, Diss. 1967).

Valdenaire, Arthur. Friedrich Weinbrenner. Sein Leben und
seine Bauten. Karlsruhe 1919.

-----. Der Karlsruher Marktplatz. In: Zeitschrift für die Geschichte des Oberrheins. Bd. 96. Neue Folge, Hft. 2,
1948, 415-449.

-----. Karlsruhe. Die klassisch gebaute Stadt. In: Deutsche
Kunstführer. Hg. Adolf Feulner. Bd. 25. Augsburg 1929.

Vossnack, Liese Lotte. Pierre Michel d'Ixnard 1723-1795.
Französischer Architekt in Südwestdeutschland. Frankfurt/
M. Diss. 1936.

Wagner, Helga. Barocke Festsäle in bayerischen Schlössern und Klöstern. München 1974.

Walter, Friedrich. Regesten zur Baugeschichte des Mannheimer Schlosses. In: Mannheimer Geschichtsblätter. Hft. 3/4, 1932.
-----. Die Bauwerke der Kurfürstenzeit in Mannheim. In: Deutsche Kunstführer. Hg. Adolf Feulner, Bd. 26. Augsburg 1928.

Weilbachs (Frederik) Kunstnerleksikon. Merete Bodelsen u. Povl Engelstoff (Red.). Kopenhagen 1949.

Wörner, Hans Jakob. Architektur des Frühklassizismus in Süddeutschland. München, Zürich 1979.

Zänker, Jürgen. S. Dorotea in Rom und verwandte Kirchenbauten. Zu G(iovanni) B(attista) Nollis Tätigkeit als praktischer Architekt. In: Architectura, JG 4, 1974, 165-180.

Zendralli, Arn(oldo) Marc(ellino). Graubündner Baumeister und Stukkatoren in deutschen Landen zur Barock- und Rokokozeit. Zürich 1930.

-----. I magistri Grigioni - architetti e costruttori, scultori, stuccatori e pittori - dal 16° al 18° secolo. Poschiavo 1958.

Zürcher, Richard. Die kunstgeschichtliche Entwicklung an süddeutschen Barockaltären. In: Forschungen und Berichte der Bau- und Kunstdenkmalpflege in Baden-Württemberg. Bd. 5. Der Altar des 18. Jahrhunderts. Das Kunstwerk in seiner Bedeutung und als denkmalpflegerische Aufgabe. München, Berlin 1978, S. 53-83.

Abbildungsnachweis

(Die Zahlen beziehen sich auf die Bildnummern)

Badisches Generallandesarchiv, Karlsruhe: X, XII, XIX, 36, 42-44, 66.- Bayerisches Hauptstaatsarchiv, München: XVII, 61-63.- Bayerische Staatsbibliothek, München: III, IV, IX, XI, XVIII, 14-17, 31-35, 64, 65.- Diözesanarchiv, Eichstätt: 22, 40, 55.-Germanisches Nationalmuseum, Nürnberg: I, II, XIII 1-3, 5, 6, 9, 11-13, 48-52, 59.- Landesdenkmalamt Baden-Württemberg, Karlsruhe: 45.- Petra Noll, Eggenfelden: VIII, 4,7, 8, 10, 18-20, 30, 54, 57, 58.- Staatsbibliothek, Bamberg: XX.- Stadtarchiv, Ingolstadt: 56.- Technische Universität (Architektursammlung), München: V, VI, VII, XIV, XV, XVI, 21, 23-29, 37-39, 41, 46, 47, 53, 60.-

Abbildungsverzeichnis

8	Eichstätt, Domdekanei. Hauptfassade am Leonrodplatz (Foto 1981).
9	Berching, Pfarrhof. Vgl. Anm. 251.
10	Eichstätt, Wohnhaus von Pedetti, Ostenstraße 13/15. Hauptfassade (Foto 1981).
11	Eichstätt, Waisenhaus. Vgl. Anm. 264 Nr. 91.
12	Idealentwurf für eine Brauerei. Vgl. Anm. 330 Nr.29.
13	Idealentwurf für eine Brauerei. Vgl. Anm. 330 Nr. 32.
14	Idealentwurf für eine Brauerei. Vgl. Ahm. 341 Nr. III.
15	Neuburg/a.d.D., Kaserne. Vgl. Anm. 390 Nr. 12/13.
16	Neuburg/a.d.D., Kaserne. Vgl. Anm. 390 Nr. 14/15.
17	Karlsruhe, Residenz. Vgl. Anm. 427 Nr. 8.
18	Harthausen, Schloß. Vgl. Anm. 453.
19	Hirschberg, Schloß. Westliche Einfahrt (Foto 1981).
20	Hirschberg, Schloß. Ostflügel (Foto 1981).
21	Eichstätt, Stadtresidenz-Hoffassade Westflügel. Vgl. Anm. 509.
22	Eichstätt, Stadtresidenz (gest. Hutter). Vgl. Anm. 517.
23	Eichstätt, Stadtresidenz (gez. Effner). Vgl. Anm. 521.
24	Eichstätt, Stadtresidenz-Schilderhäuschen und Brunnenentwürfe. Vgl. Anm. 524.
25	Eichstätt, Stadtresidenz-Schilderhäuschen. Vgl. Anm. 525.
26	Eichstätt, Stadtresidenz-Westflügel. Vgl. Anm. 535 Nr. 6.
27	Pfünz, Schloß. Vgl. Anm. 557 Nr. 105.
28	Pfünz, Schloß. Vgl. Anm. 557 Nr. 106.
29	Pfünz, Schloß. Vgl. Anm. 557 Nr. 115.
30	Regensburg, Freisinger Hof. Vgl. Anm. 583 Nr. VII.
31	Idealplan für eine Herrenresidenz. Vgl. Anm. 605 Nr. 16.
32	Idealplan für eine Herrenresidenz. Vgl. Anm. 605 Nr. 17.
33	Idealplan für eine Residenz. Vgl. Anm. 613 Nr. 10/11.
34	Idealplan für eine Residenz. Vgl. Anm. 613 Nr. 14/15.
35	Idealplan für ein Landschloß. Vgl. Anm. 618 Nr. 4-5^1/2 (Detail = 5^1/2).
36	Idealplan für ein Grand Palais. Vgl. Anm. 626 Nr. 17/8.
37	Eichstätt, Residenzplatz mit Mariensäule. Vgl. Anm. 652 Nr. 28.
38	Eichstätt, Residenzplatz-Bassin des Marienbrunnens. Vgl. Anm. 652 Nr. 29.
39	Eichstätt, Residenzplatz-Kleiner Brunnen. Vgl. Anm. 652 Nr. 39.

40   Eichstätt, Residenzplatz (gest. Hutter). Vgl. Anm. 657.

41   Eichstätt, Residenzplatz. Vgl. Anm. 660.

42   Karlsruhe, Marktplatz-Rathaus. Vgl. Anm. 709 Nr. 516.

43   Karlsruhe, Marktplatz-Rathaus. Vgl. Anm. 709 Nr. 517.

44   Karlsruhe, Marktplatz-Randbebauung. Vgl. Anm. 710.

45   Karlsruhe, Marktplatz. Vgl. Anm. 711.

46   Eichstätt, Sommerresidenz-Hofgarten (Effner). Vgl.
        Anm. 737.

47   Eichstätt, Sommerresidenz-Hofgarten, Mittelpavillon.
        Vgl. Anm. 747 Nr. 82.

48   Berching, Kirche Mariä Himmelfahrt. Vgl. Anm. 776 Nr. 49.

49   Berching, Kirche Mariä Himmelfahrt. Vgl. Anm. 776 Nr. 51.

50   Steinbach (Rauenzell), St. Salvator. Vgl. Anm. 810
        Nr. 104.

51   Steinbach (Rauenzell), St. Salvator. Vgl. Anm. 810
        Nr. 103.

52   Arnsberg, St. Sebastian. Vgl. Anm. 823 Nr. 5.

53   Eichstätt, Dom-Westfassade. Vgl. Anm. 831 Nr. 44.

54   Eichstätt, Collegiata. Vgl. Anm. 839 Lit. A (Detail).

55   Eichstätt, Collegiata. Vgl. Anm. 839 Lit. B.

56   Ingolstadt, St. Moritz vor der Regotisierung (G. Wid-
        mann). Vgl. Anm. 842 (Detail).

57   Herrieden, St. Veit-Seitenaltar St. Sebastian (Foto 1981).

58   Herrieden, St. Veit-Hochaltartabernakel (Foto 1981).

59   Tabernakelentwurf. Vgl. Anm. 883.

60   Eichstätt, Dom-Schönborn-Grabdenkmal. Vgl. Anm. 884.

61   Nürnberg, St. Elisabeth (1. Projekt). Vgl. Anm. 908
        Nr. 11787.

62   Nürnberg, St. Elisabeth (1. Projekt). Vgl. Anm. 908
        Nr. 11792.

63   Nürnberg, St. Elisabeth (2. Projekt). Vgl. Anm. 909
        Nr. 11793.

64   Idealplan für eine Oktogonkirche. Vgl. Anm. 923 Nr. 6.

65   Idealplan für eine Kirche über kleeblattförmigem
        Grundriß. Vgl. Anm. 926 Nr. 3.

66   Idealplan für eine "Eglise à l'antique moderne".
        Vgl. Anm. 938 Nr. 17/9.

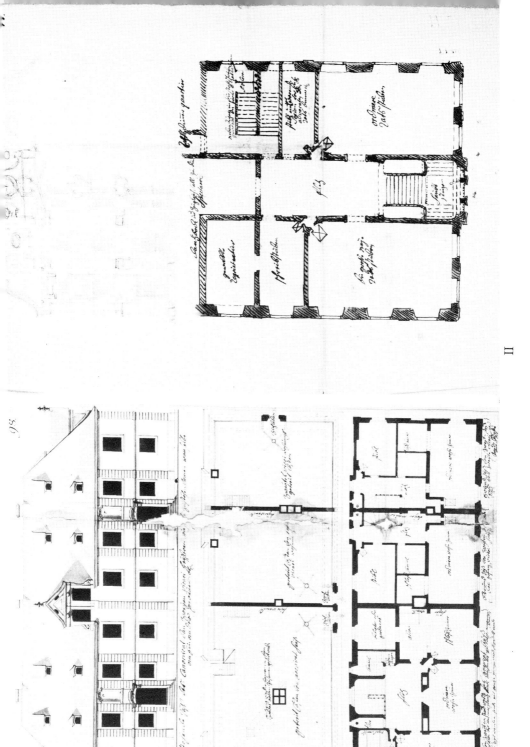

II

I

N.I.

Prospect wie die nachgehent Projectirt vollständige Reitstatt mit
angehörigen Economie gebäuen sich gegen
der Haupt Fronte eröffentlichen

III

IV

N.10.
L

H

N.11.
T

S

M   N   O

N.9.
G

B   A   B

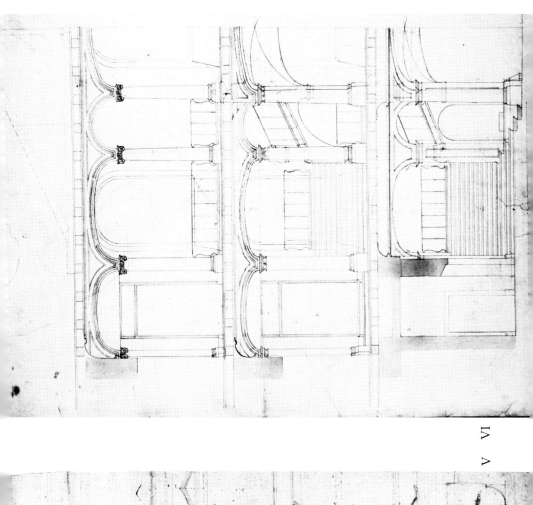

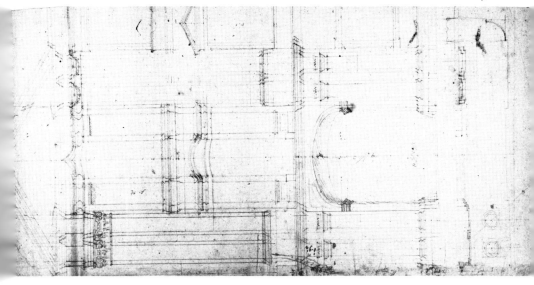

VII   VIII

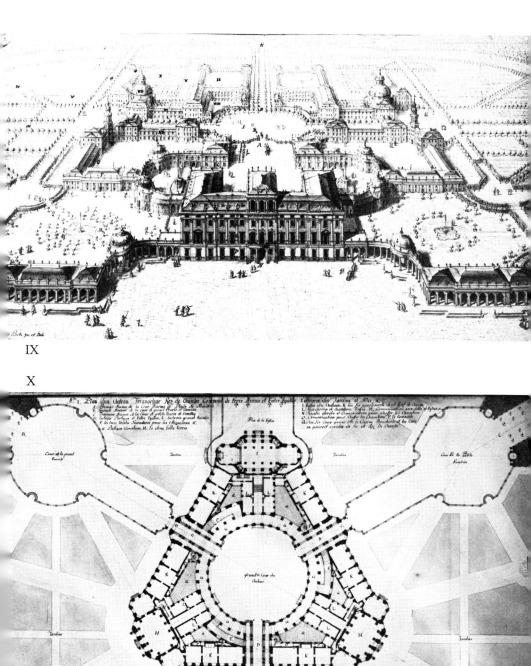

IX

X

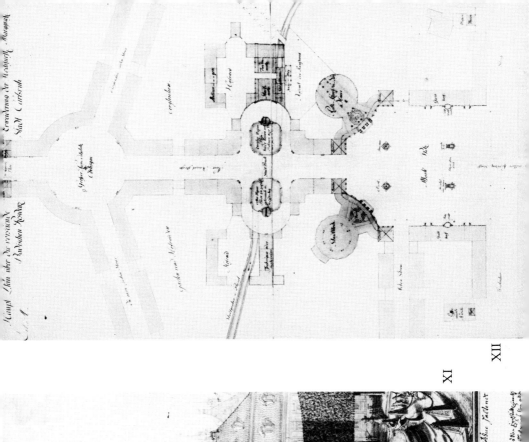

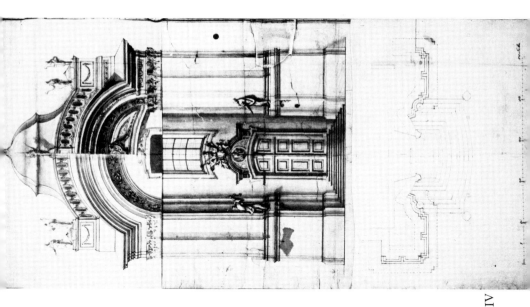

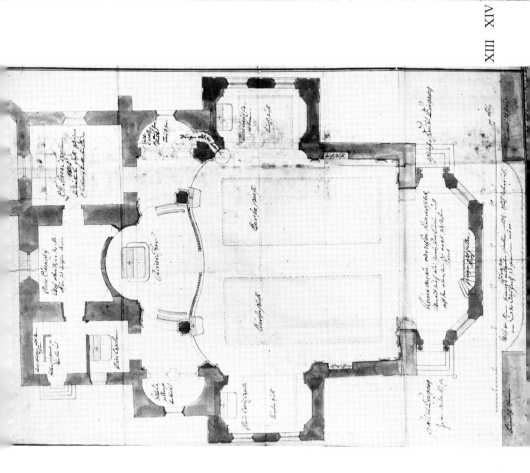

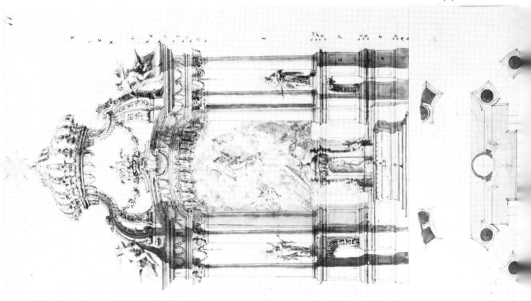

N° II. *Facciada der schon benannten Kirche*

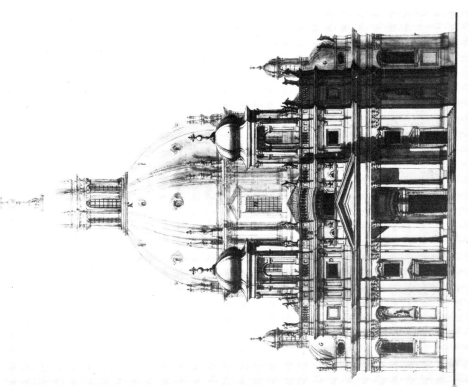

XVII

XVIII

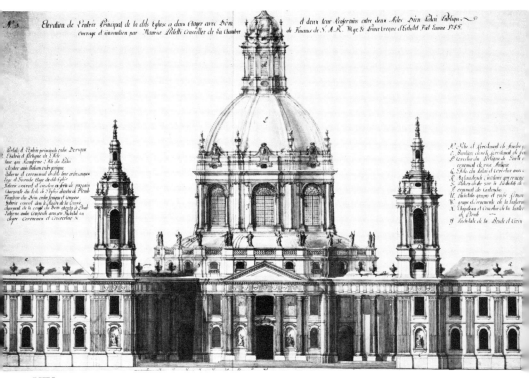

Elevation de l'entrée Principale de la dite Eglise a deux Etager avec Dôme   et deux tour Conformée entre deux Ailes d'un Palai publique
ouvrage et invention par Florine Pelletti Conseiller de la Chambre   de Finance de S. A. R. Mgr. le Prince Evoque d'Eichstet fait l'anne 1785.

XIX

XX

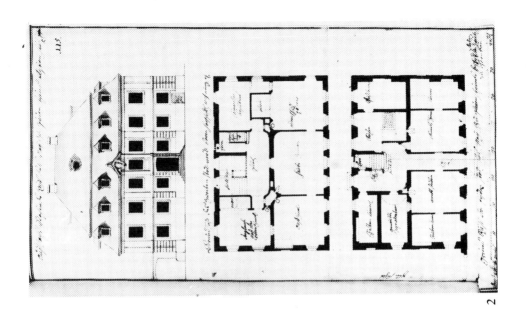

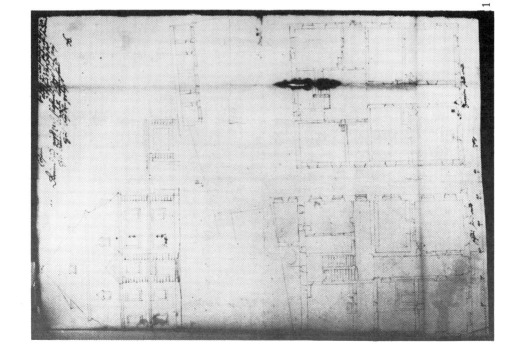

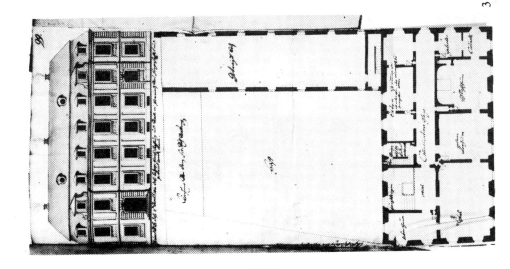

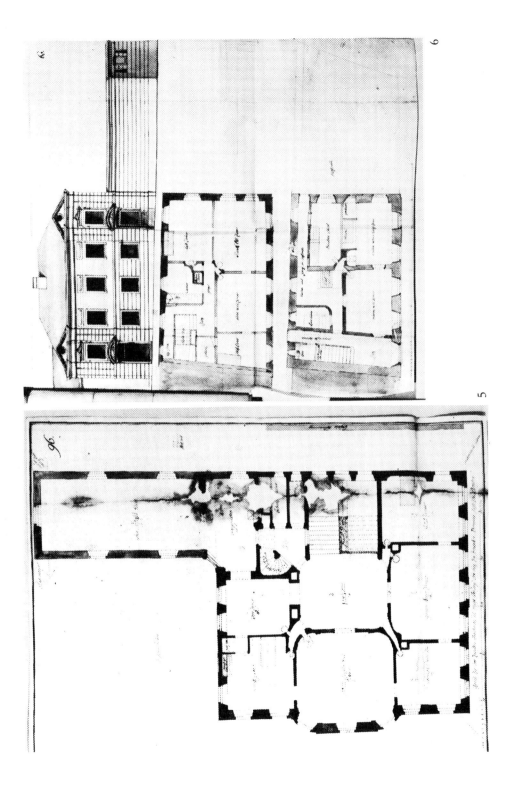

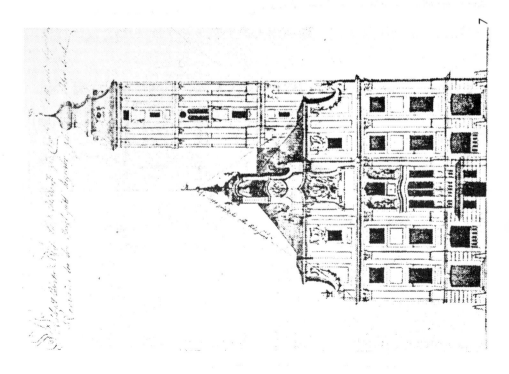

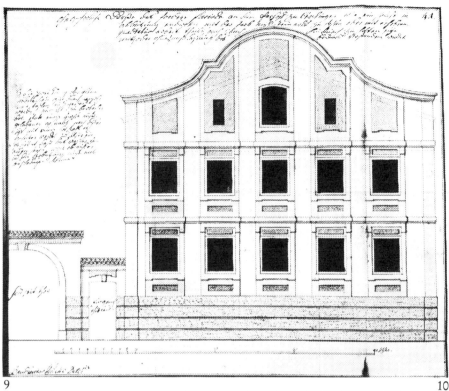

9

10

11

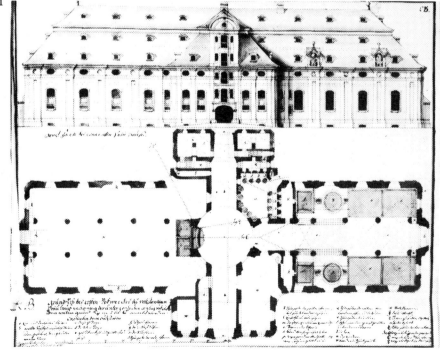

12

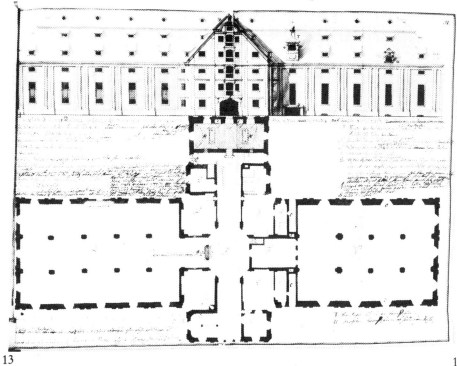

13

14

Tab III.

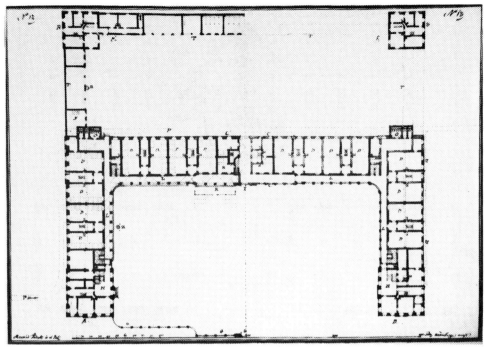

15

16

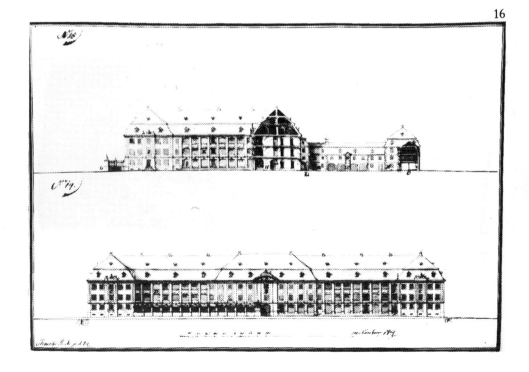

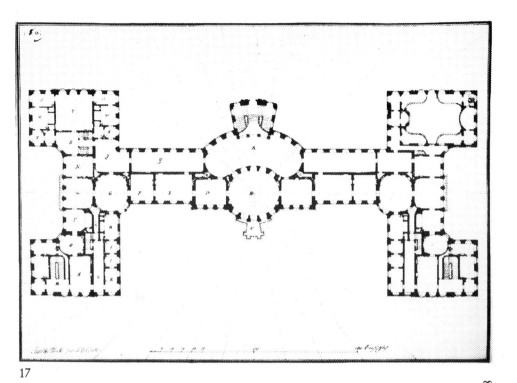

17

18

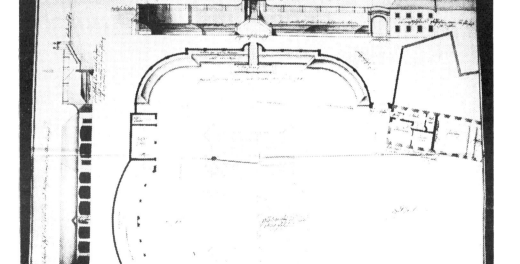

19

21

22

23

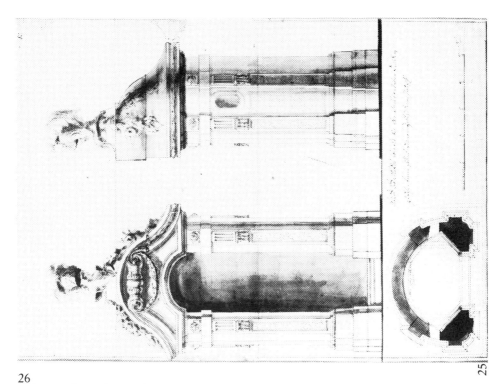

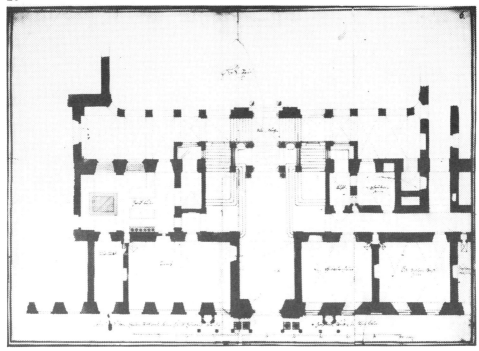

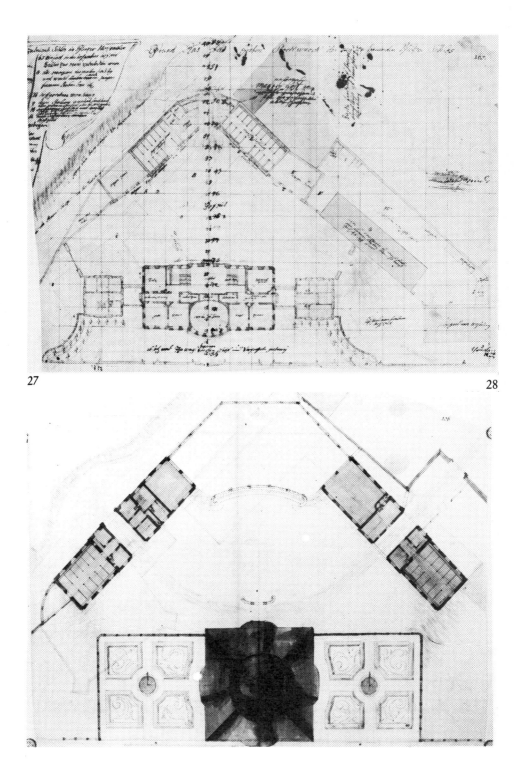

27

28

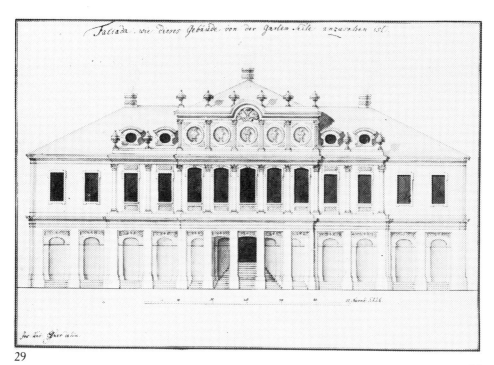

29

30

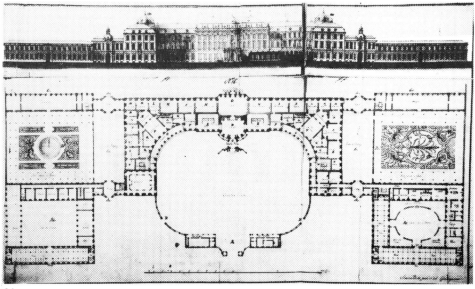

31

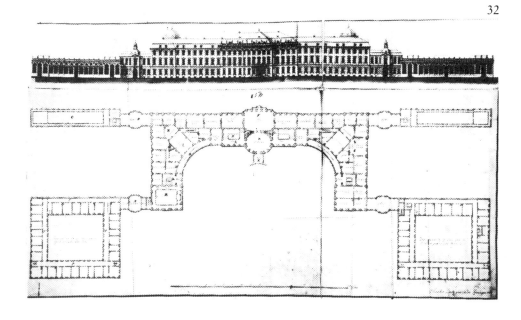

32

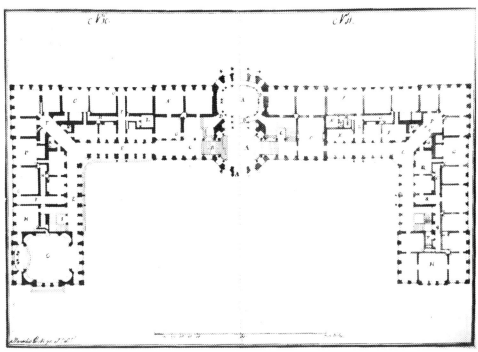

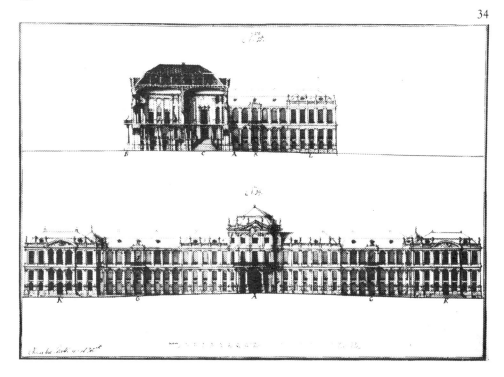

33

34

35

36

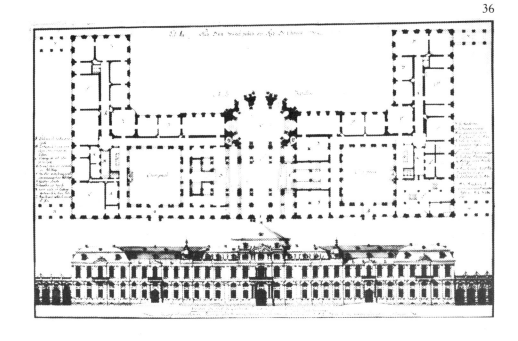

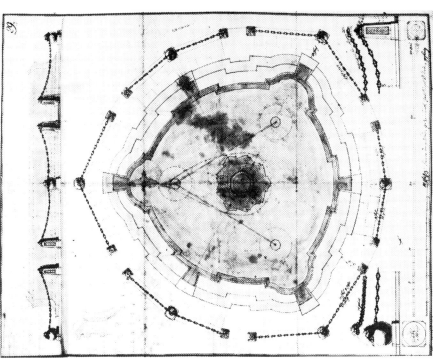

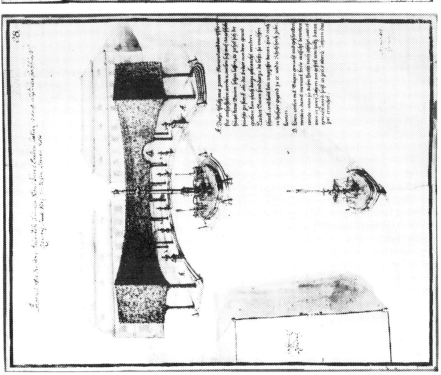

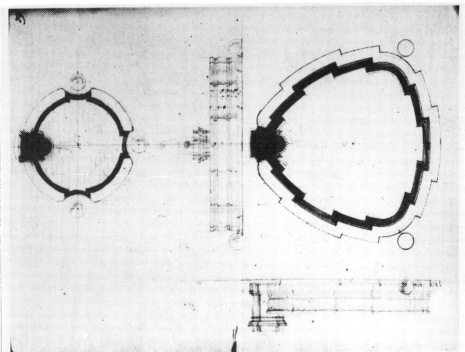

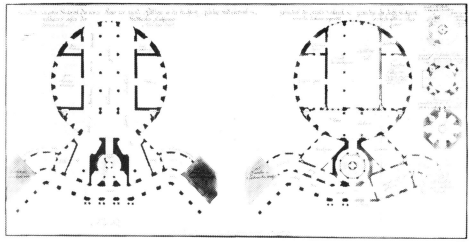

42

41

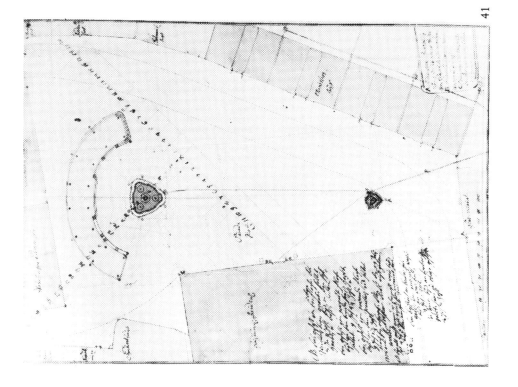

43

44

45

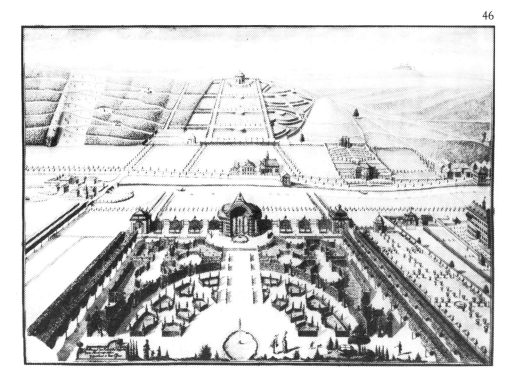

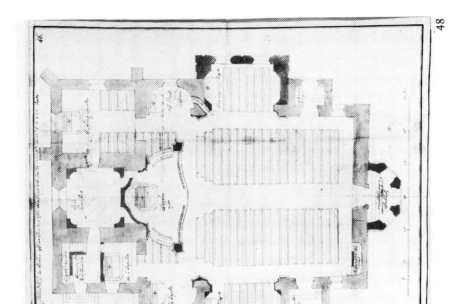

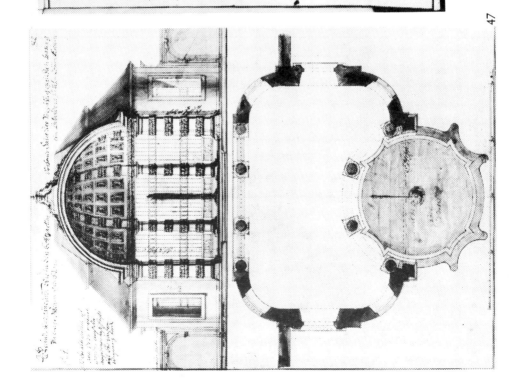

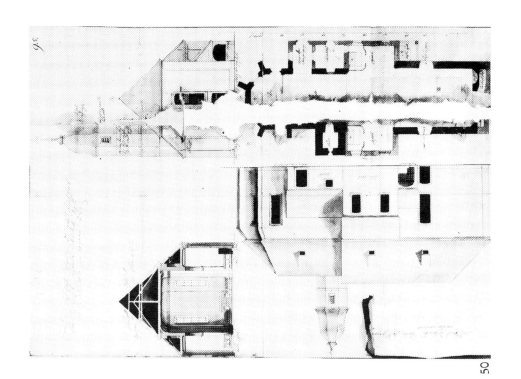

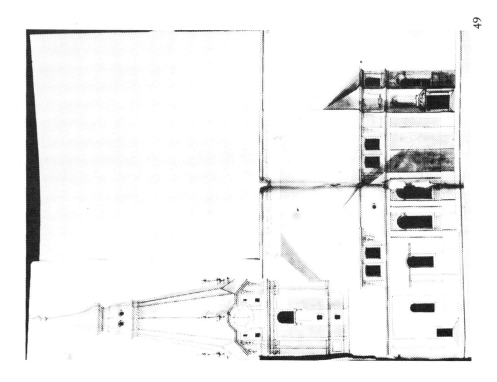

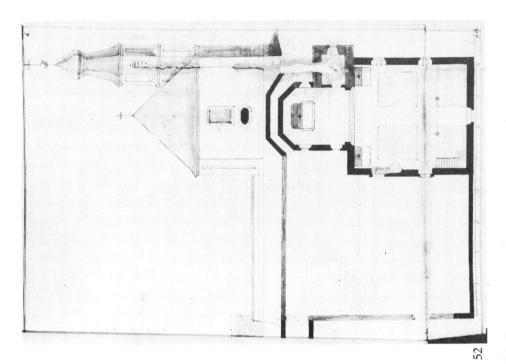

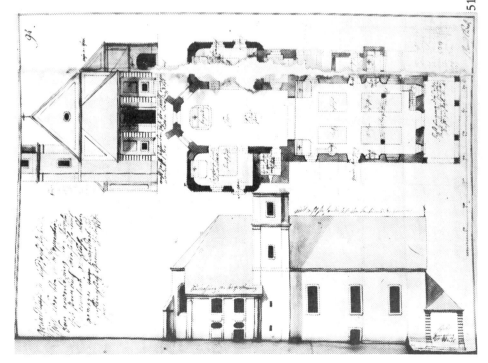

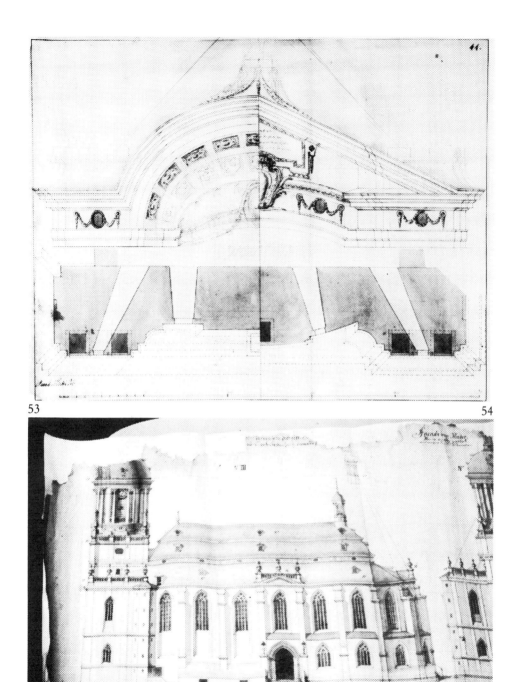

53

54

55

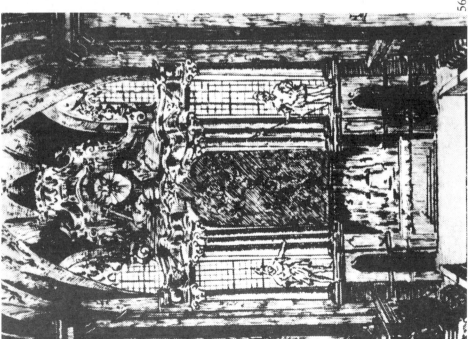

58

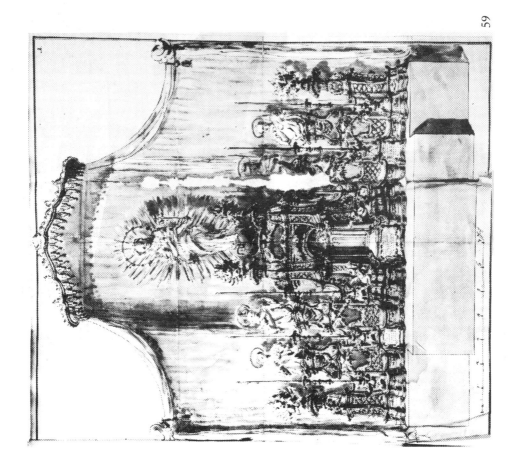

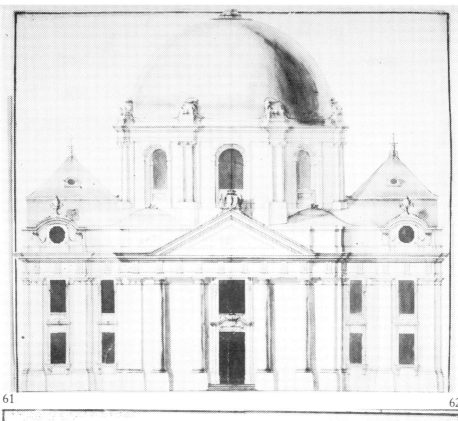

61

62

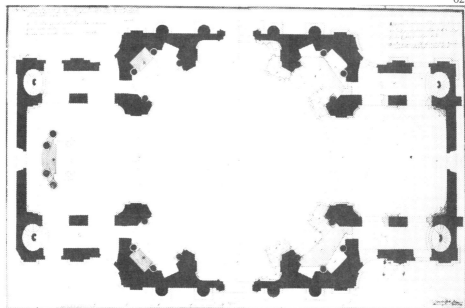

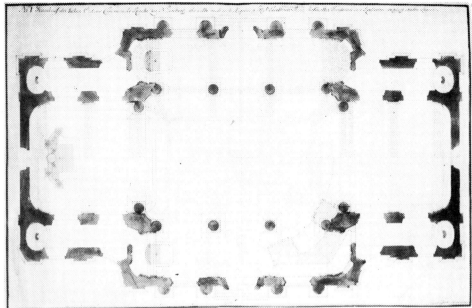

63

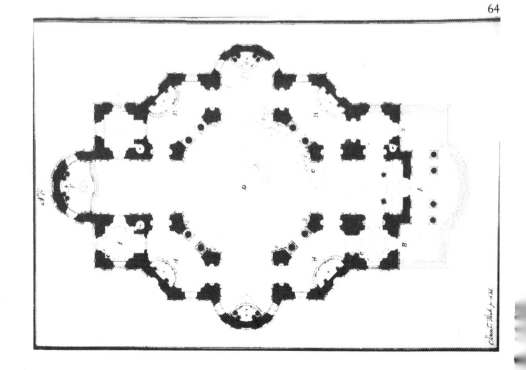

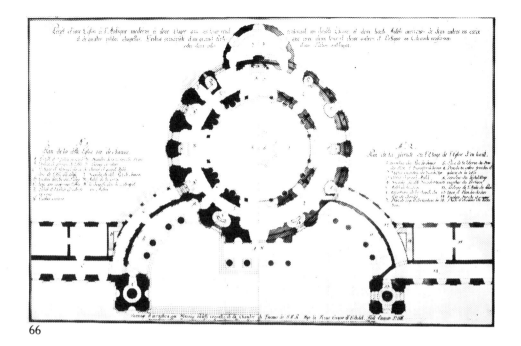

64

66

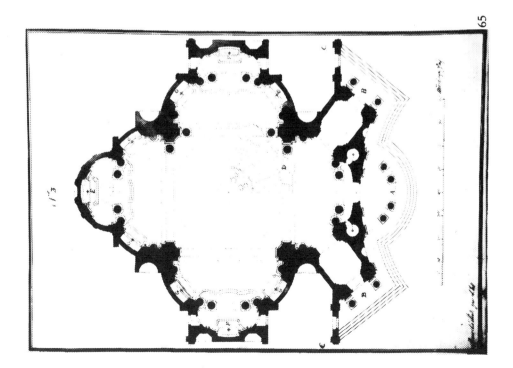

65

MISCELLANEA BAVARICA MONACENSIA

Nr. 1 **Walter Grasser,** Johann Freiherr von Lutz (eine politische Biographie) 1826 bis 1890. München 1967. 270 Seiten mit 4 Abbildungen. DM 9.60

Nr. 2 **Irmgard von Barton, gen. von Stedman,** Die preußische Gesandtschaft in München als Instrument der Reichspolitik in Bayern von den Anfängen der Reichsgründung bis zu Bismarcks Entlassung. München 1967. 160 Seiten mit 1 Abbildung. DM 8.—

Nr. 7 **Alexander Winter,** Karl Philipp Fürst von Wrede als Berater des Königs Max I. Joseph und des Kronprinzen Ludwig von Bayern (1813—1825). München 1968. 425 Seiten. DM 19.80

Nr. 8 **Hanns Helmut Böck,** Karl Philipp Fürst von Wrede als politischer Berater König Ludwig I. von Bayern (1825—1838). München 1968. 250 Seiten. DM 9.60

Nr. 10 **Konrad Reiser,** Bayerische Gesandte bei deutschen und ausländischen Regierungen 1871 bis 1918 — ein Beitrag zur Geschichte der Teilsouveränität im Bismarckreich. München 1968. 150 Seiten. DM 8.—

Nr. 16 **Klaus Köhle,** Landesherr und Landstände in der Oberpfalz von 1400—1583. Sozialstruktur und politische Repräsentanz eines frühneuzeitlichen Territoriums. München 1969. 200 Seiten. DM 9.60

Nr. 18 **Wolfgang Dölker,** Das Herbergsrecht in der Münchner Au. München 1969. 160 Seiten mit 6 Abbildungen. DM 8.—

Nr. 19 **Axel Schnorbus,** Arbeit und Sozialordnung in Bayern vor dem Ersten Weltkrieg (1890—1914). München 1969. 300 Seiten mit 8 Abbildungen. DM 12.50

Nr. 24 **P. Winfrid M. Hahn,** Romantik und Katholische Restauration. München 1970. 420 Seiten mit 1 Abbildung. DM 19.80

Nr. 26 **Volkmar Wittmütz,** Die Gravamina der bayerischen Stände im 16. und 17. Jahrhundert als Quelle für die wirtschaftliche Situation und Entwicklung Bayerns. München 1970. 165 Seiten. DM 8.—

Nr. 27 **Peter Grobe,** Die Entfestigung Münchens. München 1970. DM 14.80

Nr. 28 **Margot Weber,** Das I. Vatikanische Konzil im Spiegel der bayerischen Politik. München 1970. 385 Seiten mit 9 Abbildungen. DM 14.80

Nr. 31 **Ortwin Kuhn,** Bayern in England. Studien zur Wirkung eines partiellen Deutschlandbildes von der irischen Frühmission bis Ende des Dreißigjährigen Krieges auf die englische Romanliteratur des 18. und 19. Jahrhunderts. München 1971. 240 Seiten mit 2 Abbildungen. DM 12.50

Nr. 32 **Richard Bauer,** Der kurfürstliche geistliche Rat und die bayerische Kirchenpolitik 1768—1802. München 1971. 320 Seiten DM 12.50

Nr. 33 **Horst Hesse,** Die sogenannte Sozialgesetzgebung Bayerns Ende der sechziger Jahre des 19. Jahrhunderts. Ein Beitrag zur Strukturanalyse der bürgerlichen Gesellschaft. München 1971. 420 Seiten mit zahlreichen Tabellen. DM 19.80

Nr. 36 **Dorette Hildebrand,** Das kulturelle Leben Bayerns im letzten Viertel des 18. Jahrhunderts im Spiegel von drei einschlägigen Zeitschriften. München 1971. 210 Seiten mit 3 Abbildungen. DM 9.60

Nr. 38 **Monika Schlichting,** Das Österreichische Konkordat vom 18. August 1855 und die Publizistik in Bayern. München 1974. 365 Seiten mit 2 Abb. DM 19.80

Nr. 39 **Heidi Bürklin,** Franz Joachim Beich (1665—1748). Ein Landschafts- und Schlachtenmaler am Hofe Max Emanuels. München 1971. 270 Seiten mit 37 Abbildungen. DM 14.80

Nr. 40 **Helmut Beilner,** Die Emanzipation der bayerischen Lehrerin — aufgezeigt an der Arbeit des bayerischen Lehrerinnenvereins (1898—1933). München 1971. 280 Seiten. DM 12.50

Nr. 41 **Elmer Roeder,** Der konservative Journalist Ernst Zander und die politischen Kämpfe seines „Volksboten". München 1972. 390 Seiten. DM 19.80

Nr. 44 **Angela Schneider,** Josef Hauber (1766—1834). Sein Leben und sein Werk. München 1974. 140 Seiten mit 10 Abbildungen. DM 12.50

Nr. 45 **Herbert Pfisterer,** Der Polytechnische Verein und sein Wirken im vorindustriellen Bayern (1815—1830). München 1973. 400 Seiten mit 5 Abbildungen. DM 14.80

Nr. 46 **Jochen Schmidt,** Bayern und das Zollparlament. Politik und Wirtschaft in den letzten Jahren vor der Reichsgründung 1866/67—1870. Zur Strukturanalyse Bayerns im Industriezeitalter. München 1973. 450 Seiten mit 3 Abbildungen. DM 14.80

Nr. 48 **Willibald Karl,** Jugend, Gesellschaft und Politik im Zeitraum des Ersten Weltkriegs. Zur Geschichte der Jugendproblematik der deutschen Jugendbewegung im ersten Viertel des 20. Jahrhunderts. München 1973. 280 Seiten. DM 12.50

Nr. 49 **Hans-Georg Schmitz,** Kloster Prüfening im 12. Jahrhundert. München 1975. DM 19.80

Nr. 50 **Gernot Kirzl,** Staat und Kirche im Bayerischen Landtag zur Zeit Max II. — 1848 bis 1864 —. München 1974. DM 19.80

Nr. 52 **Eckehard J. Häberle,** Zollpolitik und Integration im 18. Jahrhundert. Untersuchungen zur wirtschaftlichen und politischen Integration in Bayern von 1765 bis 1811. München 1974. DM 16.80

Nr. 55 **Ewald Keßler,** Johann Friedrich (1836—1917). Ein Beitrag zur Geschichte des Altkatholizismus. München 1975. DM 19.80

Nr. 56 **Hans-Dieter Homann,** Kurkolleg und Königtum im Thronstreit von 1314—1330. München 1974. DM 16.80

Nr. 57 **Rainer Hofmann,** Max von Neumayr (1808—1881). München 1974. DM 16.80

Nr. 58 **Theresia Münch,** Der Hofrat unter Kurfürst Max Emanuel von Bayern 1679—1726. München 1979. DM 24.80

Nr. 59 **Michael Meuer,** Die gemalte Wittelsbacher Genealogie der Fürstenkapelle zu Scheyern. München 1975. DM 12.50

Nr. 60 **Lieselotte Klemmer,** Aloys von Rechberg als bayerischer Politiker (1766—1849). München 1975. **DM 16.80**

Nr. 61 **Ludwig M. Schneider,** Die populäre Kritik an Staat und Gesellschaft in München (1886—1914). Ein Beitrag zur Vorgeschichte der Münchner Revolution von 1918/19. München 1975. **DM 24.80**

Nr. 63 **Hans Christian Altmann,** Die Kipper- und Wipperinflation in Bayern (1620—1623). München 1976. **DM 19.80**

Nr. 64 **Wolf Schöffel,** Studien zur Oberbayerischen Siedlungsgeschichte und Namenkunde mit besonderer Berücksichtigung des Tegernseeischen Urbaramts Warngau. München 1976. **DM 24.80**

Nr. 65 **Gisela Fey,** Bayern als größter deutscher Mittelstaat im Kalkül der französischen Diplomatie und im Urteil der französischen Journalistik 1859—1866. München 1976. **DM 14.80**

Nr. 66 **Hans Heinrich Vangerow,** Vom Stadtrecht zur Forstordnung. München und der Isarwinkel bis zum Jahre 1569. München 1976. **DM 24.80**

Nr. 67 **Roswitha von Armansperg,** Joseph Ludwig Graf Armansperg. München 1976. **DM 14.80**

Nr. 68 **Thea Braatz,** Das Kleinbürgertum in München und seine Öffentlichkeit von 1830—1870. Ein Beitrag zur Mentalitätsforschung. München 1977. **DM 14.80**

Nr. 69 **Brigitte Kaff,** Volksreligion und Landeskirche. Die evangelische Bewegung im bayerischen Teil der Diözese Passau. München 1977. **DM 24.80**

Nr. 70 **Walter G. Demmel,** Feiertagsschule und Fortbildungsschule. Ein Beitrag zur Schulgeschichte Münchens im 19. Jahrhundert. München 1977. **DM 16.80**

Nr. 72 **Johannes Schwarze,** Die bayerische Polizei und ihre historische Funktion bei der Aufrechterhaltung der öffentlichen Sicherheit in Bayern von 1919 bis 1933. München 1977. **DM 24.80**

Nr. 73 **Helmut M. Hanko,** Thomas Wimmer 1887—1964. Entwicklung und Weg eines sozialdemokratischen Kommunalpolitikers. München 1977. **DM 16.80**

Nr. 74 **Klaus Peter Follak,** Die Bedeutung der Landshuter Landesordnung von 1474 für die Niederbayerische Gerichtsorganisation. München 1977. **DM 16.80**

Nr. 75 **Ingo Tornow,** Das Münchner Vereinswesen in der ersten Hälfte des 19. Jahrhunderts. München 1977. **DM 24.80**

Nr. 76 **Yvonne Gleibs,** Juden im kulturellen und wissenschaftlichen Leben Münchens in der zweiten Hälfte des 19. Jahrhunderts. München 1981. **DM 24.80**

Nr. 77 **Susanne Burger,** Die Schloßkapelle zu Blutenburg bei München. Struktur eines spätgotischen Raums. München 1978. **DM 24.80**

Nr. 78 **Bruno Thoß,** Der Ludendorff-Kreis 1919—1923. München als Zentrum der mitteleuropäischen Gegenrevolution zwischen Revolution und Hitler-Putsch. München 1978. **DM 24.80**

Nr. 80 **Evamaria Ciolina,** Der Freskenzyklus von Urschalling. Geschichte und Ikonographie. München 1980. **DM 19.80**

Nr. 81 **Peter Hattenkofer,** Regierende und Regierte, Wähler und Gewählte in der Oberpfalz 1870—1914. München 1978. **DM 16.80**

Nr. 82 **Gabriele Imhof,** Der Schleißheimer Schloßgarten des Kurfürsten Max Emanuel von Bayern. Zur Entwicklung der barocken Gartenkunst am Münchner Hof. München 1979. **DM 19.80**

Nr. 83 **Britta-R. Schwahn,** Die Glyptothek in München. Baugeschichte und Ikonologie. München 1984. **DM 24.80**

Nr. 84 **Edmund Neubauer,** Das geistig-kulturelle Leben der Reichsstadt Regensburg (1750—1806). München 1979. **DM 19.80**

Nr. 85 **Annelie Hopfenmüller,** Der geistliche Rat unter den Kurfürsten Ferdinand Maria und Max Emanuel von Bayern (1651—1726). München 1979. In Vorbereitung. **DM 24.80**

Nr. 88 **Gert Paul Tröger,** Geschichte der Anstalten der geschlossenen Fürsorge im bayerischen Regierungsbezirk Schwaben insbesondere während des 19. Jahrhunderts. München 1979. **DM 24.80**

Nr. 89 **Veronika Schaefer,** Leo von Klenze. Möbel und Innenräume. Ein Beitrag zur höfischen Wohnkultur im Spätempire. München 1981. **DM 24.80**

Nr. 90 **Jutta Thinesse-Demel,** Vom Rokoko zum Klassizismus. München 1980. **DM 26.80**

Nr. 91 **Florian Hufnagl,** Gottfried von Neureuther (1811—1887), Leben und Werk. München 1979. **DM 24.80**

Nr. 92 **Susanne Netzer,** Johann Mathias Kager, Stadtmaler von Augsburg (1575—1634). München 1980. **DM 19.80**

Nr. 93 **Johannes Ring,** Das Bayernbild in angloamerikanischen Zeitschriften zu Beginn des 20. Jahrhunderts (1900—1909). München 1981. **DM 26.80**

Nr. 94 **Wolfgang Ratjen,** Die bayerischen Bauernkammern von 1920 bis 1933. München 1981. **DM 19.80**

Nr. 96 **Julius Fekete,** Denkmalpflege und Neugotik im 19. Jahrhundert, dargestellt am Beispiel des Alten Rathauses in München. München 1981. **DM 24.80**

Nr. 97 **Carola Friedrichs,** Architektur als Mittel politischer Selbstdarstellung im 19. Jahrhundert (Die Baupolitik der bayerischen Wittelsbacher). München 1981. **DM 19.80**

Nr. 98 **Christine Liebold,** Das Rokoko in ursprünglich mittelalterlichen Kirchen des bayerischen Gebietes — ein von maurinischem Denken geprägter Stil. München 1981. **DM 24.80**

Nr. 99 **Klaus Weschenfelder,** Die Borstei in München. Ein konservatives Siedlungsmodell der Zwanziger Jahre. München 1981. **DM 19.80**

Nr. 101 **Eva-Maria Wasem,** Die Münchener Residenz unter Ludwig I. Bildprogramme und Bildausstattungen in den Neubauten. München 1981. **DM 26.80**

Nr. 102 **Kurt Malisch,** Katholischer Absolutismus als Staatsräson. Ein Beitrag zur politischen Theorie Kurfürst Maximilians I. von Bayern. München 1981. **DM 24.80**

Nr. 103 **Anton J. Liebl,** Die Privateisenbahn München—Augsburg (1835—1844). Entstehung, Bau und Betrieb. Ein Beitrag zur Strukturanalyse der frühen Industrialisierung Bayerns. München 1982. **DM 26.80**